따라하며 배우는!

한글판

퓨전 Fusion 360 입문

3D 모델링 실전 활용서

121개 기능 익히기 예제 | **12**개 모델링 실전 예제 | **2**개 3D 모델링 실전 프로젝트

동영상 강의 무료 제공

모델링 속도 높이는 실전 테크닉

전면 개정판

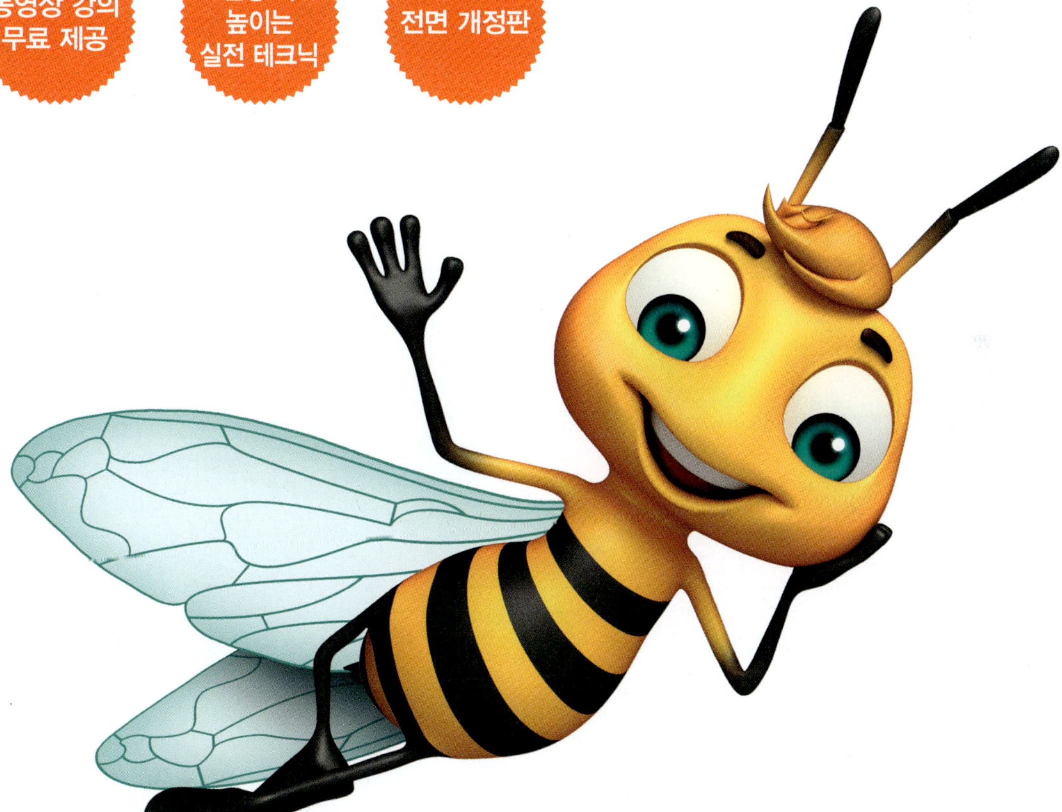

한국ATC센터
since 1992

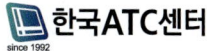

따라하며 배우는! **한글판**

퓨전 Fusion 360 입문
3D 모델링 실전 활용서

전면 개정판 인쇄 • 2021년 11월 20일
전면 개정판 발행 • 2021년 11월 30일
지은이 • 김혜숙, 주형권, 김보영 공저
펴낸이 • 채승범
펴낸곳 • 한국ATC센터
출판등록 • 제2020-000003호
기획 · 편집 • 앤써북
제작 · 유통 • 앤써북
주소 • 경기도 과천시 뒷골로 22-12
전화 • 1588-0163
FAX • 02-554-5852
정가 • 27,000원
ISBN • 979-11-970137-2-0 13550

이 책의 일부 혹은 전체 내용을 무단 복사, 복제, 전재하는 것은 저작권법에 저촉됩니다. 본문 중에서 일부 인용한 모든 프로그램은 각 개발사(개발자)와 공급사에 의해 그 권리를 보호합니다.

도서 기술문의 • 한국ATC센터 http://www.eatc.co.kr
도서 구매문의 • 앤써북 070-8877-4177

한국ATC센터는 독자 여러분의 의견에 항상 귀기울이고 있습니다.

> **[안내]**
> 이 책은 "따라하면 배우는 Fusion 360 입문_(주) 엠듀 발행"을 최신 한글 버전으로 개정한 전면 개정판입니다.

Preface
머리말

123D Design을 사용할 수 없게 됨에 따라 필자가 눈을 돌린 건 Fusion 360이라는 다소 생소한 프로그램이다. 처음 Autodesk 홈페이지에서 Fusion 360을 다운로드 받기 위해 살펴본 장점들이 필자를 사로잡았다. 누구나 쉽게 배울 수 있고 가격도 저렴하고 클라우드 기반, 모델링과 함께 렌더링도 바로 확인할 수 있고 무엇보다 학생용은 3년, 신생 기업은 1년 무상 지원, 협업도 가능, 상호 피드백도 실시간으로 할 수 있다는 다양한 장점들이 말이다.

한 가지 프로그램에 이렇게 다양한 툴들이 들어 있다니 어찌 보면 만능 프로그램이 아닌가하고 여겨졌다. Autodesk사의 Carl Bass 회장은 "Fusion 360은 Autodesk의 미래다"라고 공언을 할 정도로 심혈을 기울여 제작한 소프트웨어이다.

현재 Autodesk에서 서비스 하고 있는 프로그램의 특징을 살펴보면, 크게는 2D와 3D 그리고 기계, 건축, 애니메이션 등 세분화 되어 있으며, 매년 업데이트를 하고 있다. 하지만, Fusion 360 프로그램은 클라우드를 기반으로 하고 있어 언제나 최신버전을 사용할 수 있고 분야를 구분하지 않는 All in one 프로그램으로 발전하고 있으며, 협업을 통해 프로젝트를 손쉽게 진행해 나갈 수 있는 장점이 있다.

Fusion 360을 설치하고 처음 열었을 때 놀란 건 엄청난 작업환경이 있다는 점이다. 솔리드 모델링용 MODEL, 곡면 모델링용 PATCH, 자유형 모델링용 SCULPT, 판금 모델링용 SHEET METAL, 렌더링용 RENDER, 애니메이션용 ANIMATION, 그 외 SIMULATION, CAM, 3차원 모델링을 2D도면화하는 DRAWING까지 구성하고자 하는 특징에 따라 다양하게 선택의 폭이 광범위하게 존재하는 것이다.

어찌보면 3차원 모델링 툴을 하나 안다는 것이 제4차 산업혁명의 시대를 준비하는 단계인가하고 의구심이 들 수 있지만 내가 생각하고 표현하고자 하는 것을 자유자재로 모델링을 하고 3D프린팅까지 연계하는 그 자체만으로도 매력을 느낄 수 있지 않나 생각이 든다.

이 책은 Fusion 360을 처음 다루는 초보자의 눈높이로 작성이 되있다. 명령 설명은 세세한 옵션까지 자세하게 풀이를 하고 마지막에는 따라하기로 기본 명령을 익히는데 충실하게 구성하였다. 또한, 기본 명령을 익힌 후에는 모델링 실전 프로젝트로 실력을 다지며 각 실전 프로젝트는 저자의 설명이 들어간 동영상 강좌도 포함되어 있어 더욱더 쉽게 기능들을 익힐 수가 있다.

다만, 이번 교재는 MODEL 환경을 이용한 솔리드 모델링과 SCULPT 환경을 이용한 자유형 모델링에 초점을 맞춰 무엇보다 초석을 다지는 데 주안점을 뒀으며 누구나 쉽게, 누구나 즐겁게, 누구나 저렴하게 디자인을 구상하여 실현할 수 있는 Fusion 360의 세계로 한 발짝 다가설 수 있도록 가이드 역할을 함에 저자는 의의를 둔다.

이 책이 출간될 수 있도록 지원을 아낌없이 해주신 한국ATC센터(주) 임직원 여러분과 도움을 주신 모든 분께 감사 인사를 드립니다.

저자 씀

이 책의 특징
About

이 책은 Fusion 360의 기능을 쉽게 숙지할 수 있도록 모델링에 필요한 기능을 설명하고 각 기능을 익힐 수 있는 따라하기 예제를 설명한다. 단원별로 다양한 실전 예제를 제공하고, 실무에 바로 적용할 수 있는 실무 프로젝트를 제공하여 직접 실습하면서 쉽고 빠르게 Fusion 360 기능을 익힐 수 있다.

명령 설명
각 단원의 명령 설명은 물론 세부적인 옵션 설명도 자세히 소개한다.

기능 익히기
설명한 명령의 기능을 직접 따라 할 수 있는 예제를 수록했다.

실전 예제
해당 단원에서 배운 기능을 완벽하게 이해할 수 있는 실전 예제를 제공한다. 실전 예제의 제작 과정을 담은 저자 직강 동영상 강좌를 제공한다.

실전 프로젝트
실전 프로젝트 파일을 직접 따라하면서 실전 노하우를 익힐 수 있다. 실전 프로젝트의 제작 과정을 담은 저자 직강 동영상 강좌를 제공한다.

여기서 잠깐
기능을 익히면서 알아두면 좋은 팁이나 주의해야 될 사항 등의 정보를 익힐 수 있다.

책 예제 파일 & 무료 동영상 강좌 다운로드

이 책에서 사용하는 예제 파일과 동영상 파일은 한국ATC센터 카페의 아래 게시판을 통해서 다운로드 받을 수 있다.

■ 한국ATC센터 카페 : http://cafe.naver.com/atccenter

▶ [도서자료] ➔ [Fusion 360 입문] 게시판

"따라하며 배우는 Fusion 360 입문" 도서의 예제 파일과 동영상을 다운로드 받을 수 있습니다.

▶ [도서 Q&A] ➔ [Fusion 360 입문] 게시판

"따라하며 배우는 Fusion 360 입문" 도서를 보시면서 궁금하신 내용에 대한 질의응답을 받을 수 있습니다.

Contents
목 차

Part 01 Fusion 360 개요

Section 01 Fusion 360 프로그램 소개 • 20
    1-1 Fusion 360 주요 특징 • 20
        1) 알기 쉬운 사용자 인터페이스 • 20
        2) 다양한 모델링 Workspace • 21
        3) 작업순서 이력 관리 기능 • 21
        4) 협업 기능 • 22
        5) 렌더링 기능 • 22
        6) 조립, 애니메이션 기능 • 23
        7) 도면화 기능 • 23
        8) 해석 기능 • 23
        9) CAM 기능 • 24
    1-2 Fusion 360 시스템 요구사항 • 24
    1-3 다운로드 및 설치 • 25
    1-4 사용자 등록 및 활성화 • 27
        1) 개인 취미용 인증 • 28
        2) 학생/교육자용 • 29
    1-5 오프라인 상태(Offline Mode) • 32

Section 02 Fusion 360 인터페이스 • 33
    2-1 응용프로그램 막대(Application Bar) • 34
        2-1-1 File 메뉴 • 34
    2-2 계정 및 도움말(Profile and help) • 36
        2-2-1 계정(Profile) • 36
        2-2-2 도움말(Help) • 38
    2-3 도구막대(Toolbar) • 44
        `기능익히기` 숨어있는 작업공간 찾아내기 • 44
    2-4 뷰큐브(ViewCube) • 45
    2-5 검색기(BROWSER) • 47
        `기능익히기` 사용자 뷰 저장하기 • 48
    2-6 퀵메뉴(Marking Menu) • 49
    2-7 타임라인(Timeline) • 50

2-8 기본 설정(Preferences) • 51
    2-8-1 일반(General) • 52
    2-8-2 단위 및 값 표시(Unit and Value Display) • 53
    `기능익히기` 환경 설정 수정 및 초기화 • 53

Section 03 디자인 탐색과 화면 설정 • 55

3-1 탐색막대(Navigation Bar) • 52
3-2 화면표시 설정(Display Settings) • 55
    3-2-1 비주얼 스타일(Visual Style) • 55
    3-2-2 환경(Environment) • 57
    3-2-3 효과(Effects) • 58
    3-2-4 객체 가시성(Object Visibility) • 59
    3-2-5 카메라(Camera) • 59
    3-2-6 고정 평면 간격띄우기(Ground Plane Offset) • 59
3-3 그리드 및 스냅(Grid and Snap) • 60
3-4 선택(SELECT) • 62
3-5 뷰포트(Viewport) • 63
3-6 휠 마우스 사용법 • 63

Section 04 클라우드 기반의 파일 관리 • 64

4-1 데이터 패널(Data Panel) • 64
4-2 클라우드 서버 열기 • 66
4-3 프로젝트 생성과 공유 • 67
4-4 파일 업로드, 저장, 내보내기 • 69

Part 02 스케치 도구

Section 01 스케치 작성 명령 • 74

1-1 스케치(Sketch) • 74
1-2 스케치 작성(Create Sketch) • 75
1-3 선(Line) • 76
    `기능익히기` 다각형 그린 후 치수 기입하기 • 76

Contents
목 차

- **1-4** 직사각형(Rectangle) • 79
  - 기능익히기 2점 사각형과 중심 사각형 그리기 • 80
- **1-5** 원(Circle) • 82
  - 기능익히기 중심점, 지름원과 2점원, 2접선 원 그리기 • 82
- **1-6** 호(Arc) • 85
  - 기능익히기 3점호, 중심점호, 접선 호 그리기 • 85
- **1-7** 폴리곤(Polygon) • 87
  - 기능익히기 외접, 내접, 모서리 다각형 그리기 • 88
- **1-8** 타원(Ellipse) • 90
  - 기능익히기 중심점, 장축, 단축 길이를 지정하여 타원 그리기 • 90
- **1-9** 슬롯(Slot) • 91
  - 기능익히기 중심 대 중심 슬롯, 중심점 슬롯, 3점 호 슬롯 그리기 • 91
- **1-10** 스플라인(Spline) • 94
  - 기능익히기 정점을 클릭하여 스플라인 그리기 • 94
- **1-11** 점(Point) • 96
  - 기능익히기 원점과 수평한 점 그리기 • 96
- **1-12** 문자(Text) • 97
  - 기능익히기 문자 작성하고 편집하기 • 97

Section 02 스케치 편집 명령 • 101

- **2-1** 모깎기(Fillet) • 101
  - 기능익히기 각진 모서리를 반지름값을 주어 둥글게 하기 • 101
- **2-2** 자르기(Trim) • 103
  - 기능익히기 교차된 선중에서 불필요한 선을 없애기 • 103
- **2-3** 연장(Extend) • 104
  - 기능익히기 해당 지점까지 선을 연장하기 • 104
- **2-4** 끊기(Break) • 104
  - 기능익히기 한 개의 선을 두 개로 분할하기 • 104
- **2-5** 스케치 축척(Sketch Scale) • 105
  - 기능익히기 스케치 크기를 0.5배 줄이기 • 105
- **2-6** 간격띄우기(Offset) • 106
  - 기능익히기 지정한 거리만큼 스케치를 작성하기 • 106
- **2-7** 미러(Mirror) • 108
  - 기능익히기 수직축을 중심으로 스케치 대칭하기 • 108

2-8　원형 패턴(Circular Pattern) • 109
　　　　　기능익히기 원점을 중심으로 ø15원 원형 배열 복사하기 • 109
　　　2-9　직사각형 패턴(Rectangular Pattern) • 111
　　　　　기능익히기 일정한 거리로 가로세로 배열 복사하기 • 112
　　　2-10 투영/포함(Project/Include) • 113
　　　　　기능익히기 투영면에 스케치, 모델링 형상을 투영하기 • 114

Section 03 스케치 치수 작성 • 120
　　　3-1　스케치 치수(Sketch Dimention) • 120
　　　　　1) 선형 치수 • 121
　　　　　2) 정렬 치수 • 121
　　　　　3) 각도 치수 • 121
　　　　　4) 반지름, 지름 치수 • 121
　　　　　기능익히기 선형, 각도, 반지름, 지름, 참고 치수 작성하기 • 121

Section 04 스케치 팔레트 • 125
　　　4-1　옵션(Option) • 125
　　　4-2　구속조건(Constraints) • 129
　　　　　기능익히기 스케치 구속조건 적용하기 • 134
　　　실전 예제 01 스케치 기본 도형 연습하기 01 • 137
　　　실전 예제 02 스케치 기본 도형 연습하기 02 • 140
　　　실전 예제 03 스케치 기본 도형 연습하기 03 • 142

Part 03 설계(Design)

Section 01 작성(CREATE) • 146
　　　1-1　새 구성요소(New Component) • 146
　　　1-2　스케치 작성(Create Sketch) • 147
　　　1-3　양식 작성(Creat Form) • 147
　　　1-4　파생(Derive) • 147
　　　1-5　돌출(Extrude) • 148
　　　　　기능익히기 돌출 객체 만들기 1 • 152
　　　　　기능익히기 돌출 객체 만들기 2 • 153

Contents
목 차

1-6 회전(Revolve) • 154
  　기능익히기 회전 객체 만들기 • 155
1-7 스윕(Sweep) • 156
  　기능익히기 스윕 객체 만들기 1 • 158
  　기능익히기 스윕 객체 만들기 2 • 159
1-8 로프트(Loft) • 160
  　기능익히기 로프트 객체 만들기 • 163
1-9 리브(Rib) • 165
  　기능익히기 리브 객체 만들기 • 165
1-10 웹(Web) • 166
  　기능익히기 망 객체 만들기 • 167
1-11 엠보싱(Emboss) • 168
  　기능익히기 문자 각인하기 • 169
1-12 구멍(Hole) • 172
  　기능익히기 구멍 만들기 • 174
1-13 스레드(Thread) • 176
  　기능익히기 스레드 만들기 • 177
1-14 상자(Box) • 178
  　기능익히기 상자 만들기 • 178
1-15 원통(Cylinder) • 179
  　기능익히기 원통 만들기 • 179
1-16 구(Sphere) • 180
  　기능익히기 구 만들기 • 181
1-17 원환(Torus) • 181
  　기능익히기 토러스 만들기 • 182
1-18 코일(Coil) • 183
  　기능익히기 코일 만들기 • 185
1-19 파이프(Pipe) • 186
  　기능익히기 파이프 만들기 • 187
1-20 패턴(Pattern) • 189
  　1) 직사각형 패턴(Rectangular Pattern) • 189
  　기능익히기 직사각형 패턴 만들기 • 189
  　2) 원형 패턴(Circular Pattern) • 191
  　기능익히기 원형 패턴 만들기 • 191
  　3) 경로의 패턴(Pattern on Path) • 192
  　기능익히기 경로 패턴 만들기 • 193

1-21 미러(Mirror) • 195
　　기능익히기 대칭 복사하기 • 195
1-22 두껍게 하기(Thicken) • 196
　　기능익히기 면에 두께 주기 • 196
1-23 경계 채우기(Boundary Fill) • 197
　　기능익히기 경계 채움 만들기 • 197
1-24 기준 피쳐 작성(Create Base Feature) • 198
1-25 3D PCB 작성(Create 3D PCB • 198
1-26 스케치에서 PCB 파생(Derive PCB from Sketch) • 198

Section 02 수정(MODIFY) • 199

2-1 밀고 당기기(Preass Pull) • 199
　　기능익히기 눌러 당기기 • 200
2-2 모깎기(Fillet) • 201
　　1) 모깎기(Fillet) • 201
　　기능익히기 모깎기 • 203
　　2) 규칙 모깎기(Rule Fillet) • 204
　　기능익히기 규칙 모깎기 • 206
　　3) 전체 둥근 모깎기(Full Round Fillet) • 207
　　기능익히기 3면 모깎기 • 207
2-3 Chamfer(모따기) • 209
　　기능익히기 모따기 • 211
2-4 쉘(Shell) • 211
　　기능익히기 쉘(내부에 두께 조성하기) • 212
2-5 기울기(Draft) • 213
　　1) 고정된 평면(Fixed Plane) • 213
　　기능익히기 기울기(한방향, 양방향, 대칭으로 면 기울이기) • 214
　　2) 분할선(Parting Line) • 215
　　기능익히기 기울기(면 분할하여 기울이기) • 216
2-6 축척(Scale) • 219
　　기능익히기 축척(컵 형상을 축소하기) • 218
2-7 결합(Combine) • 220
　　기능익히기 결합(조리기구 형상 결합시키기) • 220
2-8 면 간격띄우기(Offset Face) • 222
　　기능익히기 면 간격띄우기 • 223
2-9 면 대체(Replace Face) • 225
　　기능익히기 면 대체시키기 • 225

Contents
목 차

2-10 면 분할(Split Face) • **226**
  　기능익히기　면 분할하기 • **226**
2-11 본체 분할(Split Body) • **228**
  　기능익히기　형상 분할시키기 • **229**
2-12 윤곽 분할(Silhouette) • **230**
  　기능익히기　윤곽 분할 • **231**
2-13 이동/복사(Move/Copy) • **233**
  　기능익히기　이동시키고 복사하기 • **233**
2-14 정렬(Align) • **235**
  　기능익히기　2개 블록을 나란히 정렬하기 • **235**
2-15 삭제(Delete) • **236**
  　기능익히기　본체 삭제하기 • **236**
2-16 물리적재질(Physical Material) • **237**
  　기능익히기　형상에 물리적 재질 부여하기 • **238**
2-17 모양(Appearance) • **240**
  　기능익히기　선물상자에 색상 입히기 • **240**
2-18 재질 관리(Manage Materials) • **242**
2-19 매개변수 변경(Change Parameters) • **242**
  　기능익히기　매개변수 사용하여 펜꽂이 만들기 • **243**
2-20 모두 계산(Compute All) • **248**

Section 03 구성(CONSTRUCT) • **249**
3-1 평면(Plane) • **249**
  1) 간격띄우기 평면(Offset Plance) • **249**
  　기능익히기　간격띄우기 평면 만들기 • **250**
  2) 기울어진 평면(Plane at Angle) • **251**
  　기능익히기　경사 평면 만들기 • **252**
  3) 접히는 평면(Tangent Plane) • **254**
  　기능익히기　접선 평면 만들기 • **254**
  4) 중간 평면(Midplane) • **257**
  　기능익히기　중간 평면 만들기 • **257**
  5) 두 모서리를 통과하는 평면(Plane Through Two Edges) • **259**
  　기능익히기　두 모서리를 지나는 평면 만들기 • **259**
  6) 세 점을 통과하는 평면(Plane Through Three Points) • **261**
  　기능익히기　세 점을 지나는 평면 만들기 • **261**

7) 점에서 면에 접하는 평면(Plane Tangent to Face at Point) • 263
기능익히기 임의 점에서 면에 접하는 평면 만들기 • 263
8) 경로를 따라 평면(Plane Along Path) • 264
기능익히기 경로를 따라가는 평면 만들기 • 264

3-2 축(Axis) • 266
1) 원통/원뿔/원환을 통과하는 축(Axis Through Cylinder/Cone/Torus) • 266
기능익히기 원통/원뿔/토러스를 지나는 축 만들기 • 266
2) 점에서 직각축(Axis Perpendicular at Point) • 267
기능익히기 점에서 직각축 만들기 • 267
3) 두 평면을 통과하는 축(Axis Through Two Planes) • 268
기능익히기 두 평면을 지나는 축 만들기 • 269
4) 두 점을 통과하는 축(Axis Through Two Points) • 269
기능익히기 두 점을 지나는 축 만들기 • 270
5) 모서리를 통과하는 축(Axis Through Edge) • 270
기능익히기 모서리를 지나는 축 만들기 • 271
6) 점에서 면에 직각인 축(Axis Perpendicular to Face at Point) • 271
기능익히기 점 위치에서 면에 수직인 축 만들기 • 272

3-3 점(Point) • 272
1) 꼭지점의 점(Point at Vertex) • 272
기능익히기 정점에 점 만들기 • 273
2) 두 모서리를 통과하는 점(Point Through Two Edges) • 274
기능익히기 두 모서리의 통과점 만들기 • 274
3) 세 평면을 통과하는점(Point Through Three Planes) • 275
기능익히기 세 평면의 통과점 만들기 • 275
4) 원/구/원환의 중심점(Point at Center of Circle/Sphere/Torus) • 276
기능익히기 원/구/토러스의 중심점 만들기 • 276
5) 모서리 및 평면의 점(Point at Edge and Plane) • 277
기능익히기 모서리와 평면에 있는 점 만들기 • 277
6) 경로를 따라 점(Point Along Path) • 278
기능익히기 경로상에 있는 점 만들기 • 279

Section 04 검사(INSPECT) • 281
4-1 측정(Measure) • 281
기능익히기 반지름, 거리 측정하기 • 282
4-2 간섭(Interference) • 283
기능익히기 간섭 검사하기 • 283

Contents
목 차

4-3 곡률 콤 분석(Curvature Comb Analysis) • 285
　기능익히기 곡률 분석하기 • 285
4-4 지브라 분석(Zebra Analysis) • 286
　기능익히기 지브라(면의 연속성) 분석하기 • 286
4-5 기울기 분석(Draft Analysis) • 287
　기능익히기 드래프트(면의 경사) 분석하기 • 287
4-6 곡률 맵 분석(Curvature Map Analysis) • 288
　기능익히기 곡률 맵 분석하기 • 288
4-7 ISO 곡선 분석(Isocurve Analysis) • 289
　기능익히기 곡률 곡선 분석하기 • 289
4-8 접근성 분석(Accessibility Analysis) • 290
　기능익히기 가공성 검사하기 • 291
4-9 최소 반지름 분석(Minimum Radius Analysis) • 293
　기능익히기 최소 반지름 분석하기 • 293
4-10 단면 분석(Section Analysis) • 294
　기능익히기 단면 분석하기 • 295
4-11 무게 중심(Center of Mass) • 296
　기능익히기 모델 중심 표시하기 • 296
4-9 구성요소 색 순환 전환(Component Color Cycling Toggle) • 297

Section 05 삽입(INSERT) • 298

5-1 삽입 파생(Insert Derive) • 298
5-2 전사(Decal) • 298
　기능익히기 데칼(이미지 붙여넣기) • 299
5-3 캔버스(Canvas) • 300
　기능익히기 캔버스에 이미지 부착 시키기 • 301
5-4 SVG 삽입(Insert SVG) • 302
　기능익히기 SVG 파일 가져오기 • 302
5-5 DXF 삽입(Insert DXF) • 303
　기능익히기 DXF 파일 가져오기 • 303
5-6 McMaster-Carr 구성요소 삽입(Insert, McMaster-Carr Component) • 304
　기능익히기 McMaster-Carr사 부품 가져오기 • 305
5-7 메쉬 삽입(Insert Mesh) • 306
　기능익히기 Mesh 파일 가져오기 • 306
5-8 제조사 부품 가져오기(Insert a manufacturer part) • 307
5-9 TraceParts 공급 구성요소 가져오기(Insert TraceParts Supplier Components) • 308

Section 06 3D 인쇄(3D PRINT) • 309

6-1 3D Print 준비하기 • 309
　기능익히기 3D PRINT 파일 만들기 • 310

6-2 3D Printer 출력하기 • 310
　기능익히기 3D Printer 출력하기 • 311

실전 예제 04 블록 장난감 모델링 • 312
실전 예제 05 농구공 모델링 • 321
실전 예제 06 골프공 모델링 • 326
실전 예제 07 머그컵 모델링 • 331
실전 예제 08 샴페인잔 모델링 • 338
실전 예제 09 거울 모델링 • 345
실전 예제 10 의자 모델링 • 352
실전 예제 11 눈사람 모델링 • 358

Part 04 T-SPLINE

Section 01 작성(CREATE) • 368

1-1 상자(Box) • 368
　기능익히기 박스 만들기 • 370

1-2 평면(Plane) • 371
　기능익히기 평면 만들기 • 373

1-3 원통(Cylinder) • 374
　기능익히기 원통 만들기 • 375

1-4 구(Sphere) • 376
　기능익히기 구 만들기 • 378

1-5 원환(Torus) • 379
　기능익히기 토러스 만들기 • 380

1-6 쿼드볼(Quadball) • 381
　기능익히기 쿼드볼 만들기 • 382

1-7 파이프(Pipe) • 383
　1) 단변(Sections) 탭 • 383

Contents
목 차

        2) 끝 유형(End Types) 탭 • 385
        3) 세그먼트(Segments) 탭 • 386
   1-8 면(Face) • 387
   1-9 돌출(Extrude) • 389
        기능익히기 객체 돌출시키기 • 390
   1-10 회전(Revolve) • 391
        기능익히기 회전체 만들기 • 392
   1-11 스윕(Sweep) • 393
        기능익히기 스윕 만들기 • 395
   1-12 로프트(Loft) • 397

Section 02 양식 편집(Edit Form) • 399
    실전 예제 12 봅슬레이 모델링 • 409

Part 05 RENDER 시작하기

Section 01 랜더링(RENDER) Interface • 432

Section 02 설정(SETUP) • 433
   2-1 모양(Appearance) 설정 • 433
        기능익히기 텍스처(Texture) 적용하기 – Mapping(매핑) • 434
   2-2 재질(Material) 다운로드 및 편집하기 • 435
        기능익히기 재질(Material) 다운로드 및 편집하기 • 435
   2-3 색상 편집하기 • 436
        기능익히기 색상 편집하기 • 436
   2-4 고급(Advanced) 설정 및 편집하기 • 438
      2-4-1 Sample Slot • 438
      2-4-2 매개변수(Parameters) • 440
        기능익히기 매개변수(Parameters) 조정하기 • 441
      2-4-3 릴리프 패턴(범프)(Relief Pattern(Bump)) • 443
        기능익히기 Relief Pattern(Bump)으로 재질의 표면에 3차원적인 효과 만들기 • 444

　　　　　　　2-4-4 잘라내기(Cutout) • 445
　　　　　　　기능익히기 Cutout으로 이미지에 다양한 형상 연출하기 • 445
　　　　　　　2-4-5 고급 강조 표시 컨트롤(Advanced Highlight Controls) • 448
　　　　　　　기능익히기 고급 강조 표시 컨트롤(Advanced Highlight Controls) 효과주기 • 448
　　　　2-5 내 모양(My Appearance) 복사하기 • 451
Section 03 전개도 설정(Scene Setting) • 453
　　　　3-1 설정(Settings) • 453
　　　　　　　기능익히기 환경(Environment) 설정하기 • 455
　　　　3-2 환경 라이브러리(Environment Library) • 460
　　　　　　　기능익히기 환경(Environment) • 460
Section 04 텍스처 맵 컨트롤(Texture Map Controls) • 462
　　　　　　　기능익히기 텍스처 맵 컨트롤-3D 텍스처(Texture Map Controls-3D Texture) • 462
　　　　　　　기능익히기 텍스처 맵 컨트롤-2D 텍스처(Texture Map Controls-2D Texture) • 463
Section 05 캔버스 내 렌더링(In-Canvas Render) • 465
　　　　5-1 캔버스 내 렌더링 설정(In-Canvas Render Settings) • 465
　　　　5-2 이미지 캡처(Capture Image) • 466
　　　　　　　기능익히기 이미지 캡처(Capture Image) • 467
Section 06 렌더(RENDER) • 469
　　　　6-1 렌더링 갤러리(RENDERING GALLERY) • 470
Appendix 재질(Materials) 목록 • 474

Part 06 실전 3D 모델링 프로젝트

실전 프로젝트 01 전구 & 전등 모델링 • 482
실전 프로젝트 02 음식 로봇 모델링 • 498

PART 01

Fusion 360

Fusion 360 개요

Fusion 360을 시작하는데 알아야 할 기본 개요에 대해서 설명한다. 주요 특징과 설치 방법, 시스템 요구사항, 인터페이스, 디자인탐색과 화면설정, 클라우드 서버 활용에 대하여 알아본다.

Section 01 Fusion 360 프로그램 소개
Section 02 Fusion 360 인터페이스
Section 03 디자인 탐색과 화면 설정
Section 04 클라우드 기반의 파일 관리

Section 01 | Fusion 360 프로그램 소개

Fusion 360은 Autodesk사가 개발한 클라우드 기반의 고기능 3D CAD 소프트웨어이다. 디자인, 설계, 제조 및 제작을 하나의 툴로 수행하고 작업 장소와 상관없이 누구나 공동 작업을 할 수 있는 클라우드 기반의 3D CAD/CAM/CAE 도구라고 정의할 수 있다. 학생, 애호가, 취미용, 스타트업 기업에는 무료로 제공되며, 3D모델러나 크레이터 사이에 확산이 되고 있는 추세이다.

1-1 Fusion 360 주요 특징

1) 알기 쉬운 사용자 인터페이스

소프트웨어를 잘 다루려면 그만큼 사용자가 알기 쉽고 사용하기 쉽도록 인터페이스가 구성이 되어야 한다. Fusion 360은 명령마다 해당 아이콘이 만들어져있고, 어떻게 조작되는지 직관적으로 이해할 수 있도록 툴팁으로 도움말이 보인다.

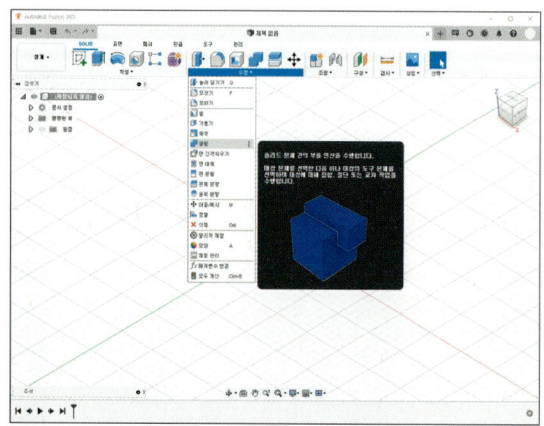 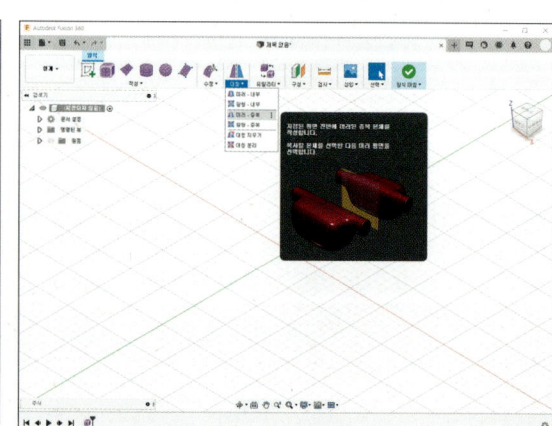

2) 다양한 모델링 Workspace

기능별로 작업공간이 세분되어 있어 해당 명령별로 모델링을 하면 된다. Solid 모델링을 위한 설계(Design), Freeform 모델링을 위한 양식(FORM), Surface 모델링을 위한 표면(SURFACE), 판금 모델링을 위한 판금(SHEEF METAL), Mesh 데이터를 불러와 작업하는 메쉬(MESH) 작업공간으로 나뉘어 있어 내가 하고자 하는 모델링을 선정하고 해당 작업공간에서 작성하면 된다.

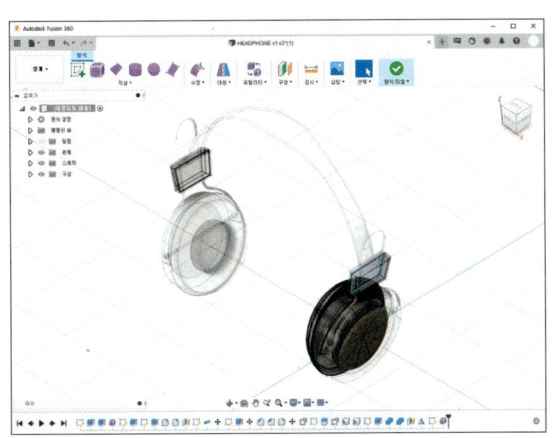 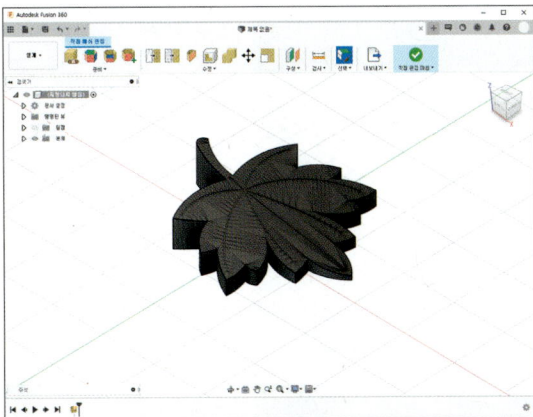

3) 작업순서 이력 관리 기능

화면 하단에 타임라인이 있어 어떤 명령을 사용하여 작성을 했는지 이력 정보를 확인할 수 있고 어디서든지 형태를 편집할 수 있다. ▶ Play 버튼을 클릭하면 애니메이션처럼 처음부터 작업내용을 순서대로 볼 수 있다.

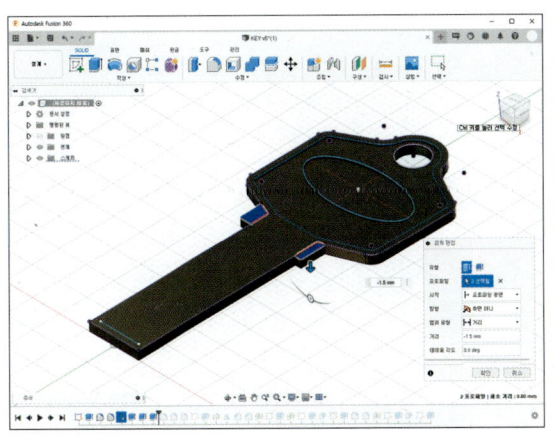 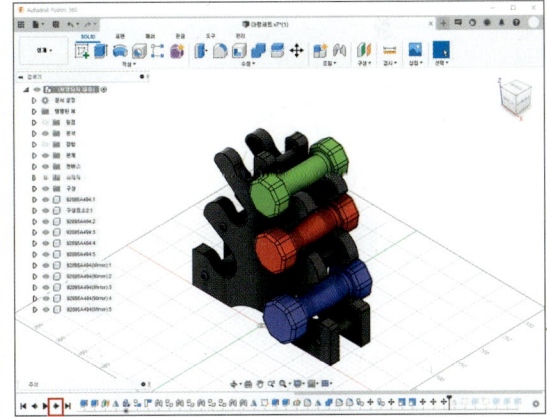

4) 협업 기능

클라우드 기반 시스템으로 작성한 데이터를 누구나 쉽게 공유 및 라이브 검토를 할 수 있다. 웹브라우저는 물론 Android, iPhone에서도 Fusion 360 App을 설치하여 데이터를 열 수 있다.

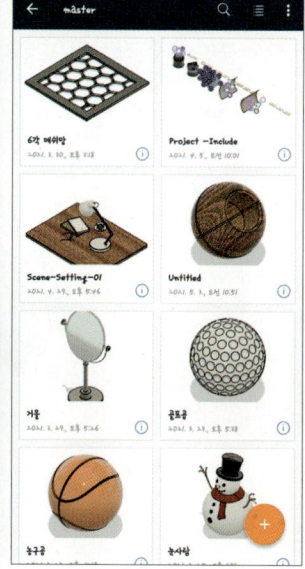
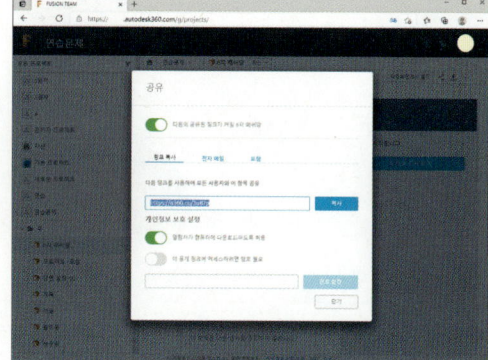

5) 렌더링 기능

작성한 형상에 재질을 입혀 실제 이미지로 표현할 수 있다. 보통은 전문가용 소프트웨어가 필요하지만 Fusion 360은 그대로 렌더링(RENDER) 작업공간에서 렌더링을 실시해 완성 이미지를 확인할 수 있다.

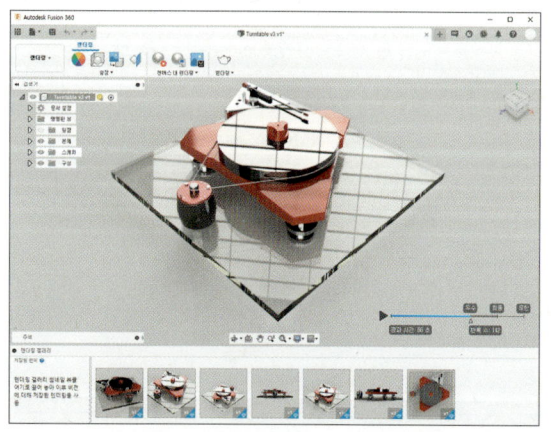
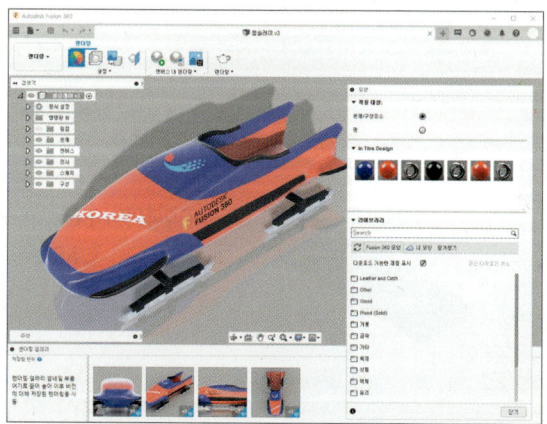

6) 조립, 애니메이션 기능

여러 개의 부품을 작성하여 조립했을 때 간섭이 되지 않는지, 가동 부품이 잘 구동되는지를 검증할 수가 있다. 또한, 구동 부분을 애니메이션(Animation)이나 동작학습(Motion Study) 기능을 사용해 동영상 파일로 내보내기도 가능하다.

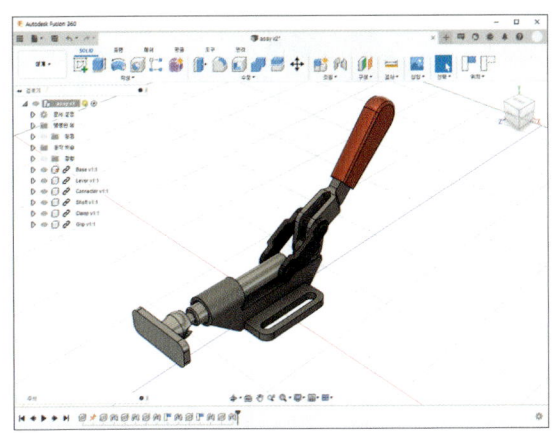 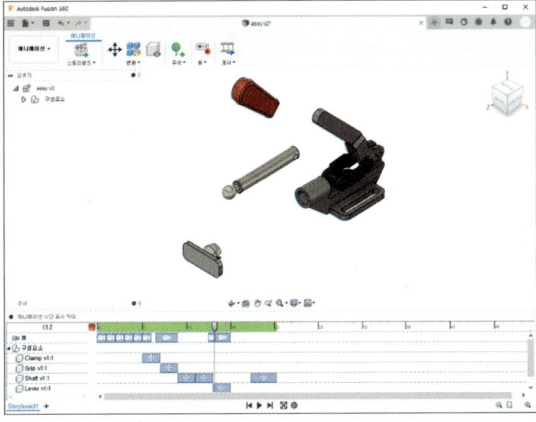

7) 도면화 기능

3D 모델을 기준으로 2D 도면을 작성할 수 있으며 작성한 도면은 PDF, DWG로 내보내기를 할 수 있다. 기본 템플릿으로 작성하거나 도면 템플릿을 불러와 도면을 작성할 수도 있다.

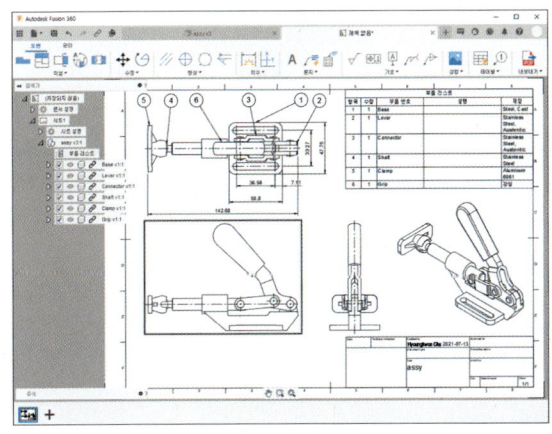 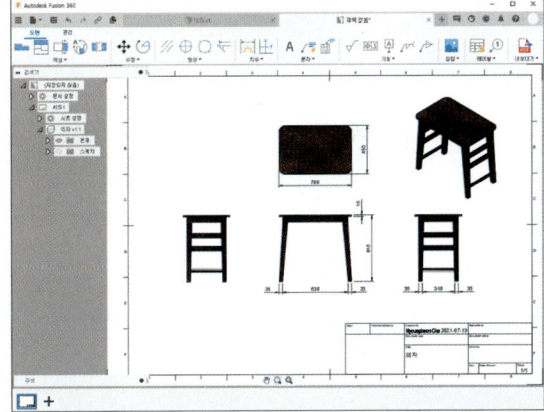

8) 해석 기능

설계 단계에서 강도가 약해 구부림 등 어떤 변형을 일으키진 않는지 시뮬레이션을 통해 제품의 성능 및 강도에 대해 정보를 얻을 수 있다. 정적 응력 해석, 고유주파수 해석, 열응력 해석, 구조용 좌굴 해석, 형상 최적화 등의 해석을 다양하게 할 수 있다.

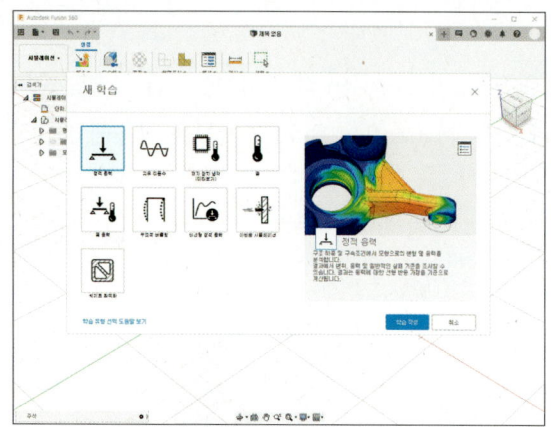
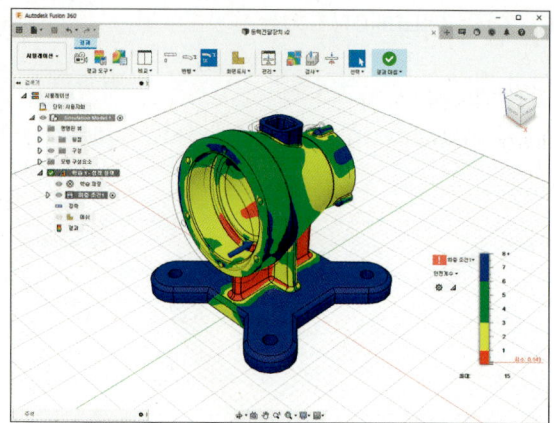

9) CAM 기능

2D, 3D 밀링 및 터닝(선반) 가공에 대한 툴패스를 생성하고 검증한다. 또한, CAM 기능을 통하여 CNC에서 사용할 수 있는 프로그램 언어(일반적으로 G코드)로 변환할 수 있다.

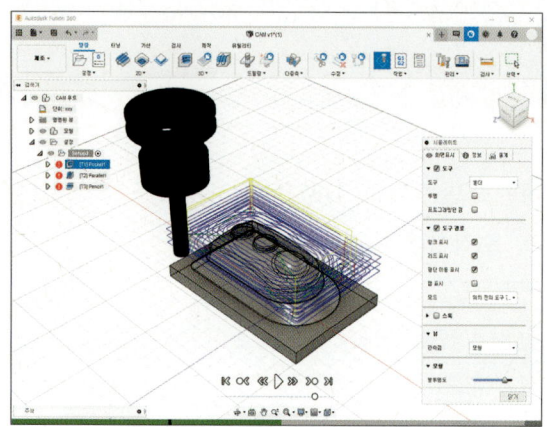
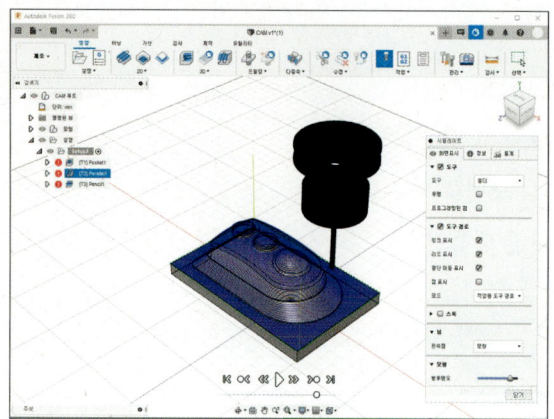

1-2 Fusion 360 시스템 요구사항

- 운영 체제 : Apple® macOS™ Big Sur 11.x*; Catalina 10.15; Mojave v10.14
  Microsoft® Windows® 8.1(64비트) (2023년 1월까지 지원)
  Microsoft Windows Windows 10(64비트)
- CPU 유형 : x86 기반 64비트 프로세서(예: Intel Core i, AMD Ryzen 시리즈), 4코어, 1.7GHz 이상; 32비트는 지원되지 않음. ARM 기반 프로세서는 Rosetta 2를 통해서만 부분적으로 지원됨
- 메모리 : 4GB RAM(통합 그래픽에서는 6GB 이상 권장)
- 그래픽 카드 : DirectX11(Direct3D 10.1 이상 버전), 1GB 이상의 VRAM을 갖춘 전용 GPU, 6GB 이상의 RAM을 갖춘 통합 그래픽
- 디스크 공간 : 3GB 저장 용량
- 해상도 : 1366 x 768(100% 축척에서 1920 x 1080 이상 권장)
- 주변 기기 : HID 호환 마우스 또는 트랙패드, 선택적 Wacom® 태블릿 및 3Dconnexion SpaceMouse® 지원
- 인터넷 : 2.5Mbps 이상의 다운로드 속도, 500Kbps 이상의 업로드 속도

1-3 다운로드 및 설치

01 http://www.autodesk.co.kr/products/fusion-360/overview에 접속한 후 [무료 체험판 다운로드]버튼을 클릭한다.

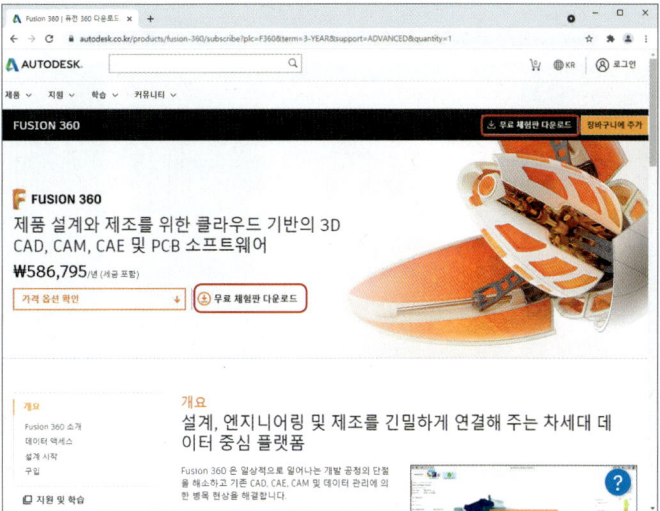

02 [다음] 버튼을 클릭한다.

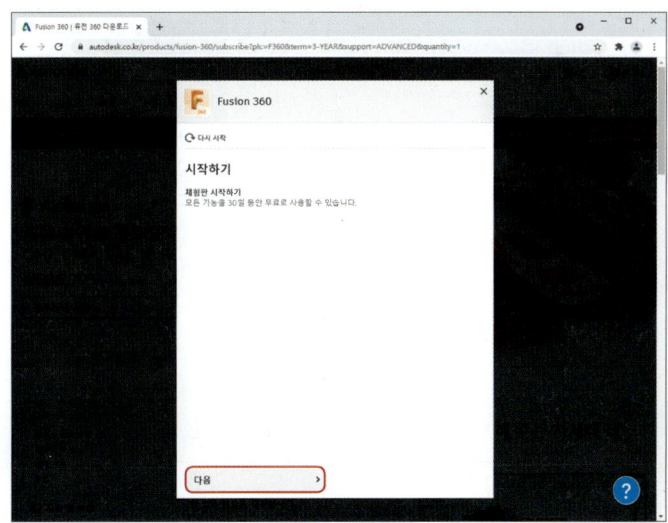

03 Autodesk 계정이 있으면 사용 중인 계정에 등록된 메일 주소를 입력하고 로그인하고 계정이 없다면 하단의 [계정 작성]을 클릭하여 계정을 작성한다.

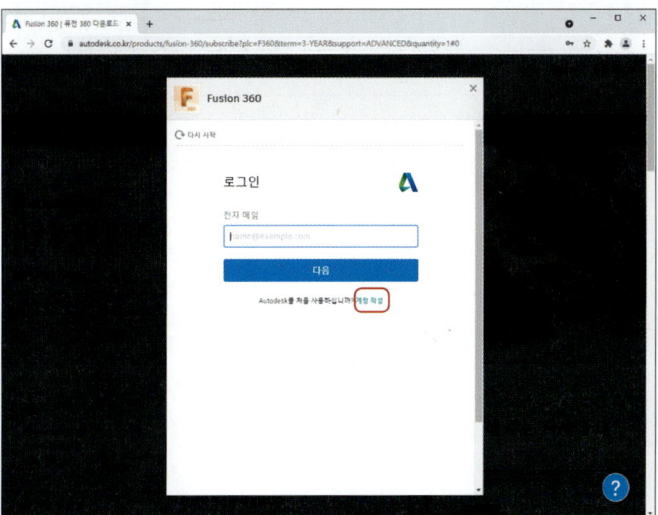

04 계정 작성을 할 경우 전체 내용을 작성하고 모든 약관에 동의 후 [계정 작성]버튼을 클릭하여 계정을 생성 후 로그인 한다.

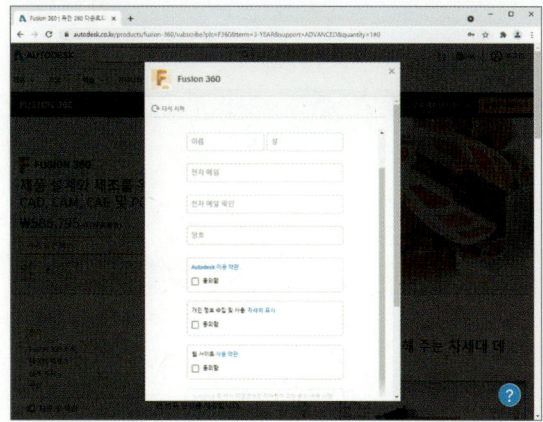 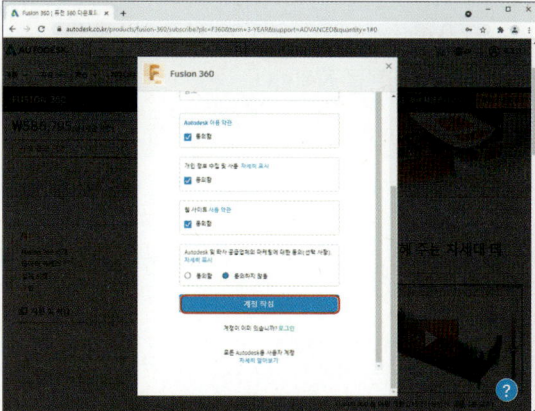

05 로그인 후 세부 내용을 입력하고 [체험판 시작] 버튼을 클릭하면 창이 바뀌면서 설치 파일(Fusion 360 Client Downloader.exe)이 다운로드 된다.

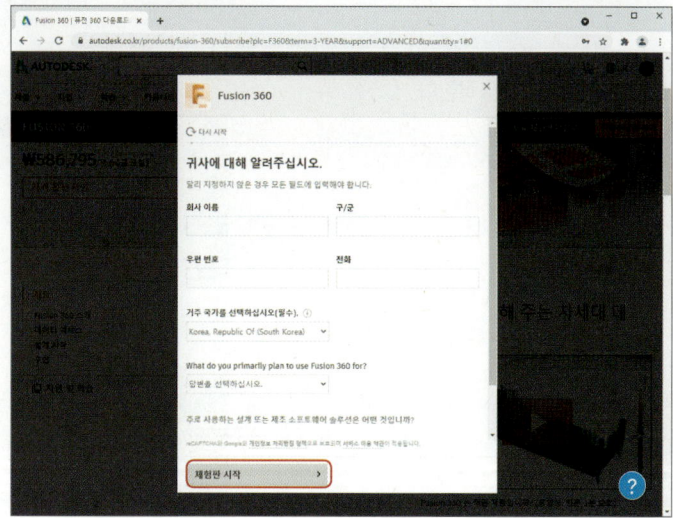

06 다운로드 받은 Fusion 360 Client Downloader.exe 파일을 더블 클릭하여 프로그램을 설치한다.

07 Fusion 360의 설치가 완료되면 이메일 주소 입력창이 보인다. Autodesk 계정이 있다면 이메일 주소를 입력하고 [NEXT]를 클릭, 다음엔 Password 비밀번호를 입력하고 [SIGN IN]을 클릭하면 프로그램이 실행된다.

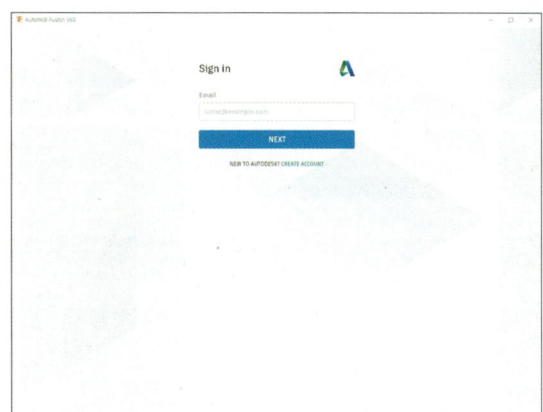 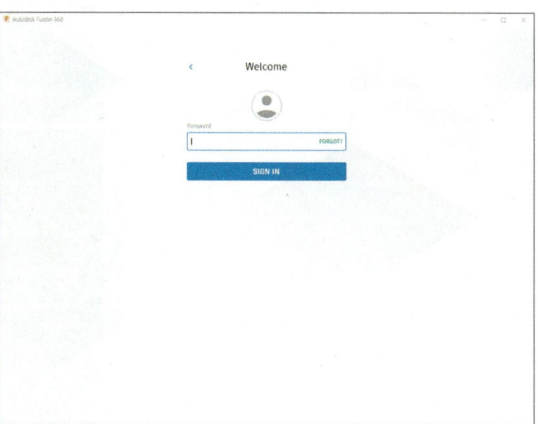

08 프로그램 첫 실행시 Team 생성을 요구하는데 [Create a Team]을 클릭하고 원하는 Team명을 지정하면 프로그램을 사용할 수 있다.

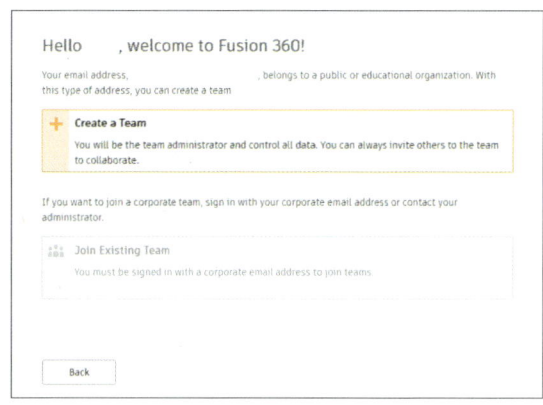

1-4 사용자 등록 및 활성화

Fusion 360은 월간 또는 연간으로 멤버십 가입하는 유료 프로그램이다. 하지만 학생과 교육자는 3년, 스타트업 기업, 취미로 사용하는 분께는 1년간 무료로 사용할 수 있도록 되어 있다.

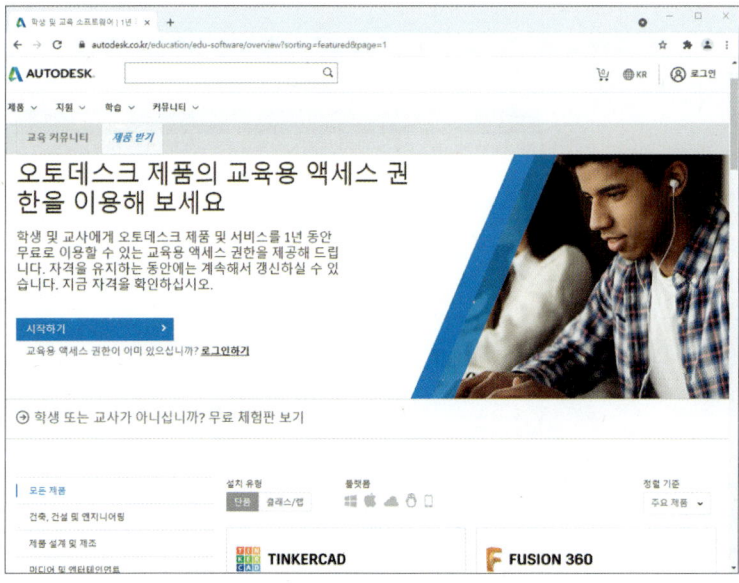

처음 Fusion 360을 실행하면 30일 동안만 사용할 수 있다는 안내(Trial ends in 30 days)가 보인다. 또한, 30일이 경과하면 더 이상 프로그램을 사용할 수 없고 읽기전용으로만 가능하다는 안내(Expired Subscription - Read Only)가 보인다. 따라서, 무상 또는 유상으로 반드시 활성화를 해야 장기간 사용할 수 있다.

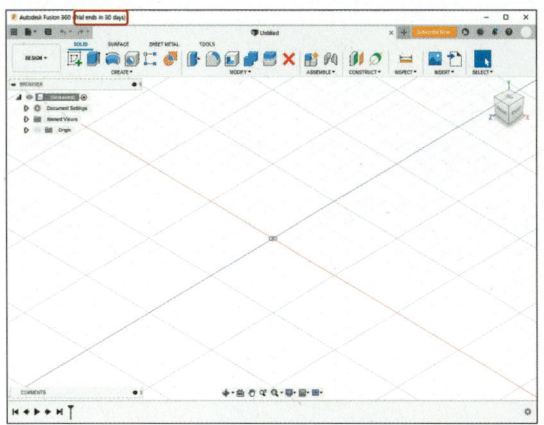 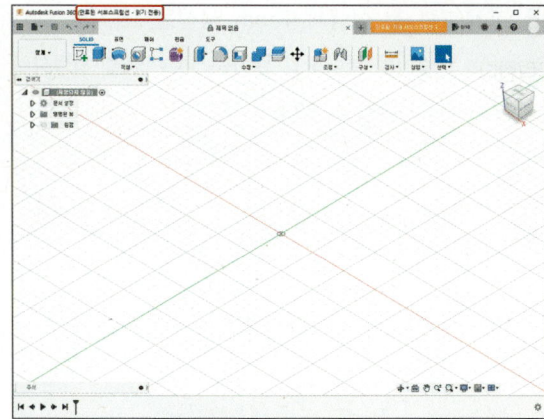

1) 개인 취미용 인증

개인/취미용의 경우 클라우드 렌더링 등 일부 기능이 제한된다. 특히 저장시 신규 프로젝트의 생성이 불가능하며 클라우드상에 저장 가능한 파일도 10개로 제한된다. 인증 후 1년간 무상으로 프로그램을 사용이 가능하다.

01 https://www.autodesk.com/products/fusion-360/personal 사이트에 접속하여 Free의 [GET STARTED]를 클릭한다.

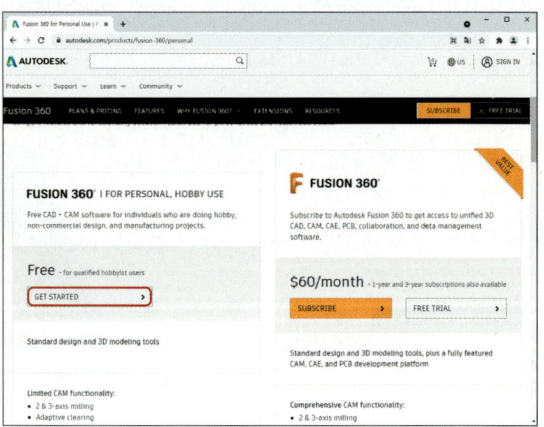

02 등록한 계정의 이메일을 입력한 후 [다음]을 클릭하고 비밀번호를 입력하고 계정에 접속한다.

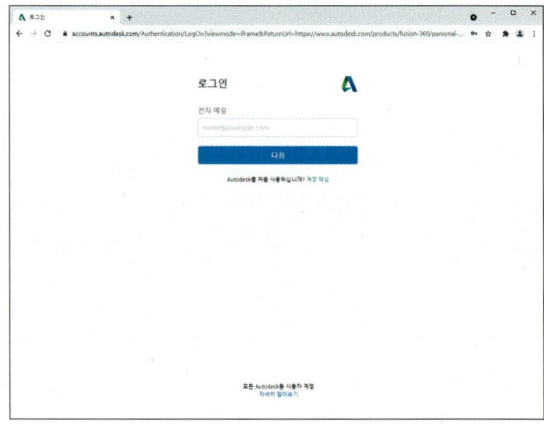

03 세부 정보를 입력하고 약관에 동의 후 [NEXT] 버튼을 클릭한다.

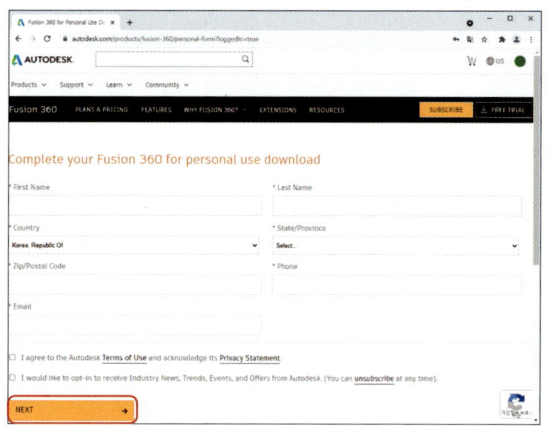

04 프로그램을 설치하지 않았거나 설치 프로그램을 다운 받지 않았다면 [DOWNLOAD FUSION 360 NOW]를 클릭하여 프로그램을 다운 받고 설치 후 인증 받은 계정으로 사용이 가능하다.

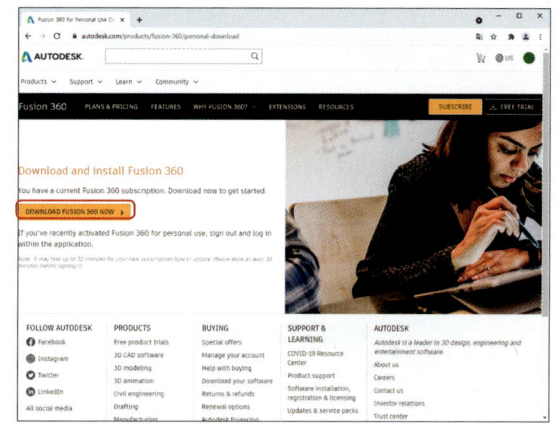

2) 학생/교육자용

학생임을 증빙하는 서류를 제출하고 인증을 받는다. 인증 후 1년간 무상으로 프로그램을 사용 할 수 있다.

01 오토데스크 코리아 홈페이지(http://www.autodesk.co.kr)에 접속해 화면 아래쪽에 있는 [학생용 무료 소프트웨어]를 클릭한다. 교육 커뮤니티 화면에서 [제품 받기]를 클릭한다.

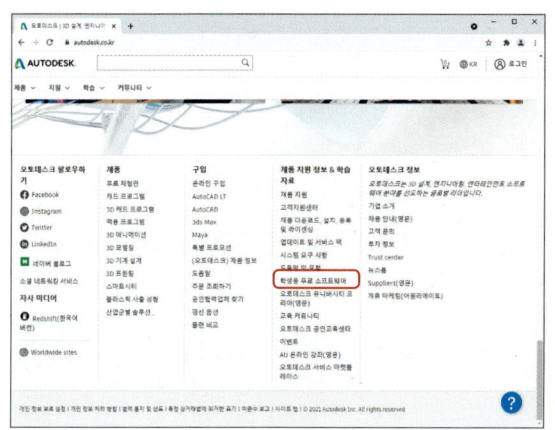 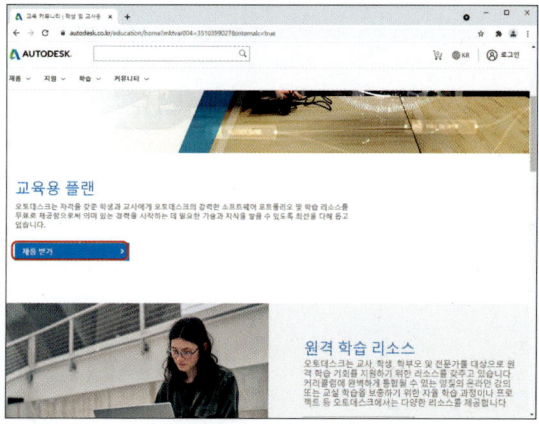

02 [교육 커뮤니티>제품받기] 화면에서 [시작하기]를 클릭한다.

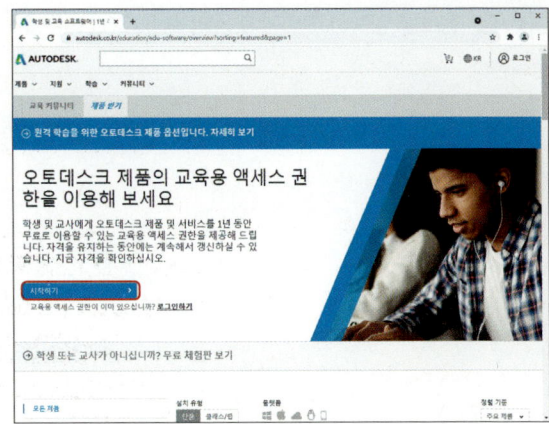

03 오토데스크 계정이 있다면 로그인, 계정이 없다면 세부 내용을 입력하고 [다음]을 클릭하고 추가 내용을 작성 후 [계정 작성]을 클릭해 계정을 생성한다.

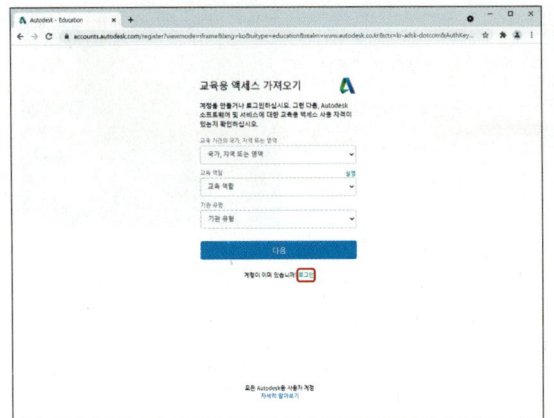 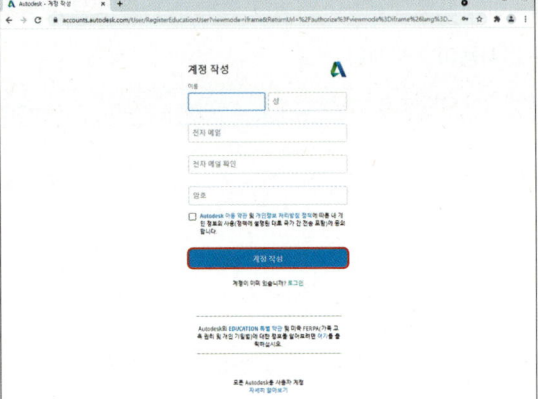

04 학교에 대한 정보를 입력하고 [다음]을 클릭한다. 만약 학교가 검색되지 않는다면 [학교를 찾을 수 없습니까?]를 클릭한다.

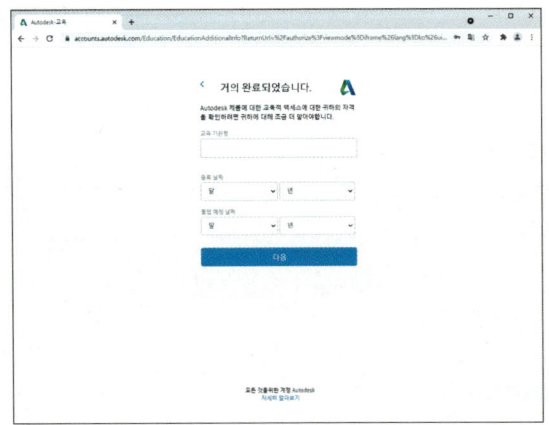 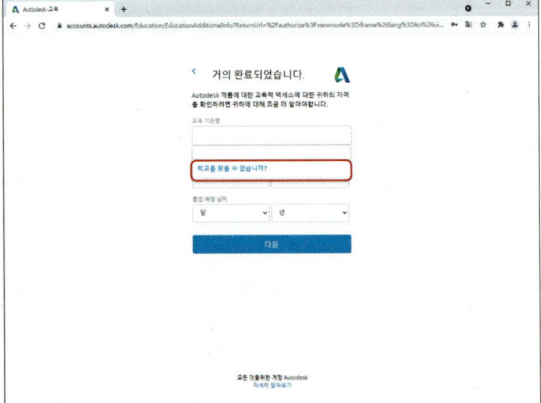

05 학교를 찾을 수 없는 경우 학교가 속한 국가와 학교 홈페이지 주소를 입력하고 학교 등록을 신청한다.

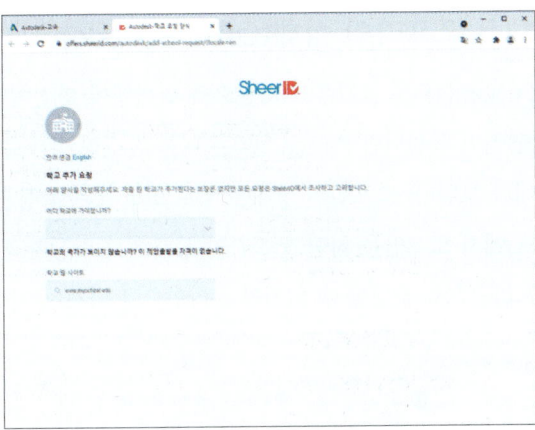

06 학교 정보 입력 후 나오는 페이지에서 [시작하기] 버튼을 클릭한다.

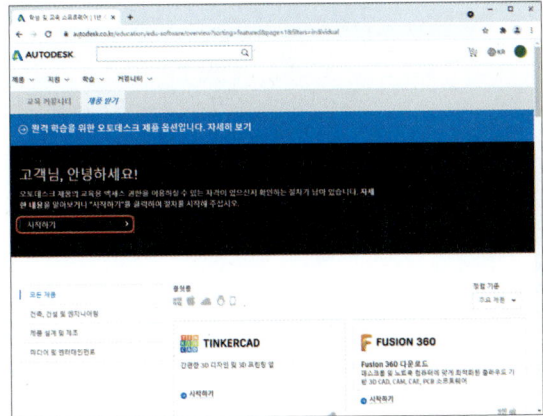

07 입력된 정보를 확인 수정하고 [확인]을 클릭하고 추가 문서를 준비하여 파일을 제출한다.

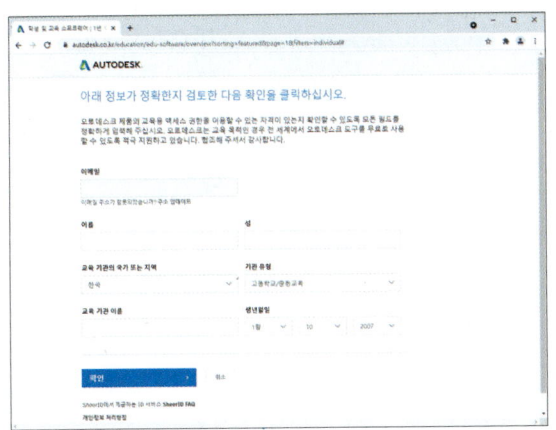
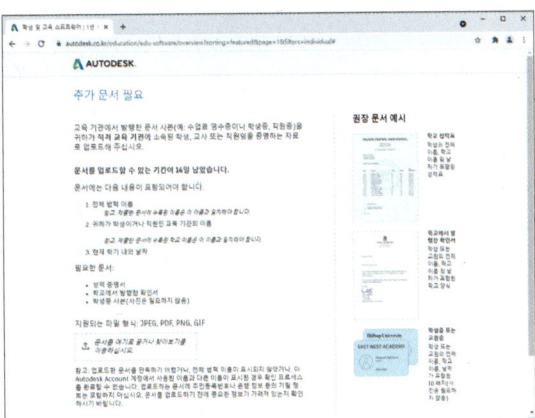

1-5 오프라인 상태(Offline Mode)

Fusion 360은 클라우드 기반으로 인터넷이 연결이 되어야만 한다. 그러나 인터넷 연결이 좋지 않을 때는 [연결이 복원되면 Fusion 360은 다시 온라인 상태로 되며 offline mode로 계속해 작업을 할 수 있다.]는 안내가 보인다. 오프라인 상태는 업로드와 같은 특정 파일 작업을 수행할 수가 없어서 저장을 하더라도 다른 PC에서 로그인을 하면 오프라인 상태에서 저장한 파일은 확인할 수가 없게 된다. 필요한 경우 2주까지 오프라인으로 작업할 수 있지만 온라인으로 다시 동기화해야 최신 버전을 유지할 수 있다.

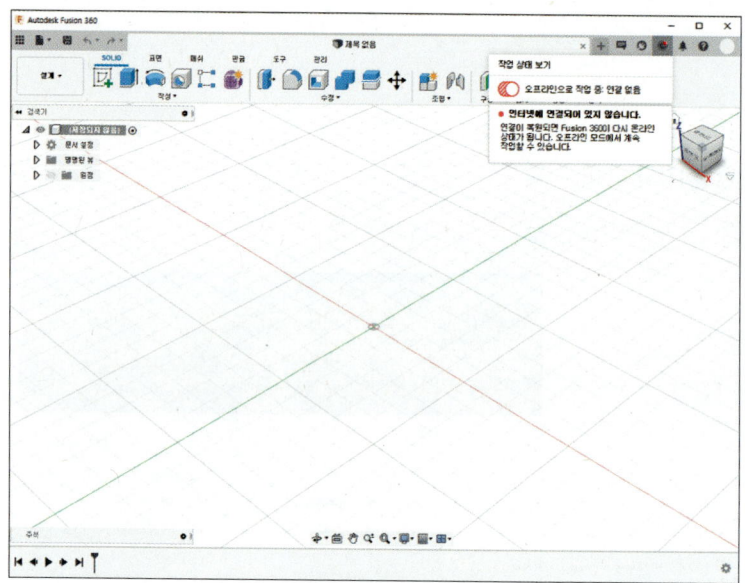

여기서 잠깐

Fusion 360은 배움에 있어서도 유튜브, 페이스북, 웹사이트를 통해서도 여러 교육 자료들을 제공하고 있어 학습하는데 매우 도움이 된다.

제품 정보	https://www.autodesk.co.kr/products/fusion-360/overview
사용자 모임	https://cafe.naver.com/autodeskfusion360
유튜브 채널	https://www.youtube.com/user/autodeskfusion360
기본 튜토리얼	https://help.autodesk.com/view/fusion360/ENU/courses
작품 공개	http://cafe.naver.com/autodeskfusion360

Section 02 Fusion 360 인터페이스

사용자 인터페이스 화면 구성은 프로그램을 편리하게 다루기 위한 기능들로 모아져 있다. 자주 사용하는 명령은 바로가기 기능으로 도구막대에 아이콘을 추가해 사용할 수도 있다.

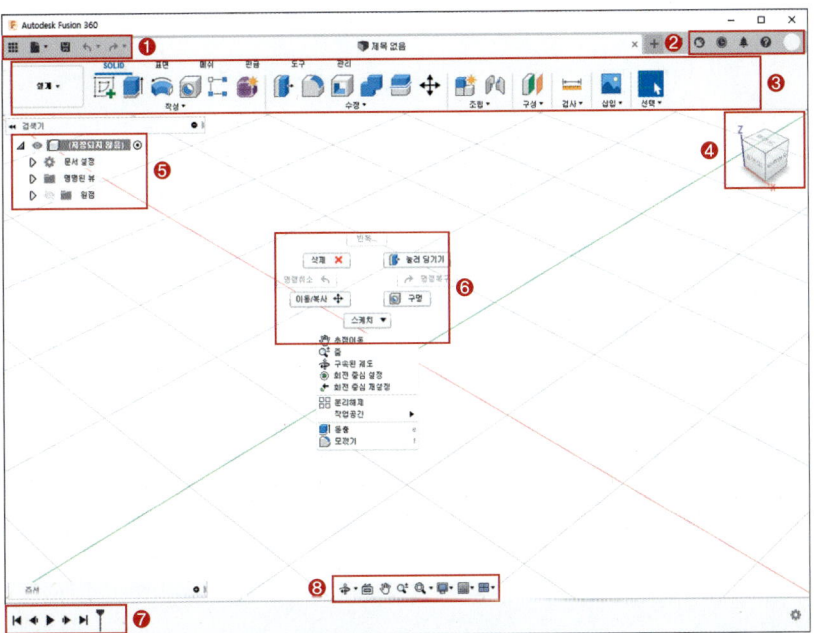

❶ 응용프로그램 막대(Application bar) : 데이터 패널, 파일 관련 메뉴를 나타내는 막대이다.

❷ 계정 및 도움말(Profile and help) : 계정 설정을 변경하거나 도움말에서 Fusion 360의 튜토리얼을 볼 수 있다.

❸ 도구막대(Toolbar) : Workspace 전환과 모델링을 위한 명령 아이콘들의 집합이다.

❹ 뷰큐브(ViewCube) : 정육면체의 면, 모서리, 점을 클릭해 화면 방향을 전환한다.

❺ 검색기(Browser) : 작업창에 작성된 스케치, 본체 및 원점 항목들을 표시한다.

❻ 퀵메뉴(Marking menu) : 캔버스(작업 창)에서 왼쪽 클릭은 객체 선택, 오른쪽 클릭은 Marking 메뉴(퀵메뉴)로 접근이다.

❼ 타임라인(Timeline) : 디자인을 수행한 부분이 보이며 타임라인에서 마우스 우클릭, 하위 메뉴에서 피쳐 편집을 클릭하면 객체 수정이 가능하며 명령 아이콘을 드래그하여 작업 순서를 바꿀 수도 있다.

❽ 탐색막대, 화면 설정(Navigation Bar, Display Settings) : Zoom(줌), Pan(화면 이동), Orbit(제한, 자유 궤도) 명령과 인터페이스의 화면 제어, 그리드, 뷰포트를 제어한다.

2-1 응용프로그램 막대(Application Bar)

프로젝트 생성과 관리에 필요한 데이터 패널, 새 디자인 생성과 저장, 3D Print를 실행하는 파일 메뉴, 작업 취소와 복구아이콘으로 구성되어 있다.

❶ 데이터 패널(Data Panel) : 프로젝트 생성 및 관리, 프로젝트 공유할 참여자 초대, Data 관련한 보관, 열기, 삽입 등을 제어한다.
❷ 파일(File) : 새 디자인, 저장, 내보내기, 3D Print 유틸리티를 실행한다.
❸ 저장(Save) : 디자인을 클라우드에 저장한다.
❹ 작업 취소/작업 복구(Undo/Redo) : Undo/Redo 동작을 실행한다.

2-1-1. File 메뉴

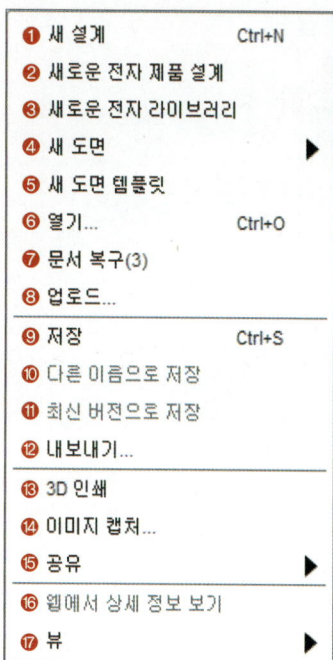

❶ 새 설계(New Design) : 부품(디자인)을 새로 작성한다.
❷ 새로운 전자 제품 설계(New Electronics Design) : PCB(디자인)을 새로 작성한다.
❸ 새로운 전자 라이브러리(New Electronics Library) : 새로운 PCB 부품 라이브러리를 작성한다.
❹ 새 도면(New Drawing) : 저장이 끝난 문서를 열어 새 도면을 작성한다.
  • 설계에서(From Design) : 모델링된 형상의 도면을 작성한다.
  • 애니메이션에서(From Animation) : 분해 에니메이션이 작성된 파일의 분해도를 작성한다.

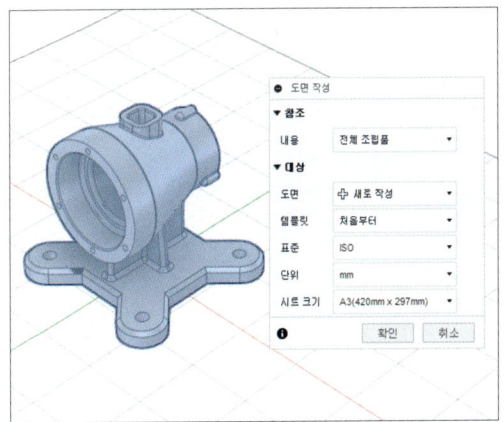
▲ 설계에서(From Design)

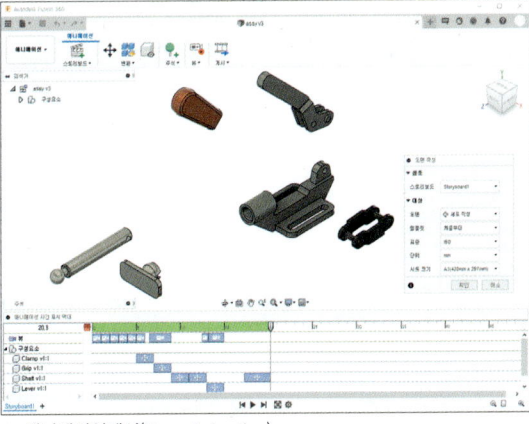
▲ 애니메이션에서(From Animation)

❺ 새 도면 템플릿(New Drawing Template) : 새로운 도면 양식을 작성한다.

❻ 열기(Open) : 클라우드 또는 개인 저장 공간에 저장된 파일을 연다. Fusion 360파일 뿐만 아니라 호환되는 형식의 모든 포맷을 열 수 있다.

❼ 문서 복구(Recover Documents) : 프로그램이 비정상적으로 종료되었을 때 자동 저장 폴더에서 문서를 복구한다. Fusion 360을 재실행하면 아래처럼 대화상자가 보이고 자동 저장된 파일을 클릭하여 열면 된다.

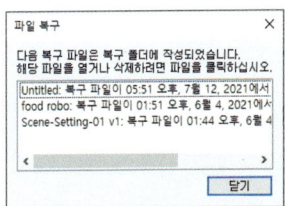

다른 복구 문서가 1개 남아 있다면 문서복구(1)로 표기가 되고 클릭하면 다시 대화상자가 보인다. 파일을 열거나 필요가 없다면 삭제한다.

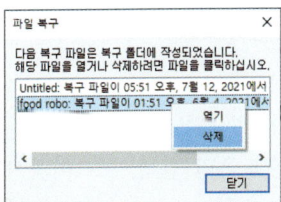

❽ 업로드(Upload) : 개인 저장 공간에 보관된 파일을 클라우드에 저장해 준다.

❾ 저장(Save) : 저장한다.

❿ 다른 이름으로 저장(Save As) : 다른 이름으로 저장한다.

⓫ 최신버전으로 저장(Save As Latest) : 저장된 모델링 파일의 이전 버전 파일을 열어 최종 버전으로 저장해 준다.

⓬ 내보내기(Export) : 개인 저장 장치에 파일을 저장한다. f3d, iges, sat, smt, step 파일로 내보내기

⓭ 3D 인쇄(3D Print) : 3D Printer 출력용 stl 파일을 생성하거나 컴퓨터에 연결된 3D Printer로 출력 파일을 전송한다.

⓮ 이미지 캡쳐…(Capture Image) : 현재 작업중인 모델링 이미지를 캡쳐하여 저장한다.

⓯ 공유(Share) : 공유, 공개링크 작성, Fusion360 갤러리, GrabCAD로 파일을 공개한다.

⓰ 웹에서 상세 정보 보기(View Details on Web) : 클라우드 저장공간의 웹페이지에 접속하여 파일을 관리한다.

❼ 뷰(View) : 배치(Layout), 도구막대(Toolbar), 뷰큐브(ViewCube) 등을 표시하거나 숨기기한다.

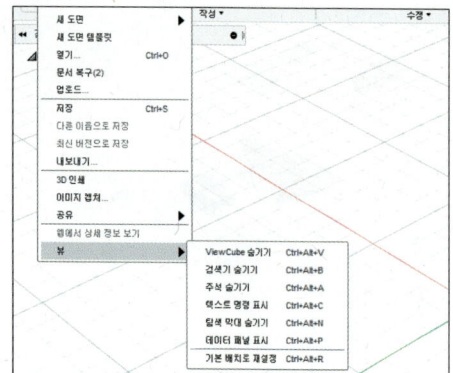

> **여기서 잠깐**
>
> Fusion 360 파일의 확장자는 *.f3d 파일이다. 저장(Save)를 클릭하면 클라우드에 저장이 되므로 내 컴퓨터에 저장을 하려면 [파일(File)]-[내보내기...(Export)]를 클릭하여 파일 유형을 선택한 후 저장 폴더를 찾아 Save를 클릭한다.
>
>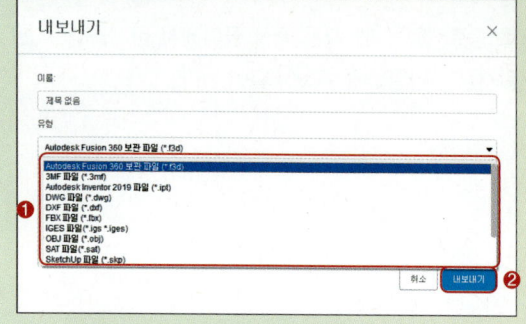

2-2 계정 및 도움말(Profile and help)

사용자 계정 및 저장 시간, 높이 축 선택, 정밀도 등을 규정하는 환경 설정, 도움말 검색, 로그아웃으로 구성되어 있다.

2-2-1. 계정(Profile)

오토데스크 계정을 확인하고 기본 설정과 보안 설정 수정 및 작업 환경에 맞도록 설정을 한다.

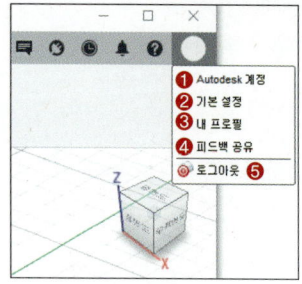

❶ Autodesk 계정(Autodesk Account) : 오토데스크 사용자 프로파일 사이트로 이동한다. 계정 설정을 변경할 수 있다.

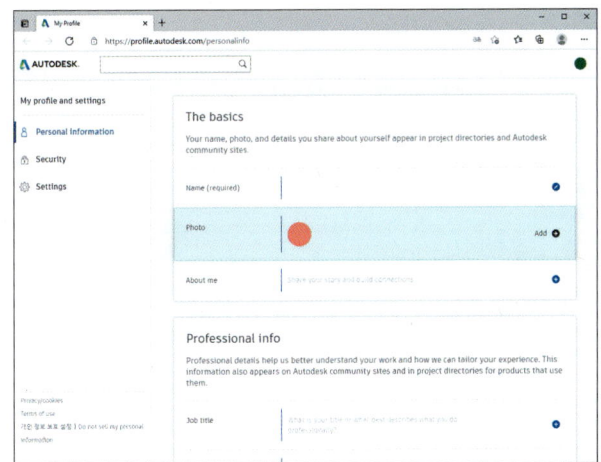

❷ 기본 설정(Preferences) : 사용자 언어, 저장 시간, 마우스 줌방향, 높이축(Y up, Z up) 선택, 도면 작성 시 규격, 단위, 투상법, 정밀도, 화면에 표시할 단위와 정밀도 등을 설정한다.

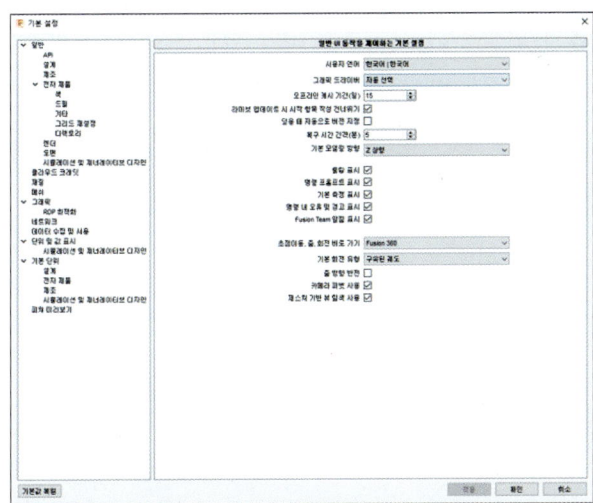

❸ 내 프로필(My Profile) : Fusion 360 Web이 실행되어 프로젝트 작업 상태, 파일 다운로드, 공유 등을 할 수 있다.

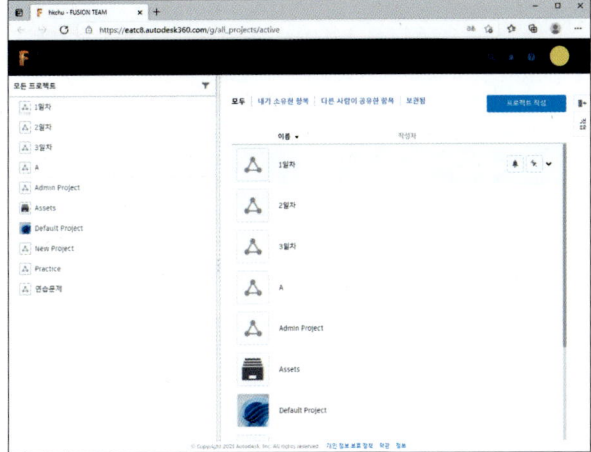

❹ 피드백 공유(Share Feedback) : Fusion360 사이트에 도움이 필요한 부분을 요청한다.
❺ 로그아웃(Sign Out) : 클라우드 기반의 소프트웨어이므로 공용 PC에서 작업 후 종료할 때는 반드시 Sign Out을 클릭하여 로그아웃을 한다.

2-2-2. 도움말(Help)

Search Help란에 도움말을 검색하거나 확장하여 튜토리얼, 사용자들이 작품을 게시한 갤러리, 프로그램 정보, 최신 업데이트 정보 등을 볼 수 있다.

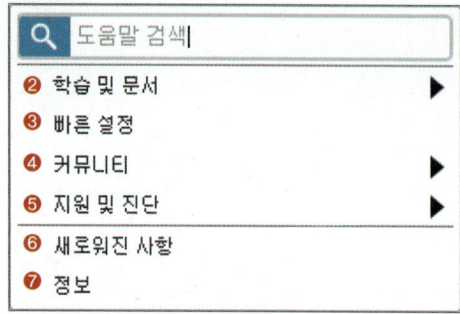

❶ Show Learning Panel(학습 패널 표시) : Fusion360 인터페이스상에 학습용 패널을 표시한다.(단, 언어 설정이 한국어 일때는 나오지 않는다.)

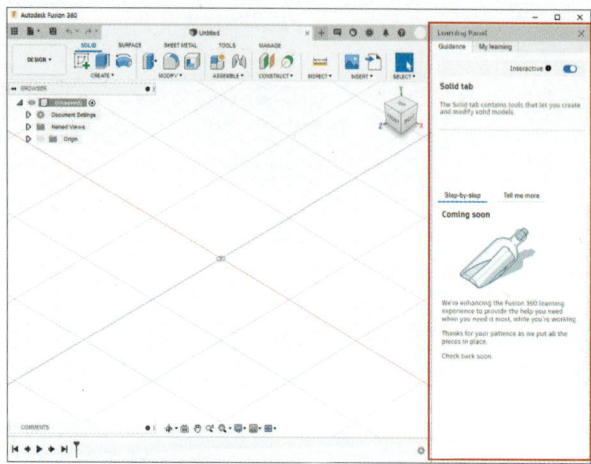

❷ 학습 및 문서(Learning and Documentation)

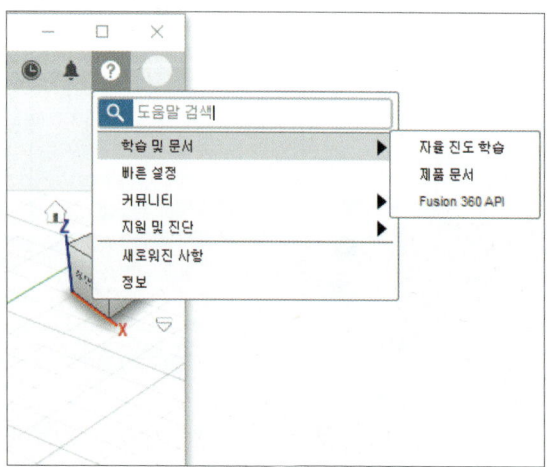

- 자율 진도 학습(Self-Paced Learning) : Fusion 360의 기능을 독학할 수 있는 튜토리얼 사이트를 연결한다.

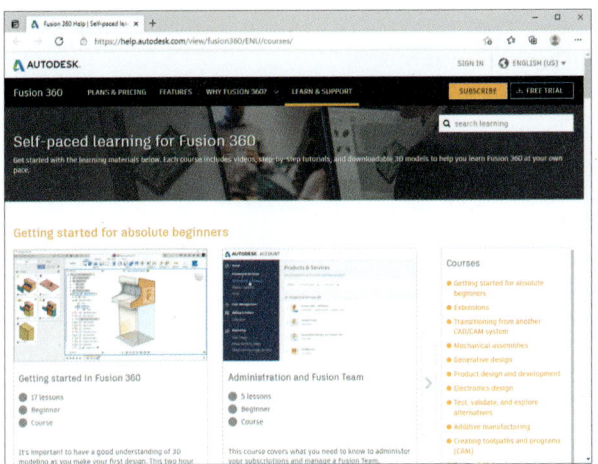

- 제품 문서(Product Documentation) : Fusion 360의 기능을 설명하는 매뉴얼 사이트에 연결한다.

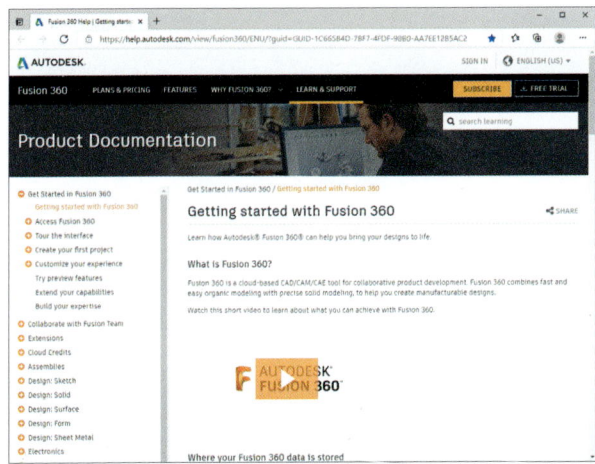

- Fusion 360 API : 개발자를 위한 API 프로그래밍 내용을 보여준다.

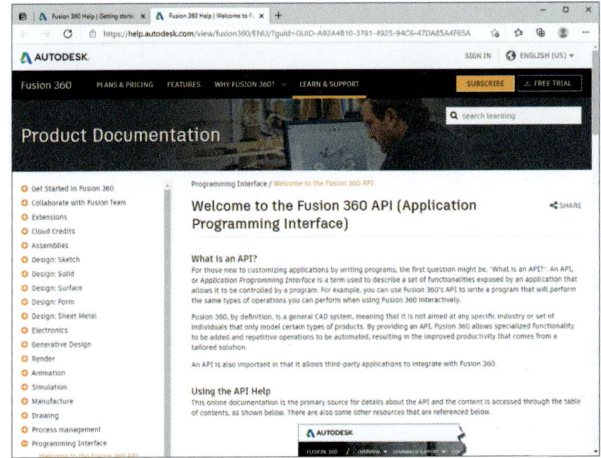

❸ 빠른 설정(Quick Setup) : Fusion 360의 단위, 조작 방식을 설정할 수 있으며 튜토리얼 페이지에 연결할 수 있다.

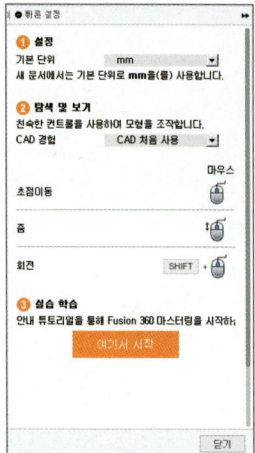

❹ 커뮤니티(Community)

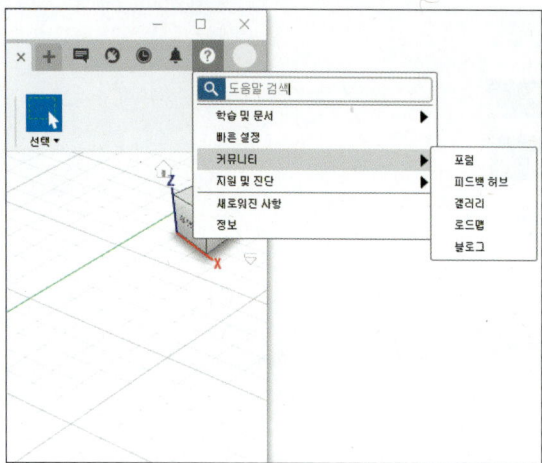

- 포럼(Forum) : 커뮤니티 포럼 페이지로 이동한다.

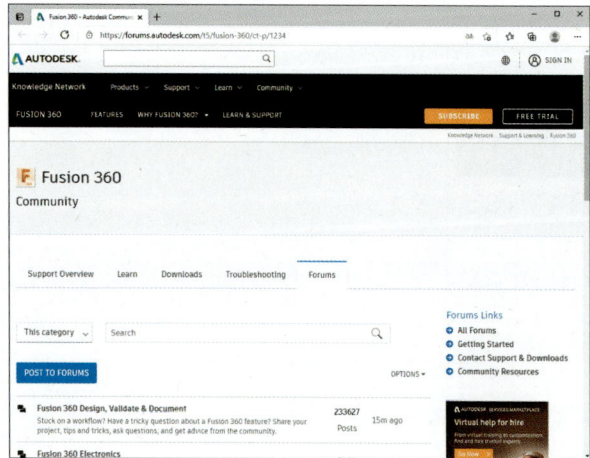

- 피드백 허브(Feadback Hub) : 포럼의 피드백 허브 사이트를 연결한다. 기술적인 자문이나 그에 따른 답변들을 확인 할 수 있다.

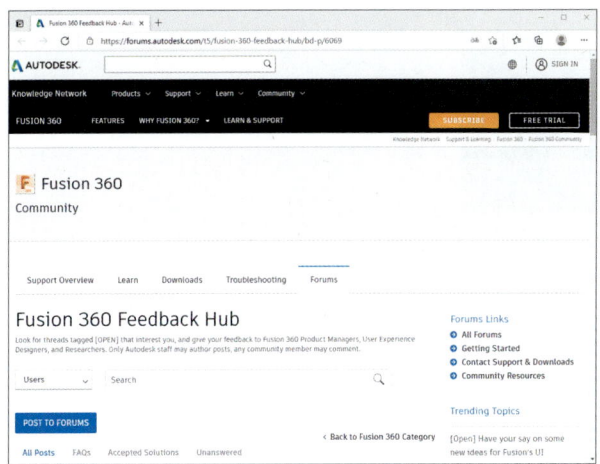

- 갤러리(Gallery) : 사용자들의 게시된 작품들을 볼 수 있다.

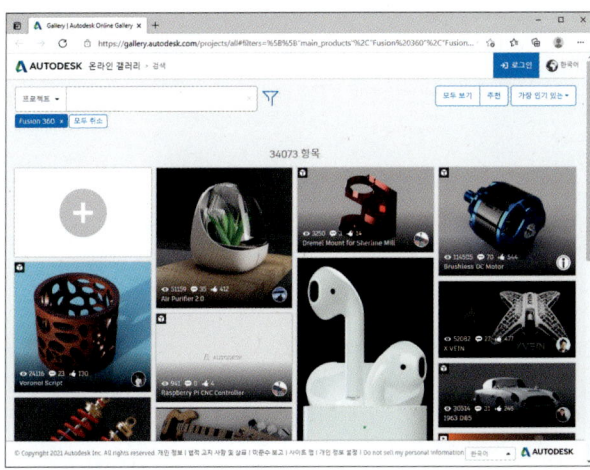

- 로드맵(Roadmap) : 디자인 트렌드, 유용한 팁, 튜토리얼, 업데이트 관련 뉴스 등을 볼 수 있다.

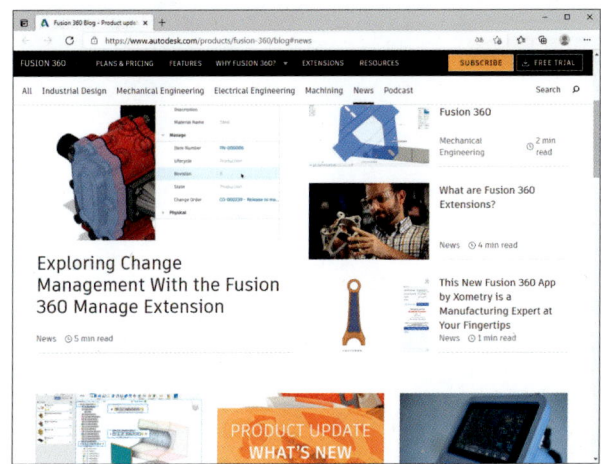

- 블로그(Blog) : Fusion 360 공식 Blog 사이트에 연결한다.

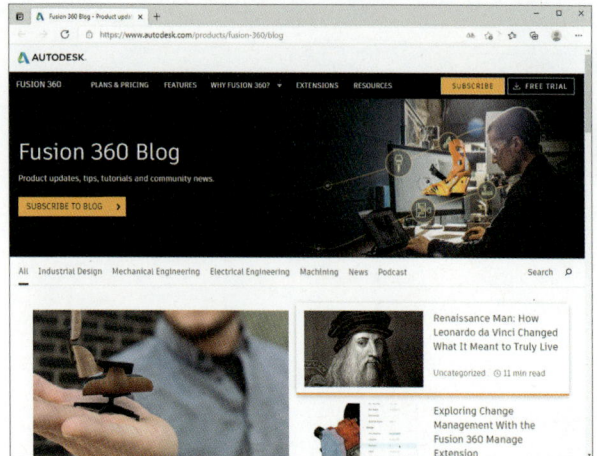

❺ 지원 및 진단(Support and Diagnostic)

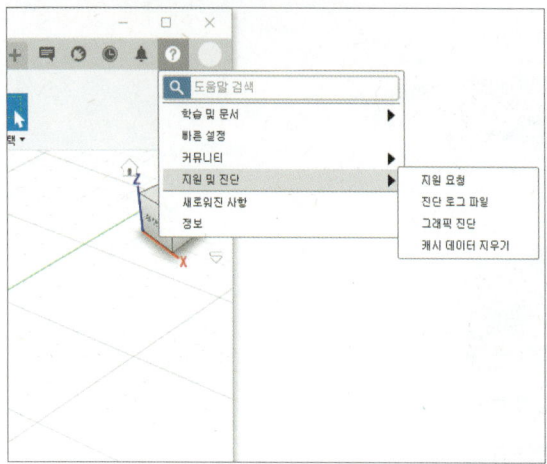

- 지원 요청(Get Support) : 도움을 받고자 하는 사항을 입력하거나 검색할 수 있다.

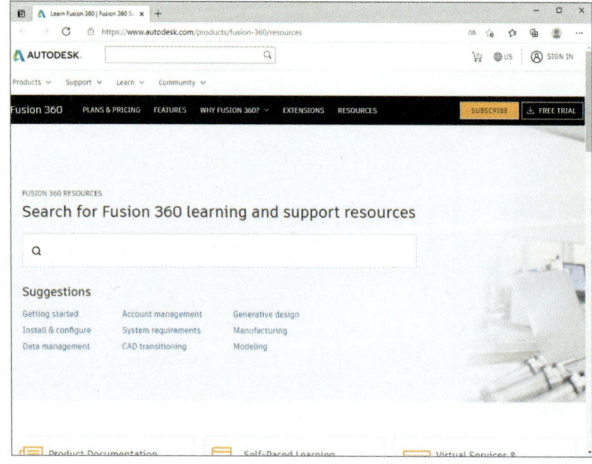

- 진단 로그파일(Diagnostic Log Files) : 사용자의 사용 기록 파일을 진단한다.

- 그래픽 진단(Graphics Diagnostic) : 사용자의 그래픽 카드 상태를 보여준다.

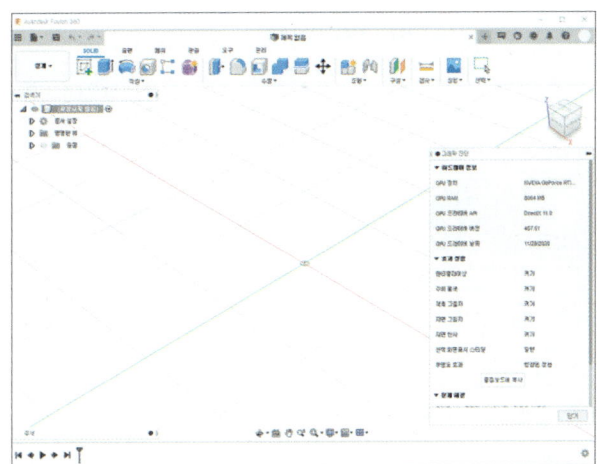

- 캐쉬 데이터 초기화(Clear user cache data) : 캐쉬 데이터를 초기화한다.

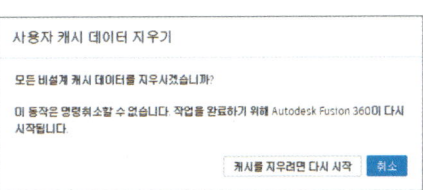

❻ 새로워진 사항(What's New) : 새로 업데이트된 기능 소개 페이지로 이동한다.

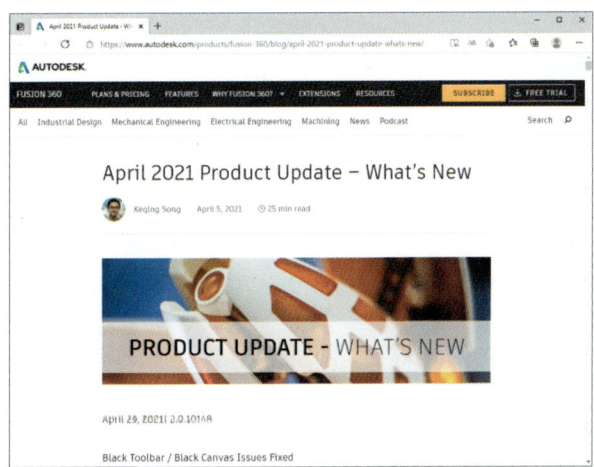

❼ 정보(About) : Fusion 360 프로그램 기본 정보를 표시한다. 현재의 버전, Fusion 360 라이센스 버전등을 알 수 있다.

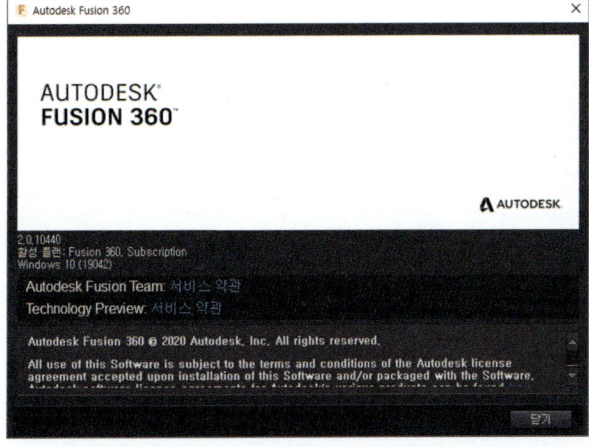

2-3 도구막대(Toolbar)

작업공간, 스케치 명령, 작성과 편집, 조립, 작업평면, 측정, 삽입, 3D PRINT까지 모델링을 위해 필요한 도구들이 모여 있다. 작업공간만 설명하고 나머지 명령들은 다른 PART에서 참조한다.

❶ 설계(DESIGN) : 모델링 환경으로 전환한다.
❷ 제너레이티브 디자인(GENARATIVE DESIGN) : 인공 지능을 활용하여 요구되는 조건에 부합하는 자동 모델링 환경으로 전환한다.
❸ 렌더링(RENDER) : 렌더링 이미지 작성 환경으로 전환한다.
❹ 애니메이션(ANIMATION) : 애니메이션 작성 환경으로 전환한다.
❺ 시뮬레이션(SIMULATION) : Simulation 환경으로 전환한다.
❻ 제조(MANUFATURE) : CAM 작성 환경으로 전환한다.
❼ 도면(DRAWING) : 2D 도면 작성을 할 수 있도록 전환한다.

기능 익히기 ▶ 숨어있는 작업공간 찾아내기

Fusion 360은 현재 보이는 작업공간 외에 추가로 더 사용할 수가 있다.

01 [작성(CREATE)]-[양식 작성(Create Form)]을 클릭한다.

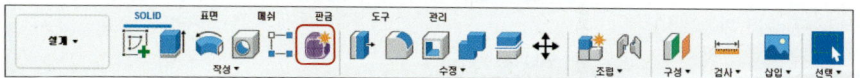

02 자유형 모델링이 끝났다면 [양식 마침(FINISH FORM)]을 클릭하여 MODEL 작업공간으로 전환한다.

이렇게 Fusion 360은 작업 특성에 따라 작업공간을 선택하여 실행하도록 다양하게 구성되어 있다.

여기서 잠깐

도구막대(Toolbar)에 자주 사용하는 명령을 등록할 수 있다. 해당 명령 뒤에 [점]를 클릭하고 [도구막대에 고정(Pint to Toolbar)] 앞에 사각 박스를 클릭하여 체크하면 툴바에 해당 아이콘이 생겨 쉽게 명령 접근을 할 수 있다.

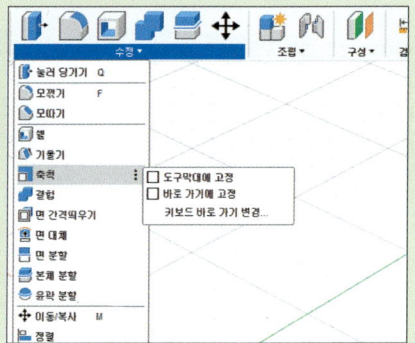

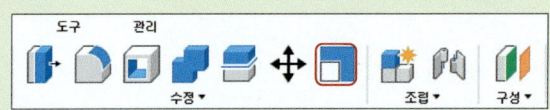

등록을 해제하려면 해당 명령 뒤에 [점]를 클릭하고 [도구막대에 고정(Pint to Toolbar)] 앞에 사각 박스를 클릭하여 체크를 해제하면 된다. 또한, 도구막대(Toolbar)를 초기화하려면 변경한 패널 위에 마우스 우클릭, 하위메뉴에서 [모든 도구막대 사용자화 재설정(Reset All Toolbar Customization)]을 선택, 도구막대(Toolbar) 전체가 아닌 단일 패널만 초기화 할 경우 [패널 사용자화 재설정(Reset Panel Customization)]을 선택한다.

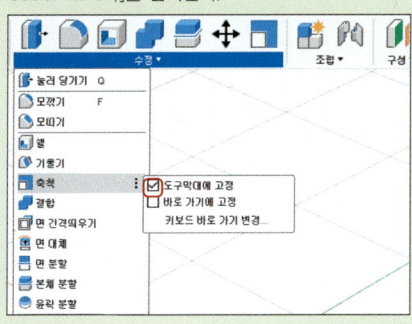 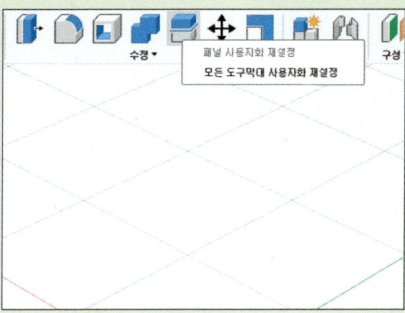

2-4 뷰큐브(ViewCube)

뷰큐브는 작업영역의 오른쪽 상단에 있는 정육면체를 말한다. 면(평면도, 정면도, 우측면도 등), 모서리, 꼭짓점을 클릭하면 해당 뷰로 화면이 이동한다. 뷰큐브에 마우스를 대면 집 모양의 홈(⌂)과 옵션(▽) 버튼이 보인다. 홈 버튼은 뷰를 원래의 방향으로 바꿔준다.

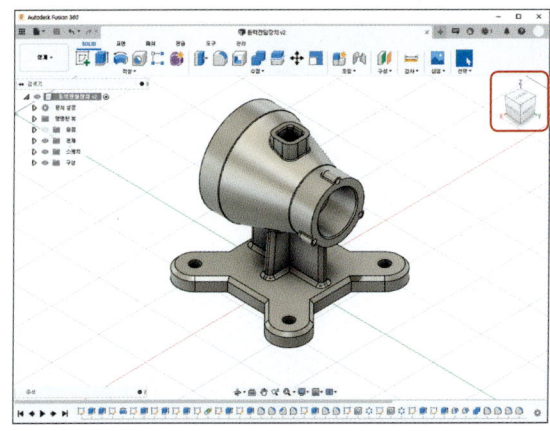 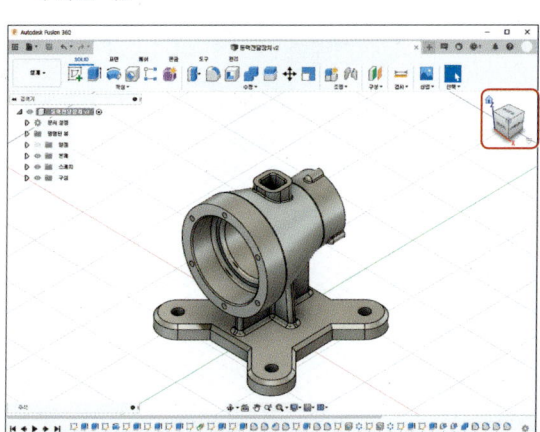

▲ 원하는 시점으로 바꾼 경우 　　　　　　　　　▲ Home 버튼을 클릭한 경우

❶ 홈으로이동(Go Home) : 홈 뷰로 복원한다.

❷ 직교(Orthographic) : 원근법에 의한 왜곡없이 선들이 평행한 직교 모드로 전환한다.

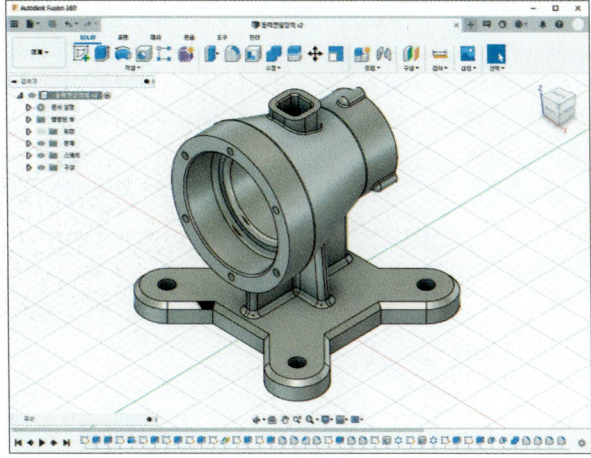

❸ 투시(Perspective) : 3점 원근법으로 표시되는 모드로 전환한다. 실제로 사람의 눈이 사물을 인식하는 방식과 유사하다.

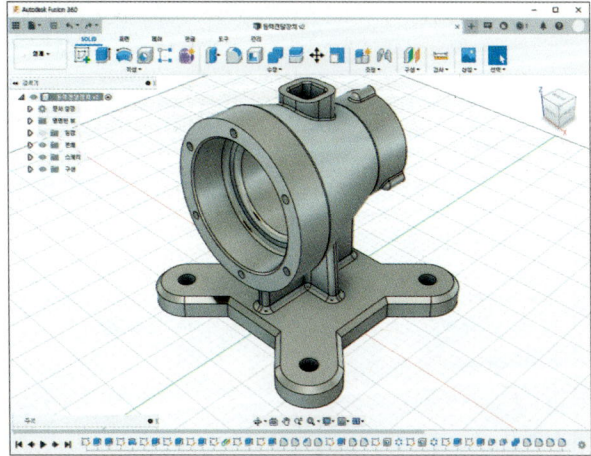

❹ 직교 면이 있는 원근(Perspective with Ortho Faces) : 뷰큐브의 면 중 하나가 활성화될 때(평면도, 정면도, 우측면도 등)는 직교 모드, 그 외 3D 뷰에서는 원근 모드로 표시된다.

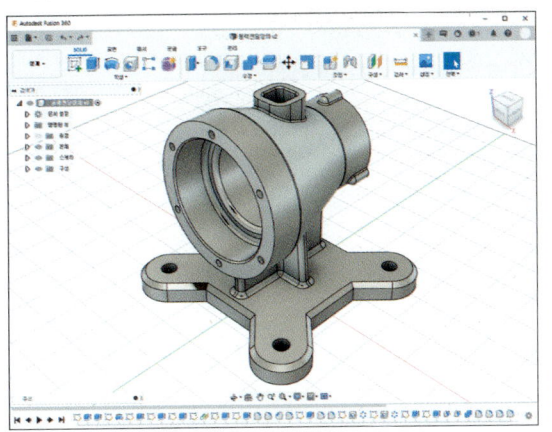 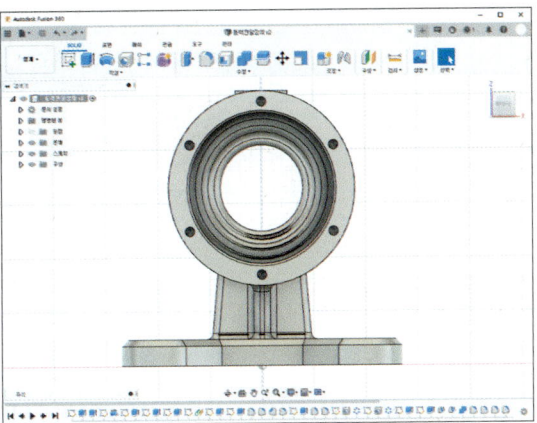

❺ 현재 뷰를 홈 뷰로 설정(Set current view as Home) : 현재 뷰를 홈 뷰로 설정한다.
❻ 홈 재설정(Reset Home) : 원래의 홈 뷰로 재설정한다.
❼ 현재 뷰를 다음으로 설정(Set current view as) : 현재 평면뷰를 FRONT 또는 TOP으로 설정한다.
❽ 정면도 재설정(Reset Front) : 정면뷰를 초기값으로 재설정 한다.

2-5 검색기(BROWSER)

검색기는 부품의 이름, 도면 설정, 명명된 뷰, 원점, 모델을 만들었다면 관련 스케치, 본체 항목을 보여준다.

❶ Main 부품(Component): 부품의 이름을 표시한다.
❷ 문서 설정(Document Settings) : 모델의 단위를 보여주고 mm에서 inch로 편집도 가능하다.

❸ 명명된 뷰(Named Views) : 기본적으로 4개 방향(맨위, 정면도, 오른쪽, 홈)의 뷰를 볼 수 있다. 사용자 뷰에 맞춰 뷰를 추가할 수도 있다.
❹ 원점(Origin) : 화면의 원점, 축, 평면을 볼 수 있다.
❺ 본체(Bodies) : Main 부품에 속하는 현재 설계의 구성 요소(Solid, Surface, Mesh)를 표시한다.
❻ 스케치(Sketches) : 부품 모델링에 사용한 스케치를 표시한다.
❼ 구성(Construction) : 작업하면서 새로 생성된 평면(Plane), 축(Axis), 점(Point)를 표시한다.
❽ 구성 요소(Component) : Main 부품을 구성하는 세부 요소를 표시한다. 확장하면 세부 요소의 원점, 본체를 표시한다.

기능 익히기 ▶ 사용자 뷰 저장하기

01 예제 파일을 불러온 후 브라우저에서 Named Views를 확장하여 TOP을 클릭한다.

■ 예제 파일 : PART1₩Leaf.f3d

02 새롭게 뷰를 만들기 위해 탐색막대에서 회전(Orbit) 아이콘( )을 클릭한다.

03 뷰를 조정하고 마우스 우클릭, 퀵메뉴에서 [확인(OK)]버튼을 클릭한다.

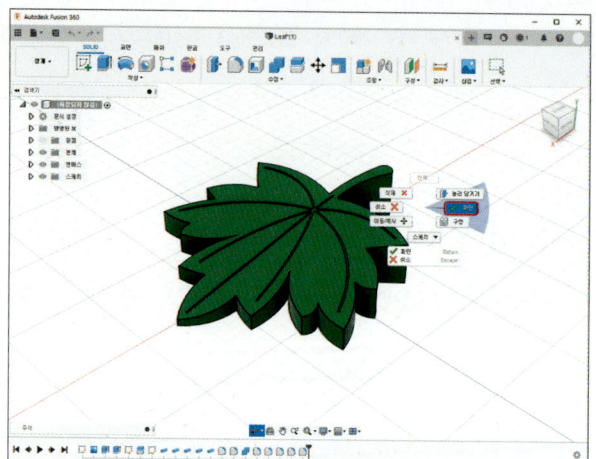

04 브라우저의 명명된 뷰(Named Views)에 마우스 우클릭, [명명된 새 뷰(New Named View)]를 클릭한다.

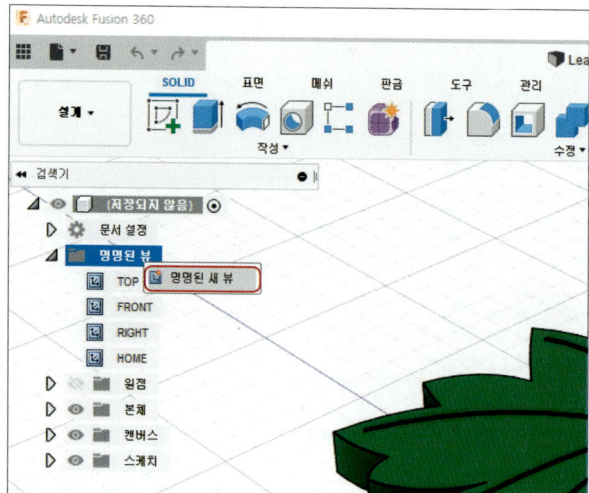

05 브라우저에 명명된 뷰(Named View)가 생성된다. FRONT를 클릭 후 명명된 뷰(Named View)도 클릭해본다. 저장된 화면으로 정면도에서 사용자 지정 뷰로 전환된다.

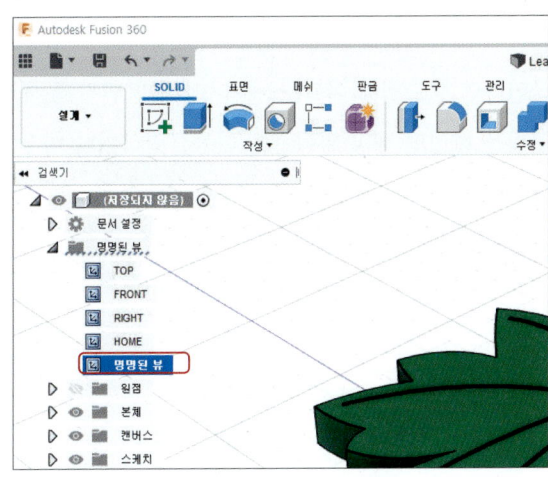

2-6 퀵메뉴(Marking Menu)

퀵메뉴(Marking Menu)는 작업메뉴, 표식메뉴, 퀵메뉴로 불리는데 여기서는 퀵메뉴로 통일한다. 사용자의 모델링 작업을 쉽고 빠르게 하기 위해서 이전 명령 반복 실행, 자주 사용하는 명령, 도구막대(Toolbar)의 메뉴들을 한 번에 보여줘 클릭만으로 작업을 할 수 있다.

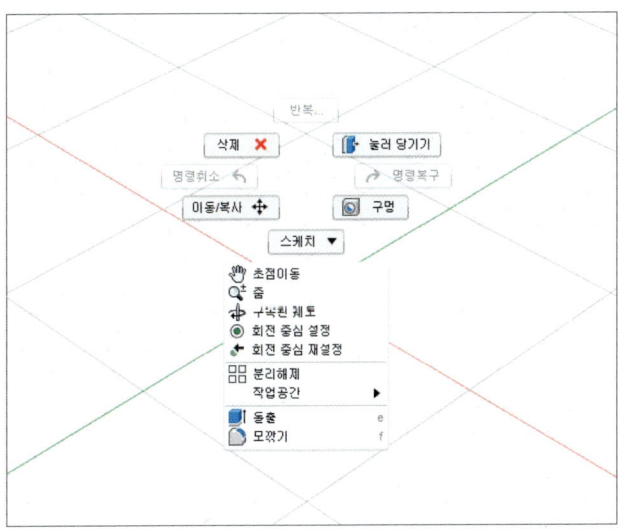

2-7 타임라인(Timeline)

타임라인은 모델링 이력(스케치, 작성과 편집에 사용된 명령)이 화면 하단에 순서대로 기록되는 것이다. 편집을 하려면 해당 아이콘을 더블클릭하거나 마우스 우클릭, 하위 메뉴에서 [피쳐 편집(Edit Feature)]를 클릭하면 작성된 형상을 수정할 수 있다.

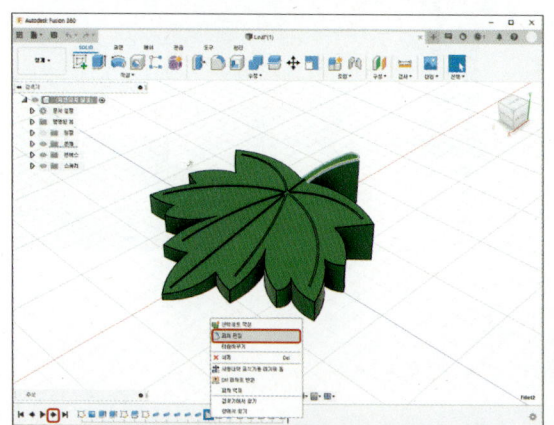 

타임라인의 가장 끝의 막대를 왼쪽으로 움직이면 현재 막대위치까지만 완료된 상황을 보여준다.

또한, 왼쪽에 있는 ▶[재생(Play)]아이콘을 클릭하면 막대 위치상태까지 모델링 단계 상황을 한눈에 확인할 수 있도록 애니메이션으로 보여준다.

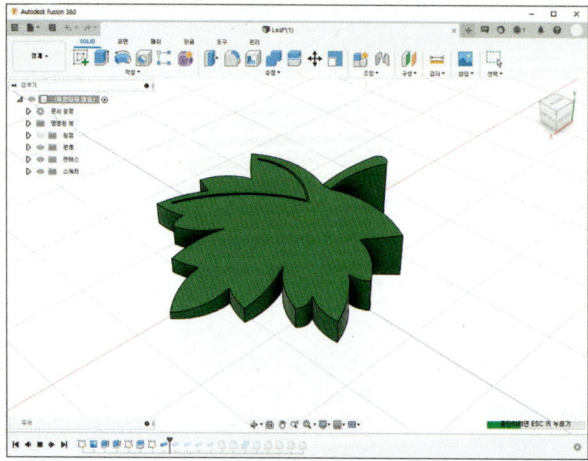

마커를 여기로 이동(Roll History Marker Here)은 현재 선택된 지점으로 작업 막대를 위치시켜 모델링 과정을 보여준다.

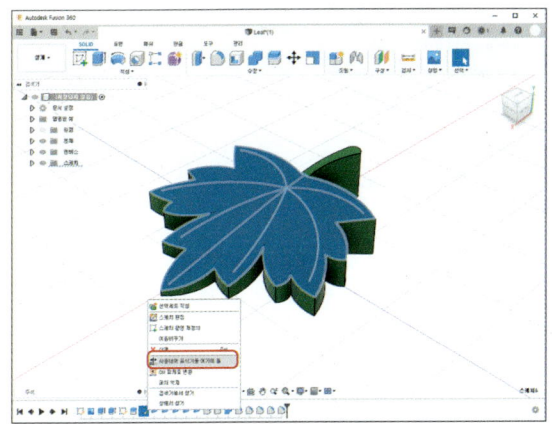
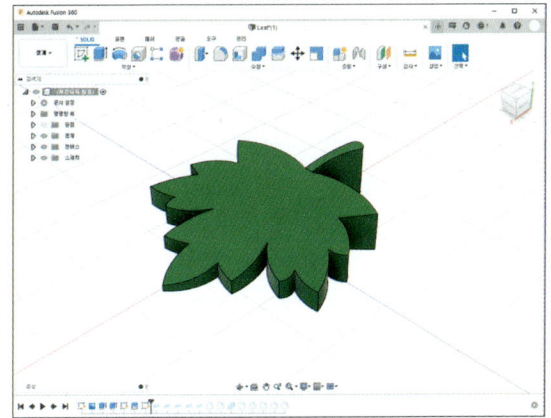

> **주의** 인쇄 직전 업데이트로 [사용내역 표식기를 여기에 롤] 명령의 번역이 [마커를 여기로 이동]으로 변경 되어 이미지는 수정하지 못하였습니다. 이후 나오는 이미지의 [사용내역 표식기를 여기에 롤] 명령은 [마커를 여기로 이동]으로 보시면 됩니다.

여기서 잠깐

화면의 오른쪽 하단 Options을 클릭하여 [타임라인 캡쳐 안 함(Do not capture Design History)]를 선택하면 경고창이 보이고 [계속(Continue)]를 클릭하면 하단의 타임라인이 사라진다. 다시 타임라인을 보이게 하려면 Main 부품에 마우스 우클릭, 하위 메뉴에서 [타임라인 캡쳐(Capture Design History)]를 선택하면 타임라인이 복원된다.

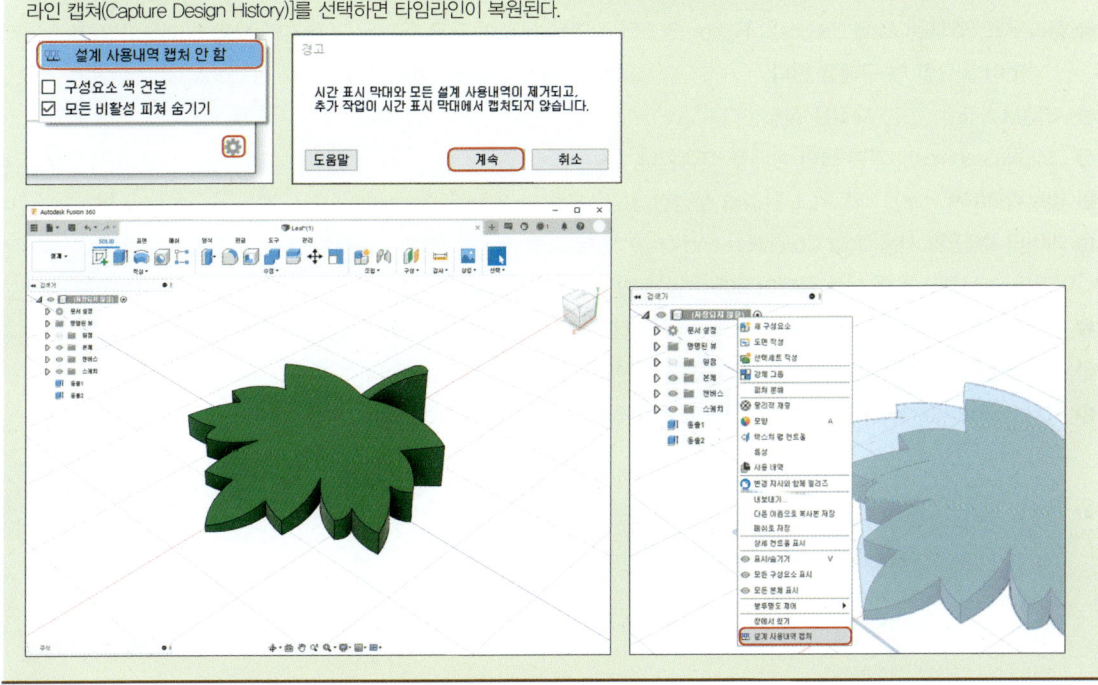

> **주의** 인쇄 직전 업데이트로 [설계 사용내역]의 번역이 [타임라인]으로 변경 되어 이미지는 수정하지 못하였습니다. 이후 나오는 이미지의 [설계 사용내역은]은 [타임라인]으로 보시면 됩니다.

2-8 기본 설정(Preferences)

환경 설정은 기본값으로 자동 설정되지만 사용자에 맞게 수정을 할 수 있다. 환경 설정은 우측 상단 [기본 설정(Preferences)]을 클릭한다.

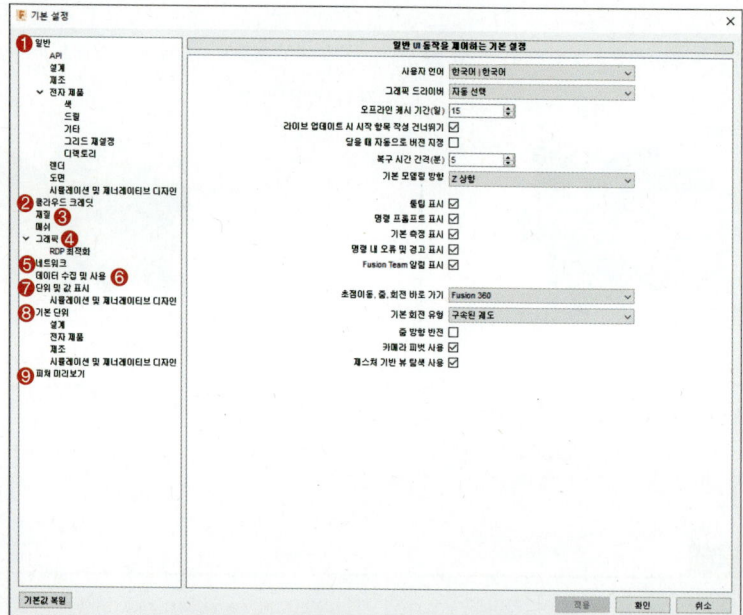

❶ 일반(General) : 사용 언어, 저장 시간, 모델링 높이 축, 툴팁 표시 등을 설정한다.
❷ 클라우드 크레딧(Cloud Credits) : Fusion 360의 상업용 버전의 경우 클라우드 환경의 사용에 제한이 있어 추가적인 부분이 필요할 때 구매를 한다.
❸ 재질(Material) : 기본 재질을 설정한다.
❹ 그래픽(Graphics) : 기본 화면 상태를 설정한다.
❺ 네트워크(Network) : 네트워크 환경을 설정한다.
❻ 데이터 수집 및 사용(Data Collection and Use) : 프로그램 개선을 위해 사용자가 어떤 기능을 주로 사용하는지 데이터를 수집하고 추후 제품 업데이트에 어떻게 반영하는지 정보를 보여준다.
❼ 단위 및 값 표시(Unit and Value Display) : 화면에 표시할 단위와 정밀도를 설정한다.
❽ 기본 단위(Default Units) : 설계, 제조, 시뮬레이션의 기본 단위계를 설정한다.
❾ 피쳐 미리보기(Preview Features) : 앞으로 업데이트 될 기능을 체험하고 피드백을 보낸다.

2-8-1. 일반(General)

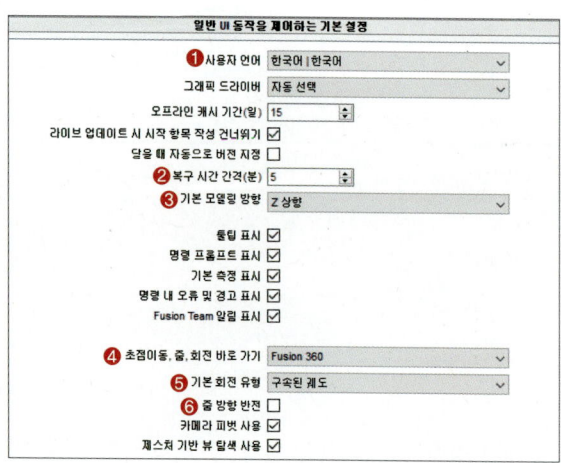

52 ■ Part 1_Fusion 360 개요

❶ 사용자 언어(User Language) : Fusion 360 사용자 언어로 다양한 언어 설정이 가능하다. 2021년 7월 부터 한국어가 추가 되어 한국어 메뉴 사용이 가능하다.
❷ 복구 시간 간격(분)(Recovery time interval(min)) : 자동으로 저장할 시간을 설정한다.
❸ 기본 모델링 방향(Default modeling orientation) : 높이 축에 해당하는 것으로 Y축, Z축 중에서 선택할 수 있다.
❹ 초점이동, 줌, 회전 바로 가기(Pan, Zoom, Orbit shotcuts) : Pan, Zoom, Orbit의 구동 방식을 일치할 프로그램을 선택할 수 있다.
❺ 기본 회전 유형(Defalut Orbit type) : 제한 궤도, 자유 궤도를 선택할 수 있다.
❻ 줌 방향 반전(Reverse zoom direction) : 마우스 휠로 조정하는 줌 확대, 줌 축소 방향을 반전시킬 수 있다.

2-8-2. 단위 및 값 표시(Unit and Value Display)

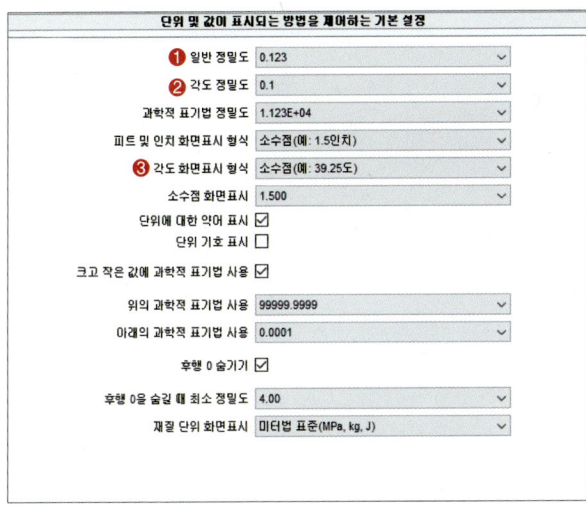

❶ 일반 정밀도(General precision) : 소수점 단위 설정으로 0.123은 소수점 셋째자리까지만 보인다.
❷ 각도 정밀도(Angular precision) : 각도 정밀도로 0.1은 소수점 첫째자리까지만 보인다.
❸ 각도 화면표시 형식(Degree display format) : 각도값 표기 방식을 선택한다.

기능 익히기 ▶ 환경 설정 수정 및 초기화

01 사용자 계정 원을 클릭해 나오는 풀다운 메뉴에서 [기본 설정(Preferences)]을 클릭한다.

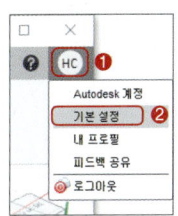

02 기본 설정은 높이를 갖는 좌표가 Z축으로 설정되어 있다. 본 교재의 예제는 Y상향을 기준으로 구성되어 있으므로 Z상향에서 Y상향으로 변경하고 [확인(OK)] 버튼을 클릭한다.

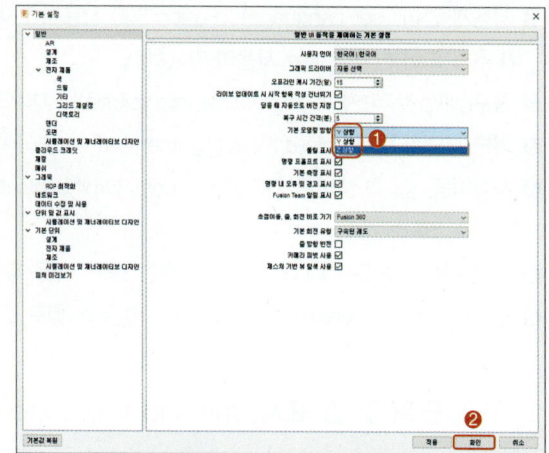

03 파일탭의 [+]를 클릭하여 새 파일을 작성한다. Z축이 높이 값을 갖는 방향으로 뷰큐브가 변경이 되었다.

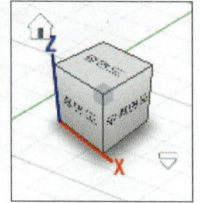

04 환경 설정 초기화를 하려면 [기본 설정(Preferences)]창의 왼쪽 아래에 있는 [기본값 복원(Restore Defaults)]를 클릭하면 된다.

Section 03 : 디자인 탐색과 화면 설정

모델링을 보기 위한 도구, 화면에 보이는 비주얼 스타일, 화면 색상 스타일, 화면 분할, 효과, 그리드 등을 설정한다.

3-1 탐색막대(Navigation Bar)

화면을 제어하는 도구들로 궤도, 이동, 줌 등을 설정한다.

❶ 회전(Orbit) : (제한, 자유)궤도로 뷰를 회전한다.
❷ 보기(Look At) : 지정된 부분이 정면 방향으로 보인다.
❸ 초점이동(Pan) : 마우스 왼쪽 버튼으로 화면을 이동한다.
❹ 줌(Zoom) : 마우스 왼쪽 버튼으로 줌 확대와 줌 축소를 조정한다.
❺ 줌 창(Zoom Window), 맞춤(Fit) : 확대할 부분을 윈도우 범위로 지정하거나 뷰를 객체에 딱 맞게 크기를 조정한다

3-2 화면표시 설정(Display Settings)

모델의 음영처리, 숨은선 표시 설정, 화면 색상 스타일, 화면의 여러 가지 효과, 객체 가시성, 카메라, 바닥면 간격띄우기 설정을 한다.

3-2-1. 비주얼 스타일(Visual Style)

모델의 음영처리, 숨은선 표시 등을 설정한다.

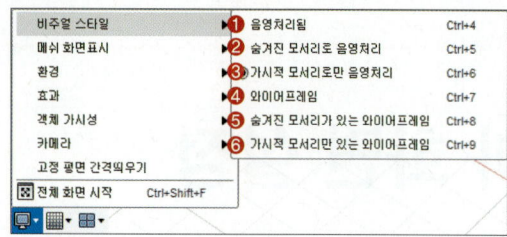

❶ 음영처리됨(Shaded) : 모서리가 없이 음영처리한다.	
❷ 숨겨진 모서리로 음영처리(Shaded with Hidden Edges) : 숨겨진 모서리를 점선으로 표시하면서 음영처리한다.	
❸ 가시적 모서리로만 음영처리(Shaded with Visible Edges Only) : 보이는 모서리만 표시하면서 음영처리한다.	
❹ 와이어프레임(Wireframe) : 실선으로 표시한다.	
❺ 숨겨진 모서리가 있는 와이어프레임(Wireframe with Hidden Edges) : 숨겨진 모서리는 점선으로 보이고 외형선은 실선으로 표시한다.	
❻ 가시적 모서리만 있는 와이어프레임(Wireframe with Visible Edges Only) : 외형선만 실선으로 표시한다.	

3-2-2. 환경(Environment)

화면 색상 스타일을 다양하게 설정한다.

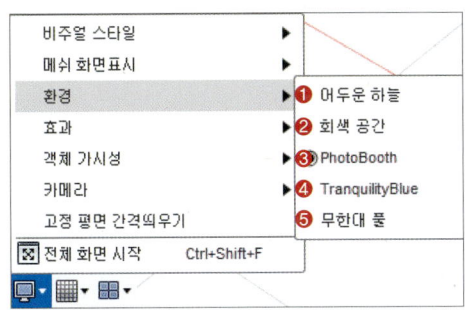

❶ 어두운 하늘(Dark Sky) : 화면 색상을 어두운 회색으로 처리한다.	
❷ 회색 공간(Gray Room) : 화면 색상을 중간정도의 회색으로 처리한다.	
❸ 사진 부스(Photo Booth) : 기본 설정으로 화면을 밝은 회색으로 처리한다.	
❹ 평온 파란색(Tranquility Blue) : 화면 색상을 파란색으로 처리한다.	
❺ 무한대 풀(Infinity Pool) : 화면 색상을 연한 파랑과 회색의 혼합색으로 처리한다. 더불어 Effects(효과)의 Ground Plane을 체크해제하면 화면 색상은 흰색으로 바뀌게 된다.	

3-2-3. 효과(Effects)

화면의 여러 가지 효과를 설정한다.

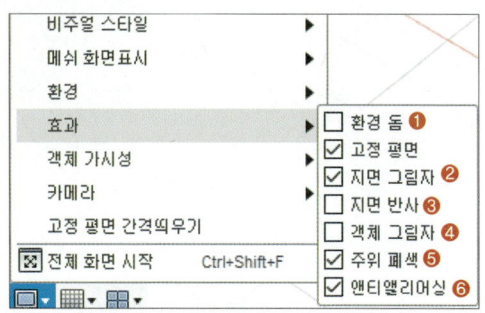

❶ 환경 돔(Environment Dome) : 대상을 멀리 봤을 때 화면의 경계를 돔 모양으로 알 수 있게 해준다.	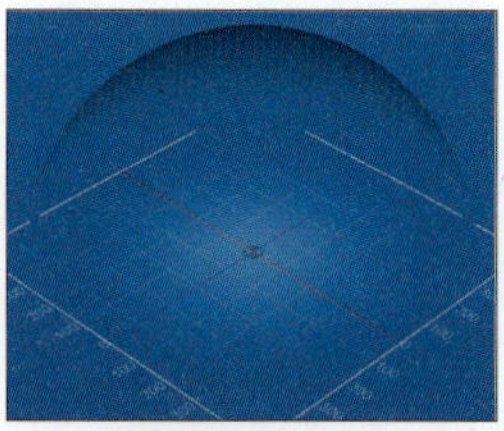
❷ 고정 평면(Ground Plane), 지면 그림자(Ground Shadow) : 자체 효과는 없으나 Ground Shadow를 체크하면 바닥에 그림자를 표시한다	
❸ 고정 평면(Ground Plane), 지면 반사(Ground Reflectiom) : 지면 반사로 바닥에 모델이 반사되게 보인다.	
❹ 객체 그림자(Object Shadow) : 객체 자체에 그림자를 표시한다.	
❺ 주위 폐색(Ambient Occlusion) : 객체의 틈새와 구석을 더 어둡게 처리하여 사실적인 느낌이 나도록 해준다.	
❻ 앤티앨리어싱(Anti-Aliasing) : 안티 앨리어싱 모드를 사용하여 자연스럽고 매끄럽게 화면 처리를 해준다.	

3-2-4. 객체 가시성(Object Visibility)

모든 작업피쳐, 원점 평면, 원점 축, 원점, 사용자 작업평면, 사용자 작업축, 사용자 작업 점, 스케치, 접합 원점, 접합의 표시 여부를 설정한다.

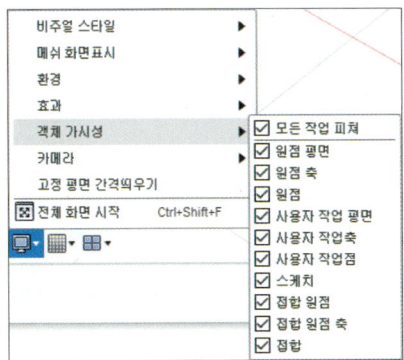

3-2-5. 카메라(Camera)

직교모드, 원근모드, 직교 면이 있는 원근모드로 전환한다. 카메라 설정을 바꾸면 뷰큐브도 자동 반영된다.

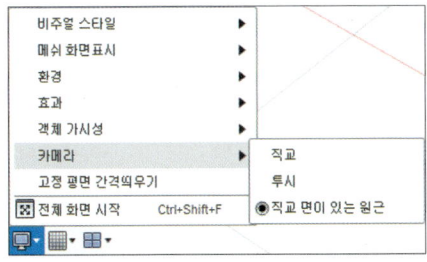

3-2-6. 고정 평면 간격띄우기(Ground Plane Offset)

가변적(Adaptive)적용은 그림자가 객체 바닥에 있지만 고정 평면 간격띄우기(Ground Plane Offset)에 거리 값을 적용하면 바닥 평면의 높이가 입력 값만큼 이동된다.

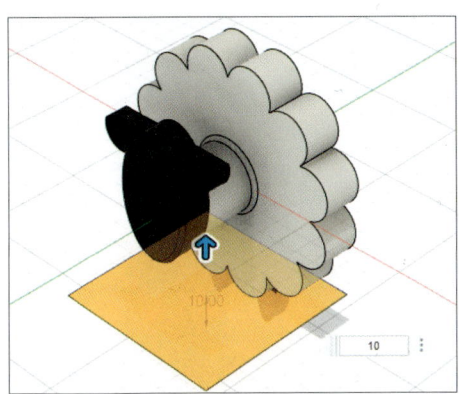

3-3 그리드 및 스냅(Grid and Snap)

화면에 보조선으로 사용되는 눈금모양 그리드와 그리드 간격에 맞춰 마우스가 움직이도록 하는 스냅 설정, 증분 이동과 증분 설정을 한다.

❶ 배치 그리드(Layout Grid) : 화면에 보조선으로 눈금모양의 그리드를 보여준다. 체크 해제하면 그리드가 보이지 않는다.

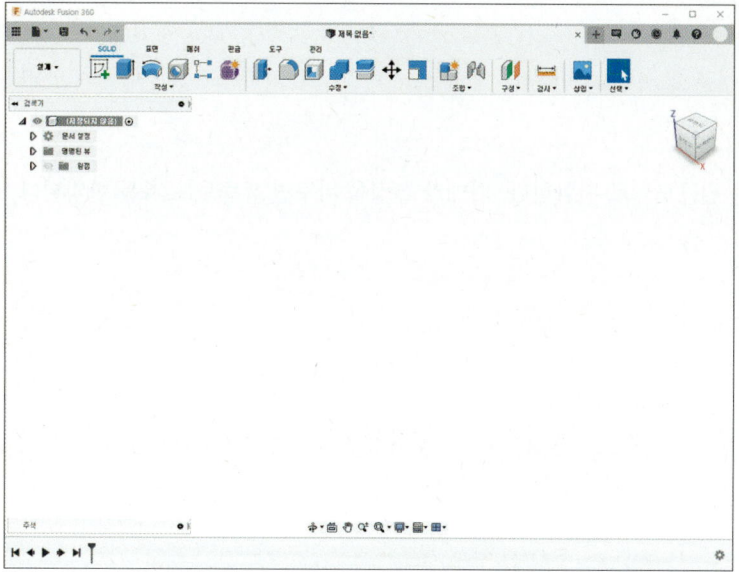

❷ 배치 그리드 잠금(Layout Grid Lock) : 현재 위치에 그리드가 고정된다.
❸ 그리드로 스냅(Snap to Grid) : 그리드 간격에 맞춰서 마우스가 움직인다.

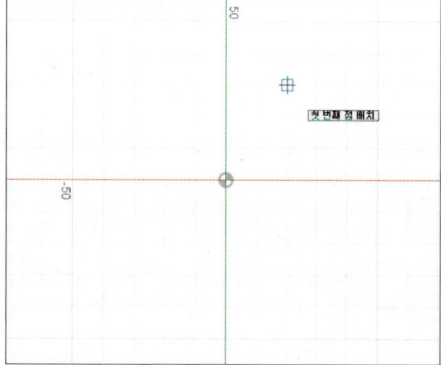

❹ 그리드 설정(Grid Settings) : 가변적(Adaptive)은 화면의 움직임에 따라 그리드 단위가 변화하고 고정(Fixed)은 입력한 값에 따라 그리드의 등분과 치수가 고정된다.

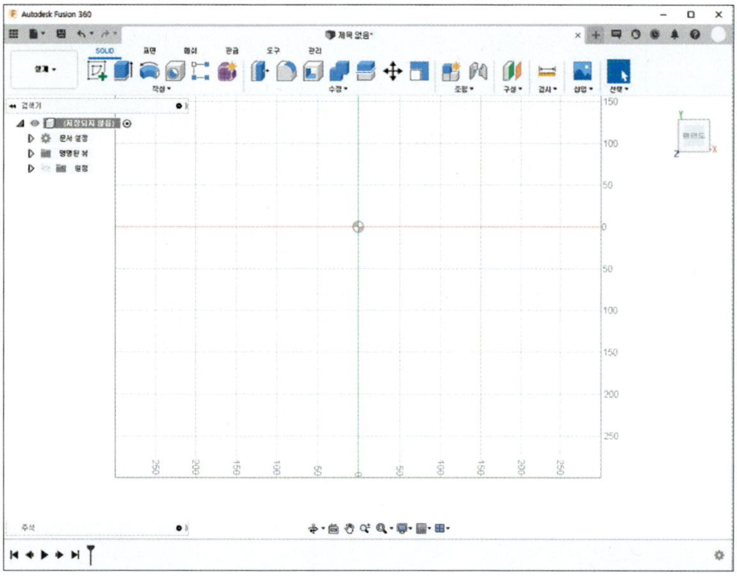

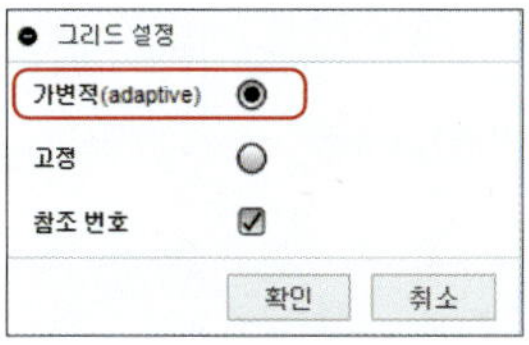

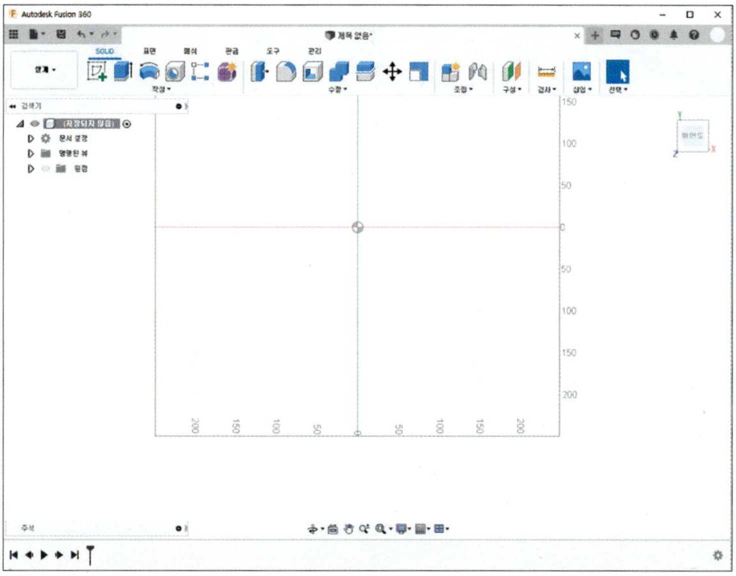

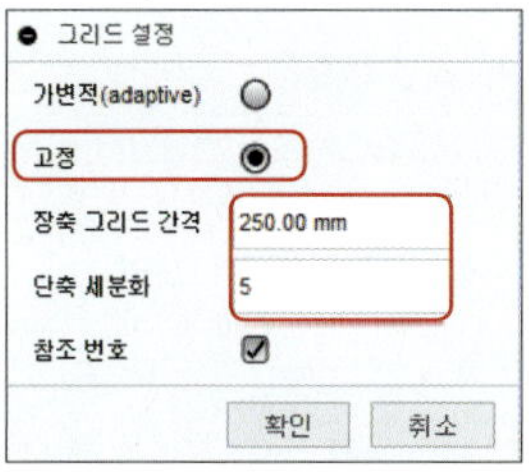

❺ 증분 이동(Incremental Move) : 객체가 이동할 때 증분 설정값에 따라 이동한다.

❻ 증분 설정(Set Incremental) : 증분 설정으로 가변적(Adaptive)은 설정된 증분 수치로 적용된다. 즉, 직선 증분은 10mm, 각도 증분은 5도로만 이동한다. 고정(Fixed)은 입력한 값으로 증분이 설정된다.

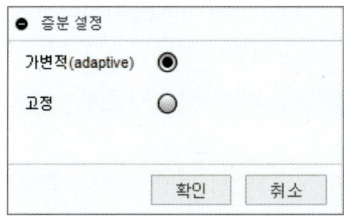 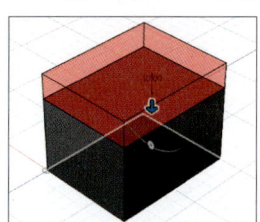 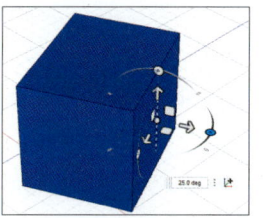

3-4 선택(SELECT)

선택 방법에는 크게 3가지 옵션이 있으며 선택 우선순위, 선택 필터로 선택의 제한을 둘 수도 있다.

❶ 창 선택(Window Selection) : 선택할 범위를 두 번 클릭하여 사각형 모양으로 틀을 잡는다. 왼쪽을 먼저 클릭하고 오른쪽으로 대각 방향으로 드래그하여 두 번째 점을 클릭하면 테두리가 파란색 실선으로 표현되며 사각형 안에만 선택이 되고 그 반대의 경우는 테두리가 점선으로 표현되며 사각형 안과 사각형 테두리와 겹친 객체가 선택이 된다.

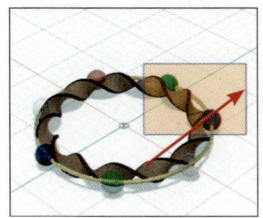  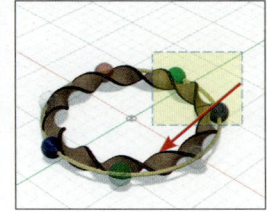 

❷ 자유형 선택(Freeform Selection) : 마우스를 드래그하여 선택할 객체를 둘러싼다.

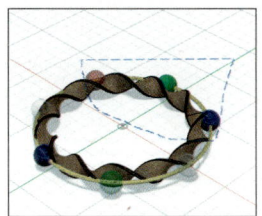 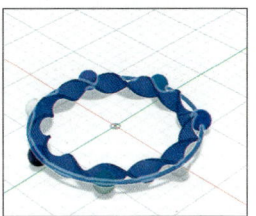

❸ 페인트 선택(Paint Selection) : 붓으로 터치하듯이 선택할 객체 위로 마우스를 왼쪽 버튼을 누르면서 드래그한다.

❹ 선택 도구(Selection Tools) : 이름(Name), 경계(Boundary), 크기(Size)별로 선택할 수 있고 선택 반전(Invert Selection)도 할 수 있다.

❺ 선택 우선순위(Selection Priority) : 본체(Body), 면(Face), 모서리(Edge), 구성 요소(Componenet)로 나눠 먼저 선택할 수 있는 우선권을 줄 수 있다.

❻ 선택 필터(Section Filters) : 체크된 요소들만 선택이 된다. 통과하여 선택(Select Through)에 체크하면 뒷면의 가려진 요소들도 선택된다.

3-5 뷰포트(Viewport)

단일 뷰(Single View), 여러 뷰(Multi Views)로 전환한다.

단일 뷰(Single View)는 하나의 화면, 여러 뷰(Multi Views)는 평면도(TOP), 정면도(FRONT), 우측면도(RIGHT), 남동등각투영으로 4분할되어 화면이 보인다. 여러 뷰(Multi Views)에서 단일 뷰를 복원할 때는 하나의 뷰를 선택한 후 단일 뷰(Single View)를 클릭하면 된다.

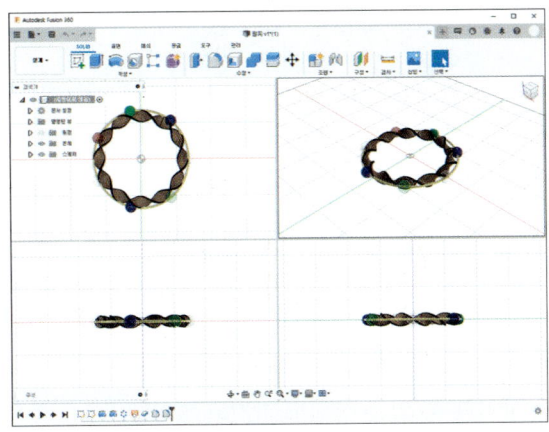 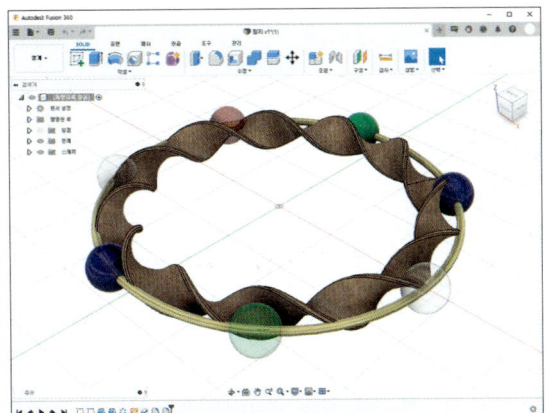

뷰 동기화(Synchronize Views)는 한쪽 뷰를 줌인/줌아웃 하면 다른 뷰도 동시에 크기가 동일하게 줌 비율에 맞춰 달라지는 설정이다.

3-6 휠 마우스 사용법

기본 설정(Preferences) 환경 설정 창에서 [일반(General)]-[초점이동, 줌, 회전 바로가기(Pan, Zoom, Orbit shortcuts)]를 [Fusion 360]으로 설정한 상태에서 휠 마우스 사용법은 아래와 같다. Alias, Inventor 설정도 동일하나.

- 가운데 휠 버튼을 스크롤하면 줌 확대 또는 줌 축소가 된다.
- 가운데 휠 버튼을 클릭한 채로 드래그하면 초점 이동(Pan)이 된다.
- 가운데 휠 버튼을 두 번 빠르게 클릭하면 줌(Zoom) 맞춤(Fit)이 되어 화면에 꽉차게 객체가 보인다.
- Shift 키와 휠버튼을 동시에 클릭한 채로 마우스를 움직이면 회전(Orbit)이 된다.

Section 04 : 클라우드 기반의 파일 관리

Fusion 360 Web은 언제 어디서나 전체 프로젝트의 데이터를 보고 추적할 수 있다. 3D 및 2D 설계를 보고 프로젝트에 적용된 사항을 쉽게 파악할 수 있으며 모바일 장치에서도 파일들을 확인할 수 있다. 또한, 프로젝트를 진행함에 있어 다른 구성원과 공동으로 작업할 수 있는 장점도 가지고 있다

4-1 데이터 패널(Data Panel)

응용프로그램 메뉴(Application Menu)의 [데이터 패널 표시(Show Data Panel)] 아이콘(▦)을 선택한다. 프로젝트 이름이 보이고 해당 프로젝트를 클릭하면 저장된 데이터를 확인할 수 있다.

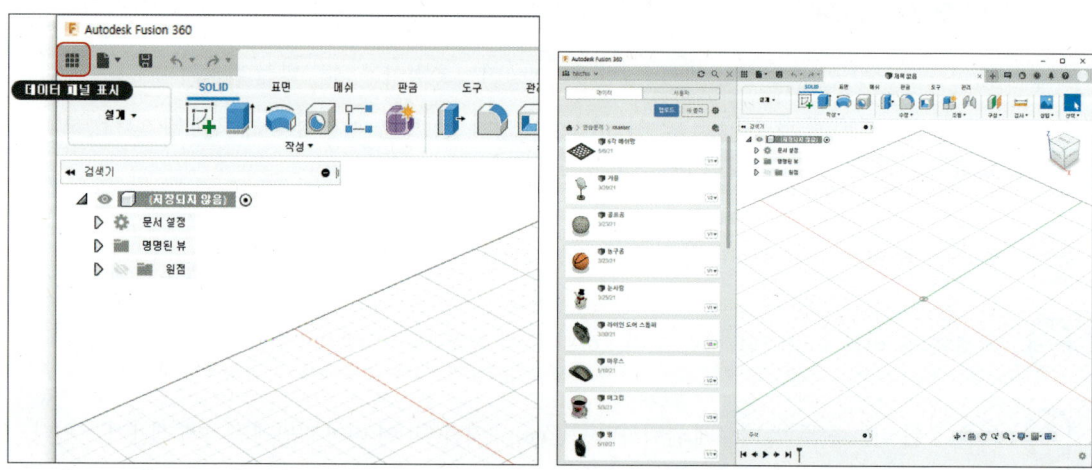

썸네일의 이미지를 더블 클릭하여 파일을 열거나 마우스 우클릭 하위메뉴에서 [열기(Open)]를 클릭하여 파일을 연다.

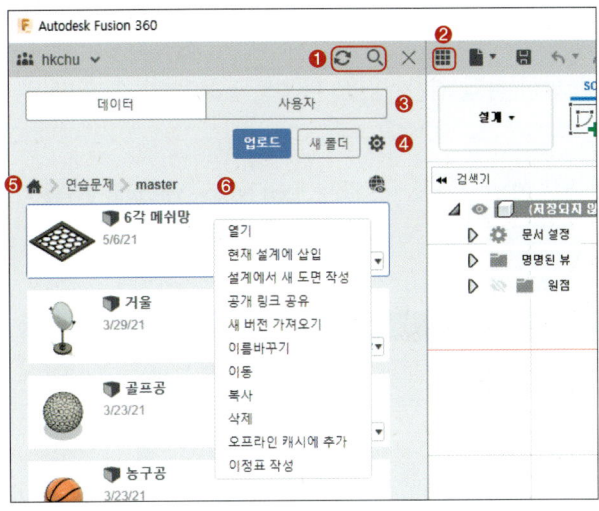

❶ 프로젝트 도구(Project tools) : 실행 중인 프로젝트를 검색하거나 새로 고침 한다.
❷ 데이터 패널 표시(Show Data Panel) : Data Panel을 보이거나 감추기 한다.
❸ 데이터와 사용자(Data or People) : 저장된 Data 및 프로젝트 구성원을 확인할 수 있다.
❹ 뷰 도구(View tools) : 파일을 업로드하거나 폴더를 생성하고 데이터 정렬 방법을 달리한다.
❺ 프로젝트 선택(Project selector) : 현재 파일이 위치한 프로젝트/폴더의 경로를 보여준다. 프로젝트나 폴더명을 선택하면 해당 프로젝트/폴더 위치로 이동하며 홈 버튼을 누르면 본인 계정 클라우드 홈 화면으로 들어간다.
❻ 썸네일(Thumbnails) : 썸네일에 오른쪽 클릭하여 상세 디자인 명령(열기, 현재 설계에 삽입, 이름바꾸기, 복사, 삭제 등)들을 수행한다.

여기서 잠깐

파일을 처음 저장하면 파일이름 뒤에 V가 표기된다. V는 Version을 뜻하는 것으로 저장할 때마다 버전의 숫자도 늘어난다. 예를 들어 V7이라면 저장을 7번 했음을 가리킨다. 데이터 패널에서 버전을 클릭하면 저장된 순서대로 파일 확인이 가능하며 이전 버전의 파일도 [열기(Open)]를 클릭하여 열 수 있다.

또한, 핀(Pin)아이콘( )을 클릭하면 해당 프로젝트가 프로젝트 리스트 중에서 가장 위로 위치가 고정되어 쉽게 프로젝트 접근을 할 수 있다. 고정을 해제하려면 다시 핀(Pin) 아이콘 ( )을 클릭하여 [고정 해제(Unpin)] 상태로 전환한다.

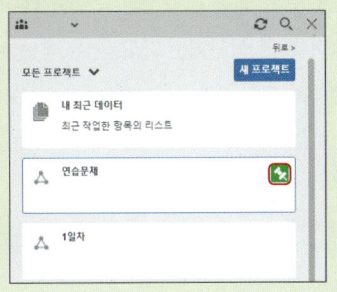

4-2 클라우드 서버 열기

데이터를 보고 추적할 수 있는 Fusion 360 Web을 열어 파일 열기, 공유, 다운로드 등을 할 수 있다.

01 데이터 패널에서 본인의 계정을 클릭하면 나오는 풀다운 메뉴에서 [웹에서 열기(Open on the Web)]를 클릭한다. 인터넷 브라우저 창이 뜨고 클라우드 계정에 접속한다.

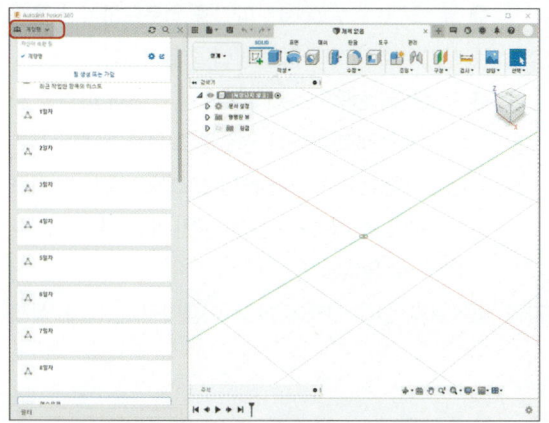
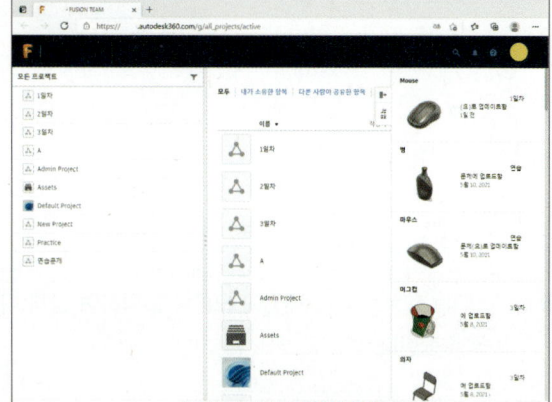

02 프로젝트 이름 중에서 Default Project를 클릭한다. [V8 Engine.iam] 파일 이름을 선택하면 파일 개요 화면이 뜬다.

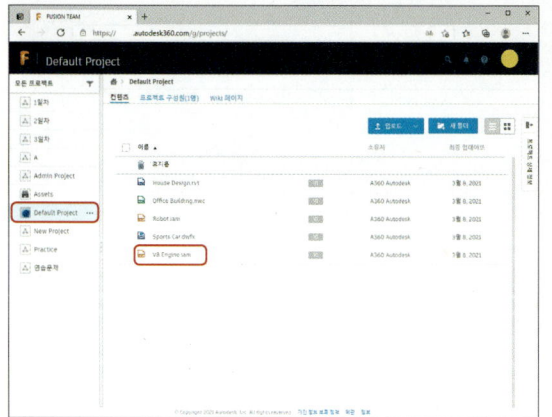
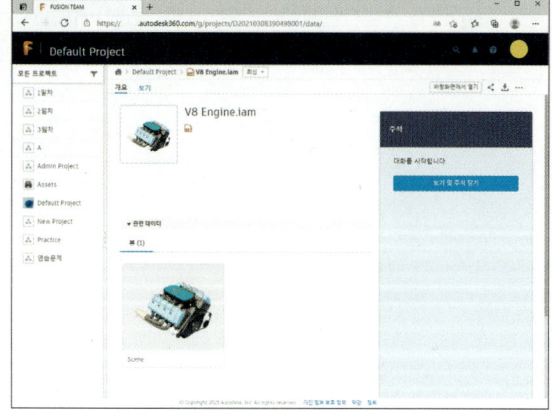

03 보기 탭을 클릭하면 모델링 데이터를 확인할 수 있으며 화면 상단에는 개요, 공유, 다운로드, 복사, 이동, 삭제 아이콘이 있다.

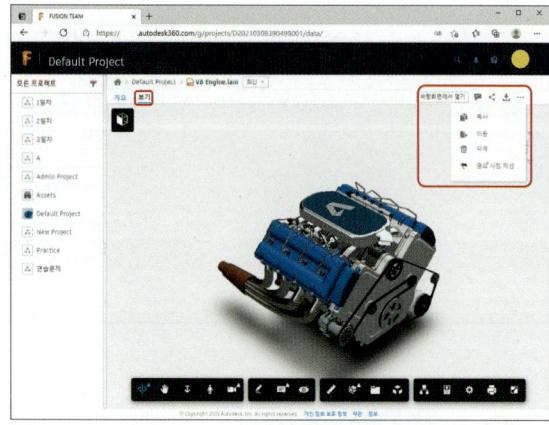

04 화면 하단에는 궤도, 화면 이동, 표식, 모형 분해, 단면 분해, 이미지 표시 설정 등을 할 수 있는 도구 막대가 있다.

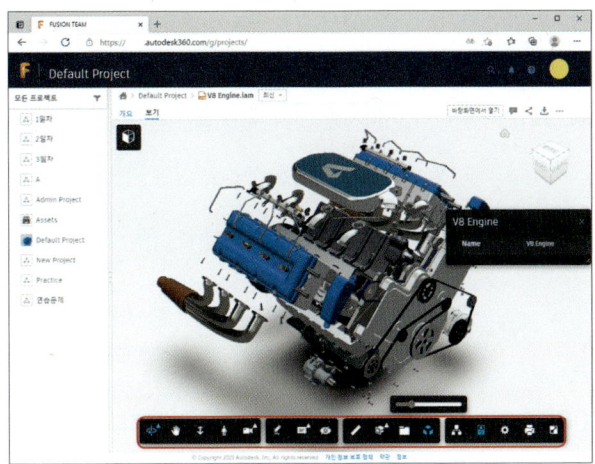

05 왼쪽 상단의 [홈]을 클릭하면 처음의 화면으로 복귀한다.

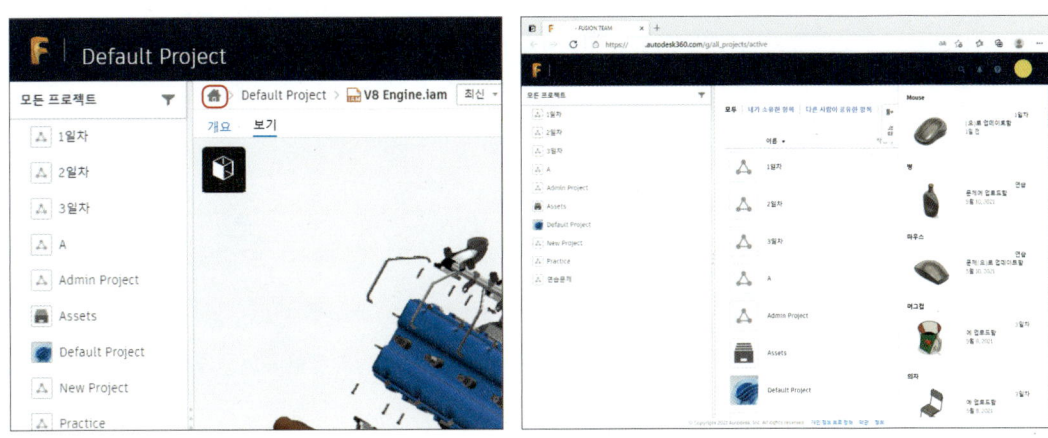

4-3 프로젝트 생성과 공유

새롭게 작업을 하기 위해 프로젝트를 만들고 구성원의 아이디(이메일 주소)를 입력해 프로젝트로 초대할 수 있다.

01 [프로젝트 작성] 항목을 선택한다.

02 새로 열린 대화상자에서 프로젝트 이름(예, Fusion 360 모델링)을 입력하고 프로젝트 유형을 비공개(공개로 하면 초대 받지 않은 사람도 접속할 수 있다.)로 선택, 아바타 이미지를 선택 후 [프로젝트 작성]을 클릭한다.

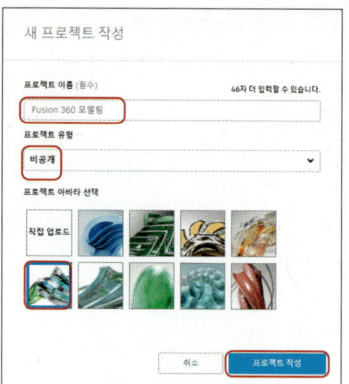

03 새 프로젝트 페이지에서 파일, 조립품을 업로드하거나 새폴더를 클릭하여 폴더를 생성할 수 있다. 프로젝트를 함께 할 구성원을 초대하기 위해 우측의 [프로젝트 상세보기]를 클릭하여 서랍을 열고 [구성원 관리]를 클릭 후 [초대]를 클릭한다.

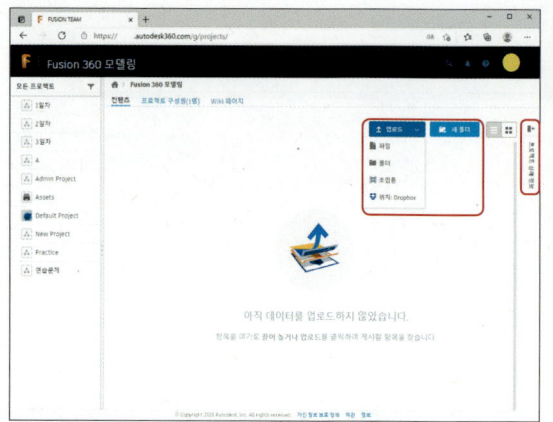 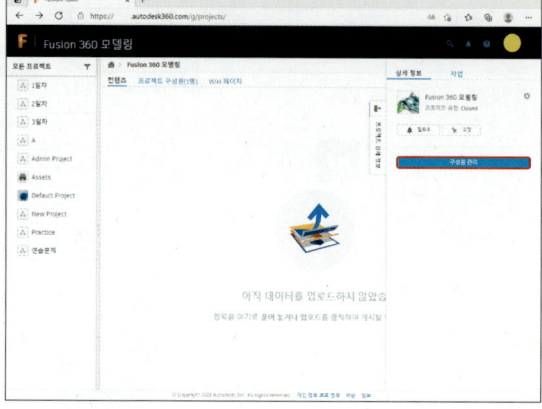

04 초대할 사용자의 이메일 주소를 입력하고 [초대장 보내기]를 클릭한다.

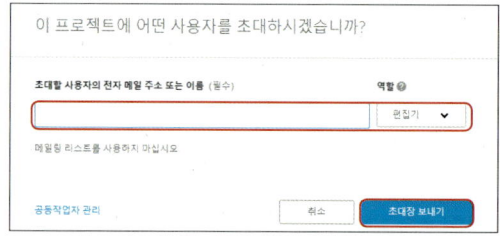

05 [초대장을 보냈습니다.] 메시지가 보이고 초대자의 메일 주소가 프로젝트 구성원에 보인다.

06 초대된 프로젝트 구성원의 메일을 확인해보면 [Invitation to join Fusion 360 모델링 project on A360]제목의 메일을 읽을 수 있다.

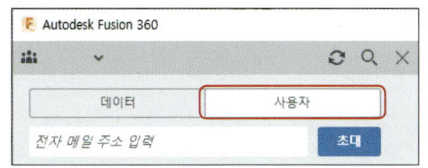

> **여기서 잠깐**
>
> 구성원을 초대할 때 다른 프로그램(메모장, Excel 등)에서 작성한 명단을 한 번에 복사(Ctrl + C)하고 이메일 주소 입력란에 붙여넣기(Ctrl + V), 그 후 [초대(Invite)]를 하면 동시에 여러 명의 구성원을 초대할 수 있다.

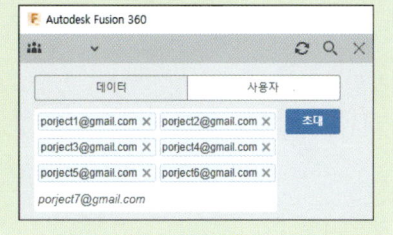

4-4 파일 업로드, 저장, 내보내기

파일을 찾아서 업로드하거나 저장된 파일을 이동, 복사, 이름바꾸기, 삭제, 공유, 다양한 형식으로 내보내기를 할 수 있다.

01 [업로드]-[파일] 또는, [조립품]을 선택하고 프로젝트에 저장할 파일을 선택한다.

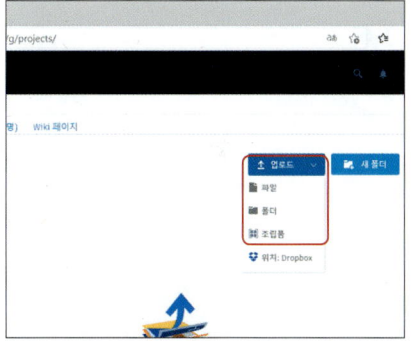

02 업로드된 파일의 이름의 앞쪽의 체크 박스란을 클릭한다. 마우스 우클릭 메뉴에서 이동, 복사, 이름바꾸기, 삭제, 공유를 선택할 수 있다.

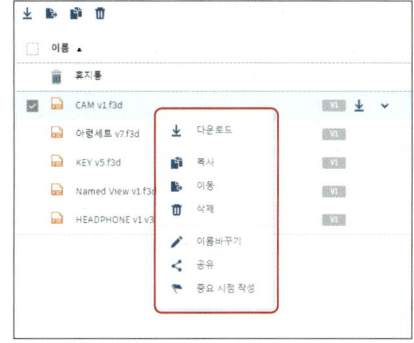

03 마우스 우클릭 메뉴 또는, [공유] 아이콘을 클릭하면 링크를 사용하여 모든 사용자와 공유할 수 있게 만든다.

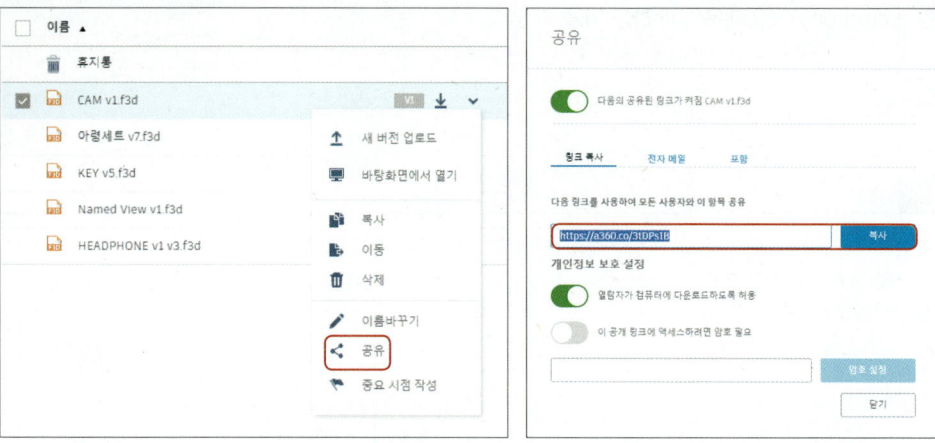

04 업로드 된 파일을 Fusion 360에서 사용하려면 데이터 패널(Data Panel)에서 해당 프로젝트로 가서 업로드 된 파일에 마우스 우클릭을 한 후 [Fusion 설계 작성(Create Fusion Design)]을 클릭하고 변환 과정이 끝나야 사용이 가능하다.

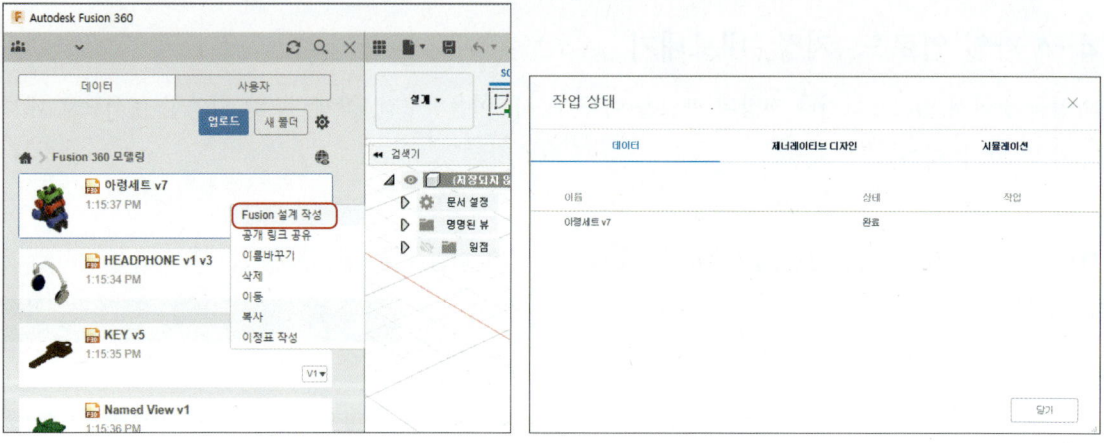

05 변환이 끝나고 웹에 가보면 기존에 업로드 파일과 같은 이름의 Fusion 360 클라우드 파일이 생성된다.

06 [다운로드]아이콘을 클릭하면 업로드 후 변환을 하지 않은 *.f3d 파일은 자동으로 다운로드가 받아지며 [Fusion 설계 작성(Create Fusion Design)]을 하여 Fusion 360 클라우드 파일로 변환한 파일의 경우는 여러 파일 형식으로 파일을 내보내기 할 수 있다. 해당 파일은 [Download file] 제목으로 메일이 전송되며 확인하여 내보내기 한 파일을 다운로드 받는다.

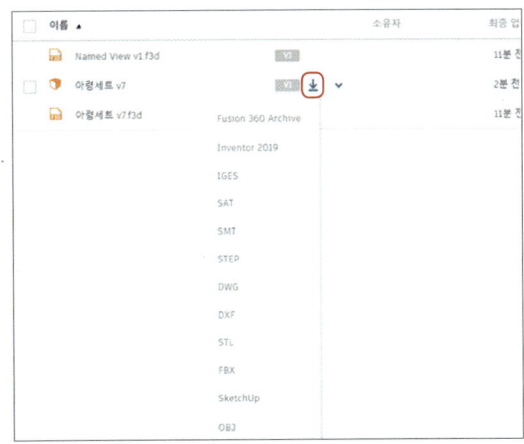

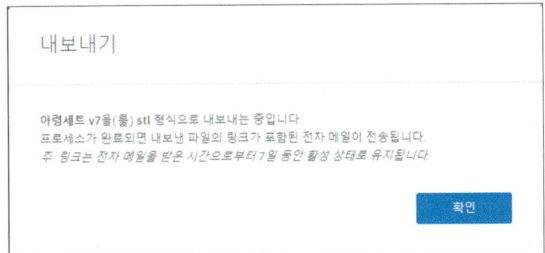

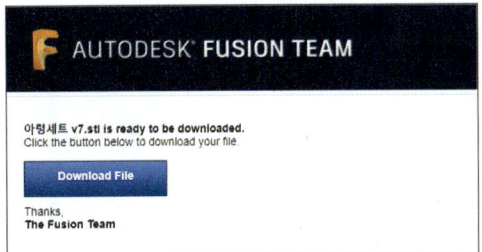

07 리스트 뷰는 파일을 리스트로 나열하고, 그리드 뷰를 클릭하면 파일을 미리보기로 확인할 수 있다.

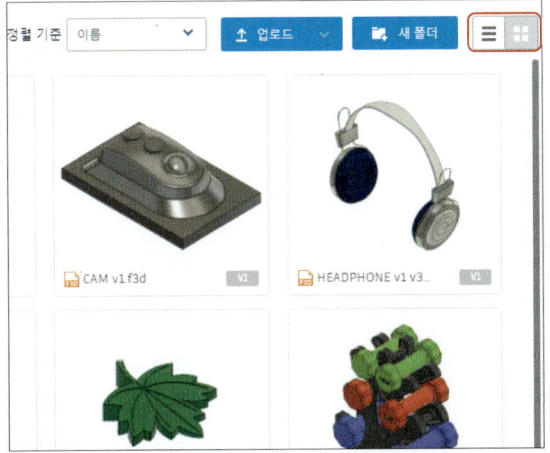

PART 02

Fusion360

스케치 도구

3차원 모델링을 하기 위한 방법 중 하나가 도안을 그리는 스케치이다. 스케치를 작성하고 편집하는 방법, 치수 기입과 스케치 팔레트에 대하여 알아본다.

Section 01 스케치 작성 명령
Section 02 스케치 편집 명령
Section 03 스케치 치수 작성
Section 04 스케치 팔레트

Section 01 스케치 작성 명령

스케치의 정의와 스케치를 작성하는 명령들을 차례대로 알아본다.

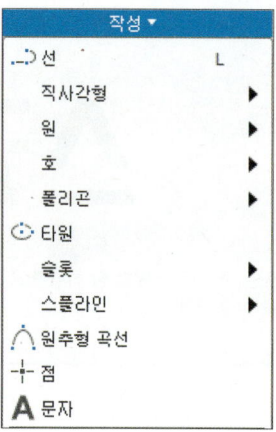

1-1 스케치(Sketch)

스케치란 2차원의 작업평면에 3차원 형상을 만들기 위한 밑바탕 그림을 먼저 그리는 것을 말한다. 스케치는 크게 2가지로 열린 스케치와 닫힌 스케치가 있으며 완전히 닫힌 스케치는 폐곡선 상태가 되어 하늘색으로 보인다.

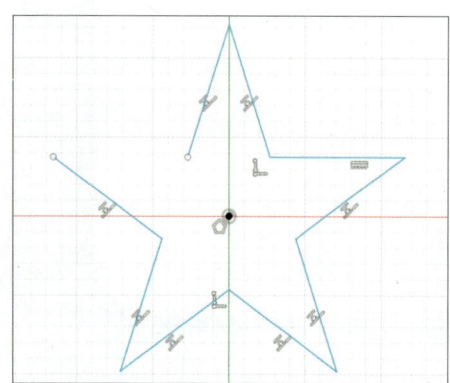 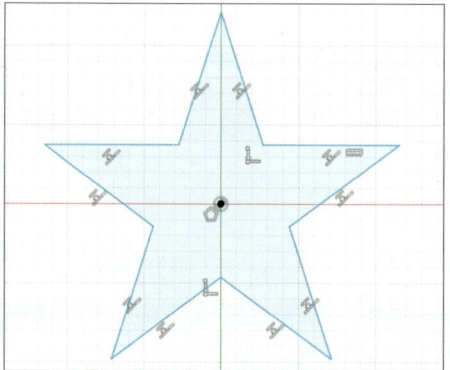

1-2 스케치 작성(Create Sketch)

도구막대(Toolbar)에서 스케치 작성 아이콘( )을 실행하면 스케치 평면을 지정하도록 3개의 평면도(TOP), 정면도(FRONT), 우측면도(RIGHT)면이 보인다. 평면, 정면, 우측면 중 어느 평면에 작업할지 고려하여 해당 평면을 선택하면 스케치가 시작된다. 아래 경우는 X축과 Z축이 교차하는 평면, XZ평면을 선택한 경우이다.

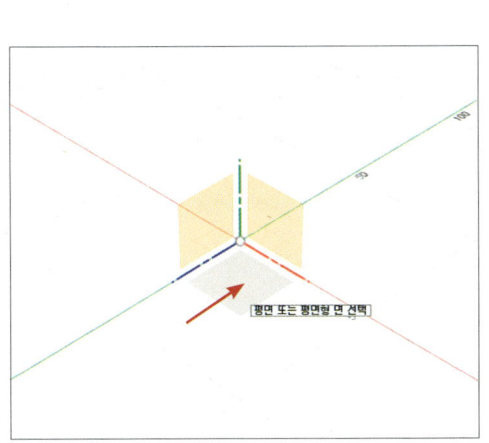
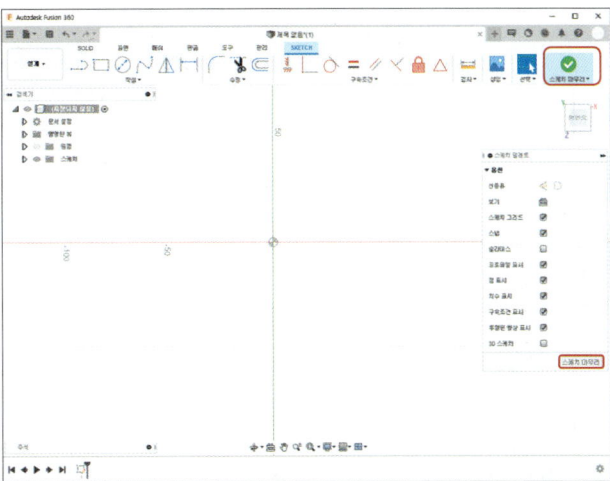

처음 화면은 스케치 그리드와 오른쪽에 스케치 팔레트가 보인다. 또한, 뷰큐브에서 현재 작업평면이 어느 방향인지 확인할 수 있다. 스케치가 끝나면 도구막대(Toolbar)의 스케치 마무리(FINISH SKETCH)( )나 스케치 팔레트의 [스케치 마무리(Finish Sketch)]를 클릭하면 된다.

> **여기서 잠깐**
>
> 스케치 작성은 원점 평면뿐만 아니라 작성된 3차원 형상 위 또는, 새롭게 만든 작업평면 위에서도 할 수 있다. 해당 평면에 마우스를 대고 오른쪽 클릭 퀵메뉴에서 스케치 작성(Create Sketch)을 클릭하면 된다.
>
>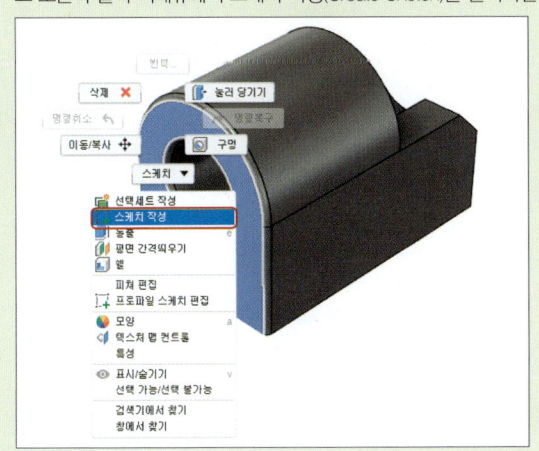
>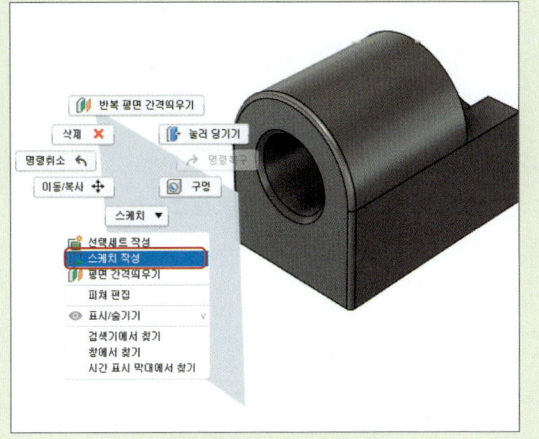

1-3 선(Line)

시작점과 끝점을 지정해 선을 작성한다. 그리드 위에서 시작점을 지정하고 거리와 각도를 보면서 바로 클릭 또는 값을 입력하여 그린다. 마지막 포인트를 지정하고 체크 표시 아이콘(⊘)을 클릭하면 선 명령이 종료된다. 또한, 해당 포인트에서 마우스를 길게 좌클릭한 채로 드래그하면 호를 작성할 수 있다.

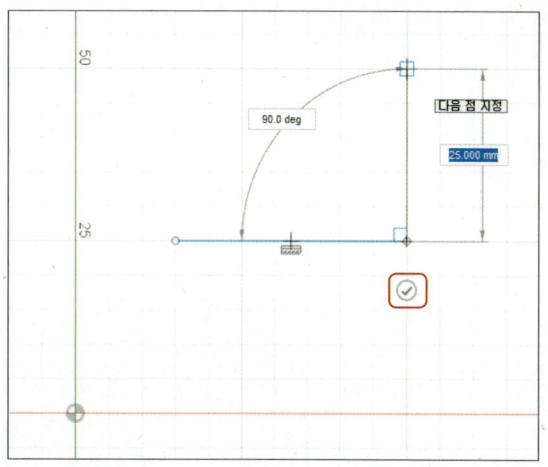 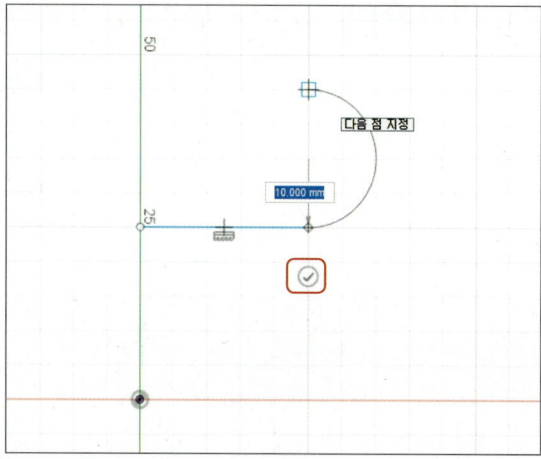

기능 익히기 ▶ 다각형 그린 후 치수 기입하기

01 도구막대(Toolbar)의 스케치 작성(Create Sketch) 아이콘( )을 클릭하고 XY평면(FRONT)을 선택한다.

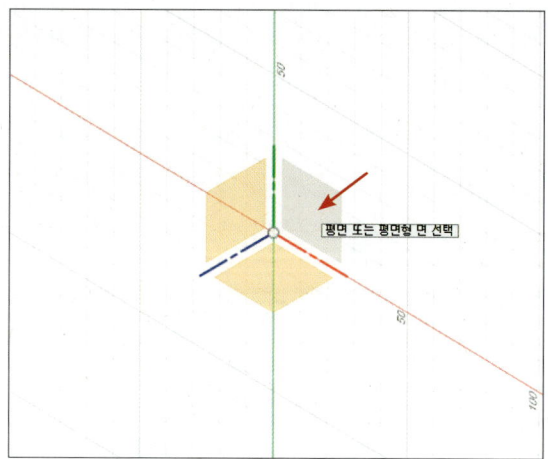

02 [작성(CREATE)]-[선(Line)]을 선택하고 시작점으로 원점을 지정한다. 수평방향으로 마우스를 드래그하여 거리가 50mm, 각도가 0도임을 확인하고 해당 지점을 클릭한다.

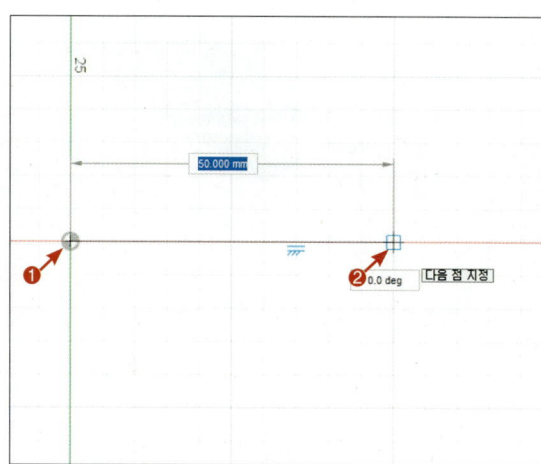

03 위 수직방향으로 마우스를 이동하고 거리가 35mm, 각도가 90도임을 확인하고 해당 지점을 클릭한다.

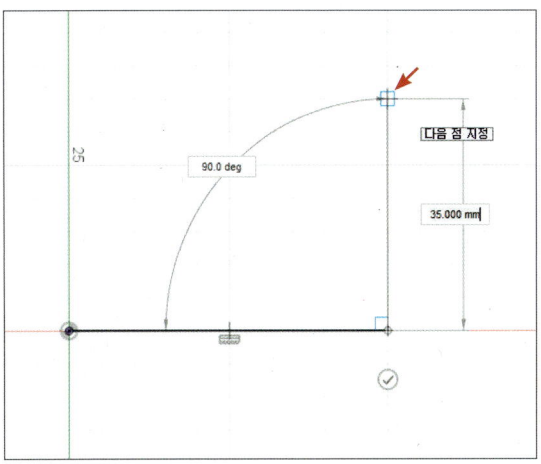

04 다음 지점은 거리값으로 30을 입력하고 Tab 을 누른다. 입력값이 고정임을 나타내는 열쇠 잠금 아이콘( )이 보인다. 이번에는 각도값으로 135를 입력하고 다시 Tab 을 클릭하여 2개 값을 확정하고 Enter 를 누른다.

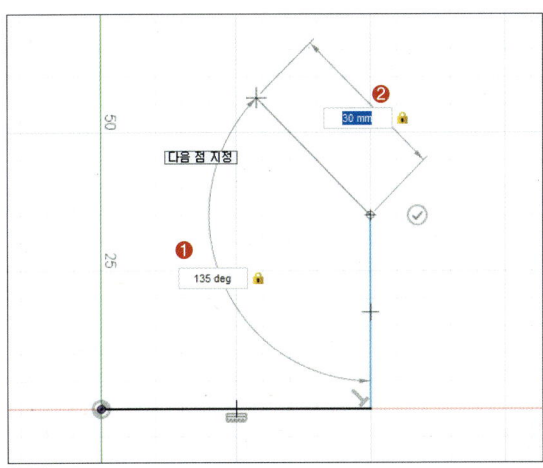 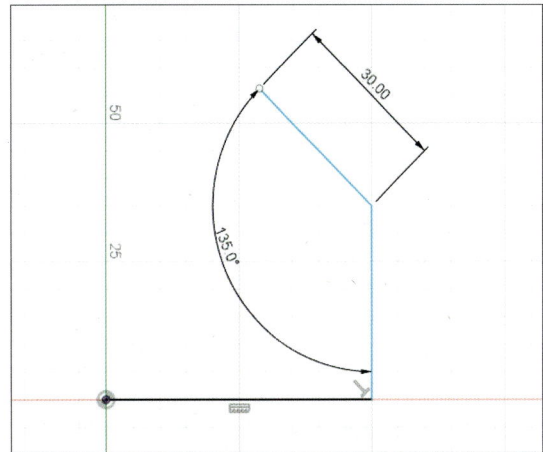

05 마우스 우클릭 퀵메뉴에서 [반복 선(Repeat Line)]을 클릭하여 선 명령을 반복 실행한다.

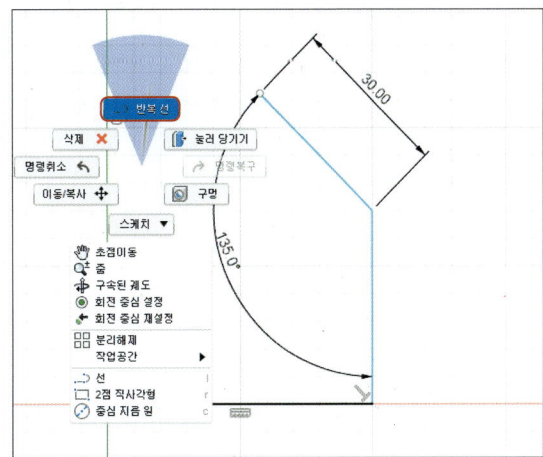

06 사선의 끝점을 시작점으로 지정하고 커서를 빨간색 원점을 경유한 다음 수직 방향으로 이동하여 직각(180도)이 될 때를 확인 후 해당 점을 클릭한다.

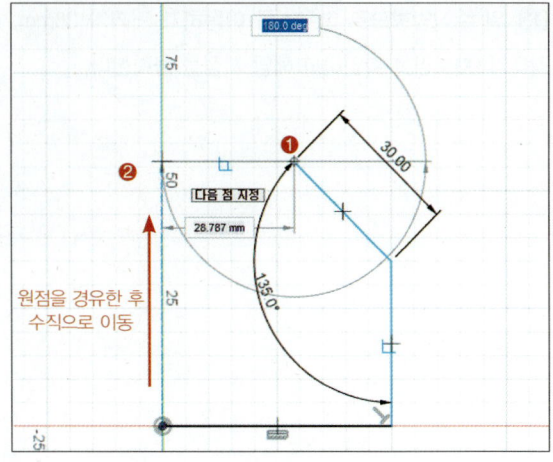

07 마지막으로 빨간색 원점을 클릭하여 닫힌 스케치를 작성한다. Esc 또는 Enter 를 눌러 선 명령을 종료한다.

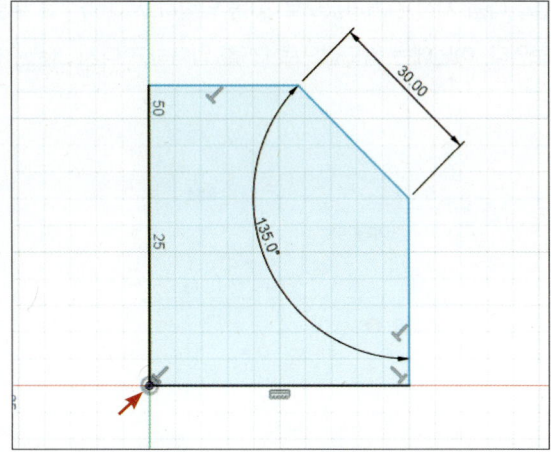

08 스케치 선을 보면 검은색과 파란색으로 구분된다. 완전 구속된 것은 검은색, 그렇지 않은 것은 파란색으로 보인다. 완전 구속이란 더 이상 스케치 구속조건이나 치수 기입이 필요 없음을 말한다. 파란색 수직선을 클릭하여 오른쪽으로 마우스를 움직여보면 선이 이동됨을 알 수 있다.

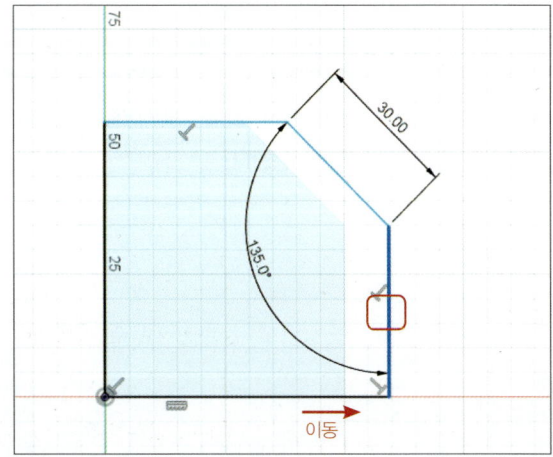

09 그래서 선이 고정되도록 치수를 기입해 본다. [작성(CREATE)]-[스케치 치수(Sketch Dimension)]를 선택하고 마우스로 가장 아래 수평선을 선택한다. 치수가 자리할 지점을 클릭하고 값이 50mm임을 확인 후 Enter 를 누른다.

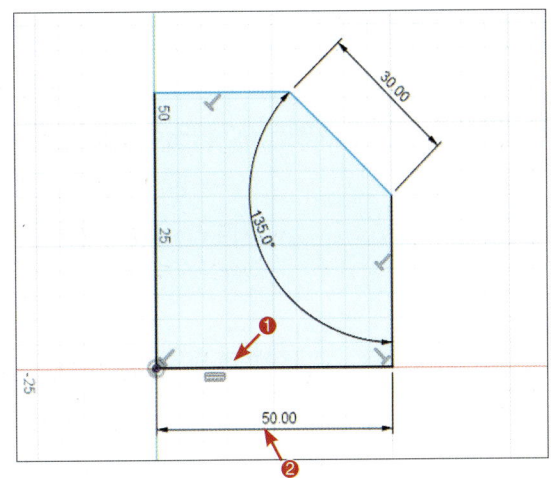

10 마우스로 가장 오른쪽 수직선을 선택하고 치수가 자리할 지점을 클릭한다. 값이 35임을 확인하고 Enter 를 누른다. 이로써 완전 구속이 되어 검은색 스케치선만 보인다. Esc 를 눌러 스케치 치수 명령을 종료한다.

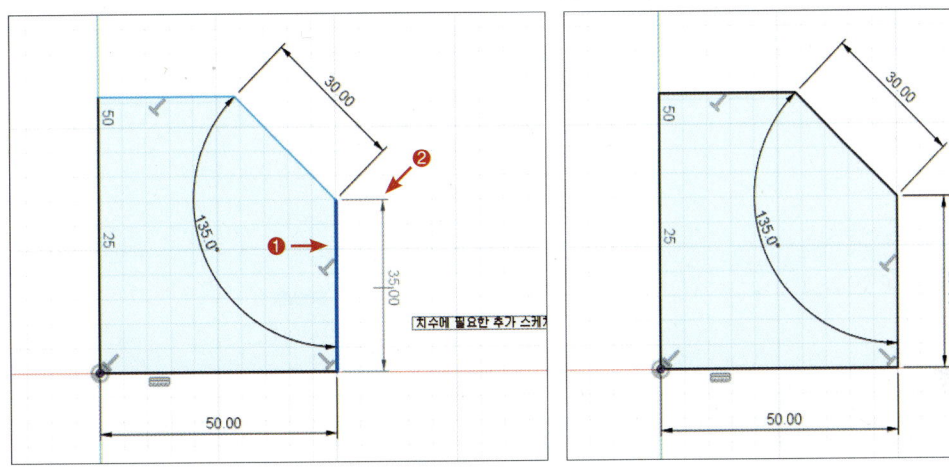

11 스케치 마무리(FINISH SKETCH)(✅)를 클릭하여 스케치를 종료한다.

1-4 직사각형(Rectangle)

사각형을 작성한다. 사각형 작성 유형을 선택하고 포인트를 지정하고 치수를 기입한다.

❶ ▭ 2점 직사각형(2-Point Rectangle) : 대각선 방향으로 두 점을 클릭하여 사각형을 작성한다.
❷ ◇ 3점 직사각형(3-Point Rectangle) : 길이, 방향 및 인접 면을 정의하여 사각형을 작성한다.
❸ ▭ 중심 직사각형(Center Rectangle) : 사각형의 중심, 폭 및 길이를 정의하여 사각형을 작성한다.

| 기능 익히기 | ▶ 2점 사각형과 중심 사각형 그리기

01 도구막대(Toolbar)의 스케치 작성(Create Sketch) 아이콘( )을 클릭하고 XY평면(FRONT)을 선택한다.

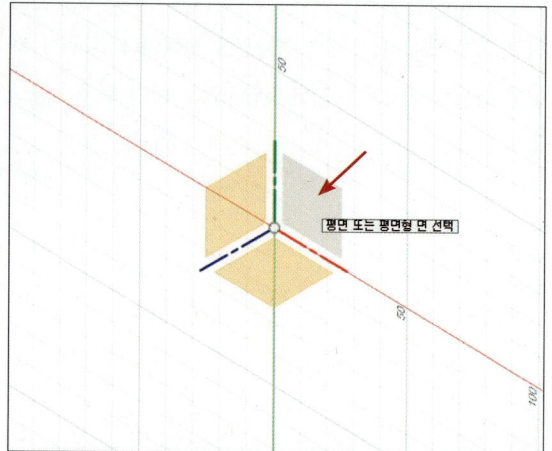

02 [작성(CREATE)]-[직사각형(Rectangle)]-[2점 직사각형(2-Point Rectangle)]을 선택하고 먼저 원점을 클릭한다. 마우스를 오른쪽 위방향으로 이동한다.

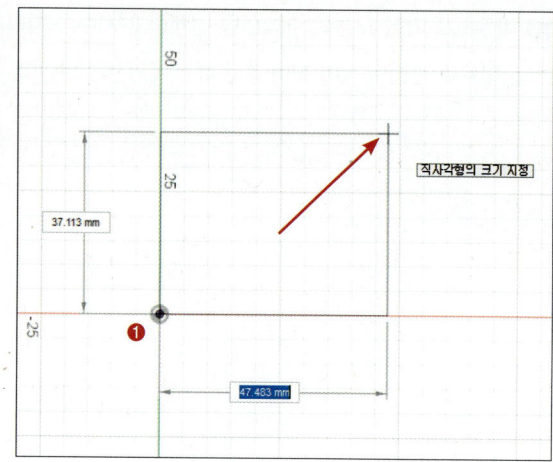

03 높이 값을 50으로 입력하고 Tab 을 누른다. 길이 값도 50을 입력하고 Tab 을 누른 후 Enter 를 누른다. 기본 설정이 mm이기 때문에 값을 입력할 때 단위는 생략한다.

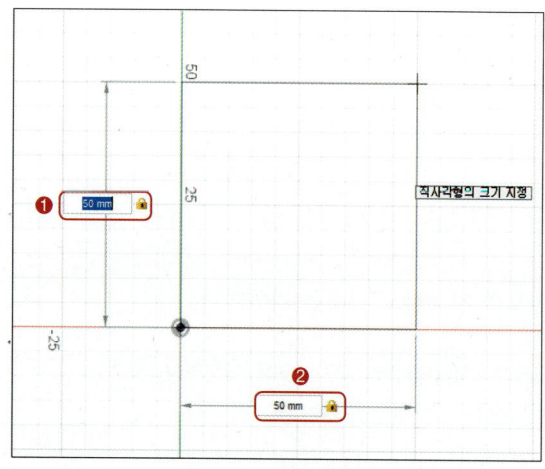 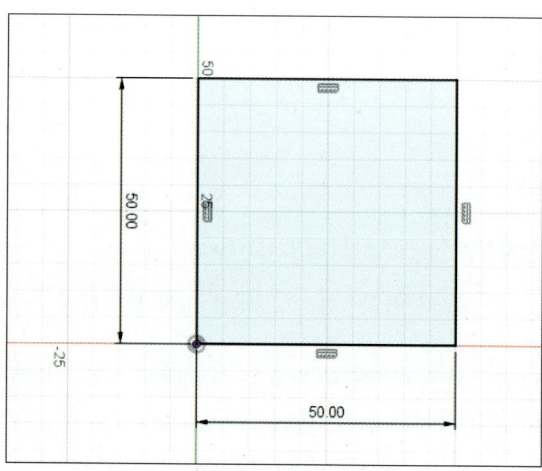

04 [작성(CREATE)]-[직사각형(Rectangle)]-[중심 직사각형(Center Rectangle)]을 선택하고 중심점으로 중앙을 클릭한다.

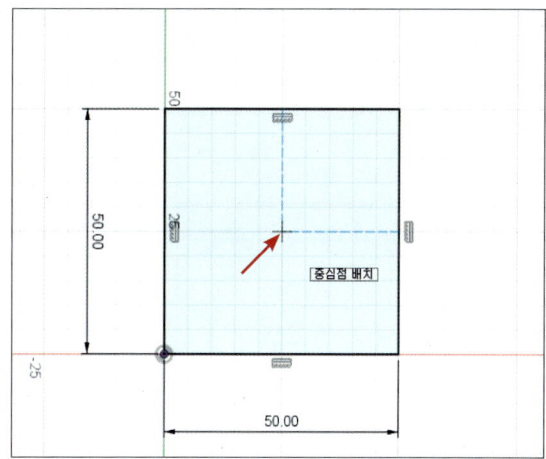

05 높이 값을 35로 입력하고 Tab 을 누른다. 길이 값도 35를 입력하고 Tab 을 누른 후 Enter 를 누른다.

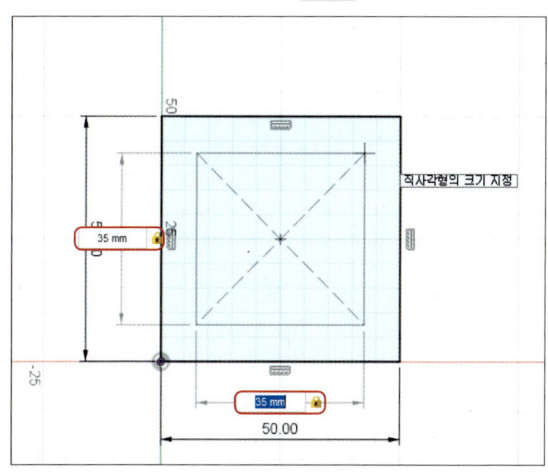
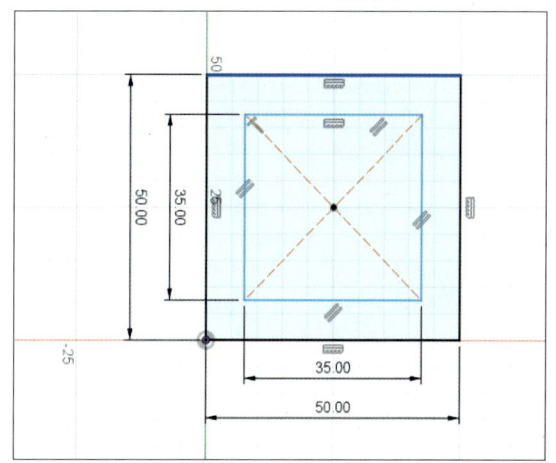

06 [작성(CREATE)]-[스케치 치수(Sketch Dimension)]을 클릭한다. 세로 간격을 고정시키기 위해 2개 수직선을 선택하고 치수가 자리할 위치를 지정한 후 값이 7.5임을 확인하고 Enter 를 누른다.

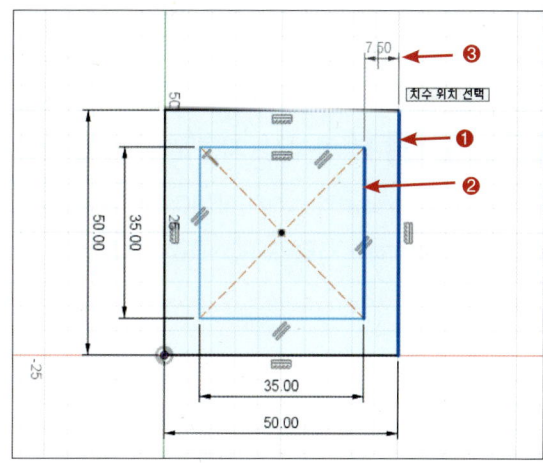

07 가로 간격을 고정시키기 위해 2개 수평선을 선택하고 치수가 자리할 위치를 지정한 후 값이 7.5임을 확인하고 Enter 를 누른다. Esc 를 눌러 스케치 치수 명령을 종료한다.

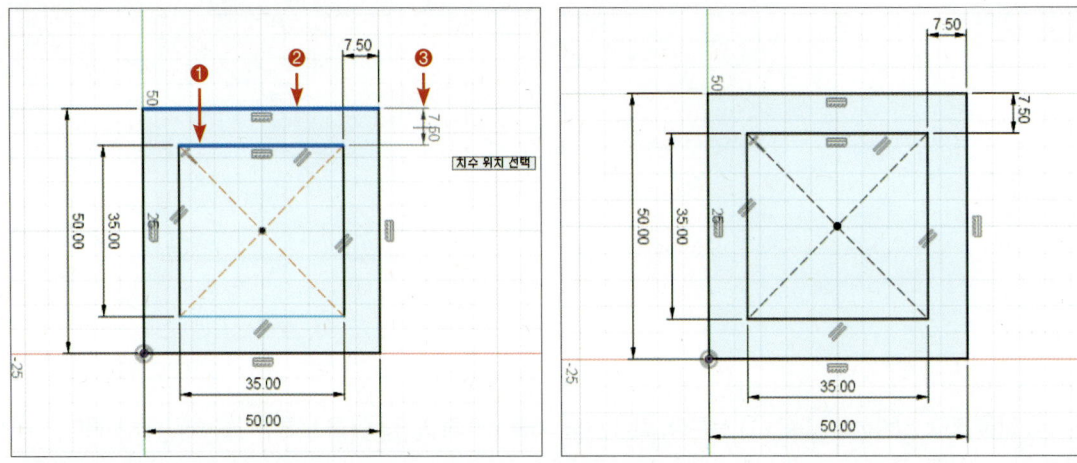

08 스케치 마무리(FINISH SKETCH)(✓)를 클릭하여 스케치를 종료한다.

1-5 원(Circle)

원을 작성한다. 원 작성 유형을 선택하고 중심점이나 통과점, 지름값을 설정한다.

❶ 중심 지름 원(Center Diameter Circle) : 중심점을 지정하고 지름값을 입력해 원을 작성한다.
❷ 2점 원(2-Point Circle) : 통과점으로 2개 점을 지정하여 원을 작성한다. 지정한 2점사이 거리가 지름이 된다.
❸ 3점 원(3-Point Circle) : 통과점으로 3개 점을 지정하여 원을 작성한다.
❹ 2개체 접선 원(2-Tangent Circle) : 선택한 2개 직선에 접하고 반지름값을 입력하여 원을 작성한다.
❺ 3개체 접선 원(3-Tangent Circle) : 선택한 3개 직선에 접한 원을 작성한다.

> **기능 익히기** ▶ 중심점, 지름원과 2점원, 2접선 원 그리기

01 도구막대(Toolbar)의 스케치 작성(Create Sketch) 아이콘( )을 클릭하고 XY평면(FRONT)을 선택한다.

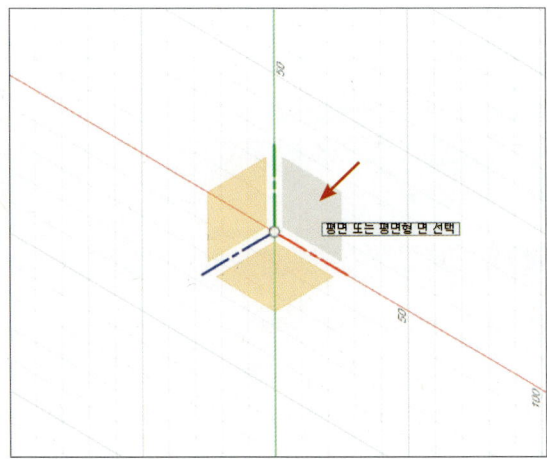

02 [작성(CREATE)]-[선(Line)]을 선택하고 원점을 시작으로 가로 세로가 40mm인 사각형을 그린다.

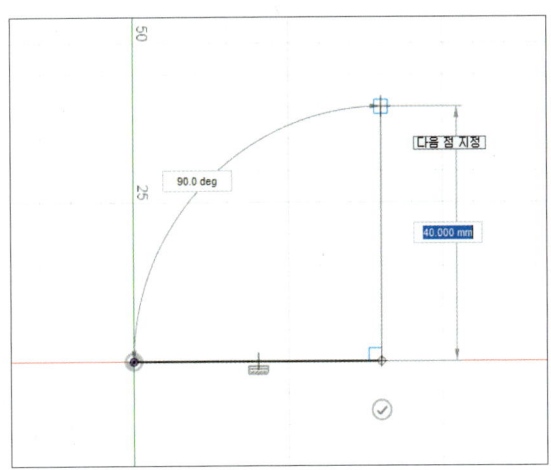 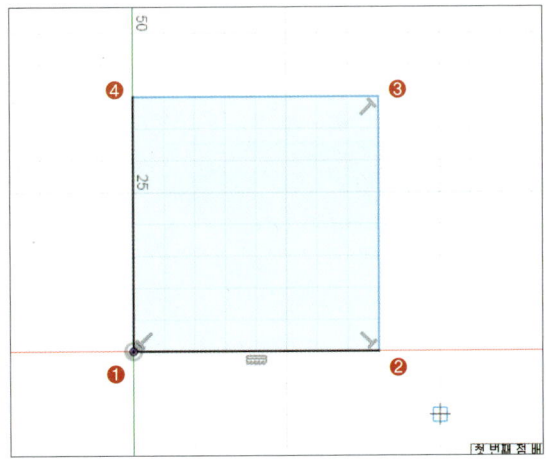

03 [작성(CREATE)]-[원(Circle)]-[중심 지름 원(Center Diameter Circle)]을 선택하고 아래 수평선의 중간점을 클릭하고 지름값으로 20을 입력하고 Enter 를 누른다.

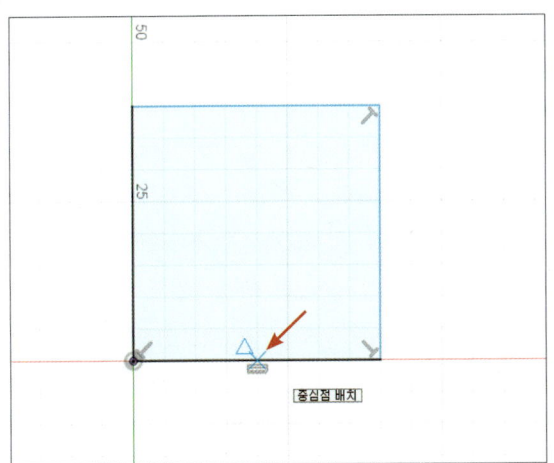 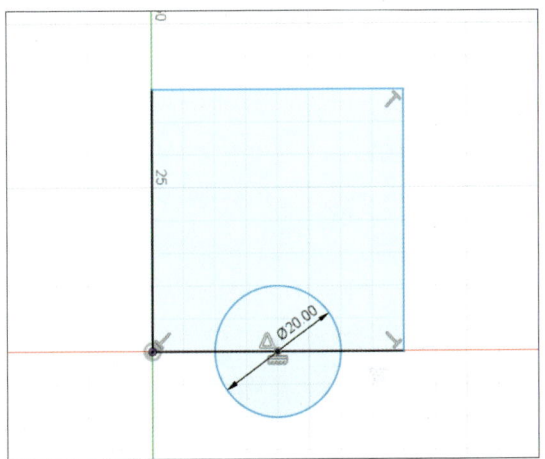

04 [작성(CREATE)]-[원(Circle)]-[2점 원(2-Point Circle)]을 선택하고 두 수직선의 중간점을 클릭하여 원을 작성한다.

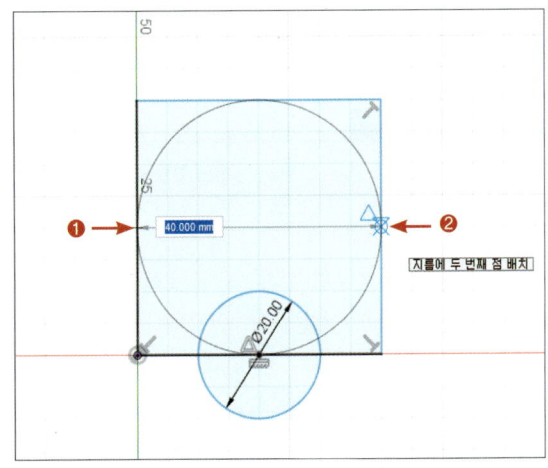

05 [작성(CREATE)]-[원(Circle)]-[2개체 접선 원(2-Tangent Circle)]을 선택하고 수평/수직 2개 모서리를 선택하고 반지름값을 5로 입력하고 Enter 를 누른다.

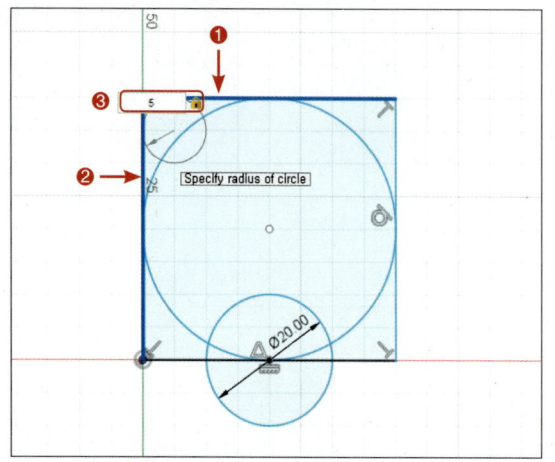 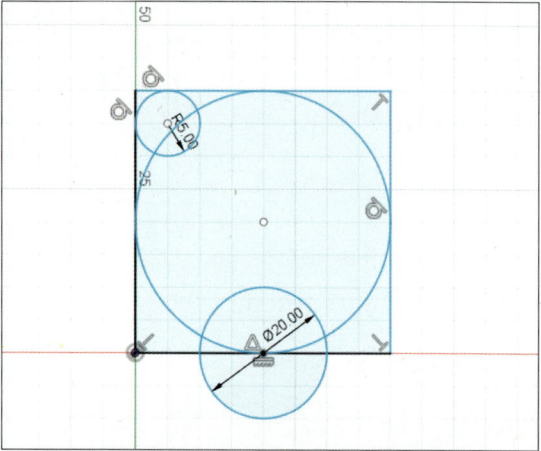

06 스케치를 지울 때는 Ctrl + Z 를 계속 실행하거나 Undo 화살표 옆 삼각형(▼)을 클릭하여 명령 실행 내역을 확장 후 취소하고자 하는 부분을 선택한다. 또는, 윈도우 선택방법으로 지울 객체를 선택하고 Delete 를 눌러도 된다. 스케치 시작과 종료는 반복 작업이므로 이후 따라하기에서는 생략한다.

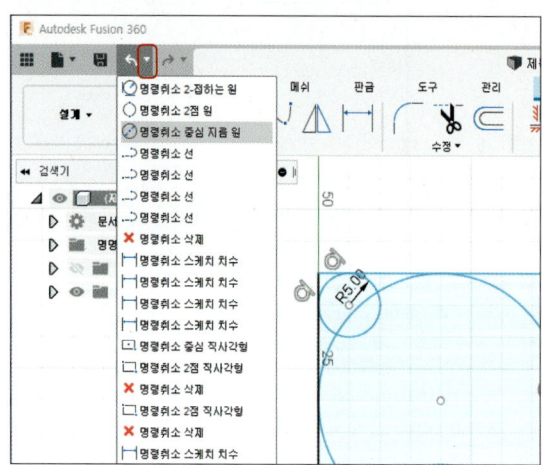 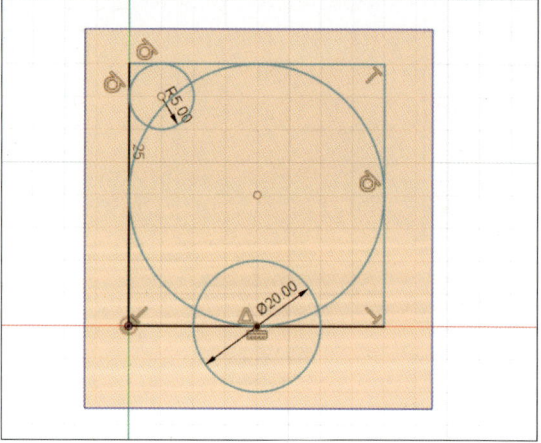

여기서 잠깐

스케치를 작성할 때 객체 스냅을 사용하면 훨씬 쉽게 작성할 수 있다. 객체의 끝점은 ㅁ모양, 교차점은 X모양, 중간점은 △모양, 원의 중심점은 ㅇ모양, 원의 사분점은 중심점부터 수직이나 수평방향으로 드래그하면 X모양이 보인다.

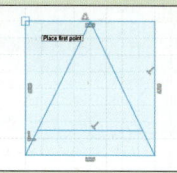 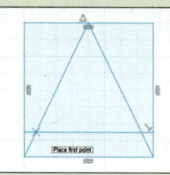 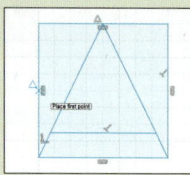 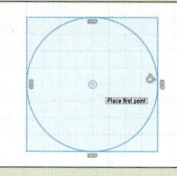 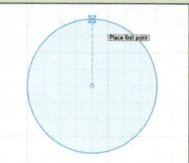

1-6 호(Arc)

호를 작성한다. 호의 작성 유형을 선택하고 중심점과 통과점, 지름값을 설정한다.

❶ 3점 호(3-Point Arc) : 통과점으로 3점을 지정하여 호를 작성한다.
❷ 중심점 호(Center Point Arc) : 중심점과 호의 양끝점을 지정하여 호를 작성한다.
❸ 접하는 호(Tangent Arc) : 직선이나 호에 접하는 호를 작성한다.

기능 익히기 ▶ 3점호, 중심점 호, 접선 호 그리기

01 [작성(CREATE)]-[호(Arc)]-[3점 호(3-Point Arc)]를 선택하고 임의로 2점(원점과 수평방향으로 어느 지점)을 클릭하고 호의 모양이 나오도록 3번째 점을 클릭한다.

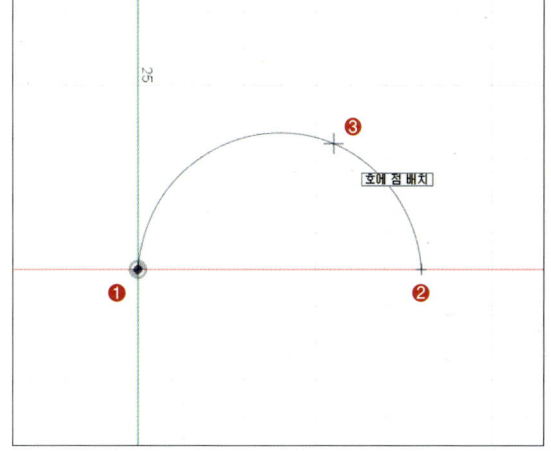

02 [[작성(CREATE)]-[스케치 치수(Sketch Dimension)]를 클릭한다. 호를 선택하고 반지름값은 20을 입력하고 Enter 를 누른다. 호의 시작점과 끝점의 거리는 40으로 입력하고 Enter 를 누른다. Esc 를 눌러 스케치 치수 명령을 종료한다.

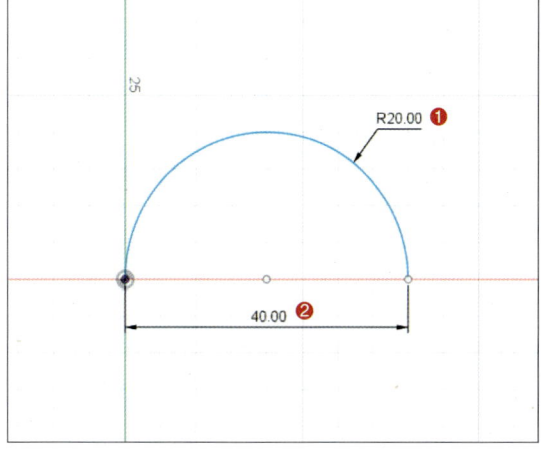

03 완전 구속을 위해 스케치 팔레트의 구속조건 (CONSTRUCT) 패널에 수평/수직(Horizontal/Vertical) 아이콘( )을 클릭하고 원점과 호의 끝점을 차례대로 선택한다. 호의 끝점이 서로 수평이 되도록 구속하는 것이다. Esc 를 눌러 수평/수직 구속조건 명령을 종료한다.

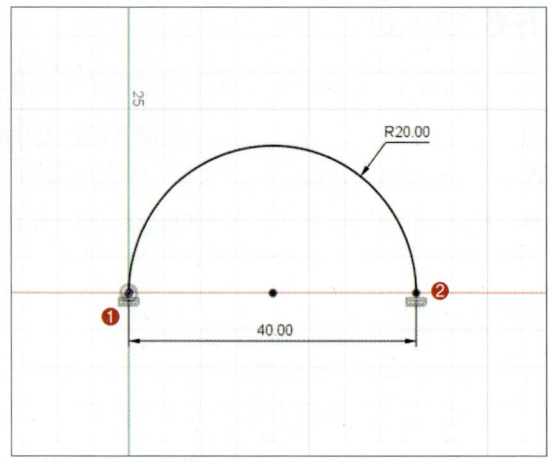

04 [작성(CREATE)]-[호(Arc)]-[중심점 호(Center Point Arc)]를 선택하고 호의 중심점을 먼저 클릭한다. 수직 방향으로 임의의 2번째 점을 클릭하고 중심점과 수평방향으로 3번째 점을 클릭한다.

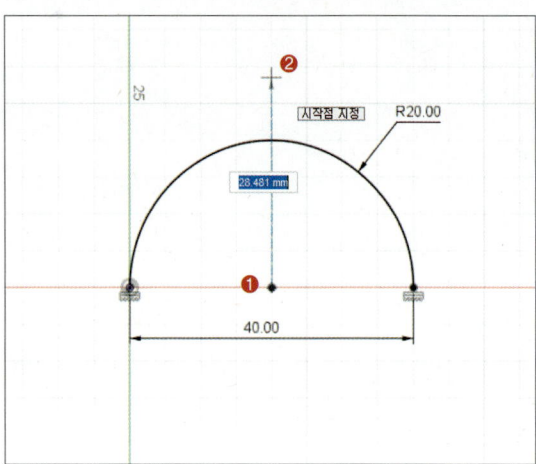
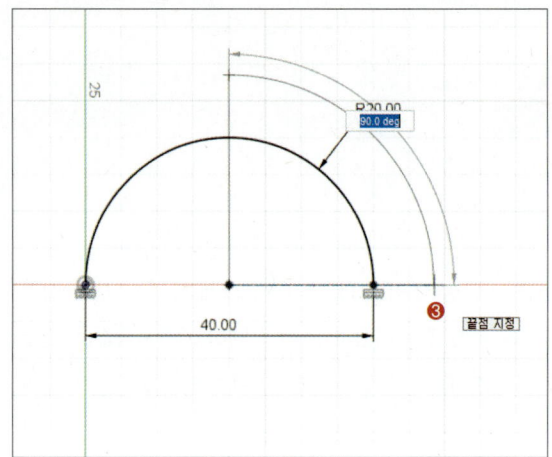

05 [작성(CREATE)]-[스케치 치수(Sketch Dimension)]를 클릭한다. 호를 선택하고 반지름값은 26을 입력하고 Enter 를 누른다. Esc 를 눌러 스케치 치수 명령을 종료한다.

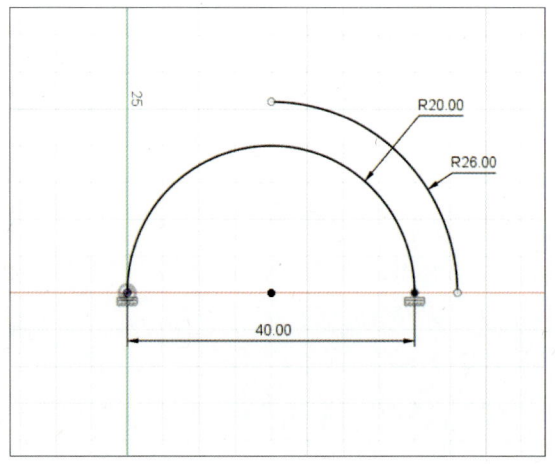

06 [작성(CREATE)]–[호(Arc)]–[↷ 접하는 호(Tangent Arc)]를 선택하고 R26 호의 왼쪽 끝점을 클릭하고 원점을 클릭한다. 접점임을 나타내는 아이콘(⊙)이 스케치에 보인다.

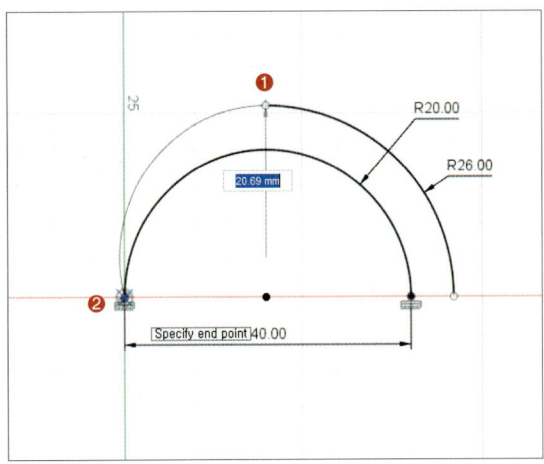
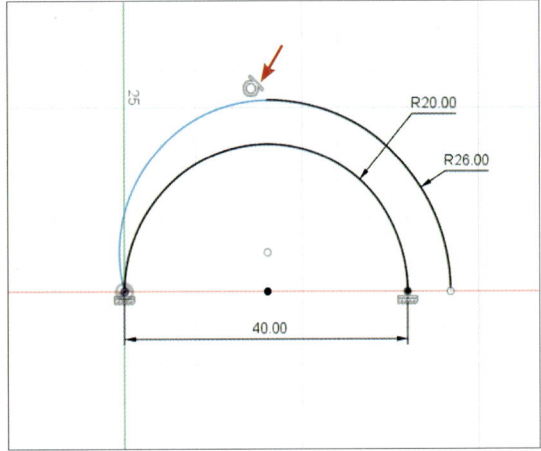

07 완전 구속을 위해 구속조건(CONSTRUCT) 패널에 수평/수직(Horizontal/Vertical) 아이콘(⊥)을 클릭하고 2개 호의 중심점을 클릭하여 수직으로 구속한다. Esc 를 눌러 수평/수직 구속조건 명령을 종료한다.

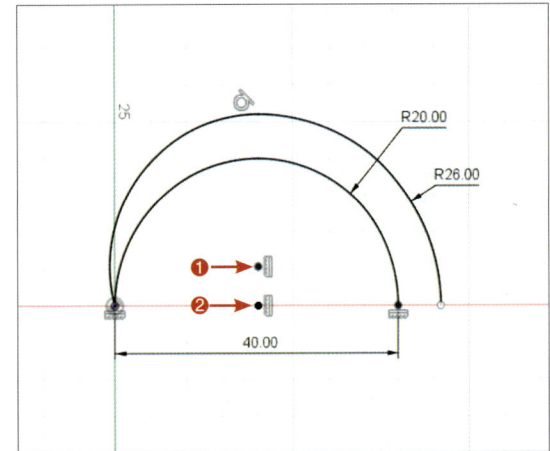

1-7 폴리곤(Polygon)

다각형을 작성한다. 다각형의 작성 유형을 선택하고 정점과 내접원/외접원의 지름값을 설정한다.

❶ ⬡ 외접 폴리곤(Cicumscribed Polygon) : 중심점과 외접원의 반지름, 정점 수를 지정하여 다각형을 작성한다.
❷ ⬡ 내접 폴리곤(Inscribed Polygon) : 중심점과 내접원의 반지름, 정점 수를 지정하여 다각형을 작성한다.
❸ ⬠ 모서리 폴리곤(Edge Polygon) : 다각형의 한 변의 길이와 정점 수를 지정하여 다각형을 작성한다.

| 기능 익히기 | ▶ 외접, 내접, 모서리 다각형 그리기

01 키보드에서 C 를 누른다. C 는 중심 지름 원(Center Diameter Circle) 명령의 단축키이다. 첫 번째 원은 원점을 중심점으로, 또 다른 원은 원점과 나란히 임의 점을 중심점으로 하여 지름값을 20으로 2개 원을 작성한다.

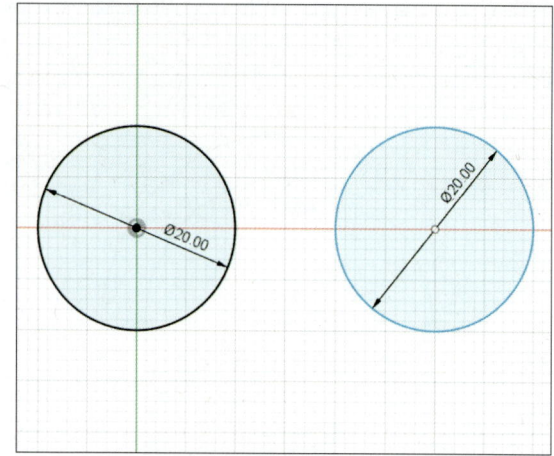

02 [작성(CREATE)]-[폴리곤(Polygon)]-[⬟ 외접 폴리곤(Circumscribed Polygon)]을 선택하고 왼쪽 원의 중심점을 클릭한다. Tab 을 눌러 정점 수를 8로 바꾸고 원의 아래 사분점을 클릭하고 Enter 를 누른다. 외접 팔각형이 작성된다.

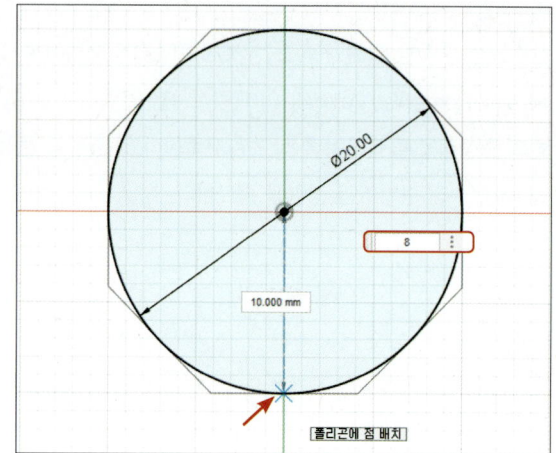

03 [작성(CREATE)]-[폴리곤(Polygon)]-[⬟ 내접 폴리곤(Inscribed Polygon)]을 선택하고 오른쪽 원의 중심점을 클릭한다. Tab 을 눌러 정점 수를 5로 바꾸고 원의 사분점을 클릭하고 Enter 를 누른다. 내접 오각형이 작성된다.

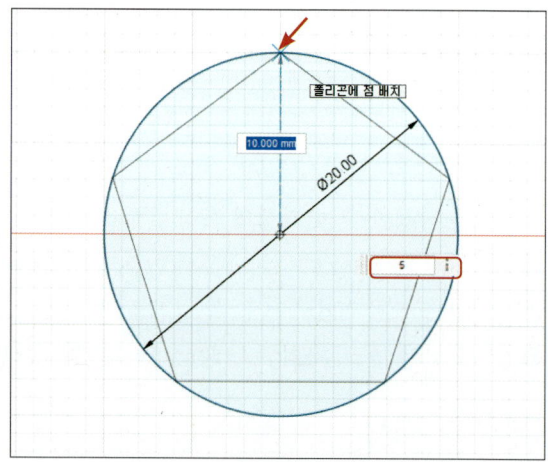

04 [작성(CREATE)]-[폴리곤(Polygon)]-[⬠ 모서리 폴리곤(Edge Polygon)]을 선택하고 임의점을 첫 번째 끝점으로 지정하고 모서리 길이를 5로 입력하고 Tab 을 누른다. 수평으로 하기 위해 0도인지 확인하고 Enter 를 누른다.

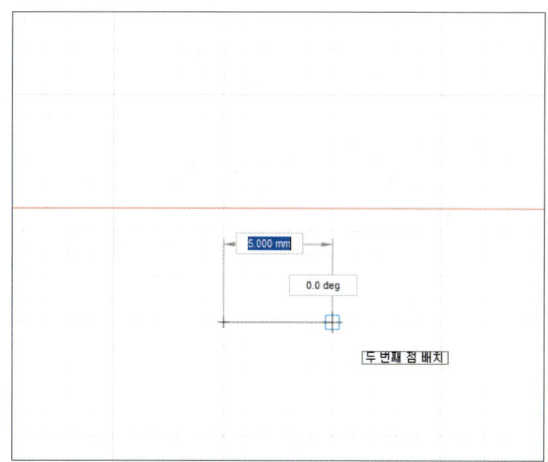

05 모서리 번호(Edge Number)를 8로 입력하고 마우스를 위쪽으로 이동하여 다각형 모양을 확인 후 다음 지점(❶)을 클릭하고 Enter 를 누른다.

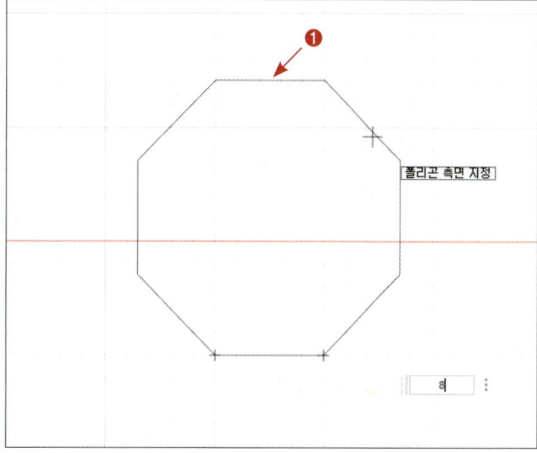

1-8 타원(Ellipse)

타원을 작성한다. 타원의 중심점, 장축과 단축을 설정한다.

> **기능 익히기** ▶ 중심점, 장축, 단축 길이를 지정하여 타원 그리기

01 [작성(CREATE)]-[⊙ 타원(Ellipse)]을 선택한다. 타원의 중심점으로 원점을 클릭하고 수평방향으로 마우스를 이동해 장축 길이가 50인 지점을 클릭한다.

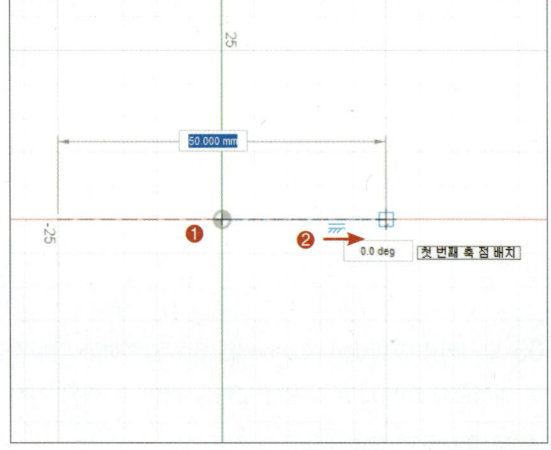

02 수직방향으로 마우스를 이동해 단축 길이가 30인 지점을 클릭하고 Enter 를 누른다.

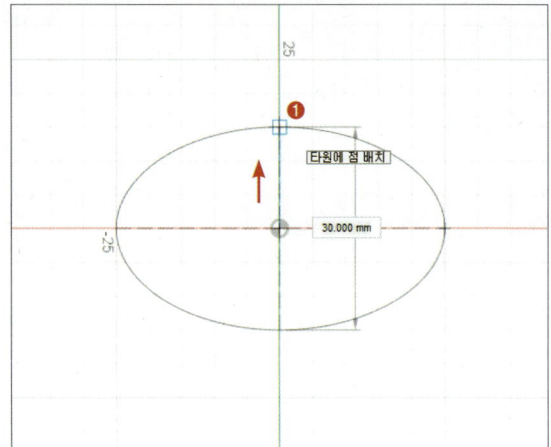

03 [작성(CREATE)]-[⊢⊣ 스케치 치수(Sketch Dimension)]를 클릭한다. 장축(가로 점선)을 선택하여 치수를 기입하고 단축(세로 점선)도 선택하여 치수를 기입한다. Esc 를 눌러 스케치 치수 명령을 종료한다.

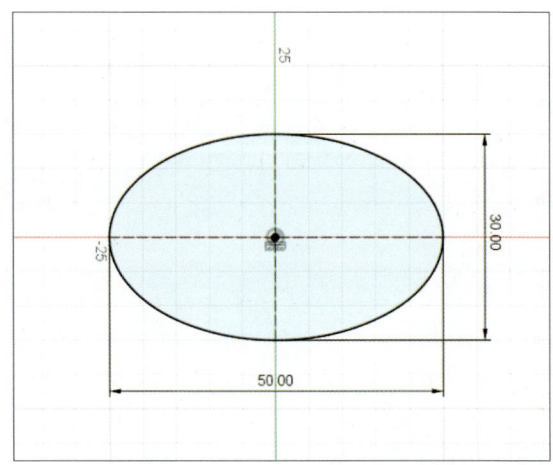

04 치수값 50을 더블클릭하여 60으로 변경하고 Enter 를 누른다. 타원의 형상이 자동으로 60으로 수정 반영된다.

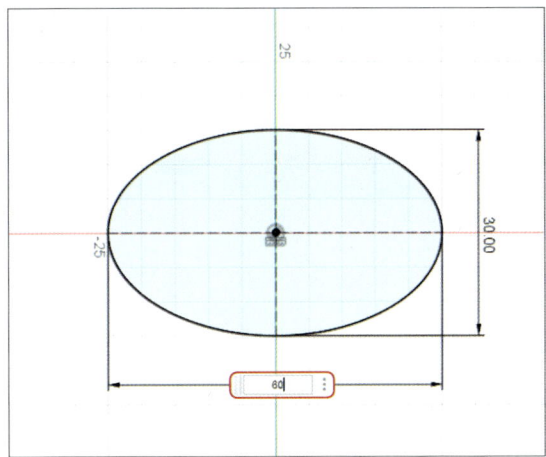 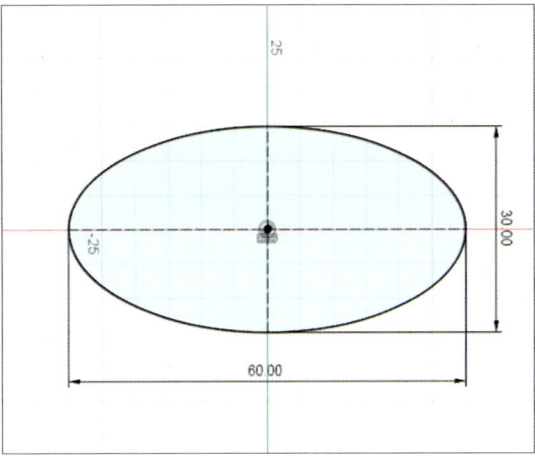

1-9 슬롯(Slot)

슬롯을 작성한다. 슬롯의 작성 유형을 선택하고 길이와 폭을 설정한다.

❶ 중심 대 중심 슬롯(Center to Center Slot) : 처음 두 번의 클릭은 호 중심을 지정하고 세 번째 클릭은 슬롯 폭을 지정한다.
❷ 전체 슬롯(Overall Slot) : 처음 두 번의 클릭은 슬롯 중심선의 시작점과 끝점, 세 번째 클릭은 슬롯 폭을 지정한다.
❸ 중심점 슬롯(Center Point Slot) : 슬롯의 중심을 먼저 지정하고 다음은 슬롯 호의 중심을 지정, 세 번째 클릭은 슬롯 폭을 지정한다.
❹ 3점 호 슬롯(3-Point Arc Slot) : 슬롯 중심 호의 시작점 및 끝점을 지정하고 세 번째 클릭은 슬롯 호의 중심을 설정한다. 네 번째 클릭은 슬롯 폭을 설정한다.
❺ 중심점 호 슬롯(Center Point Arc Slot) : 슬롯의 중심을 먼저 지정하고 두 번째와 세 번째 클릭은 슬롯 중심 호의 시작점과 끝점을 지정하고 네 번째 클릭은 슬롯 폭을 설정한다.

기능 익히기 ▶ 중심 대 중심 슬롯, 중심점 슬롯, 3점 호 슬롯 그리기

01 [작성(CREATE)]-[슬롯(Slot)]-[중심 대 중심 슬롯(Center to Center Slot)]을 선택하고 원점을 클릭하고 수평 방향으로 마우스를 이동해 길이가 35인 지점을 클릭한다.

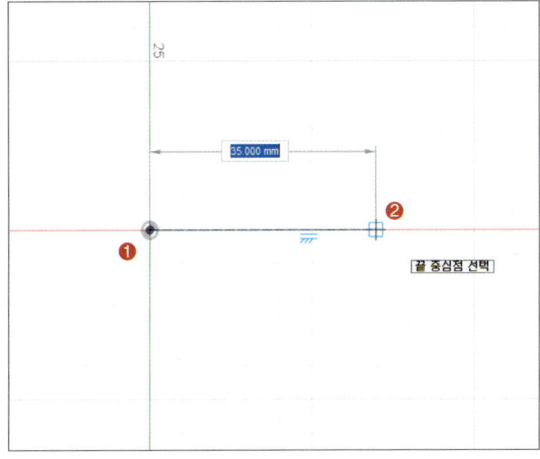

02 마우스를 수직방향으로 이동해 길이가 20인 지점을 클릭한다.

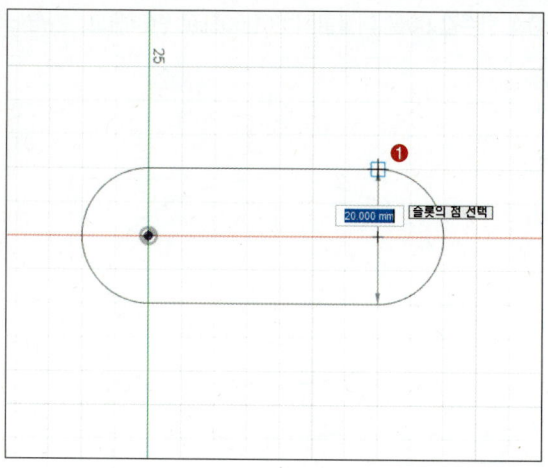

03 [작성(CREATE)]-[슬롯(Slot)]-[중심점 슬롯(Center Point Slot)]을 선택하고 중심점을 가운데 참조선의 중간점을 클릭한다. 수직방향으로 마우스를 이동해 길이가 25인 지점을 클릭한다.

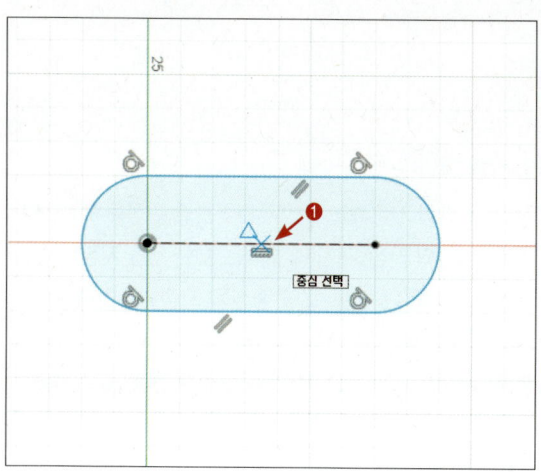 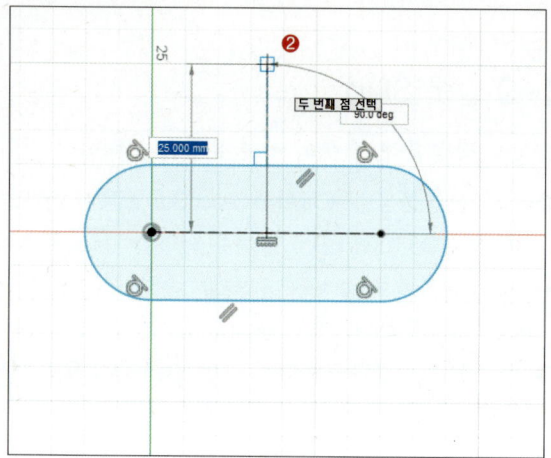

04 수평방향으로 마우스를 이동해 폭이 15인 지점을 클릭한다.

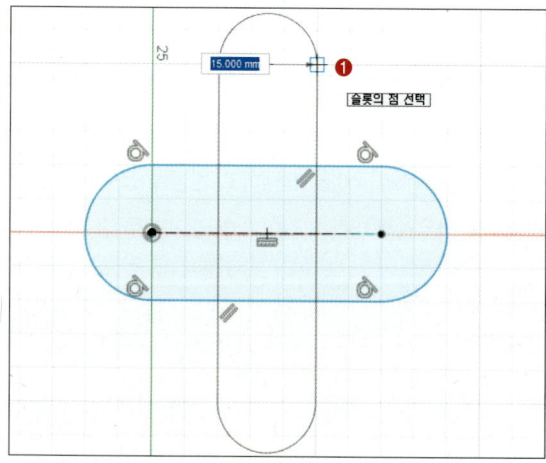

05 [작성(CREATE)]-[슬롯(Slot)]-[3점 호 슬롯 (3-Point Arc Slot)]을 선택하고 첫 번째 점은 원점을 클릭, 두 번째 점은 오른쪽 호의 중심점, 세 번째 점은 아래 호의 중심점을 클릭한다.

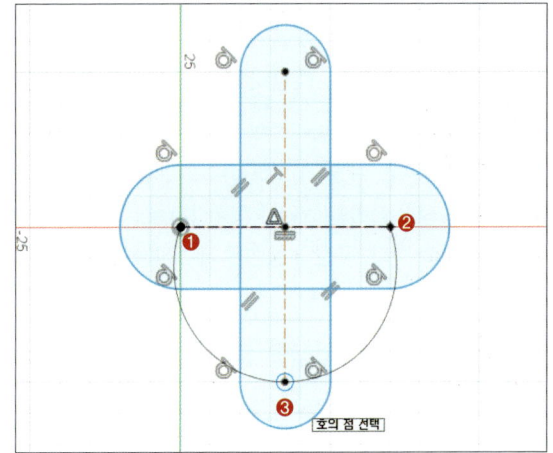

06 폭을 3으로 입력하고 Enter 를 누른다.

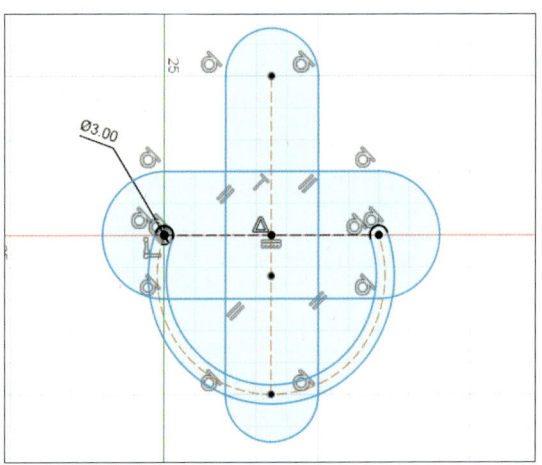

1-10 스플라인(Spline)

자유 곡선을 작성한다. 스플라인의 작성 유형을 선택하고 통과점 또는 제어점을 지정하여 곡선을 생성한다.

❶ 맞춤점 스플라인(Fit Point Spline) : 스플라인 곡선이 통과하는 지점을 지정하여 곡선을 생성한다. 곡선 생성 후 곡선을 선택하면 각 통과점마다 녹색 핸들이 있으며 핸들을 이용하여 곡선의 방향을 지정 할 수 있다.

❷ 제어점 스플라인(Control Point Spline) : 스플라인 제어점을 이용하여 곡선을 생성한다. 곡선은 시작과 끝 제어점만을 통과 한다. 곡선의 방향은 제어점간의 위치 관계에 의해 결정된다.

기능 익히기 ▶ 정점을 클릭하여 스플라인 그리기

01 [작성(CREATE)]-[스플라인(Spline)]-[맞춤점 스플라인(Fit Point Spline)]을 선택하고 원점을 시작으로 정점을 여러 번 클릭하여 스플라인을 그린다.

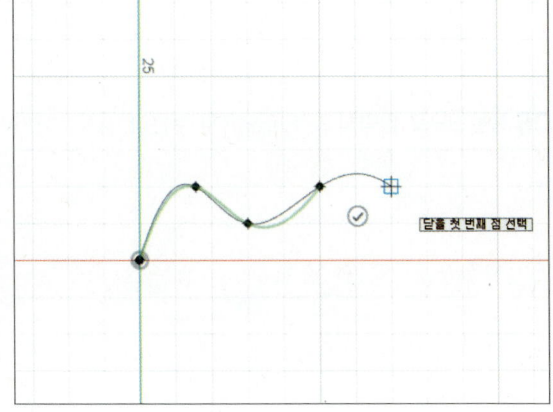

02 스플라인 작성을 끝내려면 체크 박스를 클릭하여 종료한다. `Esc` 를 눌러 스플라인 명령을 종료한다.

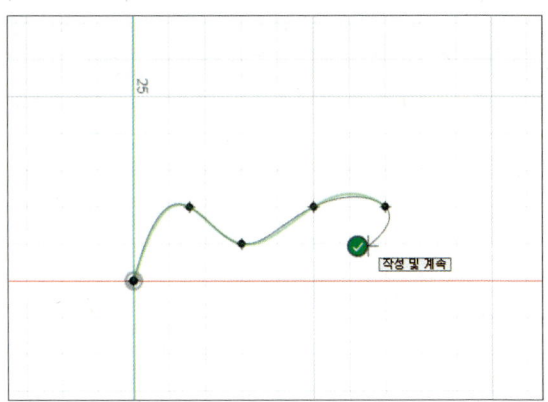

03 검은색 점이나 녹색 점을 클릭하여 드래그하거나 정점을 추가삽입하여 스플라인 모양을 수정할 수 있다.

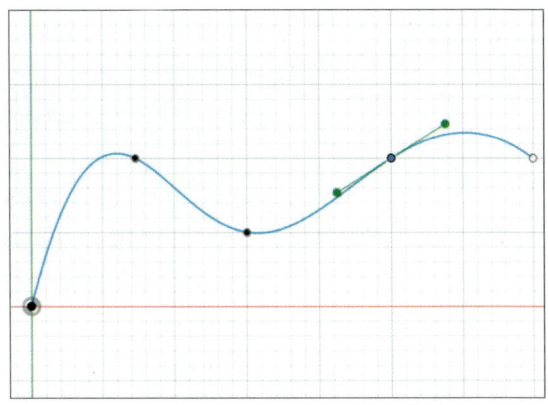

04 [작성(CREATE)]-[스플라인(Spline)]-[제어점 스플라인(Control Point Spline)]을 선택하고 원점을 시작으로 제어점을 여러 번 클릭하여 스플라인을 그린다.

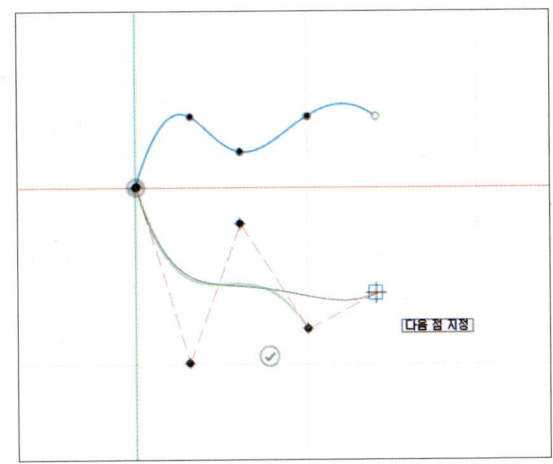

05 스플라인 작성을 끝내려면 체크 박스를 클릭하여 종료한다. Esc 를 눌러 스플라인 명령을 종료한다.

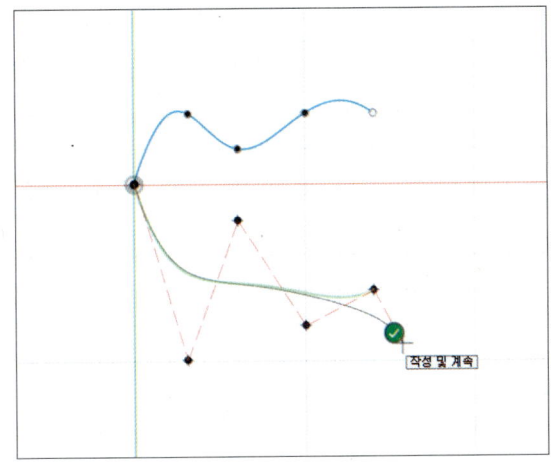

06 검은색 제어점의 위치를 이동하여 스플라인 모양을 수정할 수 있다.

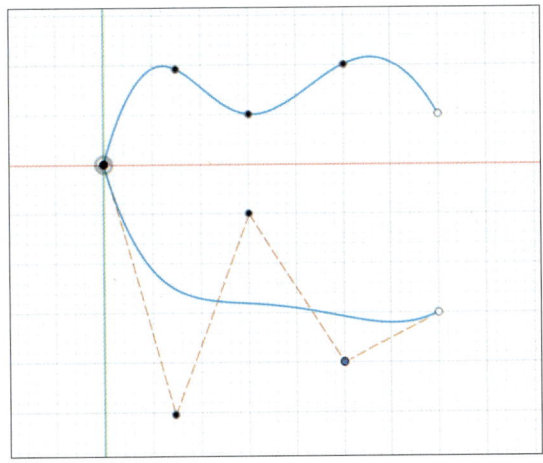

1-11 점(Point)

점을 작성한다. 점을 작성할 위치를 클릭한다.

기능 익히기 ▶ 원점과 수평한 점그리기

01 [작성(CREATE)]-[ㅗ 점(Point)]을 선택하고 원점과 수평이 되도록 임의의 3개 점을 클릭하여 작성한다.

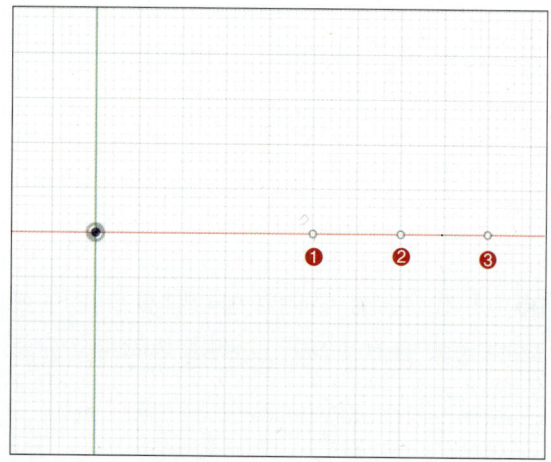

02 [작성(CREATE)]-[⊢ 스케치 치수(Sketch Dimension)] 를 클릭하여 3개 점에 치수를 기입한다.

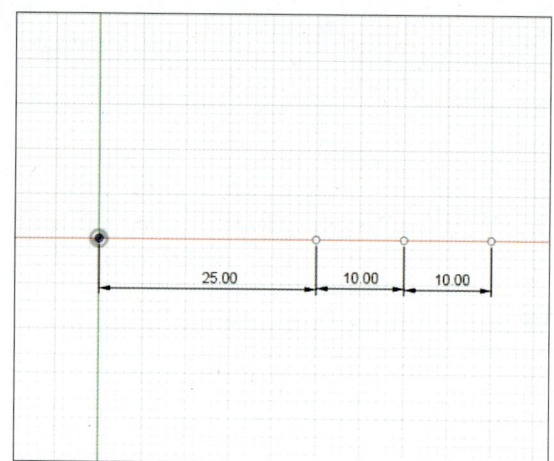

03 완전 구속을 위해 구속조건(CONSTRUCT) 패널에 수평/수직(Horizontal/Vertical) 아이콘( )을 클릭하고 원점과 첫 번째 점, 첫 번째 점과 두 번째 점, 두 번째 점과 세 번째 점을 차례대로 클릭하여 수평이 되도록 구속한다. Esc 를 눌러 수평/수직 구속조건 명령을 종료한다.

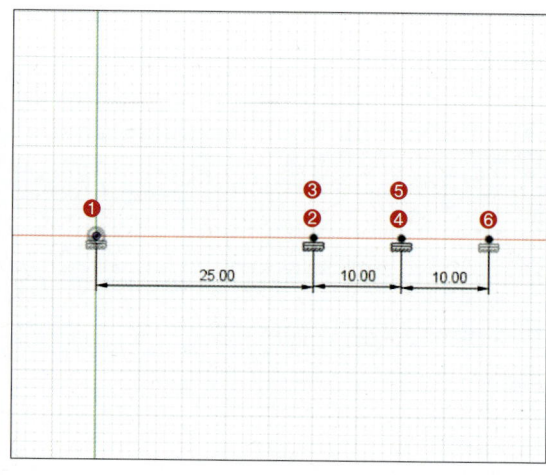

1-12 문자(Text)

문자의 배치 위치를 사각형의 대각 모서리 두 점을 입력하여 지정하고 문자를 입력한다.

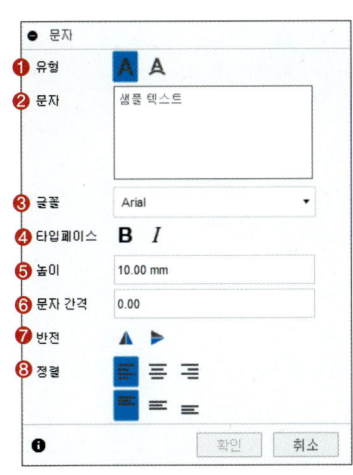 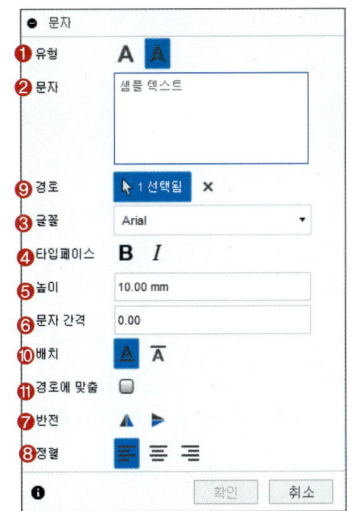

❶ 유형(Type) : 글자의 작성 형식을 선택한다.

❷ 문자(Text) : 이 칸에 문자를 입력하면 화면에 보인다.

❸ 글꼴(Font) : 글꼴을 선택 지정한다. OS에 설치된 폰트가 자동으로 표시된다.

❹ 타입페이스(Typeface) : 굵게, 기울임꼴 등 스타일을 지정한다.

❺ 높이(Height) : 문자 높이를 지정한다.

❻ 문자 간격(Character Spacing) : 글자 사이 간격을 지정한다.

❼ 반전(Flip) : 수평, 수직 방향으로 문자를 반전한다.

❽ 정렬(Alignment)) : 글자 작성 공간 내에 글자의 상하좌우 정렬 위치를 선택한다.

❾ 경로(Path) : 경로 문자의 경로를 선택한다.

❿ 배치(Placement) : 경로 문자에서 문자가 경로의 위, 아래 중 놓일 위치를 선택한다.

⓫ 경로에 맞춤(Fit to Path) : 작성된 문자의 자간을 자동으로 조정해 전체 문장의 길이를 경로의 길이와 맞춰준다.

기능 익히기 ▶ 문자 작성하고 편집하기

01 [작성(CREATE)]-[A 문자(Text)]를 선택하고 임의 두 점을 클릭하여 글자 작성 영역을 지정한다.

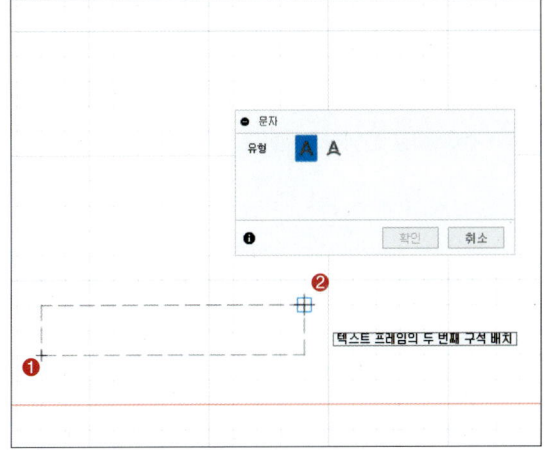

02 문자(Text) 대화상자에서 문자(Text)란에 "Fusion 360"을 입력하고 높이(Height)는 6mm로 설정 후 [확인 (OK)] 버튼을 클릭한다.

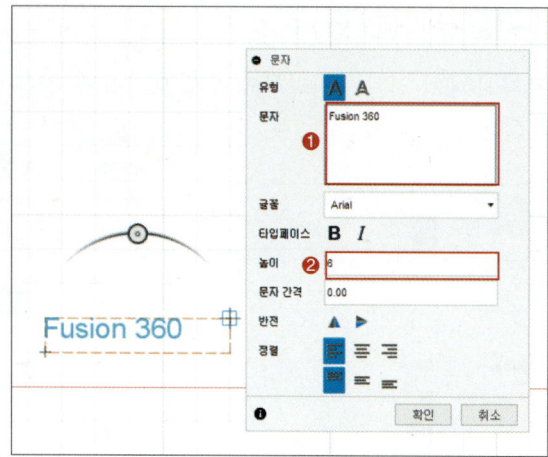

03 작성된 문자 영역을 클릭하면 나오는 녹색 점이나 주황색 선을 마우스로 선택하고 드래그하면 문자 작성 영역의 크기나 각도를 변경할 수 있다.

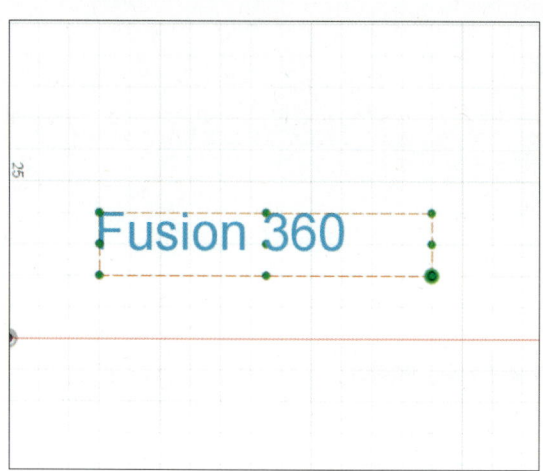
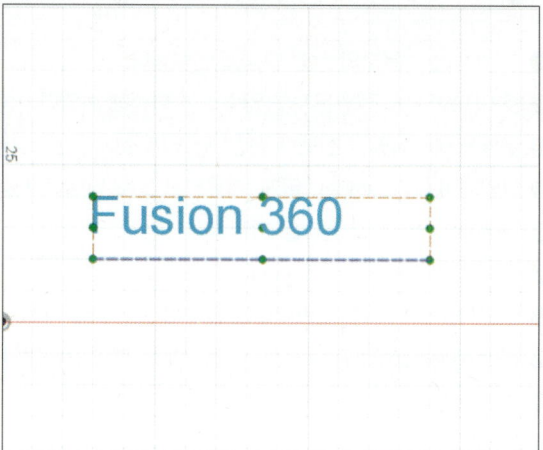

04 문자를 더블클릭하면 문자 편집창이 뜬다. 높이 (Height)는 7mm, 타입페이스(Typeface)에서 굵게(Bold) 를 선택, 글꼴(Font)를 Arial에서 맑은 고딕으로, 반전(Flip) 에서 수평(Horizontal Flip)을 선택, 정렬(Alignment)에서 좌우위치 중심에 정렬(Align Center), 상하위치 중간정렬 (Align Middle)을 선택하고 Enter 를 누른다.

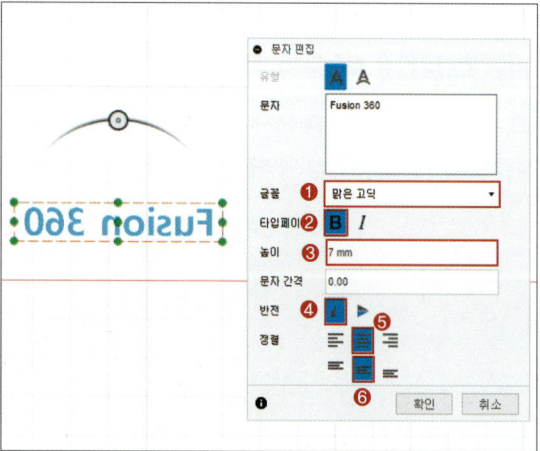

05 문자의 위치를 정확한 치수로 지정할 때는 [작성(CREATE)]-[⊢ 스케치 치수(Sketch Dimension)]를 클릭하고 문자 작성 영역 상자에 치수를 지정하면 된다.

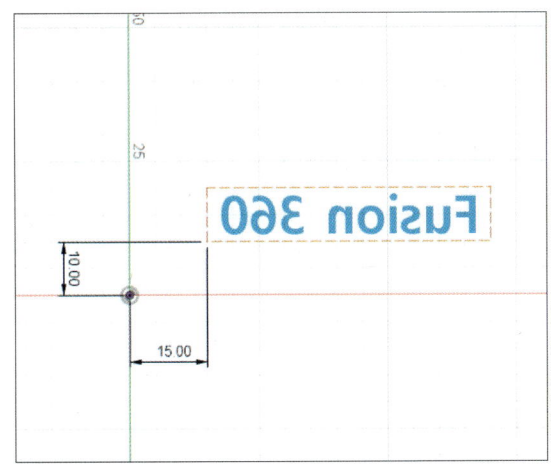

06 경로 문자를 작성하기 위해 [작성(CREATE)]-[호(Arc)]-[3점 호(3-Point Arc)]를 클릭하고 그림과 같이 임의의 호를 작성한다.

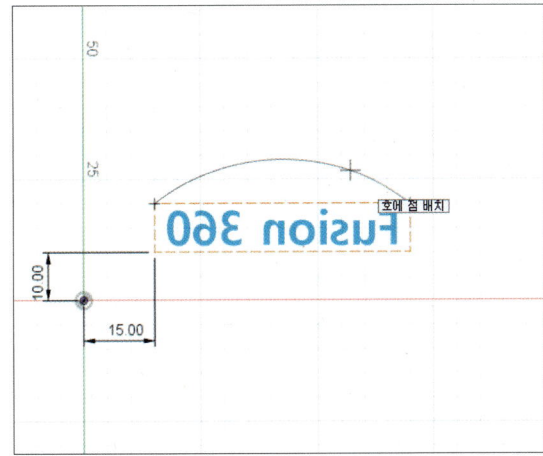

07 [작성(CREATE)]-[A 문자(Text)]를 선택하고 유형(Type)을 경로의 텍스트(Text On Path)로 변경 후 호를 선택한다.

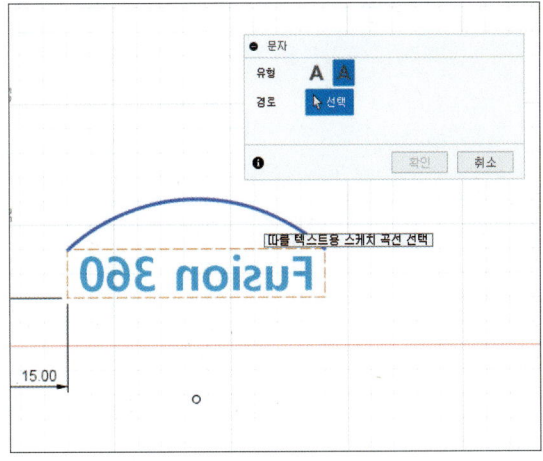

08 문자(Text) 대화상자에서 문자(Text)란에 "Fusion 360"을 입력하고 높이(Height)는 6mm로, 배치(Placement)는 경로 아래에 텍스트 배치(Place text below path)를 선택, 정렬(Alignment)은 중심에 정렬(Align Center)을 설정 후 [확인(OK)] 버튼을 클릭한다.

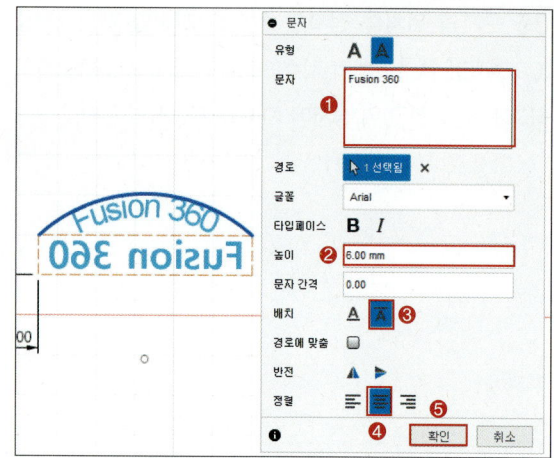

여기서 잠깐

명령을 실행할 때 단축키를 이용할 수 있다. 실행할 명령의 오른쪽에 문자로 약자가 보이는데 이것이 단축키이다. 예를 들어, 선(Line)은 L, 중심 지름 원(Center Diameter Circle)은 C, 스케치 치수(Sketch Dimension)는 D이다. 자주 사용하는 명령은 단축키를 사용하면 훨씬 작업 효율이 높아진다.

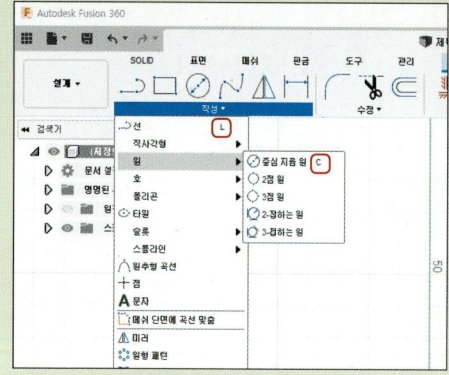

제품 정보	단축키	명령어	단축키
작업공간(Workspace) 변경	Ctrl + [또는, Ctrl +]	이동/복사(Move/Copy)	M
모양(Appearance)	A	선종류 구성(Linetype Construction)	X
현재 상태 접합(As-built Joint)	Shift+J	간격띄우기(Offset)	O
중심 지름 원(Center Diameter Circle)	C	밀고 당기기(Press Pull)	Q
삭제(Delete)	Del	프로젝트(Project)	P
돌출(Extrude)	E	스케치 치수(Sketch Dimension)	D
구멍(Hole)	H	자르기(Trim)	T
접합(Joint)	J	2점 직사각형(2-Point Rectangle)	R
선(Line)	L	측정(Measure)	I
측정(Measure)	I	창 선택(Window Selection)	1
모깎기(Fillet)	F	자유형 선택(Freeform Selection)	2
바로 가기(Shortcuts)	S	페인트 선택(Paint Selection)	3

Section 02 스케치 편집 명령

의도한 대로 스케치가 구성되도록 작성한 스케치를 편집하는 명령을 차례대로 알아본다.

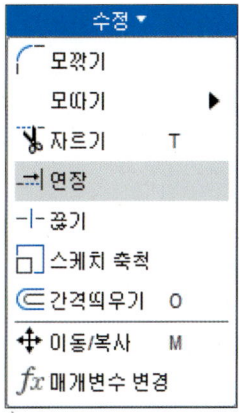

2-1 모깎기(Fillet)

선택한 선분의 모서리를 모깎기한다. 스케치의 모가 난 곳을 선택하고 반지름을 입력한다.

기능 익히기 ▶ 각진 모서리를 반지름값을 주어 둥글게 하기

01 [작성(CREATE)]-[직사각형(Rectangle)]-[☐ 2점 직사각형(2-Point Rectangle)]을 선택하고 먼저 원점을 클릭한다. 마우스를 오른쪽 상단으로 이동하고 길이값 50을 입력한다. Tab 을 눌러 폭값도 50을 입력한 후 Enter 를 누른다.

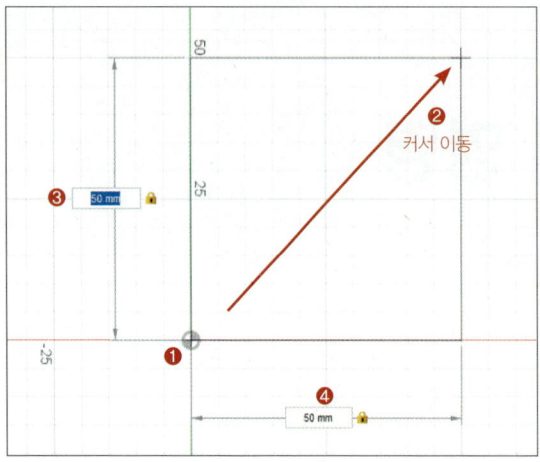
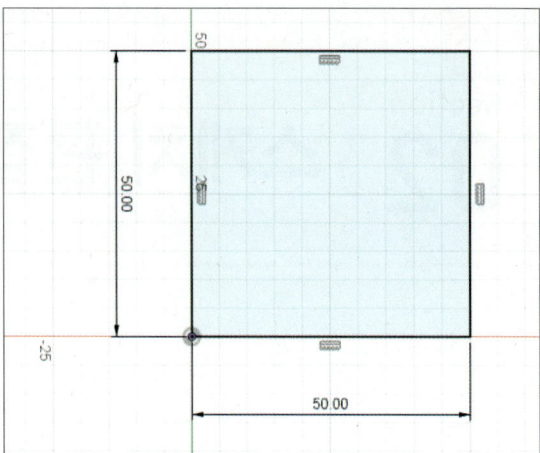

02 [수정(MODIFY)]-[모깎기(Fillet)]를 클릭하고 2개 선분을 선택한다.

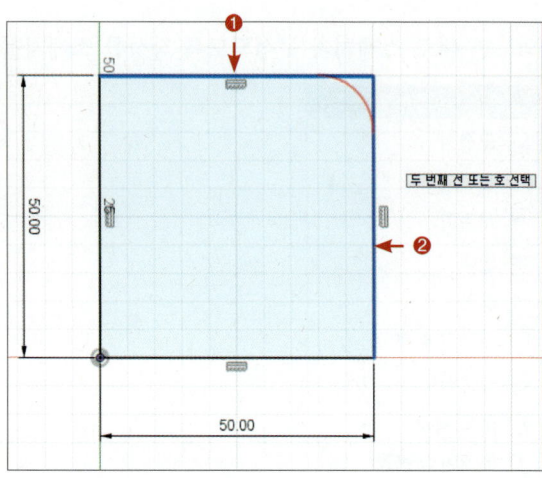

03 반지름값을 15로 입력하고 Enter 를 누른다.

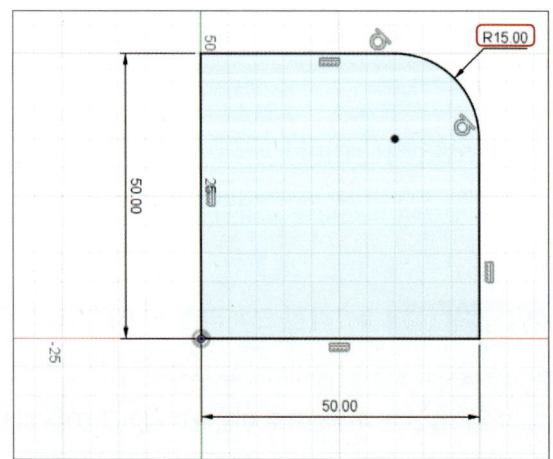

2-2 자르기(Trim)

선택한 스케치를 자르기한다. 스케치의 불필요한 부분이 빨갛게 하이라이트가 되고 클릭하면 불필요한 부분이 삭제된다.

> **기능 익히기** ▶ 교차된 선중에서 불필요한 선을 없애기

01 [작성(CREATE)]-[선(Line)]을 선택하고 수평선끼리의 중간점, 수직선끼리의 중간점을 클릭하여 2개 교차선을 작성한다.

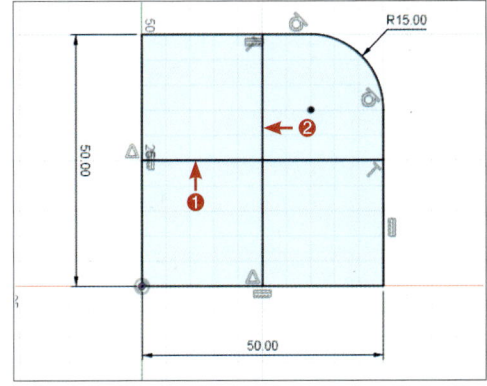

02 [수정(MODIFY)]-[자르기(Trim)]를 선택하고 불필요한 선 2개를 클릭한다. Warning(경고)창이 보일 수 있으나 무시한다.

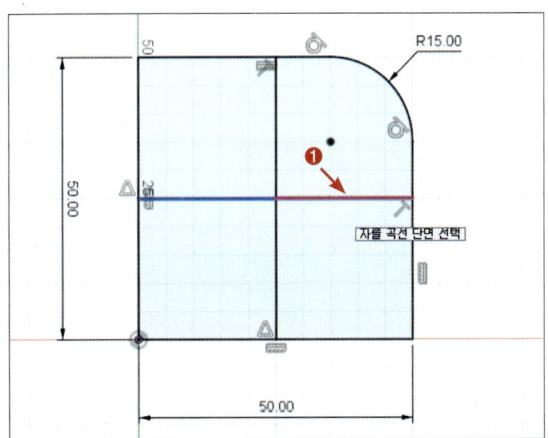 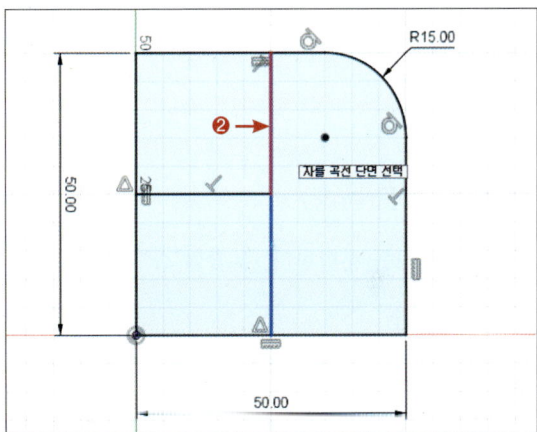

03 Esc 를 눌러 자르기 명령을 종료한다.

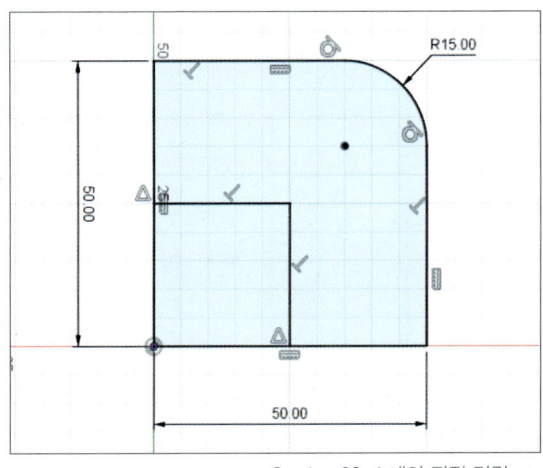

2-3 연장(Extend)

선택한 스케치를 연장한다. 연장할 부분을 클릭하면 연장 형태를 빨갛게 하이라이트로 보여준다. 가까이 있는 스케치 세그먼트까지 연장된다.

기능 익히기 ▶ 해당 지점까지 선을 연장하기

01 [수정(MODIFY)]-[연장(Extend)]을 선택하고 연장할 객체를 선택한다. 다음 스케치선까지 연장된다.

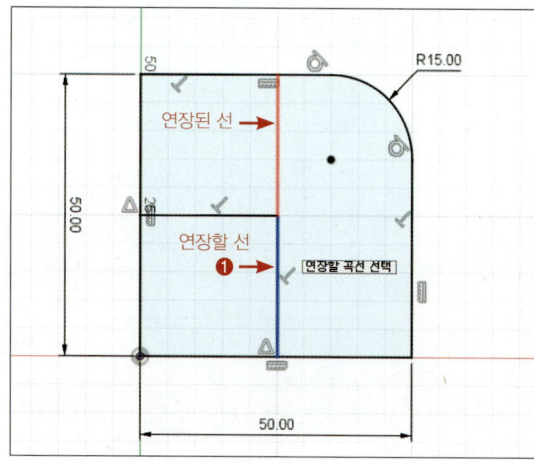 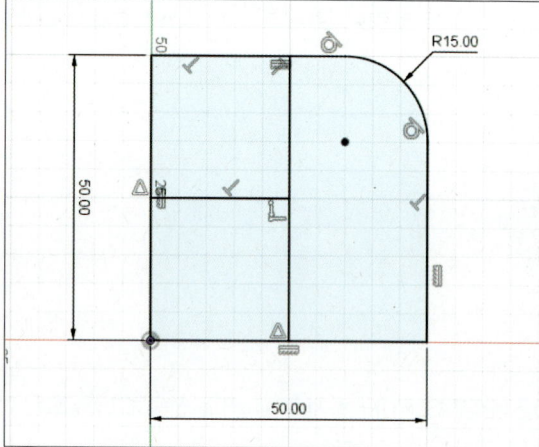

2-4 끊기(Break)

선택한 스케치를 분할한다. 분할할 스케치 부분을 클릭하면 교차점에 빨갛게 미리보기가 표시된다.

기능 익히기 ▶ 한 개의 선을 두 개로 분할하기

01 [수정(MODIFY)]-[끊기(Break)]를 선택하고 분할할 객체의 끊을 지점을 클릭한다. 하나의 선이 2개로 분할이 되었다.

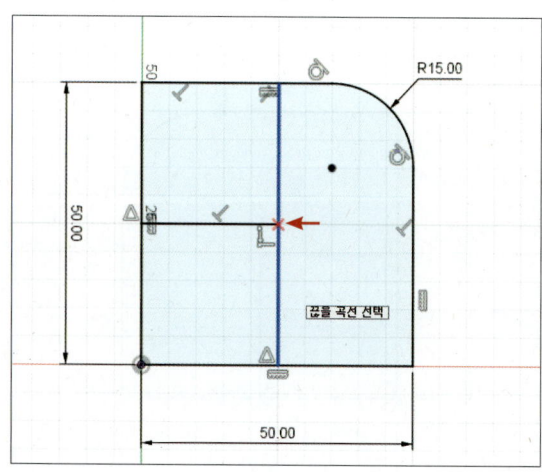 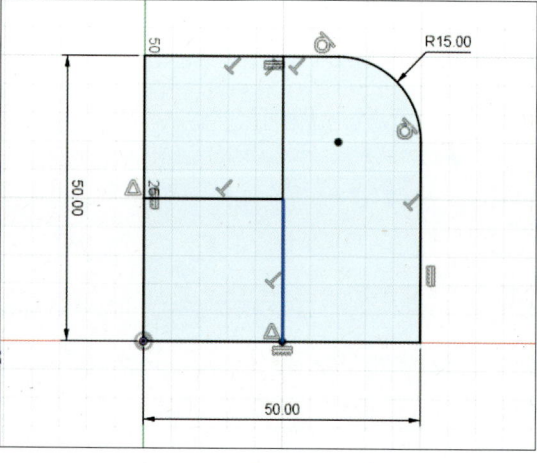

2-5 스케치 축척(Sketch Scale)

스케치를 늘리거나 줄일 수 있는 명령이다. 변동할 스케치를 선택하고 기준점을 선택한 후 축척 비율을 입력한다.

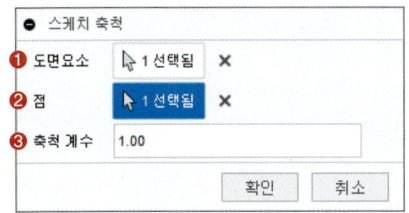

❶ 도면요소(Entities) : 축척을 적용할 스케치를 선택한다.
❷ 점(Point) : 어디를 기준으로 축척을 적용할지 기준점을 클릭한다.
❸ 축척 계수(Scale Factor) : 확대는 1보다 큰 수, 축소는 1보다 작은 수를 입력한다.

기능 익히기 ▶ 스케치 크기를 0.5배 줄이기

01 [수정(MODIFY)]-[스케치 축척(Sketch Scale)]을 선택하고 축척을 적용할 객체를 윈도우 선택방법으로 전체를 선택한다.

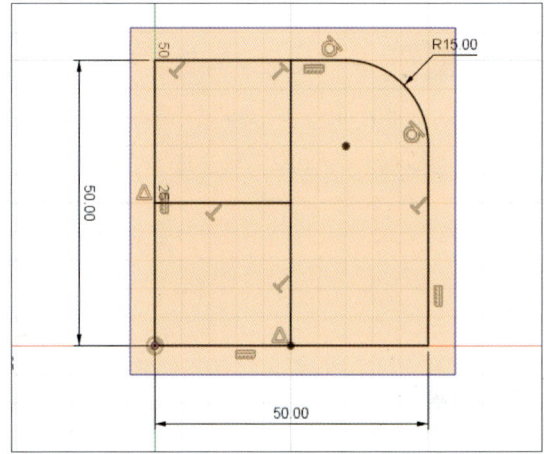

02 대화상자에서 점(Point)의 선택(Select)을 클릭하고 기준점으로 원점을 선택한다. 축척 계수(Scale Factor)는 0.5(또는, 1/2)를 입력하고 Enter 를 누른다. 물론 대화상자의 [확인(OK)] 버튼을 클릭해도 된다.

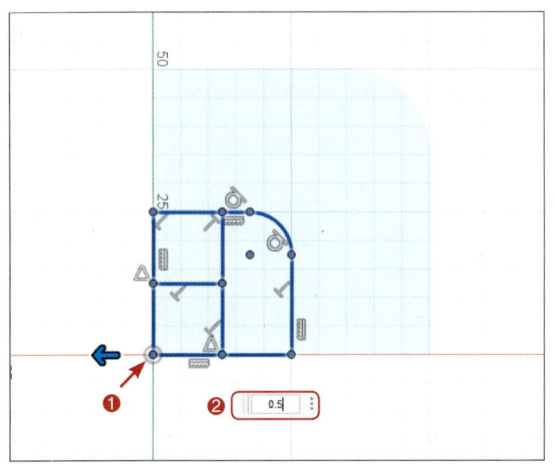
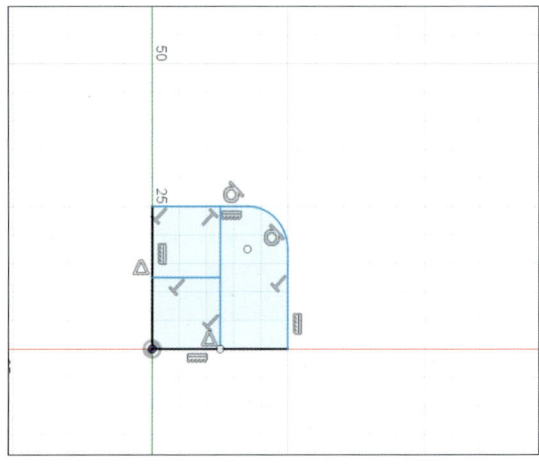

2-6 간격띄우기(Offset)

선택한 스케치에서 일정 거리만큼 떨어진 위치로 스케치를 작성한다. 간격띄우기 할 스케치를 선택하고 마우스를 이동한다. 빨갛게 미리보기가 나온 상태에서 클릭하거나 거리값을 입력한다.

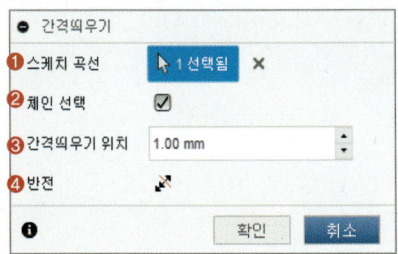

❶ 스케치 곡선(Sketch curve) : 간격띄우기 할 스케치 선을 선택한다.
❷ 체인 선택(Chain Selection) : 체크하면 연결된 모든 선이 선택되고 체크 해제하면 클릭한 선만 선택된다.
❸ 간격띄우기 위치(Offset position) : 간격의 거리값을 입력한다.
❹ 반전(Flip) : 간격띄우기 방향을 전환한다.

기능 익히기 ▶ 지정한 거리만큼 스케치를 작성하기

01 [수정(MODIFY)]-[간격띄우기(Offset)]를 선택하고 스케치 곡선(Sketch curve)으로 바깥 모서리를 선택한다.

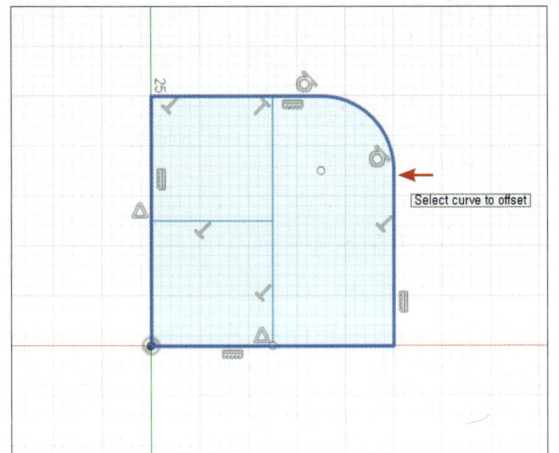

02 간격띄우기 위치(Offset position)를 2로 입력하고 Enter 를 누른다.

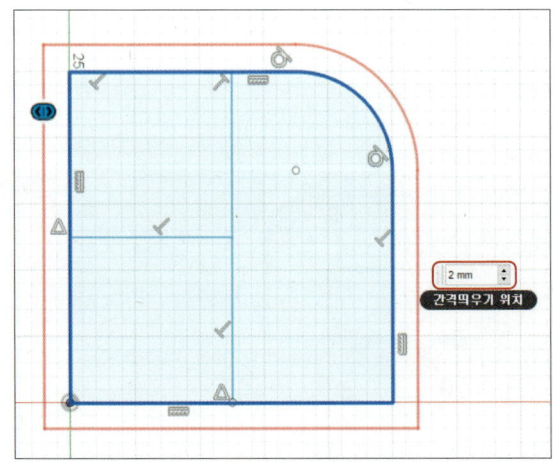

03 간격띄우기(Offset) 명령을 반복실행하기 위해 마우스 우클릭 퀵메뉴에서 반복 간격띄우기(Repeat Offset)를 선택한다.

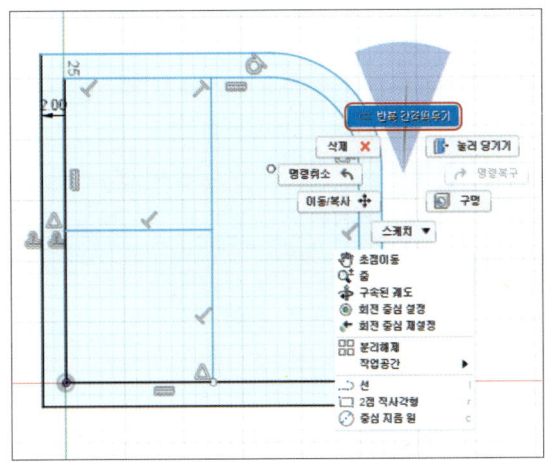

04 간격띄우기(Offset) 대화상자에서 체인 선택(Chain Selection)을 체크 해제한 후에 스케치 곡선(Sketch curve)으로 원래의 스케치 중 왼쪽 모서리를 선택한다. 파란색 아이콘( )을 좌우로 드래그하여 거리값이나 위치를 조정해도 된다.

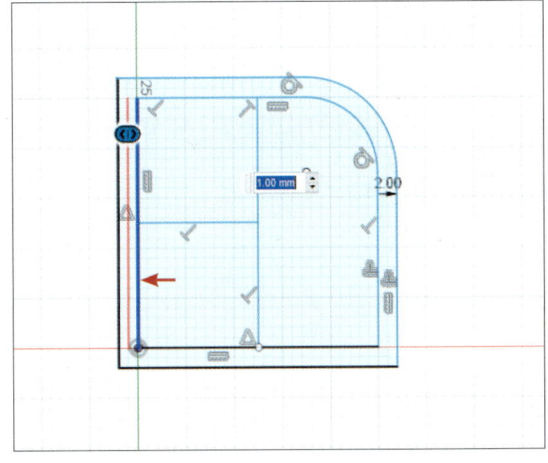

05 간격띄우기 위치(Offset position)를 5로 입력하고 Enter 를 누른다. 이처럼 연결된 선을 모두 선택하지 않으려면 체인 선택(Chain Selection)을 반드시 체크 해제한 후에 스케치를 선택해야 한다.

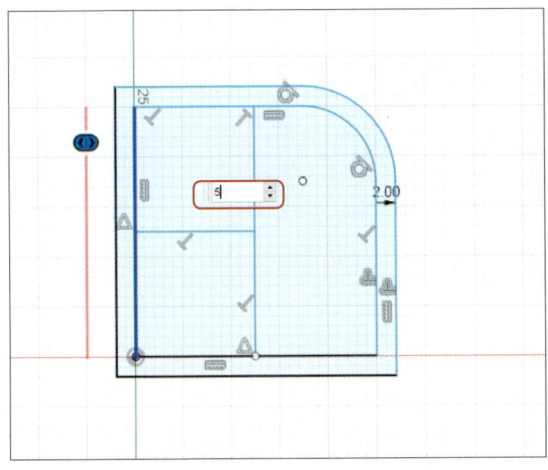
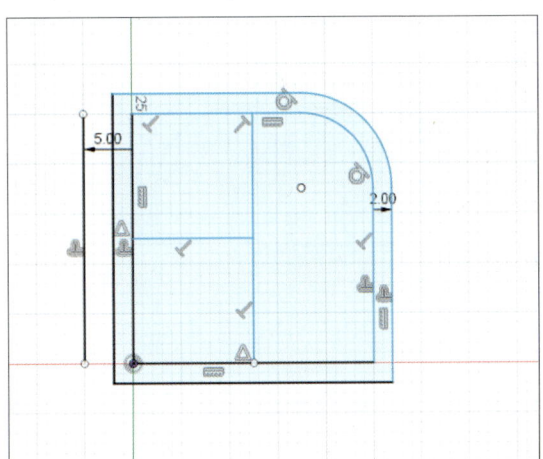

2-7 미러(Mirror)

선택한 스케치를 축을 중심으로 대칭 복사한다. 대칭 복사할 스케치를 선택하고 대칭선을 선택한다.

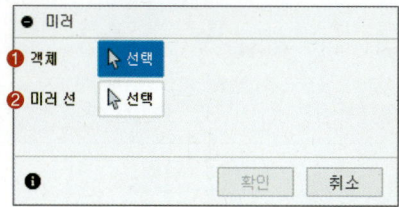

❶ 객체(Objects) : 대칭 복사할 스케치를 선택한다.
❷ 미러 선(Mirror Line) : 기준이 될 대칭선을 선택한다.

기능 익히기 ▶ 수직축을 중심으로 스케치 대칭하기

01 [작성(CREATE)]-[미러(Mirror)]를 선택하고 대칭 복사할 스케치를 윈도우 선택방법으로 안쪽에 있는 스케치를 선택한다.

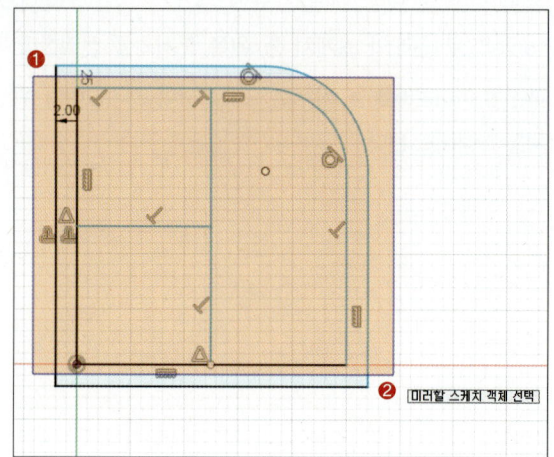

02 미러 선(Mirror Line)의 선택(Select)을 클릭하고 대칭축으로 가장 왼쪽 수직선을 선택하고 Enter 를 누른다.

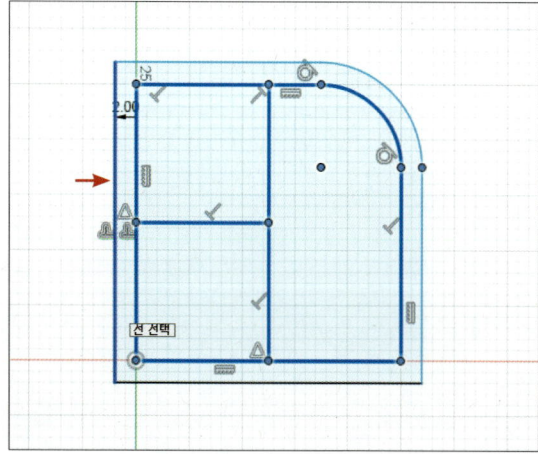
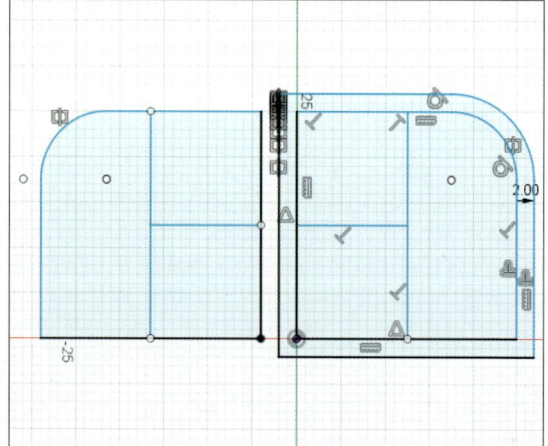

2-8 원형 패턴(Circular Pattern)

선택한 스케치를 원형 배열 복사한다. 배열 복사할 스케치를 선택하고 중심점과 배열수를 설정한다.

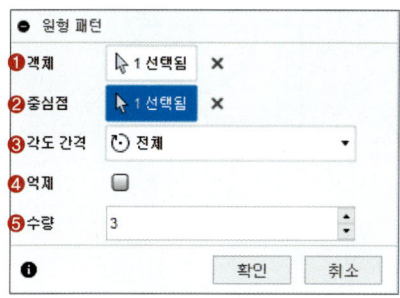

❶ 객체(Objects) : 원형 배열할 객체를 선택한다.
❷ 중심점(Center Point) : 원형 배열의 중심이 될 포인트를 지정한다.
❸ 각도 간격(Angular Spacing) : 전체(Full)는 360도 전체 배열, 각도(Angle)는 지정된 각도 범위에서 배열, 대칭(Symmetric)은 대칭으로 배열이다.
❹ 억제(Suppress) : 배열이 필요없는 곳은 체크박스 클릭해제로 안보이게 억제할 수 있다.
❺ 수량(Quantity) : 몇 개를 배열할지 입력한다.

기능 익히기 ▶ 원점을 중심으로 Ø15원 원형 배열 복사하기

01 [작성(CREATE)]-[원(Circle)]-[⊘ 중심 지름 원(Center Diameter Circle)]을 선택하고 원점에서 떨어진 위치를 중심점으로 클릭하고 지름값으로 15를 입력하고 Enter 를 누른다.

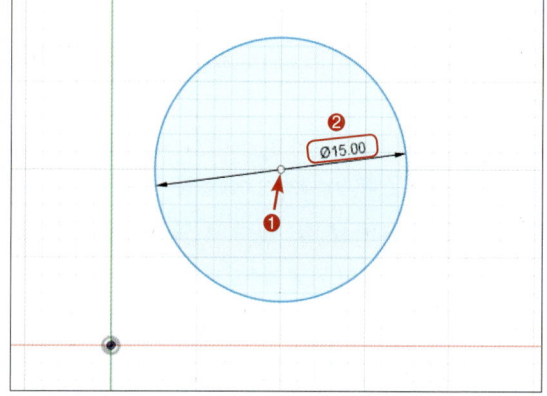

02 [작성(CREATE)]-[⊢ 스케치 치수(Sketch Dimension)]를 선택하고 원점에서 중심점까지 가로와 세로 치수를 기입한다.

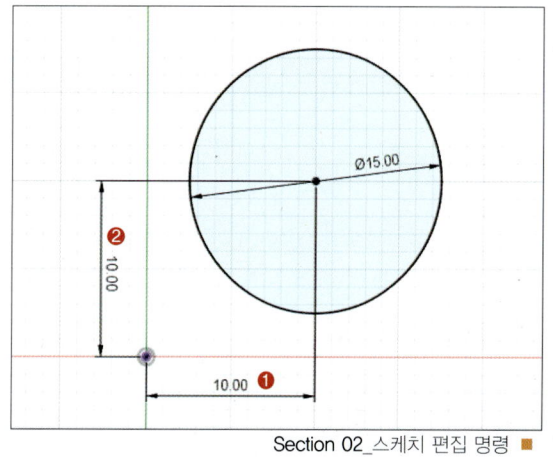

03 [작성(CREATE)]-[원형 패턴(Circular Pattern)]을 선택하고 원형 배열 복사할 스케치로 원을 선택한다. 중심점(Center Point)의 선택(Select)을 클릭하고 원점을 클릭한다. 각도 간격(Angular Spacing)은 전체(Full), 수량(Quantity)은 5를 입력한다.

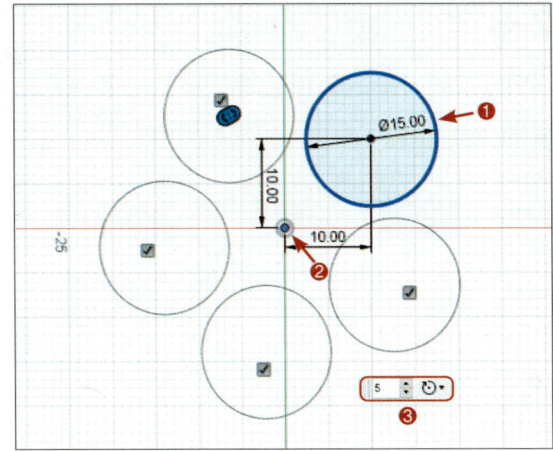

04 각도 간격(Angular Spacing)을 각도(Angle)로 바꾸고 전체 각도(Total Angle)를 215도로 입력한다. 지정된 각도에만 원형 패턴을 이룬다.

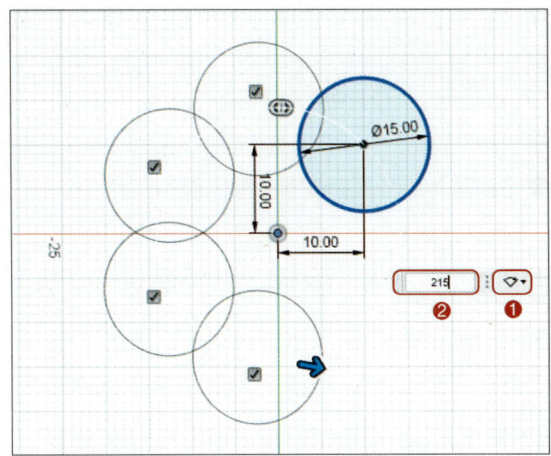

05 다시 각도 간격(Angular Spacing)을 대칭(Symmetric)으로 바꾸고 화살표( )를 클릭 후 드래그하여 각도를 175도로 맞춘다. 선택된 원을 기준으로 좌우대칭이 된다.

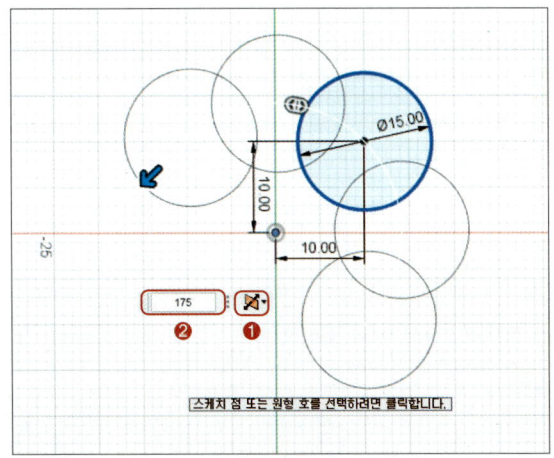

06 이번에는 가운데 있는 원을 숨기기 위해 억제(Suppress) 항목에 체크 해주고 배열상에 나오는 체크박스에서 체크를 해제한다.

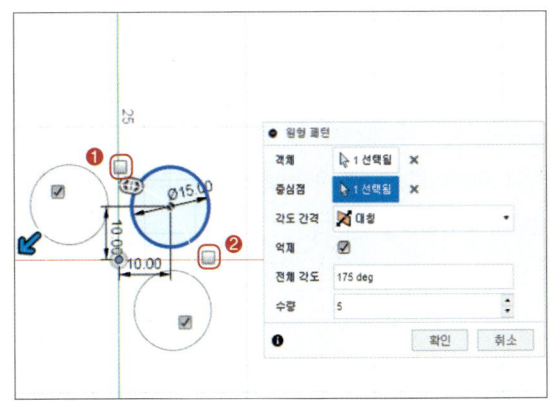

07 마지막으로 Enter 또는, [확인(OK)] 버튼을 클릭하여 원형 패턴 명령을 마친다. 배열 아이콘( )을 더블클릭하여 수량을 수정해도 된다.

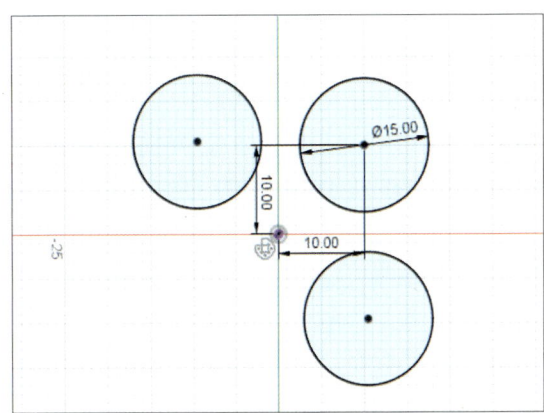

2-9 직사각형 패턴(Rectangular Pattern)

선택한 스케치를 직사각형 배열 복사한다. 배열 복사할 스케치를 선택하고 방향과 배열수를 설정한다.

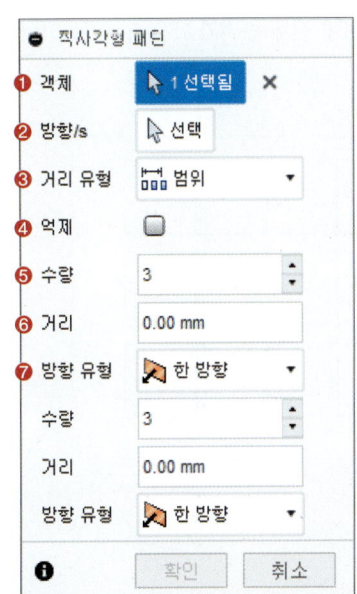

❶ 객체(Objects) : 직사각 형 배열할 객체를 선택한다.

❷ 방향/s(Direction/s) : 어느 방향으로 배열할지 선택한다.

❸ 거리 유형(Distance Type) : 범위(Extents)는 전체 범위로 배열, 간격(Spacing)은 간격 지정 배열이다.

❹ 억제(Suppress) : 배열이 필요없는 곳은 체크박스 클릭해제로 안보이게 억제할 수 있다.

❺ 수량(Quantity) : 몇 개를 배열할지 입력한다.

❻ 거리(Distance) : 배열 복사될 거리를 입력한다.

❼ 방향 유형(Direction Type) : 한 방향(One Direction)은 한 방향 배열, 대칭(Symmetric)은 대칭 배열이다.

| 기능 익히기 | ▶ 일정한 거리로 가로세로 배열 복사하기

01 [작성(CREATE)]-[직사각형(Rectang)]-[2점 직사각형(2-Point Rectangle)]을 선택하고 먼저 원점을 클릭한다. 마우스를 오른쪽 위방향으로 드래그하여 가로 세로 10mm 정사각형을 만든다.

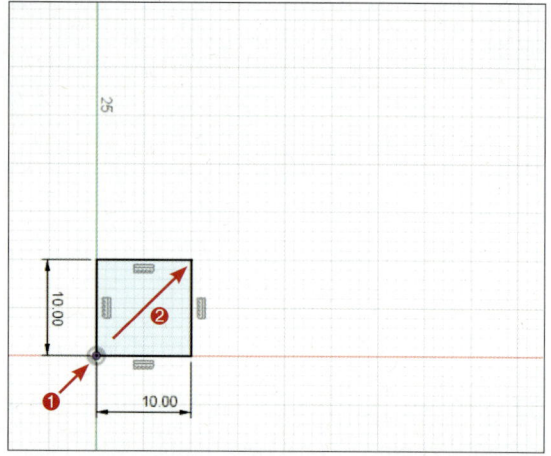

02 [작성(CREATE)]-[직사각형 패턴(Rectangular Pattern)]을 선택하고 4개 모서리를 전부 선택한다. 화살표가 양방향으로 보이는데 먼저 가로방향 화살표를 오른쪽으로 드래그한 후 세로방향 화살표도 위로 드래그한다.

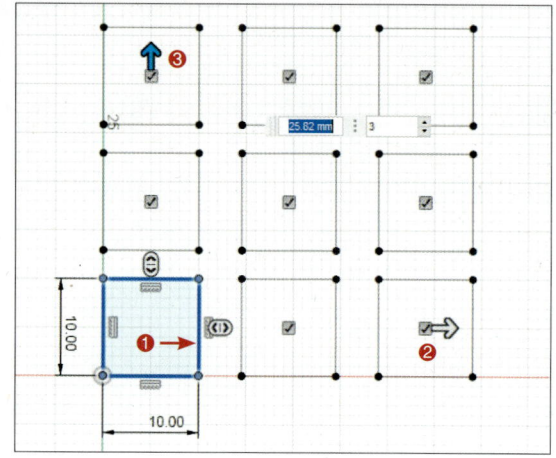

03 거리 유형(Distance Type)은 범위(Extent), 첫 번째 수량(Quantity)은 4, 거리(Distance)는 30, 두 번째 수량(Quantity)은 3, 거리(Distance)는 25를 입력한다. 참고 치수 (25.00)과 (30.00)을 보면 전체 범위가 25와 30임을 이해할 수 있다.

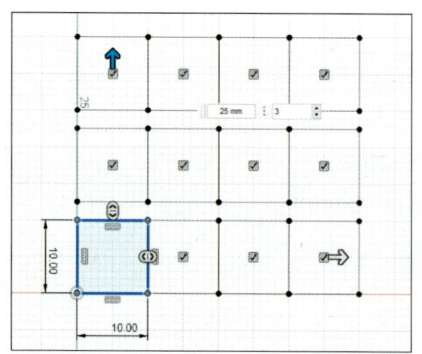  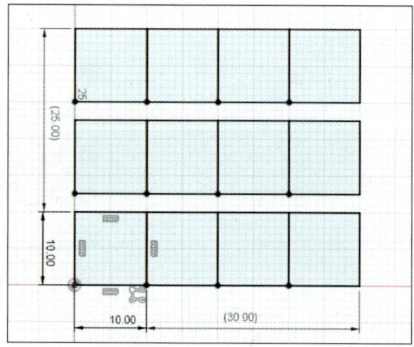

04 거리 유형(Distance Type)은 간격(Spacing), 첫 번째 수량(Quantity)은 5, 거리(Distance)는 15, 두 번째 수량(Quantity)은 3, 거리(Distance)는 15를 입력한다. 그리고 Direction Type을 모두 대칭(Symmetric)으로 전환하면 대칭이면서 사이 간격이 5mm인 패턴이 만들어진다.

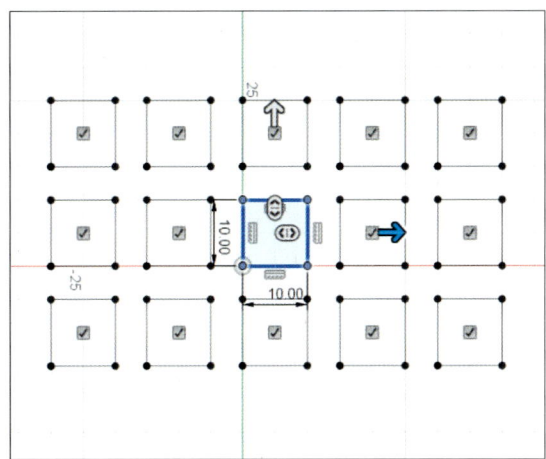

2-10 투영/포함(Project/Include)

형상 모서리 등을 스케치 평면, 3D형상, 곡면(Surface) 등에 투영한다.

❶ 프로젝트(Project) : 모델링 형상이나 스케치를 거리가 떨어진 평면에 투영한다.

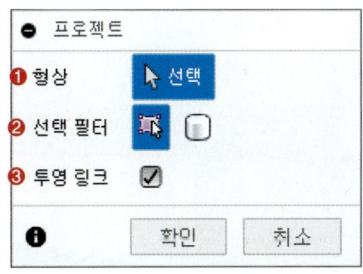

❶ 형상(Geometry) : 형상 투영할 객체를 선택한다.
❷ 선택 필터(Selection Filter) : 지정된 도면요소(Specified entities)는 선택한 객체만 투영이 되고, 본체(Bodies)는 전체 형상이 투영된다.
❸ 투영 링크(Project Link) : 투영된 스케치를 원본과 연결된 상태로 설정한다. 체크 시 원본의 형상을 수정하면 투영된 스케치도 따라 변한다. 체크를 끄면 원본 형상이 수정돼도 투영된 스케치는 처음 투영된 형상을 유지한다.

❷ 교차(Intersect) : 모델링 형상을 교차하는 평면에 투영한다.

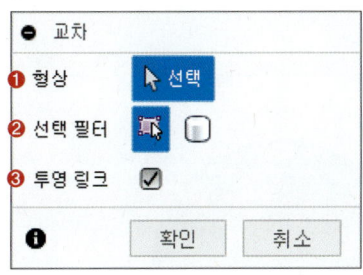

❶ 형상(Geometry) : 형상 투영할 객체를 선택한다.
❷ 선택 필터(Selection Filter) : 지정된 도면요소(Specified entities)는 선택한 객체만 투영이 되고, 본체(Bodies)는 전체 형상이 투영된다.
❸ 투영 링크(Project Link) : 투영된 스케치를 원본과 연결된 상태로 설정한다. 체크 시 원본의 형상을 수정하면 투영된 스케치도 따라 변한다. 체크를 끄면 원본 형상이 수정돼도 투영된 스케치는 처음 투영된 형상을 유지한다.

❸ 3D형상 포함(Include 3D Geometry) : 모델링 형상을 3차원에 투영한다.
❹ 곡면에 투영(Project To Surface) : 모델링 형상이나 스케치를 두께가 없는 곡면에 투영한다.

❶ 면(Faces) : 투영시킬 면을 선택한다.

❷ 곡선(Curves) : 투영할 선을 선택한다.

❸ 투영 유형(Project Type) : 가장 가까운 점(Closest Point)은 선택한 면에 가장 가까운 위치에 있는 스케치를 투영하고 벡터를 따라(Along Vector)는 선택된 투영 방향으로 스케치를 투영한다

❹ 투영 링크(Project Link) : 투영된 스케치를 원본과 연결된 상태로 설정한다. 체크 시 원본의 형상을 수정하면 투영된 스케치도 따라 변한다. 체크를 끄면 원본 형상이 수정 되도 투영된 스케치는 처음 투영된 형상을 유지한다.

주의 인쇄 직전 업데이트로 [표면에 투영] 명령의 번역이 [곡면에 투영]으로 변경 되어 이미지는 수정하지 못하였습니다. 이후 나오는 이미지의 [표면의 투영] 명령은 [곡면의 투영]으로 보시면 됩니다.

기능 익히기 ▶ 투영면에 스케치, 모델링 형상을 투영하기

01 [파일(File)]-[열기...(Open)]-[내 컴퓨터에서 열기...(Open from my computer...)]를 클릭하여 아래 예제 파일을 연다.

- 예제 파일 : PART2₩2장₩Project-Include.f3d

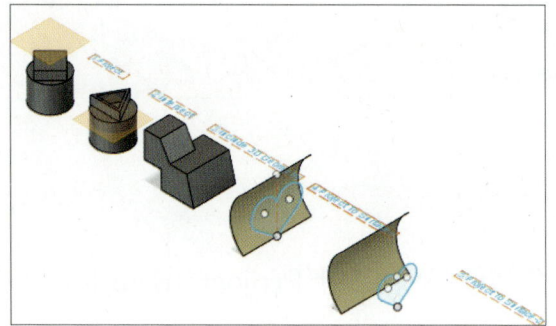

02 ❶번 모델을 확대한다. [작성(CREATE)]-[스케치 작성(Create Sketch)]을 선택하고 위에 있는 오렌지색 평면을 클릭하고 [작성(CREATE)]-[투영/포함(Project/Include)]-[프로젝트(Project)]를 클릭한다.

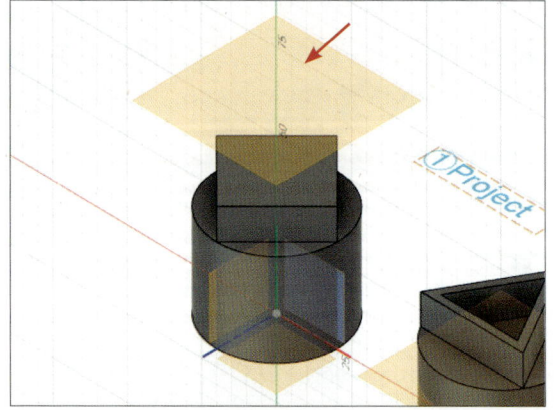

03 선택 필터(Selection Filter)를 지정된 도면요소(Specified entities) 그대로 놔두고 위에 있는 사선 2개를 클릭 후 스케치 마무리(FINISH SKETCH)( )를 누른다.

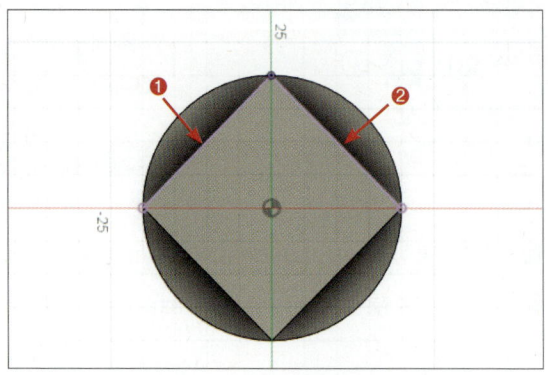

04 클릭했던 사선 2개가 보라색으로 보이고 오렌지색 작업평면도 보이지 않는다. 다시 작업평면을 사용하기 위해 검색기(Browser)의 구성(Construction)을 확장하여 평면1의 👁 가시성(Visibility)을 눌러 켠다.

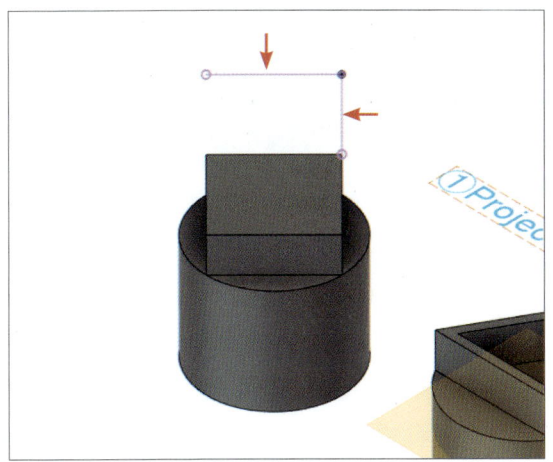 

05 02번 과정을 반복 실행하고 선택 필터(Selection Filter)를 본체(Bodies)로 변경 후 원통을 선택하고 [확인(OK)] 버튼을 누른다.

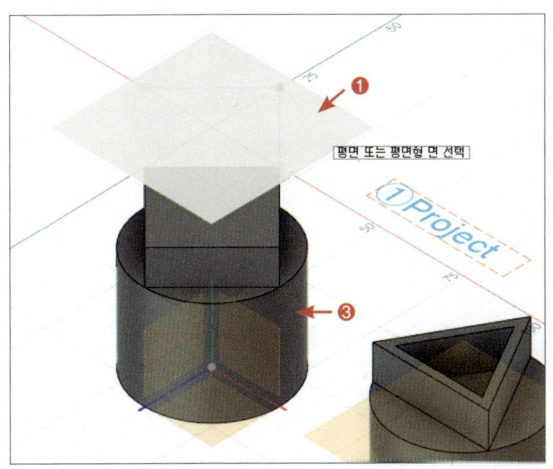 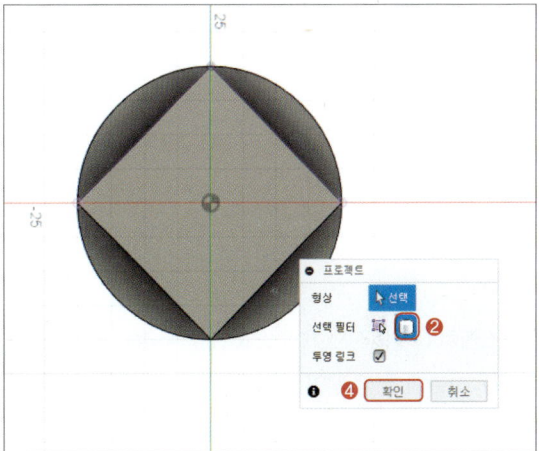

06 스케치 마무리(FINISH SKETCH)를 누르고 형상 투영된 걸 확인한다. 전체 바디인 원통에서 원이 투영이 되었다. 이처럼 Project는 형상에서 떨어진 작업평면위에 선을 그대로 투영하는 명령이다.

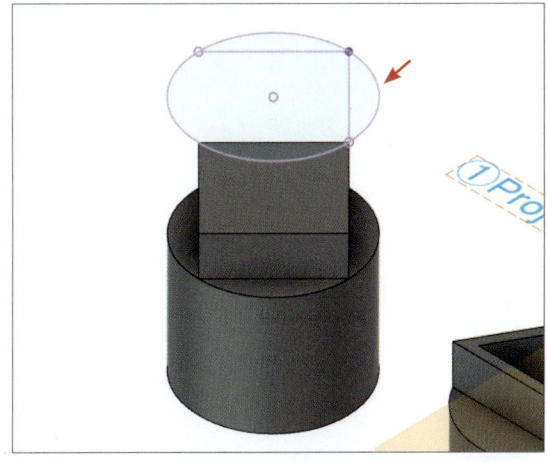

07 ❷번 모델을 확대한다. 이번에는 오렌지 색상 작업평면이 바디의 가운데에 자리해 있다. [작성(CREATE)]-[스케치 작성(Create Sketch)]을 선택하고 작업평면을 클릭한 뒤 [작성(CREATE)]-[투영/포함(Project/Include)]-[교차(Intersect)]를 선택한다.

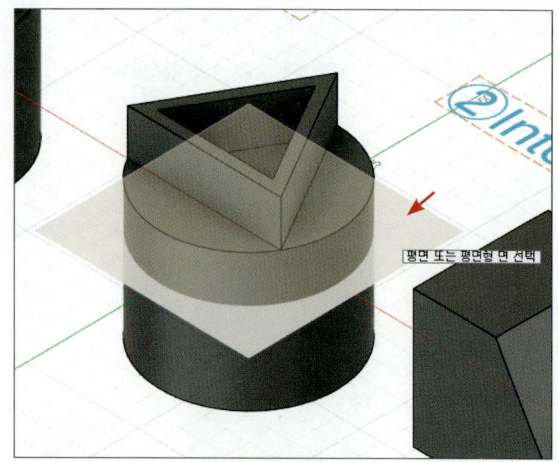

08 선택 필터(Selection Filter)를 지정된 도면요소(Specified entities) 그대로 놔두고 가운데 삼각띠 부분을 클릭하고 [확인(OK)] 버튼을 누른다.

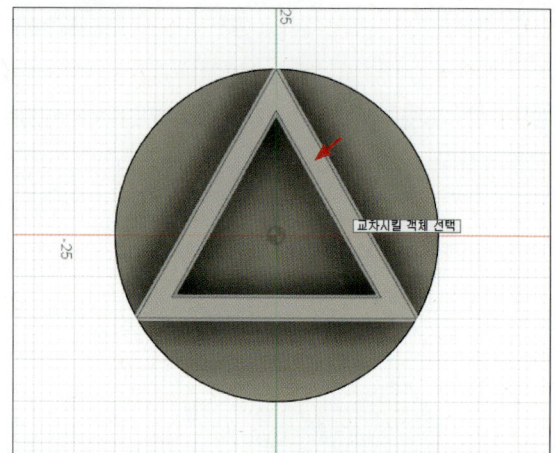

09 스케치 마무리(FINISH SKETCH)를 누르고 결과를 확인한다. 그런데 형상 투영한 결과는 보이지 않는다. 이것은 교차(Intersect)는 프로젝트(Project)와 다르게 교차된 형상만을 투영하기 때문이다. 다시 작업평면을 사용하기 위해 검색기(Browser)의 구성(Construction)을 확장하여 평면2의 👁 가시성(Visibility)을 눌러 켠다.

10 07번 과정을 반복 실행하고 선택 필터(Selection Filter)를 본체(Bodies)로 변경 후 원통을 선택하고 [확인(OK)] 버튼을 누른다. 스케치 마무리(FINISH SKETCH)를 누르고 결과를 확인하면 선택한 원통의 테두리가 투영됨을 알 수 있다.

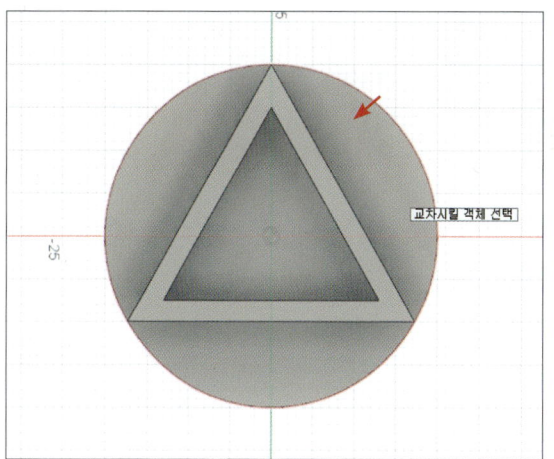
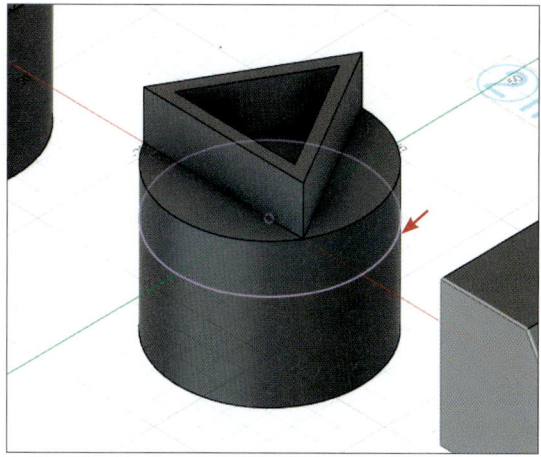

11 ❸번 모델을 확대한다. [작성(CREATE)]-[스케치 작성(Create Sketch)]을 선택하고 형상투영할 객체의 한 면을 클릭한 뒤 [작성(CREATE)]-[투영/포함(Project/Include)]-[3D 형상 포함(Include 3D Geometry)]을 선택한다.

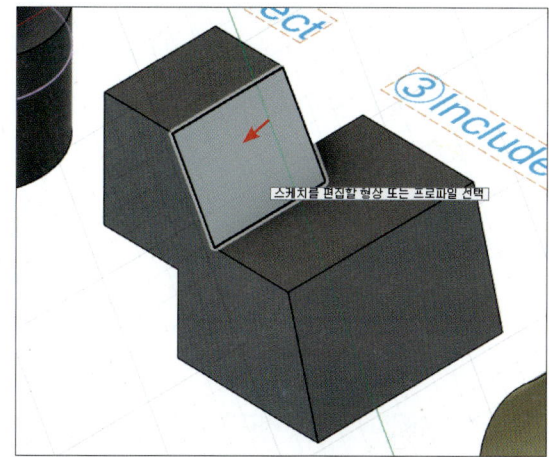

12 뷰큐브의 Home 아이콘( )을 클릭하여 등각투영으로 뷰를 바꾸고 투영할 객체를 하나씩 클릭하거나 투영할 객체가 속한 면을 차례대로 클릭한다. 스케치 마무리(FINISH SKETCH)를 누르고 결과를 확인한다.

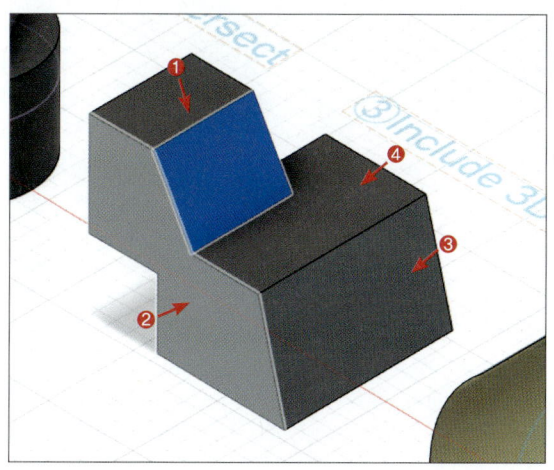
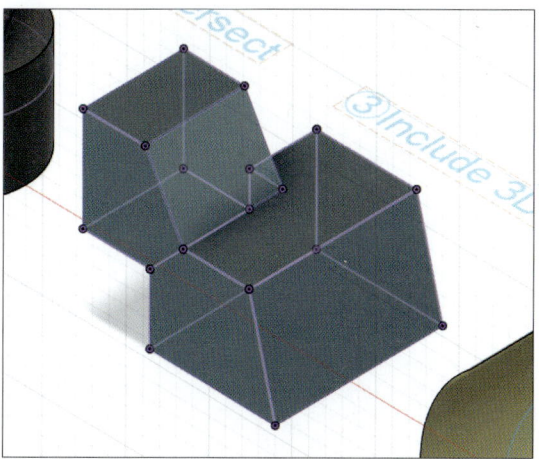

13 [작성(CREATE)]-[스케치 작성(Create Sketch)]을 선택하고 원점의 YZ평면을 클릭한 뒤 작성(CREATE)-[투영/포함(Project/Include)]-[곡면에 투영(Project To Surface)]을 선택한다.

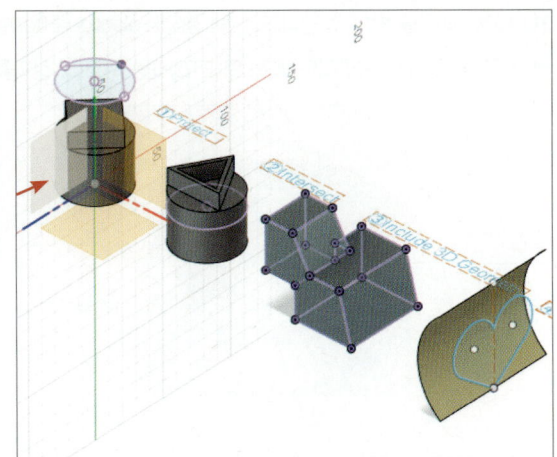

14 뷰큐브의 Home 아이콘( )을 클릭하여 등각투영으로 뷰를 바꾸고 ❹번 모델을 확대한다. 면(Faces)은 투영될 곡면을 선택, 투영 유형(Project Type)은 가장 가까운 점(Closest Point)으로 지정한다. 곡선(Curves)는 선택(Select)을 클릭하고 하트 모양의 스케치선 4개를 클릭하고 [확인(OK)] 버튼을 누른다.

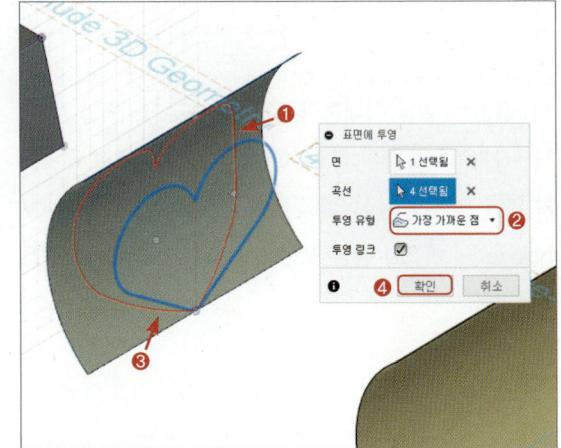

15 스케치 마무리(FINISH SKETCH)를 누르고 탐색막대의 회전(Orbit) 아이콘( )을 클릭하여 투영된 면을 확대해본다. 커브가 된 면에 스케치가 투영된다.

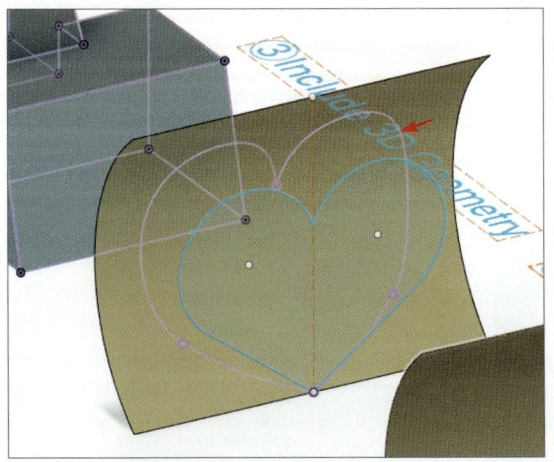

16 [작성(CREATE)]-[스케치 작성(Create Sketch)]을 선택하고 원점의 YZ평면을 클릭한 뒤 [작성(CREATE)]-[투영/포함(Project/Include)]-[곡면에 투영(Project To Surface)]을 선택한다.

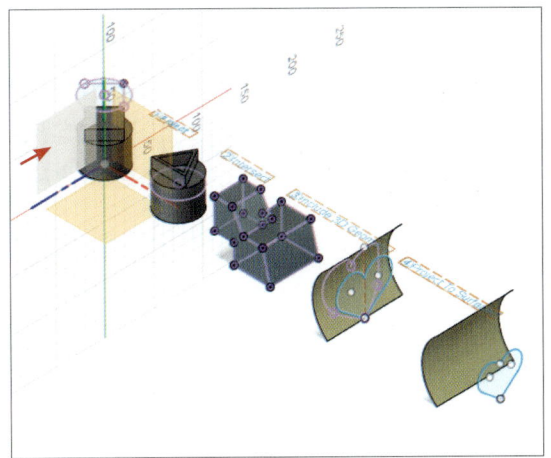

17 뷰큐브의 Home 아이콘( )을 클릭하여 등각투영으로 뷰를 바꾸고 ❺번 모델을 확대한다. 면(Faces)은 투영될 곡면을 선택, 투영 유형(Project Type)은 벡터를 따라(Along Vector)로 지정한다. 투영방향(Project Direction)은 원점의 X축을 선택(검색기(Browser)에서도 선택 가능), 곡선(Curves)은 선택(Select)을 클릭하고 하트 모양의 스케치선 4개를 클릭하고 [확인(OK)] 버튼을 누른다.

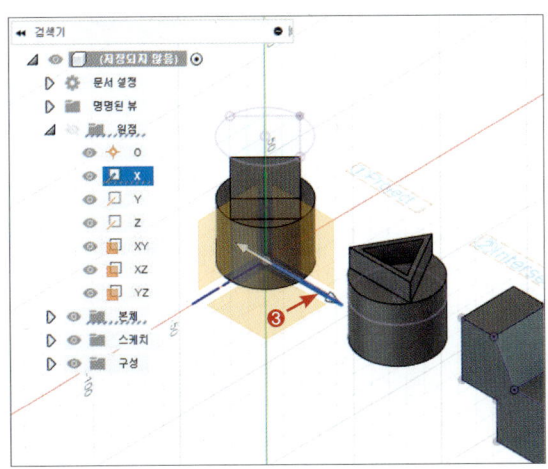
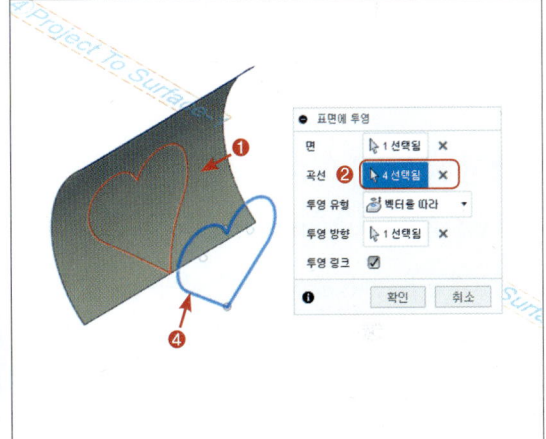

18 스케치 마무리(FINISH SKETCH)를 누르고 탐색막대의 회전(Orbit) 아이콘( )을 클릭하여 투영된 면을 확대해본다.

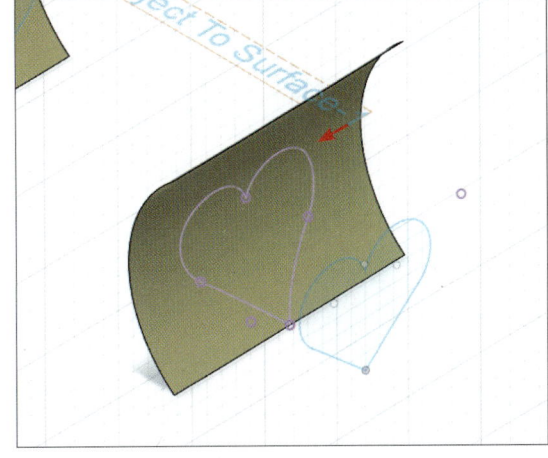

Section 03 스케치 치수 작성

스케치를 임의로 작성하고 치수를 부여하면 지정한 치수대로 스케치가 수정이 된다. 물론 지정된 값으로 스케치를 작성할 수도 있지만 상황에 따라 간략히 스케치를 작성 후 치수로 정확한 수치값을 적용할 수도 있다.

3-1 스케치 치수(Sketch Dimention)

스케치에 치수를 작성한다. 사용방법은 직선, 호, 점을 선택하고 치수를 배치할 위치를 선택한 후 수치값을 입력하면 된다. 숫자를 더블클릭하면 값을 변경할 수 있다.

❶ 직선을 하나 선택 : 길이 치수를 작성한다.
❷ 평행한 2개 직선 또는 점을 선택 : 거리 치수를 작성한다.
❸ 평행하지 않은 2개 직선 또는, 3개의 점을 선택 : 각도 치수를 작성한다.

스케치 치수를 작성할 사선을 선택하고 마우스 우클릭을 하면 아래와 같은 퀵메뉴가 보인다.

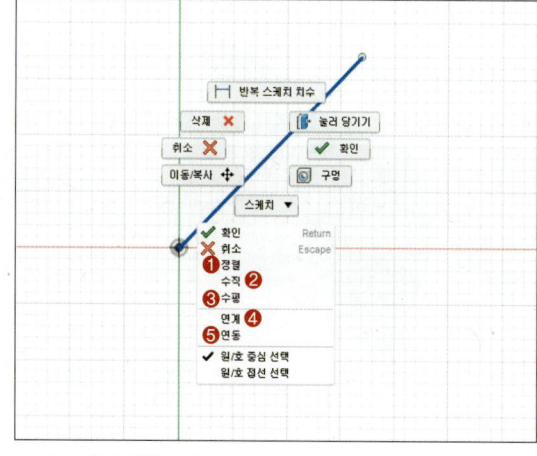

❶ 정렬(Aligned) : 사선과 평행한 정렬 치수를 작성한다.
❷ 수직(Vertical) : 수직 치수를 작성한다.
❸ 수평(Horizontal) : 수평 치수를 작성한다.
❹ 연계(Driven) : 참고 치수를 작성한다. 치수에 ( )가 붙여지고 수치를 변경해서 스케치 크기를 변경할 수 없다.
❺ 연동(Driving) : 매개변수 치수를 작성한다. 치수 수치를 변경하여 스케치 크기를 변경할 수 있다.

1) 선형 치수

수직/수평선에 한해 치수를 작성한다.

2) 정렬 치수

기울어진 상태에서 2점 사이의 거리 또는 사선의 길이를 작성하는 치수로 평행한 위치에 치수를 놓거나 마우스 우클릭하여 퀵메뉴에서 정렬(Aligned)을 선택해 치수를 작성한다.

3) 각도 치수

평행하지 않은 2개의 선을 선택하여 각도 치수를 입력한다.

4) 반지름, 지름 치수

원, 호의 반지름을 입력하거나 원의 지름값을 치수로 입력한다.

> **기능 익히기** ▶ 선형, 각도, 반지름, 지름, 참고 치수 작성하기

01 [파일(File)]-[열기...(Open)]-[내 컴퓨터에서 열기...(Open from my computer...)]를 클릭하여 아래 예제 파일을 연다.

- 예제 파일 : PART2₩3장₩Sketch Dimension.f3d

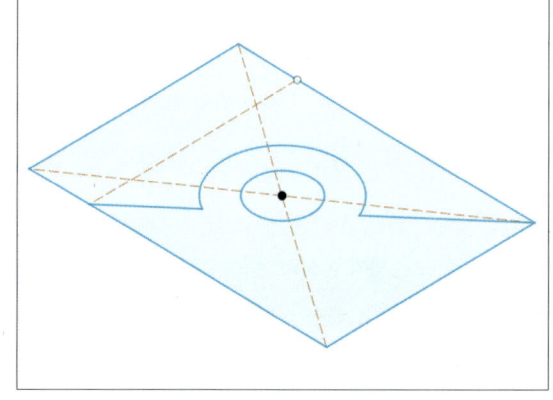

02 화면 아래의 타임라인에 있는 스케치 아이콘( )을 더블클릭하여 스케치 편집으로 들어간다. [작성(CREATE)]-[스케치 치수(Sketch Dimension)]를 선택하고 가로선을 선택하고 치수가 자리할 위치를 클릭한다.

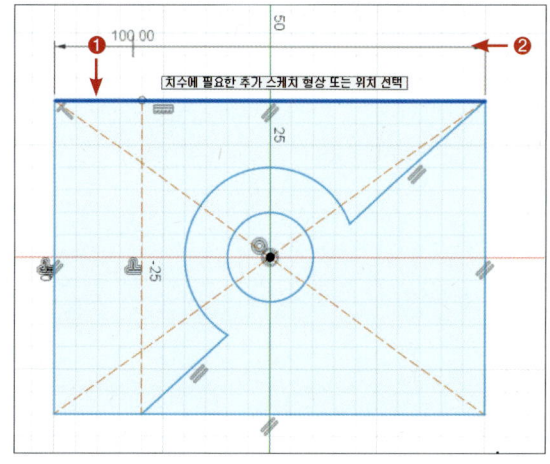

03 치수 값은 100mm 그대로 두고 Enter 를 누른다. 세로선도 위 과정을 반복하여 치수를 작성한다.

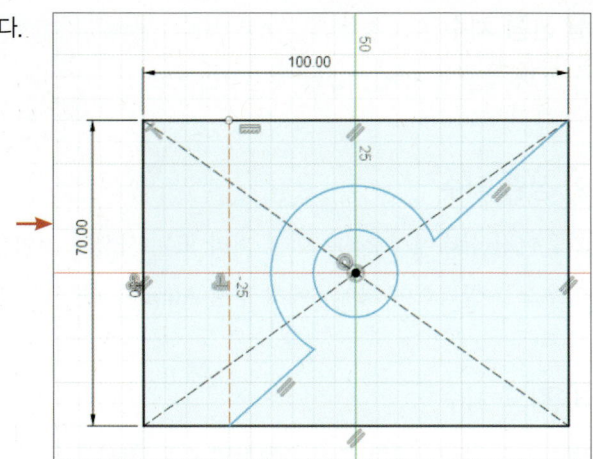

04 가운데 있는 원을 선택하고 그대로 치수 위치를 클릭하여 지름 치수를 작성한다. 호도 마찬가지로 선택하여 값 그대로 반지름 치수를 작성한다.

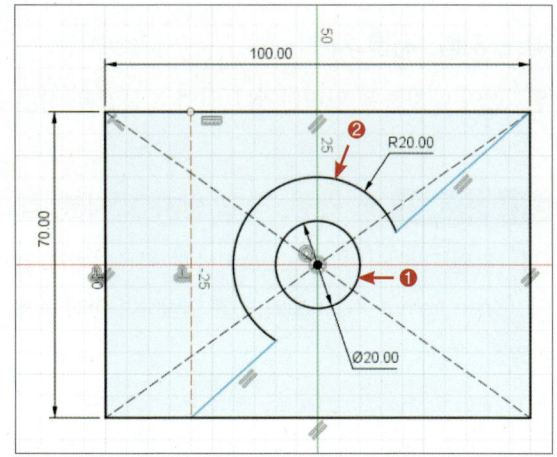

05 가운데 오렌지색 점선과 왼쪽 수직선을 선택하여 거리 치수를 입력한다. 치수 작업이 끝났으면 Esc 를 누른다.

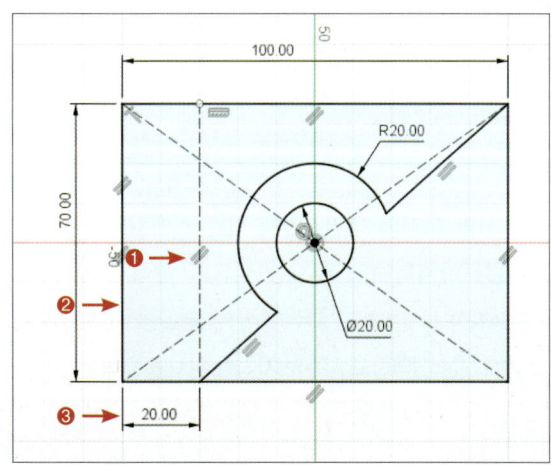

06 단축키 L 을 누르고 오른쪽 상단 모서리를 선의 시작점으로 클릭한 후 아래 수평선과 임의로 접하는 사선을 작성한 후 Esc 를 누른다.

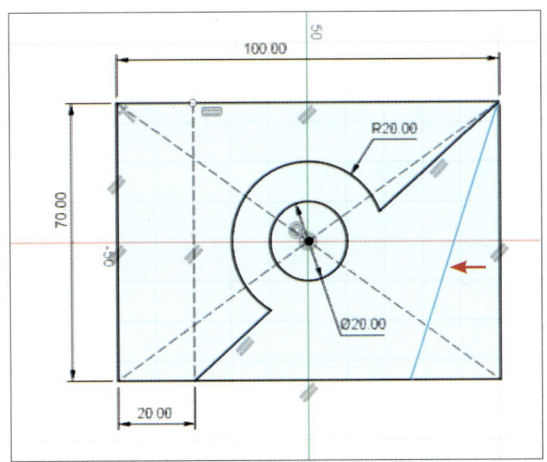

07 단축키 D 를 입력하고 위에서 작성한 사선과 아래 수평선을 선택, 각도 65를 입력하고 Enter 를 누른다.

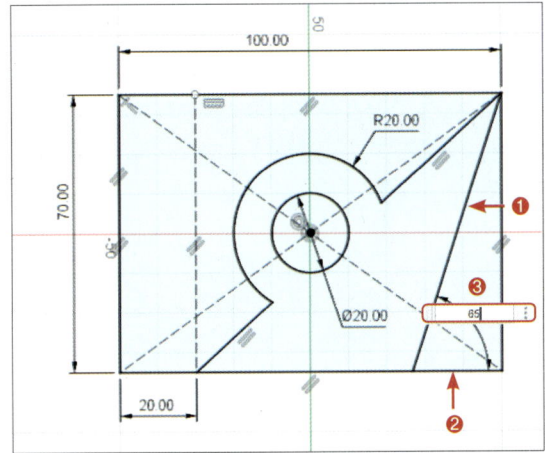

08 사선을 선택하고 마우스를 수평, 수직, 평행하게 움직여보면 선형 치수와 정렬 치수가 구분되어 보여질 것이다. 마우스 우클릭 퀵메뉴에서 정렬(Aligned)을 선택해 정렬 치수로 설정하고 치수 생성위치를 지정한다.

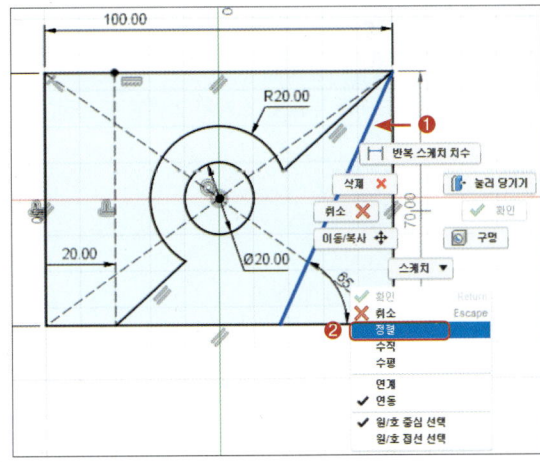

Section 03_스케치 치수 작성 ■ 123

09 스케치에 치수를 추가하면 구속이 과하다는 메시지가 보이고 [확인(OK)] 버튼을 클릭하면 참고 치수가, [취소(Cancel)]를 누르면 치수 작성이 취소된다. 여기서는 [확인(OK)] 버튼을 클릭해본다.

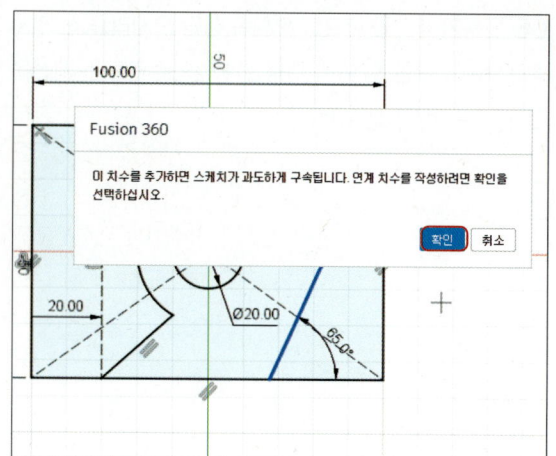

10 치수에 괄호( )가 있는 참고 치수가 추가되었다. 참고 치수를 더블클릭 해보면 아무런 변화가 없다. 대신 선형 치수값 100을 더블클릭하여 90으로 수정하고 Enter 를 누른다.

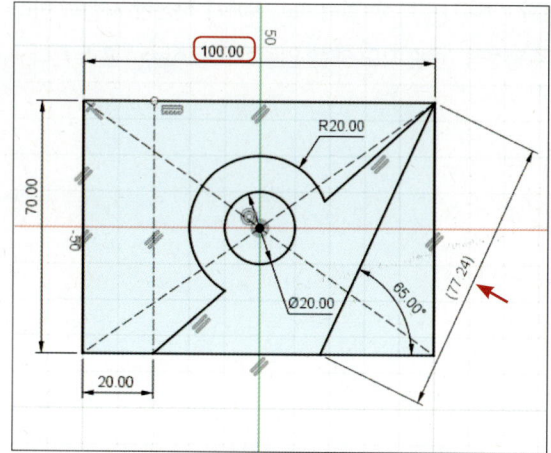

11 90에 맞춰 전체 길이가 수정되었다. 참고 치수는 필요가 없으므로 클릭하여 Delete 로 지운다. 스케치 마무리(FINISH SKETCH)를 누르고 스케치 명령을 종료한다.

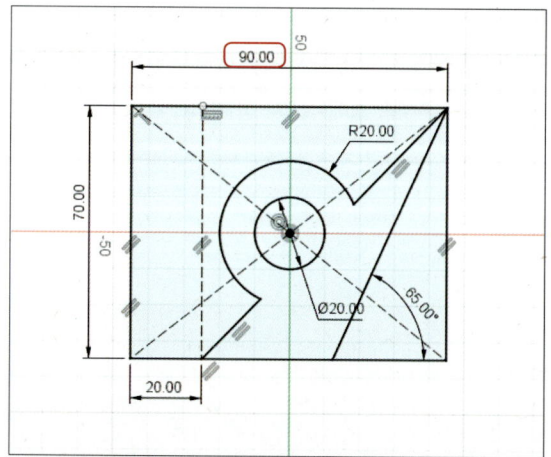

Section 04 스케치 팔레트

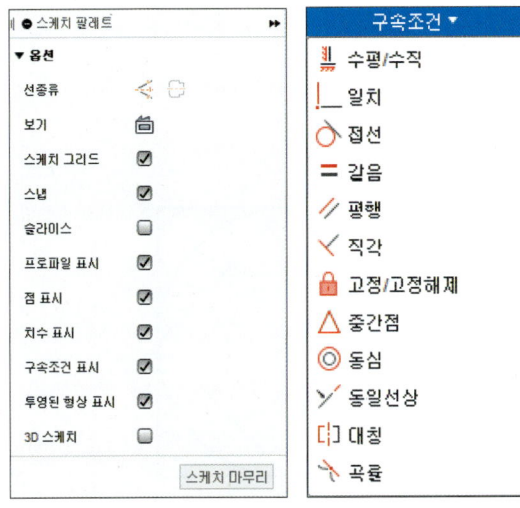

스케치 작성에 필요한 옵션 설정과 스케치에 구속조건을 부여하는 명령들의 모음으로 스케치 모드인 경우에만 표시가 된다.

4-1 옵션(Option)

❶  구성(Construcution) : 스케치 작성에 참조할 선으로 설정된다. 해당 선을 클릭하고 구성(Construcution) 아이콘( )을 클릭하면 참조선으로 바뀐다. 2개 이상이면 Ctrl 을 누르고 선택하면 된다.

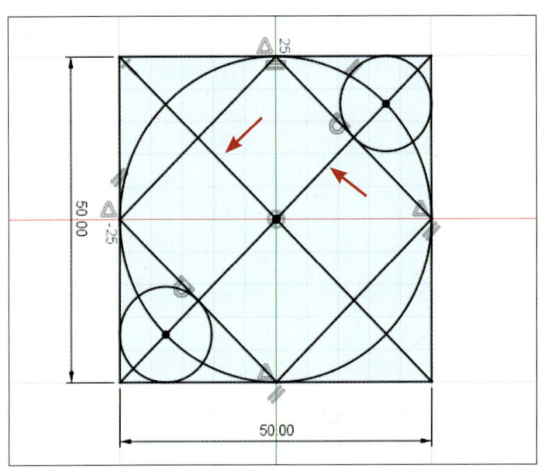
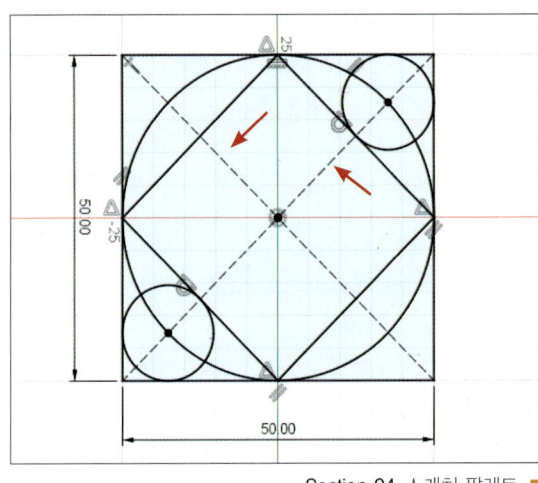

❷ 보기(Look At) : 3D 뷰를 평면뷰로 변경하거나, 스케치를 화면의 중앙으로 자리하도록 정렬한다.

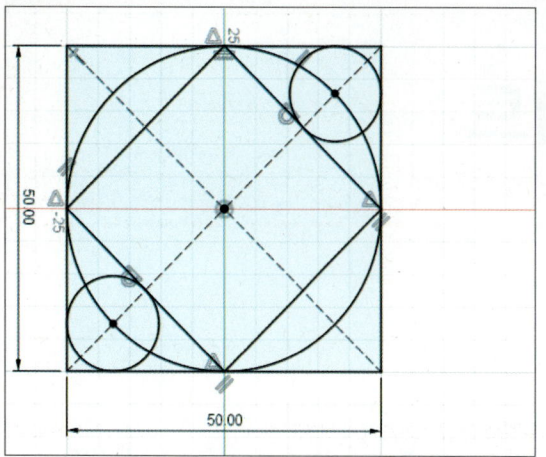 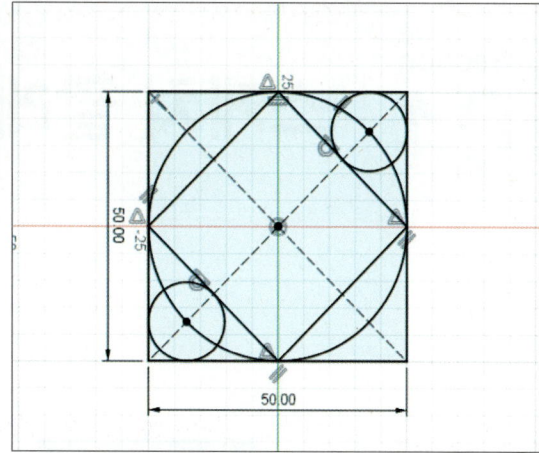

❸ 스케치 그리드(Sketch Grid) : 스케치 그리드의 표시/비표시를 설정한다.

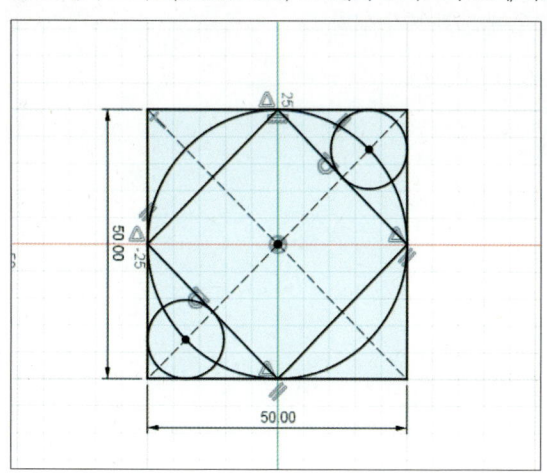 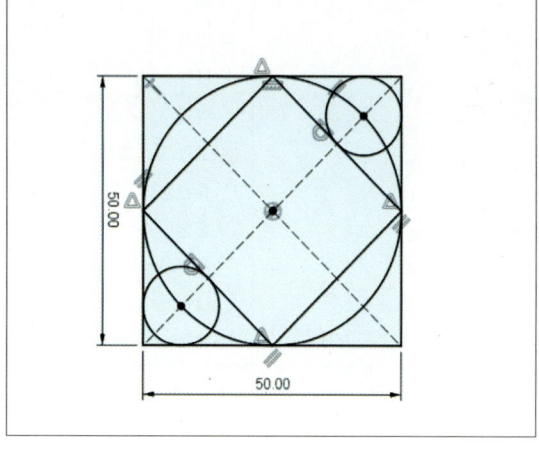

▲ 스케치 그리드(Sketch Grid) 체크 상태 　　　　▲ 스케치 그리드(Sketch Grid) 체크 해제 상태

❹ 스냅(Snap) : 그리드에 맞춘 스냅 적용/비적용을 제어한다.

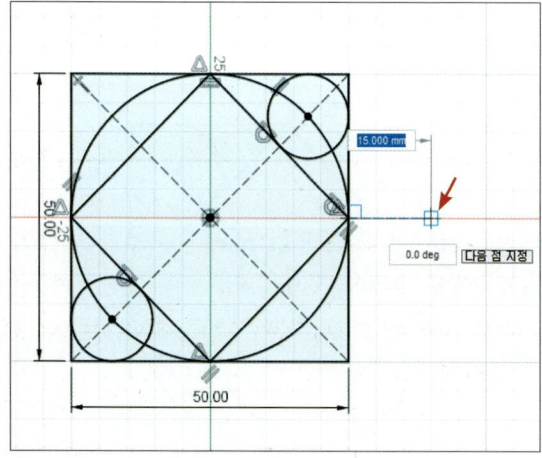 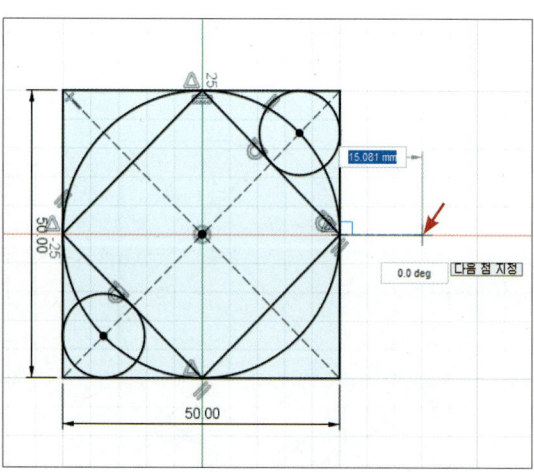

▲ 스냅(Snap) 체크 상태 　　　　▲ 스냅(Snap) 체크 해제 상태

❺ 슬라이스(Slice) : 편집 중인 스케치 평면을 기준으로 한 단면 표시/비표시를 설정한다.

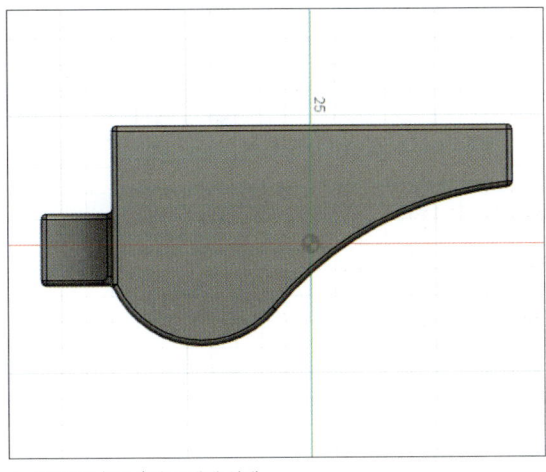
▲ 슬라이스(Slice)체크 해제 상태

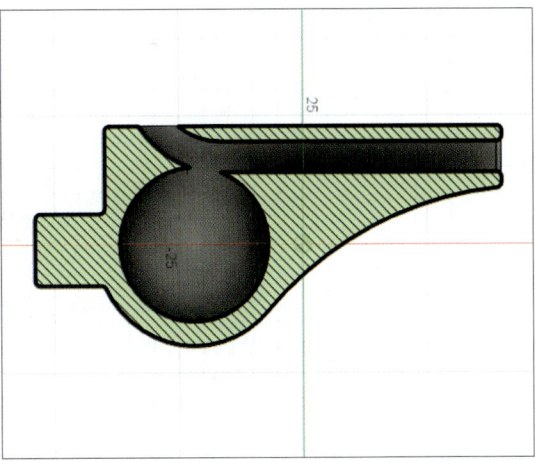
▲ 슬라이스(Slice)체크 상태

❻ 프로파일 표시(Show Profile) : 닫힌 스케치를 오렌지 색상으로 표시/비표시를 설정한다.

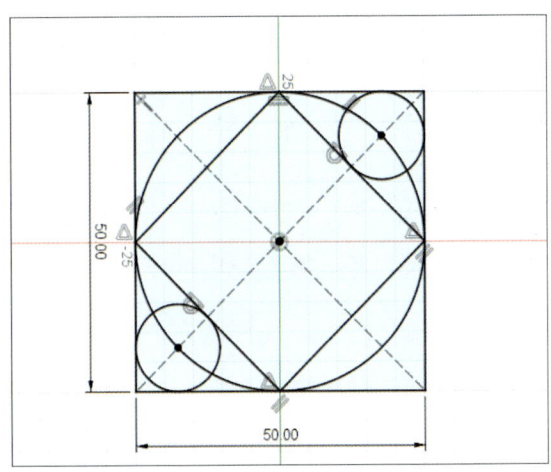
▲ 프로파일 표시(Show Profile)체크 상태

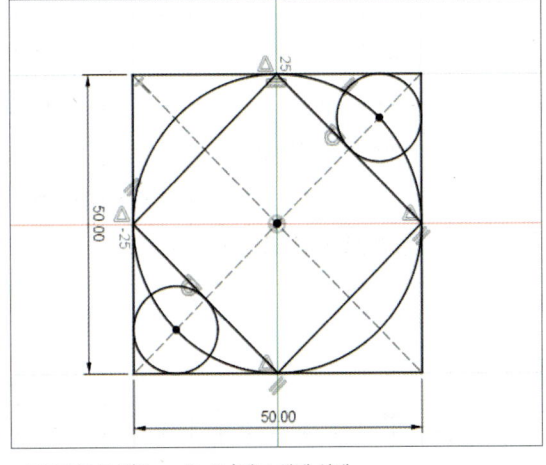
▲ 프로파일 표시(Show Profile)체크 해제 상태

❼ 점 표시(Show Points) : 점에 대하여 표시/비표시를 설정한다.

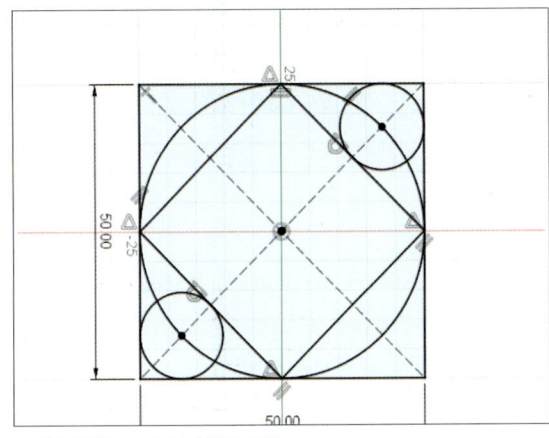
▲ 점 표시(Show Points) 체크 상태

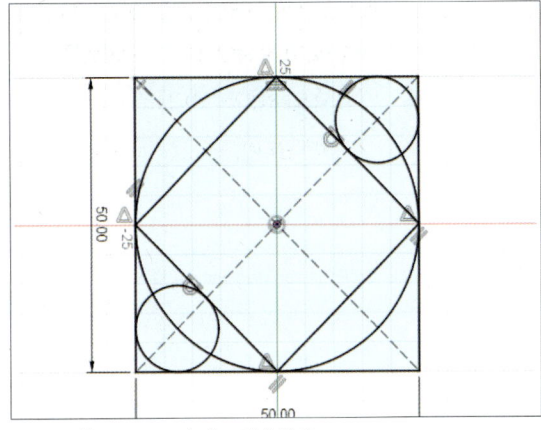
▲ 점 표시(Show Points) 체크 해제 상태

❽ 치수 표시(Show Dimensions) : 기입된 치수의 표시/비표시를 설정한다.

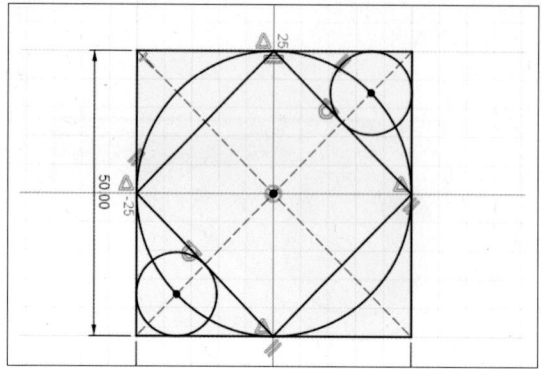 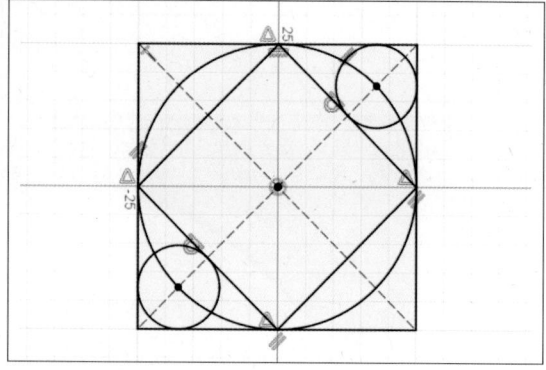

▲ 치수 표시(Show Dimensions) 체크 상태   ▲ 치수 표시(Show Dimensions) 체크해제 상태

❾ 구속조건 표시(Show Constraints) : 구속조건 기호 표시/비표시를 설정한다.

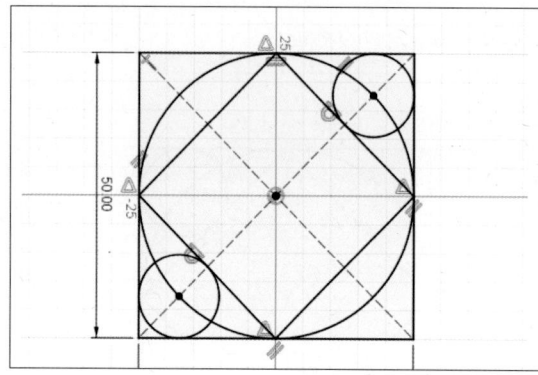 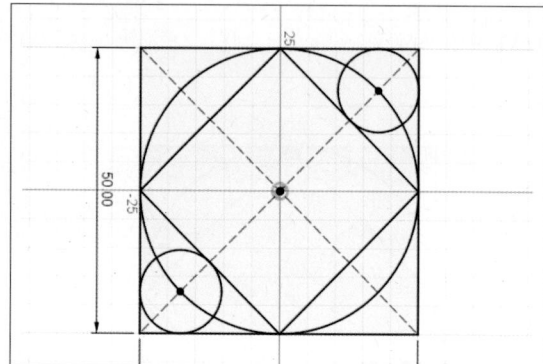

▲ 구속조건 표시(Show Constraints) 체크 상태   ▲ 구속조건 표시(Show Constraints) 체크 해제 상태

❿ 투영된 형상 표시(Show Projected Geometries) : 투영된 형상의 표시/비표시를 설정한다.

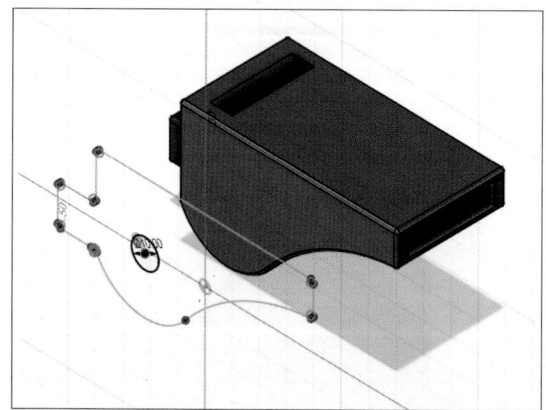 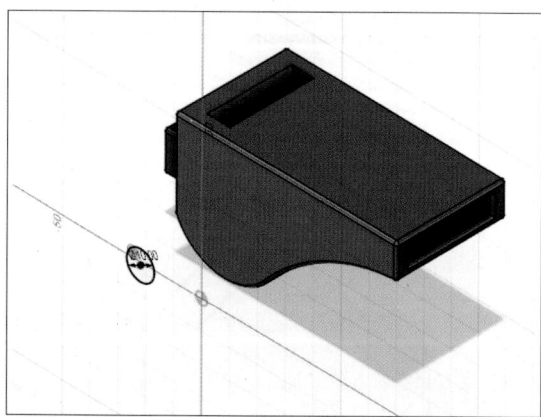

▲ 투영된 형상 표시(Show Projected Geometries) 체크 상태   ▲ 투영된 형상 표시(Show Projected Geometries) 체크해제 상태

❿ 3D 스케치(3D Sketch) : 3D 스케치 작성 여부를 설정한다.

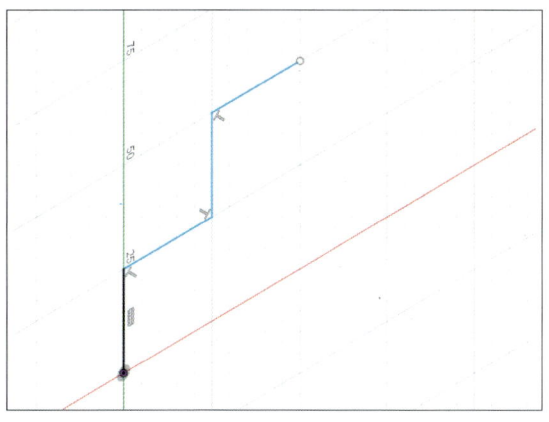
▲ 3D 스케치(3D Sketch)체크 해제 상태

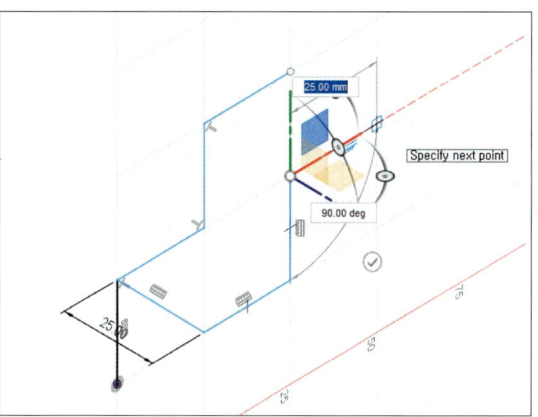
▲ 3D 스케치(3D Sketch) 체크 상태

4-2 구속조건(Constraints)

❶  수평/수직(Horizontal/Vertical) : 선, 점을 스케치의 수평/수직 방향으로 정렬한다.

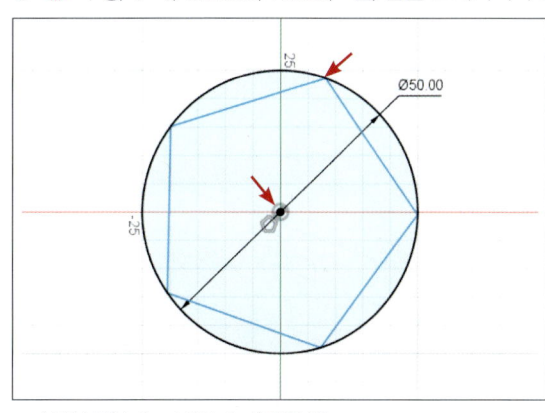
▲ 수평/수직(Horizontal/Vertical) 적용 전

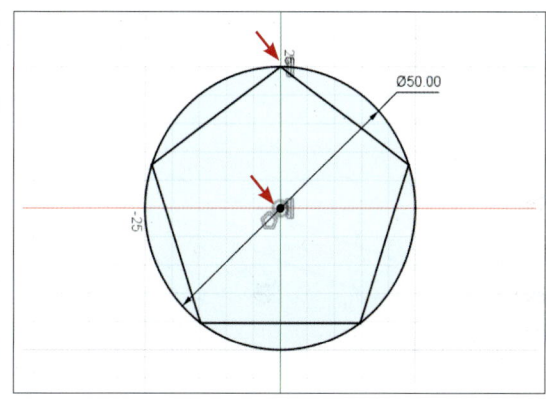
▲ 수평/수직(Horizontal/Vertical)l 적용 후

❷ 일치(Coincident) : 점과 점, 점과 선 등을 일치한다.

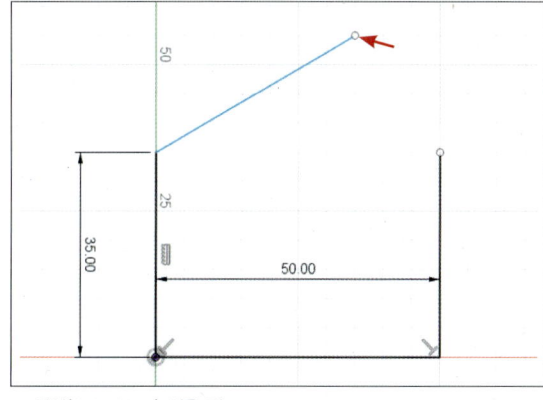
▲ 일치(Coincident) 적용 전

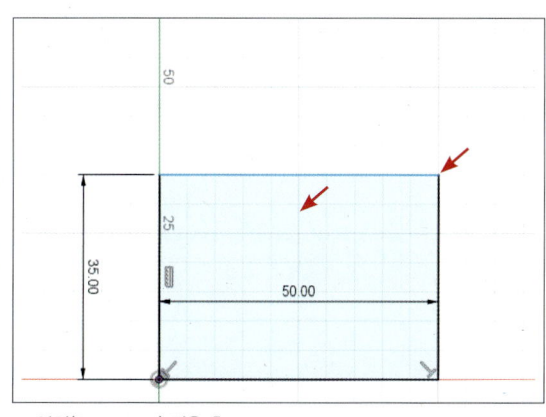
▲ 일치(Coincident) 적용 후

❸  접선(Tangent) : 원, 호와 직선을 접선으로 연결한다.

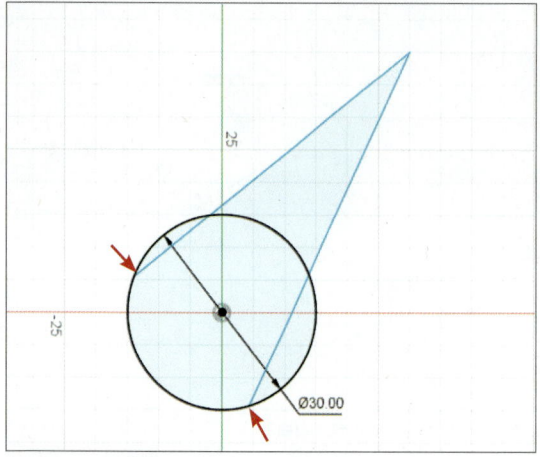
▲ 접선(Tangent) 적용 전

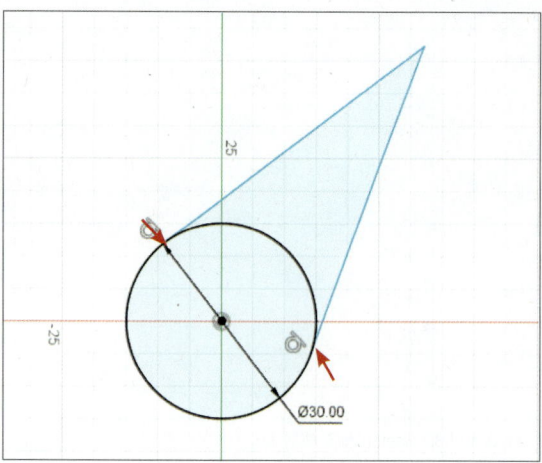
▲ 접선(Tangent) 적용 후

❹ = 같음(Equal) : 2개 요소의 길이와 지름을 동일하게 한다.

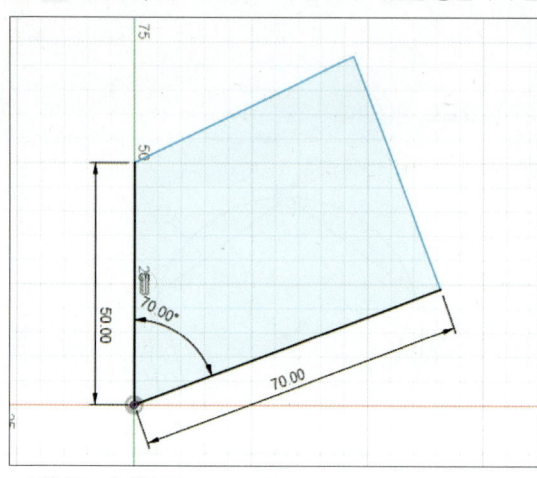
▲ 같음(Equal) 적용 전

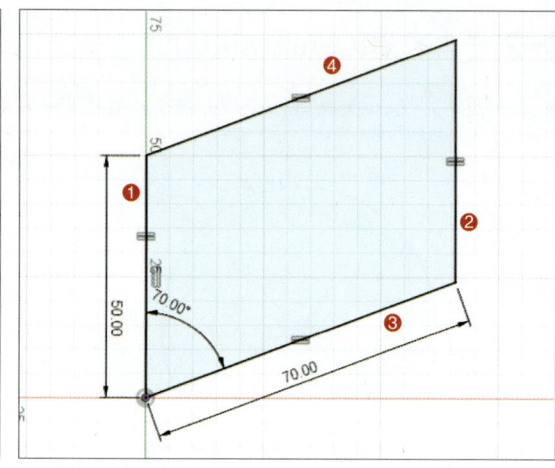
▲ 같음(Equal) 적용 후

❺ // 평행(Parallel) : 2개 직선을 평행하게 한다.

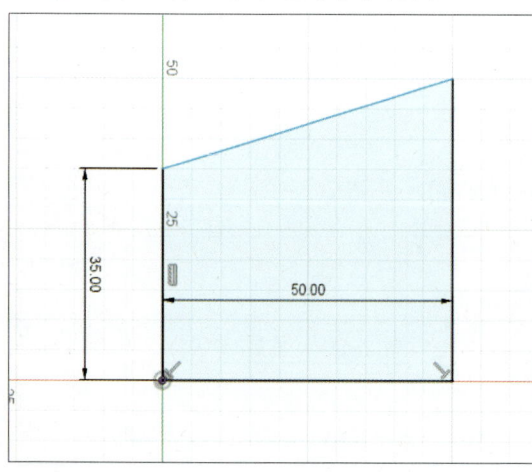
▲ 평행(Parallel) 적용 전

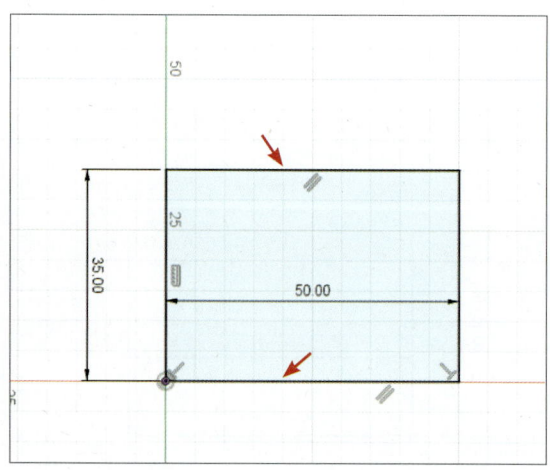
▲ 평행(Parallel) 적용 후

❻ ╳ 직각(Perpendicular) : 2개 직선을 직각으로 한다.

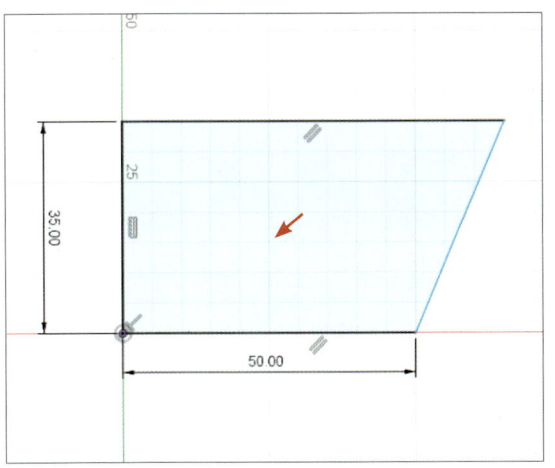
▲ 직각(Perpendicular) 적용 전

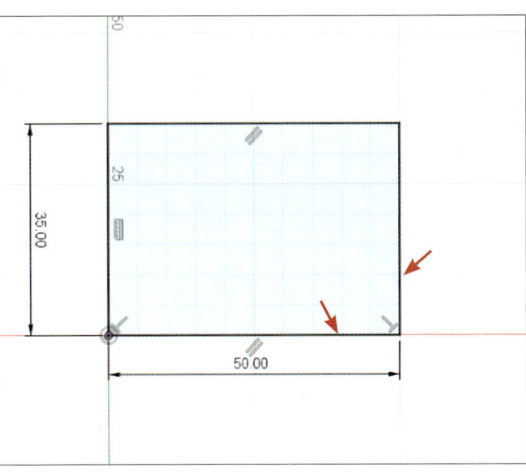
▲ 직각(Perpendicular) 적용 후

❼ 🔒 고정/고정해제(Fix/UnFix) : 스케치 요소를 고정한다.

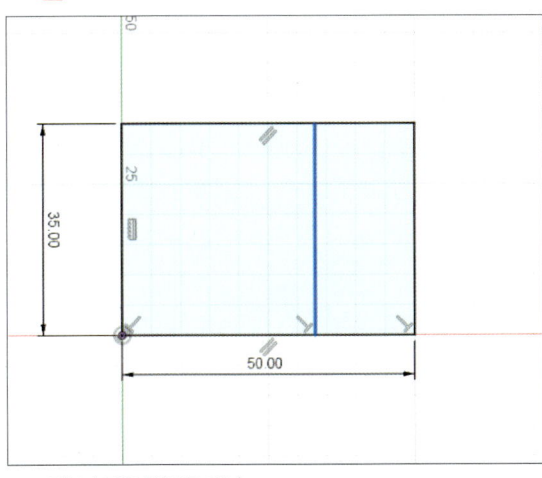
▲ 고정(Fix) 적용 전(이동 가능)

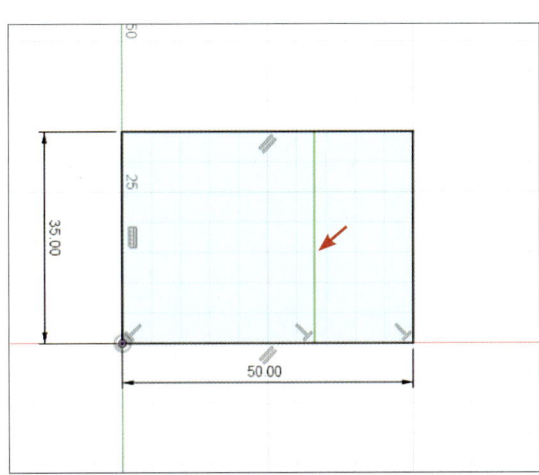
▲ 고정(Fix) 적용 후(이동 불가능)

❽ △ 중간점(Midpoint) : 선과 선, 선과 점을 선택하여 중간점으로 일치시킨다.

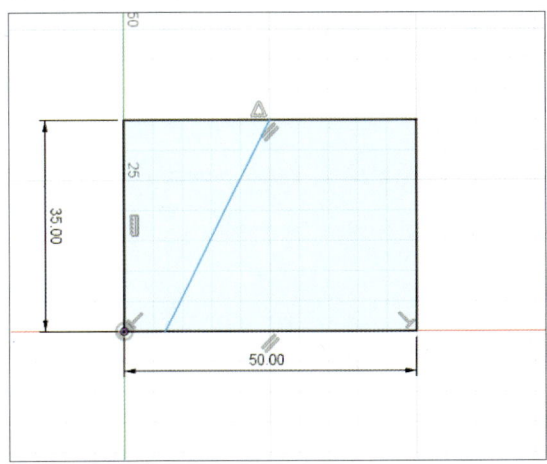
▲ 중간점(Midpoint) 적용 전

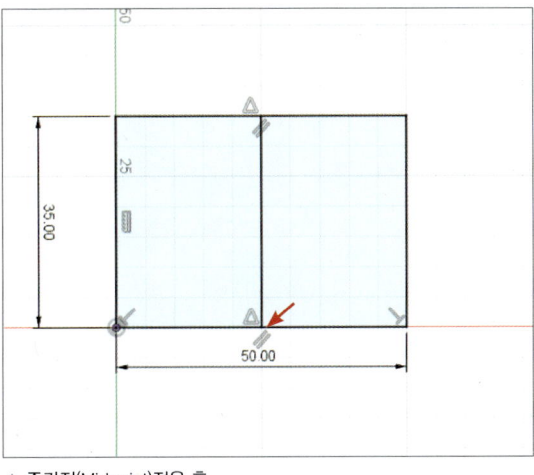
▲ 중간점(Midpoint)적용 후

❾ ◎ 동심(Concentric) : 원, 호, 타원의 중심점을 같게 한다.

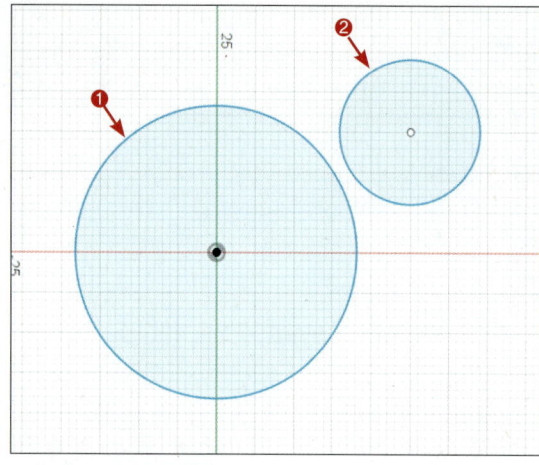
▲ 동심(Concentric) 적용 전

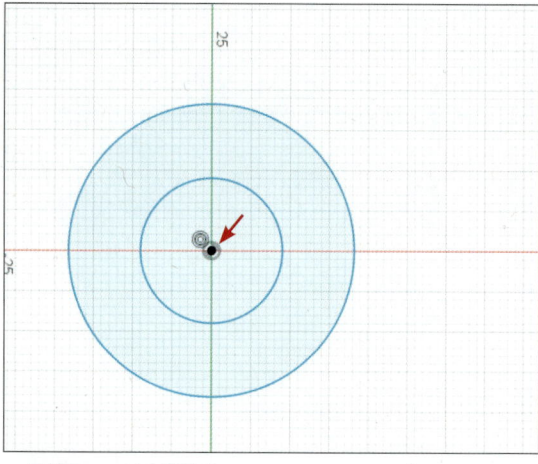
▲ 동심(Concentric) 적용 후

❿ ✓ 동일선상(Collinear) : 동일선상으로 선을 정렬한다.

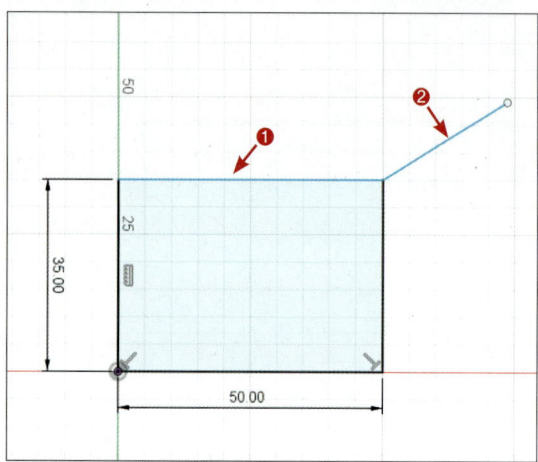
▲ 동일선상(Collinear) 적용 전

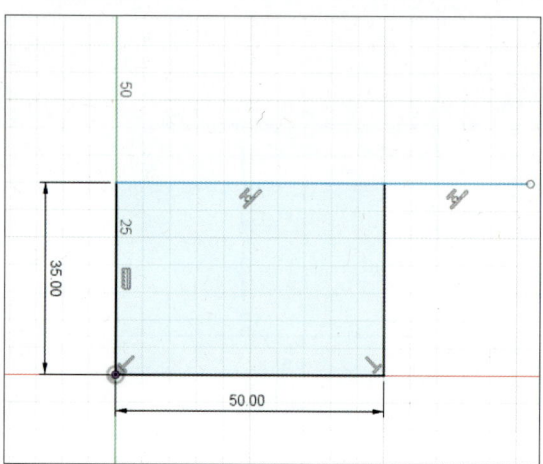
▲ 동일선상(Collinear) 적용 후

⓫ ▯ 대칭(Symmetry) : 선택한 두 객체를 구성선을 기준으로 대칭하게 한다. 다른 구속조건과 다르게 3개의 마우스 클릭을 요구한다. 첫 번째, 두 번째 클릭은 대칭할 개체를 선택하고 세 번째 클릭은 대칭 기준선을 선택한다.

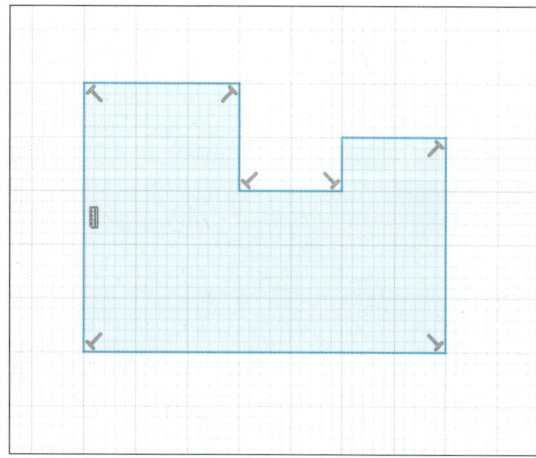
▲ 대칭(Symmetry) 적용 전

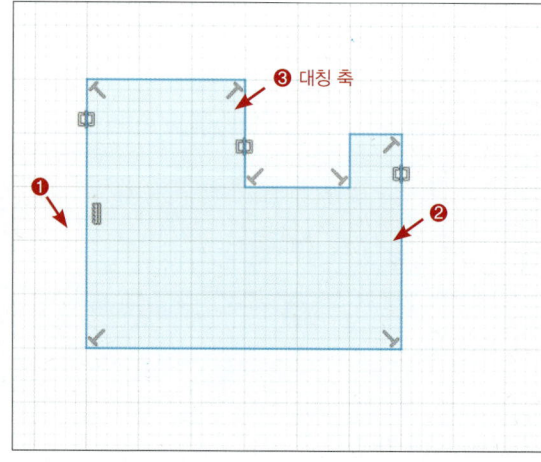
▲ 대칭(Symmetry) 적용 후

수직선을 선택하여 드래그해보면 ❸번 선을 기준으로 ❶,❷번 선이 대칭으로 움직인다.

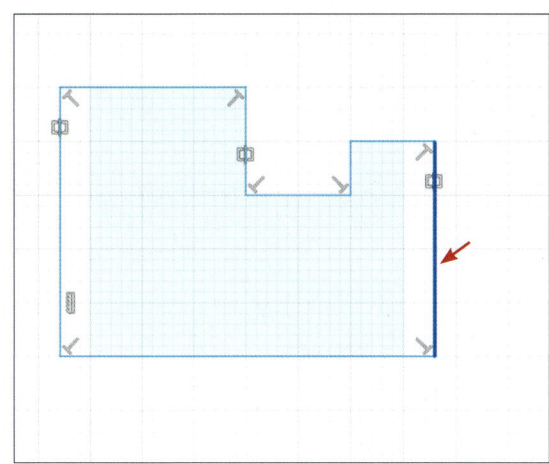

⓬ 곡률(Curvature) : 스플라인 곡선과 다른 곡선을 곡률 구속조건에 적용하여 연결한다.

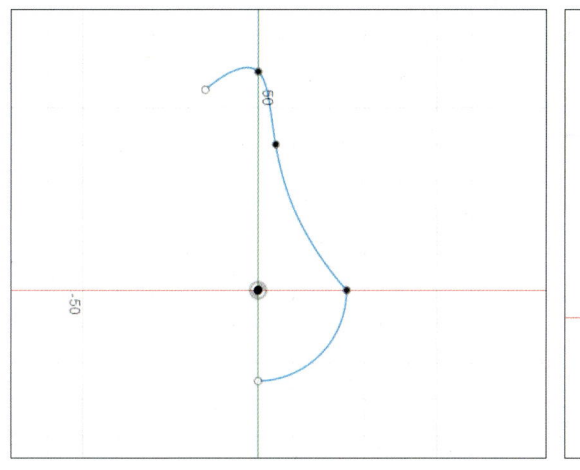 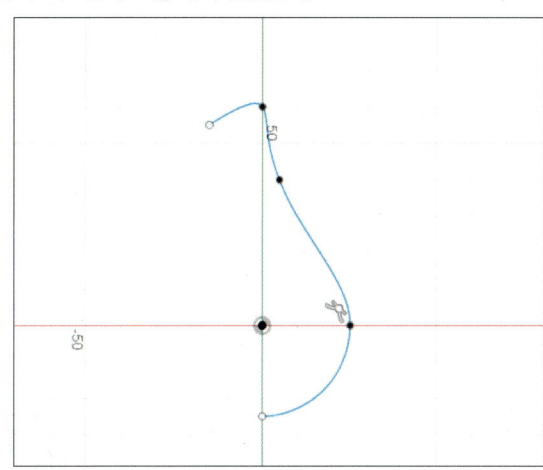

▲ 곡률(Curvature) 적용 전   ▲ 곡률(Curvature) 적용 후

후나 스플라인을 선택하면 스케치 팔레트의 상단에 곡률 콤(Curvature Comb) 옵션이 보인다. 아래 이미지는 곡률 콤(Curvature Comb)을 기본값 상태로 적용하여 곡률을 비교한 것이다.

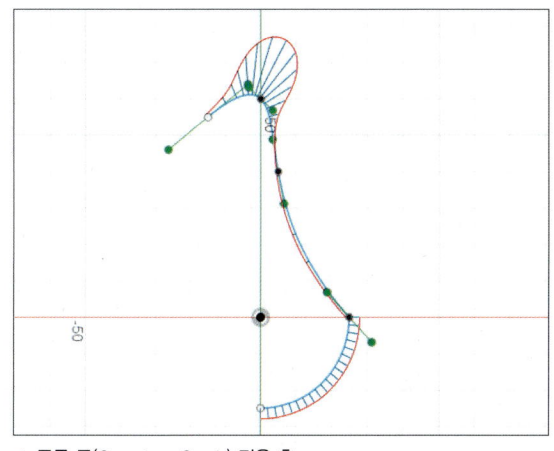 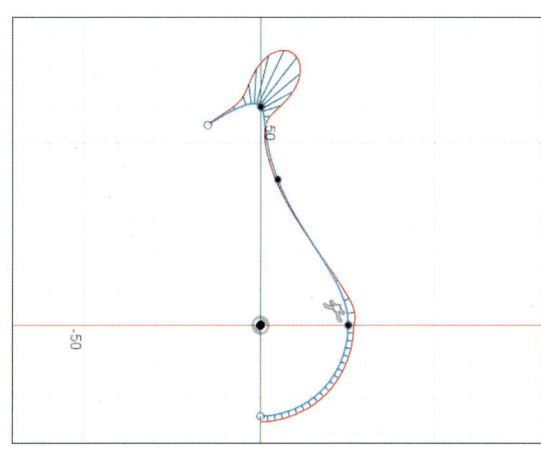

▲ 곡률 콤(Curvature Comb) 적용 후   ▲ 곡률 콤(Curvature Comb) 적용 후

여기서 잠깐

스케치를 편집하려고 할 때 구속조건이 적용되어 수정이 곤란한 경우가 발생할 수 있다. 이때는 구속조건 기호를 선택하여 지우면 되고 여러 개 선택할 경우는 Ctrl 을 눌러 선택한다.

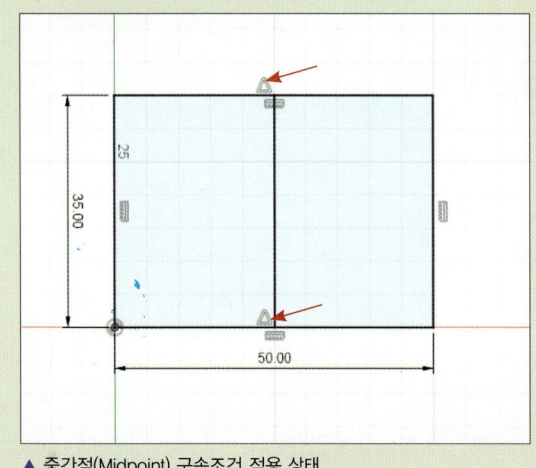
▲ 중간점(Midpoint) 구속조건 적용 상태

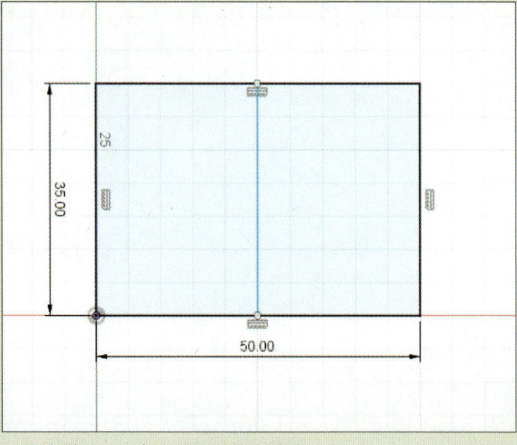
▲ 중간점(Midpoint) 구속조건 해제 상태

기능 익히기 ▶ 스케치 구속조건 적용하기

01 [파일(File)]-[열기…(Open)]-[내 컴퓨터에서 열기…(Open from my computer…)]를 클릭하여 아래 예제 파일을 연다.

- 예제 파일 : PART2₩4장₩Constraints.f3d

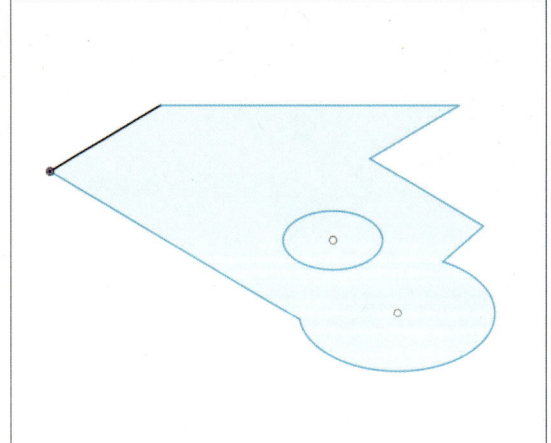

02 화면 아래의 타임라인에 있는 스케치 아이콘( )을 더블클릭하여 스케치 편집으로 들어간다. 스케치 팔레트에서 수평/수직(Horizontal/Vertical) 구속조건을 클릭하고 가장 아래 가로선과 오른쪽 사선을 선택한다.

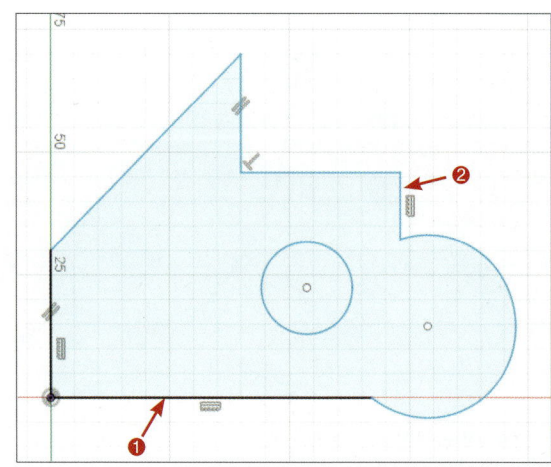

03 ⌒ 접선(Tangent) 구속조건을 클릭하고 가장 아래 선과 호를 선택한다.

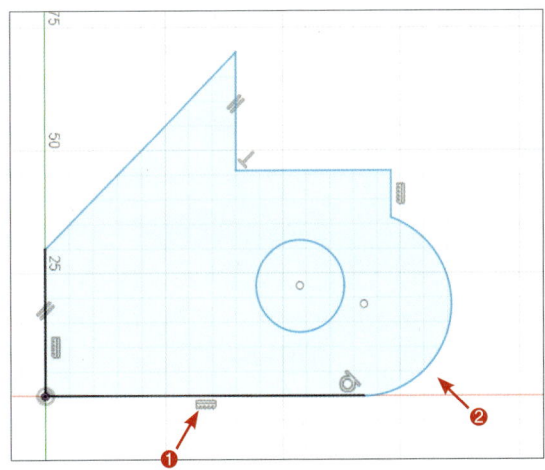

04 ◎ 동심(Concentric) 구속조건을 클릭하고 호와 원을 선택한다.

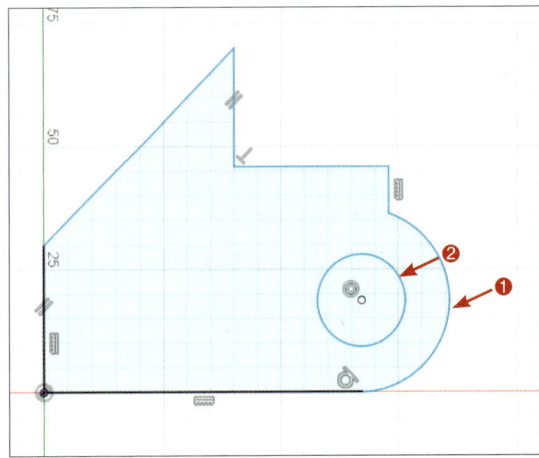

05 ∥ 평행(Parallel) 구속조건을 선택하고 사선과 옆의 가로선을 선택한다.

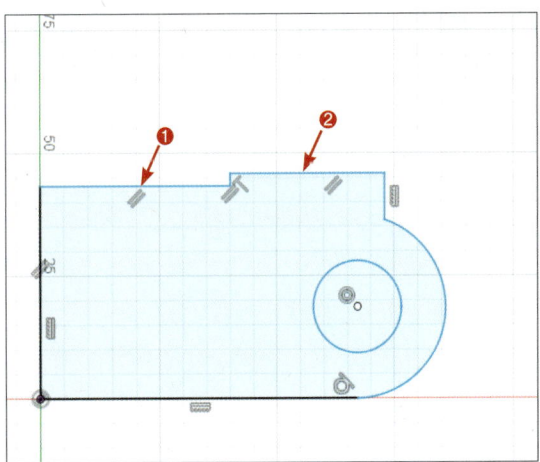

06 = 같음(Equal) 구속조건을 선택하고 2개의 수직선을 선택한다.

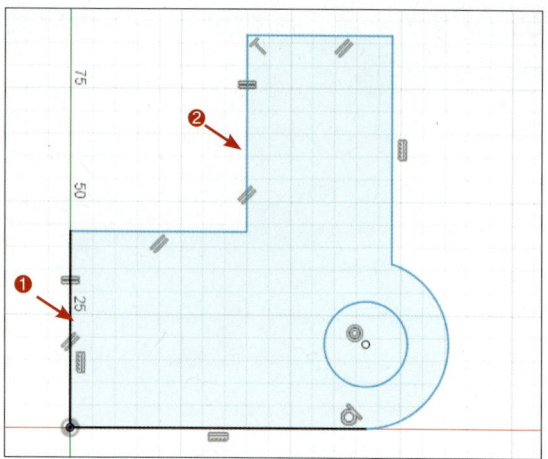

07 [작성(CREATE)]-[점(Point)]을 클릭하고 아래 수평선의 중간점에 점을 작성한다.

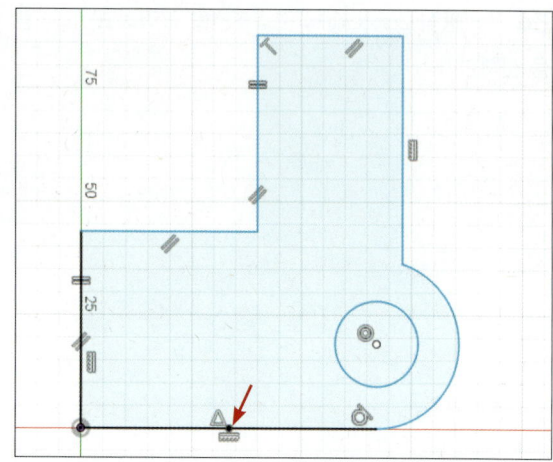

08 ∟ 일치(Coincident) 구속조건을 선택하고 점(Point)과 위의 수직선을 선택한다.

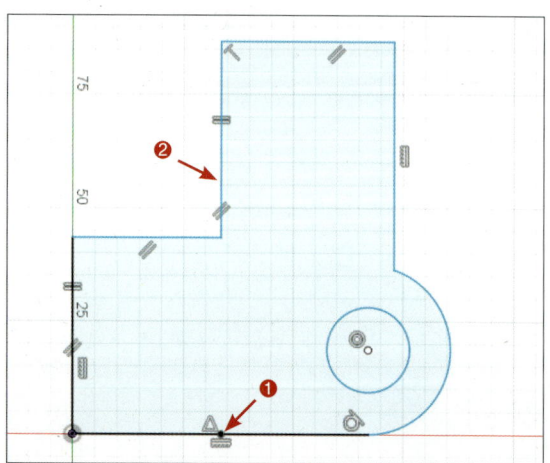

실전예제 01

실전 예제 01 동영상 강좌

스케치 기본 도형 연습하기 01

01 도구막대(Toolbar)의 스케치 작성(Create Sketch) 아이콘(　)을 클릭하고 XY평면([정면도(FRONT)])을 선택한다.

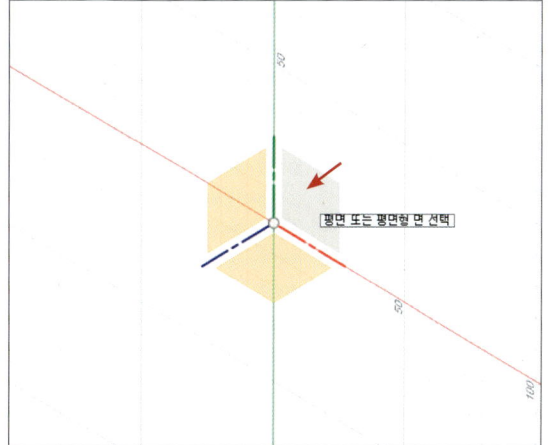

02 [작성(CREATE)]-[원(Circle)]-[　중심 지름 원(Center Diameter Circle)]을 선택하고 원점을 중심점으로 지름 35mm 원을 작성한다. 만든 원을 클릭하고 스케치 팔레트에서 구성(Constructuon)(　)을 클릭해 참조선으로 만든다.

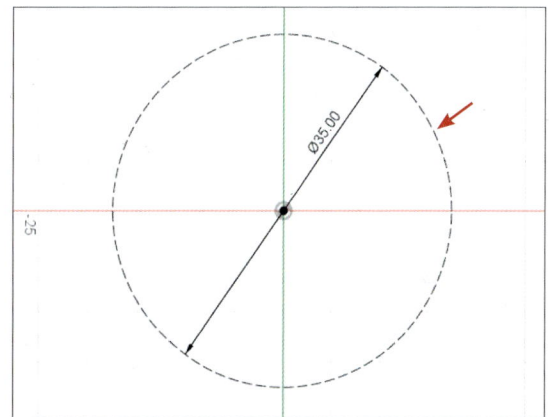

03 [작성(CREATE)]-[폴리곤(Polygon)]-[　내접 폴리곤(Inscribed Polygon)]을 선택하고 원의 중심점을 클릭한다. Tab 을 눌러 정점 수를 5로 바꾸고 원의 사분점을 클릭하고 Enter 를 눌러 내접 오각형을 작성한다.

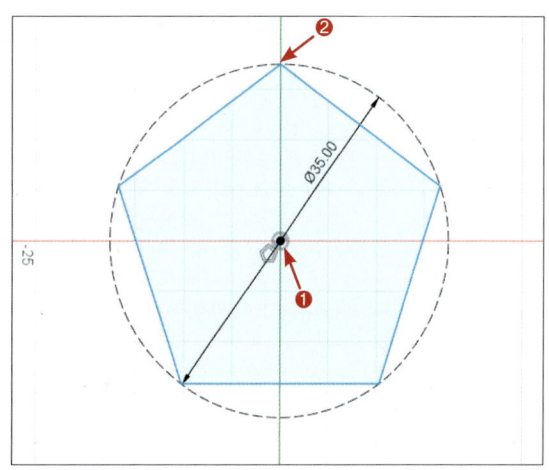

04 스케치 팔레트의 구속조건 중 ![] 수평/수직(Horizontal/Vertical) 구속조건을 선택하고 원점과 꼭짓점을 클릭하여 수직 구속조건을 부여한 후 스케치 팔레트에서 구성(Constructuon)(![])을 클릭해 참조선으로 만든다.

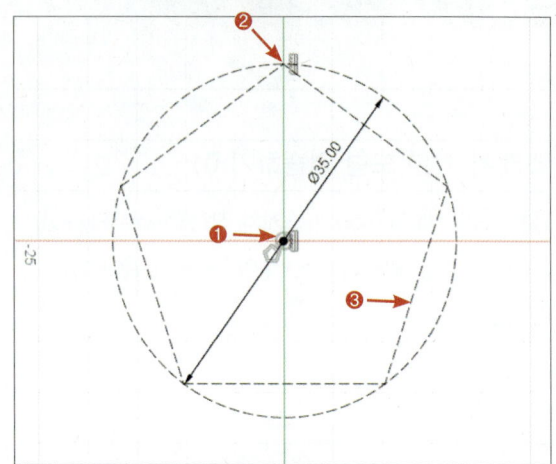

05 [작성(CREATE)]-[선(Line)]을 선택하고 별모양의 선을 작성한다.

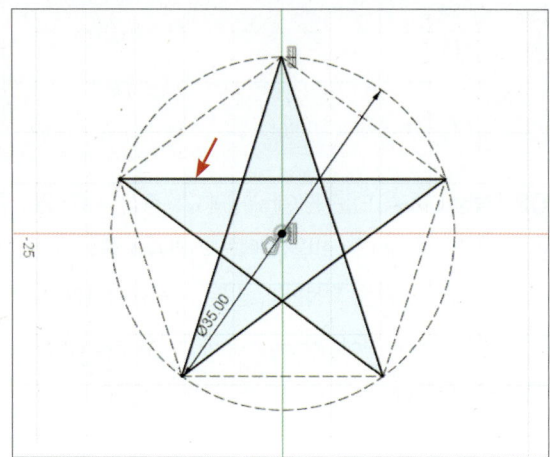

06 [수정(MODIFY)]-[자르기(Trim)]를 선택하고 가운데 오각형으로 보이는 선을 선택하여 지운다.

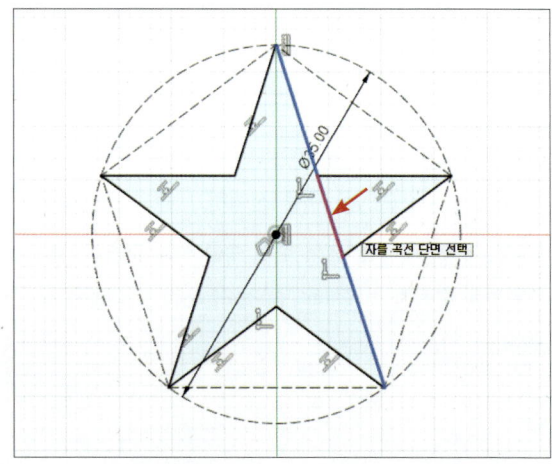

07 [작성(CREATE)]-[↪ 선(Line)]을 선택하고 원점과 꼭짓점을 잇는 선을 작성한다. 도구막대(Toolbar)의 스케치 마무리(FINISH SKETCH)나 스케치 팔레트의 [스케치 마무리(Finish Sketch)]를 클릭하여 스케치를 종료한다.

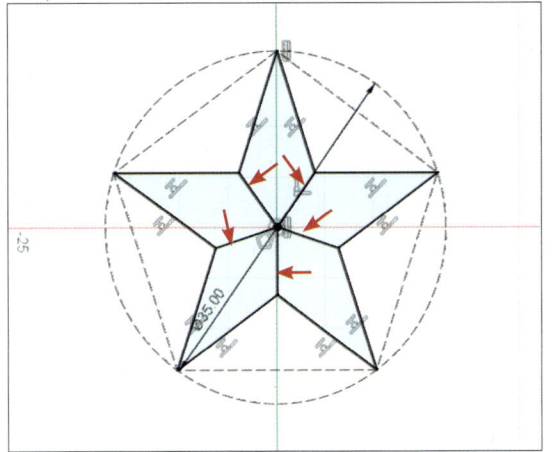

08 저장(Save)(📄)를 클릭하고 위치(Location)의 확장 버튼(▼)을 클릭하여 왼쪽 하단의 [새 프로젝트] 버튼을 클릭한다. 프로젝트 이름을 Practice로 입력하고 Enter 를 누른다.

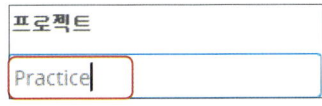

09 [Practoce] 폴더에 star sketch로 이름을 입력하고 [저장] 버튼을 클릭한다. 만약, 오타가 있다면 데이터 패널에서 이름바꾸기(Rename)를 클릭하여 이름을 수정하고 삭제하고 싶다면 보관(Archive)을 클릭하면 된다.

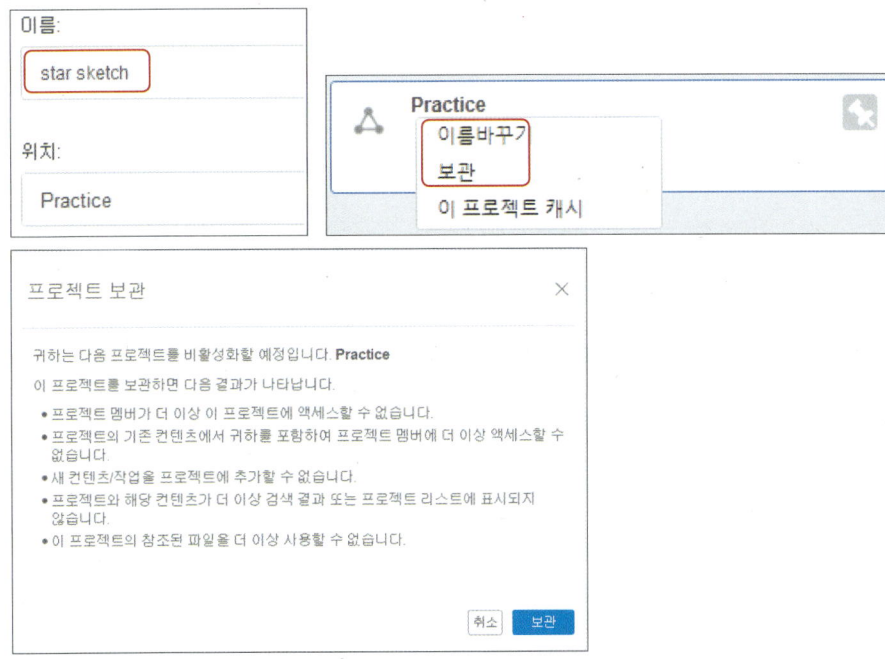

실전예제 02

실전 예제 02 동영상 강좌

스케치 기본 도형 연습하기02

01 새 디자인을 위해 파일명 옆의 새 설계(New Design) 아이콘( )을 클릭한다. 스케치 작성(Create Sketch) 아이콘( )을 클릭하고 XY평면([정면도(FRONT)])을 선택한다.

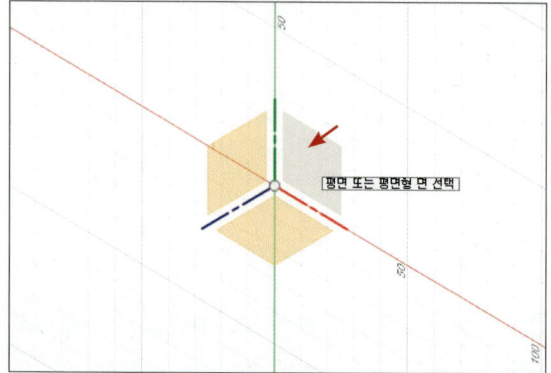

02 [작성(CREATE)]-[폴리곤(Polygon)]-[외접 폴리곤(Circumscribed Polygon)]을 선택한다. 원의 중심점을 클릭하고 반지름 10mm로 외접 육각형을 작성한다. [작성(CREATE)]-[스케치 치수(Sketch Dimension)]를 클릭한다. 2개 수평선을 선택하고 20mm 치수를 입력한다. Esc 를 눌러 스케치 치수 명령을 종료한다.

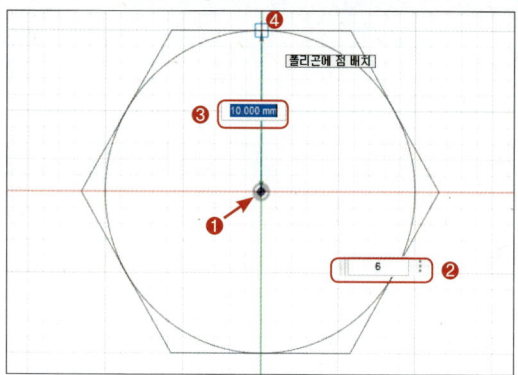
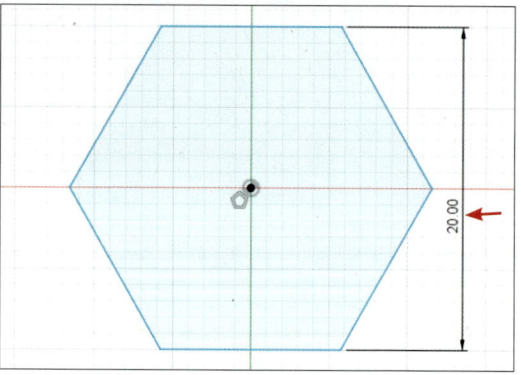

03 스케치 팔레트의 구속조건 중 수평/수직(Horizontal/Vertical) 구속조건을 선택하고 수평선을 클릭하여 수평 구속조건을 부여한다. (위/아래 둘 중 하나만 선택하면 된다.)

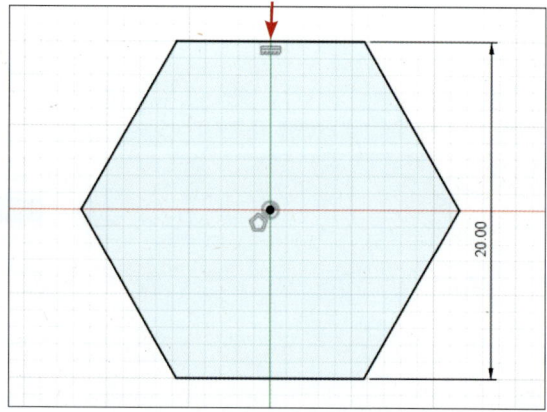

04 [작성(CREATE)]-[선(Line)]을 클릭한다. 원점과 양쪽 중간점을 잇는 사선을 그리고 Esc 를 눌러 선 명령을 종료한다. 스케치 팔레트에서 구성(Constructuon)( )을 클릭해 참조선으로 만든다.

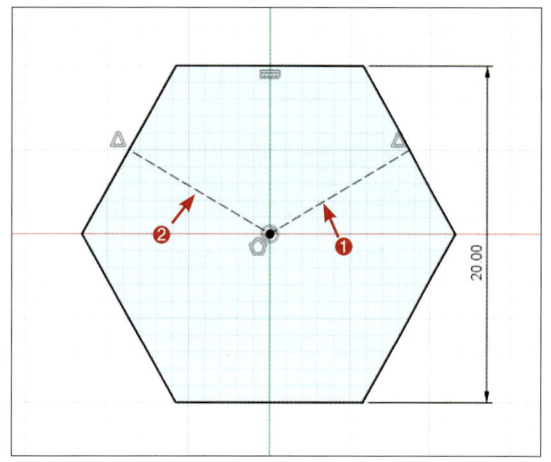

05 [작성(CREATE)]-[직사각형 패턴(Rectangular Pattern)]을 선택한다. 6개 모서리를 선택하고 방향/s(Directions)의 선택(Select)버튼을 클릭하여 2개 참조선을 선택한다. 화살표를 양방향으로 3개가 될 때까지 드래그하여 거리값이 40mm인지 확인하고 [확인(OK)] 버튼을 클릭한다.

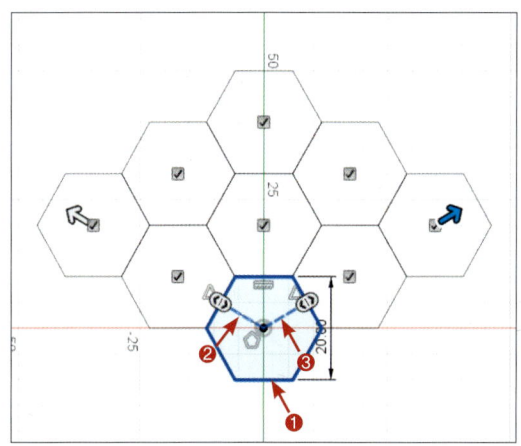 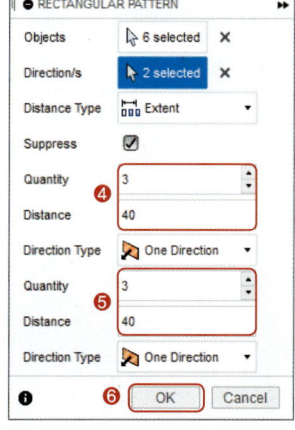

06 양 끝에 있는 육각형은 필요가 없으므로 선택하여 Delete 로 지운다.

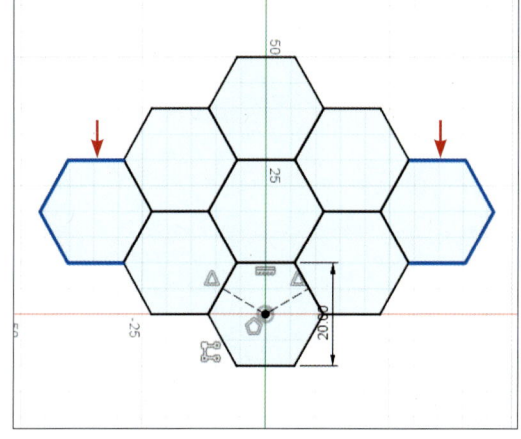 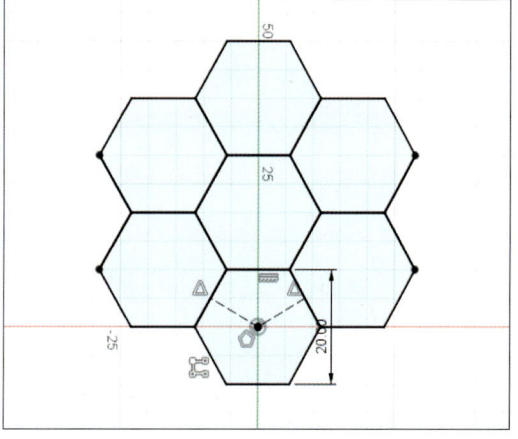

실전예제 03

실전 예제 03 동영상 강좌

스케치 기본 도형 연습하기 03

01 새 디자인을 위해 파일명 옆의 새 설계(New Design) 아이콘(➕)을 클릭한다. 스케치 작성(Create Sketch) 아이콘(📐)을 클릭하고 XY평면([정면도(FRONT)])을 선택한다.

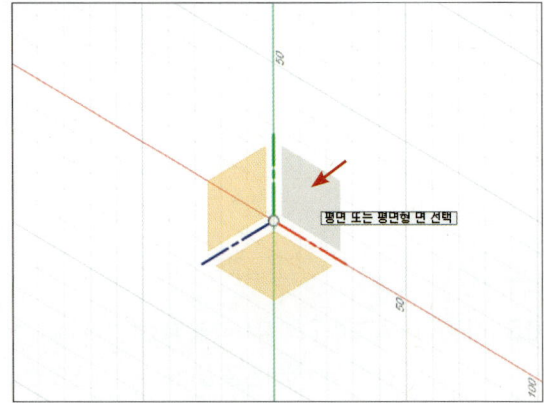

02 [작성(CREATE)]-[선(Line)]을 클릭한다. 원점에서 거리가 35인 수직선을 그리고 Esc 를 눌러 선 명령을 종료한다. 스케치 팔레트에서 구성(Constructuon)( )을 클릭해 참조선으로 만든다.

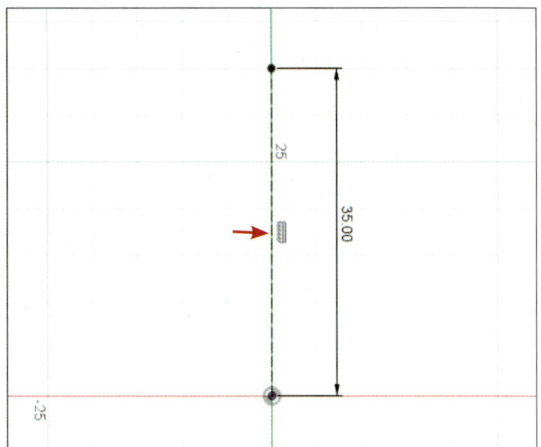

03 [작성(CREATE)]-[직사각형(Rectangle)]-[2점 직사각형(2-Point Rectangle)], [작성(CREATE)]-[스케치 치수(Sketch Dimension)]를 직사각형을 그린 후 구속조건 중 △ 중간점(Midpoint)을 적용한다.

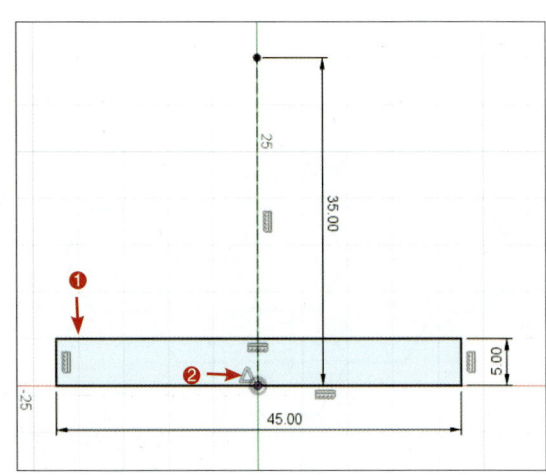

04 [수정(MODIFY)]-[모깎기(Fillet)]를 선택하고 2개 모서리에 반지름 3을 적용한다.

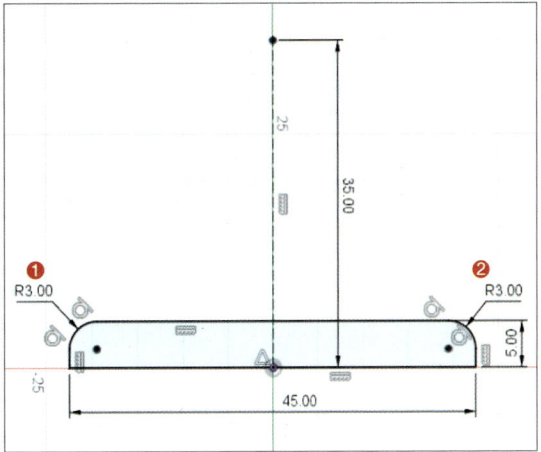

05 [작성(CREATE)]-[선(Line)], [작성(CREATE)]-[스케치 치수(Sketch Dimension)], [작성(CREATE)]-[원(Circle)]-[중심 지름 원(Center Diameter Circle)]을 이용하여 스케치를 작성한다.

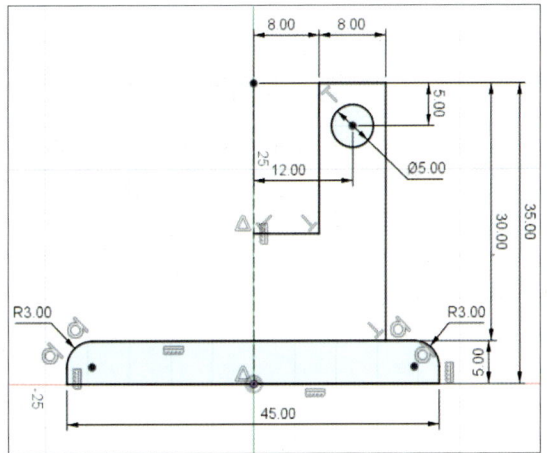

06 [작성(CREATE)]-[미러(Mirror)]를 선택한다. 대칭 복사할 스케치로 오른쪽 객체를 윈도우로 선택하고 대칭축은 가운데 참조선을 선택해 대칭 복사한 후 [작성(CREATE)]-[슬롯(Slot)]-[중심 대 중심 슬롯(Center to Center Slot)], [작성(CREATE)]-[스케치 치수(Sketch Dimension)]로 슬롯을 작성한다.

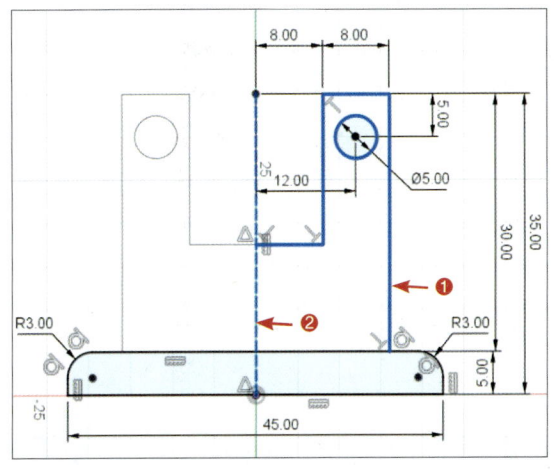 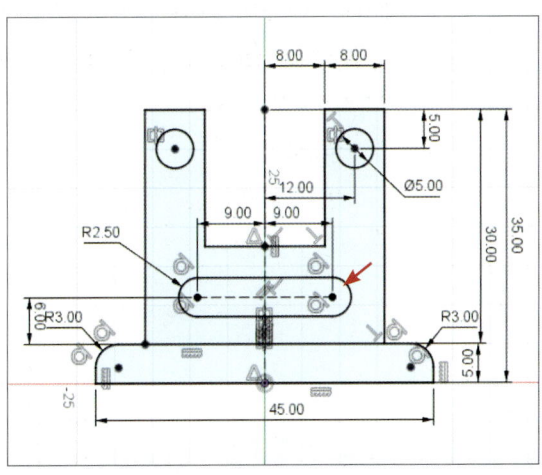

PART 03

Fusion360

설계(Design)

설계(Design)는 솔리드 모델링을 하기 위한 공간으로 주로 작성과 편집에 관한 명령 소개로 다뤄진다. 솔리드란 한마디로 말하면 공간을 꽉 채운 객체로 보면 된다.

Section 01 작성(CREATE)
Section 02 수정(MODIFY)
Section 03 구성(CONSTRUCT)
Section 04 검사(INSPECT)
Section 05 삽입(INSERT)
Section 06 3D 인쇄(3D PRINT)

Section 01 작성(CREATE)

솔리드 모델링을 작성하기 위한 명령들로 프로파일을 이용하여 모델링을 하거나 바로 3차원 형상을 만드는 명령을 사용하여 작성한다.

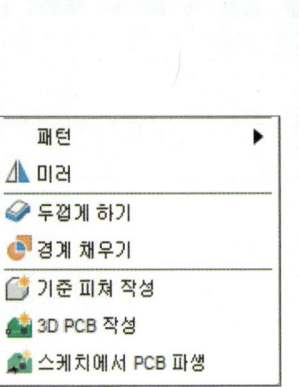
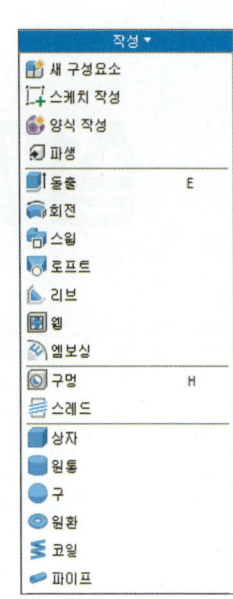

1-1 새 구성요소(New Component)

새 부품을 작성한다.

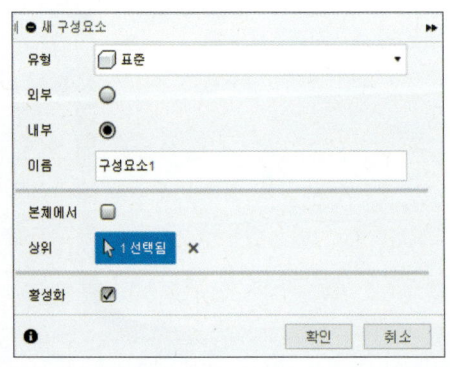

본체(Body)와 구성요소(Component)를 구분해 보면, 본체(Body)는 하나의 형상을 말하며 여러 본체(Body)를 결합하여 하나의 본체(Body)로 만들 수 있다. 모델링을 위해 사용한 곡면(Surface)나 메쉬(Mesh) 등 부품을 작성하기 위해 사용하는 것도 모두 본체(Body)로 표현된다.

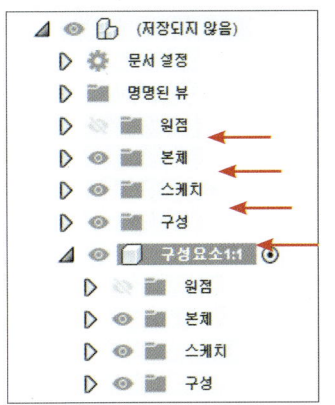

구성요소(Component)는 부품을 의미한다. 본체(Body)에서 구성요소(Component)를 작성하거나 새로 구성요소(Component)를 작성하여 작업하면 [조립(Assemble)]-[접합(Joint)]으로 조립하거나 구성요소(Component)를 활성화하여 해당 부품과 연관한 작업 내역만 확인하면서 작업을 할 수 있다. 1개의 부품 안에 원점(Origin), 스케치(Sketch), 본체(Body), 구성(Construction) 등을 포함하여 관리한다.

1-2 스케치 작성(Create Sketch)

스케치 작업 모드로 전환 한다.

1-3 양식 작성(Creat Form)

양식 작성(Create Form)을 클릭하면 양식 모드(Form Mode)으로 전환하여 자유양식(Freeform) 모델링을 할 수 있는 공간이 된다. 양식 모드(Form Mode)를 종료 할 때는 양식 마침(Finish Form)을 클릭한다. 자세한 내용은 PART4에 수록되어 있다.

1-4 파생(Derive)

작업 중인 디자인 안의 다양한 요소 중 원하는 요소만 추출하여 새로운 디자인을 열어준다. 파생(Derive)으로 구성요소(Component), 본체(Body), 스케치(Sketch), 구성(Construction Geometry), 플랫 패턴(Flat pattern), 매개변수(Parameters) 등의 요소를 추출할 수 있다.

1-5 돌출(Extrude)

닫힌 스케치(Profile)를 선택한 후 돌출 높이를 지정하여 형상을 작성한다.

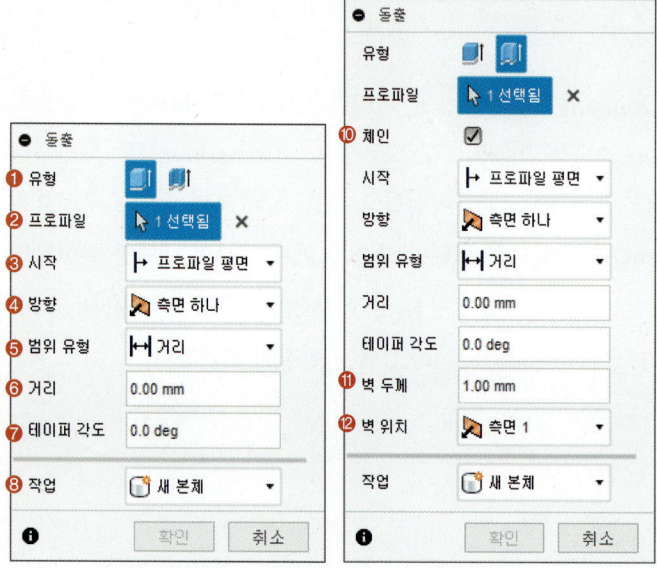

❶ 유형(Type) : 돌출 형식을 선택한다. 돌출(Extrude)은 프로파일(Profile)의 면 전체를 돌출, 얇은 돌출(Thin Extrude)은 프로파일(Profile)의 외곽선을 기준으로 지정한 두께값만큼만 돌출한다.

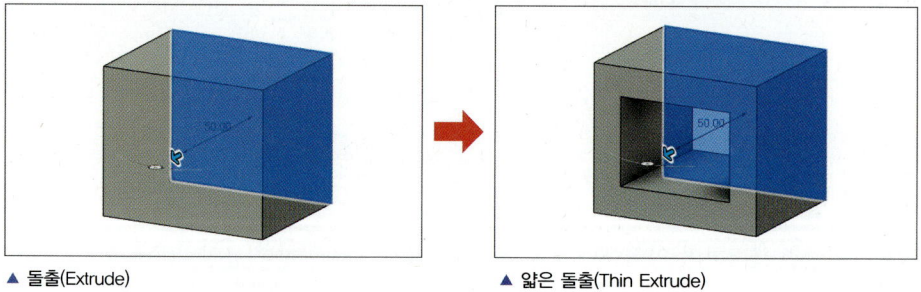

▲ 돌출(Extrude)　　　　　　　　　▲ 얇은 돌출(Thin Extrude)

❷ 프로파일(Profile) : 닫힌 스케치선(평면, 면)을 선택한다.

❸ 시작(Start) : 돌출의 시작을 지정한다. 프로파일 평면(Profile Plane)은 프로파일 스케치를 작성한 평면에서부터 돌출, 간격띄우기(Offset Plane)는 스케치를 작성한 평면에서 지정한 간격을 띄우고 돌출, 객체(From Object)는 특정 객체의 선택면으로부터 돌출이다.

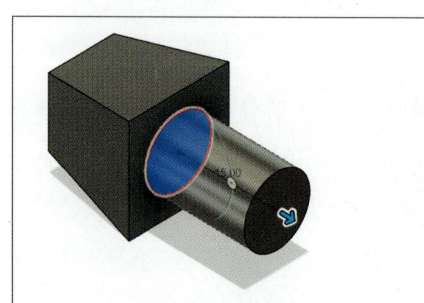 

▲ 프로파일 평면(Profile Plane), 거리(Distance)가 15인 경우　　▲ 간격띄우기(Offset Plane) 10, 거리(Distance) 15인 경우

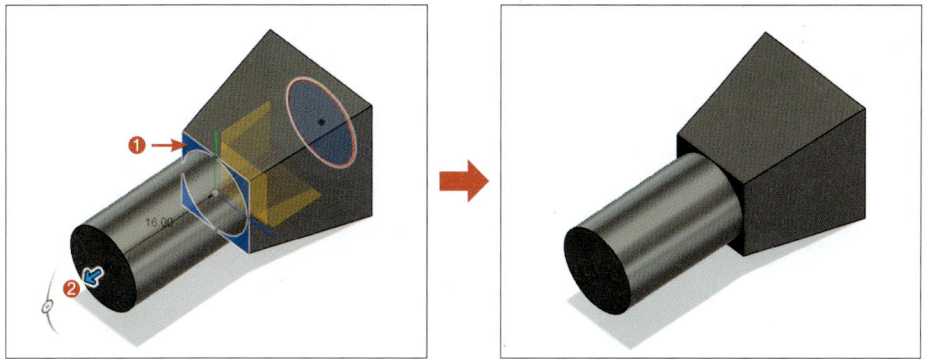

▲ 객체(From Object)로 육면체 앞을 선택, 선택한 면부터 거리(Distance) -16으로 돌출한 경우

❹ 방향(Direction) : 돌출 방향을 지정한다. 측면 하나(One Side)는 한쪽 방향, 두 측면(Two Sides)은 양방향으로 거리값을 다르게 줄 때 사용한다. 대칭(Symmetric)은 대칭으로 절반 길이(Half Length) 전체 길이(Whole Length) 옵션을 설정해 돌출 거리값을 준다.

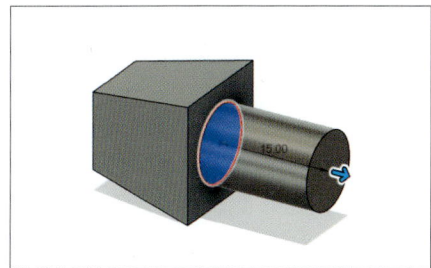

▲ 측면 하나(One Side) 경우

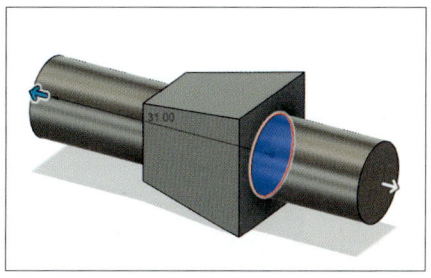

▲ 두 측면(Two Sides) 경우

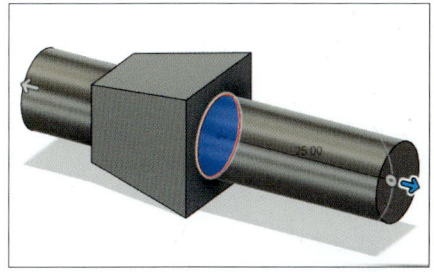

▲ 대칭(Symmetric), 절반 길이(Half Length) 25인 경우

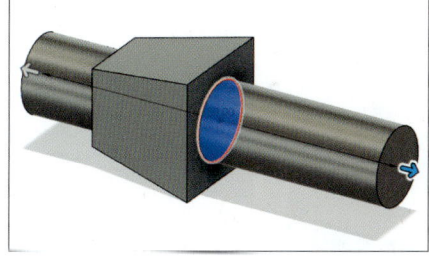

▲ 대칭(Symmetric), 전체 길이(Whole Length)가 50인 경우

❺ 범위 유형(Extent Type) : 돌출 범위를 지정한다. 거리(Distance)는 입력한 거리만큼, 객체로(To Object)는 객체의 지정면까지 모두(All)는 모든 범위를 말한다. 화살표 진행 방향을 반대로 하면 잘라내기(Cut)가 된다.

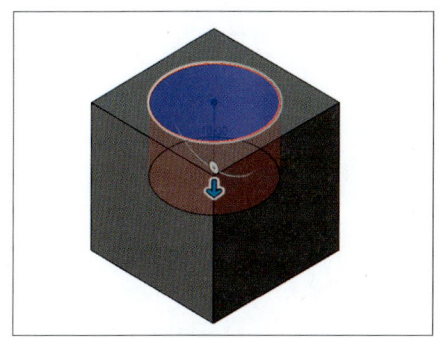

▲ 원 스케치 거리(Distance) -10으로 돌출한 경우

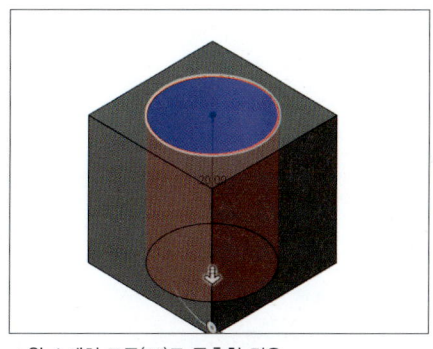

▲ 원 스케치 모두(All)로 돌출한 경우

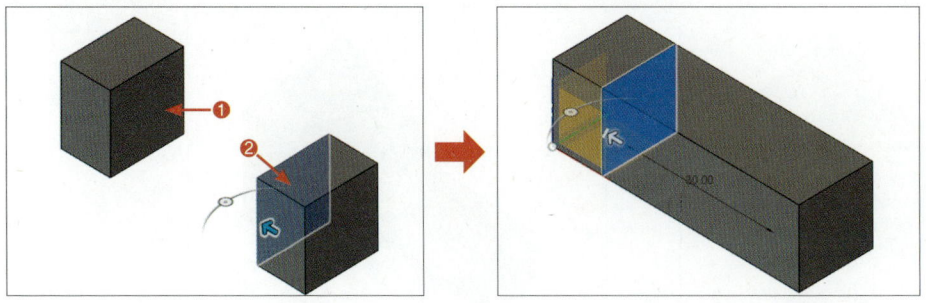

▲ 객체로(To Object) 경우로 프로파일(Profile)은 오른쪽 Box의 앞면 ❶을 선택, 객체로(To Object)로 왼쪽 Box의 앞면 ❷를 선택하면 지정된 면 ❷까지 돌출이 된다.

❻ 거리(Distance) : 돌출 거리를 입력한다.

❼ 테이퍼 각도(Taper Angle) : 경사 각도를 입력한다.

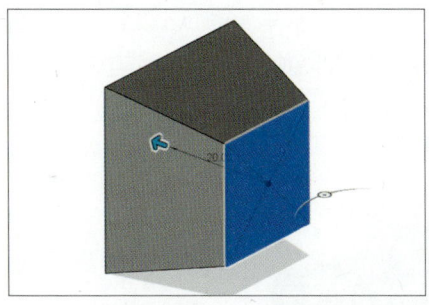 

▲ 거리(Distance) -20, 테이퍼 각도(Taper Angle) 15 경우   ▲ 거리(Distance) -20, 테이퍼 각도(Taper Angle) -15경우

❽ 생성(Operation) : 솔리드의 유형을 지정한다. 접합(Join)은 합집합, 잘라내기(Cut)는 차집합, 교차(Intersect)는 교집합, 새 본체(New Body)는 새로운 본체로 생성하고, 새 구성요소(New Component)는 새 구성요소를 만들고 그안에 새 본체(New Body)를 생성한다.

> **주의** 인쇄 직전 업데이트로 [작업(Operation)] 옵션의 번역이 [생성(Operation)]으로 변경 되어 이미지는 수정하지 못하였습니다. 이후 나오는 이미지의 [작업(Operation] 옵션은 [생성(Operation)]으로 보시면 됩니다.

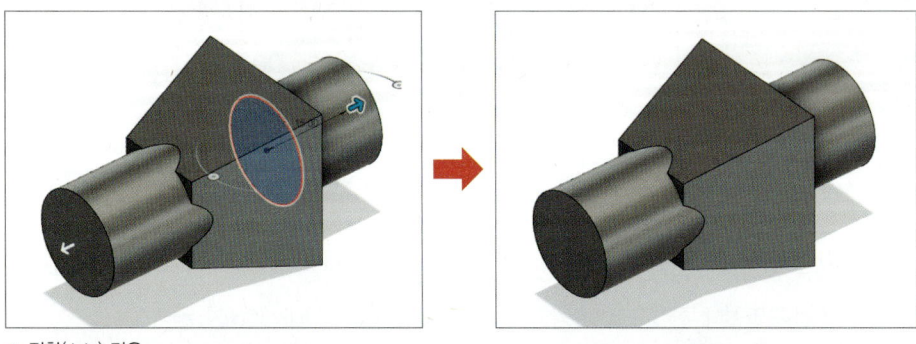

▲ 접합(Join) 경우

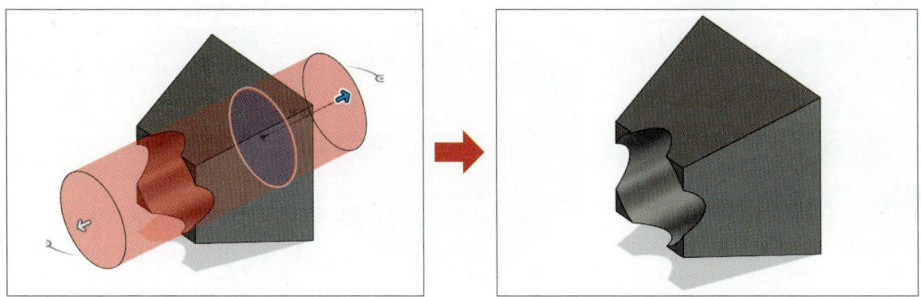

▲ 잘라내기(Cut) 경우

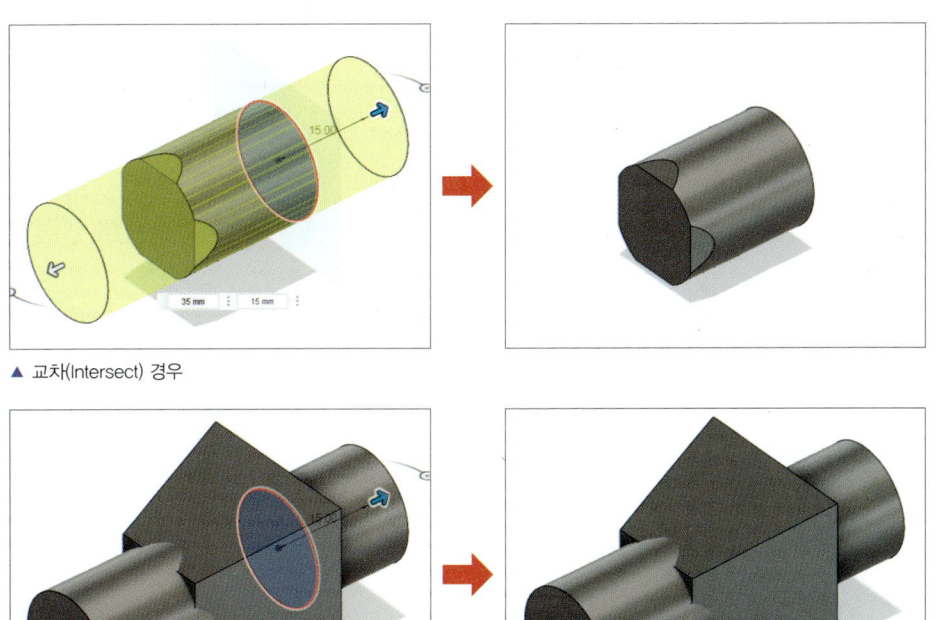

▲ 교차(Intersect) 경우

▲ 새 본체(New Body) 경우

❾ 체인(Chaining) : 체크되어 있으면 끝점이 이어진 선 모두가 선택되고 체크를 끄면 선택된 단일 선만 선택된다.

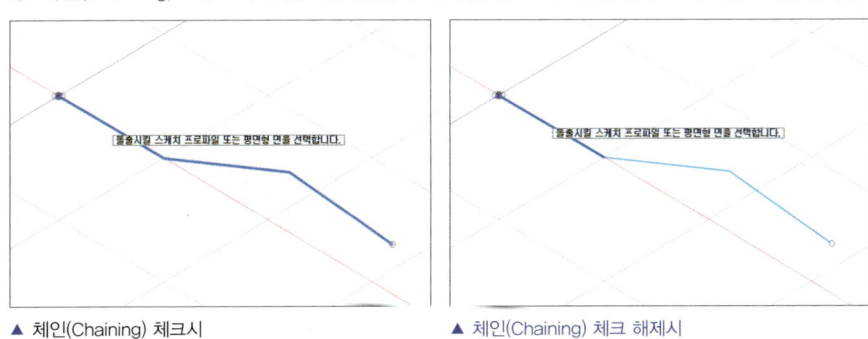

▲ 체인(Chaining) 체크시 　　　　　　▲ 체인(Chaining) 체크 해제시

❿ 벽 두께(Wall Thickness) : 얇은 돌출(Thin Extrude)시 돌출할 프로파일(Profile) 두께를 입력한다.

⓫ 벽 위치(Wall Location) : 얇은 돌출(Thin Extrude)시 두께의 적용 방향을 선택한다. 측면1(Side1)은 프로파일(Profile) 외곽선 안쪽으로 두께를 적용한다. 측면2(Side2)는 프로파일(Profile) 외곽선 바깥쪽으로 두께를 적용한다. 중심(Center)은 프로파일(Profile) 외곽선을 중심으로 안과 밖에 두께값의 반씩을 적용한다.

 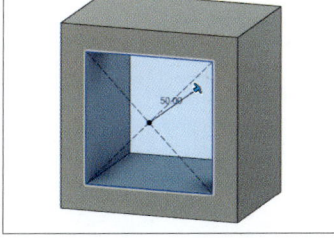 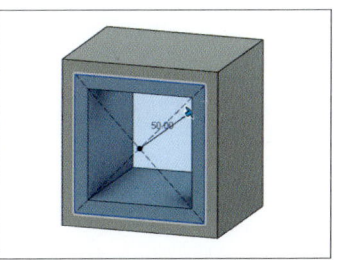

▲ 벽 두께(Wall Thickness) : 10, 측면1(Side1)　　▲ 벽 두께(Wall Thickness) : 10, 측면2(Side2)　　▲ 벽 두께(Wall Thickness) : 10, 중심(Center)

| 기능 익히기 | ▶ 돌출 객체 만들기 1 |

01 [파일(File)]-[열기...(Open)]-[내 컴퓨터에서 열기...(Open from my computer...)]를 클릭하여 아래 예제 파일을 연다.

- 예제 파일 : PART3₩1장₩Extrude1.f3d

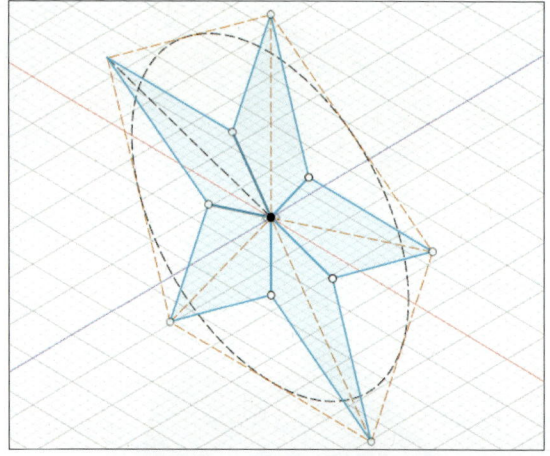

02 [작성(CREATE)]-[돌출(Extrude)]을 클릭하고 하늘색상의 스케치 프로파일 5개를 선택한다.

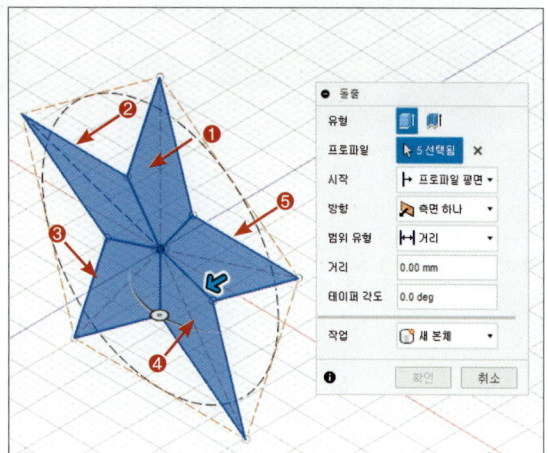

03 돌출(Extrude) 설정 창에서 거리(Distance)를 5, 테이퍼 각도(Taper Angle)는 -53으로 입력하고 [확인(OK)] 버튼을 클릭한다. 경사 각도를 주었기 때문에 돌출 객체가 기울어진 형태로 생성된다.

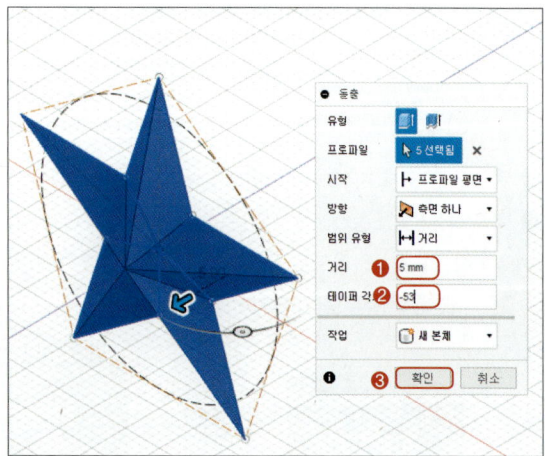

| 기능 익히기 | ▶ 돌출 객체 만들기 2

01 [파일(File)]-[열기...(Open)]-[내 컴퓨터에서 열기...(Open from my computer...)]를 클릭하여 아래 예제 파일을 연다.

- 예제 파일 : PART3₩1장₩Extrude2.f3d

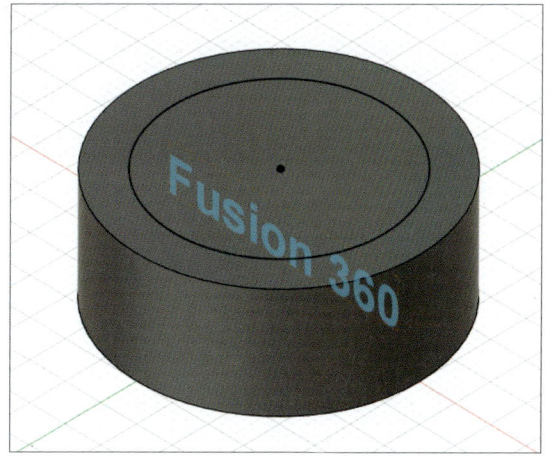

02 [작성(CREATE)]-[돌출(Extrude)]을 클릭한다. 프로파일(Profile)로 안쪽 원을 선택하고 범위 유형(Extent Type)은 모두(All)로 설정한다. 아래 반전(Flip)을 클릭하여 화살표를 반대방향으로 한다. 생성(Operation)이 잘라내기(Cut)로 설정된 걸 확인 후 잘라내기(Cut) 버튼을 클릭한다. 안쪽 원의 전체가 차집합이 되었다.

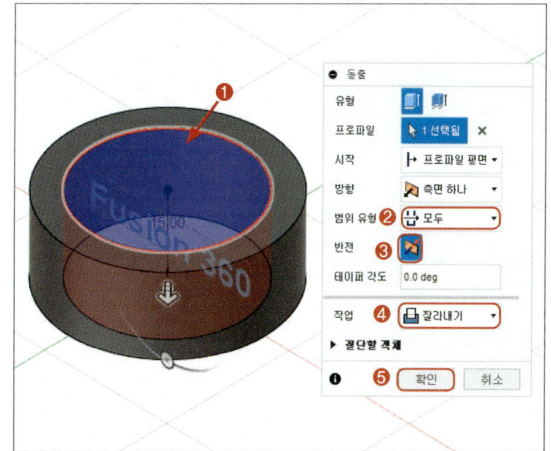

03 마우스 우클릭 퀵메뉴에서 반복 돌출(Repeat Extrude)을 클릭하여 반복 실행한다.

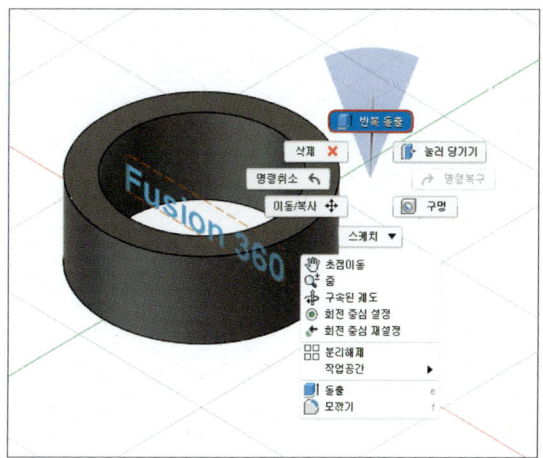

04 프로파일(Profile)로 Fusion 360 글씨를 선택하고 시작(Start)은 객체(From Object)를 선택하여 원통의 앞면을 클릭, 거리(Distance)는 -1, 작업(Operation)은 접합(Join)으로 설정하고 [확인(OK)] 버튼을 클릭한다. Y축 방향과 반대방향이라서 값을 음수로 주었으며 원통면에서 1mm 돌출이 되었다.

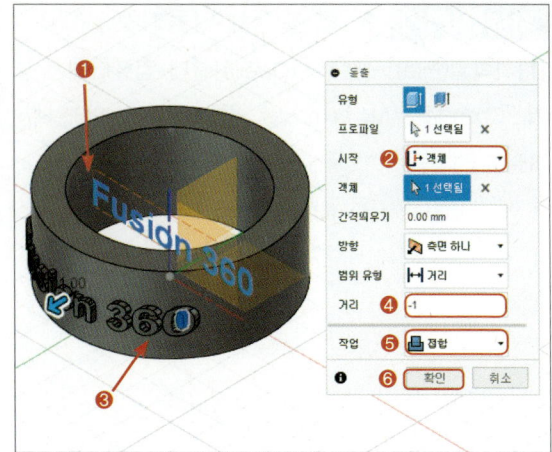

여기서 잠깐

돌출 따라하기 예제를 비교해 보면 하나는 Y 상향(Y up), 하나는 Z 상향(Z up)으로 되어 있다. 기본 설정은 Z up이지만 사용자 환경에 맞게 높이축을 Y up으로 설정할 수 있다.

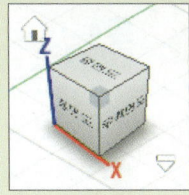 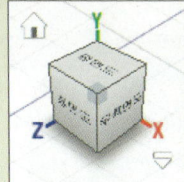

1-6 회전(Revolve)

닫힌 스케치(Profile)를 회전시켜 형상을 작성한다.

❶ 프로파일(Profile) : 닫힌 스케치선(평면, 면)을 선택한다.

❷ 축(Axis) : 회전축을 선택한다.

❸ 유형(Type) : 각도(Angle)는 지정한 각도만큼, 끝(To)은 지정한 부분까지, 전체(All)는 360도 전부를 말한다.

❹ 방향(Direction) : 측면 하나(One Side)는 한쪽 방향, 두 측면(Two Sides)은 양방향, 대칭(Symmetric)은 대칭을 말한다.

❺ 생성(Operation) : 솔리드의 유형을 지정한다. 접합(Join)은 합집합, 잘라내기(Cut)는 차집합, 교차(Intersect)는 교집합, 새 본체(New Body)는 새로운 본체로 생성하고, 새 구성요소(New Component)는 새 구성요소를 만들고 그안에 새 본체(New Body)를 생성한다.

기능 익히기 ▶ 회전 객체 만들기

01 [파일(File)]-[열기...(Open)]-[내 컴퓨터에서 열기...(Open from my computer...)]를 클릭하여 아래 예제 파일을 연다.

- 예제 파일 : PART3₩1장₩Revolve.f3d

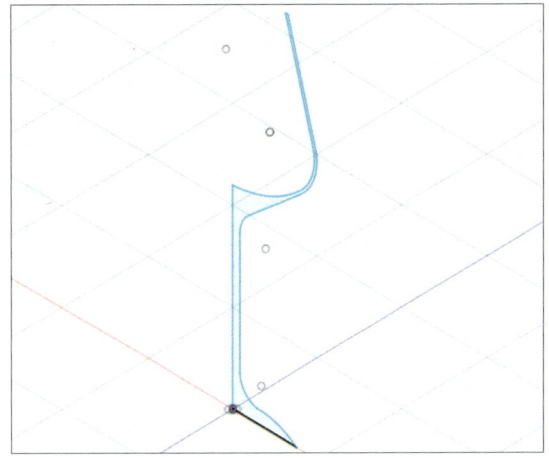

02 [작성(CREATE)]-[🔵 회전(Revolve)]을 클릭한다. 프로파일(Profile)로 하늘색의 스케치면을 선택하고 축(Axis)의 선택(Select)을 클릭하고 수직축을 선택, 유형(Type)은 전체(All)를 선택한다. 360도 회전체가 완성된다.

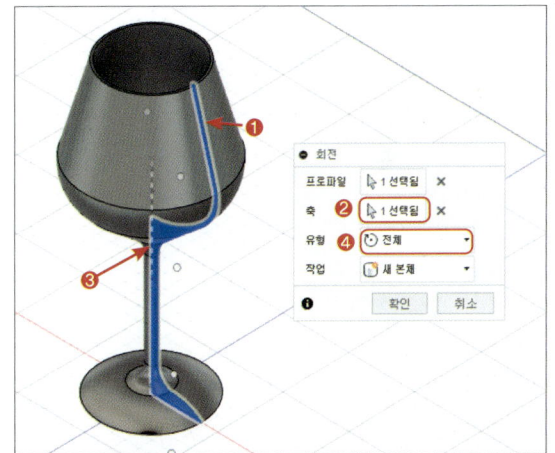

03 유형(Type)을 각도(Angle)로 바꾸고 회전바를 드래그하거나 회전 각도 -270을 입력해본다. 지정한 각도만큼만 회전체가 만들어진다.

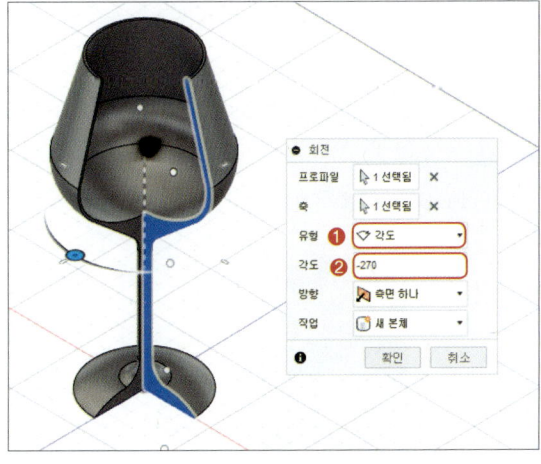

04 다시 유형(Type)을 전체(All)로 바꾸고 Enter 또는, [확인(OK)] 버튼을 눌러 회전(Revolve) 명령을 종료한다.

1-7 스윕(Sweep)

단면이 경로를 따라 형상을 작성한다.

❶ 유형(Type) : 스윕 유형을 설정한다. 단일 경로(Single Path)는 하나의 경로만 지정하여 작성, 경로+안내 레일(Path+Guide Rail)은 경로와 가이드 선을 지정하여 스윕을 작성한다.

▲ 단일 경로(Single Path) 경우

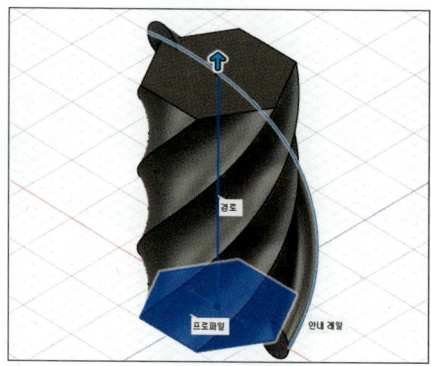

▲ 경로+안내 레일(Path+Guide Rail) 경우

❷ 프로파일(Profile) : 닫힌 스케치선(평면, 면)을 선택한다.
❸ 경로(Path) : 경로가 되는 스케치 또는 형상의 모서리를 선택한다.
❹ 체인 선택(Chain Selection) : 체크하면 연결된 모든 선이 선택되고 체크 해제하면 클릭한 선만 선택된다.
❺ 거리(Distance) : 스윕 높이를 입력한다. 스케치 길이를 기준으로 0부터 1까지 값을 설정한다.

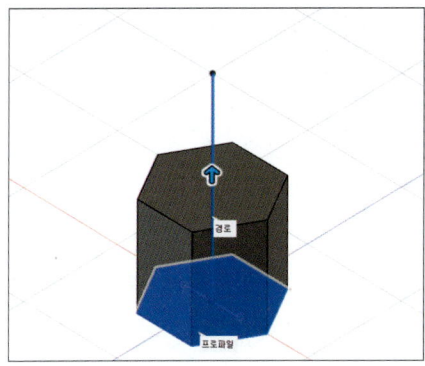

▲ 거리(Distance)가 0.5인 경우   ▲ 거리(Distance)가 1인 경우

❻ 테이퍼 각도(Taper Angle) : 경사 각도를 입력한다.

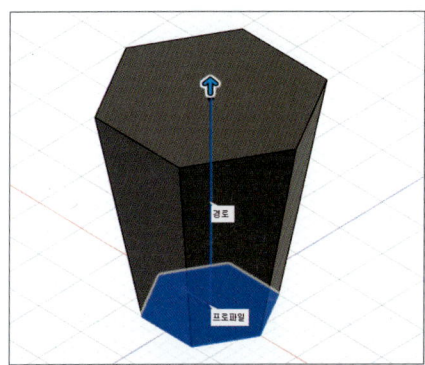 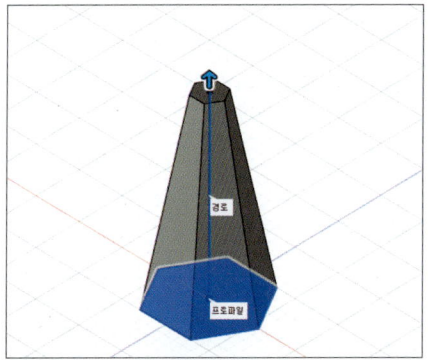

▲ 테이퍼 각도(Taper Angle)가 10인 경우   ▲ 테이퍼 각도(Taper Angle)가 -10인 경우

❼ 비틀림 각도(Twist Angle) : 비틀기 각도를 입력한다.

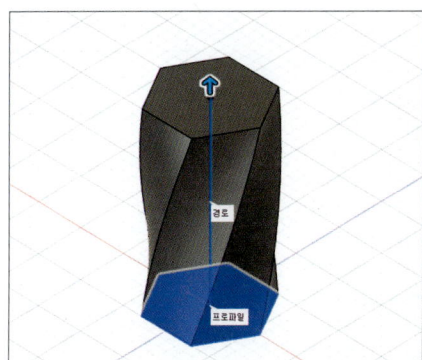 

▲ 비틀림 각도(Twist Angle)가 60인 경우   ▲ 비틀림 각도(Twist Angle)가 180인 경우

❽ 방향(Orientation) : 프로파일과 경로 위치 관계를 선택한다. 직각(Perpendicular)은 프로파일이 항상 경로와 직교로, Parallel(평행)은 경로와 같은 방향으로 유지한다.

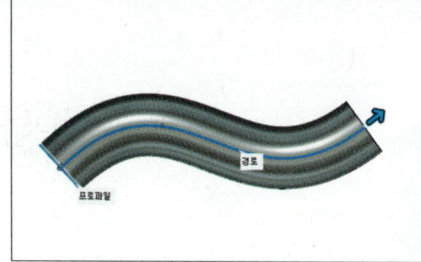
▲ 직각(Perpendicular) 방향

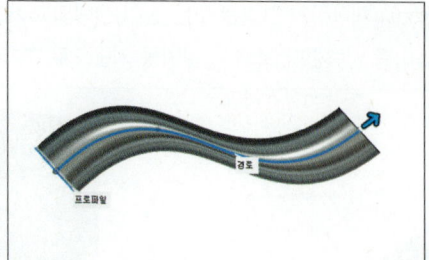
▲ 평행(Parallel) 방향

❾ 생성(Operation) : 솔리드의 유형을 지정한다. 접합(Join)은 합집합, 잘라내기(Cut)는 차집합, 교차(Intersect)는 교집합, 새 본체(New Body)는 새로운 본체로 생성하고, 새 구성요소(New Component)는 새 구성요소를 만들고 그안에 새 본체(New Body)를 생성한다.

기능 익히기 ▶ 스윕 객체 만들기 1

01 [파일(File)]-[열기...(Open)]-[내 컴퓨터에서 열기...(Open from my computer...)]를 클릭하여 아래 예제 파일을 연다.

- 예제 파일 : PART3₩1장₩Sweep1.f3d

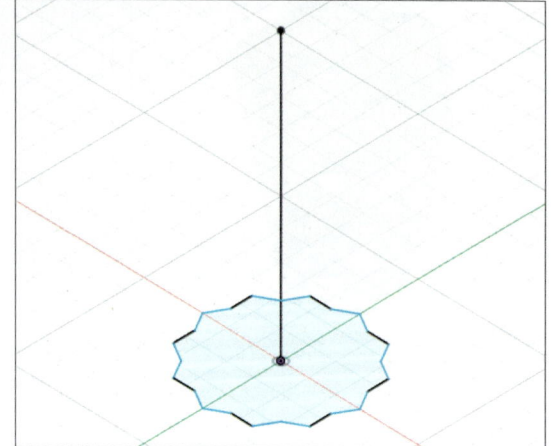

02 [작성(CREATE)]-[스윕(Sweep)]을 클릭한다. 유형(Type)은 단일 경로(Single Path), 프로파일(Profile)로 하늘색의 스케치면을 선택, 경로(Path)의 선택(Select)을 클릭하고 수직선을 선택한다. 테이퍼 각도(Taper Angle)를 5, 비틀림 각도(Twist Angle)를 90으로 입력한다.

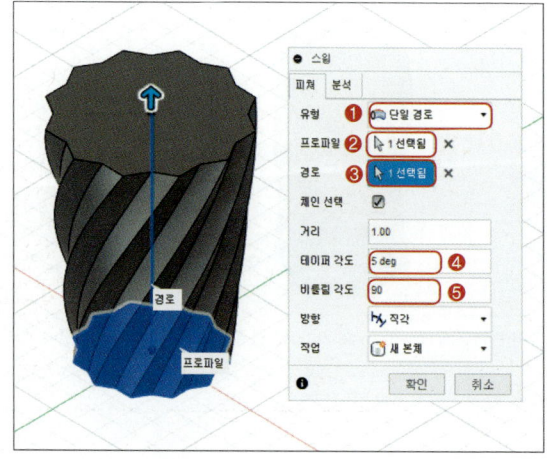

03 취소(Cancel)를 클릭하고 검색기(Browser)의 본체(Bodies)를 확장하여 본체1의 가시성(Visibility)을 켠다.

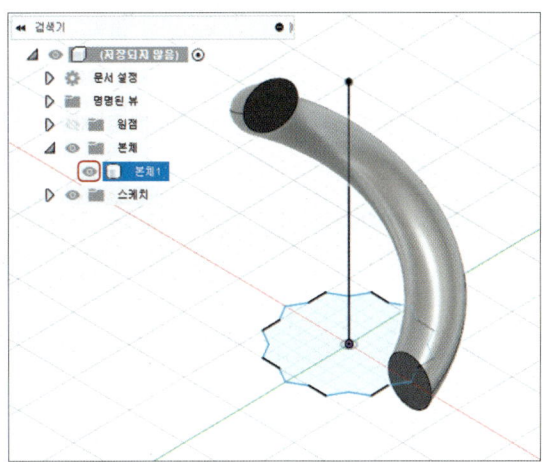

04 [작성(CREATE)]-[스윕(Sweep)]을 클릭한다. 유형(Type)은 경로+안내 레일(Path+Guide Rail), 프로파일(Profile)로 하늘색의 스케치면을 선택, 경로(Path)의 선택(Select)을 클릭하고 수직선을 선택, 안내 레일(Guide Rail)의 선택(Select)을 클릭하고 본체1의 커브선을 클릭, 생성(Operation)은 새 본체(New Body)로 설정하고 [확인(OK)] 버튼을 클릭한다.

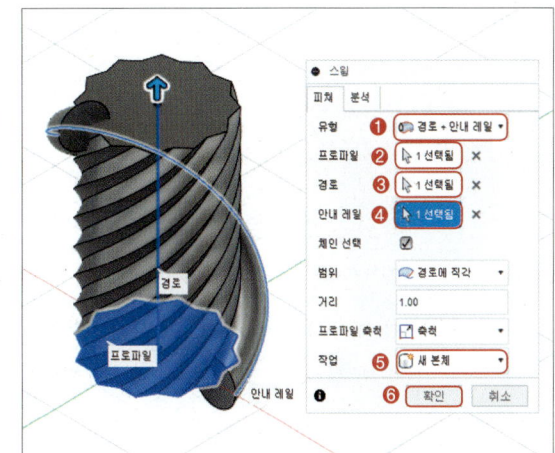

기능 익히기 ▶ 스윕 객체 만들기 2

01 [파일(File)]-[열기...(Open)]-[내 컴퓨터에서 열기...(Open from my computer...)]를 클릭하여 아래 예제 파일을 연다.

- 예제 파일 : PART3₩1장₩Sweep2.f3d

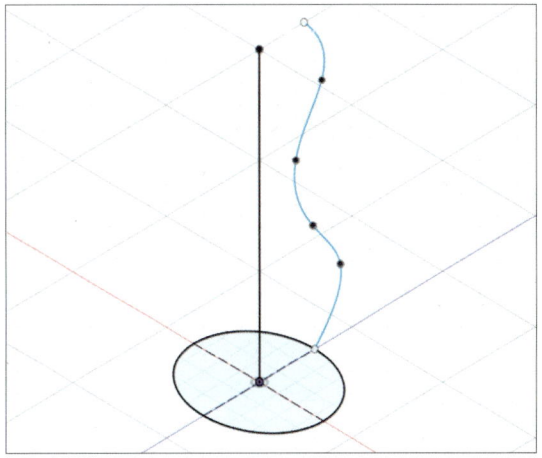

02 [작성(CREATE)]-[스윕(Sweep)]을 클릭한다. 유형(Type)은 경로+안내 레일(Path+Guide Rail), 프로파일(Profile)로 하늘색의 스케치면을 선택, 경로(Path)의 선택(Select)을 클릭하고 수직선을 선택, 안내 레일(Guide Rail)의 선택(Select)을 클릭하고 스플라인을 선택한다.

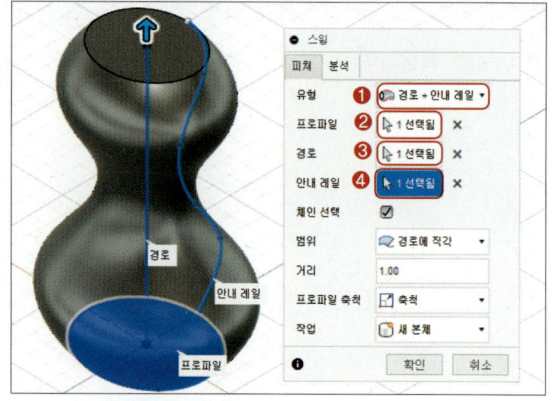

03 프로파일 축척(Profile Scaling) 옵션을 축척(Scaling)에서 신축(Stretch)으로 변경한다. 축척(Scaling)은 경로와 가이드 선에 맞춰 프로파일을 XY방향으로 확대 축소하지만 신축(Stretch)은 X방향으로만 확대 축소한다. 없음(None)은 확대 축소를 하지 않고 가이드 선도 방향을 정의하는 데만 사용된다.

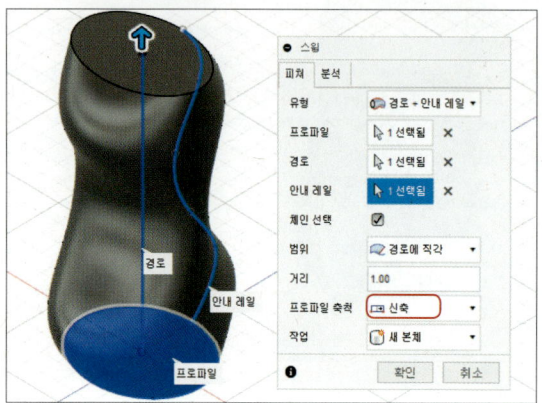 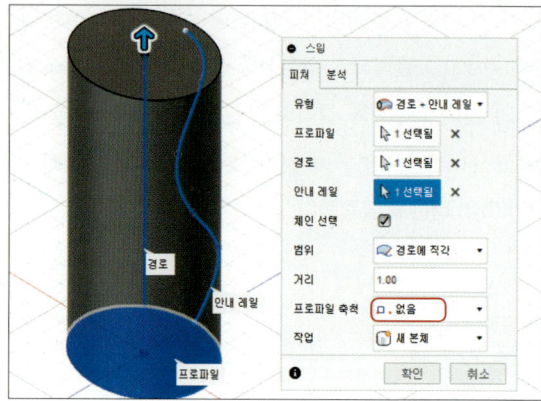

1-8 로프트(Loft)

2개 이상의 닫힌 스케치 또는 평면 Face를 연결하여 형상을 만든다.

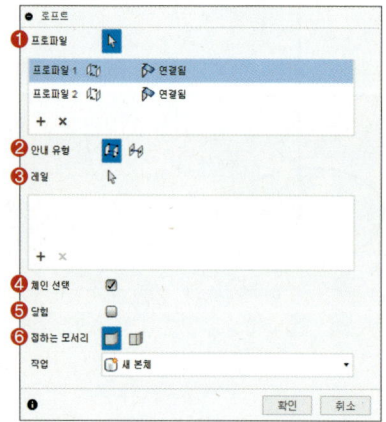

❶ 프로파일(Profile) : 닫힌 스케치 또는 형상의 평면 Face, 점을 선택한다.
- 🎬 Recorder : 프로파일 순서를 설정한다. Profile 1을 Profile 2나 3으로 수정할 수 있다.

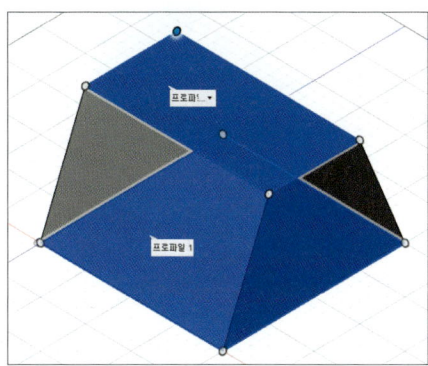 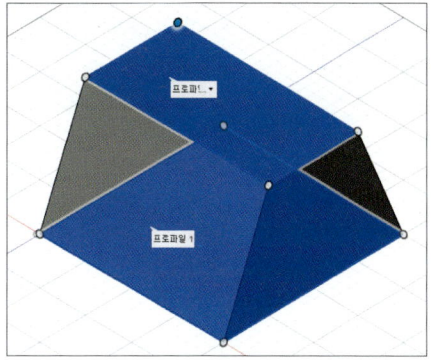

- ✚ : 프로파일 추가, ✖ : 프로파일 삭제 버튼이다.
- 🏳 연결됨(Connected) : 프로파일 사이를 직선으로 연결한다. 닫힌 스케치나 평면 Face를 선택할 때에 표시된다.
- 🏳 방향(Direction) : 로프트(loft) 프로파일 사이의 연결을 스케치 평면의 직각 방향으로 적용한다.

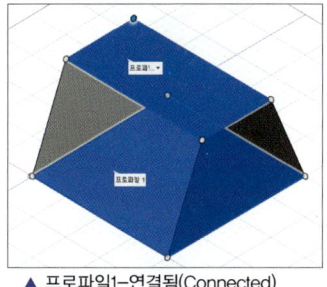 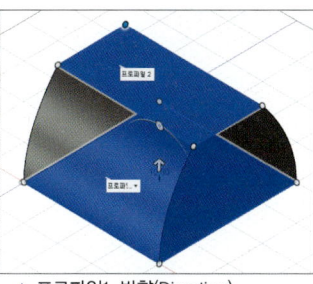 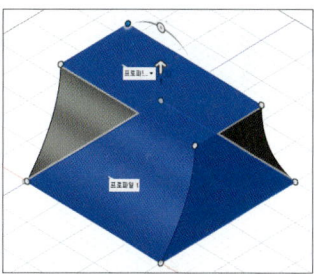

▲ 프로파일1-연결됨(Connected)　　▲ 프로파일1-방향(Direction)　　▲ 프로파일1-연결됨(Connected)
　프로파일2-연결됨(Connected)　　　프로파일2-연결됨(Connected)　　　프로파일2-방향(Direction)

원통면을 선택하고 Loft를 실행하면 3가지 옵션이 보인다.

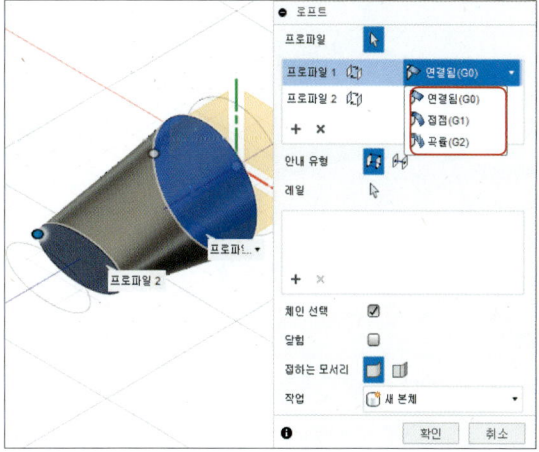

- 🏳 연결됨(Connected)(G0) : 인접한 면끼리 직선으로 연결한다.
- 🏳 접점(Tangent)(G1) : 인접한 면끼리 접선으로 접하도록 연결한다.
- 🏳 곡률(Curvature)(G2) : 인접한 면끼리 곡률이 연속되게 접하도록 연결한다.

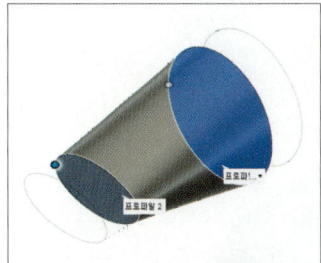 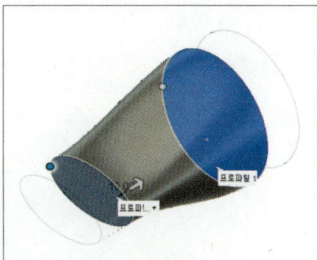 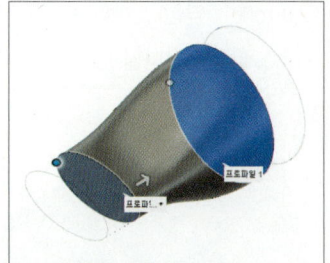

▲ 프로파일1-연결됨(Connected)(G0)　　　▲ 프로파일1-접점(Tangent)(G1)　　　▲ 프로파일1-곡률(Curvature)(G2)
　프로파일2-연결됨(Connected)(G0)　　　　프로파일2-접점(Tangent)(G1)　　　　프로파일2-곡률(Curvature)(G2)

❷ 안내 유형(Guide Type) : 가이드 유형을 설정한다.
- 레일(Rails) : 프로파일 구간별 가이드선을 설정한다. 복수의 가이드선을 선택 할 수 있다
- 중심선(Centerline) : 프로파일 중앙의 형상을 규정하는 가이드선을 설정한다. 단일 가이드의 설정만 가능하다.

 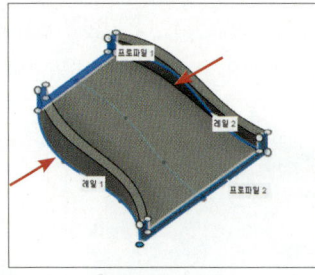 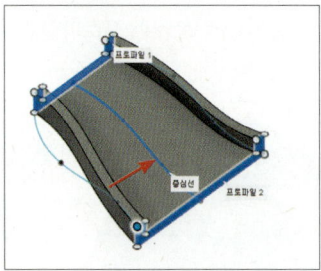

▲ 레일(Rails)을 선택안한 경우　　　▲ 레일(Rails)을 선택한 경우　　　▲ 중심선(Centerline)을 선택한 경우

❸ 레일(Rails) : 가이드선을 선택한다.
❹ 체인 선택(Chain Selection) : 체크하면 연결된 모든 선이 선택되고 체크해제하면 클릭한 선만 선택된다.
❺ 닫힘(Closed) : 체크를 하면 처음과 마지막 프로파일을 연결해 닫는다.

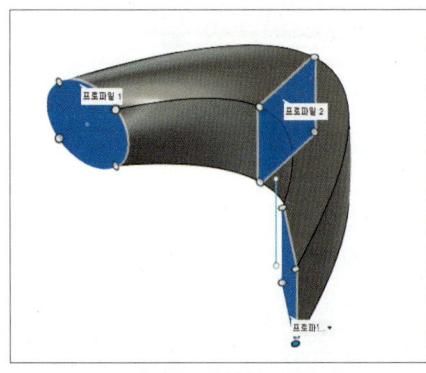 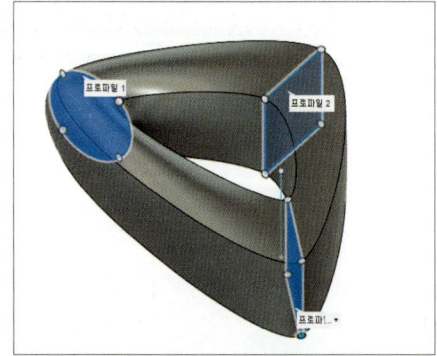

▲ 닫힘(Closed) 체크 해제한 경우　　　▲ 닫힘(Closed) 체크한 경우

❻ 접하는 모서리(Tangent Edge) : 프로파일 상에 접점에 연결선 표시 유무를 지정한다. 병합(Merge)은 프로파일 접점에 연결선을 표시하지 않는다. 유지(Keep)는 프로파일 접점에 연결선을 표시한다.

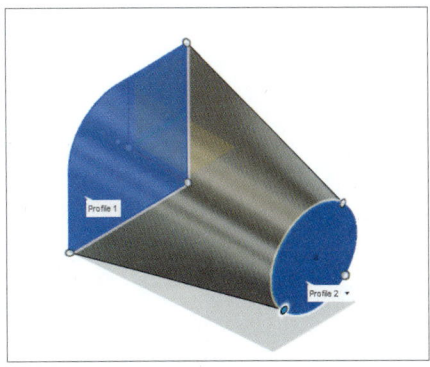 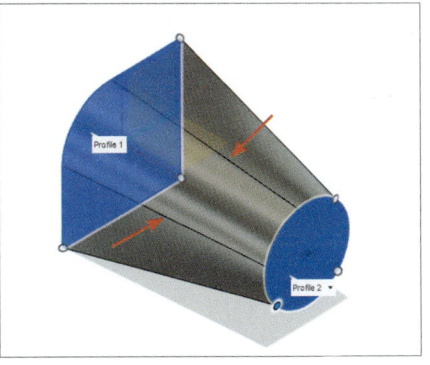

▲ 병합(Merge)을 선택한 경우　　　　　　▲ 유지(Keep)를 선택한 경우

❼ 생성(Operation) : 솔리드의 유형을 지정한다. 접합(Join)은 합집합, 잘라내기(Cut)는 차집합, 교차(Intersect)는 교집합, 새 본체(New Body)는 새로운 본체로 생성하고, 새 구성요소(New Component)는 새 구성요소를 만들고 그안에 새 본체(New Body)를 생성한다.

기능 익히기 ▶ 로프트 객체 만들기

01 [파일(File)]-[열기...(Open)]-[내 컴퓨터에서 열기...(Open from my computer...)]를 클릭하여 아래 예제 파일을 연다.

- 예제 파일 : PART3₩1장₩Loft.f3d

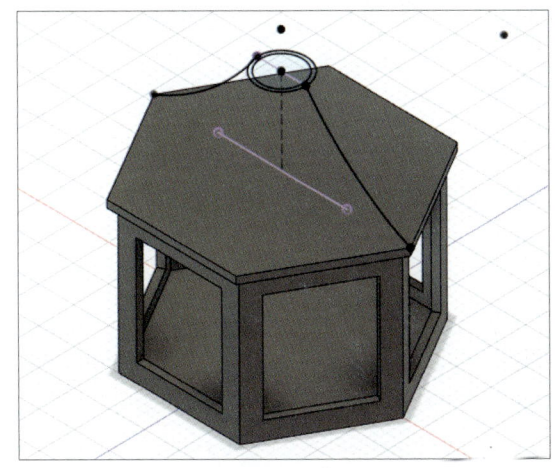

02 [작성(CREATE)]-[로프트(Loft)]를 클릭하고 육각 면과 원 스케치 프로파일 2개를 선택한다. 레일(Rails)의 화살표를 클릭하고 2개의 가이드 선을 선택한다. 생성(Operation)은 접합(Join)으로 선택하고 [확인(OK)] 버튼을 누른다.

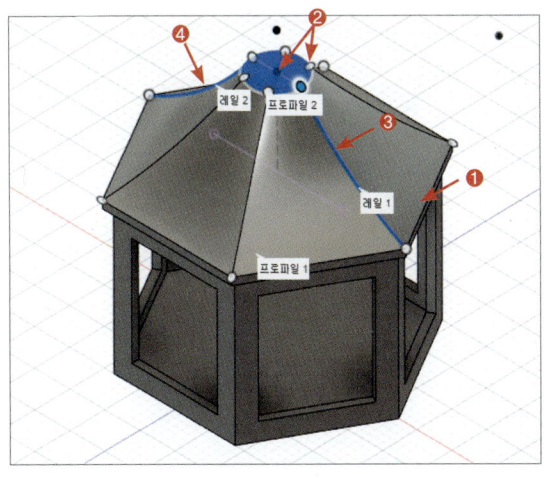

03 검색기(Browser)에서 스케치4의 가시성(Visibility)을 켜서 감춰진 스케치를 다시 보이게 한다.

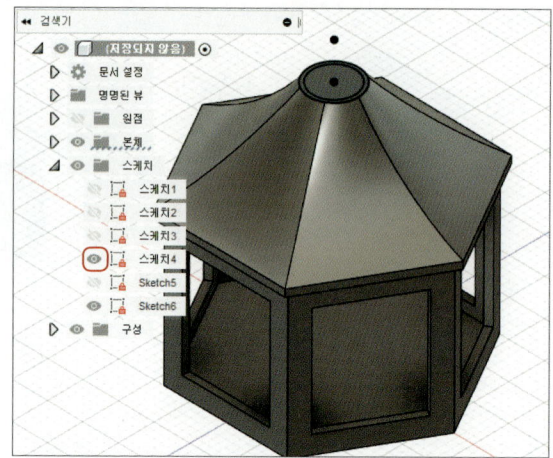

04 [작성(CREATE)]-[로프트(Loft)]를 클릭하고 안쪽 원 스케치 프로파일과 Point를 선택한다. 프로파일1을 연결됨(Connected)에서 방향(Direction)으로 바꾸고 작업(Operation)은 접합(Join)으로 선택하고 [확인(OK)] 버튼을 누른다.

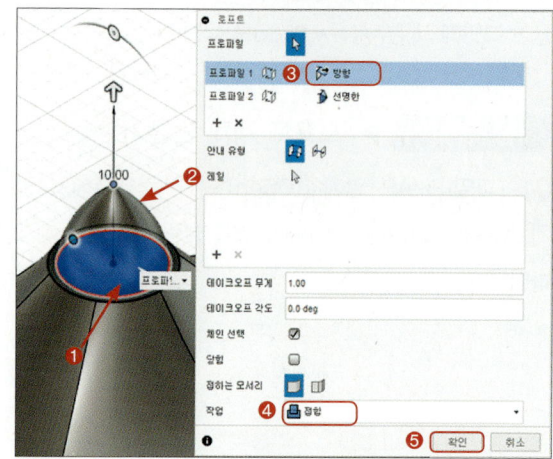

05 검색기(Browser)에서 스케치4의 가시성(Visibility)을 꺼서 스케치가 보이지 않게 한다.

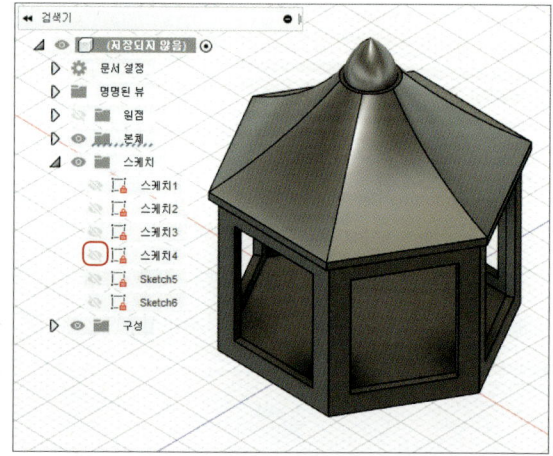

1-9 리브(Rib)

보강대를 작성한다. 반드시 열린 스케치 프로파일을 사용해야 하며 두께, 방향, 깊이 등 지정할 수 있다.

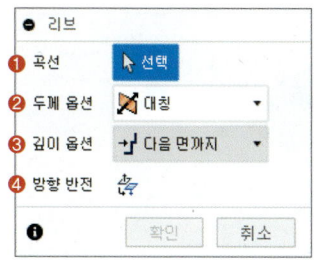

❶ 곡선(Curve) : 열린 스케치를 선택한다.

❷ 두께 옵션(Thickness Options) : 두께를 줄 방향을 지정한다. 대칭(Symmetric)은 양방향, 한 방향(One Direction)은 한쪽 방향을 말한다.

❸ 깊이 옵션(Depth Options) : 다음 면까지(To Next)는 리브의 두께만 정의하고 깊이(Depth)는 리브의 두께와 깊이를 정의한다.

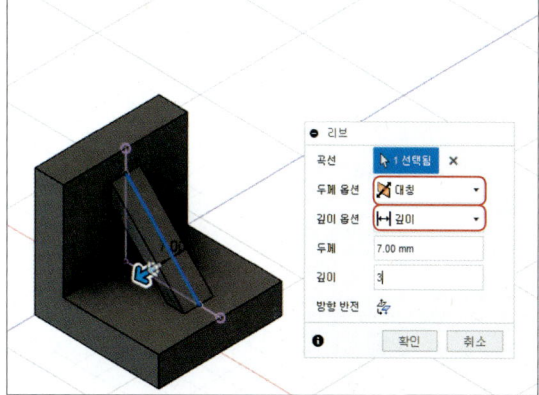

❹ 방향 반전(Flip Direction) : 방향을 반전시킨다.

기능 익히기 ▶ 리브 객체 만들기

01 [파일(File)]-[열기...(Open)]-[내 컴퓨터에서 열기...(Open from my computer...)]를 클릭하여 아래 예제 파일을 연다.

- 예제 파일 : PART3₩1장₩Rib.f3d

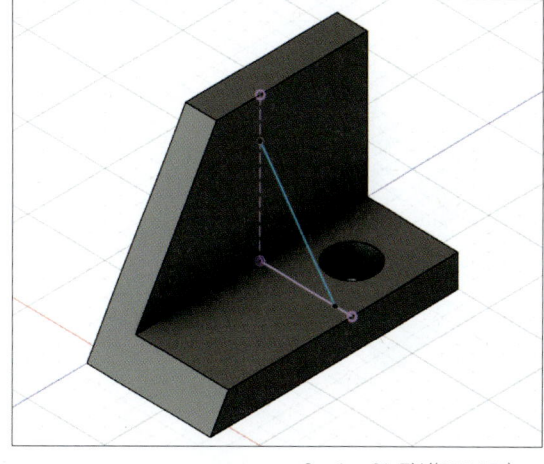

02 [작성(CREATE)]-[리브(Rib)]를 클릭한다. 곡선(Curve)으로 스케치선을 선택, 두께 옵션(Thickness Options)은 대칭(Symmetric), 깊이 옵션(Depth Options)은 다음 면까지(To Next), 두께(Thickness)는 10을 입력, 방향 반전(Flip Direction)을 클릭하여 방향을 바꾼 후 [확인(OK)] 버튼을 누른다.

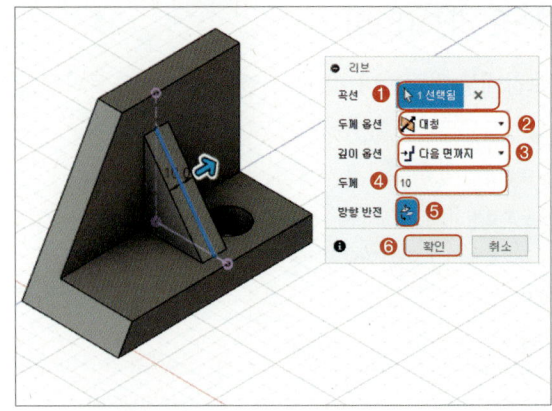

1-10 웹(Web)

여러 개의 열린 스케치를 선택하여 두께를 지정하여 망 형태의 보강대를 작성한다.

❶ 곡선(Curve) : 열린 스케치를 선택한다.

❷ 두께 옵션(Thickness Options) : 두께를 줄 방향을 지정한다. 대칭(Symmetric)은 양방향, 한 방향(One Direction)은 한방향을 말한다.

❸ 깊이 옵션(Depth Options) : 다음 면까지(To Next)는 보강 리브의 두께만 정의하고 깊이(Depth)는 리브의 두께와 깊이를 정의한다.

❹ 두께(Thickness) : 두께 값을 입력한다.

❺ 방향 반전(Flip Direction) : 방향을 반전시킨다.

❻ 곡선 연장(Extend Curves) : 체크하면 스케치선을 연장하여 적용하고, 해제하면 현재 스케치선의 길이에 맞게 Web 이 생성된다.

▲ 곡선 연장(Extend Curves) 체크 시

▲ 곡선 연장(Extend Curves) 해제 시

기능 익히기 ▶ 망 객체 만들기

01 [파일(File)]-[열기...(Open)]-[내 컴퓨터에서 열기...(Open from my computer...)]를 클릭하여 아래 예제 파일을 연다.

■ 예제 파일 : PART3₩1장₩Web.f3d

02 회전(Orbit) 아이콘( )를 클릭하여 뷰 방향을 밑면도(BOTTOM)가 보이도록 조정하고 그리드도 보이지 않게 배치 그리드(Layout Grid)를 체크 해제한다.

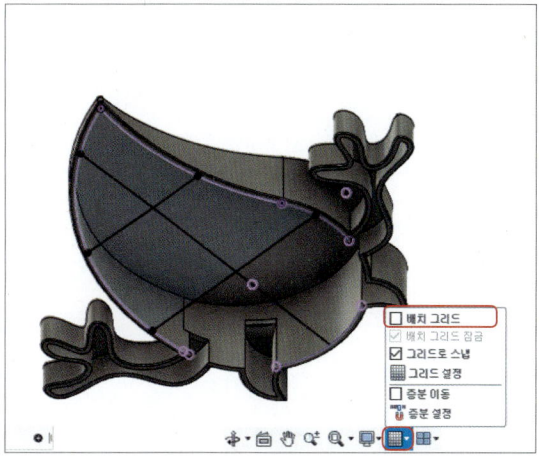

03 [작성(CREATE)]-[웹(Web)]을 클릭한다. 곡선(Curve)으로 스케치선을 선택, 두께 옵션(Thickness Options)은 대칭(Symmetric), 깊이 옵션(Depth Options)은 다음 면까지(To Next), 두께(Thickness)는 2를 입력, 방향 반전(Flip Direction) 을 클릭하여 방향을 바꾼 후 [확인(OK)] 버튼을 누른다.

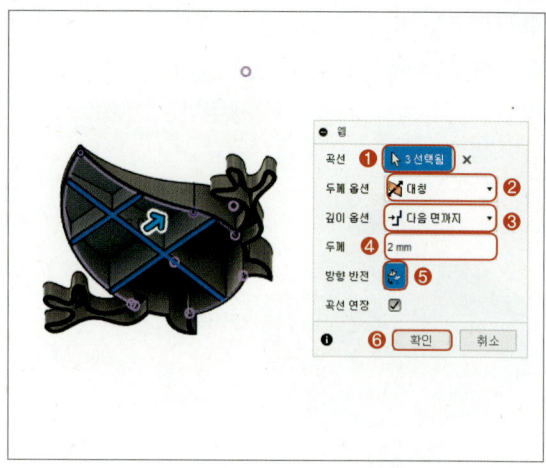

1-11 엠보싱(Emboss)

스케치 형상을 지정한 곡면 또는 복합 면에 투영하여 면의 곡률 및 각도에 맞춰 양각 또는 음각으로 돌출한다. 정확한 개념으로 면을 펼친 상태로 양각 또는 음각을 표현한 후 다시 원래 면의 형태로 접어주는 개념이다.

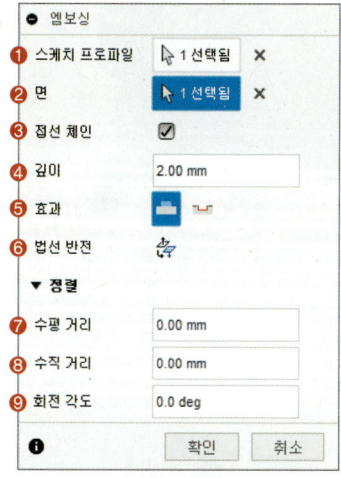

❶ 스케치 프로파일(Sketch Profile) : 양각 또는 음각 처리를 할 스케치를 선택한다. 투영할 스케치는 가능한 바깥에 작성하여야 한다.

❷ 면(Faces) : 양각 또는 음각을 새길 면을 선택한다. 복수의 면을 선택 할 수 있으나 선택된 면은 중간의 끊김 없이 연속적이어야 한다.

❸ 접선 체인(Tangent Chain) : 체크가 되어 있으면 하나의 면을 선택하여도 접하는 모든 면을 선택해 준다.

 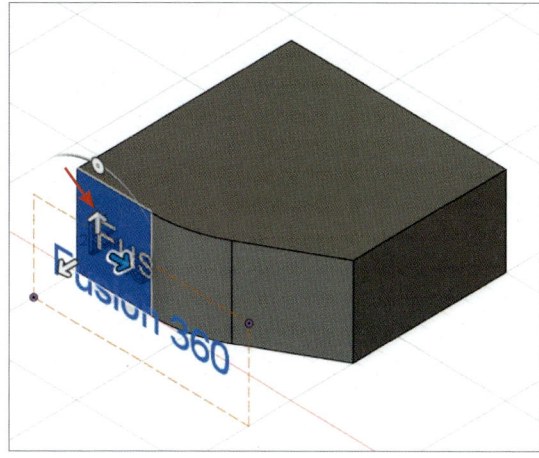

▲ 체크시 　　　　　　　　　　　　　　　▲ 체크 해제시

❹ 깊이(Depth) : 양각 일 때는 돌출 높이를 음각 일 때는 파는 깊이를 입력한다.
❺ 효과(Effect) : 작업을 Emboss(양각)으로 할지 Deboss(음각)으로 할지 선택한다.
❻ 법선 반전(Flip Normal) : 정상면의 반전을 의미하는데 여기서는 회전 각도(Rotation Angle)의 회전 방향의 반전이 된다. 선택하지 않으면 반시계 방향 회전을 하고 선택하면 시계 방향 회전을 한다.
❼ 수평 거리(Horizontal Distance) : 각인이 되는 형상을 스케치 위치 기준으로 수평 방향 위치를 지정한 거리만큼 이동하여 각인한다.
❽ 수직 거리(Vertical Distance) : 각인이 되는 형상을 스케치 위치 기준으로 수직 방향 위치를 지정한 거리만큼 이동하여 각인한다.
❾ 회전 각도(Rotation Angle) : 각인이 되는 형상을 스케치를 기준으로 지정한 각도만큼 회전 시켜 각인한다. F법선 반전(Flip Normal)으로 회전 방향을 바꿀 수 있다.

기능 익히기 ▶ 문자 각인하기

01 도구막대(Toolbar)의 스케치 작성(Create Sketch)을 클릭하고 작업평면으로 XZ평면을 선택한다.

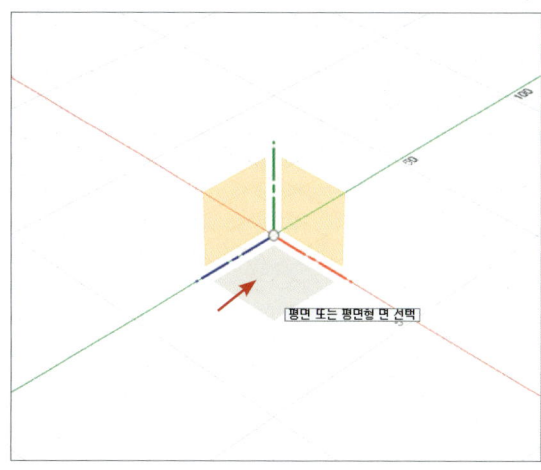

02 [작성(CREATE)]-[원(Circle)]-[중심 지름 원(Center Diameter Circle)]을 클릭하고 원점에서 Y축으로 수직 방향으로 50mm 떨어진 지점에 원의 중심을 놓고 지름(Diameter)이 50mm인 원을 만들고 스케치 마무리(FINISH SKETCH)를 클릭하여 스케치를 마친다.

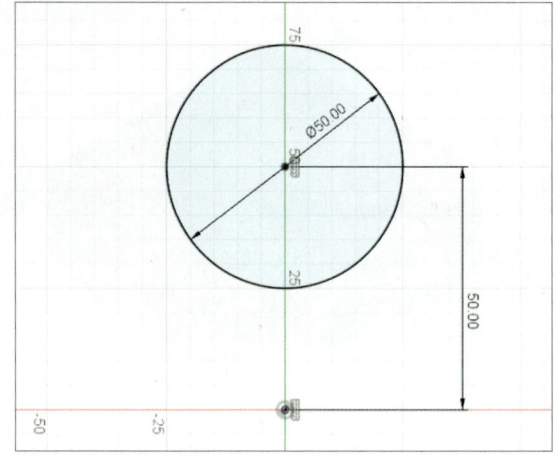

03 [작성(CREATE)]-[돌출(Extrude)]을 클릭하고 프로파일(Profile)로 원의 단면을 선택하고 거리(Distance)를 50mm로 입력하고 [확인(OK)] 버튼을 클릭한다.

04 도구막대(Toolbar)바의 스케치 작성(Create Sketch)을 클릭하고 작업평면으로 XY평면을 선택한다.

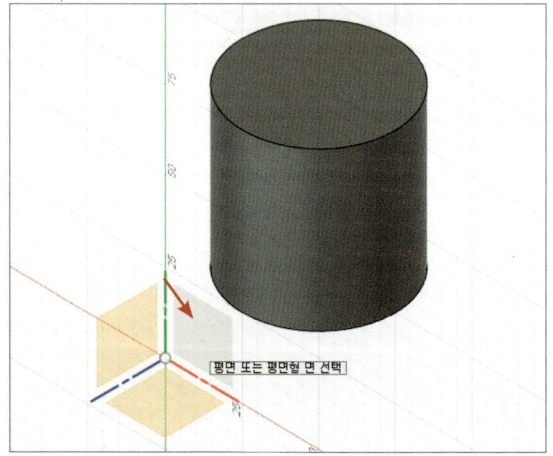

05 [작성(CREATE)]–[A 문자(Text)]를 클릭하고 문자 작성 영역으로 원기둥의 좌측하단과 우측상단을 지정한다. 문자(Text)에 "Fusion 360"이라 입력하고 높이(Height)는 6mm, 정렬(Alignment)은 중심에 정렬(Center)과 중간 정렬(Middle)을 선택하고 [확인(OK)] 버튼을 클릭하고 ✅ 스케치 마무리(FINISH SKETCH)를 클릭하여 스케치를 마친다.

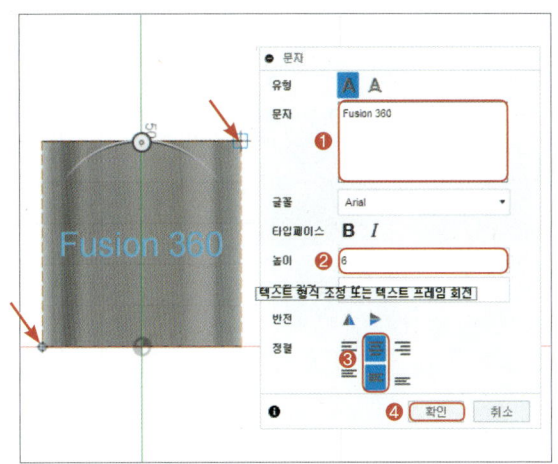

06 뷰큐브의 🏠을 클릭하여 등각뷰로 전환하고 [작성(CREATE)]–[엠보싱(Emboss)]을 클릭하고 스케치 프로파일(Sketch Profile)로 작성한 문자를, 면(Faces)으로 원기둥의 곡면을 선택한다.

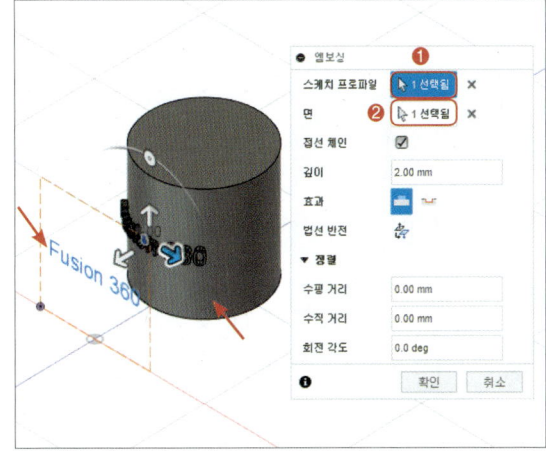

07 화면을 확대하여 각인된 글자를 잘 보이게 한 후 깊이(Depth)와 효과(Effect)값을 변경하며 변화를 관찰한다.

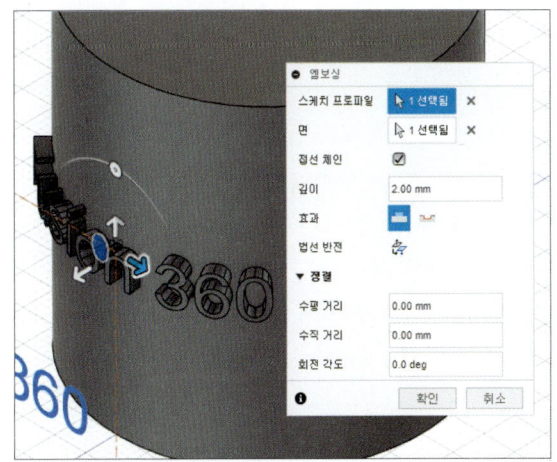
▲ 효과(Effect) : 엠보싱(Emboss)

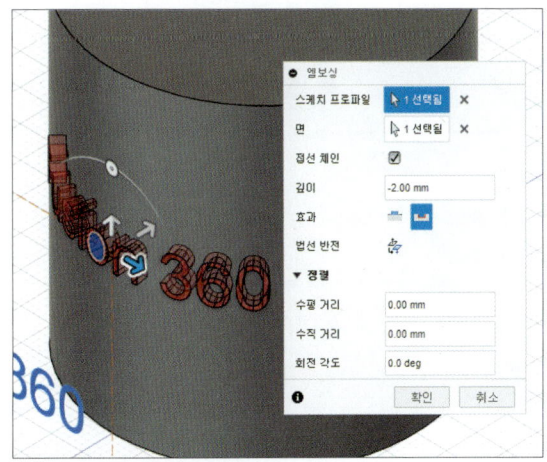
▲ 효과(Effect) : 데보스(Deboss)

08 회전 각도(Rotation Angle)에 30을 입력하고 문자 각도 변화를 확인하고 법선 반전(Flip Normal)을 클릭하여 각도 방향 변화를 확인 한 후 확인한 후 [확인(OK)] 버튼을 클릭한다.

▲ 회전 각도(Rotation Angle) : 30

▲  법선 반전(Flip Normal)

1-12 구멍(Hole)

구멍을 뚫을 면을 선택하고 구멍의 위치와 크기, 종류를 지정하여 구멍을 작성한다.

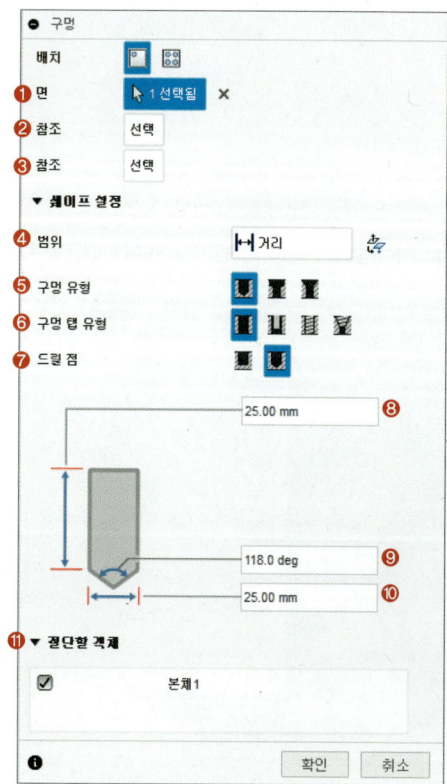

❶ 배치(Placement) : 구멍이 하나인지 여러 개인지 선택한다. 점에서(단일 구멍)[At Point(Single Hole)]는 1개의 구멍, 스케치에서(다중 구멍)[From Sketch(Multiple Hole)]는 스케치를 선택하여 여러 개의 구멍을 만든다.

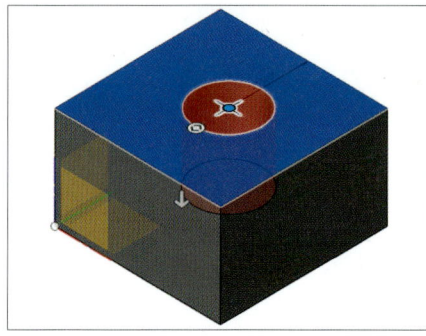
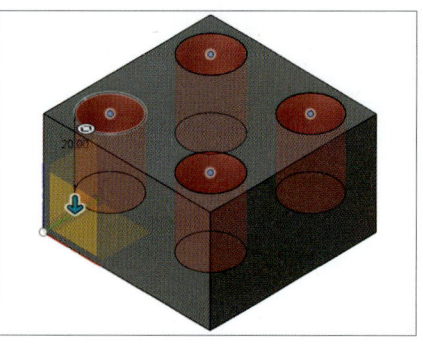

▲ 점에서(단일 구멍)[At Point(Single Hole)]) 경우   ▲ 스케치에서(다중 구멍)[From Sketch(Multiple Hole)] 경우

❷ 면(Face) : 구멍이 생길 면을 선택한다.

❸ 참조(References) : 정확히 구멍이 자리할 위치를 기준 모서리에서 측정하여 구멍의 위치를 조정한다.

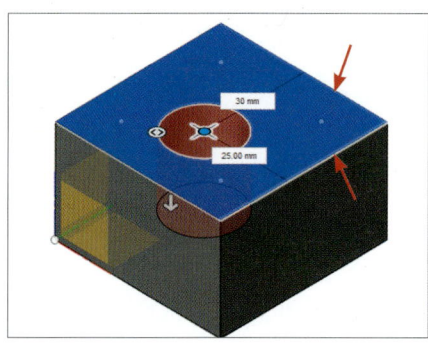

❹ 범위(Extents) : 구멍의 깊이 지정 방법을 설정한다. 거리(Distance)는 깊이를 숫자로 지정, 끝(To)은 선택한 면이나 점의 깊이까지, 모두(All)는 전체 관통을 말한다. 거리(Distance)와 모두(All)는 방향 반전(Flip Direction)이 있으며 구멍의 진행 방향을 바꿀수 있다. 끝(To)뒤에는 체인 면(Chain Faces)이 있으며 클릭하면 연속되는 복수의 면을 선택이 가능하다.

❺ 구멍 유형(Hole Type) : 구멍의 종류를 설정한다.

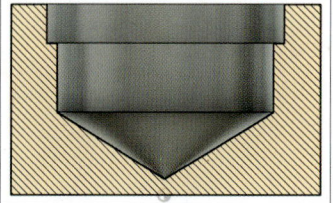
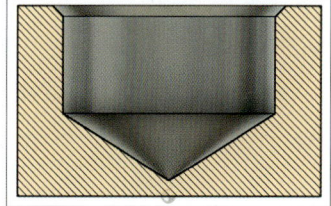

▲ 단순(Simple)　　　　▲ 카운터보어(Counterbore)　　　　▲ 카운터싱크(Countersink)

❻ 구멍 탭 유형(Hole Tap Type) : 나사 구멍의 종류를 설정한다.

- 단순(Simple) : 나사 구멍이 아닌 일반 구멍을 지정한다.
- 틈새(Clearance) : 나사가 나 있는 구멍이 아닌 수나사가 통과하는 여유를 가진 구멍을 지정한다. 기본 구멍의 직경은 사용되는 나사에 따라 자동으로 규격에 맞춰 생성된다.
- 탭(Tapped) : 평행 나사가 있는 구멍을 지정한다. 나사의 형태를 직접 모델링 해주지는 않고 구멍 표면에 나사가 있는 것처럼 이미지를 입혀준다.

- 테이퍼 탭(Taper Tapped) : 테이퍼 나사가 있는 구멍을 지정한다. 나사의 형태를 직접 모델링 해주지는 않고 구멍 표면에 나사가 있는 것처럼 이미지를 입혀준다.
- 틈새(Clearance), 탭(Tapped), 테이퍼 탭(Taper Tapped)을 선택하면 나사의 규격을 설정할 수 있는 설정 창이 추가된다.

▲ 단순(Simple), 틈새(Clearance)　　▲ 탭(Tapped)　　▲ 테이퍼 탭(Taper Tapped)

❼ 드릴 점(Drill Point) : 관통 구멍이 아닌 경우 구멍 끝단의 드릴 형상을 지정한다. 플랫(Flat)의 경우 드릴의 끝을 평평하게 표현한다. 각도(Angle)의 경우 드릴의 끝을 원뿔 형태로 표현한다.

 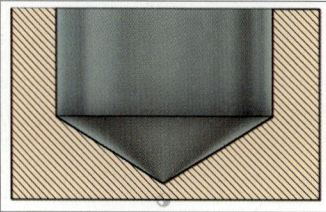

▲ 플랫(Flat)　　▲ 각도(Angle)

❽ 깊이(Depth) : 깊이를 입력한다.

❾ 날끝각(Tip Angle) : 구멍을 관통이 아닌 일정 깊이만 뚫은 경우 구멍 끝단 원뿔 모양의 각도를 지정한다. 기본값으로 일반적인 드릴의 날끝각인 118°가 입력되어 있다. 구멍을 관통으로 뚫거나 드릴 점(Drill Point)이 플랫(Flat)인 경우 표시되지 않는다.

❿ 지름(Diameter) : 지름을 입력한다.

⓫ 절단할 객체(Object To Cut) : 구멍의 경로상에 여러 개의 요소가 중첩된 경우 구멍 적용 객체를 선택할 수 있다.

기능 익히기 ▶ 구멍 만들기

01 [파일(File)]-[열기...(Open)]-[내 컴퓨터에서 열기...(Open from my computer...)]를 클릭하여 아래 예제 파일을 연다.

- 예제 파일 : PART3₩1장₩Hole.f3d

02 마우스를 앞면에 대고 우클릭하여 퀵메뉴에서 스케치 작성(Create Sketch)을 클릭한다.

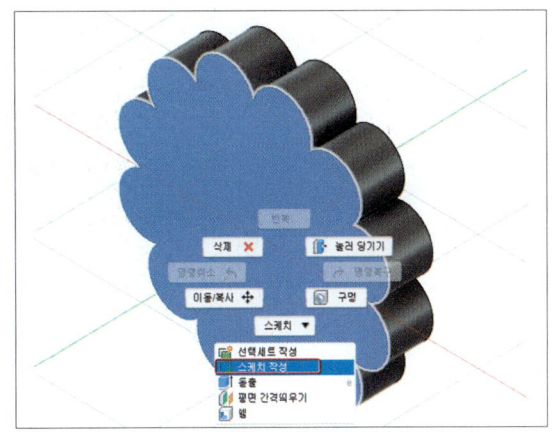

03 [작성(CREATE)]-[점(Point)]을 클릭하고 중심점 스냅을 이용해 조그만 원의 중심에 점을 작성한다.

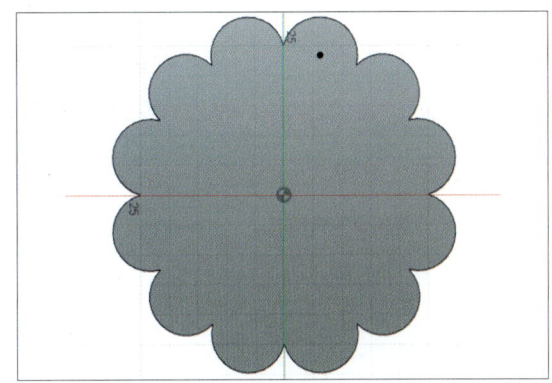

04 [작성(CREATE)]-[원형 패턴(Circular Pattern)]을 클릭한다. 객체(Object)로 점을 선택, 중심점(Center Point)은 원점을 선택, 각도 간격(Angular Spacing)은 전체(Full), 수량(Quantity)은 12로 입력 후 [확인(OK)] 버튼을 누른다. 스케치 마무리(FINISH SKETCH)를 클릭하여 스케치를 종료한다.

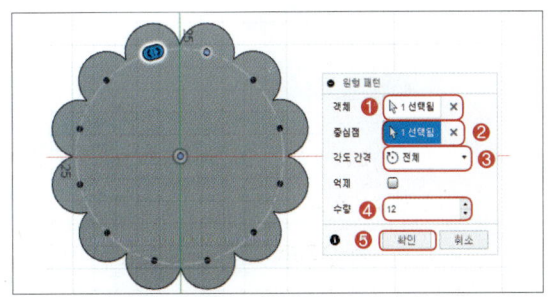

05 뷰큐브의 Home 아이콘( )을 클릭하여 뷰를 전환하고 [작성(CREATE)]-[구멍(Hole)]을 클릭한다. 배치(Placement)는 스케치에서(다중 구멍)[From Sketch(Multiple Hole)], 스케치 점(Sketch Points)의 선택(Select)을 클릭하여 점을 선택, 구멍 유형(Hole Type)은 단순(Simple), 깊이(Depth)와 거리(Diameter)는 5로 입력 후 [확인(OK)] 버튼을 누른다.

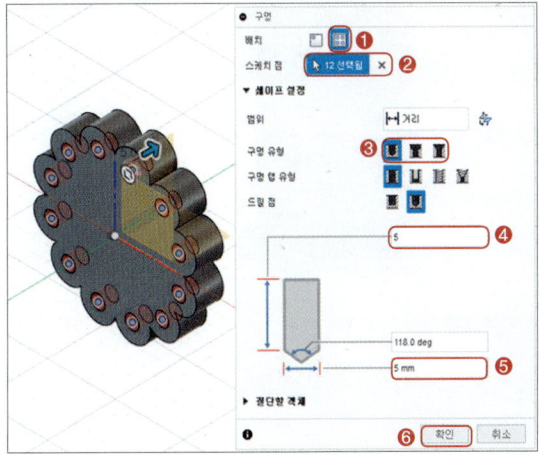

1-13 스레드(Thread)

원통면에 나사산(Thread)을 생성한다.

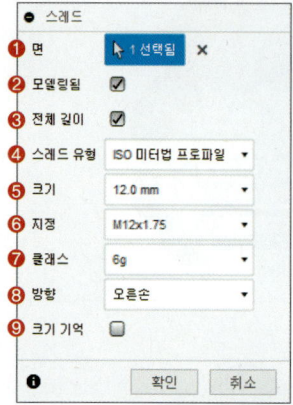

❶ 면(Faces) : 형상을 만들 원통면을 선택한다.

❷ 모델링됨(Modeled) : 체크하면 나사산이 모델링되고 체크 해제하면 나사텍스쳐(이미지)만 보인다.

▲ 체크 상태

▲ 체크 해제 상태

❸ 전체 길이(Full Length) : 체크하면 전체에 스레드가 적용, 체크 해제하면 작성할 범위를 지정할 수 있다. 체크 해제 했을 때 간격띄우기(Offset)는 떨어진 거리, 길이(Length)는 스레드 적용 길이를 말한다.

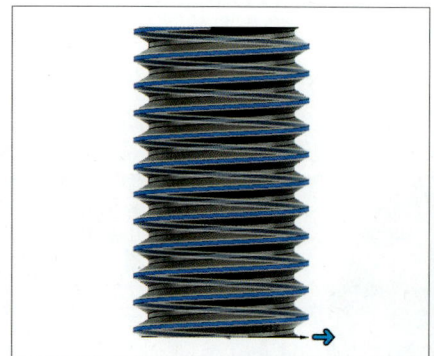

▲ 체크 상태

▲ 체크 해제 상태

❹ 스레드 유형(Thread Type) : 스레드 종류를 설정한다.
❺ 크기(Size) : 스레드 직경을 입력한다.
❻ 지정(Designation) : 스레드 호칭, 피치를 설정한다.
❼ 클래스(Class) : 스레드 정밀도 등급을 설정한다.
❽ 방향(Direction) : 감는 방향을 설정한다. 오른쪽 방향, 왼쪽 방향 중에서 선택한다.
❾ 크기 기억(Remember Size) : 다시 스레드 명령을 실행했을 때 방금 설정한 조건대로 실행할 경우에 체크한다.

기능 익히기 ▶ 스레드 만들기

01 [파일(File)]-[열기...(Open)]-[내 컴퓨터에서 열기...(Open from my computer...)]를 클릭하여 아래 예제 파일을 연다.

- 예제 파일 : PART3₩1장₩Thread.f3d

02 [작성(CREATE)]-[🟰 스레드(Thread)]를 선택하고 원통의 윗부분을 클릭한다. 모델링됨(Modeled) 체크, 전체 길이(Full Length)는 체크 해제하여 간격띄우기(Offset)는 3, 길이(Length)는 10, 스레드 유형(Thread Type)은 ISO 미터법 프로파일, 크기(Size)는 30, 지정(Designation)은 M30x3, 방향(Direction)은 오른손(Right hand), 크기 기억(Remember Size)에 체크 후 [확인(OK)] 버튼을 누른다.

1-14 상자(BOX)

육면체를 작성한다. 작성할 작업평면을 선택하고 두 점과 높이를 주어 상자를 작성한다.

❶ 배치(Placement) : 배치할 평면을 지정한다.
❷ 길이(Length) : 길이를 입력한다.
❸ 폭(Width) : 폭을 입력한다.
❹ 높이(Height) : 높이를 입력한다.
❺ 생성(Operation) : 작업 유형을 지정한다. 접합(Join)은 합집합, 잘라내기(Cut)는 차집합, 교차(Intersect)는 교집합, 새 본체(New Body)는 새로운 본체로 생성하고, 새 구성요소(New Component)는 새 구성요소를 만들고 그안에 새 본체(New Body)를 생성한다.

기능 익히기 ▶ 상자 만들기

01 [작성(CREATE)]-[상자(Box)]를 클릭하고 배치할 평면으로 TOP을 선택한다.

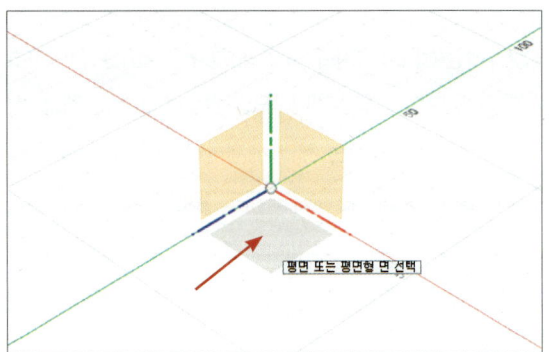

02 첫 번째 지점은 원점을, 다음 지점으로 대각방향의 임의 점을 클릭한다.

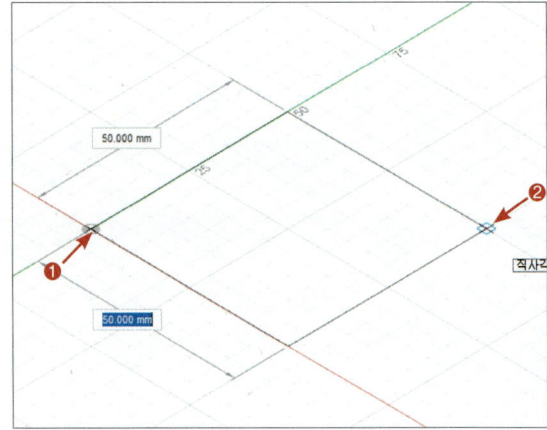

03 길이(Length), 폭(Width), 높이(Height)를 50으로 입력하여 정육면체를 작성하고 [확인(OK)] 버튼을 누른다.

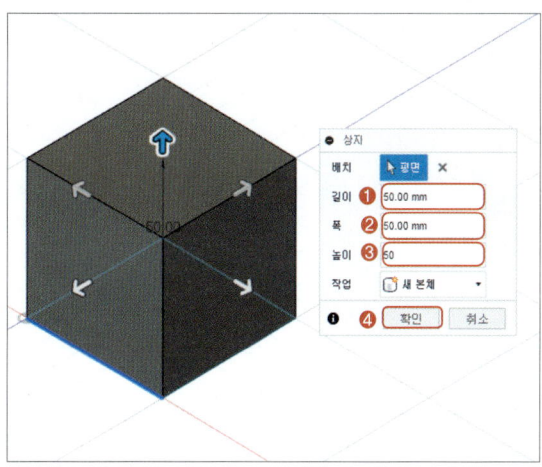

1-15 원통(Cylinder)

원통을 작성한다. 작성할 작업평면을 선택하고 중심점을 지정하고 높이를 주어 원통을 작성한다.

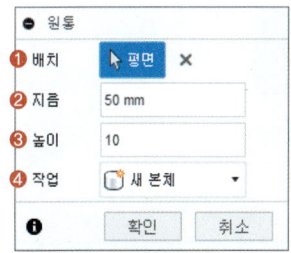

❶ 배치(Placement) : 배치할 평면을 지정한다.
❷ 지름(Diameter) : 지름을 입력한다.
❸ 높이(Height) : 높이를 입력한다.
❹ 생성(Operation) : 작업 유형(합집합, 차집합, 교집합, 새 본체(New Body), 새 구성요소(New Component)을 지정한다.

기능 익히기 ▶ 원통 만들기

01 [작성(CREATE)]-[원통(Cylinder)]을 클릭하고 배치할 평면으로 TOP을 선택한다.

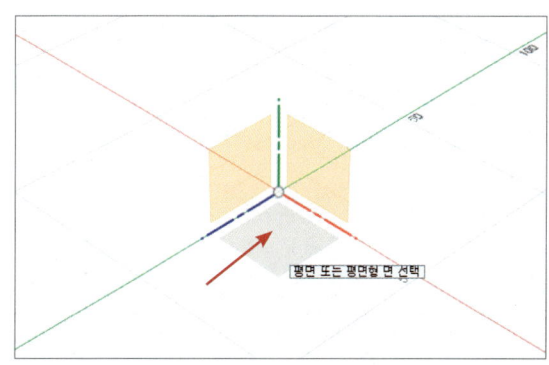

02 첫 번째 지점은 원점을, 다음 지점으로 임의 점을 클릭한다.

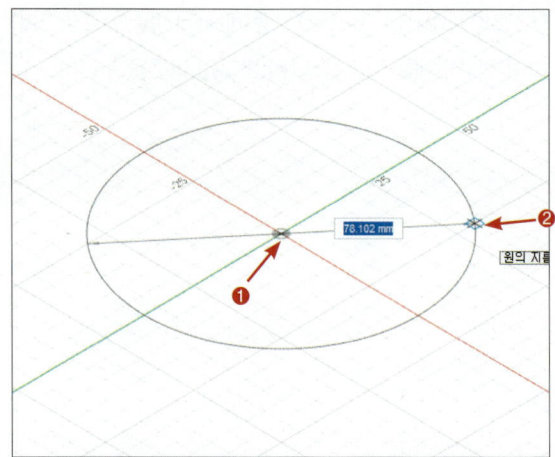

03 지름(Diameter)은 100, 높이(Height)는 50으로 입력하여 원통을 작성하고 [확인(OK)] 버튼을 누른다.

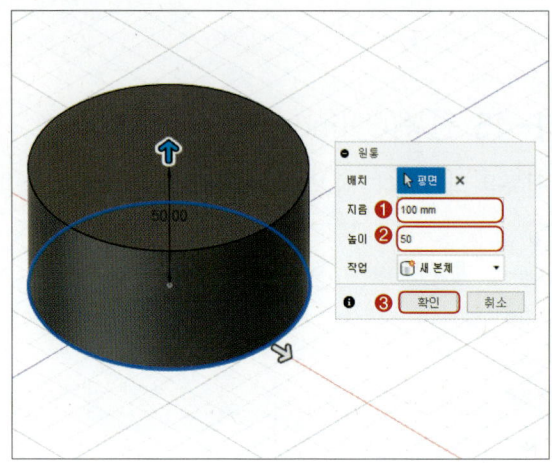

1-16 구(Sphere)

구를 작성한다. 작성할 작업평면을 선택하고 중심점 지정 후 지름을 입력하여 구를 작성한다.

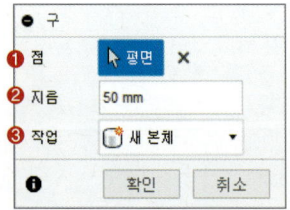

❶ 점(Point) : 구의 중심을 지정한다.
❷ 지름(Diameter) : 지름을 입력한다.
❸ 생성(Operation) : 작업 유형(합집합, 차집합, 교집합, 새 본체(New Body), 새 구성요소(New Component))을 지정한다.

> 기능 익히기 ▶ 구 만들기

01 [작성(CREATE)]-[●구(Sphere)]를 클릭하고 배치할 평면으로 TOP을 선택한다.

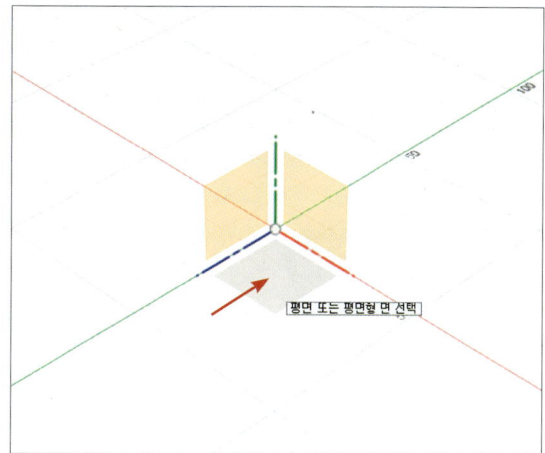

02 구의 중심을 원점으로 클릭하고 지정한다. 지름(Diameter)을 50으로 입력하고 [확인(OK)] 버튼을 누른다.

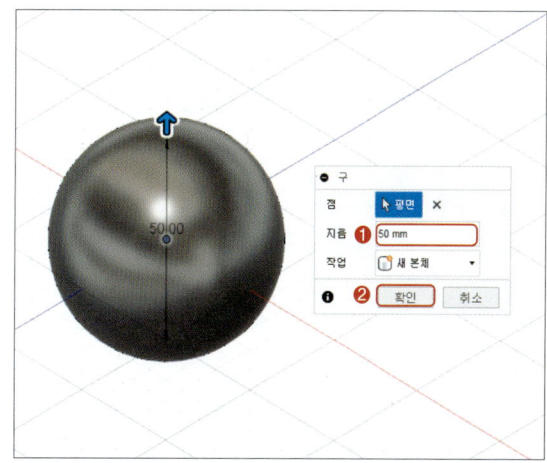

1-17 원환(Torus)

도넛 형상을 작성한다. 작성할 작업평면을 선택하고 전체 지름과 단면의 지름을 입력하여 도넛 형상을 작성한다.

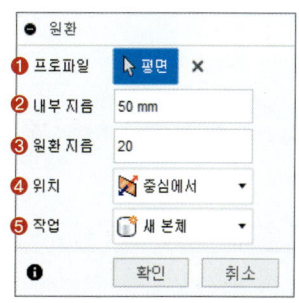

❶ 프로파일(Profile) : 토러스 형상의 기준이 될 평면과 원을 지정한다.
❷ 내부 지름(Inner Diameter) : 지름을 입력한다.
❸ 원환 지름(Torus Diameter) : 단면의 지름을 입력한다.
❹ 위치(Position) : 단면 지름의 경로를 설정한다.

▲ 내부(Inside) ▲ 중심에서(On Center) ▲ 외부(Outside)

❺ 생성(Operation) : 작업 유형(합집합, 차집합, 교집합, 새 본체(New Body), 새 구성요소(New Component)를 지정한다.

기능 익히기 ▶ 토러스 만들기

01 [작성(CREATE)]─[원환(Torus)]을 클릭하고 배치할 평면으로 TOP을 선택한다.

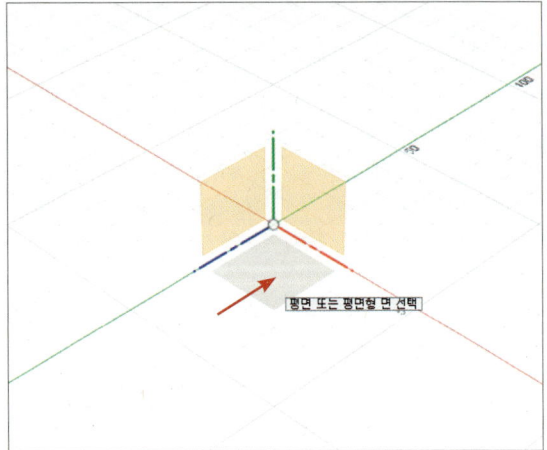

02 첫 번째 지점은 원점을, 다음 지점으로 임의 점을 클릭한다.

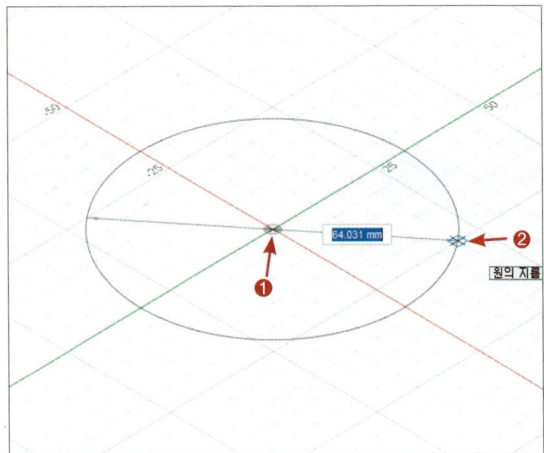

03 내부 지름(Inner Diameter)을 50, 원환 지름(Torus Diameter)을 10, 위치(Position)를 중심에서(On Center)로 설정하고 [확인(OK)] 버튼을 누른다.

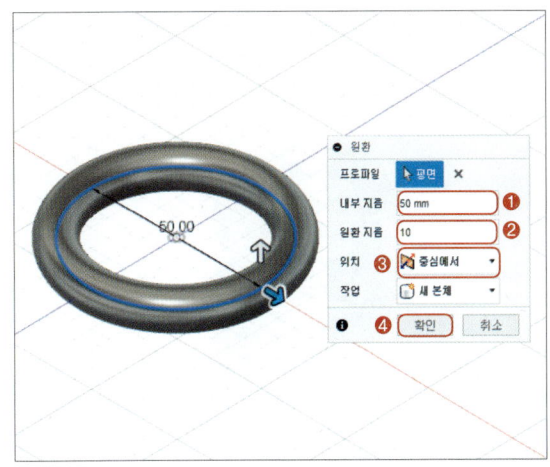

1-18 코일(Coil)

코일 형상을 작성한다. 작성할 작업평면을 선택하고 중심점과 지름, 높이, 회전수를 지정하여 작성한다.

❶ 프로파일(Profile) : 코일 형상의 기준이 될 평면과 원을 지정한다.

❷ 유형(Type) : 코일 형상의 작성 방법을 지정한다.

- ●회전 및 높이
- 회전 및 피치
- 높이 및 피치
- 나선형

- 회전 및 높이(Revolution and Height) : 회전수(감는 횟수)와 전체 높이를 지정하여 코일을 작성한다.
- 회전 및 피치(Revolution and Pitch) : 회전수와 피치간격을 지정하여 코일을 작성한다.
- 높이 및 피치(Height and Pitch) : 전체 높이와 피치간격을 지정하여 코일을 작성한다.

- 나선형(Spiral) : 평면 피치간격을 지정하여 나선모양을 작성한다.

▲ 회전(Revolution) 3, 높이(Height) 60인 경우

▲ 회전(Revolution) 2, 피치(Pitch) 30인 경우

▲ 높이(Height) 90, 피치(Pitch) 30인 경우

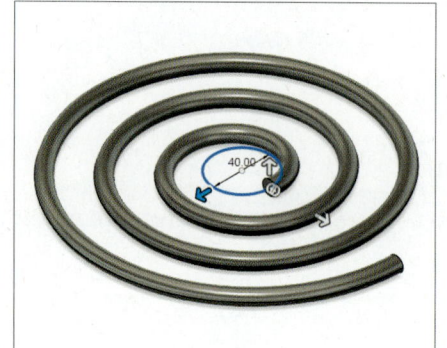
▲ 나선형(Spiral), 회전(Revolution) 3, 피치(Pitch) 30인 경우

❸ 회전(Rotation) : 감는 방향을 지정한다.
❹ 지름(Diameter) : 기준 원의 지름을 입력한다.
❺ 회전(Revolutions) : 회전수를 입력한다.
❻ 높이(Height) : 전체 높이를 입력한다.
❼ 각도(Angle) : 경사 각도를 입력한다..
❽ 단면(Section) : 단면 형상을 지정한다.

▲ ● 원형(Circular)

▲ ■ 사각형(Square)

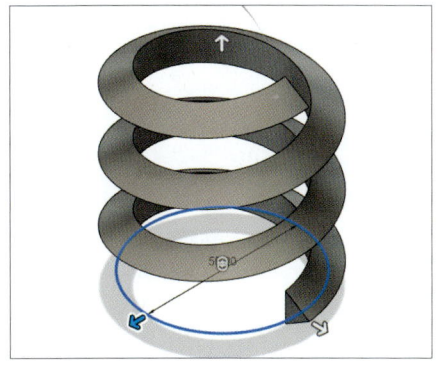 

▲ ▶ 삼각형(외부)[Triangluar(External)]   ▲ ◀ 삼각형(내부)[Triangluar(Internal)]

❾ 단면 위치(Section Position) : 단면 배치 위치를 지정한다.

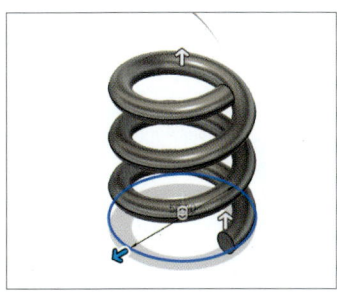  

▲ 내부(Inside)   ▲ 중심에서(On Center)   ▲ 외부(Outside)

❿ 단면 크기(Section Size) : 단면의 크기를 입력한다.

⓫ 생성(Operation) : 작업 유형(합집합, 차집합, 교집합, 새 본체(New Body), 새 구성요소(New Component))를 지정한다.

기능 익히기 ▶ 코일 만들기

01 [작성(CREATE)]–[코일(Coil)]을 선택하고 배치할 평면으로 평면도(TOP)를 선택한다.

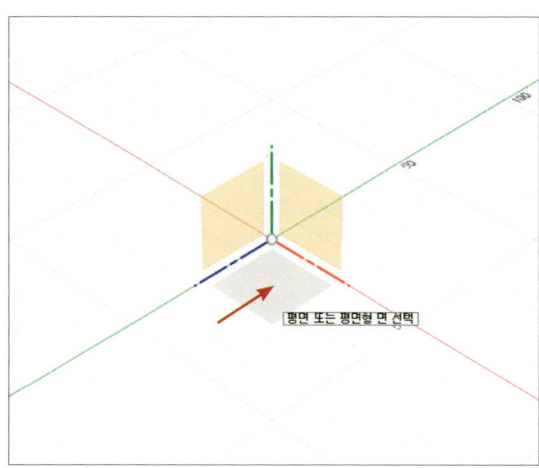

02 첫 번째 지점은 원점을, 다음 지점으로 임의 점을 클릭한다.

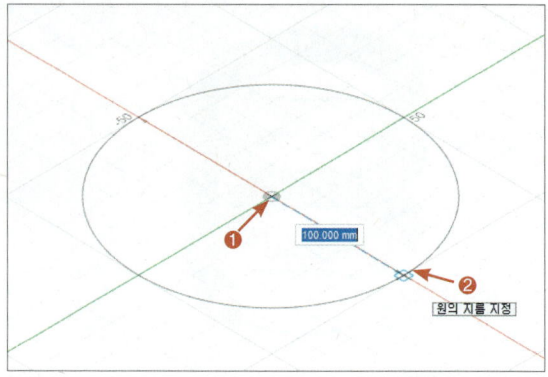

03 지름(Diameter)을 70, 회전(Revolutions)은 4, 높이(Height)는 90, 단면 크기(Section Size)는 10, 그 외는 기본값으로 하고 [확인(OK)] 버튼을 누른다.

1-19 파이프(Pipe)

임의의 경로를 따라 파이프 형상을 작성한다. 경로에 사용할 스케치를 선택하고 단면 형상과 크기를 정의하여 파이프 형상을 작성한다.

186 ■ Part 3_설계(Design)

❶ 경로(Path) : 경로가 되는 스케치를 선택한다.

❷ 체인 선택(Chain Selection) : 체크하면 연결된 모든 선이 선택되고 체크 해제하면 클릭한 선만 선택된다.

❸ 거리(Distance) : 파이프 형상의 길이를 입력한다. 스케치 길이를 기준으로 0부터 1사이에서 지정한다.

❹ 단면(Section) : 단면 형상을 지정한다. ● 원형(Circular),, ■ 사각형(Square),, ▶ 삼각형(Triangular)를 지정할 수 있다.

❺ 단면 크기(Section Size) : 단면의 크기를 입력한다.

❻ 단면 두께(Section Thickness) : 속이 빈(Hollow)을 체크할 때만 보이며 두께를 지정한다.

❼ 속이 빈(Hollow) : 체크하면 내부에 공간을 만들어 준다.

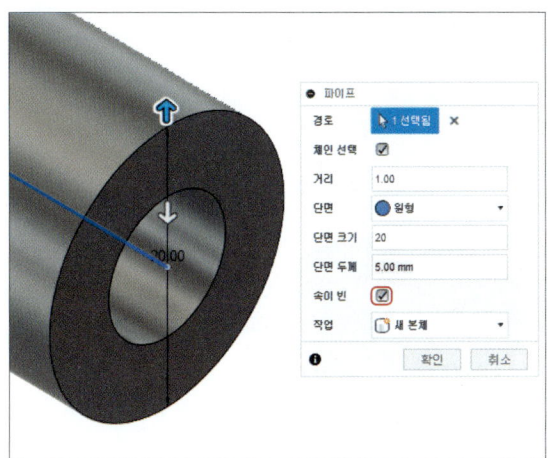

❽ 생성(Operation) : 작업 유형(합집합, 차집합, 교집합, 새 본체(New Body), 새 구성요소(New Component)을 지정한다.

기능 익히기 ▶ 파이프 만들기

01 [파일(File)]-[열기...(Open)]-[내 컴퓨터에서 열기...(Open from my computer...)]를 클릭하여 아래 예제 파일을 연다.

- 예제 파일 : PART3₩1장₩Pipe.f3d

02 [작성(CREATE)]-[파이프(Pipe)]를 선택하고 가운데 있는 스플라인을 경로(Path)로 선택한다. 생성(Operation)은 잘라내기(Cut)로 설정하고 [확인(OK)] 버튼을 누른다.

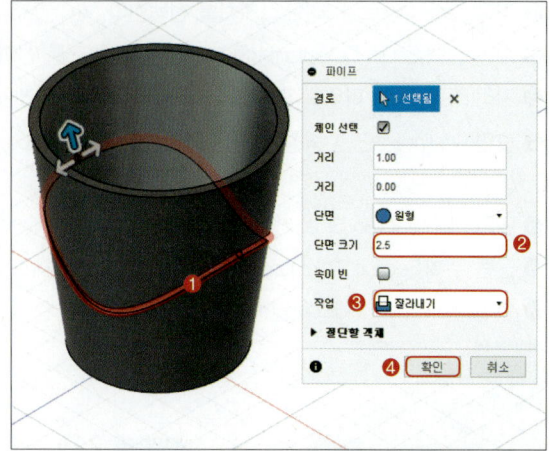

03 마우스 우클릭 퀵메뉴에서 [반복 파이프(Repeat Pipe)]를 클릭하여 반복 실행한다.

04 경로(Path)로 가장 바깥의 원을 선택하고 단면 크기(Section Size)는 6, 생성(Operation)은 접합(Join)으로 설정하고 [확인(OK)] 버튼을 누른다.

1-20 패턴(Pattern)

1) 직사각형 패턴(Rectangular Pattern)

직사각형 배열 복사로 복사하고 싶은 요소를 선택하고 복사할 방향과 간격, 개수를 설정한다.

❶ 유형(Type) : 복사할 요소의 종류를 지정한다. 면(Faces), 본체(Bodies), 피쳐(Feature), 구성 요소(Component)로 나뉘어져 있다.

❷ 객체(Objects) : 복사할 요소를 선택한다.

❸ 방향(Directions) : 복사할 방향을 지정한다.

❹ 거리 유형(Distance Type) : 배열 유형을 설정한다. 범위(Externt)는 지정된 거리까지, 간격(Spacing)은 지정된 거리를 간격 설정값으로 배열한다.

❺ 억제(Suppress) : 체크하면 복사객체의 미리보기에 체크박스가 표시되어 복사가 필요없는 부분은 체크를 해제하여 억제할 수 있다.

❻ 수량(Quantity) : 복사할 수를 입력한다.

❼ 거리(Distance) : 거리를 입력한다.

❽ 방향 유형(Direction Type) : 복사할 방향 유형을 설정한다. 한 방향(One Direction)은 단일 방향, 대칭(Symmetric)은 대칭으로 양방향이다.

기능 익히기 ▶ **직사각형 패턴 만들기**

01 [파일(File)]-[열기...(Open)]-[내 컴퓨터에서 열기...(Open from my computer...)]를 클릭하여 아래 예제 파일을 연다.

- 예제 파일 : PART3₩1장₩Rectangular Pattern.f3d

02 [작성(CREATE)]-[패턴(Pattern)]-[직사각형 패턴(Rectagular Pattern)]을 선택하고 유형(Type)은 본체(Bodies)를 선택하고 객체(Objects)로 바디를 선택한다.

03 방향(Directions)의 선택(Select)을 클릭하여 육면체의 2개 모서리를 선택한 후 2개 거리(Distance)를 50으로 입력하고 [확인(OK)] 버튼을 누른다. 첫 번째 클릭한 방향(Directions)이 위 설정대로, 나중에 클릭한 방향(Directions)이 아래 설정대로 반영된다.

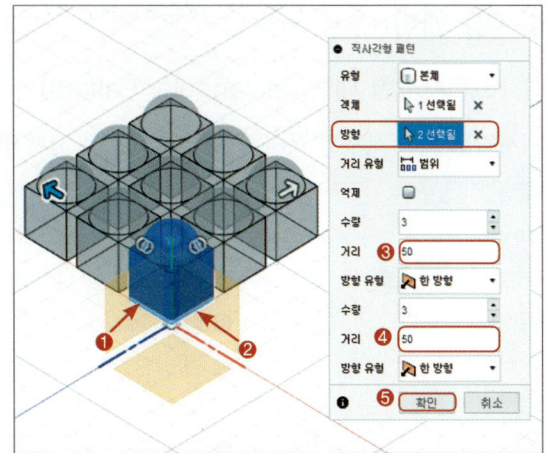

04 타임라인의 직사각형 패턴(Rectagular Pattern)을 선택하고 마우스 우클릭 퀵메뉴에서 피쳐 편집(Edit Feature)을 선택한다.

05 방향 유형(Direction Type)을 모두 대칭(Symmetric)으로 바꾸고 거리(Distance)를 20과 30으로 입력하고 [확인(OK)] 버튼을 누른다.

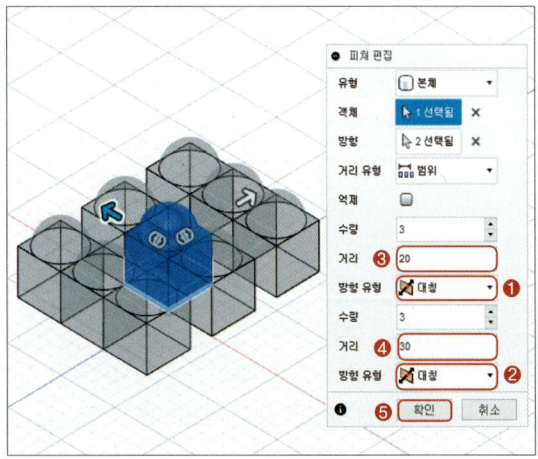

2) 원형 패턴(Circular Pattern)

원형 배열 복사로 복사하고 싶은 요소를 선택하고 회전축, 간격, 개수를 설정한다.

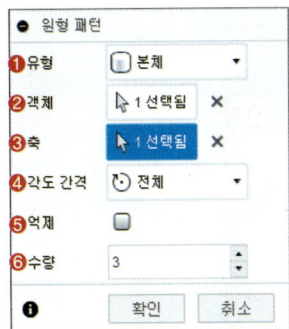

❶ 유형(Type) : 복사할 요소의 종류를 지정한다. 면(Faces), 본체(Bodies), 피쳐(Feature), 구성 요소(Component)로 나뉘어져 있다.

❷ 객체(Objects) : 복사할 요소를 선택한다.

❸ 축(Axis) : 원형 배열 복사할 축을 선택한다.

❹ 각도 간격(Angular Spacing) : 배열 유형을 설정한다. 전체(Full)는 360도 회전, 각도(Angle)는 회전 각도를 입력, 대칭(Symmetric)은 지정한 축을 기준으로 대칭으로 배열한다.

❺ 억제(Suppress) : 체크하면 복사객체의 미리보기에 체크박스가 표시되어 복사가 필요없는 부분은 체크를 해제하여 억제할 수 있다.

❻ 수량(Quantity) : 복사할 수를 입력한다.

기능 익히기 ▶ 원형 패턴 만들기

01 [파일(File)]-[열기...(Open)]-[내 컴퓨터에서 열기...(Open from my computer...)]를 클릭하여 예제 파일을 연다.

- 예제 파일 : PART3₩1장₩Circular Pattern.f3d

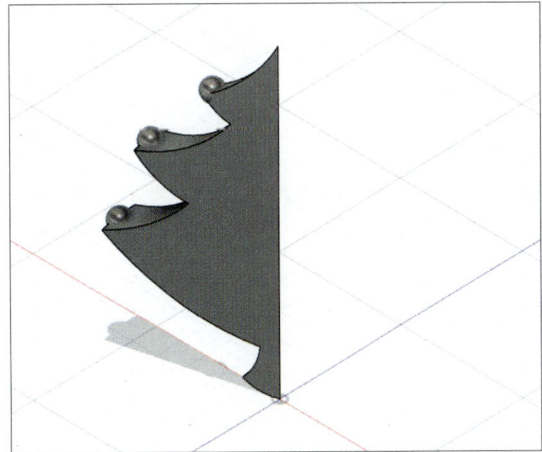

02 [작성(CREATE)]-[패턴(Pattern)]-[원형 패턴(Circular Pattern)]을 선택하고 유형(Type)은 본체(Bodies)를 선택하고 객체(Objects)로 4개 바디를 창 선택으로 선택한다.

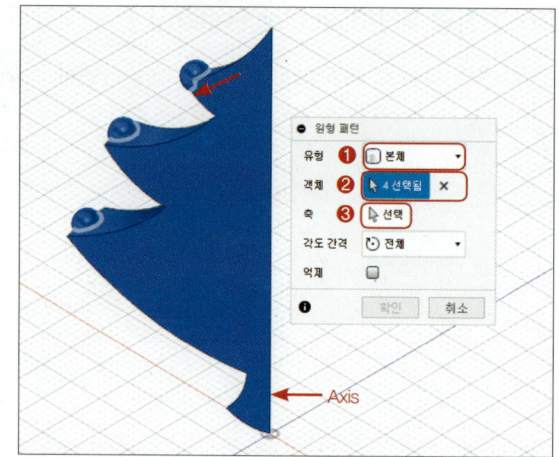

03 축(Axis)의 선택(Select)을 클릭하여 세로 Y축을 선택하고 각도 간격(Angular Spacing)은 전체(Full), 수량(Quantity)은 6으로 입력하고 [확인(OK)] 버튼을 누른다.

3) 경로의 패턴(Pattern on Path)

경로를 따라 배열 복사한다.

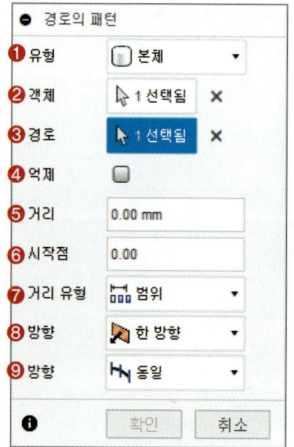

❶ 유형(Type) : 복사할 요소의 종류를 지정한다. ☐ 면(Faces), ☐ 본체(Bodies), ☐ 피쳐(Feature), ☐ 구성 요소(Component)로 나뉘어져 있다.

❷ 객체(Objects) : 복사할 요소를 선택한다.

❸ 경로(Path) : 배열 복사에 사용할 경로(곡선 또는 형상 모서리)를 선택한다.

❹ 억제(Suppress) : 체크하면 복사객체의 미리보기에 체크박스가 표시되어 복사가 필요없는 부분은 체크를 해제하여 억제할 수 있다.

❺ 거리(Distance) : 거리를 입력한다.

❻ 시작점(Start Point) : 곡선을 따라 복사할 시작 위치를 입력한다. 시작 위치를 0, 종료 위치를 1로하여 비율값을 입력한다.

❼ 거리 유형(Distance Type) : 복사 거리 측정 방법을 설정한다. 범위(Extent)는 지정한 수를 전체에 걸쳐 복사하고 간격(Spacing)은 2개 요소간의 거리를 지정하여 배열한다.

❽ 방향(Direction) : 복사할 방향 유형을 설정한다. 한 방향(One Direction)은 단일 방향, 대칭(Symmetric)은 양방향이다.

❾ 방향(Orientation) : 복사 요소와 경로 위치 관계를 선택한다. 동일(Inentical)은 항상 같은 방향을 유지하면서 복사, 경로 방향(Path Direction)은 항상 경로와 직교가 되면서 복사한다.

기능 익히기 ▶ 경로 패턴 만들기

01 [파일(File)]-[열기...(Open)]-[내 컴퓨터에서 열기...(Open from my computer...)]를 클릭하여 아래 예제 파일을 연다.

■ 예제 파일 : PART3₩1장₩Pattern on Path.f3d

02 [작성(CREATE)]-[패턴(Pattern)]-[경로의 패턴(Pattern on Path)]을 클릭한다. 유형(Type)은 본체(Bodies)를 선택하고 객체(Objects)로 1개 바디를 선택한다. 경로(Path)의 선택(Select)을 클릭하고 스플라인을 선택한다.

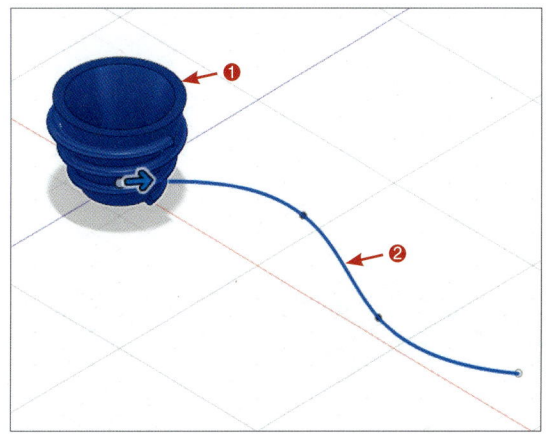

03 거리 유형(Distance Type)은 간격(Spacing), 거리(Distance)는 50, 수량(Quantity)은 3으로 입력하고 [확인(OK)] 버튼을 누른다.

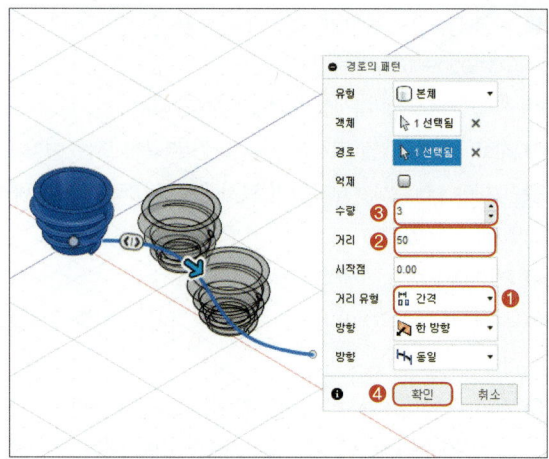

여기서 잠깐

유형(Type)을 피쳐(Feature)로 선택하면 계산 옵션(Compute Option)으로 최적화(Optimazed), 동일(Identical), 조정(Adjust) 3개의 옵션이 보인다.

❶ 최적화(Optimazed) : 최적화된 계산방법으로 계산 시간이 빠르다. 다만, 중첩되는 부분은 계산하지 않아 최적의 결과가 나오지 않을 수 있다.

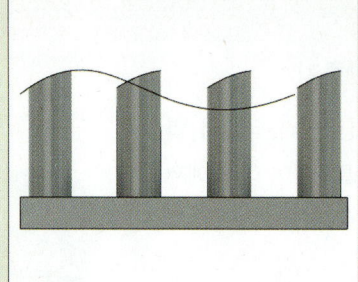

❷ 동일(Identical) : 선택한 피쳐와 완전히 같은 형태로 작성한다. 계산 시간도 짧게 걸린다.

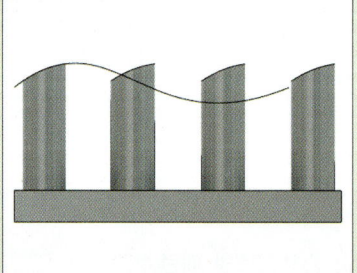

❸ 조정(Adjust) : 주변 형상을 고려해서 계산하여 복사 결과를 보여준다. 다만, 계산시간이 다소 많이 걸린다.

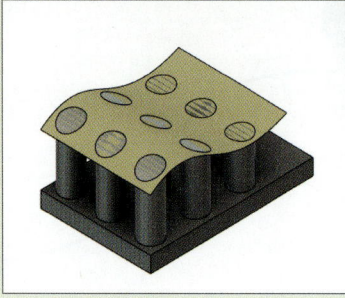
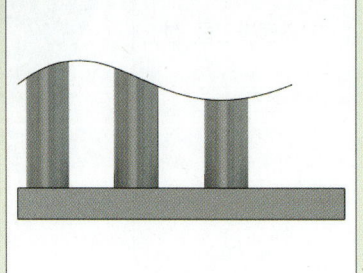

1-21 미러(Mirror)

대칭 복사하고 싶은 요소와 기준이 될 평면을 선택하여 대칭 복사한다.

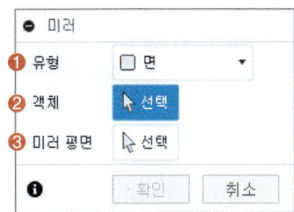

❶ 유형(Type) : 복사할 요소의 종류를 지정한다. 면(Faces), 본체(Bodies), 피쳐(Feature), 구성 요소(Component)로 나뉘어져 있다.
❷ 객체(Objects) : 복사할 요소를 선택한다.
❸ 대칭 평면(Mirror Plane) : 대칭 복사할 기준 면을 선택한다.

기능 익히기 ▶ 대칭 복사하기

01 [파일(File)]-[열기...(Open)]-[내 컴퓨터에서 열기...(Open from my computer...)]를 클릭하여 아래 예제 파일을 연다.

- 예제 파일 : PART3₩1장₩Mirror.f3d

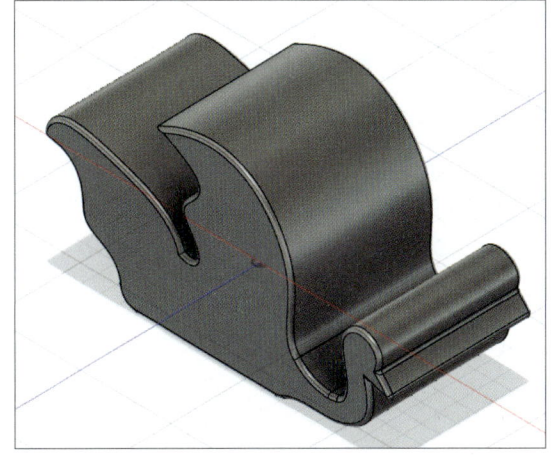

02 [작성(CREATE)]- 미러(Mirror)]를 클릭하고 유형(Type)은 본체(Bodies)를 선택하고 객체(Objects)로 1개 바디를 선택한다. 대칭 평면(Mirror Plane)의 선택(Select)을 클릭하고 XY평면을 선택하고 [확인(OK)] 버튼을 누른다.

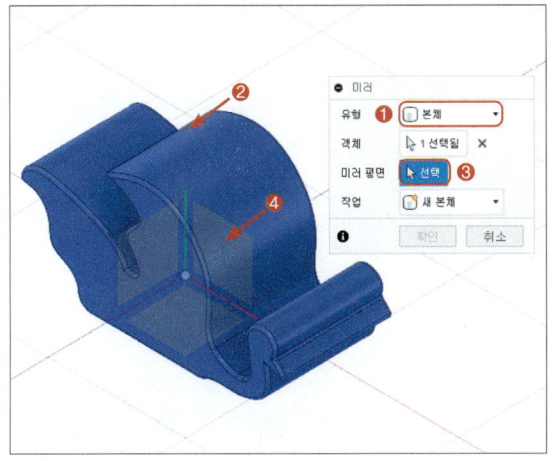
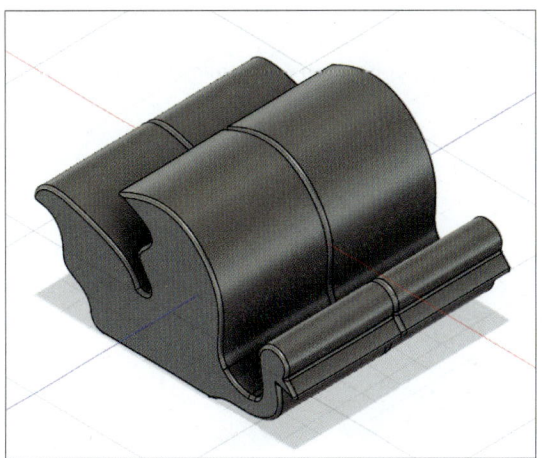

1-22 두껍게 하기(Thicken)

Surface에 두께를 주어 솔리드 형태로 작성한다.

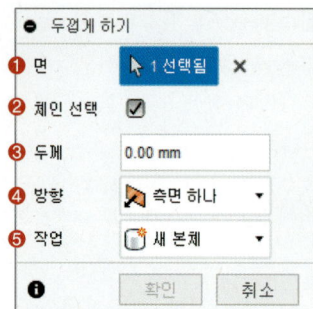

❶ 면(Faces) : 두께를 줄 면을 지정한다.
❷ 체인 선택(Chain Selection) : 체크한 상태로 면을 선택하면 접선으로 접속되어 있는 면이 동시에 선택된다.
❸ 두께(Thickness) : 두께를 입력한다.
❹ 방향(Direction) : 두께를 줄 방향을 지정한다. 측면 하나(One Direction)는 단일 방향. 대칭(Symmetric)은 양방향이다.
❺ 생성(Operation) : 작업 유형(합집합, 차집합, 교집합, 새 본체(New Body), 새 구성요소(New Component))을 지정한다.

기능 익히기 ▶ 면에 두께 주기

01 [파일(File)]-[열기...(Open)]-[내 컴퓨터에서 열기...(Open from my computer...)]를 클릭하여 아래 예제 파일을 연다.

- 예제 파일 : PART3₩1장₩Thicken.f3d

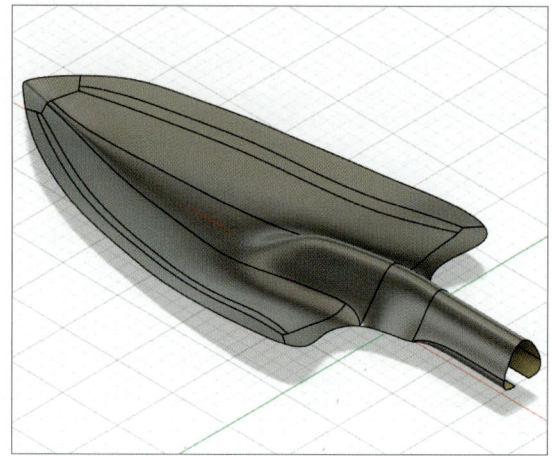

02 [작성(CREATE)]-[두껍게 하기(Thicken)]를 선택하고 면(Faces)으로 삽 부분을 선택한다. 두께(Thickness)는 1, 측면 하나(One Side) 그대로 [확인(OK)] 버튼을 누른다.

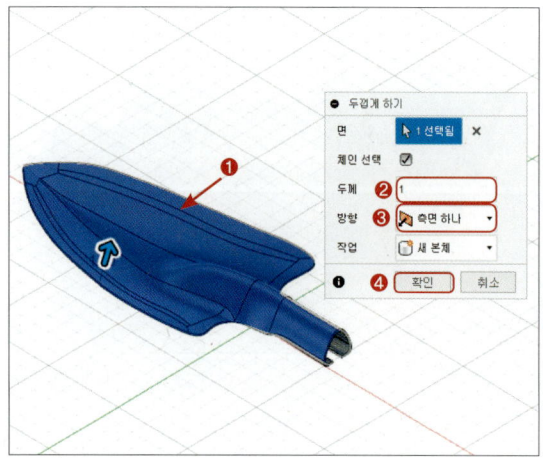
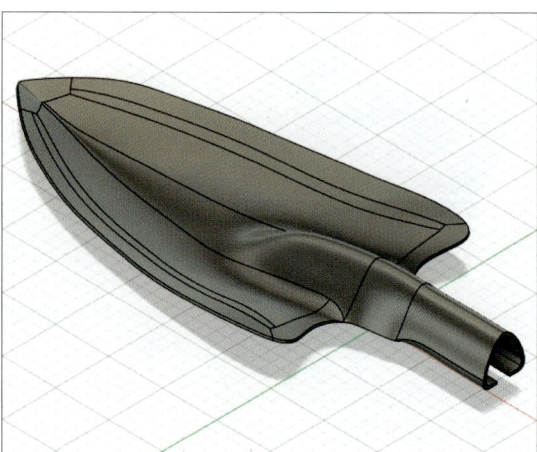

1-23 경계 채우기(Boundary Fill)

경계면을 기준으로 형상을 작성한다. 솔리드 형상으로 만들고 싶은 셀을 선택하여 작성한다.

❶ 도구 선택(Select Tools) : 경계 연산에 사용될 요소들을 선택한다.
❷ 셀 선택(Select Cells) : 경계 연산으로 생성된 요소 중 사용할 요소를 선택한다.
❸ 생성(Operation) : 작업 유형(합집합, 차집합, 교집합, 새 본체(New Body), 새 구성요소(New Component))을 지정한다.
❹ 도구 제거(Remove Tools) : 경계 연산에 사용한 요소의 삭제 여부를 결정한다. 체크시 도구 선택(Select Tools)에서 선택된 요소는 사라지고 결과물만 남는다.

기능 익히기 ▶ 경계 채움 만들기

01 [파일(File)]-[열기...(Open)]-[내 컴퓨터에서 열기...(Open from my computer...)]를 클릭하여 예제 파일을 연다.
- 예제 파일 : PART3\1장\Boundary Fill.f3d

02 [작성(CREATE)]-[원통(Cylinder)]을 클릭한다. 시작 평면으로 TOP을 선택한 후 원점을 중심으로 지름(Diameter) 90, 높이(Height) 65, 생성(Operation)은 새 본체(New Body)로 설정하고 [확인(OK)] 버튼을 누른다.

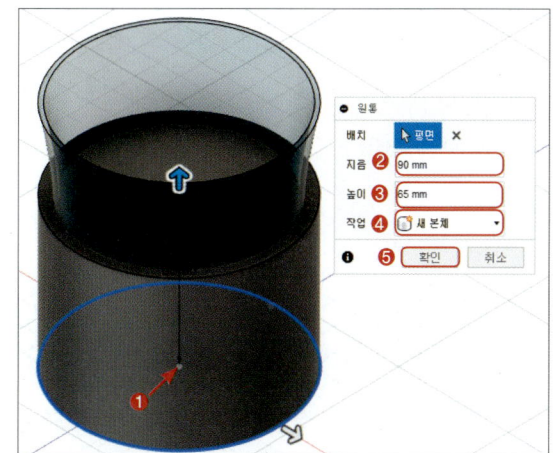

03 [작성(CREATE)]-[경계 채우기(Boundary Fill)]를 클릭한다. 도구 선택(Select Tools)으로로 원통과 컵을 선택, 셀 선택(Select Cells)으로 초록색 부분에 생긴 두 번째 네모박스를 체크, 생성(Operation)은 새 본체(New Body)로 설정하고 도구 제거(Remove Tools)는 체크를 안 한 상태로 [확인(OK)] 버튼을 누른다.

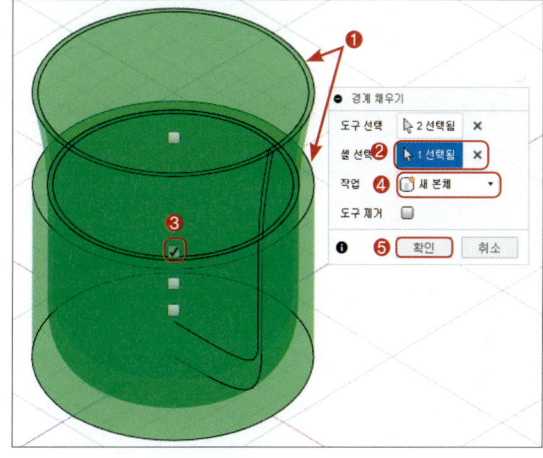

03 검색기(Browser)에서 본체(Bodies)를 확장하여 본체 2를 보이지 않도록 가시성(Visibility)을 끈다. 채워진 공간에 새로운 Body가 만들어졌다.

1-24 기준 피쳐 작성(Create Base Feature)

작성 이력이 남지 않도록 기준 피쳐를 작성한다. 타임라인에 작성 이력이 보이지 않고 기준 피쳐(Base Feature) 하나의 아이콘(🔲)만 보인다. 기준 피쳐(Base Feature) 모드를 종료할 때는 🔲 기준 피쳐 마침(FINISH BASE FEATURE)을 클릭한다.

1-25 3D PCB 작성(Create 3D PCB)

선택된 요소를 기반으로 3D PCB(회로기판) 설계 모드로 새 파일을 만들어 준다.

1-26 스케치에서 PCB 파생(Derive PCB from Sketch)

일반 모델링에 작성된 스케치 요소를 기준으로 선택된 요소를 회로 기판으로 하여 PCB 설계 모드로 새 파일을 만들어 준다.

Section 02 수정(MODIFY)

작성한 솔리드 형상의 높이를 조정하거나 둥글게 다듬기, 크기 줄이기, 하나로 결합하기, 형상에 재질을 입히기 등 편집에 관한 명령들로 구성되어 있다.

2-1 밀고 당기기(Press Pull)

형상을 편집하는 명령어로 선택한 요소에 따라 동작이 다르다. 면(Face)을를 선택하면 면을 이동하거나 일정 거리만큼 떨어진 위치로 면 간격띄우기(Offset)하고, 모서리를 선택하면 모깎기(Fillet) 명령이, 스케치 프로파일을 선택하면 돌출 명령이 된다.

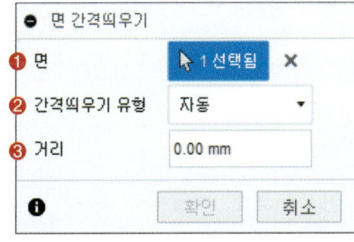

❶ 면(Faces) : 밀고 당기기(Press Pull)을 실행할 부분으로 면을 선택했을 때 표시된다.

❷ 간격띄우기 유형(Offset Type) : 기존 피쳐 수정(Modify Existing Feature)은 형상의 이력 정보를, 새 간격띄우기(New Offset)는 면(Faces)을 간격띄우기 한다. 자동(Automatic)은 선택한 면(Faces)에 대해서 기존 피쳐 수정(Modify Existing Feature) 또는 새 간격띄우기(New Offset)를 자동으로 설정한다.

❸ 거리(Distance) : 얼마만큼 간격띄우기할지 거리를 입력한다.

| 기능 익히기 | ▶ 눌러 당기기 |

01 [파일(File)]-[열기...(Open)]-[내 컴퓨터에서 열기...(Open from my computer...)]를 클릭하여 아래 예제 파일을 연다.

- 예제 파일 : PART3₩2장₩Press Pull.f3d

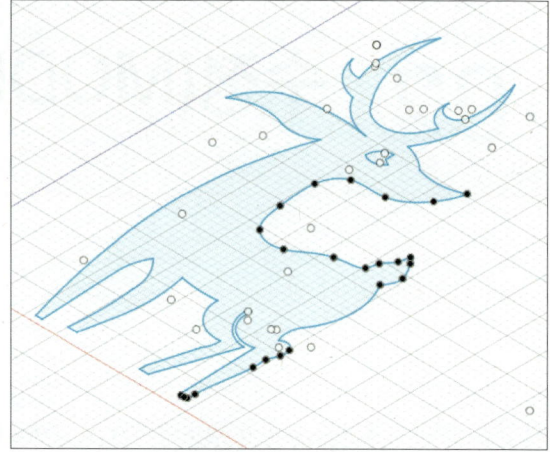

02 [수정(MODIFY)]-[눌러 당기기(Press Pull)]를 선택하고 닫힌 스케치 프로파일을 선택한다. 거리(Distance)로 5를 입력하고 [확인(OK)] 버튼을 누른다.

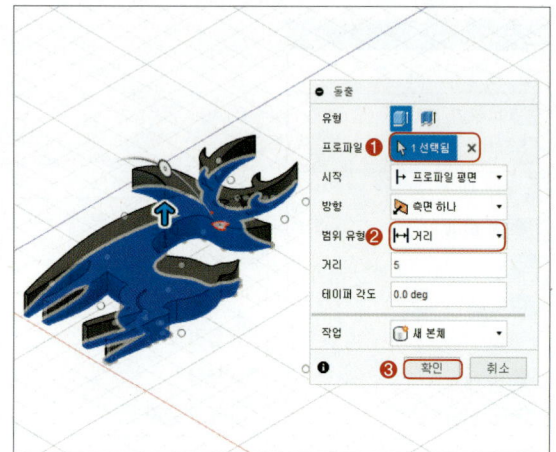

03 마우스 우클릭 퀵메뉴에서 [반복 눌러 당기기(Repeat Press Pull)]를 클릭하여 명령을 재실행한다.

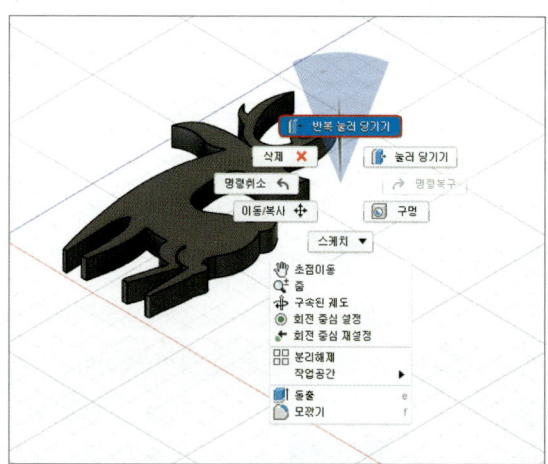

04 선택(Selection)으로 오른쪽 수직 모서리를 하나 선택하고 반지름(Radius)을 0.5로 입력하고 [확인(OK)] 버튼을 누른다.

05 마우스 우클릭 퀵메뉴에서 [반복 눌러 당기기(Repeat Press Pull)]를 클릭하여 명령을 재실행하고 윗면을 클릭한다. 거리(Distance)를 2로 입력하고 [확인(OK)] 버튼을 누른다.

2-2 모깎기(Fillet)

각진 부분에 모깎기 반지름을 입력하면 모서리가 둥글게 처리된다. 세 가지의 적용 형식이 존재한다.

1) 모깎기(Fillet)

모깎기 처리 부분을 일일이 직접 선택하여 작업한다.

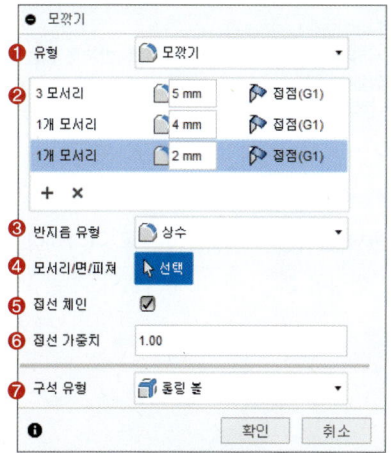

❶ 유형(Type) : 모깎기 작업 형식을 선택한다.

❷ 작업List : 모깎기(Fillet) 작업 내역이 표시된다. 다른 값으로 새로운 모깎기(Fillet) 작업을 할 경우 명령을 끝내지 않고 ✚를 클릭하여 List에 항목을 추가하여 작업한다. List상에 존재하는 작업을 취소 할 항목을 마우스로 클릭하여 선택하고 ✖를 클릭하여 List에서 제거한다.

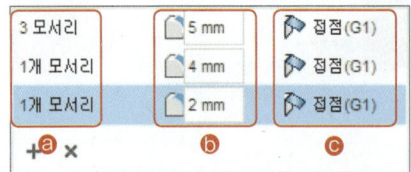

ⓐ 선택 세트(Selection Set) : 항목별 선택된 객체의 수를 표시한다.
ⓑ 동일 반지름(Constant Radius) : 항목에 적용할 Fillet 반지름 값을 입력한다.
ⓒ 곡률 유형 : Fillet의 곡률이 적용되는 형태를 지정한다. 접점(G1)[Tangent(G1)]은 모깎기(Fillet) 처리가 되는 모서리에 닿아 있는 두 면과 모두 접하는 형태로 곡률이 적용되며 곡률(G2)[Curvature(G2)]은 곡면의 연속성을 기준으로 곡률이 적용된다.

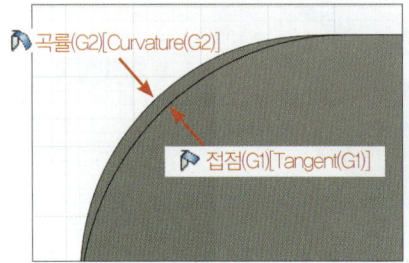

❸ 반지름 유형(Radius Type) : 모깎기에 적용되는 치수의 형태를 선택한다. 상수(Constant Radius)는 일정한 반지름으로 모깎기를 한다. 현 길이(Chord Length)는 현의 길이를 지정해서 모깎기를 한다. 변수(Variable Radius)는 복수 반지름으로 차츰 형태가 변하면서 모깎기를 한다. 클릭한 위치에 새로운 점이 작성되어 새로운 반지름을 입력할 수 있다.

▲ 상수(Constant Radius)
반지름 값이 10일 때

▲ 현 길이(Chord Length)
현의 길이가 10일 때

▲ 변수(Variable Radius)
모서리 중간점을 추가하여 2,5,10으로 반지름 값을 주었을 때

Variable Radius를 선택하면 반지름 제어점 추가 및 관리를 위해 추가 항목이 나타난다.

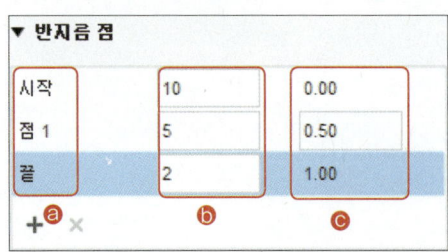

ⓐ 제어점의 명칭이 표시된다.
ⓑ 제어점의 모깎기(Fillet) 반지름을 입력한다.
ⓒ 모깎기(Fillet)가 적용되는 전체 길이상의 위치를 비율로 나타낸다. 시작(Start), 끝(End)의 값은 변경이 불가능하며 추가점의 경우 값을 입력 변경이 가능하다.

❹ 모서리/면/피쳐(Edges/Faces/Features) : 모깎기를 적용할 요소를 선택한다. 모서리를 선택하면 해당 모서리에 모깎기(Fillet)가 적용된다. 면을 선택하면 면이 가진 모든 모서리에 모깎기(Fillet)가 적용된다. Feature를 선택하면 해당 명령으로 발생된 모든 모서리에 모깎기(Fillet)가 적용된다.

❺ 접선 체인(Tangent Chain) : 체크하면 하나의 모서리를 선택해도 접선으로 접속되어 있는 모든 모서리를 한 번에 선택한다.

❻ 접선 가중치(Tangent Weight) : 모깎기(Fillet)가 적용되는 두 면의 직진성이 모깎기(Fillet) 곡면에 작용하는 영향력을 설정한다. 1이 표준이고 값이 작을수록 영향력이 줄어든다.

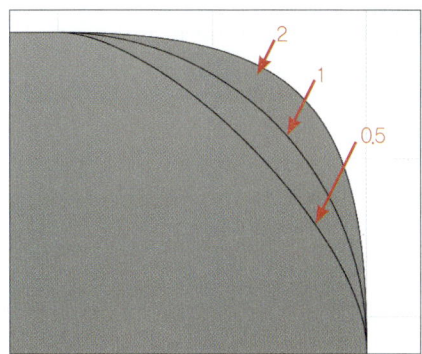

❼ 구석 유형(Corner Type) : 3개 모서리가 만나는 코너 부분의 처리를 설정한다.

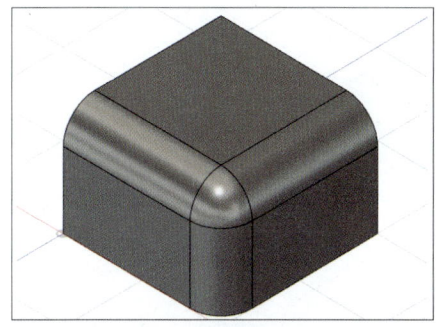

▲ 롤링 볼(Rolling Ball)

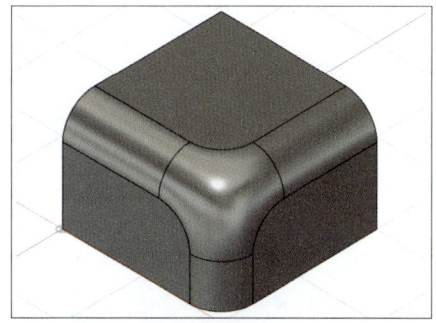

▲ 세트백(SetBack)

기능 익히기 ▶ 모깎기

01 [파일(File)]-[열기…(Open)]-[내 컴퓨터에서 열기…(Open from my computer…)]를 클릭하여 아래 예제 파일을 연다.

- 예제 파일 : PART3₩2장₩Fillet.f3d

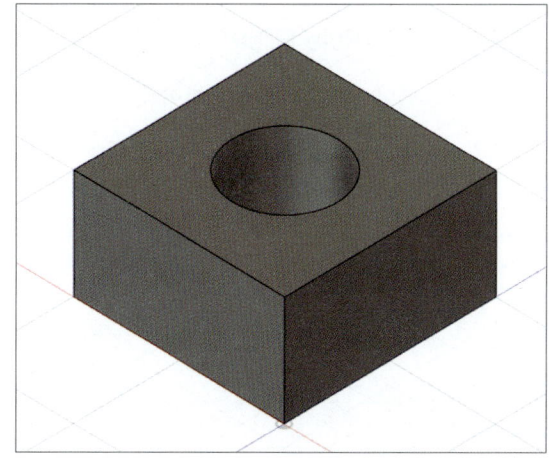

02 [수정(MODIFY)]-[모깎기(Fillet)]를 선택하고 창 선택으로 모서리를 모두 선택한다. 반지름(Radius)을 5로 입력하고 [확인(OK)] 버튼을 누른다.

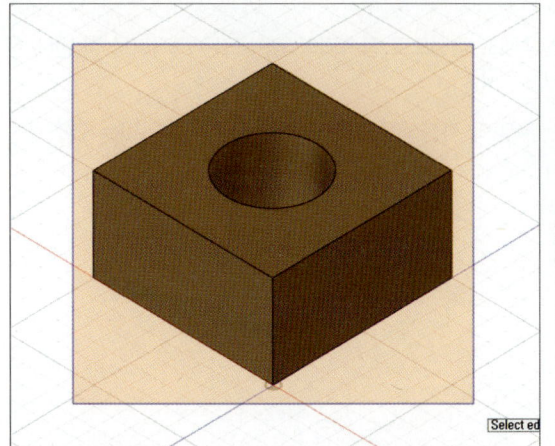
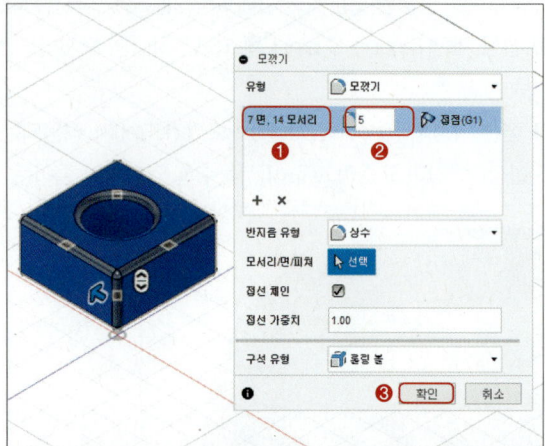

03 타임라인의 모깎기(Fillet) 아이콘( )을 더블클릭하여 피처 편집(EDIT FEATURE)창을 띄운다. 반지름(Radius)을 10으로 바꾸고 [확인(OK)] 버튼을 누른다.

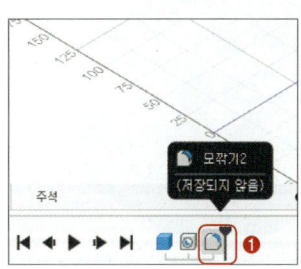
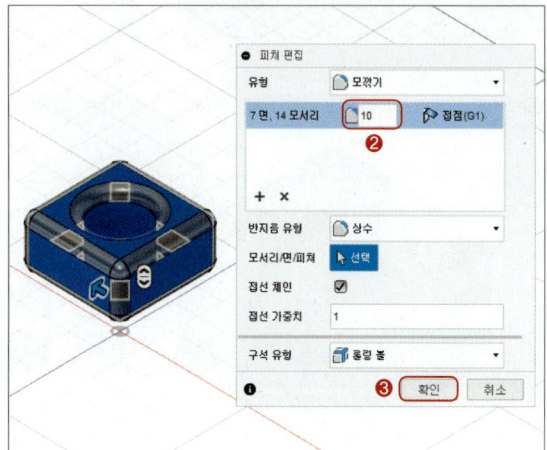

2) 규칙 모깎기(Rule Fillet)

선택된 요소들에 일정한 규칙을 부여해 규칙에 해당하는 모깎기(Fillet)를 한꺼번에 생성한다.

❶ 유형(Type) : 모깎기 작업 형식을 선택한다.

❷ 규칙(Rule) : 선택된 요소들에서 모깎기가 적용될 부분에 대한 규칙을 설정한다. 모든 모서리(All Edges)는 선택한 면(Faces) 또는, 피쳐(Features)에 인접한 모서리 전부를 모깎기를 작성하고, 면/피쳐 사이(Between Faces/Features)는 선택된 피쳐들 또는 면들이 만나는 사이에 있는 모서리에 모깎기를 작성한다. 따라서 면/피쳐 사이(Between Faces/Features)는 반드시 복수 이상의 요소를 선택하여야 한다.

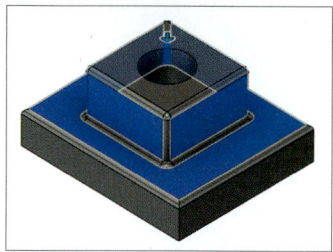

▲ 모든 모서리(All Edges)   ▲ 면/피쳐 사이(Between Faces/Features)

❸ 면/피쳐(Faces/Features) : 면 또는, 피쳐를 선택한다. 면/피쳐 사이(Between Faces/Features)의 경우 선택 항목이 두 개가 나오는데 면/피쳐 1(Faces/Features 1)과 면/피쳐 2(Faces/Features 2) 두항목 사이에 존재하는 모서리에만 모깎기(Fillet)가 적용된다. 면/피쳐 1(Faces/Features 1)에서는 다수의 요소들의 선택이 가능하지만 이 항목내의 요소들 사이에선 모깎기(Fillet)가 적용되지 않으며 면/피쳐 2(Faces/Features 2)는 단일 요소만 선택이 가능하니 주의하여야 한다.

▲ 면/피쳐 사이(Between Faces/Features) 적용 시 선택 항목

❹ 반지름(Radius) : 모깎기 반지름을 입력한다.

❺ 위상(Topology) : 적용할 모깎기(Fillet)가 형태에 대한 규칙을 지정한다. 라운드 및 모깎기(Round and Fillet)는 모든 형태의 모깎기(Fillet)를 모두 적용하며 라운드만(Round Only)은 볼록한 모서리에, 모깎기만(Fillet Only)은 오목한 모서리에만 모깎기(Fillet)를 적용한다.

  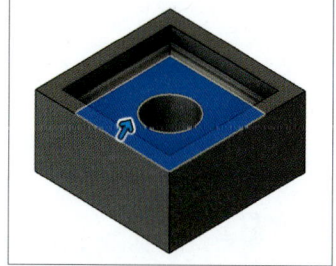

▲ 라운드 및 모깎기(Round and Fillet)   ▲ 라운드만(Round Only)   ▲ 모깎기만(Fillet Only)

❻ Corner Type(코너 유형) : 3개 모서리가 만나는 코너 부분의 처리를 설정한다.

▲ 롤링 볼(Rolling Ball)   ▲ 세트백(SetBack)

| 기능 익히기 | ▶ 규칙 모깎기 |

01 [파일(File)]-[열기...(Open)]-[내 컴퓨터에서 열기...(Open from my computer...)]를 클릭하여 아래 예제 파일을 연다.

- 예제 파일 : PART3₩2장₩Rule Fillet.f3d

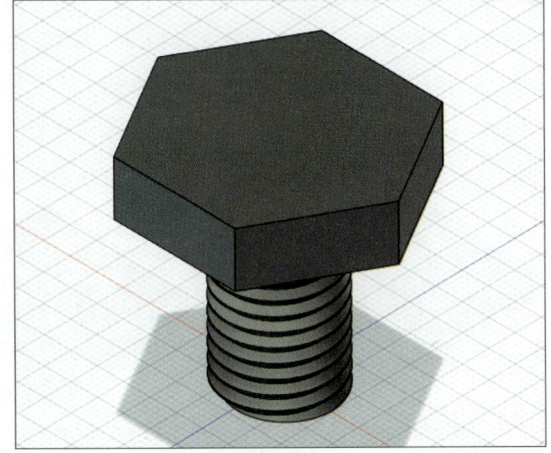

02 [수정(MODIFY)]-[모깎기(Fillet)]를 클릭하고 유형(Type)에서 규칙 모깎기(Rule Fillet)를 선택한다. 타임라인에서 돌출 아이콘( )을 클릭하여 돌출형상을 모두 선택한다. 반지름(Radius)을 0.5로 입력하고 [확인(OK)] 버튼을 누른다.

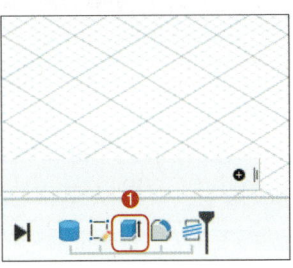

03 Ctrl + Z 를 눌러 명령을 취소한다. 다시 마우스 우클릭 퀵메뉴에서 반복 모깎기(Repeat Fillet)를 선택하고 가장 윗면만 선택한 후 반지름(Radius)을 1을 입력하고 [확인(OK)] 버튼을 누른다.

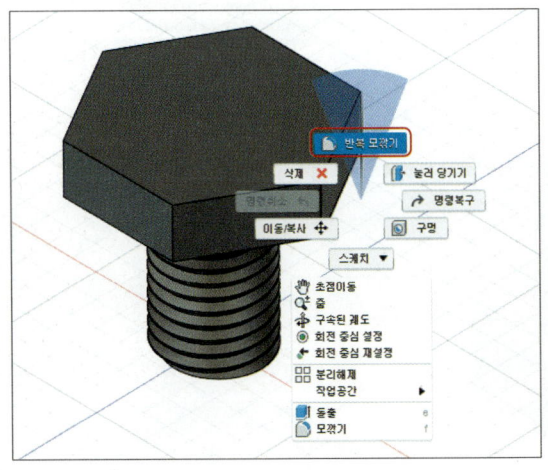

3) 전체 둥근 모깎기(Full Round Fillet)

세 면에 접하는 모깎기(Fillet)를 만들어 준다.

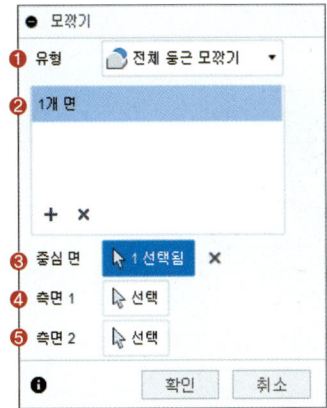

❶ 유형(Type) : 모깎기 작업 형식을 선택한다.
❷ 작업List : 모깎기(Fillet) 작업 내역이 표시된다. 여러 지역의 Fillet 작업을 할 경우 명령을 끝내지 않고 ╋를 클릭하여 List에 항목을 추가하여 작업한다. List상에 존재하는 작업을 취소 할 항목을 마우스로 클릭하여 선택하고 ✖를 클릭하여 List에서 제거한다.
❸ 중심 면(Center Faces) : 접하는 3개의 면 중 가운데 면을 선택한다.
❹ 측면 1(Side 1) : 중심면을 기준으로 한쪽 측면을 지정한다. 면 선택시 Ctrl 키를 누른 채로 선택하여야 한다.
❺ 측면 2(Side 2) : 측면 1(Side 1)에서 지정된 반대쪽 측면을 지정한다. 면 선택시 Ctrl 키를 누른 채로 선택하여야 한다.

기능 익히기 ▶ 3면 모깎기

01 도구막대(Toolbar)의 스케치 작성(Create Sketch)을 클릭하고 작업평면으로 XZ평면을 선택한다.

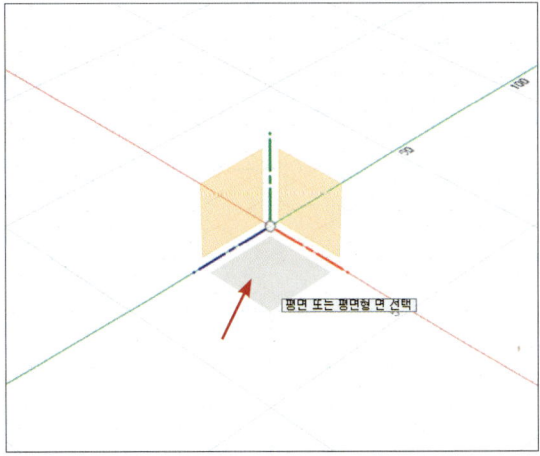

02 도구막대(Toolbar)의 선(Line)을 클릭하여 다음과 같이 그리고 [작성(CREATE)]-[스케치 치수(Sketch Dimension)]로 치수를 기입한 후 스케치 마무리(FINISH SKETCH)를 클릭하여 스케치를 마친다.

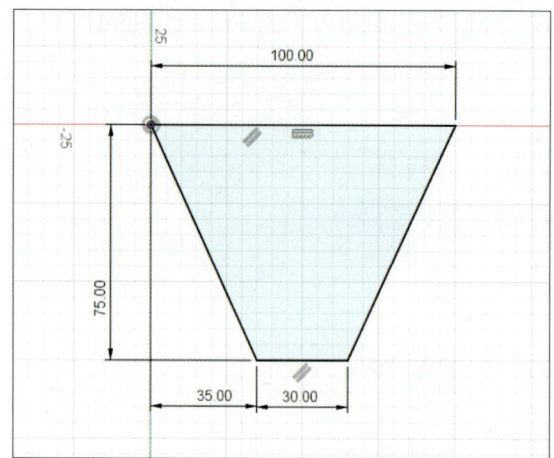

03 [작성(CREATE)]-[돌출(Extrude)]을 클릭하고 Profile로 단면을 선택하고 거리(Distance)를 25mm로 입력하고 [확인(OK)] 버튼을 클릭한다.

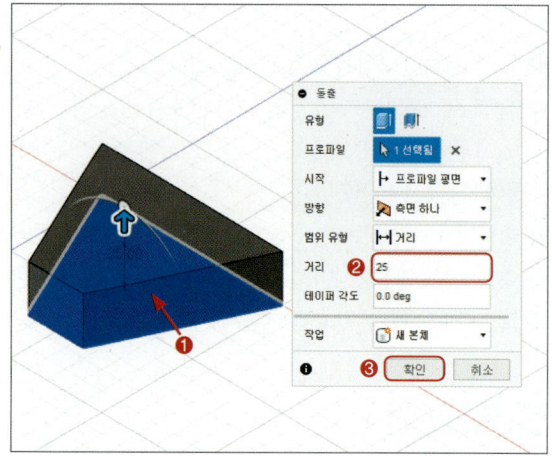

04 [수정(MODIFY)]-[모깎기(Fillet)]를 클릭하고 Type을 유형(Type)에서 전체 둥근 모깎기(Full Round Fillet)로 변경 후 두 경사면 사이 가운데 면을 선택하고 [확인(OK)] 버튼을 클릭한다.

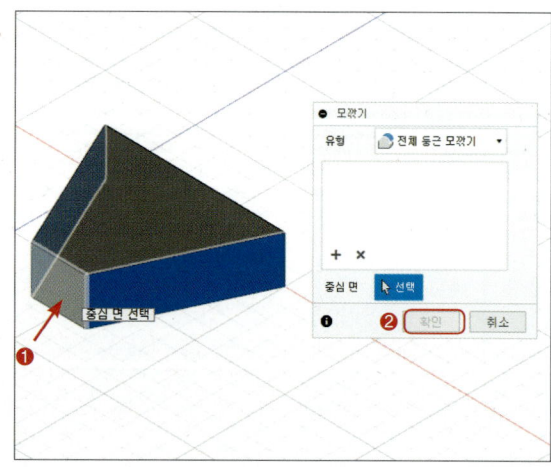

05 타임라인의 모깎기(Fillet) 아이콘( )을 더블클릭하여 피쳐 편집(EDIT FEATURE)창을 띄운다. 측면 1(Side 1)의 [선택(Select)] 버튼을 클릭후 Ctrl 키를 누른채로 우측 경사면을 선택한다.

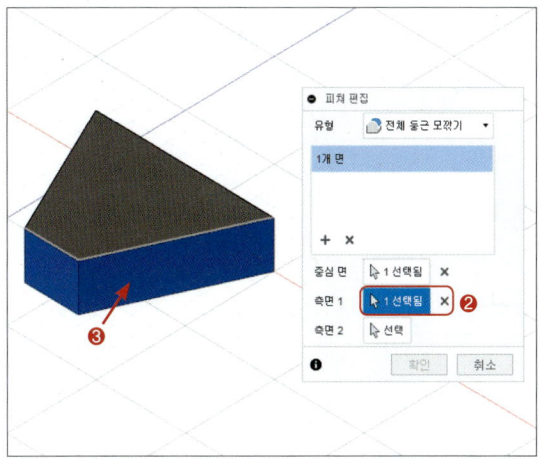

06 화면을 돌려 반대쪽 경사면이 보이게 한 후 측면2(Side2)의 [선택(Select)] 버튼을 클릭후 Ctrl 키를 누른 채로 반대쪽 경사면을 선택한다. 결과를 확인 후 [확인(OK)] 버튼을 클릭한다.

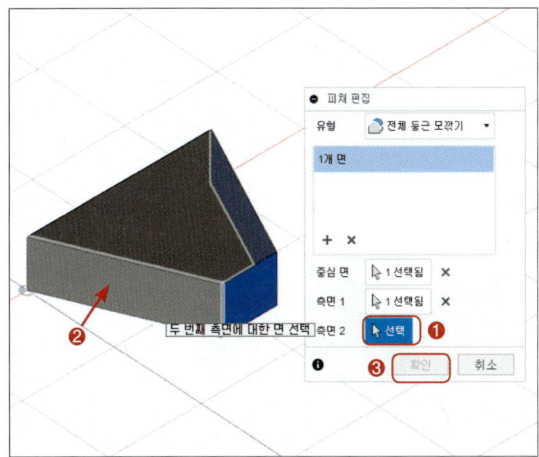
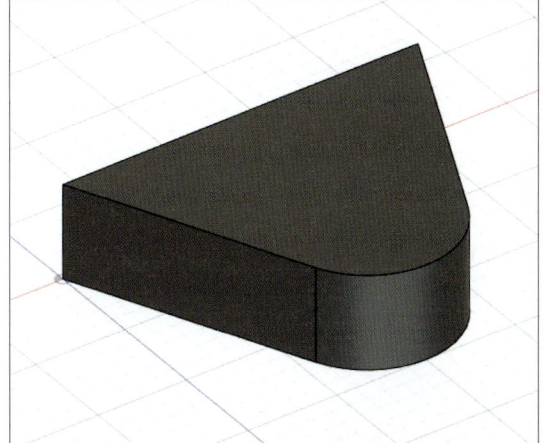

2-3 모따기(Chamfer)

형상의 모서리를 선택하고 거리를 입력하면 모따기가 된다.

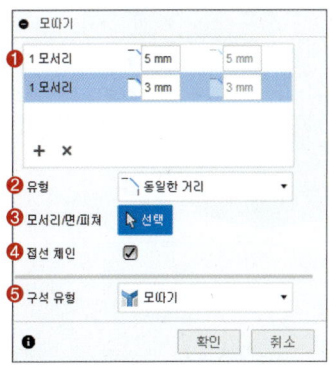

❶ 작업List : 모따기(Chamfer) 작업 내역이 표시된다. 다른 값으로 새로운 Chamfer 작업을 할 경우 명령을 끝내지 않고 ➕를 클릭하여 List에 항목을 추가하여 작업한다. List상에 존재하는 작업을 취소 할 항목을 마우스로 클릭하여 선택하고 ✖를 클릭하여 List에서 제거한다.

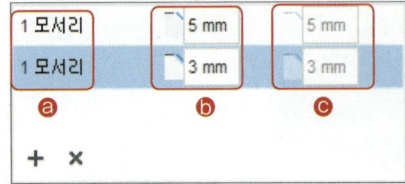

ⓐ 선택 세트(Selection Set) : 항목별 선택된 객체의 수를 표시한다.
ⓑ 값1(Spec1) : 한쪽 Chamfer 거리 값을 입력한다.
ⓒ 값2(Spec2) : 다른 쪽의 Chamfer 값을 입력한다. Type의 선택에 따라 입력될 값의 유형이 달라진다.

❷ 유형(Type) : 모따기(Chamfer) 값의 적용 형태를 선택한다.

- 동일한 거리(Equal distance) : 선택한 모서리 양쪽 모두 같은 거리로 입력한다. 두 거리가 같기 때문에 값2(Spec2)는 자동으로 값1(Spec1)과 같은 값이 입력되며 값2(Spec2)는 입력이 제한된다.
- 두 거리(Two distance) : 두 값이 각각 다른 거리로 입력된다. 제어창에 반전(Flip)항목이 추가되어 값1, 2가 적용되는 방향을 전환 할 수 있다.
- 거리 및 각도(Distance and Angle) : 거리와 각도를 정의해서 모따기를 한다. 각도는 거리가 적용된 면을 기준으로 적용된다. 제어창에 반전(Flip)항목이 추가되어 값1, 2 가 적용되는 방향을 전환 할 수 있다.

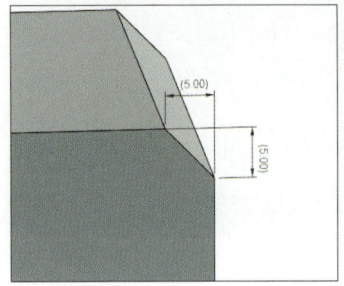 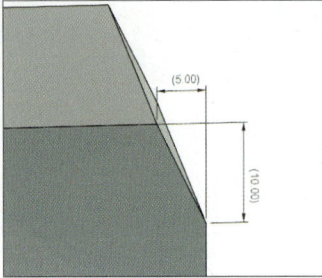 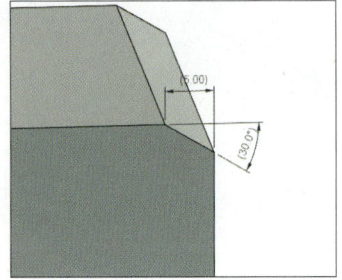

▲ 동일한 거리(Equal distance)   ▲ 두 거리(Two distance)   ▲ 거리 및 각도(Distance and Angle)

❸ Edges/Faces/Features(모서리/면/피쳐) : Chamfer를 적용할 요소를 선택한다. 모서리를 선택하면 해당 모서리에 Chamfer가 적용된다. 면을 선택하면 면이 가진 모든 모서리에 Chamfer가 적용된다. Feature를 선택하면 해당 명령으로 발생된 모든 모서리에 Chamfer가 적용된다.

❹ 접선 체인(Tangent Chain) : 체크하면 하나의 모서리를 선택해도 접선으로 접속되어 있는 모든 모서리를 한 번에 선택한다.

❺ 구석 유형(Corner Type) : 3개 모서리가 만나는 코너 부분의 처리를 설정한다.

 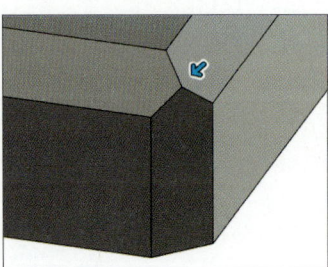 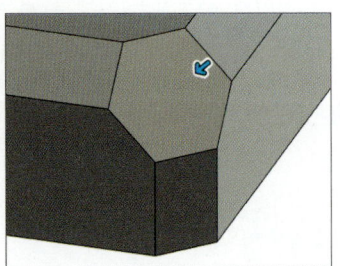

▲ 모따기(Chamfer)   ▲ 마이터(Miter)   ▲ 혼합(Blend)

기능 익히기 ▶ 모따기

01 [파일(File)]-[열기...(Open)]-[내 컴퓨터에서 열기...(Open from my computer...)]를 클릭하여 아래 예제 파일을 연다.

- 예제 파일 : PART3₩2장₩Chamfer.f3d

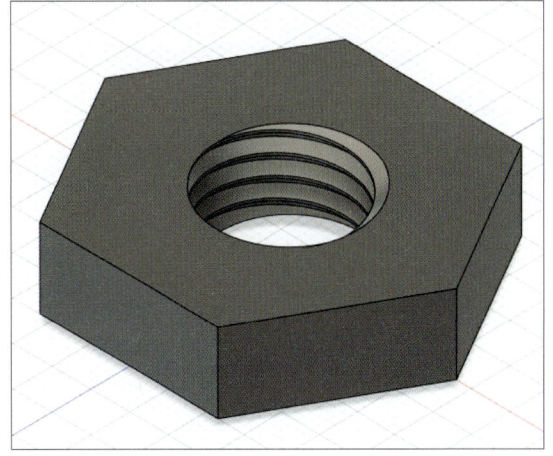

02 [수정(MODIFY)]-[모따기(Chamfer)]를 선택하고 6개의 수직 모서리를 선택하고 거리(Distance)를 1로 입력하고 [확인(OK)] 버튼을 누른다.

2-4 쉘(Shell)

형상의 내부를 없애는 명령으로 선택된 면은 삭제되고, 남은 면에 일정 두께를 지정한다.

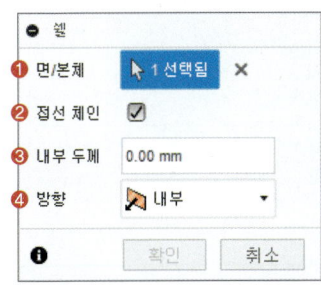

❶ 면/본체(Faces/Body) : 삭제할 면, 형상을 선택한다.

❷ 접선 체인(Tangent Chain) : 체크하면 접선으로 접속되어 있는 모든 모서리를 한 번에 선택한다.

❸ 내부 두께(Inside Thickness) : 안쪽 두께를 지정한다.

❹ 방향(Direction) : 내부(Inside), 외부(Outside), 양쪽(Both)으로 두께를 준다.

기능 익히기 ▶ 쉘(내부에 두께 조성하기)

01 [파일(File)]-[열기...(Open)]-[내 컴퓨터에서 열기...(Open from my computer...)]를 클릭하여 아래 예제 파일을 연다.

- 예제 파일 : PART3₩2장₩Shell.f3d

02 [수정(MODIFY)]-[쉘(Shell)]을 선택하고 가장 윗면을 선택하고 내부 두께(Inside Thickness)를 0.5로 입력하고 [확인(OK)] 버튼을 누른다.

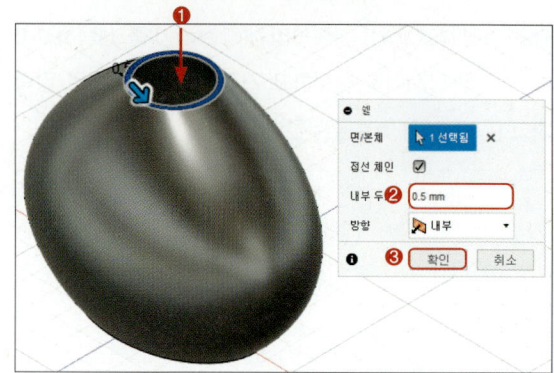

03 검색기(Browser)에서 본체1을 선택하고 마우스 우클릭 퀵메뉴에서[불투명도 제어(Opacity Control)]-[50%]로 지정하여 반투명으로 보이게 설정한다. 내부 두께가 생성된 걸 확인할 수 있다.

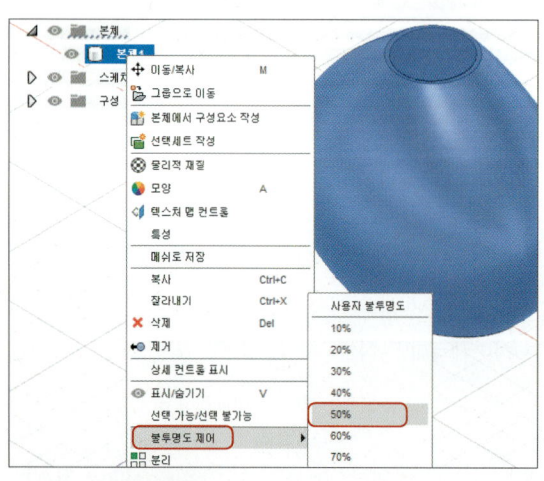 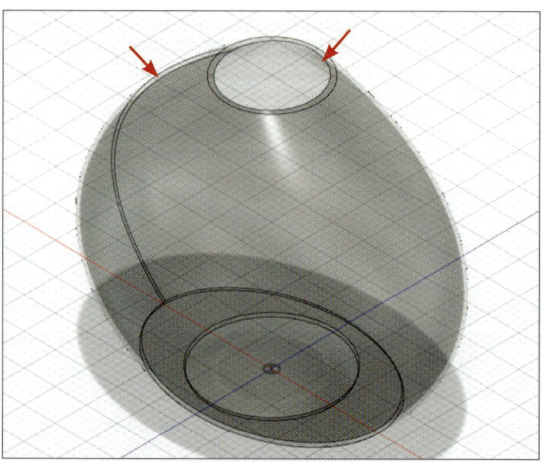

여기서 잠깐

쉘 명령을 실행할 때 브라우저의 본체를 선택하면 면 삭제없이 전체 형상에 두께를 줄 수 있다.

04 ↶ 명령취소(Undo)를 실행하여 쉘(Shell) 작업 전으로 되돌린다. 마우스 우클릭 퀵메뉴에서 [반복 쉘(Repeat Shell)]을 선택하고 윗면과 아랫면을 차례로 선택한 후 내부 두께(Inside Thickness)를 0.5로 입력하고 [확인(OK)] 버튼을 누른다. 위/아래가 뚫린 형태로 두께가 주어진다.

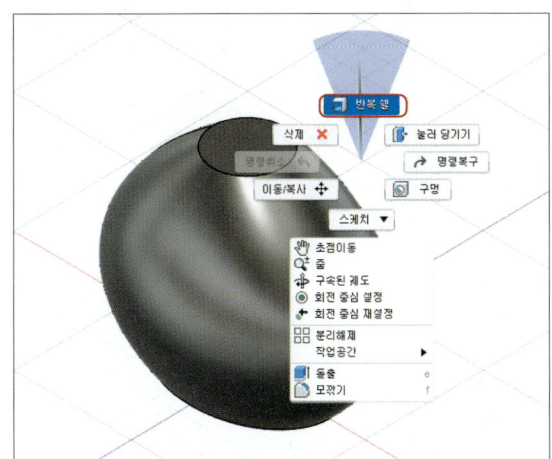 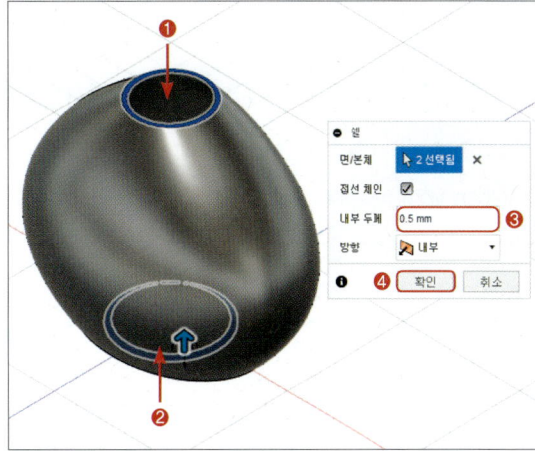

2-5 기울기(Draft)

형상에 기울기(테이퍼)를 부여한다.

1) 고정된 평면(Fixed Plane)

기준이 될 평면 또는, 면을 먼저 선택하고 경사를 줄 면을 선택한 후 각도를 설정한다.

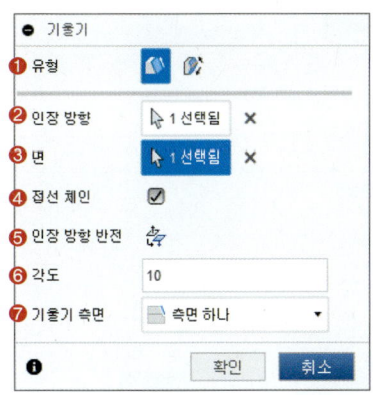

❶ 유형(Type) : 기울기(Draft) 유형을 선택한다.
❷ 인장 방향(Pull Direction) : 각도의 기준 방향을 선택한다. 기준이 될 면을 선택하게 되는데 면에 직각을 이루는 선의 방향이 각도의 기준이 된다.
❸ 면(Faces): : 경사를 줄 면을 선택한다.
❹ 접선 체인(Tangent Chain) : 체크하면 하나의 면만 선택하여도 접하는 형태로 연속되는 모든 평면을 한번에 선택한다.

❺ 인장 방향 반전(Flip Pull Direction) : 각도 방향을 반전시킨다.

❻ 각도(Angle) : 각도를 입력한다.

❼ 기울기 측면(Draft Sides) : 각도를 적용할 형식을 설정한다. 측면 하나(One Side), 두 방향(Two Side)은 기준평을 기준으로 두방향으로 각도를 주고, 대칭(Symmetric)은 기준평면을 기준으로 양방향으로 같은 각도를 준다.

기능 익히기 ▶ 기울기(한방향, 양방향, 대칭으로 면 기울이기)

01 [파일(File)]-[열기...(Open)]-[내 컴퓨터에서 열기...(Open from my computer...)]를 클릭하여 아래 예제 파일을 연다.

■ 예제 파일 : PART3₩2장₩Draft.f3d

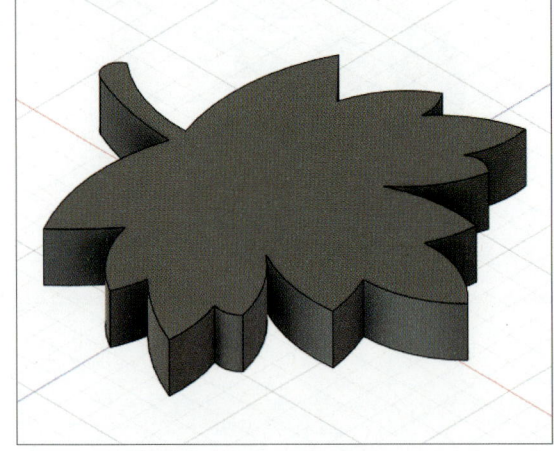

02 [수정(MODIFY)]-[기울기(Draft)]를 클릭하고 인장 방향(Pull Direction)을 오렌지색 YZ평면을 선택하고 면(Faces)으로로 윗면을 선택한다. 각도(Angle)는 10, 기울기 측면(Draft Sides)은 측면 하나(One Side)로 설정한다.

03 이번에는 기울기 측면(Draft Sides)을 두 측면(Two Side)으로 하고 각도(Angle)를 10, 20으로 설정한다.

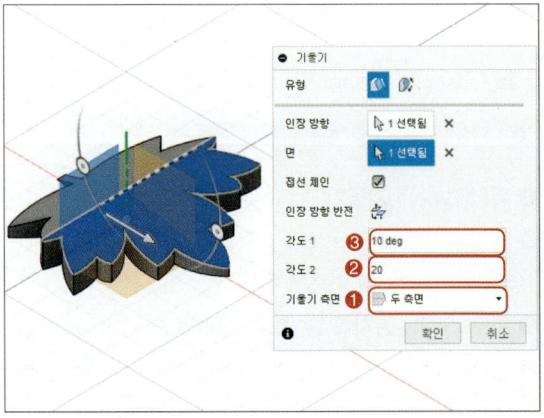

04 이번에는 기울기 측면(Draft Sides)을 대칭(Symmetric)으로 하고 각도(Angle)를 30, 인장 방향 반전(Flip Pull Direction)을 클릭하여 방향을 바꾼 후 [확인(OK)] 버튼을 누른다.

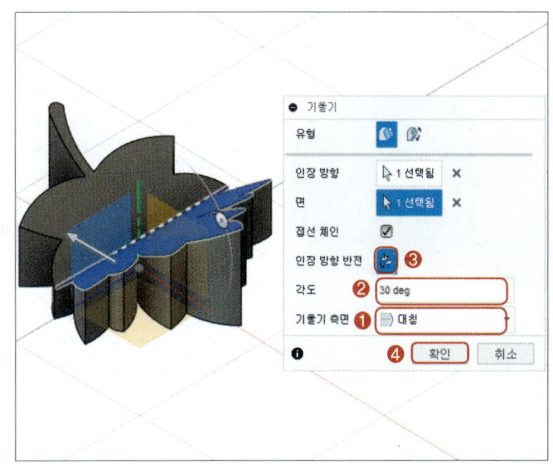

2) 분할선(Parting Line)

지정한 분할선을 기준으로 면을 나눠 기울인다.

❶ 유형(Type) : 기울기(Draft) 유형을 선택한다.

❷ 인장 방향(Pull Direction) : 각도의 기준 방향을 선택한다. 기준이 될 면을 선택하게 되는데 면에 직각을 이루는 선의 방향이 각도의 기준이 된다.

❸ 분할 도구(Parting Tool) : 기울일 면을 분할할 선을 선택한다.

❹ 면(Faces) : 경사를 줄 면을 선택한다.

❺ 접선 체인(Tangent Chain) : 체크하면 하나의 면만 선택 하여도 접하는 형태로 연속되는 모든 평면을 한번에 선택한다.

❻ 인장 방향 반전(Flip Pull Direction) : 각도 방향을 반전시킨다.

❼ 각도(Angle) : 각도를 입력한다.

❽ 분할선 유형(Parting Line Type) : 각이 꺾이는 기준을 지정한다. 분할선 고정(Fix Parting Line)은 분할선이 놓인 위치를 기준으로 각도가 적용된다. 분할선 이동(Move Parting Line)은 면의 위치를 기준으로 기울여 분할선의 위치가 옮겨져 각이 적용된다. 더불어 분할선 이동(Move Parting Line)은 제어창의 마지막 항목에 고정된 모서리(Fixed Edge)가 추가되어 기존 형상을 유지할 모서리를 지정 할 수 있다. 유지할 모서리 선택시 반드시 Ctrl 키를 누른 채로 선택하여야 한다.

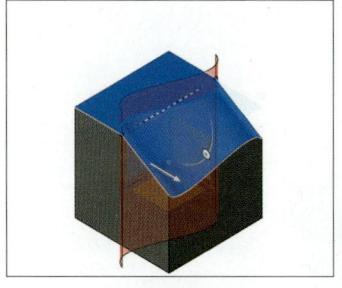 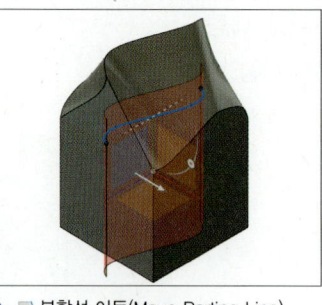

▲ 분할선 고정(Fix Parting Line)   ▲ 분할선 이동(Move Parting Line)

❾ 기울기 측면(Draft Sides) : 각도를 적용할 형식을 설정한다. 측면 하나(One Side)는 분할선을 기준으로 한방향, 두 방향(Two Side)은 기준평면을 기준으로 두방향으로 각도를 주고, 대칭(Symmetric)은 기준평면을 기준으로 양방향으로 같은 각도를 준다.

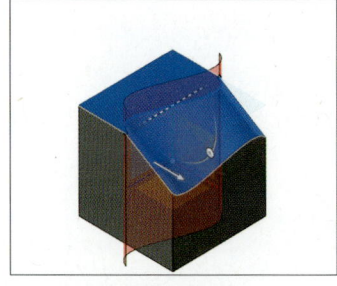 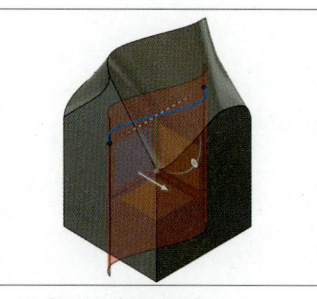 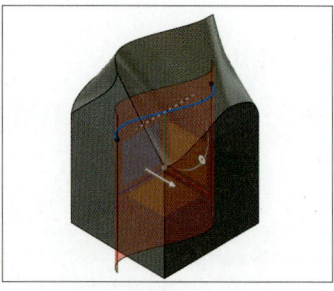

▲ 측면 하나(One Side)   ▲ 측면 하나(One Side)   ▲ 대칭(Symmetric)

Draft Sides의 경우 Parting Line Type을 Move Parting Line로 설정시 Direction으로 항목이 변경 된다. Angle Above는 분할선 위쪽만 각도가 적용, Both는 분할선 양쪽 모두 각도가 적용, Angle Below는 분할선 아래쪽만 각도가 적용된다.

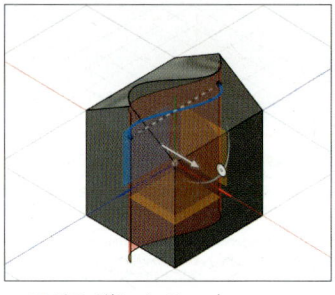 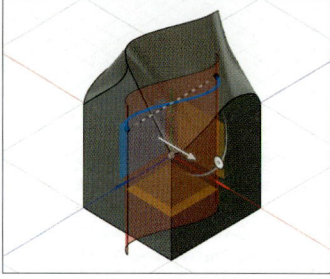 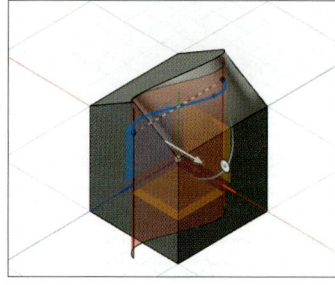

▲ 각도 위(Angle Above)   ▲ 양쪽(Both)   ▲ 각도 아래(Angle Below)

기능 익히기 ▶ 기울기(면 분할하여 기울이기)

01 도구막대(Toolbar)의 스케치 작성(Create Sketch)을 클릭하고 작업평면으로 XZ평면을 선택한다.

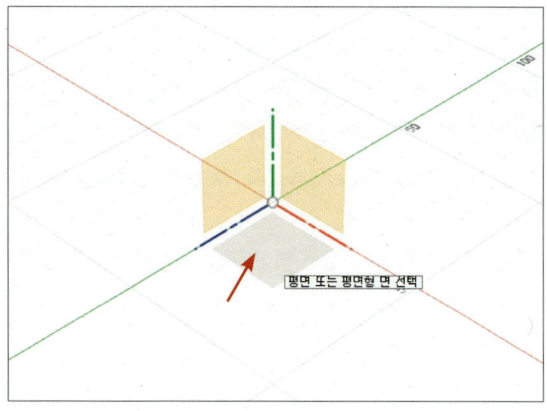

02 [작성(CREATE)]-[직사각형(Rectangle)]-[중심 직사각형(Center Rectangle)]으로 원점을 중심으로 가로, 세로 50mm인 사각형을 그리고 스케치 마무리(FINISH SKETCH)를 클릭하여 스케치를 마친다.

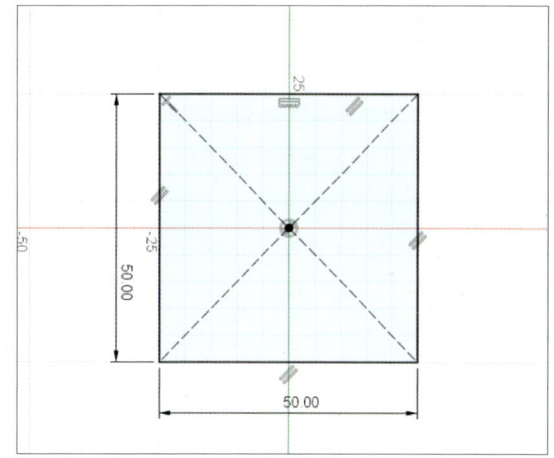

03 [작성(CREATE)]-[돌출(Extrude)]을 클릭하고 프로파일(Profiles)로 단면을 선택하고 방향(Direction)을 대칭(Symmetric), 거리(Distance)에 25mm를 입력하고 [확인(OK)] 버튼을 클릭한다.

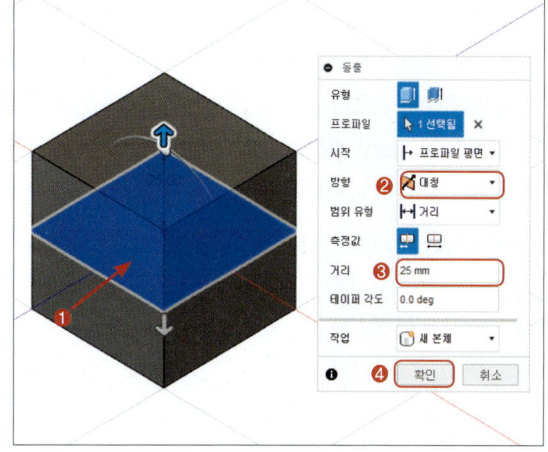

04 육면체의 상면을 마우스 우클릭 퀵메뉴에서 스케치 작성(Create Sketch)을 클릭한다.

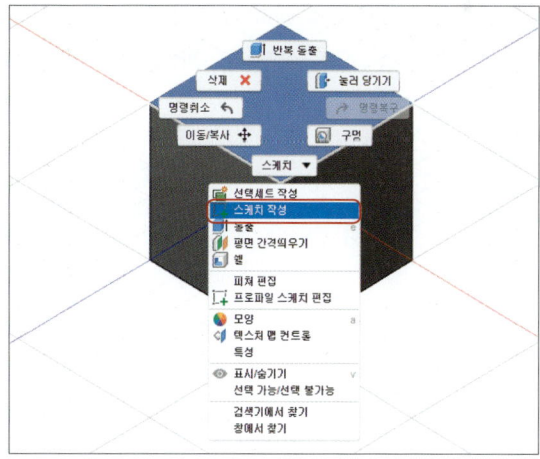

05 [[작성(CREATE)]-[스플라인(Spline)]-[∿ 맞춤점 스플라인(Fit Point Spline)]]을 클릭하고 다음 그림과 같이 대략적으로 곡선을 그리고 ✅ 스케치 마무리(FINISH SKETCH)를 클릭하여 스케치를 마친다.

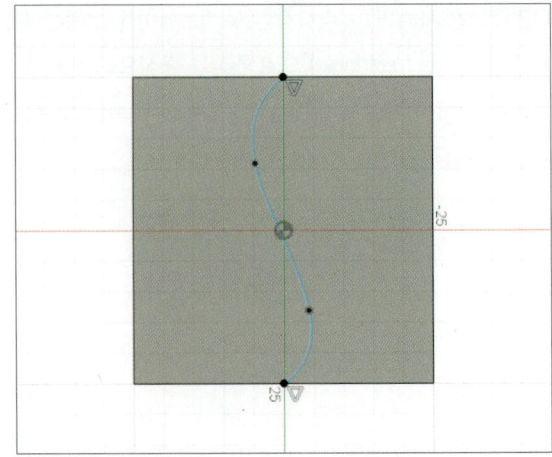

06 뷰큐브의 🏠 을 클릭하여 등각뷰로 전환 후 [수정(MODIFY)]-[📐 기울기(Draft)]를 클릭하고 유형(Type)을 📐 분할선(Parting Line)으로 인장 방향(Pull Direction)으로 YZ평면(육면체에 가려져 선택이 안되는 경우 좌클릭을 누르고 있으면 나오는 리스트에서 선택), 분할 도구(Parting Tool)로 스케치 곡선, 면(Faces)으로 육면체의 상면을 선택, 각도(Angle)에 30도를 입력한다.

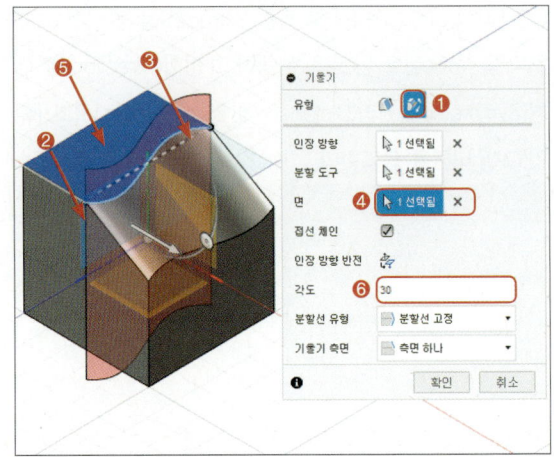

07 분할선 유형(Parting Line Type)을 ➡분할선 이동(Move Parting Line)으로 설정하고 [확인(OK)] 버튼을 클릭하여 마친다.

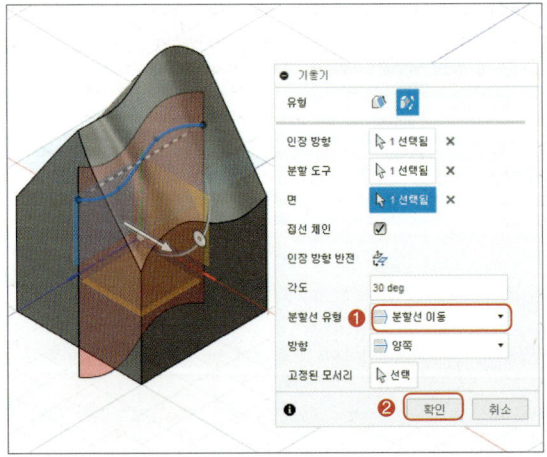

2-6 축척(Scale)

배율을 지정하여 형상을 확대/축소한다.

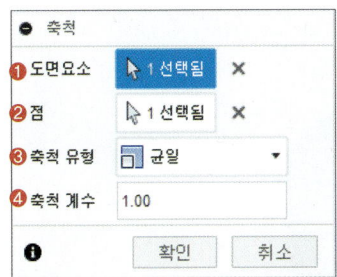

❶ 도면요소(Entities) : 축척을 적용할 형상을 선택한다.

❷ 점(Point) : 형상을 선택하면 자동으로 축척의 기준점이 설정된다. 변경하려면 X버튼을 눌러 삭제 후 선택(Select)을 클릭하여 기준점을 지정한다.

❸ 축척 유형(Scale Type) : 균일(Uniform)은 모든 축방향이 같은 배율로 확대/축소, 비균일(Non Uniform)은 X축 방향, Y축 방향, Z축 방향 각각 다른 배율로 확대/축소한다.

❹ 축척 계수(Scale Factor) : 1보다 크면 확대, 1보다 작으면 축소가 된다.

기능 익히기 ▶ 축척(컵 형상을 축소하기)

01 [파일(File)]-[열기...(Open)]-[내 컴퓨터에서 열기...(Open from my computer...)]를 클릭하여 아래 예제 파일을 연다.

- 예제 파일 : PART3₩2장₩Scale.f3d

02 [수정(MODIFY)]-[축척(Scale)]을 선택하고 컵을 선택한 후 축척 유형(Scale Type)은 균일(Uniform), 축척 계수(Scale Factor)를 0.5로 입력 후 [확인(OK)] 버튼을 누른다.

03 마우스 우클릭 퀵메뉴에서 [반복 축척(Repeat Scale)]을 선택하고 컵을 선택한다. 축척 유형(Scale Type)은 비균일(Non Uniform), X 축척(X Scale)은 2, Y 축척(Y Scale)은 2, Z 축척(Z Scale)은 1로 입력하고 [확인(OK)] 버튼을 누른다.

2-7 결합(Combine)

형상끼리 합집합, 차집합, 교집합을 할 수 있다. 차집합은 대상 본체(Target Body)에서 도구 본체(Tool Bodies)를 뺀다.

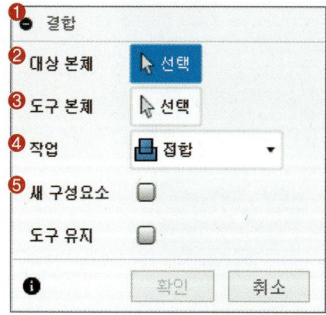

❶ 대상 본체(Target Body) : 연산 후에도 유지되는 형상이 Target Body가 된다.

❷ 도구 본체(Tool Bodies) : 도구 본체를 선택한다.

❸ 생성(Operation) : 접합(Join), 잘라내기(Cut), 교차(Intersect)를 지정한다.

❹ 새 구성요소(New Component) : 연산 결과 형상을 구성요소(Component)로 만든다.

❺ 도구 유지(Keep Tools) : 연산 실행 후 도구 형상을 남긴다.

기능 익히기 ▶ 결합(조리기구 형상 결합시키기)

01 [파일(File)]-[열기...(Open)]-[내 컴퓨터에서 열기...(Open from my computer...)]를 클릭하여 아래 예제 파일을 연다.

- 예제 파일 : PART3₩2장₩Combine.f3d

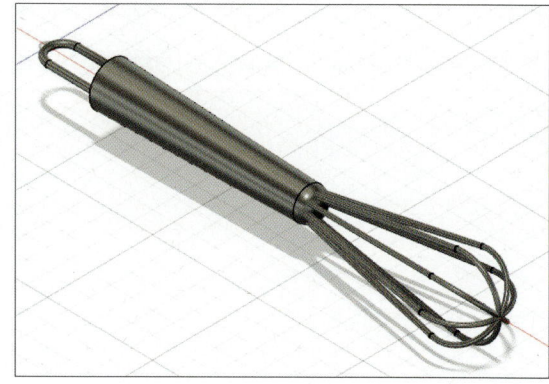

02 [수정(MODIFY)]-[결합(Combine)]을 선택하고 검색기(Browser)의 본체(Bodies) 확장하여 본체2~본체9를 선택한다. 이때 본체2를 선택하고 Shift 를 누른 채 본체9를 선택하면 한 번에 선택할 수 있다.

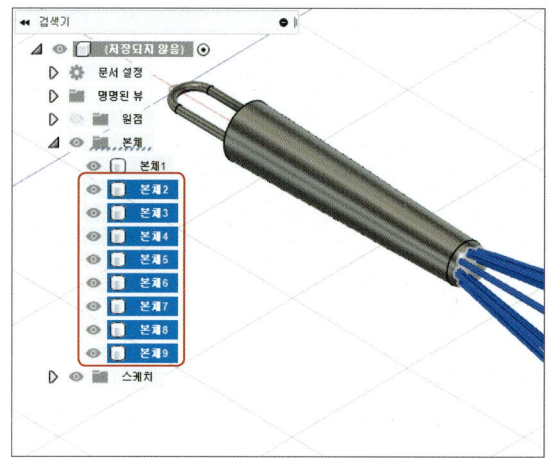

03 생성(Operation)은 접합(Join)으로 설정하고 [확인(OK)] 버튼을 누른다. 본체가 하나로 합쳐졌음을 알 수 있다.

04 본체1과 본체2를 2가지 방법으로 결합을 해본다. 마우스 우클릭 퀵메뉴에서 [반복 결합(Repeat Combine)]을 선택한다. 본체1과 본체2를 선택하고 생성(Operation)은 접합(Join)으로 설정하고 [확인(OK)] 버튼을 누른다.

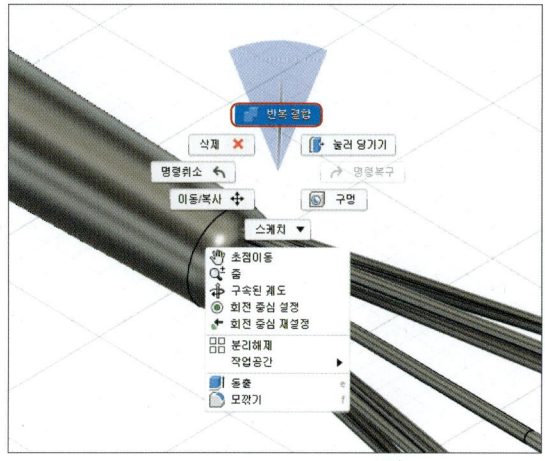 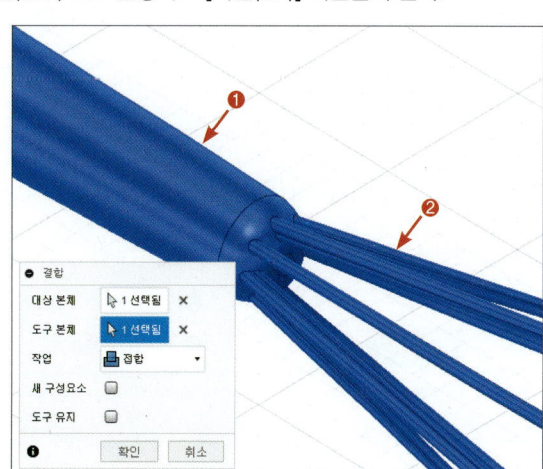

05 타임라인의 결합(Combine) 아이콘( )을 선택하고 마우스 우클릭 퀵메뉴에서 [피쳐 편집(Edit Feature)]을 선택한다. 대상 본체(Target Body)가 본체1, 도구 본체(Tool Bodies)가 본체2인 상태에서 생성(Operation)은   잘라내기(Cut), 도구 유지(Keep Tools)에 체크 후 [확인(OK)] 버튼을 누른다.

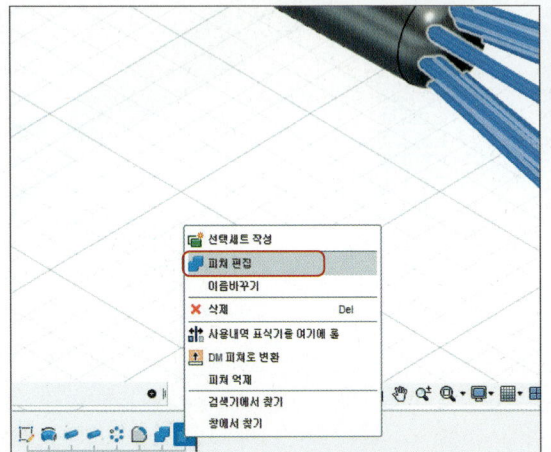 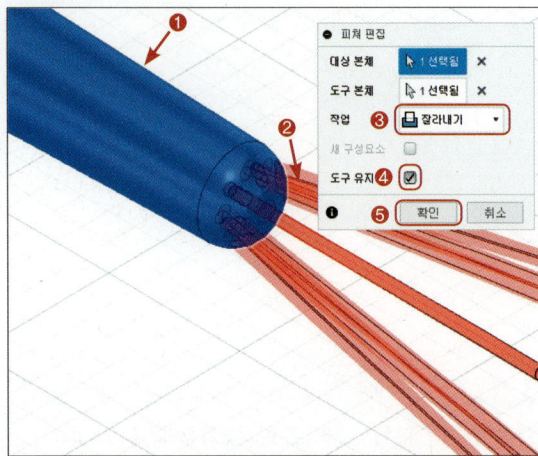

06 검색기(Browser)에서 본체2의 가시성(Visibility)을 꺼서 보이지 않게 한다. 본체1에서 본체2가 차지하는 부분만 차집합이 된 것을 확인한다.

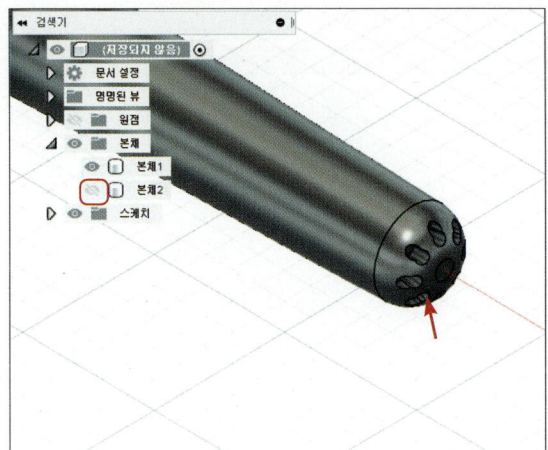

2-8 면 간격띄우기(Offset Face)

지정된 면에서 지정한 거리만큼 간격을 띄워 두께를 확장 또는 축소한다.

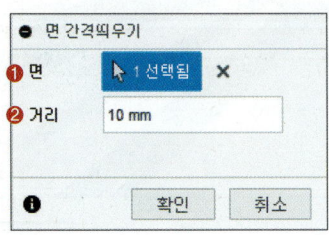

❶ 면(Faces) : 간격을 띄워줄 면을 선택한다.
❷ 거리(Distance) : 간격을 띄울 거리 값을 입력한다.

기능 익히기 ▶ 면 간격띄우기

01 도구막대(Toolbar)의 스케치 작성(Create Sketch)을 클릭하고 작업평면으로 XZ평면을 선택한다.

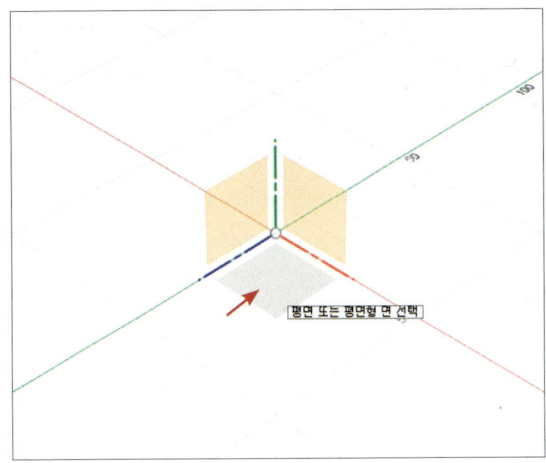

02 다음 그림과 같이 스케치를 작성하고 스케치 마무리(FINISH SKETCH)를 클릭하여 스케치를 마친다.

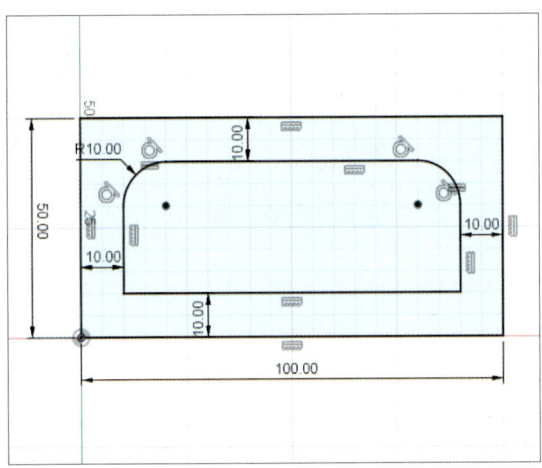

03 [작성(CREATE)]-[돌출(Extrude)]을 클릭하고 프로파일(Profile)로 두 단면을 모두 선택하고 거리(Distance)를 −30mm로 입력하고 [확인(OK)] 버튼을 클릭한다.

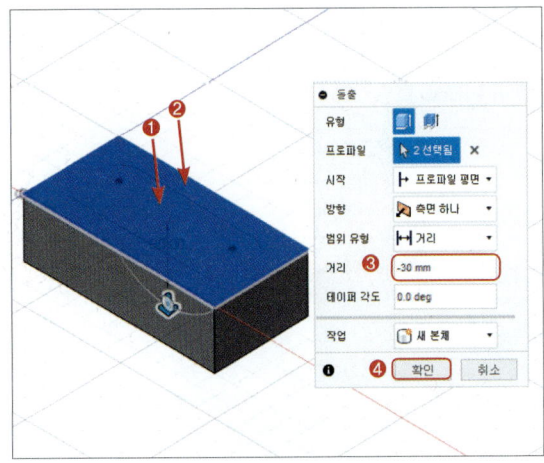

04 검색기(Browser)의 스케치(Sketches)를 확장하고 스케치1의 가시성(Visibility)을 켜서 스케치를 보이게 한다.

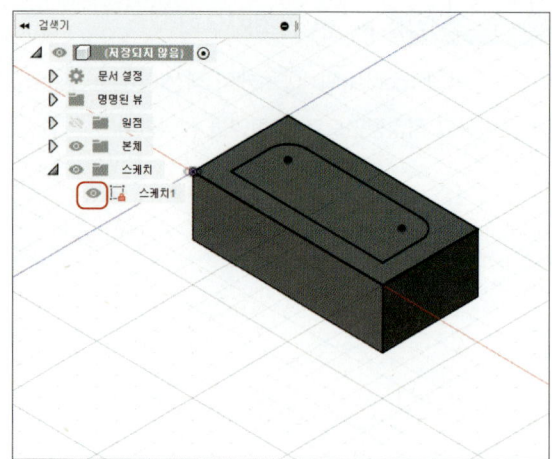

05 [작성(CREATE)]-[돌출(Extrude)]을 클릭하고 프로파일(Profile)로 가운데 단면을 선택하고 거리(Distance)를 −10mm로 입력, 생성(Operation)을 잘라내기(Cut)로 하고 [확인(OK)] 버튼을 클릭한다.

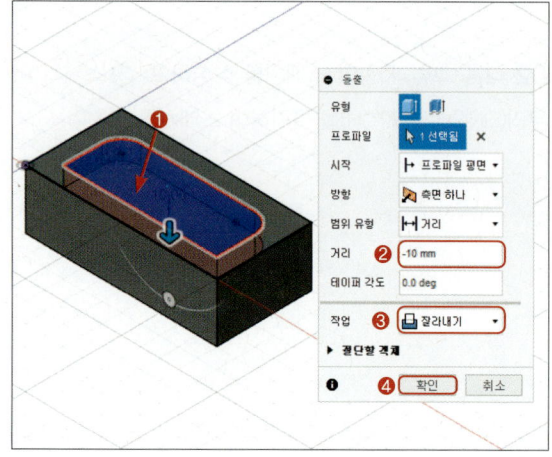

06 스케치1의 가시성(Visibility)을 꺼서 스케치를 안보이게 하고 [수정(MODIFY)]-[면 간격띄우기(Offset Face)] 클릭한 후 Fillet 사이의 면을 선택하고 거리(Distance)에 5mm를 입력한다. 거리(Distance)값을 −5mm로 수정 후 [확인(OK)] 버튼을 클릭한다.

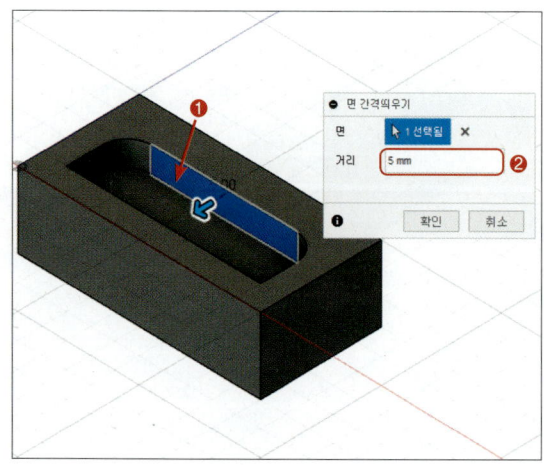 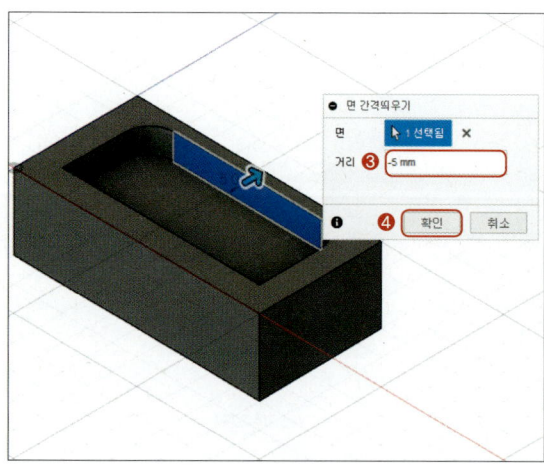

2-9 면 대체(Replace Face)

형상의 면을 다른 면으로 대체한다. 바꿀 면을 선택하고 대체할 면을 선택한다.

❶ 원본 면(Source Faces) : 바꿀 면을 선택한다.
❷ 접선 체인(Tangent Chain) : 체크하면 접선으로 접속되어 있는 면을 한 번에 선택한다.
❸ 대상 면(Target Faces) : 대체할 새로운 표면이나 평면을 선택한다.

기능 익히기 ▶ 면 대체시키기

01 [파일(File)]-[열기...(Open)]-[내 컴퓨터에서 열기...(Open from my computer...)]를 클릭하여 아래 예제 파일을 연다.

■ 예제 파일 : PART3₩2장₩Replace Face.f3d

02 [수정(MODIFY)]-[면 대체(Replace Face)]를 클릭한다. 원본 면(Source Faces)은 바깥 원통면을, 대상 면(Target Faces)으로 표면을 선택한다.

2-10 면 분할(Split Face)

스케치, 표면, 평면을 이용하여 면을 분할한다.

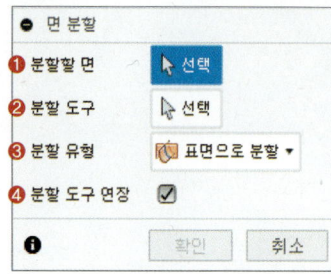

❶ 분할할 면(Faces to Split) : 분할할 면을 선택한다.

❷ 분할 도구(Splitting Tool) : 분할에 사용할 요소(스케치, 면, 평면)를 선택한다.

❸ 분할 유형(Split Type) : 곡면으로 분할(Split with Surface)은 선택한 면을 따라 분할 도구가 투영되어 분할, 벡터를 따라(Along Vector)는 모서리, 면, 축을 선택하여 투영 방향을 지정하여 분할, 가장 가까운 점(Closest Point)은 분할 도구와 선택한 면 사이에 가장 가까운 거리에 있는 면을 분할한다.

❹ 분할 도구 연장(Extend Splitting Tool) : 체크하면 분할 도구로 지정한 요소를 연장하여 사용한다.

기능 익히기 ▶ 면 분할시키기

주의 인쇄 직전 업데이트로 [표면으로 분할(Split with Suface)] 옵션의 번역이 [곡면으로 분할(Split with Suface)]으로 변경 되어 이미지는 수정하지 못 하였습니다. 이후 나오는 이미지의 [표면으로 분할(Split with Suface)] 옵션은 [곡면으로 분할(Split with Suface)]으로 보시면 됩니다.

01 [파일(File)]-[열기...(Open)]-[내 컴퓨터에서 열기...(Open from my computer...)]를 클릭하여 아래 예제 파일을 연다.

- 예제 파일 : PART3₩2장₩Split Face.f3d

02 [수정(MODIFY)]-[면 분할(Split Face)]을 클릭한다. 분할할 면(Faces to Split)으로 정면도(FRONT) 방향의 구 표면을 선택, 분할 도구(Splitting Tool)의 선택(Select)을 클릭하여 왼쪽 수직선을 선택, 분할 유형(Split Type)은 곡면으로 분할(Split with Surface)로 선택하고 [확인(OK)] 버튼을 누른다.

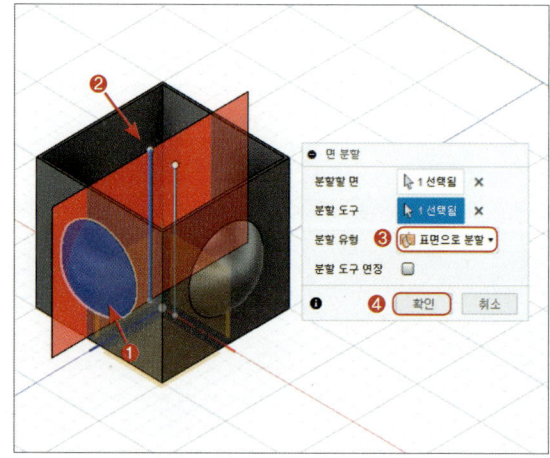

03 검색기(Browser)에서 스케치(Sketches) 확장하여 Sketch2의 가시성(Visibility)을 켜서 보이게 하고 마우스 우클릭 퀵메뉴에서 반복 면 분할(Repeat Split Face)을 반복 실행한다.

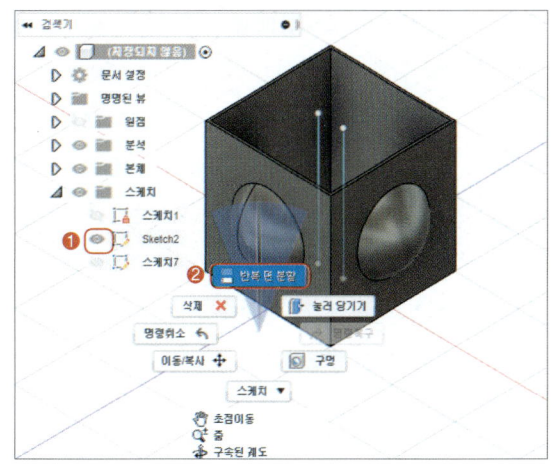

04 분할할 면(Faces to Split)으로 정면도(FRONT) 방향의 분할된 구의 오른쪽 표면, 우측면도(RIGHT) 방향의 구 표면을 선택, 분할 도구(Splitting Tool)의 선택(Select)를 클릭하여 오른쪽 수직선을 선택, 분할 유형(Split Type)은 벡터를 따라(Along Vector)로 선택하고 투영 방향(Project Direction)의 선택(Select)을 클릭하여 Z축을 선택한 후 [확인(OK)] 버튼을 누른다. 지정한 Z축 방향으로 분할이 된다.

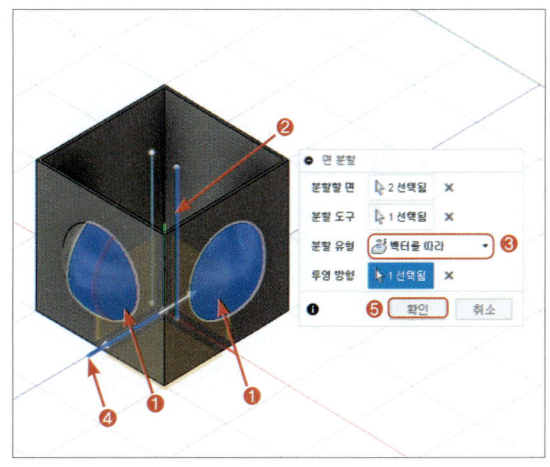

05 마우스 우클릭 퀵메뉴에서 반복 면 분할(Repeat Split Face)을 실행한다. 분할할 면(Faces to Split)으로 우측면도(RIGHT) 방향 면 2개 사각면(안, 바깥쪽)을 선택, 분할 도구(Splitting Tool)의 선택(Select)를 클릭하여 왼쪽 수직선을 선택, 분할 유형(Split Type)은 가장 가까운 점(Closest Point)으로 선택하고 [확인(OK)] 버튼을 누른다. 지정한 선과 가까운 왼쪽의 안쪽 면이 분할이 된다.

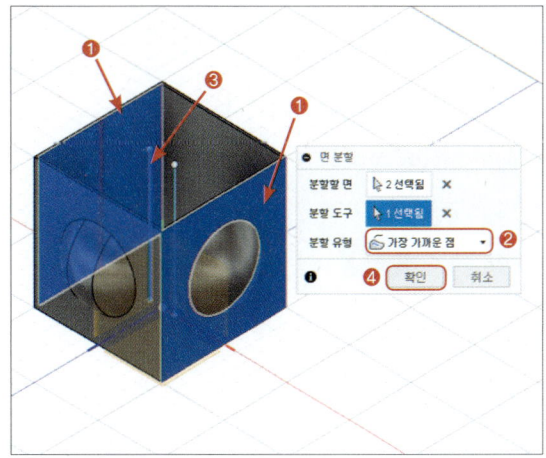

06 마우스 우클릭 퀵메뉴에서 반복 면 분할(Repeat Split Face)을 실행한다. 분할할 면(Faces to Split)으로 정면도(FRONT) 방향 Face 2개 사각면을 선택, 분할 도구(Splitting Tool)의 선택(Select)를 클릭하여 오른쪽 수직선을 선택, 분할 유형(Split Type)은 곡면으로 분할(Split with Surface)로 선택, 분할 도구 연장(Extend Splitting Tool)에 체크하고 [확인(OK)] 버튼을 누른다. 분할 도구가 연장되어 2개 면이 분할된다.

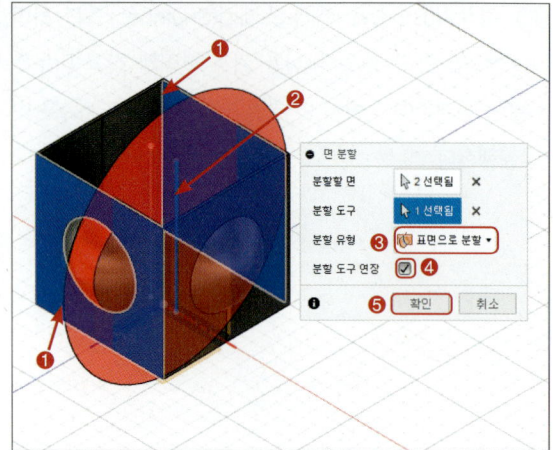

07 검색기(Browser)에서 Sketch2의 가시성(Visibility)을 꺼서 스케치가 보이지 않게 한다.

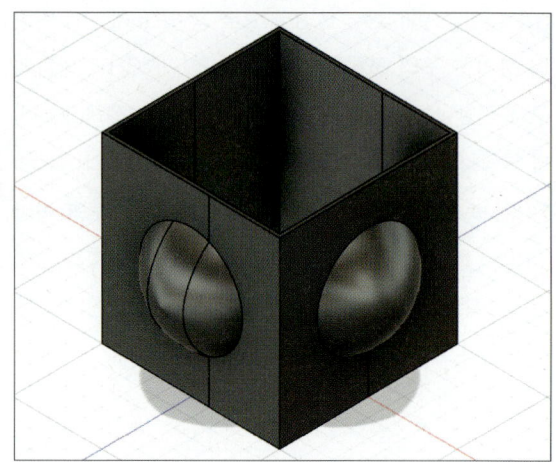

2-11 본체 분할(Split Body)

스케치, 표면, 평면을 이용하여 형상을 분할한다.

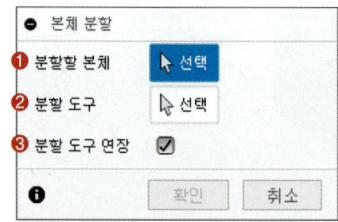

❶ 분할할 본체(Body to Split) : 분할할 본체를 선택한다.
❷ 분할 도구(Splitting Tool) : 분할에 사용할 요소(스케치, 면, 평면)를 선택한다.
❸ 분할 도구 연장(Extend Splitting Tool) : 체크하면 분할 도구로 지정한 요소를 연장하여 사용한다.

| 기능 익히기 | ▶형상 분할시키기

01 [파일(File)]-[열기...(Open)]-[내 컴퓨터에서 열기...(Open from my computer...)]를 클릭하여 아래 예제 파일을 연다.

- 예제 파일 : PART3₩2장₩Split Body.f3d

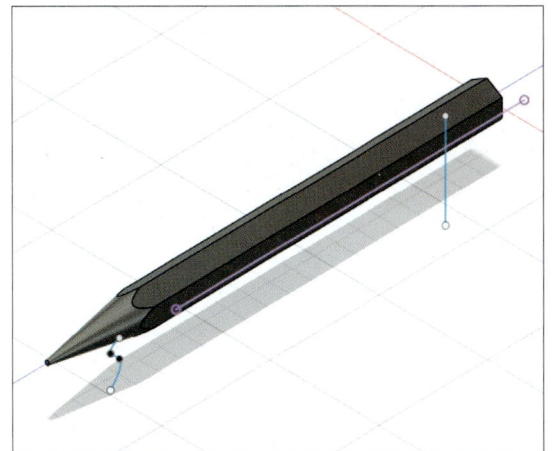

02 [수정(MODIFY)]-[🗂 본체 분할(Split Body)]을 MODIFY]-[🗂 Split Body]를 클릭한다. 분할할 본체(Body to Split)로 연필형상을 선택, 분할 도구(Splitting Tool)의 선택(Select)를 클릭하여 왼쪽 스플라인을 선택, 분할 도구 연장(Extend Splitting Tool)이 체크된 상태로 [확인(OK)] 버튼을 누른다. 연필심 부분이 분할이 되었다.

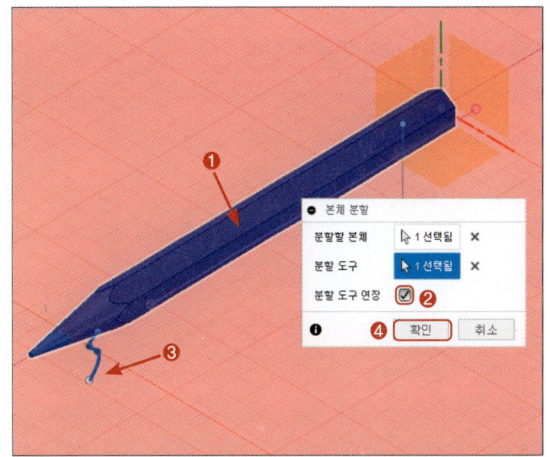

03 검색기(Browser)에서 스케치(Sketches)를 확장하여 스케치4의 가시성(Visibility)을 켜서 스케치가 보이게 한 후 마우스 우클릭 퀵메뉴에서 반복 본체 분할(Repeat Split Body)을 반복 실행한다.

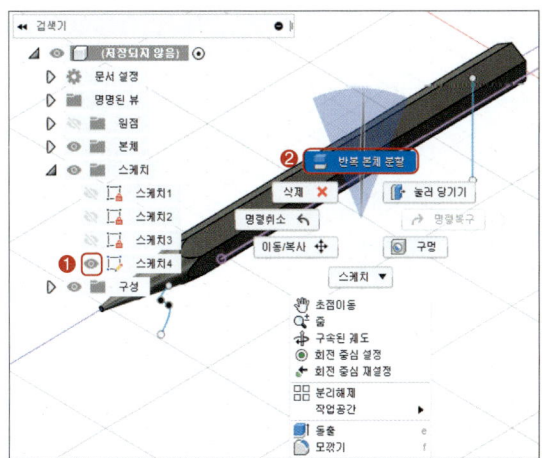

04 분할할 본체(Body to Split)로 연필형상을 선택, 분할 도구(Splitting Tool)의의 선택(Select)를 클릭하여 오른쪽 수직선을 선택, 분할 도구 연장(Extend Splitting Tool)이 체크된 상태로 [확인(OK)] 버튼을 누른다. 연필 뒷부분이 분할이 되었다.

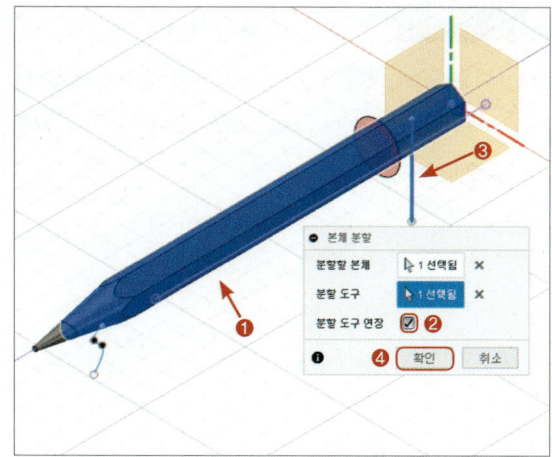

05 검색기(Browser)에서 스케치4의 가시성(Visibility)을 꺼서 스케치가 보이지 않게 한다.

2-12 윤곽 분할(Silhouette Split)

축, 모서리, 평면에서 추출한 윤곽선을 기준으로 분할한다.

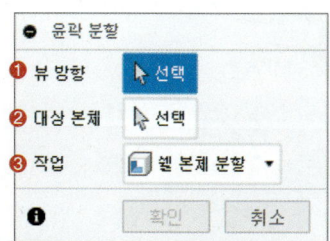

❶ 뷰 방향(View Direction) : 윤곽을 추출할 방향으로 축, 모서리, 평면을 선택한다.

❷ 대상 본체(Target Body) : 분할할 형상을 선택한다.

❸ 생성(Operation) : 형상의 분할방법을 설정한다. ■ 면만 분할(Split Faces Only), ■ 쉘 본체 분할(Split Shelled Body)은 쉘처리가 된 형상을 분할, ■ 솔리드 본체 분할(Split Solid Body)은 선택 평면으로 솔리드 형상을 분할한다.

기능 익히기 ▶ 윤곽 분할

01 [파일(File)]-[열기...(Open)]-[내 컴퓨터에서 열기...(Open from my computer...)]를 클릭하여 아래 예제 파일을 연다.

- 예제 파일 : PART3₩2장₩Silhouette Split.f3d

02 [수정(MODIFY)]-[윤곽 분할(Silhouette Split)]을 클릭한다. 뷰 방향(View Direction)으로 YZ평면을 선택, 대상 본체(Target Body)로 바디를 선택, 생성(Operation)은 면만 분할(Split Faces Only)로 선택하여 면만 분할이 되게 설정하고 [확인(OK)] 버튼을 누른다.

03 마우스 우클릭 퀵메뉴에서 반복 윤곽 분할(Repeat Silhouette Body)을 반복 실행한다. 뷰 방향(View Direction)으로 XY평면을 선택하고 대상 본체(Target Body)로 바디를 선택, 생성(Operation)은 솔리드 본체 분할(Split Solid Body)로 선택하여 형상이 분할이 되게 설정하고 [확인(OK)] 버튼을 누른다.

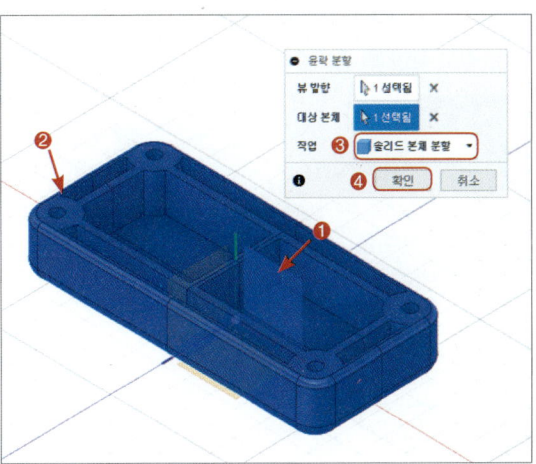

04 작업평면이 없는 경우 뷰 방향(View Direction)의 선택에 따라 중간지점으로 분할을 해준다. 명령 취소(Ctrl + Z)를 2회 실행하여 윤곽 분할(Silhouette Body) 실행전 단계로 한다.

05 [수정(MODIFY)]-[◐ 윤곽 분할(Silhouette Split)]을 클릭하고 뷰 방향(View Direction)으로 형상의 정면을 선택, 대상 본체(Target Body)로 바디를 선택, 생성(Operation)은 면만 분할(Split Faces Only)로 선택하여 [확인(OK)] 버튼을 누른다.

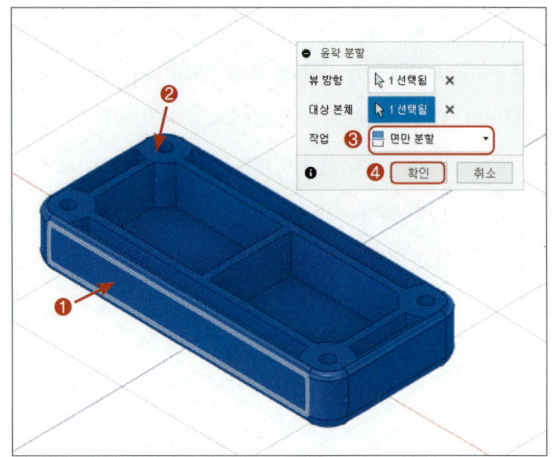

06 도구막대(Toolbar)의 [검사(INSPECT)]-[측정(Measure)]을 클릭하여 길이를 재보면 절반임을 확인할 수 있다. 왼쪽 길이 확인 후 선택 다시 시작(Restart Selection)을 클릭하여 다시 오른쪽 길이를 확인하면 된다.

2-13 이동/복사(Move/Copy)

대상을 선택하여 이동하거나 복사, 회전한다.

❶ 객체 이동(Move Object) : 이동할 요소의 종류를 선택한다.(스케치, 면, 본체, 구성요소)
❷ 선택(Selection) : 이동할 요소를 선택한다.
❸ 이동 유형(Move Type) : 이동, 변형, 회전, 점에서 점으로 이동 등 방법을 선택한다.
❹ 피벗 설정(Set Pivot) : 이동할 기준점을 설정한다.
❺ X,Y,Z 거리(X,Y,Z Distance) : X축, Y축, Z축으로 거리를 입력한다.
❻ X,Y,Z 각도(X,Y,Z Angle) : X축, Y축, Z축으로 각도를 입력한다.
❼ 사본 작성(Create Copy) : 복사 Object를 작성할 때 체크한다.

기능 익히기 ▶ 이동시키고 복사하기

01 [파일(File)]-[열기...(Open)]-[내 컴퓨터에서 열기...(Open from my computer...)]를 클릭하여 아래 예제 파일을 연다.

■ 예제 파일 : PART3₩2장₩MoveCopy.f3d

02 [수정(MODIFY)]-[✥ 이동/복사(Move/Copy)]를 클릭하고 객체 이동(Move Object)이 ☐본체...(Bodies)인 상태에서 열쇠를 선택하고 🔨 피벗 설정(Set Pivot)을 클릭하여 원주를 선택한 다음 ✅ 종료(Done)을 클릭하여 기준점 설정을 마친다.

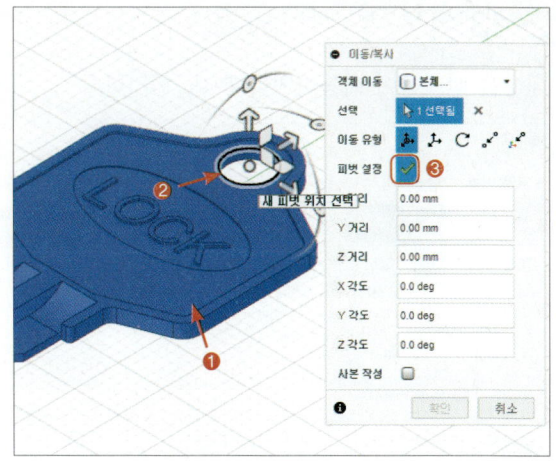

03 화살표와 회전바가 보이는 조작기에서 Z방향 화살표를 클릭하여 위로 6만큼 드래그하거나 Z 거리(Z Distance)를 6으로 입력하고 [확인(OK)] 버튼을 누른다.

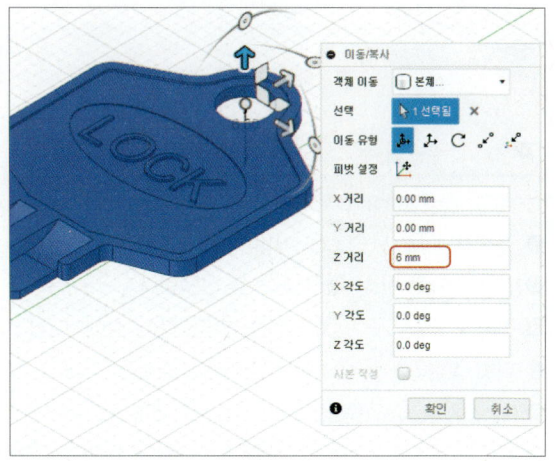

04 마우스 우클릭 퀵메뉴에서 반복 이동/복사(Repeat Move/Copy)를 실행한다. 본체선택과 기준점 설정을 2번과 동일하게 하고 회전바를 드래그하여 X 각도(X Angle)를 90으로 맞추거나 90으로 입력하고 [확인(OK)] 버튼을 누른다.

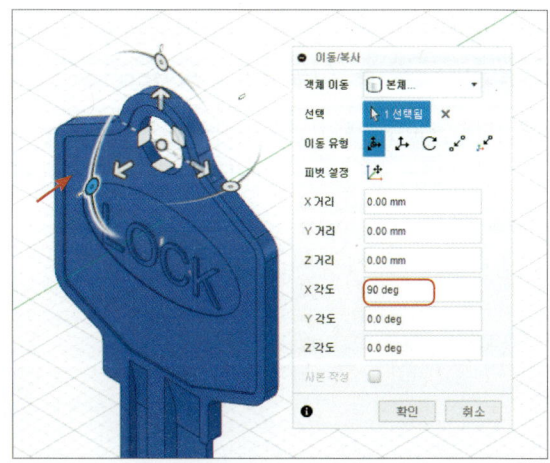

05 마우스 우클릭 퀵메뉴에서 반복 이동/복사(Repeat Move/Copy)를 실행한다. 본체 선택과 기준점 설정을 2번과 동일하게 하고 사본 작성(Create Copy)에 체크한 후 Z 거리(Z Distance)를 30을 입력하고 [확인(OK)] 버튼을 누른다.

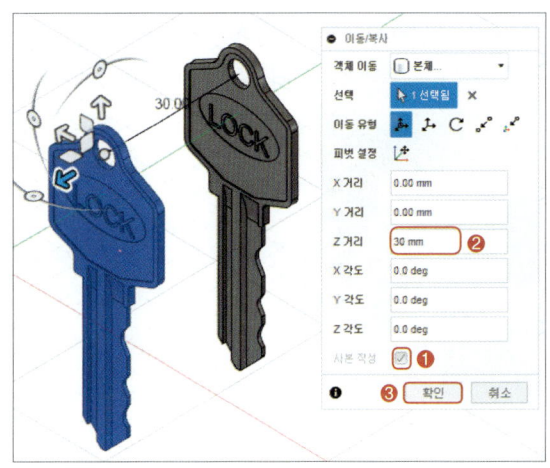

2-14 정렬(Align)

본체, 구성요소, 스케치를 정렬한다. 기준점을 선택한 후 이동할 지점을 클릭하면 정렬이 된다.

❶ 객체(Object) : 정렬할 요소의 종류를 선택한다.(⬜본체, ⬜구성요소)
❷ 시작(From) : 정렬할 요소를 선택한다.
❸ 끝(To) : 정렬을 어디로 할건지 대상을 선택한다.
❹ 반전(Flip) : 정렬 방향을 반전시킨다.
❺ 각도(Angle) : 선택한 점을 중심으로 회전한다.

> **기능 익히기** ▶ 2개 블록을 나란히 정렬하기

01 [파일(File)]-[열기...(Open)]-[내 컴퓨터에서 열기...(Open from my computer...)]를 클릭하여 아래 예제 파일을 연다.

■ 예제 파일 : PART3₩2장₩Align.f3d

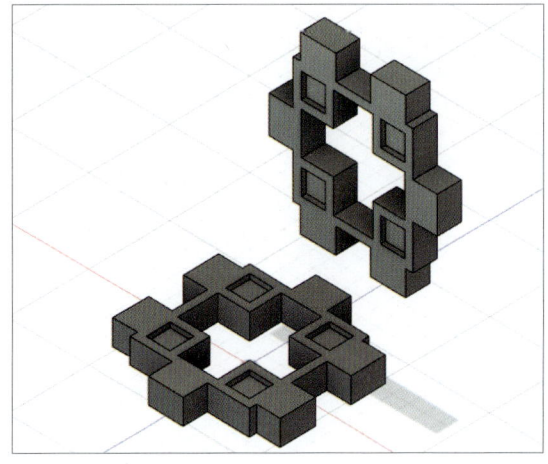

02 [수정(MODIFY)]—[정렬(Align)]을 클릭하고 객체(Object)는 본체...(Bodies), 시작(From)은 세로 본체의 아래 모서리 중간부분, 끝(To)은 뷰 방향을 돌려 바닥에 있는 Body의 모서리 중간 부분을 선택하고 [확인(OK)] 버튼을 누른다.

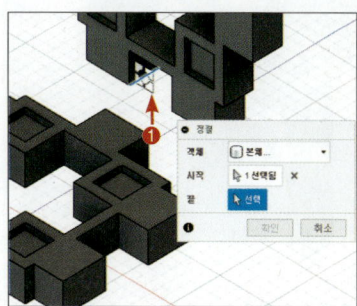 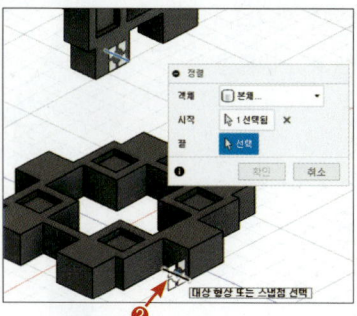 

2-15 삭제(Delete)

선택한 형상, 면, 스케치 등을 삭제한다. 키보드의 Delete 도 같은 기능을 수행한다.

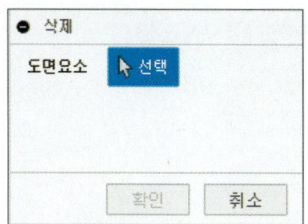

기능 익히기 ▶ 본체 삭제하기

01 [파일(File)]−[열기...(Open)]−[내 컴퓨터에서 열기...(Open from my computer...)]를 클릭하여 아래 예제 파일을 연다.

- 예제 파일 : PART3₩2장₩Delete.f3d

02 [수정(MODIFY)]-[✖ 삭제(Delete)]를 클릭하고 검색기(Browser)에서 본체(Bodies)를 확장하여 본체3을 선택하고 [확인(OK)] 버튼을 누른다. 삭제 경고(Delete Warning)창에서 [삭제(Delete)]를 클릭한다.

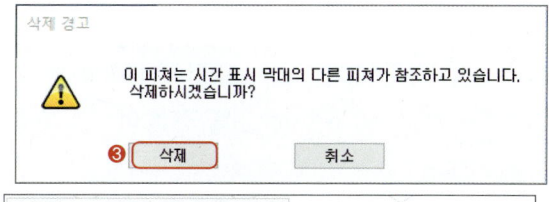

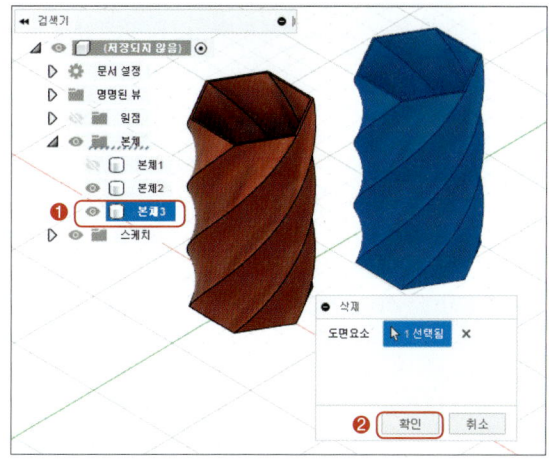

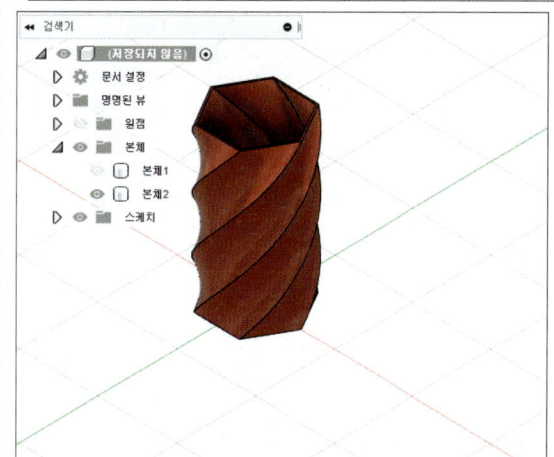

2-16 물리적 재질(Physical Material)

형상에 재질을 부여한다. 재질을 설정하면 브라우저에서 본체를 우클릭, 특성(Properties)에서 중량을 확인할 수 있다. ▼이 설계(In This Design)안에 사용된 재질이 표시되고 우클릭하여 편집할 수 있다.

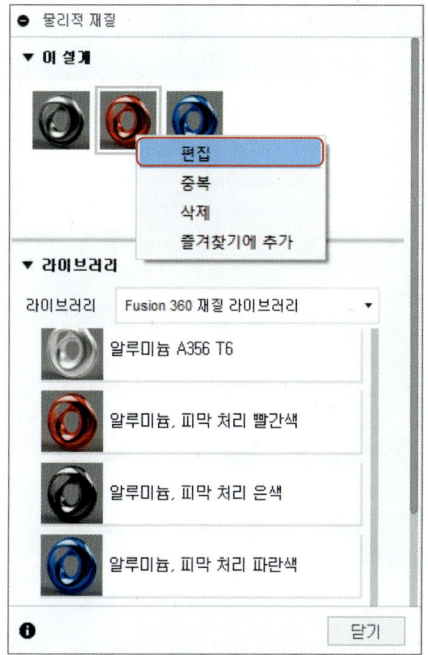

기능 익히기 ▶ 형상에 물리적 재질 부여하기

01 [파일(File)]-[열기...(Open)]-[내 컴퓨터에서 열기...(Open from my computer...)]를 클릭하여 아래 예제 파일을 연다.

- 예제 파일 : PART3₩2장₩Physical Material.f3d

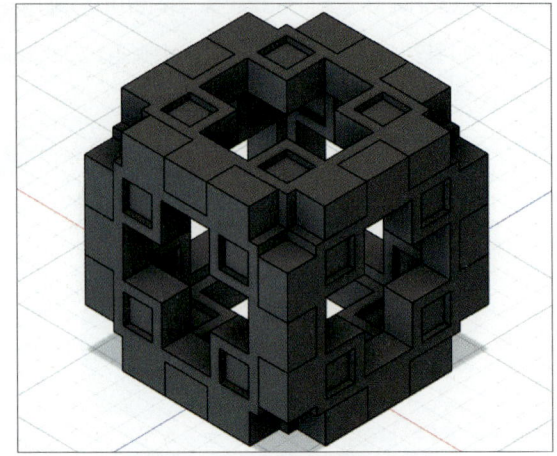

02 [수정(MODIFY)]-[🏁물리적 재질(Physical Material)]을 클릭한다. 라이브러리(Library)에서 [플라스틱(Plastic)]-[박판, 파란색, 무광(Laminate, Blue, Matte)], [박판, 빨간색, 무광(Laminate, Red, Matte)]을 클릭하여 드래그&드롭으로 본체에 재질을 부여한다.

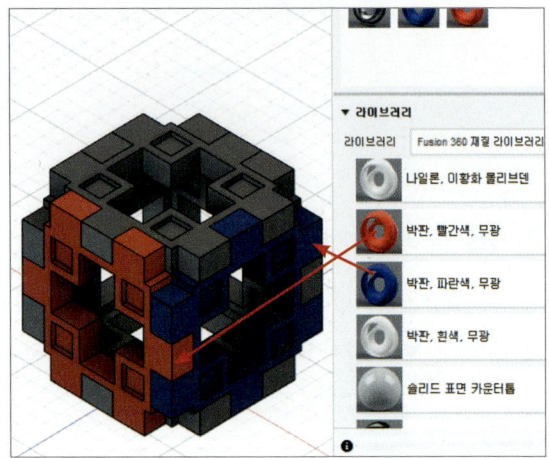

03 ▼이 설계(In This Design)안의 [박판, 파란색, 무광(Laminate, Blue, Matte)]에 우클릭, 중복(Duplicate)을 클릭하여 복제한다.

04 복제한 재질에 우클릭, 편집(Edit)을를 클릭하여 [고급(Advanced)]을 선택한다.

05 재질 편집기(Material Editor)창의 [모양(Appearance)] 탭-[색상(Color)-RGB 48 59 150]을 클릭하여 사용할 컬러를 선택하고 [확인(OK)] 버튼을 누른다.

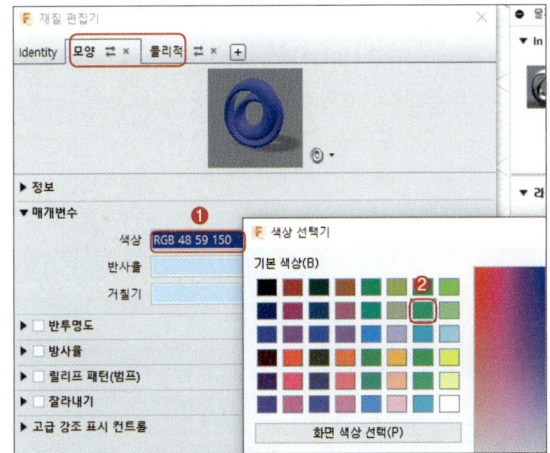

06 새로 만든 재질을 드래그&드롭으로 본체에 적용한다. 같은 방법으로 재질을 하나 더 만들어 모든 본체에 적용한다. 검색기(Browser)의 본체(Bodies)를 확장하여 본체1에 우클릭, 특성(Properties)을 선택하여 질량값을 확인한다.

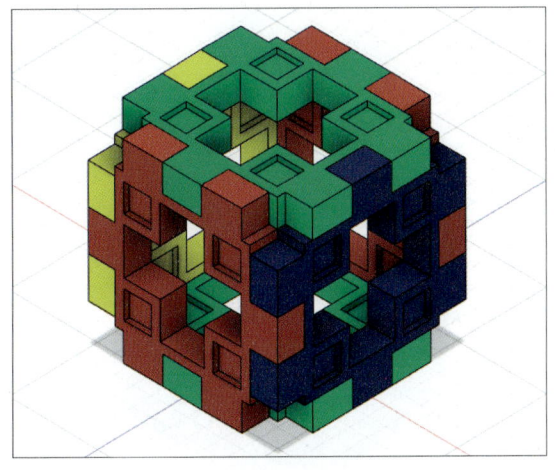 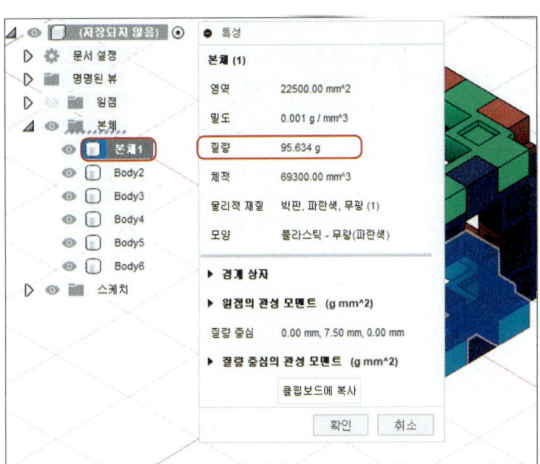

2-17 모양(Appearance)

형상, Face에 색과 모양을 입힌다.

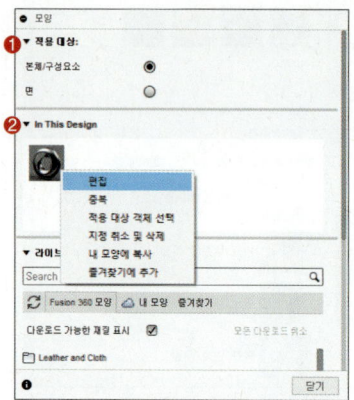

❶ 적용 대상(Apply To) : 적용할 대상이 본체/구성요소(Bodies/Components)인지, 면(Faces)인지 선택할 수 있다.

❷ 이 설계(In This Design) : 현재 열린 파일에서 사용한 재질들을 보여주고 우클릭하여 편집할 수 있다. [고급(Advanced)]를 선택하여 재질 편집기(Material Editor)창에서 다른 설정들을 편집할 수 있다.

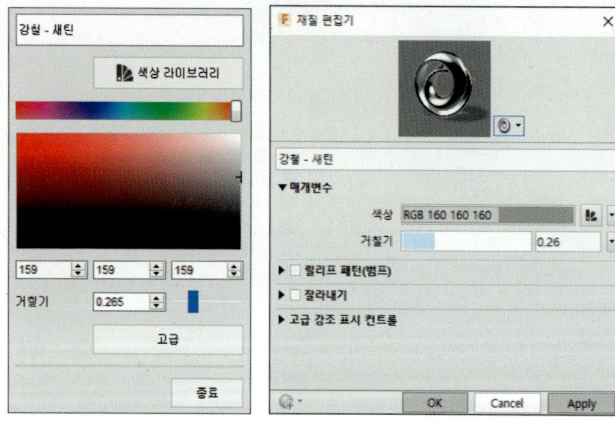

기능 익히기 ▶ 선물상자에 색상 입히기

01 [파일(File)]-[열기...(Open)]-[내 컴퓨터에서 열기...(Open from my computer...)]를 클릭하여 아래 예제 파일을 연다.

- 예제 파일 : PART3₩2장₩Appearance.f3d

Part 3_설계(Design)

02 [수정(MODIFY)]-[🎨 모양(Appearance)]을 선택하고 ▼이 설계(In This Design)에서 페인트-에나멜 광택(흰색)[Paint-Enamel Glossy(White)]을 상자 본체에 드래그&드롭으로 부여한다. 만약, 경고(Warning)창이 보이면 제거(Remove)를 클릭하여 기존 외관은 제거하고 새로 입힌다.

03 ▼이 설계(In This Design)에서 페인트-에나멜 광택(빨간색)[Paint-Enamel Glossy(Red)]을 상자 위 리본 본체에 드래그&드롭으로 부여한다. 페인트-에나멜 광택(빨간색)[Paint-Enamel Glossy(Red)]은 기본 색상이 빨간색이지만 편집(Edit)을 사용해 보라색으로 바꾸어 놓은 상태이다.

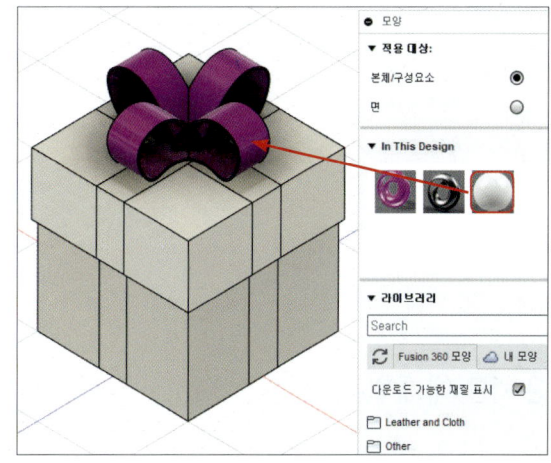

04 ▼적용 대상(Apply To):을 면(Faces)으로 설정하여 분할된 면에 드래그&드롭으로 부여한다.

2-18 재질 관리(Manage Materials)

재질 라이브러리를 새로 만들거나 폴더를 나누어 지정할 수 있다.

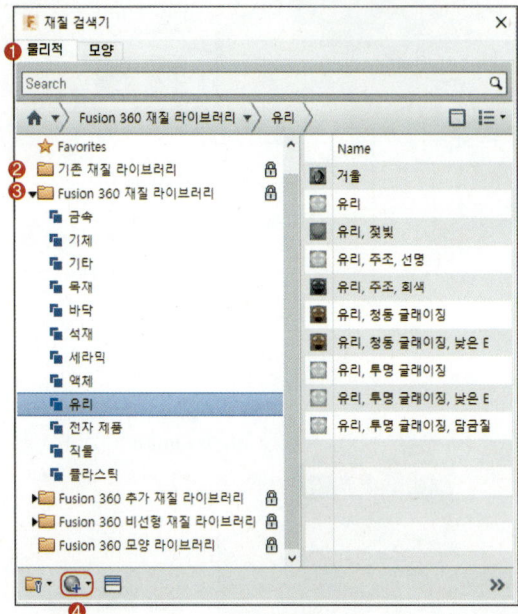

❶ [물리적(Physical)] 탭은 물리적 재질을 설정하고, [모양(Appearance)] 탭은 외관 재질을 설정한다.

❷ Favorites : 마우스 우클릭하여 [Create Category]를 선택하면 새로운 항목을 추가한다.

❸ Fusion 360 재질 라이브러리(Fusion 360 Material Library) : 초기에 설정한 재질이 저장되어 있으며 편집은 불가능하다.

❹ Create New Material : 라이브러리와 재질을 새로 작성할 수 있다.

2-19 매개변수 변경(Change Parameters)

매개변수의 리스트를 대화상자로 표시하거나 한 번에 편집할 때 사용한다. 이름, 값, 설명 등을 편집하고 계산식을 사용하여 다른 매개변수와 연관지어 정의할 수도 있다.

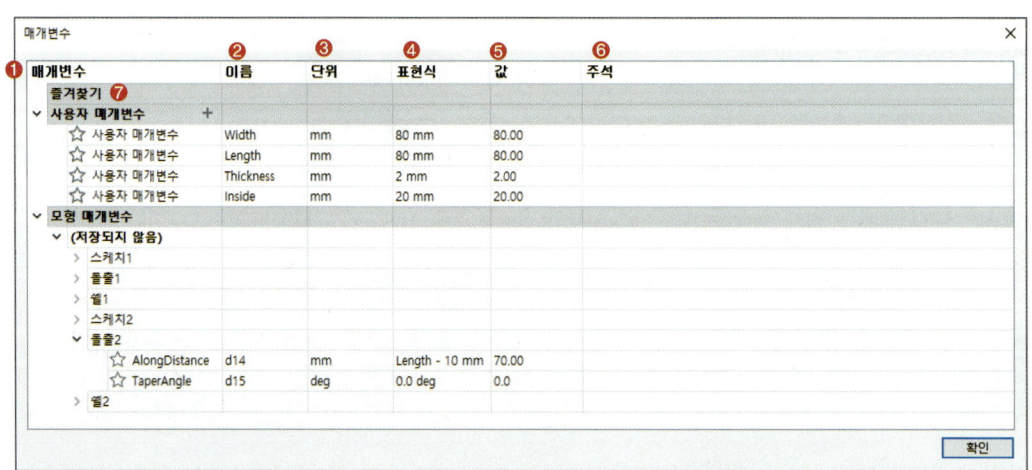

❶ 매개변수(Parameter) : 매개변수가 어느 부분에서 사용되는지 정보를 나타낸다.

❷ 이름(Name) : 매개변수 이름이 표시된다. 초기값은 [d(숫자)]로 붙여지며 임의로 이름을 변경할 수 있다.

❸ 단위(Unit) : 단위를 표시한다.

❹ 표현식(Expression) : 매개변수 값을 나타내며 계산식을 입력할 수 있다.

❺ 값(Value) : 표현식(Expression)의 계산 결과값을 보여준다.
❻ 주석(Comment) : 보조 설명을 입력할 수 있다.
❼ 즐겨찾기(Favotites) : 매개변수의 별 표시를 선택하면 해당 매개변수가 즐겨찾기(Favotites)로 추가된다.

> [!NOTE]
> **기능 익히기** ▶ 매개변수 사용하여 펜꽂이 만들기

01 [∑ 매개변수 변경(Change Parameters)]을 클릭하고 사용자 매개변수(User Parameters)의 + 버튼을 클릭한다. 이름(Name)은 Width, 단위(Unit)는 mm, 표현식(Expression)은 80으로 입력하고 [확인(OK)] 버튼을 누른다.

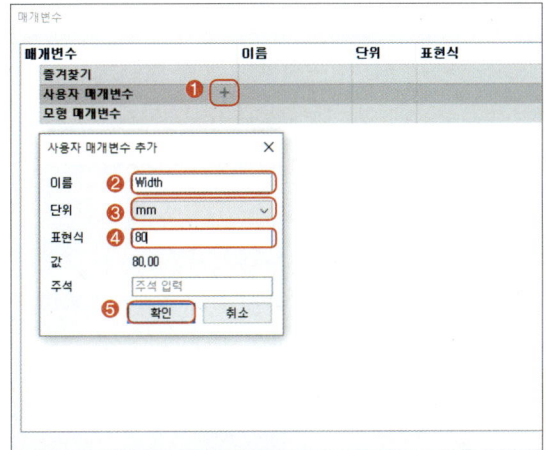

02 다시 사용자 매개변수(User Parameters)의 + 버튼을 클릭하고 이름(Name)은 Length, 단위(Unit)는 mm, 표현식(Expression)은 80으로 입력하고 [확인(OK)] 버튼을 누른다.

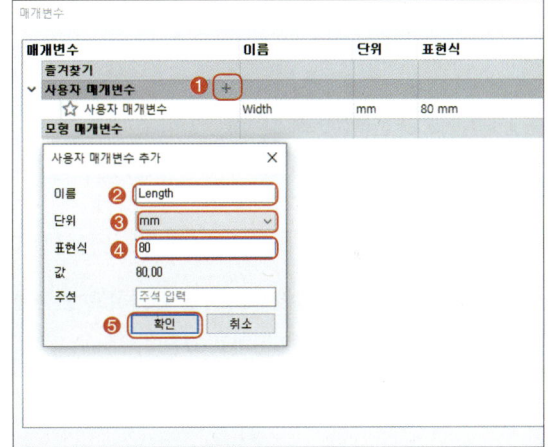

03 다시 사용자 매개변수(User Parameters)의 + 버튼을 클릭하고 이름(Name)은 Thickness, 단위(Unit)는 mm, 표현식(Expression)은 2로 입력하고 [확인(OK)] 버튼을 누른다.

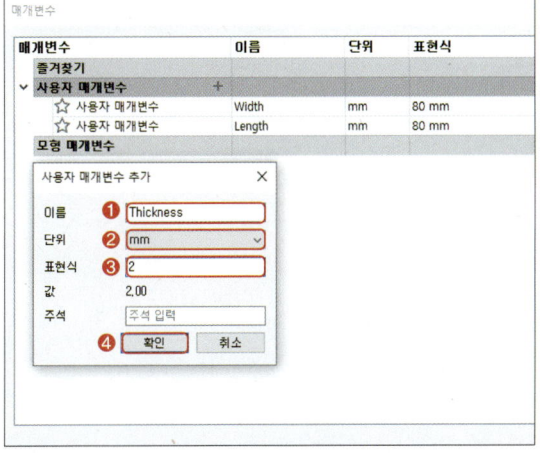

04 다시 사용자 매개변수(User Parameters)의 + 버튼을 클릭하고 이름(Name)은 Inside, 단위(Unit)는 mm, 표현식(Expression)은 20으로 입력하고 [확인(OK)] 버튼을 누른다.

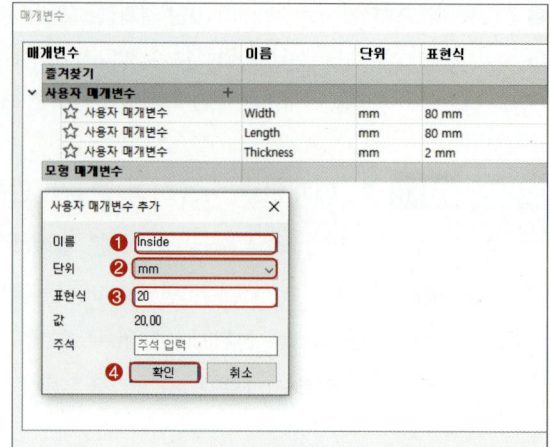

05 도구막대(Toolbar)의 스케치 작성(Create Sketch) 아이콘(   )을 클릭하고 XZ평면을 선택한다.

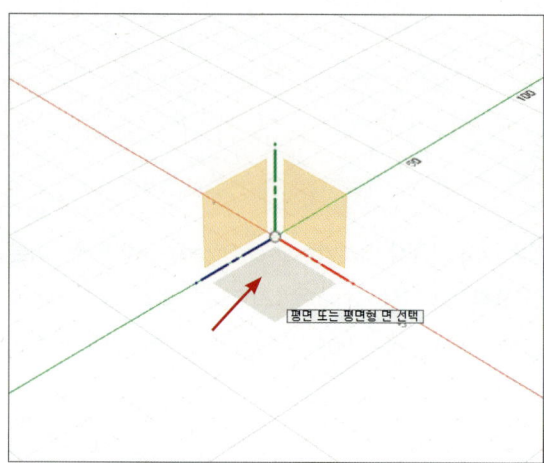

06 [작성(CREATE)]-[선(Line)]을 선택하고 원점을 기준으로 수평선과 수직선을 임의로 그린다.

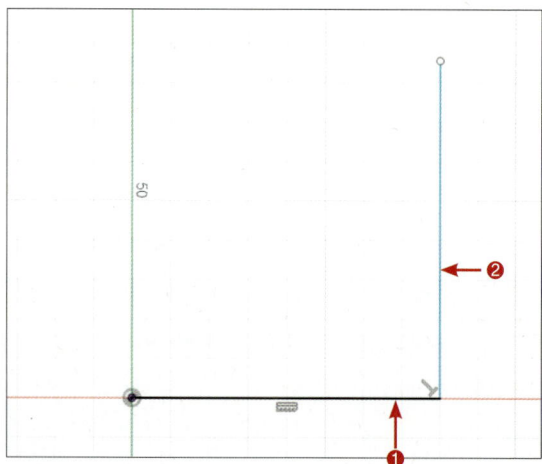

07 [작성(CREATE)]-[⊢ 스케치 치수(Sketch Dimension)]를 선택하고 값 입력란에 W를 입력하고 Width 사용자 매개변수(User Parameter)(mm)를 선택하고 Enter 를 누른다.

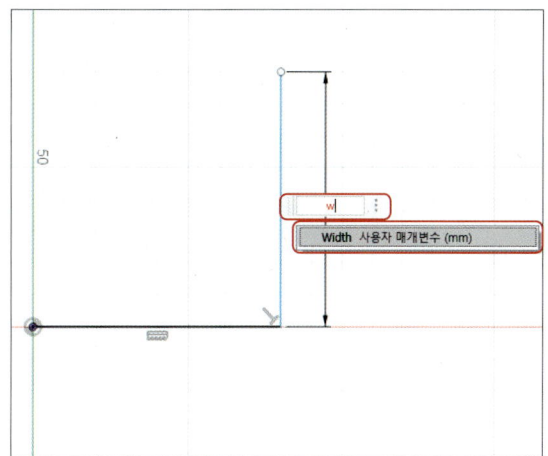

08 수평선을 선택하고 값 입력란에 L을 입력하고 사용자 매개변수(User Parameter)를 선택하고 Enter 를 누른다. Esc 를 눌러 스케치 치수 명령을 종료한다.

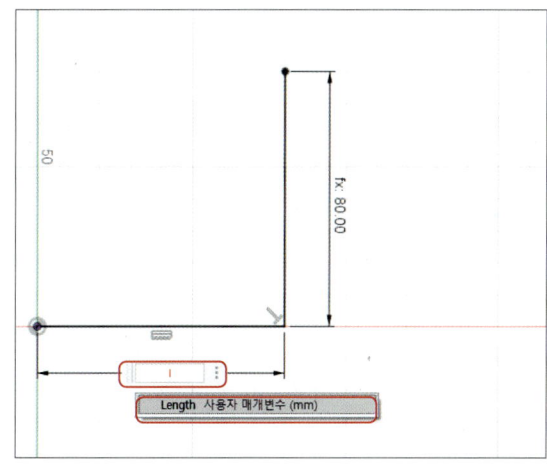

09 [작성(CREATE)]-[↪ 선(Line)]을 선택하고 끝점을 잇는 사선을 그리고 ↪(✓)를 누른다.

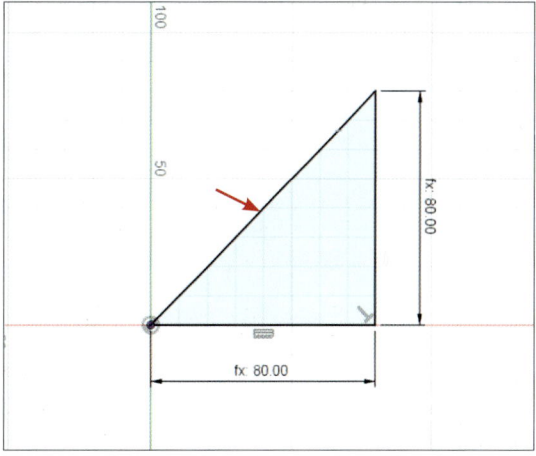

10 뷰큐브의 Home 아이콘(⌂)을 클릭하여 뷰를 전환한다. 스케치 시작을 우측면도(RIGHT)에서 해야 하는데 평면도(TOP)를 클릭하여 잘못한 경우가 발생하였다. 스케치 평면을 재지정하기 위해 타임라인의 스케치에 우클릭 [스케치 평면 재정의(Refine Sketch Plane)]를 선택한다.

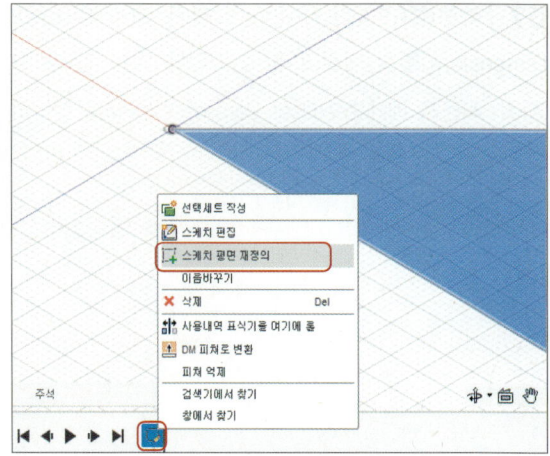

11 평면(Plane)의 선택(Select)을 클릭하고 브라우저의 원점(Origin)을 확장하여 YZ평면을 선택하고 [확인(OK)] 버튼을 누른다. 이처럼 스케치 시작 평면을 잘못 지정한 경우는 새로 스케치를 작성하는 것이 아니라 스케치 평면을 재지정하면 된다.

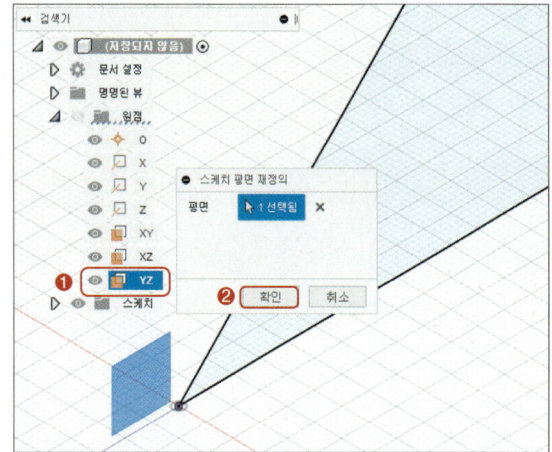

12 [작성(CREATE)]-[돌출(Extrude)]을 클릭하고 하늘색의 스케치 프로파일을 선택하고 거리(Distance)를 Length로 입력하고 [확인(OK)] 버튼을 누른다.

13 [수정(MODIFY)]-[쉘(Shell)]을 선택하고 가장 윗면을 선택하고 내부 두께(Inside Thickness)를 T를 입력, 매개변수 리스트에서 Thickness를 선택하고 [확인(OK)] 버튼을 누른다.

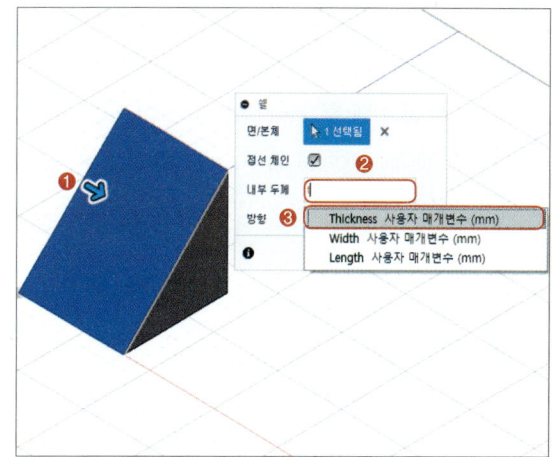

14 마우스를 안쪽 바닥면에 대고 우클릭하여 퀵메뉴에서 스케치 작성(Create Sketch)을 클릭한다.

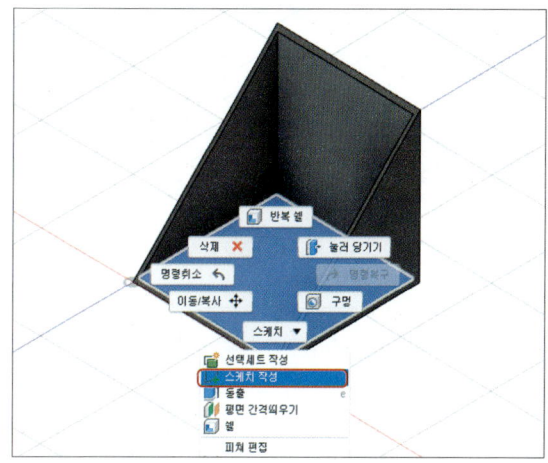

15 [작성(CREATE)]-[선(Line)]을 선택하고 수평선을 그린다. 스케치 팔레트에서 수평/수직(Horizontal/Vertical)을 클릭하여 수평선이 되게 구속조건을 준다. [작성(CREATE)]-[스케치 치수(Sketch Dimension)]를 선택하고 2개 선을 선택 후 값 입력란에 I를 입력하고 Inside 사용자 매개변수(User Parameter)(mm)를 선택하고 Enter 를 누른 후 스케치 마무리(FINISH SKETCH)로 명령을 종료한다.

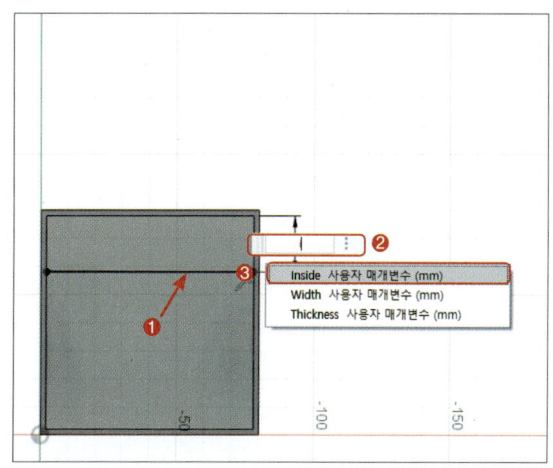 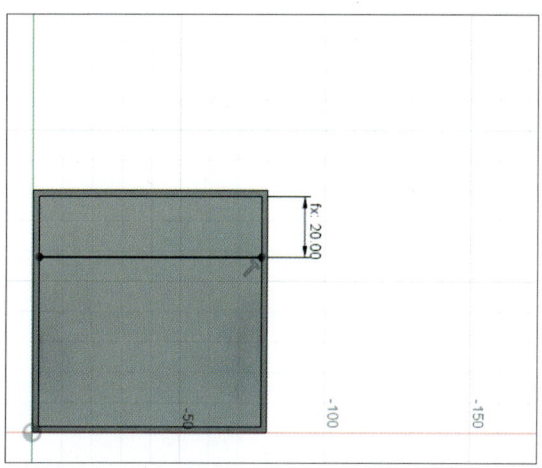

16 뷰큐브의 Home 아이콘( )을 클릭하여 뷰를 전환한다. [작성(CREATE)]-[돌출(Extrude)]을 클릭하고 프로파일(Profiles) 선택 후 거리(Distance)에 Length-10으로 입력, 생성(Operation)은 접합(Join)으로 설정 후 [확인(OK)] 버튼을 누른다.

17 [수정(MODIFY)]-[쉘(Shell)]을 선택하고 윗면을 선택 후 내부 두께(Inside Thickness)를 T를 입력, 매개변수 리스트에서 Thickness를 선택하고 [확인(OK)] 버튼을 누른다.

2-20 모두 계산(Compute All)

화면이 깨진다거나 처리가 정상적으로 이뤄지지 않는 등 이상 현상이 발생했을 때 사용한다.

Section 03 구성(CONSTRUCT)

평면, 축, 점을 보조수단(작업피쳐)으로 지정하여 작업의 편리성을 높여준다.

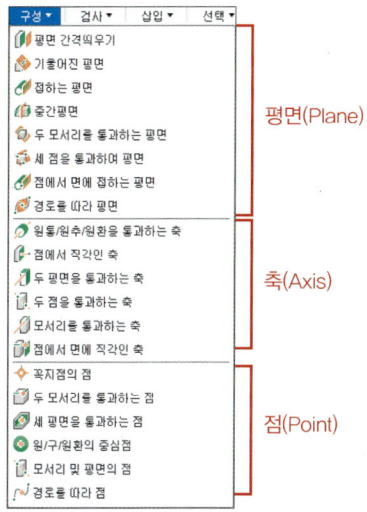

3-1 평면(Plane)

기본적으로 제공되는 XY, XZ, YZ평면 외에 필요에 따라 형상에 맞춰 새롭게 작업 평면을 여러 가지 방법으로 작성할 수 있다.

1) 평면 간격띄우기(Offset Plane)

평면에서 일정 거리만큼 간격을 둔 평면을 작성한다.

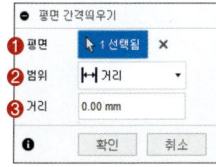

❶ 평면(Plane) : 기준 평면이나 솔리드 본체의 평면을 선택한다.
❷ 범위(Extent) : 간격 띄우기 범위를 지정한다. 거리(Distance)는 입력한 거리만큼, 객체로(To Object)는 지정한 점까지 거리를 띄워준다.
❸ 거리(Distance) : 거리를 입력한다.

| 기능 익히기 | ▶ 간격띄우기 평면 만들기 |

01 [파일(File)]-[열기...(Open)]-[내 컴퓨터에서 열기...(Open from my computer...)]를 클릭하여 아래 예제 파일을 연다.

- 예제 파일 : PART3₩3장₩Offset Plane.f3d

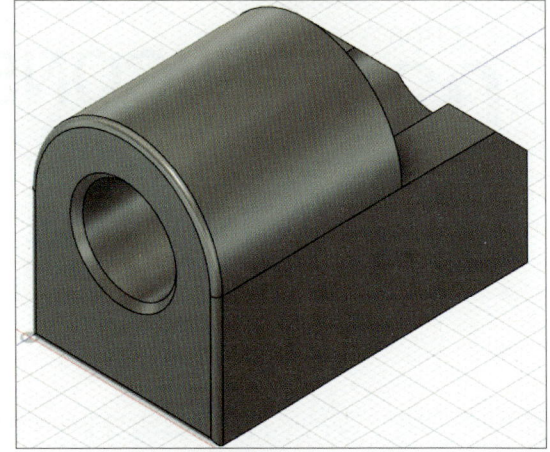

02 [구성(CONSTRUCT)]-[면 간격띄우기(Offset Plane)]를 선택하고 앞면을 선택하고 화살표를 드래그하거나 거리(Distance)를 10으로 입력하고 [확인(OK)] 버튼을 누른다.

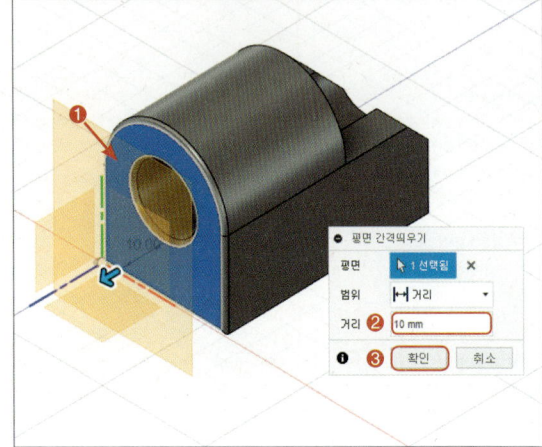

03 새로 생긴 평면에 마우스 우클릭 퀵메뉴에서 스케치 작성(Create Sketch)을 클릭한다.

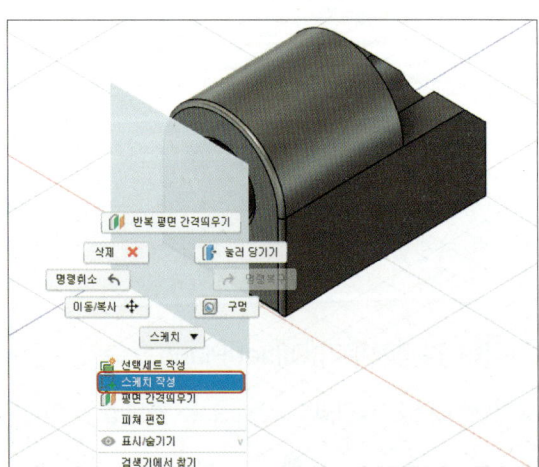

04 [작성(CREATE)]-[원(Circle)]-[⌀ 중심 지름 원 (Center Diameter Circle)], [작성(CREATE)]-[⊢ 스케치 치수(Sketch Dimension)]로 Ø6mm 원을 작성 후 스케치 마무리(FINISH SKETCH)를 클릭한다.

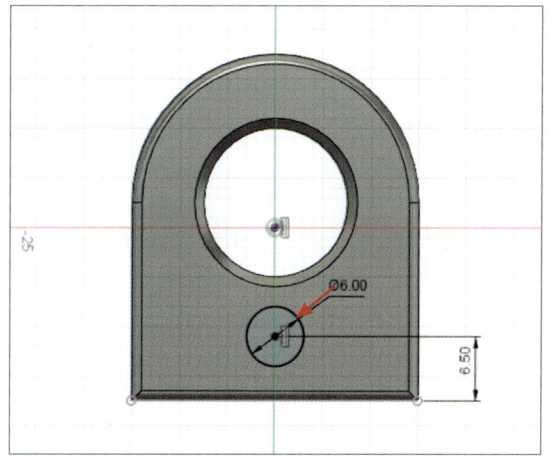

05 뷰큐브의 Home 아이콘(⌂)을 클릭하여 뷰를 전환한다. [작성(CREATE)]-[돌출(Extrude)]을 클릭하고 하늘색상의 스케치 프로파일을 선택한다. 범위 유형(Extent Type)을 객체로(To Object)로 설정하고 앞면을 지정한 후 생성(Operation)을 접합(Join)으로 한 후 [확인(OK)]버튼을 누른다.

2) 기울어진 평면(Plane at Angle)

모서리, 스케치 직선을 축으로 각도가 있는 평면을 작성한다.

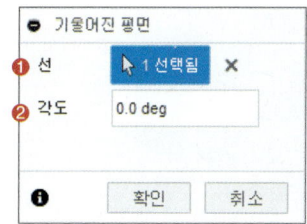

❶ 선(Line) : 스케치 직선, 형상의 직선 모서리를 선택한다.
❷ 각도(Angle) : 회전 각도를 입력한다.

기능 익히기 ▶ 경사 평면 만들기

01 [파일(File)]-[열기...(Open)]-[내 컴퓨터에서 열기...(Open from my computer...)]를 클릭하여 아래 예제 파일을 연다.

- 예제 파일 : PART3₩3장₩Plane at Angle.f3d

02 [구성(CONSTRUCT)]-[🔶 기울어진 평면(Plane at Angle)]을 선택하고 우측면의 아래 모서리를 선택하고 회전바를 드래그하거나 각도(Angle)을 -45로 입력하고 [확인(OK)] 버튼을 누른다.

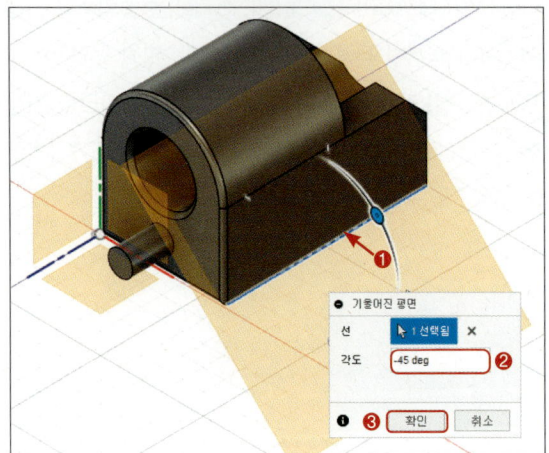

03 새로 생긴 평면에 마우스 우클릭 퀵메뉴에서 스케치 작성(Create Sketch)을 클릭한다.

04 [작성(CREATE)]-[직사각형(Rectangle)]-[□ 2점 직사각형(2-Point Rectangle)], [작성(CREATE)]-[┤├ 스케치 치수(Sketch Dimension)]로 직사각형을 작성 후 스케치 마무리(FINISH SKETCH)를 클릭한다.

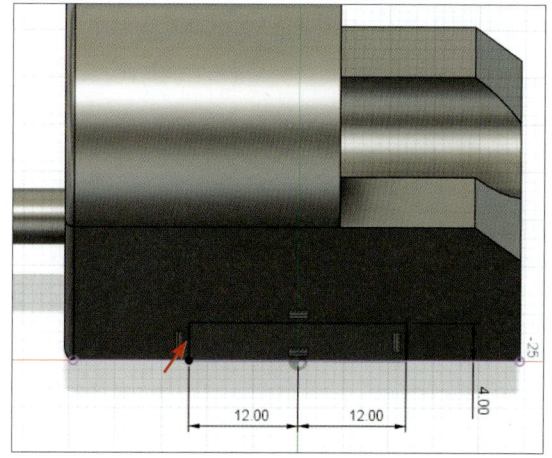

05 뷰큐브의 Home 아이콘(⌂)을 클릭하여 뷰를 전환한다. [작성(CREATE)]-[돌출(Extrude)]을 클릭하고 스케치 프로파일을 선택한다. 다른 면과 겹쳐있어 선택하기 곤란한 경우는 프로파일이 있는 부분에 왼쪽 마우스를 꾹 눌러 리스트에서 프로파일(Profile)을 선택한다.

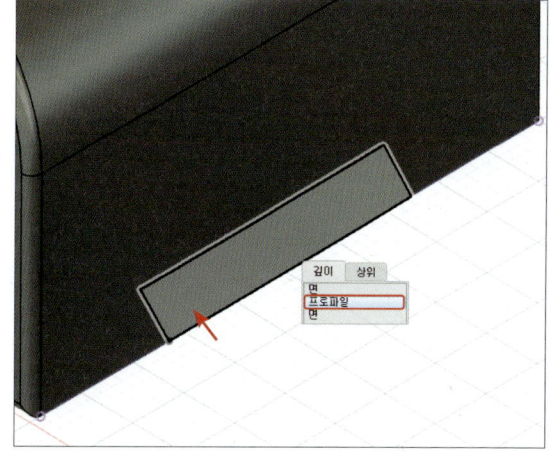

06 범위 유형(Extent Type)을 ┤├ 거리(Distance)로 설정하고 거리를 20으로 입력, 생성(Operation)을 접합(Join)으로 한 후 [확인(OK)] 버튼을 누른다.

3) 접하는 평면(Tangent Plane)

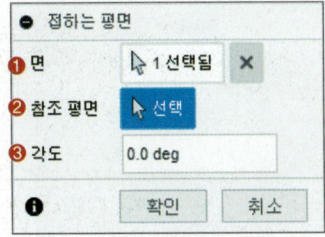

❶ 면(Face) : 원통면을 선택한다.
❷ 참조 평면(Reference Plane) : 참조할 평면을 선택한다.
❸ 각도(Angle) : 회전 각도를 입력한다.

기능 익히기 ▶ 접선 평면 만들기

01 [파일(File)]-[열기...(Open)]-[내 컴퓨터에서 열기...(Open from my computer...)]를 클릭하여 아래 예제 파일을 연다.

- 예제 파일 : PART3₩3장₩Tangent Plane.f3d

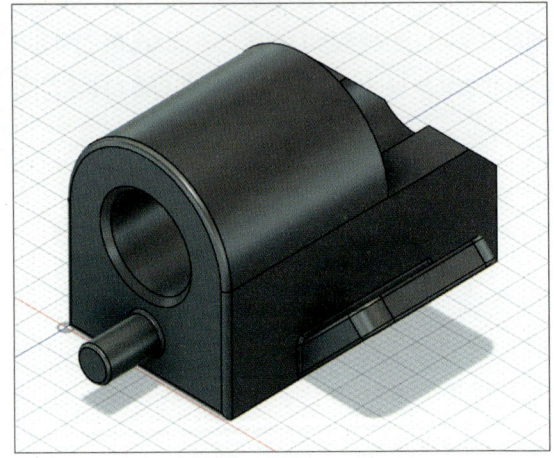

02 [구성(CONSTRUCT)]-[🖌접하는 평면(Tangent Plane)]을 선택하고 면(Face)으로 원통면을 선택한다. 참조 평면(Reference Plane)으로 앞에 보이는 우측면을 선택한다. 평면이 수직이 된다. 이번엔 참조 평면(Reference Plane)의 ✕를 클릭해 해제 후 윗면을 선택한다. 접한 평면이 수평이 됨을 알 수 있다. 이 상태에서 각도(Angle)를 45로 입력하고 [확인(OK)] 버튼을 누른다.

03 새로 생긴 평면에 마우스 우클릭 퀵메뉴에서 스케치 작성(Create Sketch)을를 클릭한다.

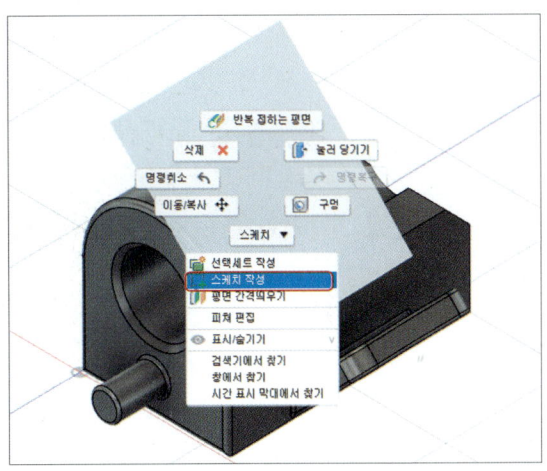

04 [작성(CREATE)]-[원(Circle)]-[중심 지름 원(Center Diameter Circle)], [작성(CREATE)]-[스케치 치수(Sketch Dimension)]로 Ø9mm 원을 원점을 중심으로 작성 후 스케치 마무리(FINISH SKETCH)를 클릭한다.

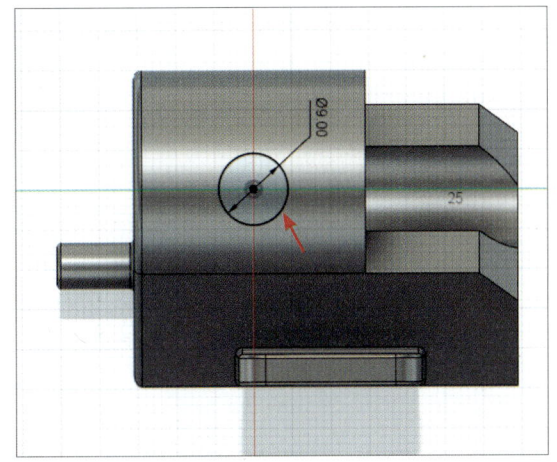

05 뷰큐브의 Home 아이콘( )을 클릭하여 뷰를 전환한다. [작성(CREATE)]-[돌출(Extrude)]을 클릭하고 스케치 프로파일을 선택한다. 범위 유형(Extent Type)을 거리(Distance)로 설정하고 거리를 5로 입력, 생성(Operation)은 새 본체(New Body)로 한 후 [확인(OK)] 버튼을 누른다.

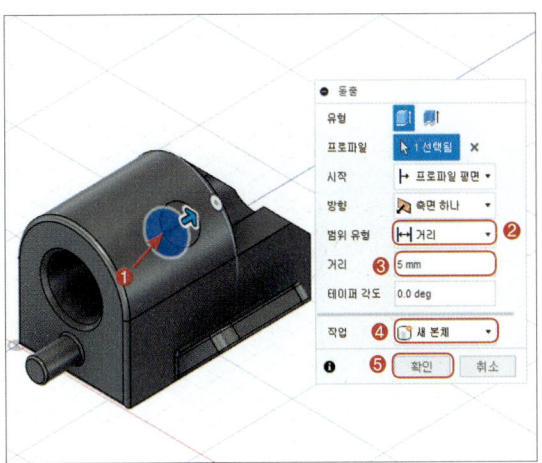

06 돌출한 부분을 Shift +마우스 휠로 화면을 전환하여 확대해보면 거리가 떨어져 있는 걸 알 수 있다. 간격을 없애기 위해 [수정(MODIFY)]-[면 대체(Replace Face)]를 클릭하고 원본 면(Source Faces)로 돌출 본체의 아랫면을 선택하고 대상 면(Target Faces)의 선택(Select)을 클릭하고 원통면을 선택하고 [확인(OK)] 버튼을 누른다.

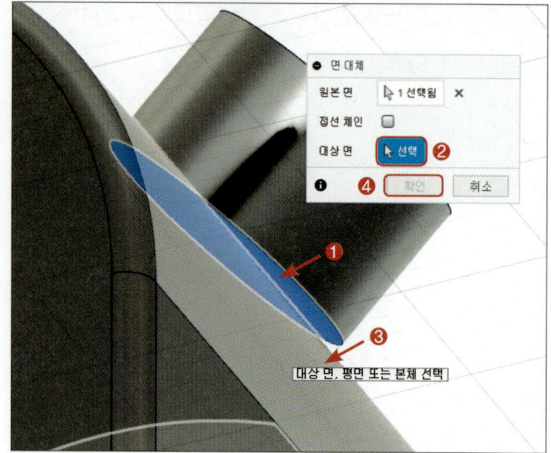

07 들뜬 부분이 사라지고 채워진 걸 볼 수 있다.

08 [수정(MODIFY)]-[모깎기(Fillet)]를 선택하고 원주를 클릭, 반지름을 4.5로 입력하고 [확인(OK)] 버튼을 누른다.

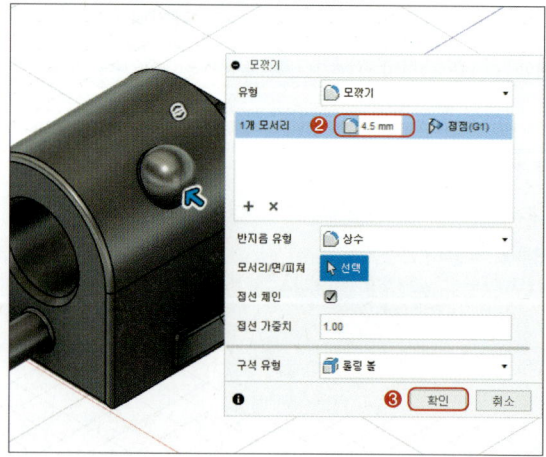

4) 중간평면(Midplane)

2개 평면의 중간에 평면을 작성한다.

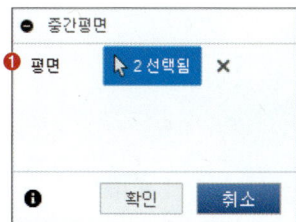

❶ 평면(Planes) : 평면 또는 형상의 면을 2개 선택한다.

기능 익히기 ▶ 중간 평면 만들기

01 [파일(File)]-[열기...(Open)]-[내 컴퓨터에서 열기...(Open from my computer...)]를 클릭하여 아래 예제 파일을 연다.

- 예제 파일 : PART3₩3장₩Midplane.f3d

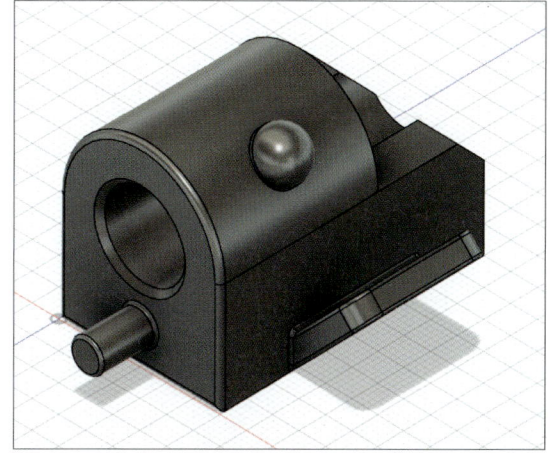

02 [구성(CONSTRUCT)]-[중간평면(Midplane)]을 선택하고 본체1의 좌/우면을 선택하고 [확인(OK)] 버튼을 누른다.

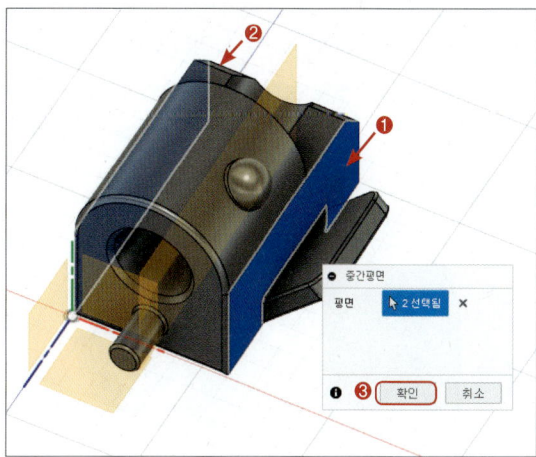

03 [작성(CREATE)]-[미러(Mirror)]를 클릭하고 유형(Type)은 피쳐(Features), 객체(Objects)로 타임라인에서 돌출부터 모깎기까지 아이콘들을 선택한다. 미러 평면(Mirror Plane)의 선택(Select)을 클릭하고 위 과정에서 만든 평면을 선택하고 [확인(OK)] 버튼을 누른다.

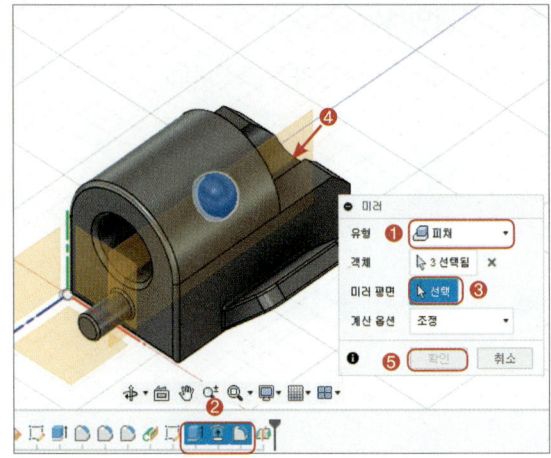

04 브라우저의 구성(Construction)을 확장하여 평면4의 가시성(Visibility)을 꺼 평면이 보이지 않게 한다.

05 다시 대칭 복사를 하기 위해 마우스 우클릭 퀵메뉴에서 [반복 미러(Repeat Mirror)]를 선택하고 유형(Type)은 피쳐(Features), 객체(Objects)로 타임라인에서 중간부분에 있는 돌출과 모깎기 아이콘을 선택한다. 미러 평면(Mirror Plane)의 선택(Select)을 클릭하고 브라우저에서 평면4를 선택하고 [확인(OK)] 버튼을 누른다.

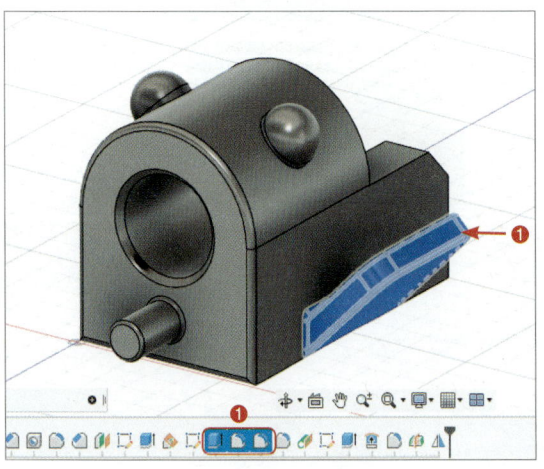 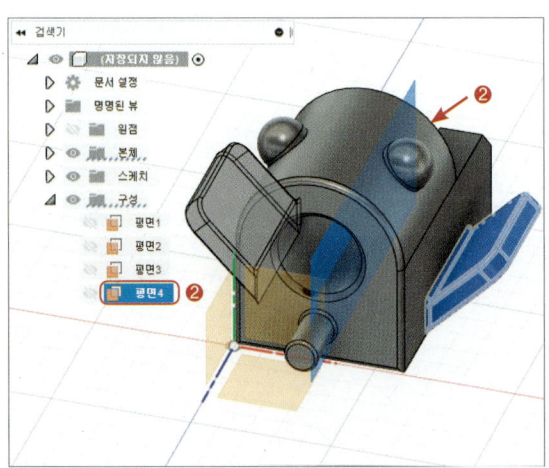

5) 두 모서리를 통과하는 평면(Plane Through Two Edges)

2개의 모서리를 지나는 평면을 작성한다.

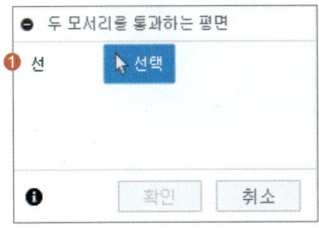

❶ 선(Lines) : 모서리 2개를 선택한다.

기능 익히기 ▶ 두 모서리를 지나는 평면 만들기

01 [파일(File)]-[열기...(Open)]-[내 컴퓨터에서 열기...(Open from my computer...)]를 클릭하여 아래 예제 파일을 연다.

- 예제 파일 : PART3₩3장₩Plane Through Two Edges.i3d

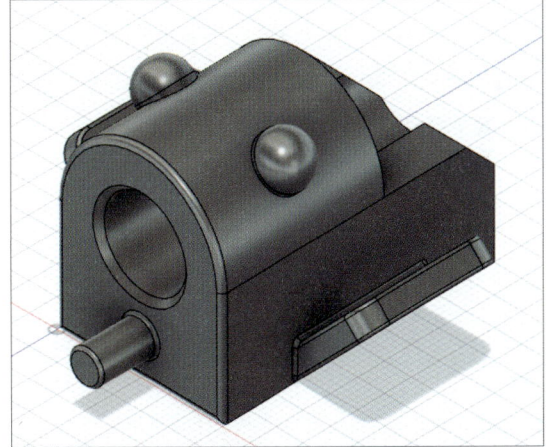

02 [구성(CONSTRUCT)]-[두 모서리를 통과하는 평면(Plane Through Two Edges)]을 클릭하고 Z축과 우측면 위 모서리를 선택하고 [확인(OK)] 버튼을 누른다.

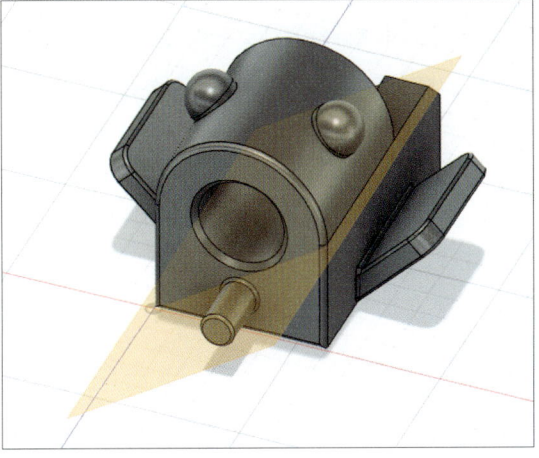

03 새로 생긴 평면에 마우스 우클릭 퀵메뉴에서 스케치 작성(Create Sketch)을 클릭한다.

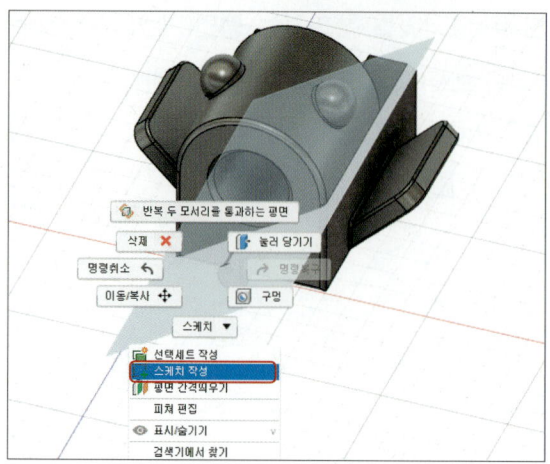

04 원점에 [작성(CREATE)]-[직사각형(Rectangle)]-[중심 직사각형(Center Rectangle)], [작성(CREATE)]-[스케치 치수(Sketch Dimension)]로 직사각형을 작성 후 스케치 마무리(FINISH SKETCH)를 클릭한다.

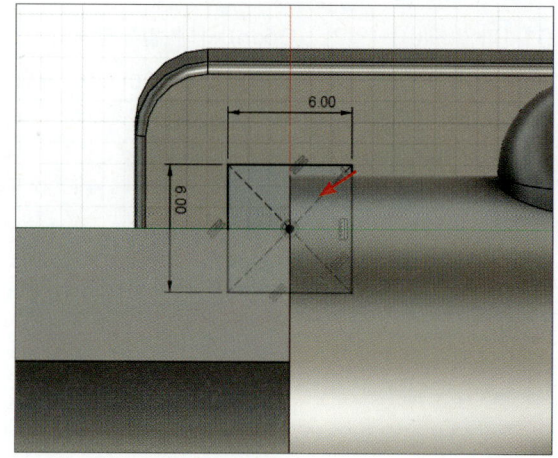

05 뷰큐브의 Home 아이콘( )을 클릭하여 뷰를 전환한다. [작성(CREATE)]-[돌출(Extrude)]을 클릭하고 스케치 프로파일을 선택한다. 방향(Direction)은 대칭(Symmetric), 거리(Distance)를 7로 입력, 생성(Operation)은 잘라내기(Cut)로 한 후 [확인(OK)] 버튼을 누른다.

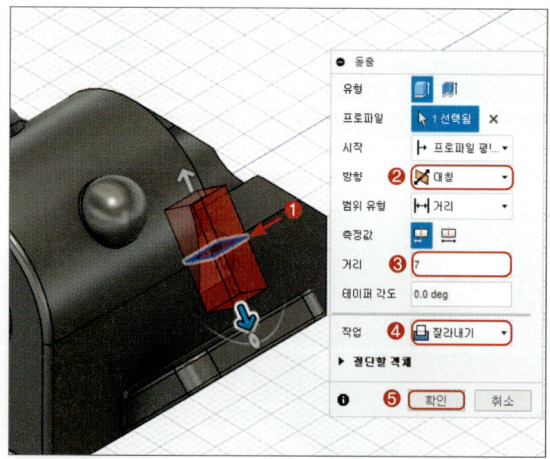

06 [작성(CREATE)]-[미러(Mirror)]를 클릭하고 유형(Type)은 피쳐(Features), 객체(Objects)로 타임라인의 마지막 돌출 아이콘( )을 선택한다. 미러 평면(Mirror Plane)의 선택(Select)을 클릭하고 브라우저에서 평면4를 선택하고 [확인(OK)] 버튼을 누른다. 비주얼 스타일(Visual Style)을 와이어프레임(Wireframe)으로 변환하여 모델링을 확인한다.

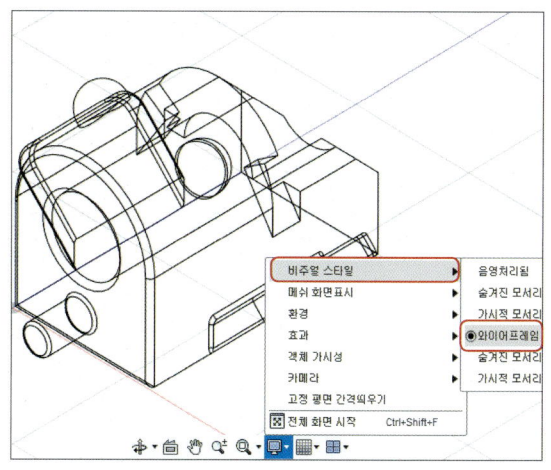

6) 세 점을 통과하는 평면(Plane Through Three Point)

세 개 점을 지나는 평면을 작성한다.

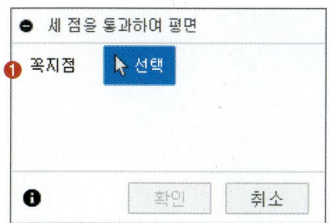

❶ 꼭지점(Vertices) : 정점을 3개 선택한다.

기능 익히기 ▶ 세 점을 지나는 평면 만들기

01 [파일(File)]-[열기...(Open)]-[내 컴퓨터에서 열기...(Open from my computer...)]를 클릭하여 아래 예제 파일을 연다.

- 예제 파일 : PART3₩3장₩Plane Through Three Points.f3d

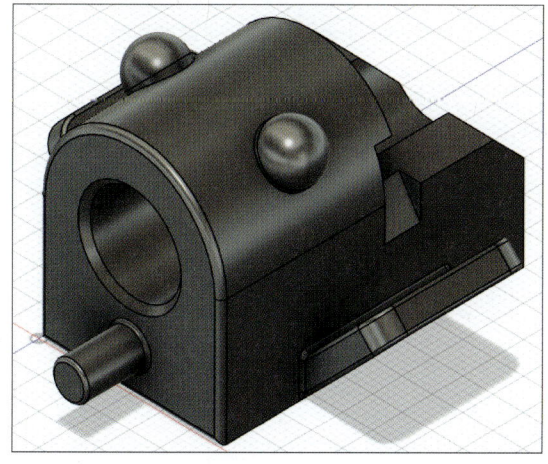

02 [구성(CONSTRUCT)]-[세 점을 통과하는 평면 (Plane Through Three Point)]을 클릭하고 3점을 선택하고 [확인(OK)] 버튼을 누른다.

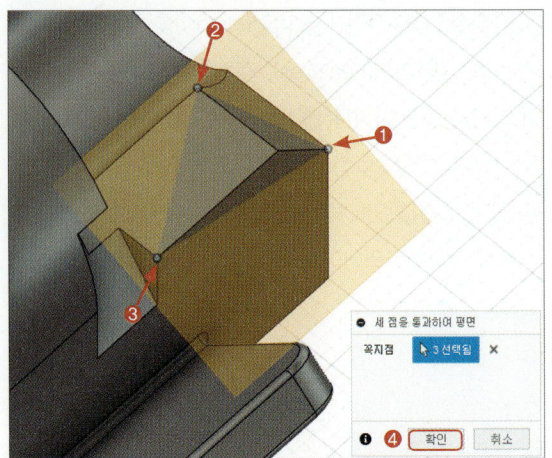

03 [수정(MODIFY)]-[면 분할(Split Face)]을 선택하고 분할할 면(Faces to Split)으로 윗면을 선택, 분할 도구(Splitting Tool)로 새로 만든 평면을 선택하고 [확인(OK)] 버튼을 누른다.

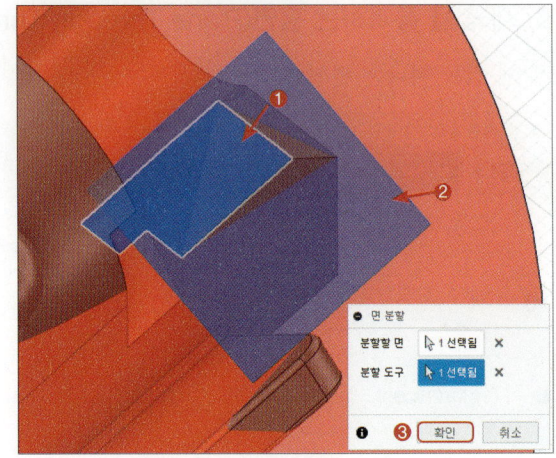

04 브라우저의 구성(Construction)을 확장하여 평면6의 가시성(Visibility)을 꺼 평면이 보이지 않게 한다.

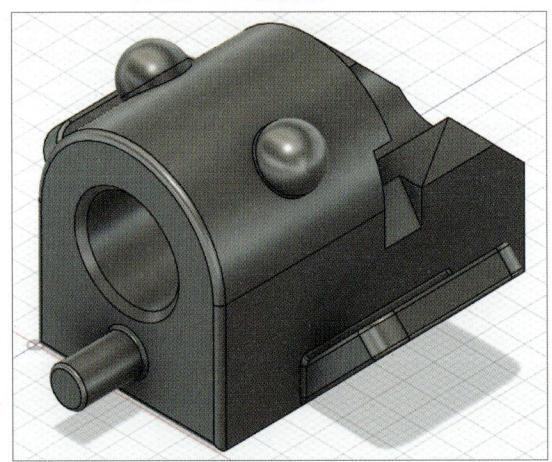

7) 점에서 면에 접하는 평면(Plane Tangent to Face at Point)

임의 점에서 면에 접한 평면을 작성한다.

❶ 면 및 점(Face and Point): : 작성할 면과 점을 선택한다.

기능 익히기 ▶ 임의 점에서 면에 접하는 평면 만들기

01 [파일(File)]-[열기...(Open)]-[내 컴퓨터에서 열기...(Open from my computer...)]를 클릭하여 아래 예제 파일을 연다.

■ 예제 파일 : PART3₩3장₩Plane Tangent to Face and Point.3d

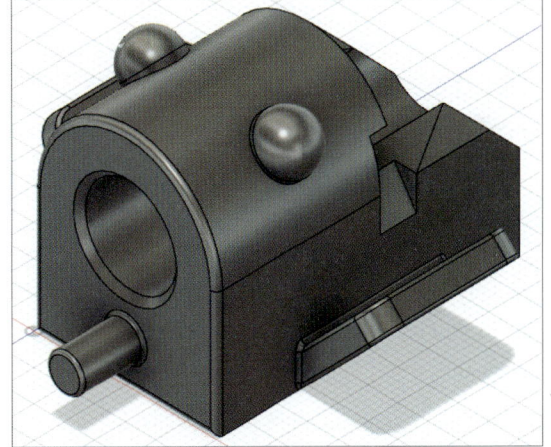

02 [구성(CONSTRUCT)]-[점에서 면에 접하는 평면(Plane Tangent to Face at Point)]을 클릭하고 처음엔 원통면을, 다음 Point로 점을 선택하고 [확인(OK)] 버튼을 누른다.

8) 경로를 따라 평면(Plane Along Path)

형상의 모서리나 스케치를 지정하여 평면 위치를 설정한다.

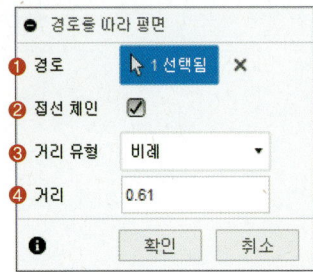

❶ 경로(Path) : 모서리나 스케치를 선택한다.
❷ 접선 체인(Tangent Chain) : 모서리나 스케치 선택시 접하는 형태로 연속되는 선은 하나의 선만 선택해도 연속되는 모든 선을 선택해 준다. 체크를 끄면 연속성과 상관없이 하나의 선만 선택한다.
❸ 거리 유형(Distance Type) : 전체 경로 중 평면이 위치할 거리를 어떤 형식으로 입력 할지 선택한다. 비례(Proportional)는 전체 경로 길이상의 비율 값으로 입력한다. 물리적(Physical)은 시작점으로부터 거리값을 입력하나 경로 전체 길이를 벗어나 입력하면 안된다.
❹ 거리(Distance) : 경로상의 평면 위치를 입력한다.

기능 익히기 ▶ 경로를 따라가는 평면 만들기

01 [파일(File)]-[열기...(Open)]-[내 컴퓨터에서 열기...(Open from my computer...)]를 클릭하여 아래 예제 파일을 연다.

- 예제 파일 : PART3₩3장₩Plane Along Path.f3d

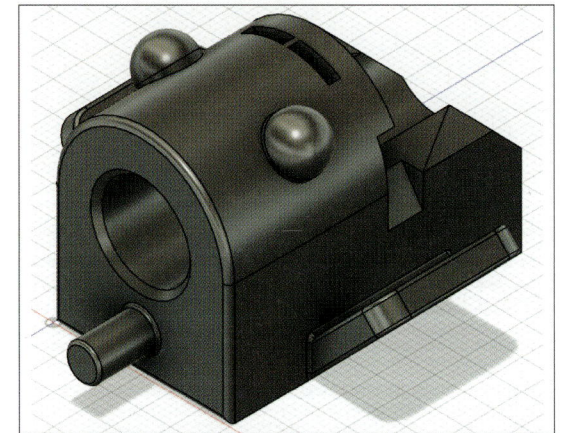

02 [구성(CONSTRUCT)]-[경로를 따라 평면(Plane Along Path)]을클릭하고 앞 원통면의 호를 선택한다. 거리(Distance)를 1로 설정하면 시작 부분으로 평면이 이동한다.

03 다시 거리(Distance)를 0.5로 설정하고 [확인(OK)] 버튼을 누른다. 원통면의 중앙으로 평면이 이동한다.

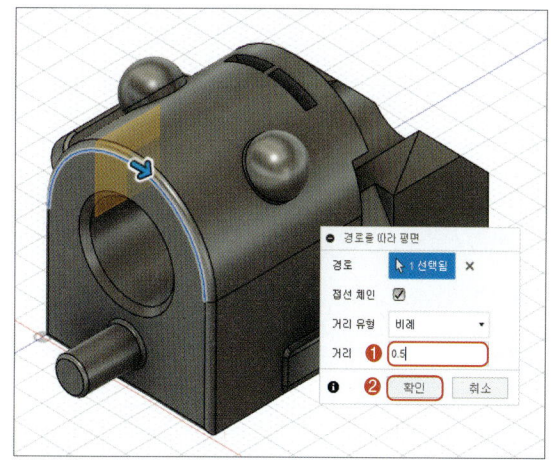

04 새로 작성한 평면에 마우스 우클릭 퀵메뉴에서 스케치 작성(Create Sketch)을 클릭한다. [작성(CREATE)]-[직사각형(Rectangle)]-[2점 직사각형(2-Point Rectangle)], [작성(CREATE)]-[스케치 치수(Sketch Dimension)]로 직사각형을 작성 후 스케치 마무리(FINISH SKETCH)를 클릭한다.

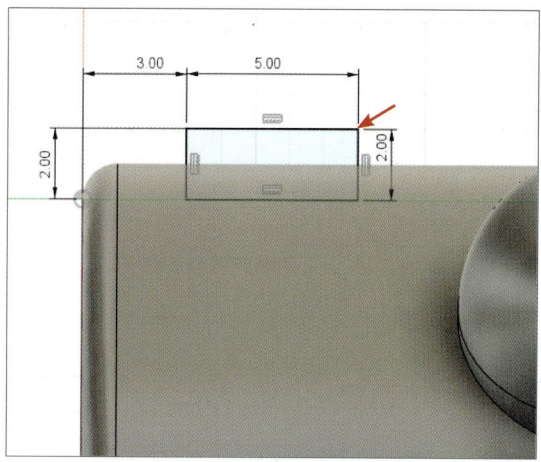

05 [작성(CREATE)]-[돌출(Extrude)]을 클릭하고 스케치 프로파일을 선택한다. 방향(Direction) 대칭(Symmetric), 거리(Distance)를 10으로 입력, 생성(Operation)은 잘라내기(Cut)로 한 후 [확인(OK)] 버튼을 누른다.

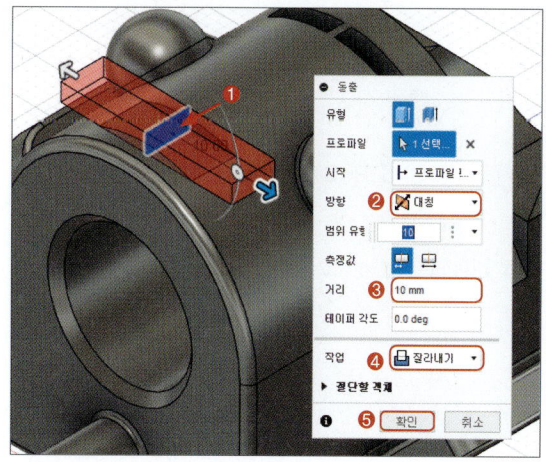

3-2 축(Axis)

기본적으로 제공되는 X, Y, Z축 외에 필요에 따라 형상에 맞춰 새롭게 축을 여러 가지 방법으로 작성할 수 있다.

1) 원통/원추/원환을 통과하는 축(Axis Through Cylinder/Cone/Torus)

원통, 원뿔, 도넛 면에 축을 작성한다.

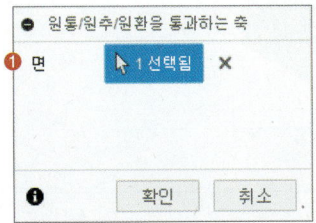

❶ 면(Face) : 축을 작성할 면을 선택한다.

기능 익히기 ▶ 원통/원뿔/토러스를 지나는 축 만들기

01 [파일(File)]-[열기...(Open)]-[내 컴퓨터에서 열기...(Open from my computer...)]를 클릭하여 아래 예제 파일을 연다.

- 예제 파일 : PART3₩3장₩Axis Through Cylinder.f3d

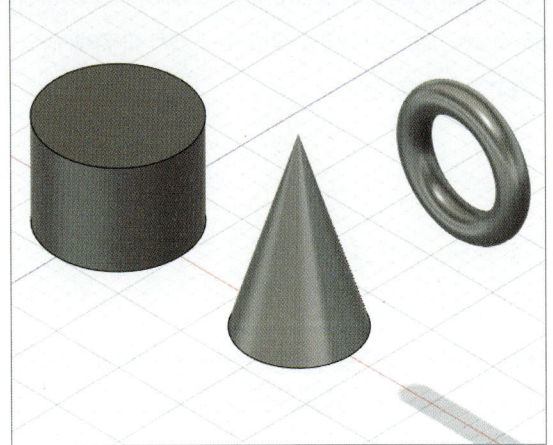

02 [구성(CONSTRUCT)]-[🔘 원통/원추/원환을 통과하는 축(Axis Through Cylinder/Cone/Torus)]을 클릭하고 원통면을 선택하고 [확인(OK)] 버튼을 누른다.

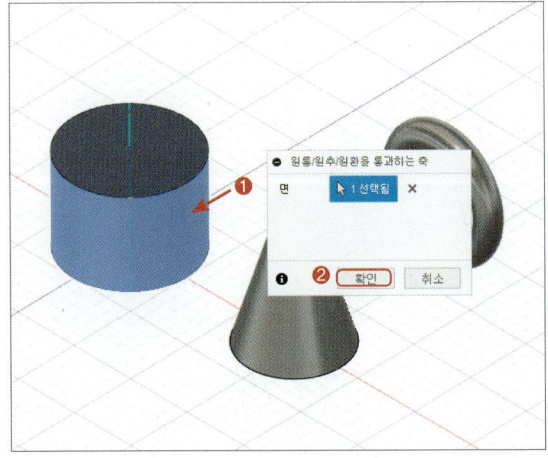

03 반복하여 원뿔, 도넛면도 선택하여 축을 작성한다.

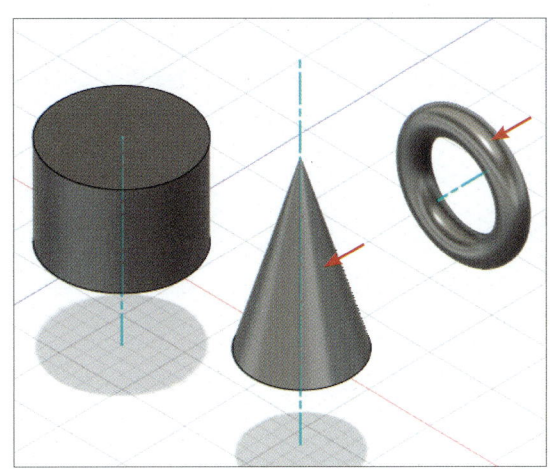

2) 점에서 직각인 축(Aixs Perpendicular at Point)

선택한 면(점)에 직각인 축을 작성한다.

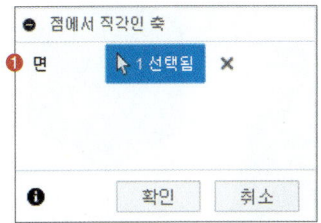

❶ 면(Face) : 축을 작성할 면을 선택한다.

기능 익히기 ▶ 점에서 직각축 만들기

01 [파일(File)]-[열기...(Open)]-[내 컴퓨터에서 열기...(Open from my computer...)]를 클릭하여 아래 예제 파일을 연다.

- 예제 파일 : PART3₩3장₩Axis Perpendicular at Point.f3d

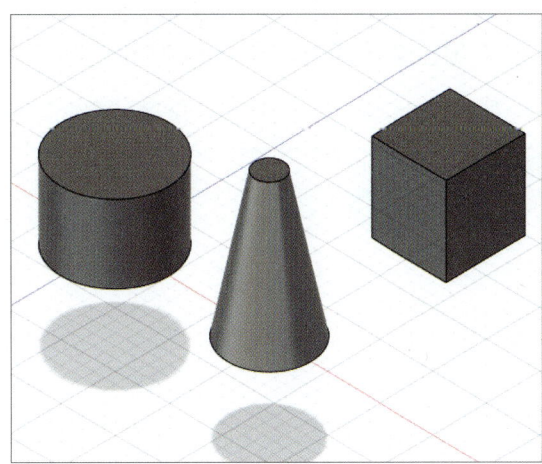

02 [구성(CONSTRUCT)]-[점에서 직각인 축(Axis Perpendicular at point)]을 클릭하고 원통면을 선택하고 [확인(OK)] 버튼을 누른다. 클릭한 지점에서 직각으로 축이 작성된다.

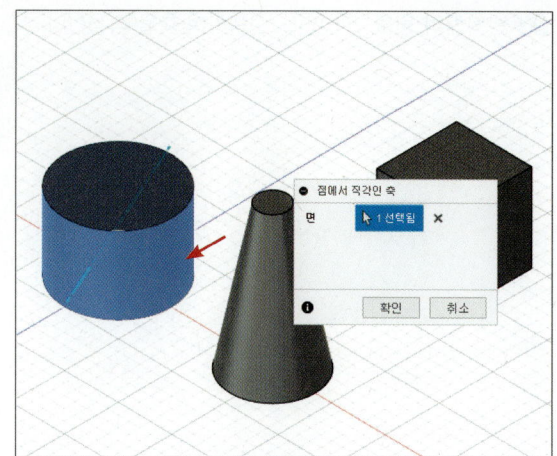

03 반복하여 다른 모델면도 선택하여 축을 작성한다.

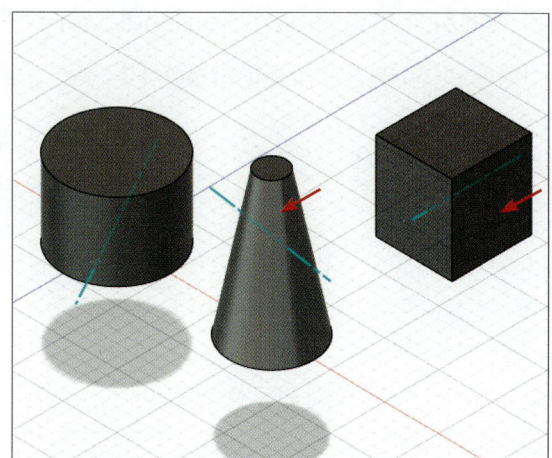

3) 두 평면을 통과하는 축(Axis Through Two Planes)

두 개 평면이 교차하는 위치에 축을 작성한다.

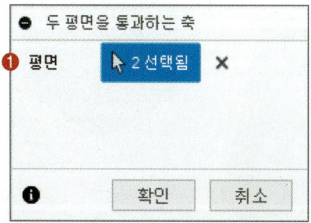

❶ 평면(Planes) : 축을 작성할 2개 평면을 선택한다.

| 기능 익히기 | ▶ 두 평면을 지나는 축 만들기

01 [파일(File)]-[열기...(Open)]-[내 컴퓨터에서 열기...(Open from my computer...)]를 클릭하여 아래 예제 파일을 연다.

- 예제 파일 : PART3₩3장₩Axis Through Two Planes.f3d

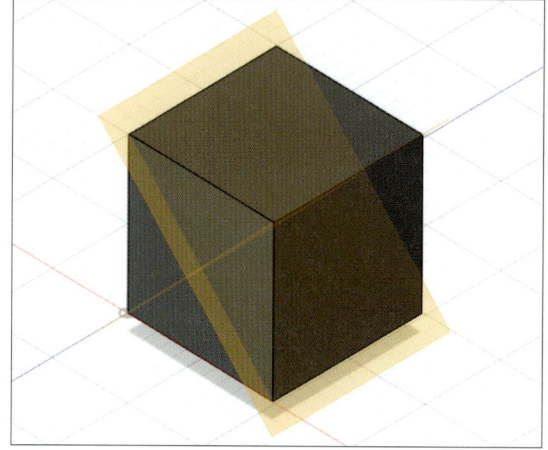

02 [구성(CONSTRUCT)]-[두 평면을 통과하는 축(Axis Through Two Planes)]을 클릭하고 2개 평면(Plane1, Plane2)을 선택하고 [확인(OK)] 버튼을 누른다. 교차 지점에서 축이 작성된다.

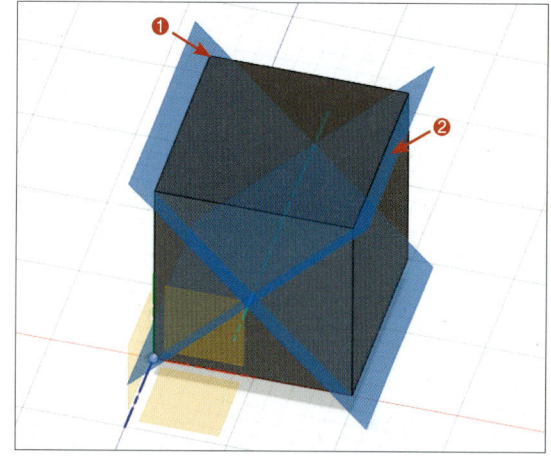

4) 두 점을 통과하는 축(Axis Trough Two Point)

두 점을 지나는 축을 작성한다.

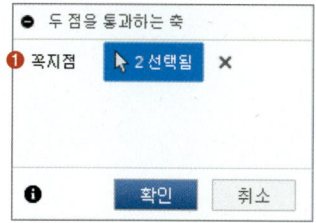

❶ 꼭지점(Vertices) : 축을 작성할 2개 정점을 선택한다.

| 기능 익히기 | ▶ 두 점을 지나는 축 만들기

01 [파일(File)]-[열기...(Open)]-[내 컴퓨터에서 열기...(Open from my computer...)]를 클릭하여 아래 예제 파일을 연다.

- 예제 파일 : PART3₩3장₩Axis Through Two Points.f3d

02 [구성(CONSTRUCT)]-[두 점을 통과하는 축(Axis Through Two Points)]을 클릭하고 2개 점을 선택하고 [확인(OK)] 버튼을 누른다. 두 점을 지나는 축이 작성된다.

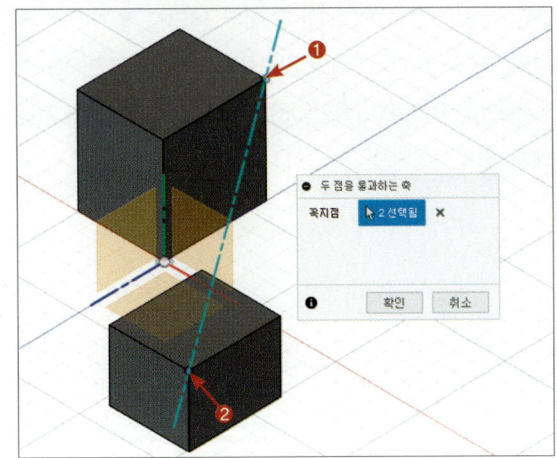

5) 모서리를 통과하는 축(Axis Through Edge)

직선 모서리를 지나는 축을 작성한다.

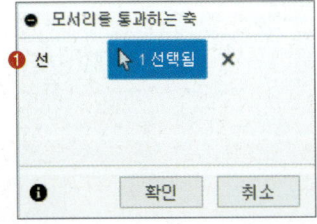

❶ 선(Line) : 축을 작성할 선을 선택한다.

기능 익히기 ▶ 모서리를 지나는 축 만들기

01 [파일(File)]-[열기...(Open)]-[내 컴퓨터에서 열기...(Open from my computer...)]를 클릭하여 아래 예제 파일을 연다.

- 예제 파일 : PART3₩3장₩Axis Through Edge.f3d

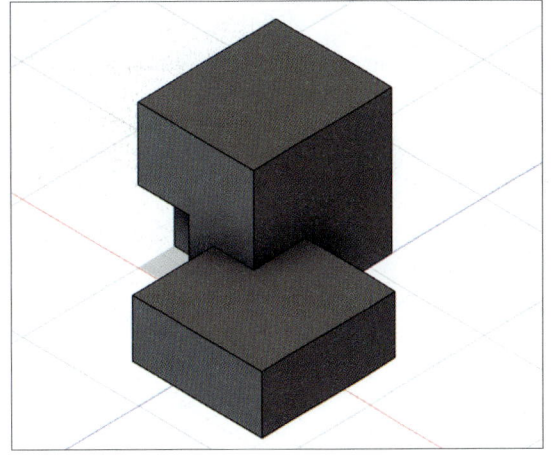

02 [구성(CONSTRUCT)]-[모서리를 통과하는 축(Axis Through Edge)]을 클릭하고 축을 작성할 선을 선택하고 [확인(OK)] 버튼을 누른다. 선택한 지점에서 축이 작성된다.

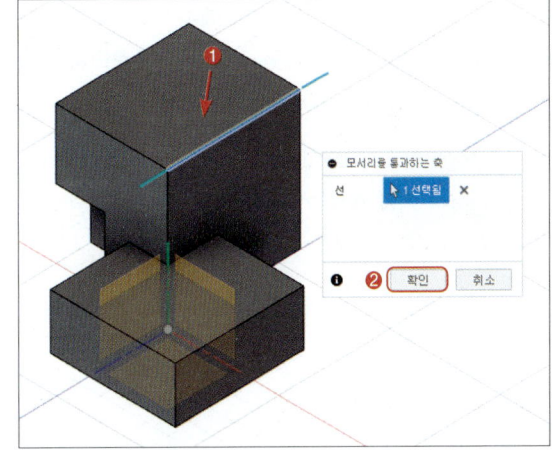

6) 점에서 면에 직각인 축(Axis Perpendicular to Face at Point)

면과 선택한 점에서 수직인 축을 작성한다.

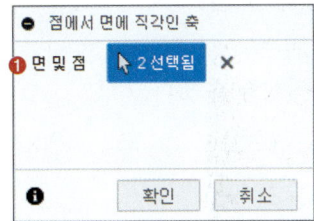

❶ 면 및 점(Face and Point) : 축을 작성할 면과 선을 선택한다.

| 기능 익히기 | ▶점 위치에서 면에 수직인 축 만들기

01 [파일(File)]-[열기...(Open)]-[내 컴퓨터에서 열기...(Open from my computer...)]를 클릭하여 아래 예제 파일을 연다.

- 예제 파일 : PART3₩3장₩Axis Perpendicular to Face at Point.3d

02 [구성(CONSTRUCT)]-[점에서 면에 직각인 축(Axis Perpendicular to Face at Point)]을 클릭하고 아래쪽 육면체의 윗면을 선택, 선택된 면과 가운데 수직 모서리가 만나는 점을 선택하고 [확인(OK)] 버튼을 누른다. 선택한 면과 점을 기준으로 수직축이 작성된다.

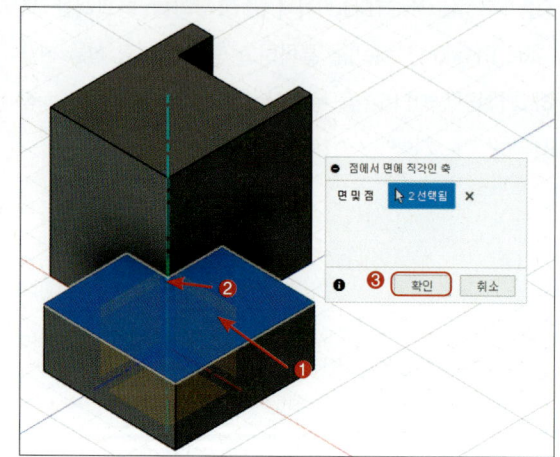

3-3 점(Point)

원점을 제외하고 필요에 따라 형상에 맞춰 새롭게 점을 여러 가지 방법으로 작성할 수 있다.

1) 꼭지점의 점(Point at Vertex)

형상이나 스케치의 정점에 점을 작성한다.

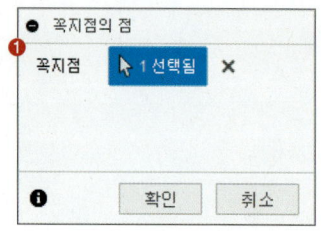

❶ 꼭지점(Vertex) : 점을 작성할 정점을 선택한다.

| 기능 익히기 | ▶ 정점에 점 만들기

01 [파일(File)]-[열기...(Open)]-[내 컴퓨터에서 열기...(Open from my computer...)]를 클릭하여 아래 예제 파일을 연다.

- 예제 파일 : PART3₩3장₩Point at Vertex.f3d

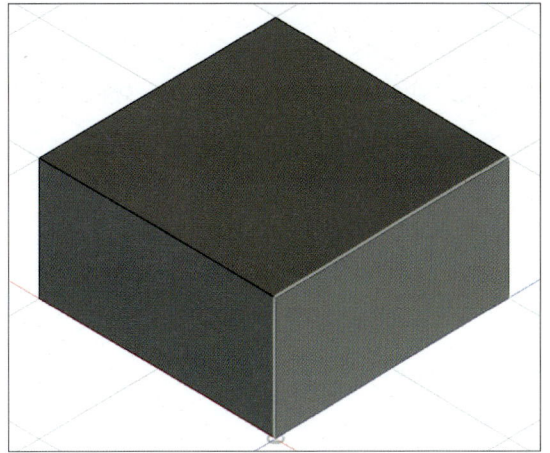

02 [구성(CONSTRUCT)]-[◆ 꼭지점의 점(Point at Vertex)]을 클릭하고 바로 앞에 보이는 한 점을 선택하고 [확인(OK)] 버튼을 누른다.

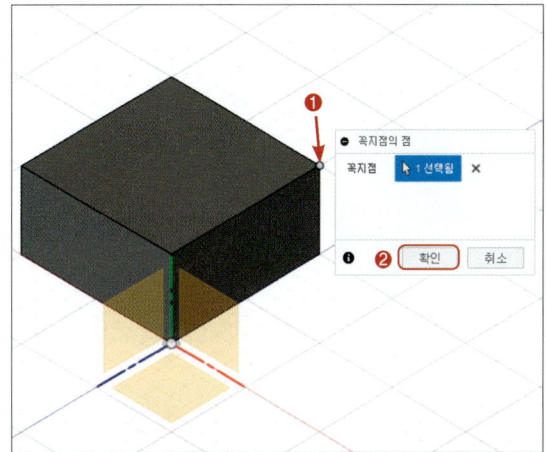

03 [작성(CREATE)]-[● 구(Sphere)]를 클릭하고 시작 평면으로 XY평면을 선택한다. 임의 지점을 중심으로 지름(Diameter) 40을 입력하고 [확인(OK)] 버튼을 눌러 구를 작성한다.

04 [수정(MODIFY)]-[이동/복사(Move/Copy)]를 클릭하고 객체 이동(Move Object)은 본체...(Bodies)상태에서 구를 선택한다. 이동 유형(Move Type)은 점 대 점(Point to Point)을 선택하여 원점(Origin Point)은 구의 중심을, 대상점(Target Point)은 새로 만든 정점을 클릭하여 구를 이동한다.

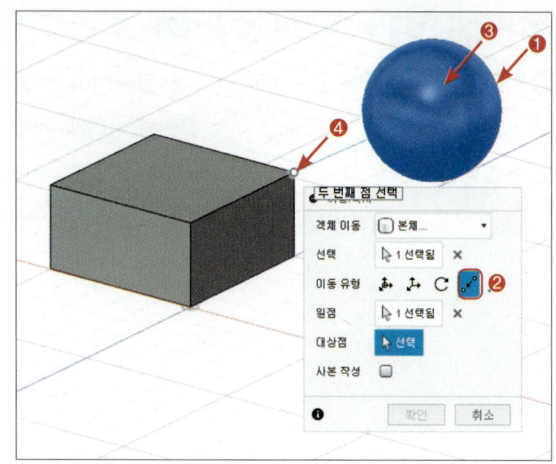

2) 두 모서리를 통과하는 점(Point Through Two Edges)

두 모서리가 교차하여 만나는 지점에 작성한다.

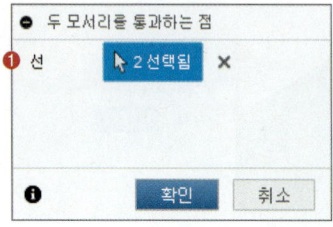

❶ 선(Lines) : 형상의 모서리, 스케치의 선을 2개 선택한다.

기능 익히기 ▶두 모서리의 통과점 만들기

01 [파일(File)]-[열기...(Open)]-[내 컴퓨터에서 열기...(Open from my computer...)]를 클릭하여 아래 예제 파일을 연다.

- 예제 파일 : PART3₩3장₩Point Through Two Edges.f3d

02 [구성(CONSTRUCT)]-[두 모서리를 통과하는 점 (Point Through Two Edges)]을 클릭하고 정면에 있는 2개 모서리를 선택하고 [확인(OK)] 버튼을 누른다.

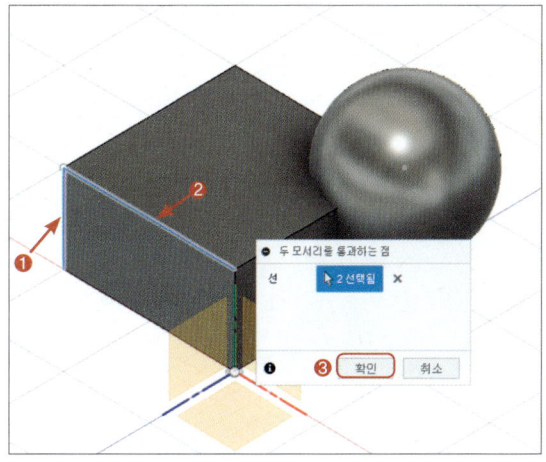

3) 세 평면을 통과하는 점(Point Through Three Planes)

3개 평면이 교차하는 위치에 점을 작성한다.

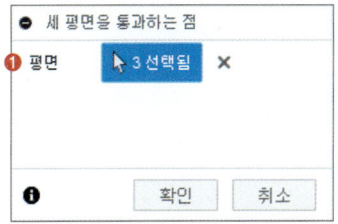

❶ 평면(Planes) : 점을 만들기 위한 3개의 평면을 선택한다.

기능 익히기 ▶ 세 평면의 통과점 만들기

01 [파일(File)]-[열기...(Open)]-[내 컴퓨터에서 열기...(Open from my computer...)]를 클릭하여 아래 예제 파일을 연다.

- 예제 파일 : PART3₩3장₩Point Through Three Planes.f3d

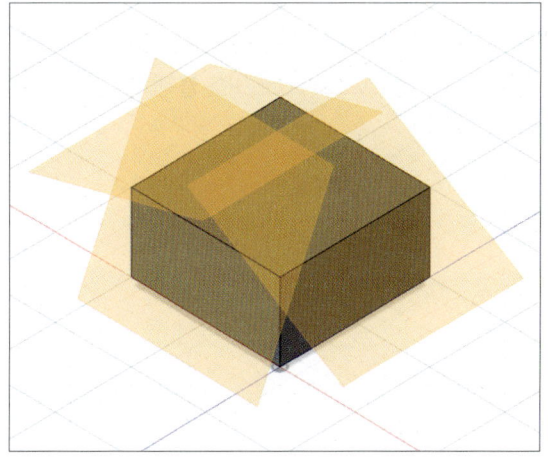

02 [구성(CONSTRUCT)]-[세 평면을 통과하는 점(Point Through Three Planes)]을 클릭하고 3개의 평면을 선택하고 [확인(OK)] 버튼을 누른다.

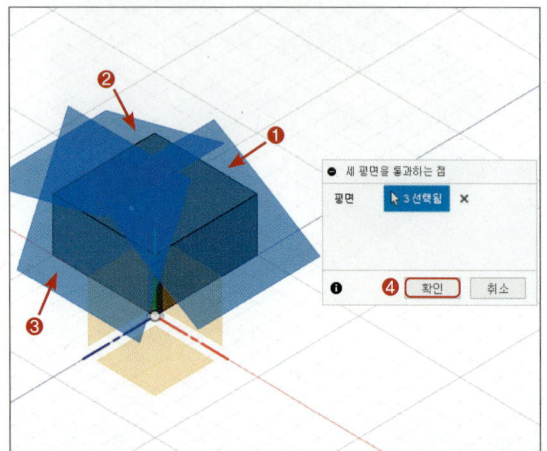 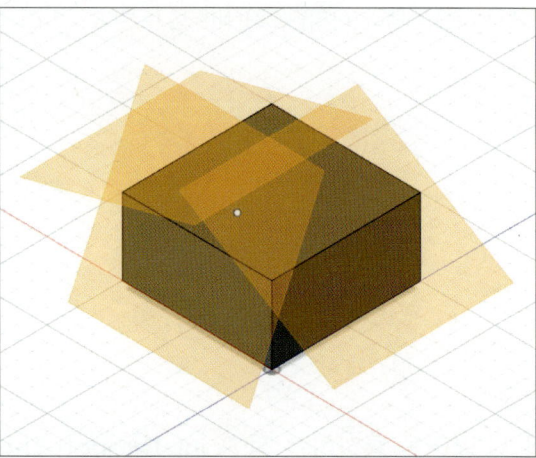

4) 원/구/원환의 중심점(Point at Center of Circle/Sphere/Torus)

원통, 구, 토러스 형상의 중심 위치에 점을 작성한다.

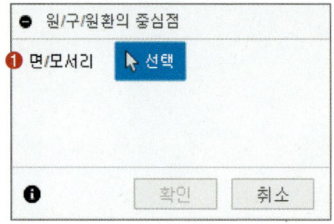

❶ 면/모서리(Face/Edge) : 원통, 구, 토러스 형상을 선택한다.

기능 익히기 ▶ 원/구/토러스의 중심점 만들기

01 [파일(File)]-[열기...(Open)]-[내 컴퓨터에서 열기...(Open from my computer...)]를 클릭하여 아래 예제 파일을 연다.

- 예제 파일 : PART3₩3장₩Point at Center of Circle.f3d

02 [구성(CONSTRUCT)]-[ⓞ 원/구/원환의 중심점(Point at Center/Circle/Torus)]을 클릭하고 원통의 상부 원형 모서리를 선택하여 중심점을 작성한다. 반복 실행하여 구, 토러스 형상도 선택하여 중심점을 작성한다.

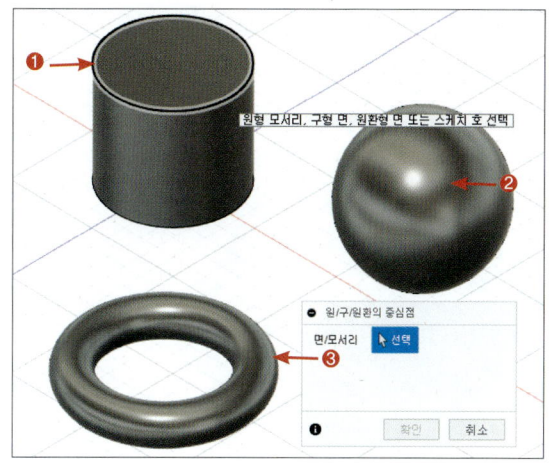

5) 모서리 및 평면의 점(Point at Edge and Plane)

모서리와 평면의 교차점에 점을 작성한다.

❶ 선 및 평면(Line and Plane) : 점을 작성할 모서리와 평면을 선택한다.

기능 익히기 ▶ 모서리와 평면에 있는 점 만들기

01 [파일(File)]-[열기...(Open)]-[내 컴퓨터에서 열기...(Open from my computer...)]를 클릭하여 아래 예제 파일을 연다.

- 예제 파일 : PART3₩3장₩Point at Edge and Plane.f3d

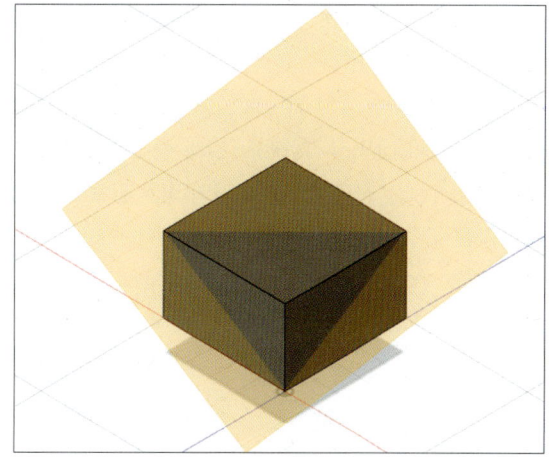

02 [구성(CONSTRUCT)]-[📍 모서리 및 평면의 점(Point at Edge and Plane)]을 클릭하고 모서리와 평면을 선택하여 점을 작성한다.

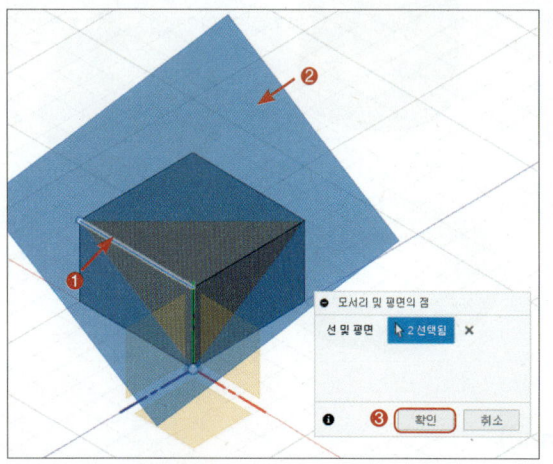 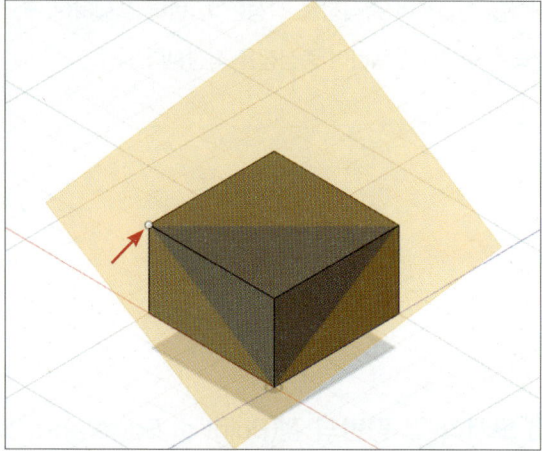

6) 경로를 따라 점(Point Along Path)

형상의 모서리나 스케치 상에 한 점을 지정한다.

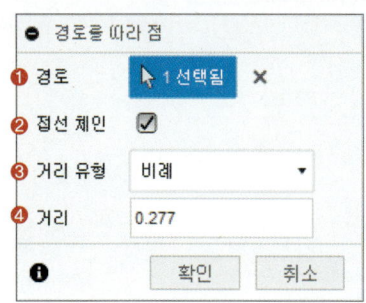

❶ 경로(Path) : 모서리나 스케치를 선택한다.

❷ 접선 체인(Tangent Chain) : 모서리나 스케치 선택시 접하는 형태로 연속되는 선은 하나의 선만 선택해도 연속되는 모든 선을 선택해 준다. 체크를 끄면 연속성과 상관없이 하나의 선만 선택한다.

❸ 거리 유형(Distance Type) : 전체 경로 중 평면이 위치할 거리를 어떤 형식으로 입력할지 선택한다. 비례(Proportional)는 전체 경로 길이상의 비율 값으로 입력한다. 물리적(Physical)은 시작점으로부터 거리값을 입력하나 경로 전체 길이를 벗어나 입력하면 안된다.

❹ 거리(Distance) : 경로상의 평면 위치를 입력한다.

기능 익히기 ▶ 경로상에 있는 점 만들기

01 도구막대(Toolbar)의 스케치 작성(Create Sketch)을 클릭하고 작업평면으로 XY평면을 선택한다.

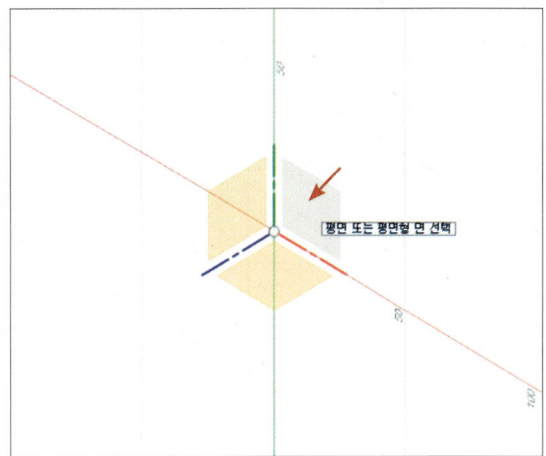

02 다음과 같이 프로파일을 작성하고 스케치 마무리(FINISH SKETCH)를 클릭하여 스케치를 종료한다.

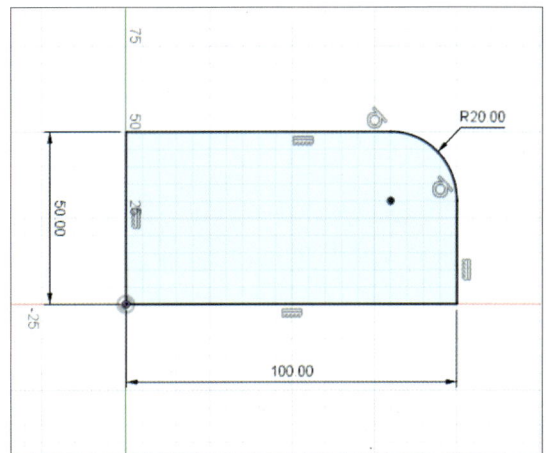

03 [작성(CREATE)]-[돌출(Extrude)]을 클릭하고 프로파일을 선택 후 Distance를 100으로 하고 [확인(OK)] 버튼을 클릭한다.

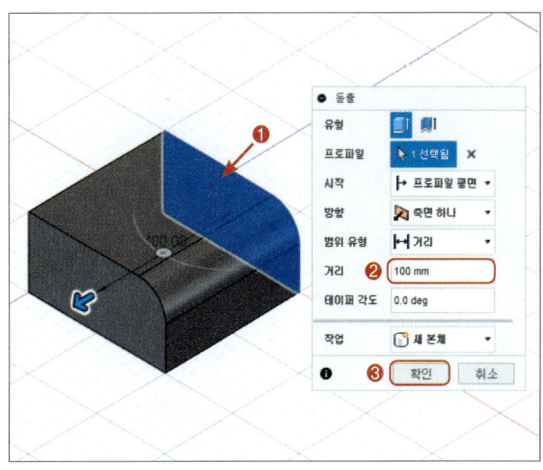

Section 03_구성(CONSTRUCT) 279

04 [구성(CONSTRUCT)]-[경로를 따라 점(Point Along Path)]을 클릭하고 경로(Path)로 정면 상부의 모서리를 선택한다. 거리(Distance)의 값을 0~1사이에서 조정하며 변화를 관찰한다.

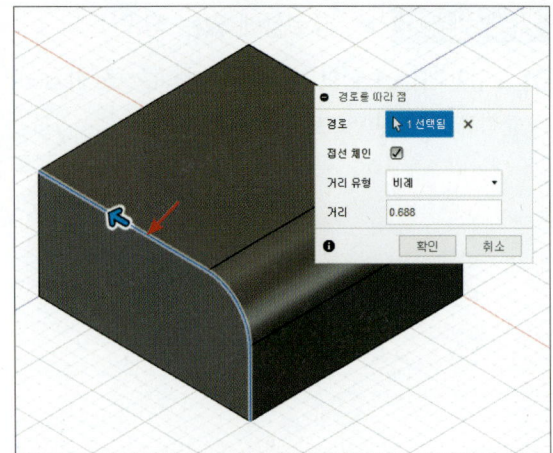

05 거리 유형(Distance Type)을 물리적(Physical)으로 변경 후 거리(Distance) 값을 80으로 입력 후 [확인(OK)] 버튼을 클릭한다.

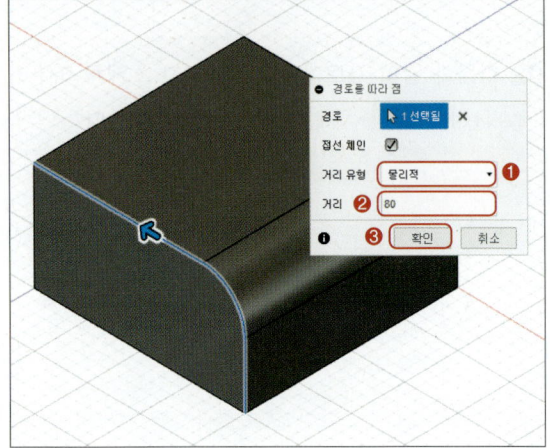

Section 04 검사(INSPECT)

모델링 거리나 반지름 등 치수 확인, 간섭 검사, 그 외 여러 분석 도구들로 이뤄져 있다.

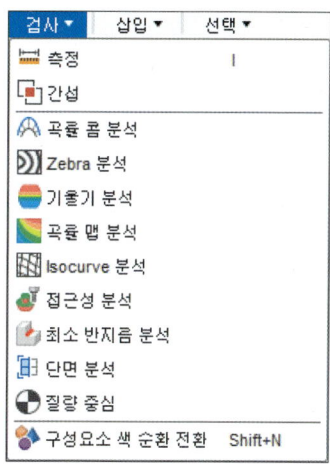

4-1 측정(Measure)

선택한 요소의 길이, 선택한 요소 사이의 거리, 각도 등을 잰다.

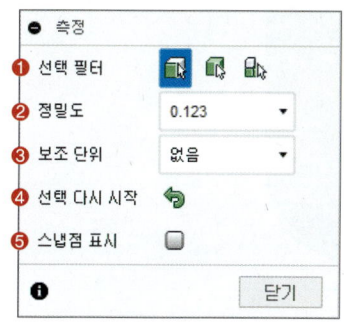

❶ 선택 필터(Selection Filter) : 측정할 요소의 종류를 선택한다. 면/모서리/꼭지점 선택(Select Face/Edge/Veretx), 본체 선택(Select Body), 구성요소 선택(Select Component)으로 설정할 수 있다.

❷ 정밀도(Precision) : 0.12는 소수 둘째자리까지 값이 보인다. 정밀도는 사용자가 조정할 수 있다.

❸ 보조 단위(Secondary Units) : 두 가지 단위의 확인이 필요 할 경우 추가로 표시 할 단위를 설정할 수 있다.

❹ 선택 다시 시작(Restart Selection) : 선택된 것을 해제하여 다시 새롭게 선택할 수 있다.

❺ 스냅점 표시(Show Snap Points) : 스냅점이 보인다.

기능 익히기 ▶ 반지름, 거리 측정하기

01 [파일(File)]-[열기...(Open)]-[내 컴퓨터에서 열기...(Open from my computer...)]를 클릭하여 아래 예제 파일을 연다.

- 예제 파일 : PART3₩4장₩Measure.f3d

02 [검사(INSPECT)]-[측정(Measure)]을 클릭하고 기본값 상태에서 원통의 바깥 모서리를 선택한다. 길이, 반지름, 지름, 위치 정보를 볼 수 있다.

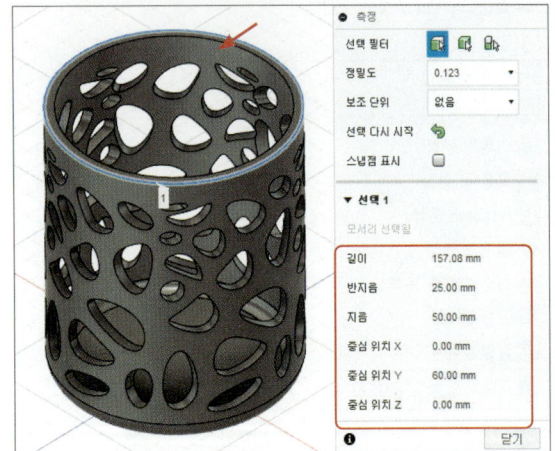

03 선택 다시 시작(Restart Selection)을 클릭하고 원통의 위/아래 모서리를 선택한다. 결과(Results)에서 거리 값을 확인할 수 있다. 닫기(CLOSE)를 누르거나 Esc 를 눌러 명령을 종료한다.

4-2 간섭(Interference)

형상이나 컴포넌트끼리 간섭을 해석한다.

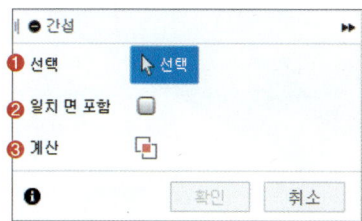

❶ 선택(Select) : 간섭을 확인할 형상을 선택한다.
❷ 일치 면 포함(Include Coincident Faces) : 체크하면 접촉한 면도 간섭으로 검출한다.
❸ 계산(Compute) : 해석 결과를 계산한다. 간섭 결과를 [간섭 결과(Interference Results)]로 리스트로 보여준다.

기능 익히기 ▶ 간섭 검사하기

01 [파일(File)]-[열기...(Open)]-[내 컴퓨터에서 열기...(Open from my computer...)]를 클릭하여 아래 예제 파일을 연다.

- 예제 파일 : PART3₩4장₩Interference.f3d

02 [검사(INSPECT)]-[간섭(Interference)]을 클릭한다. 본체1과 본체2를 차례대로 선택하고 계산(Compute)을 클릭한다. 간섭 부분은 빨간색으로 모델링에서 보이고 결과리스트로 간섭 부분의 체적을 볼 수 있다.

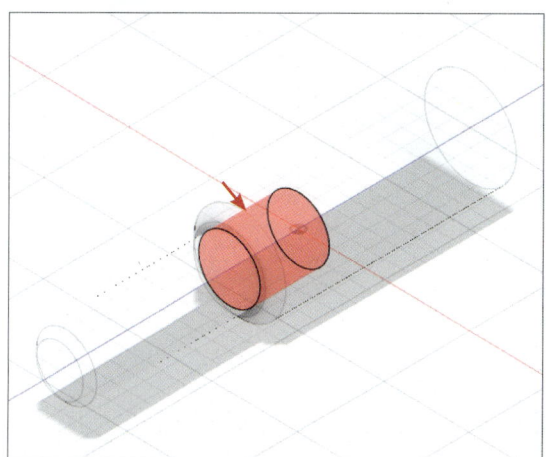
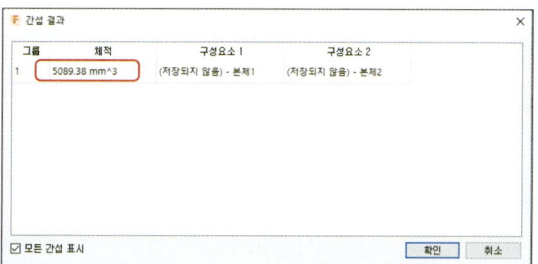

03 간섭 부분을 없애기 위해 [수정(MODIFY)]-[결합(Combine)]을 선택한다. 대상 본체(Target Body)는 본체 1을 선택, 도구 본체(Tool Bodies)는 본체2를 선택, 생성(Operation)은 잘라내기(Cut), 도구 유지(Keep Tools)에 체크하고 [확인(OK)] 버튼을 누른다.

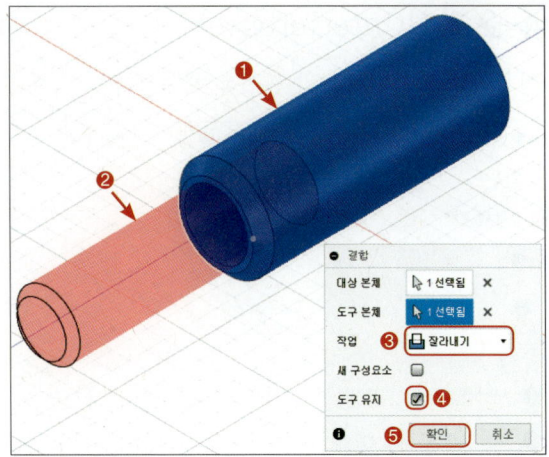

04 브라우저에서 본체2의 가시성(Visibility)을 끄면 간섭된 부분이 차집합이 된 걸 확인할 수 있다.

05 브라우저에서 본체2 가시성(Visibility)을 다시 켜고 [검사(INSPECT)]-[간섭(Interference)]을 클릭하여 다시 검사를 해본다. 간섭이 없다는 메시지가 보이고 [확인(OK)] 버튼을 눌러 창을 닫는다.

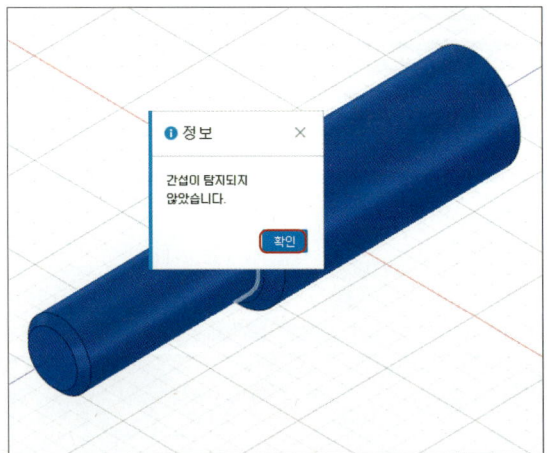

4-3 곡률 콤 분석(Curvature Comb Analysis)

모서리의 곡률을 분석한다.

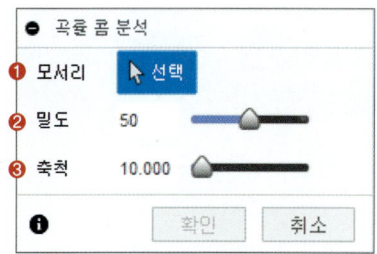

❶ 모서리(Edges) : 곡률을 분석할 모서리를 선택한다.
❷ 밀도(Density) : 곡률을 분석할 점의 밀도를 설정한다.
❸ 축척(Scale) : 곡률을 표시할 선의 길이를 설정한다.

기능 익히기 ▶ 곡률 분석하기

01 [파일(File)]-[열기…(Open)]-[내 컴퓨터에서 열기…(Open from my computer…)]를 클릭하여 아래 예제 파일을 연다.

- 예제 파일 : PART3₩4장₩Curvature Analysis.f3d

02 [검사(INSPECT)]-[곡률 콤 분석(Curvature Comb Analysis)]을 클릭하고 스플라인을 선택한다. 밀도(Density)를 늘려주면 더욱 조밀하게, 축척(Scale)값을 늘리면 빨간색으로 보이는 곡률선이 더 커보인다.

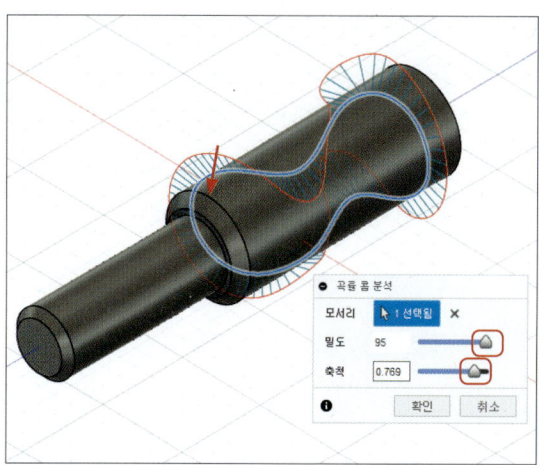

4-4 지브라 분석(Zebra Analysis)

면의 연속성을 분석한다.

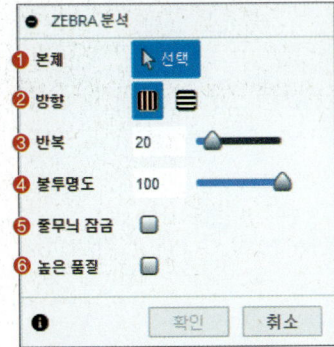

❶ 본체(Body) : 분석할 형상을 선택한다.

❷ 방향(Direction) : 수직(Vertical)은 세로 줄무늬, 수평(Horizontal)은 가로 줄무늬를 작성한다.

❸ 반복(Repeats) : 줄무늬 수를 설정한다.

❹ 불투명도(Opacity) : 숫자가 작으면 줄무늬가 연하게, 숫자가 크면 진하게 표시된다.

❺ 줄무늬 잠금(Lock Stripes) : 체크하면 화면을 반전할 때에도 줄무늬 표시가 고정된다.

❻ 높은 품질(High Quality) : 체크하면 고정밀도로 보인다.

> 주의 인쇄 직전 업데이트로 [Zebra 분석(Zebra Analysis)] 옵션의 번역이 [지브라 분석(Zebra Analysis)]으로 변경 되어 이미지는 수정하지 못하였습니다. 이후 나오는 이미지의 [Zebra 분석(Zebra Analysis)] 옵션은 [지브라 분석(Zebra Analysis)]으로 보시면 됩니다.

기능 익히기 ▶ 지브라(면의 연속성) 분석하기

01 [파일(File)]-[열기…(Open)]-[내 컴퓨터에서 열기…(Open from my computer…)]를 클릭하여 아래 예제 파일을 연다.

- 예제 파일 : PART3₩4장₩Zebra Analysis.f3d

02 [검사(INSPECT)]-[지브라 분석(Zebra Analysis)]을 클릭하고 삽날 부분을 선택한다. 반복(Repeats) 수를 늘리면 줄무늬가 더 많이 보이고, 불투명도(Opacity) 수를 늘리면 불투명하게 보인다. 방향도 수직(Vertical)에서 수평(Horizontal)로 바꿔 확인해본다.

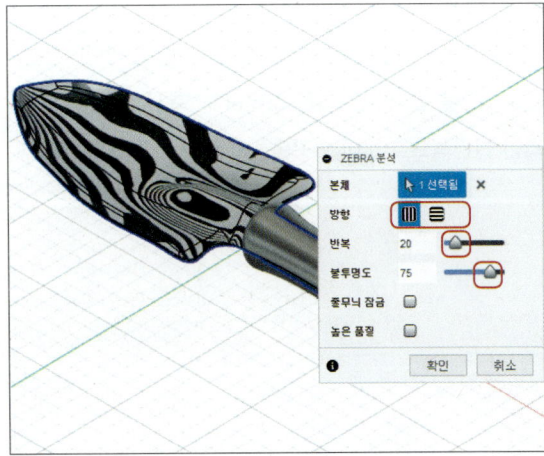

4-5 기울기 분석(Draft Analysis)

면의 테이퍼(경사)를 분석한다.

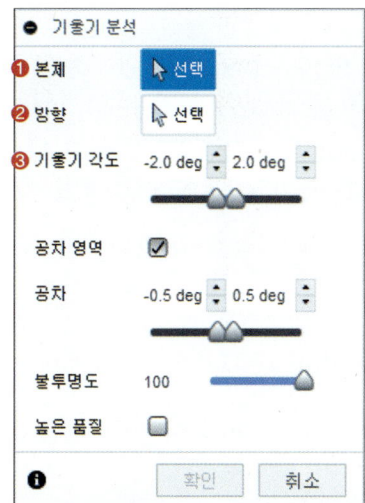

❶ 본체(Body) : 분석할 형상을 선택한다.

❷ 방향(Direction) : 기준이 될 방향을 선택한다.

❸ 기울기 각도(Draft Angle) : 경사 각도를 입력한다. 시작각도와 종료각도에 따라 각도가 있는 곳에 색상으로 구분된다.

기능 익히기 ▶ 드래프트(면의 경사) 분석하기

01 [파일(File)]-[열기...(Open)]-[내 컴퓨터에서 열기...(Open from my computer...)]를 클릭하여 아래 예제 파일을 연다.

- 예제 파일 : PART3₩4장₩Draft Analysis.f3d

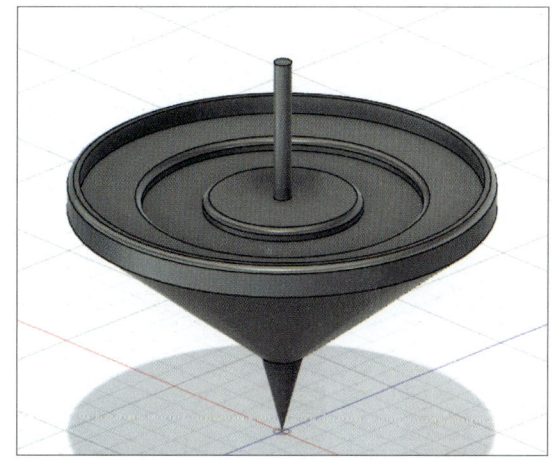

02 [검사(INSPECT)]-[🌈 기울기 분석(Draft Analysis)]을 클릭하고 팽이 형상을 선택한다. 방향(Direction)의 선택(Select)을 클릭하고 대롱부분을 선택한다. 기본값 상태에서 색상 변화를 본다.

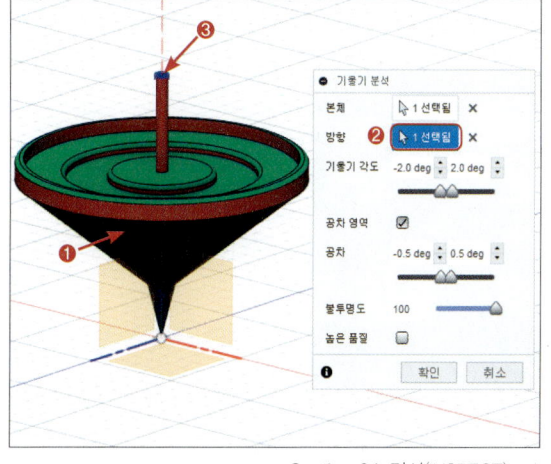

4-6 곡률 맵 분석(Curvature Map Analysis)

면의 곡률을 그라데이션으로 표시한다.

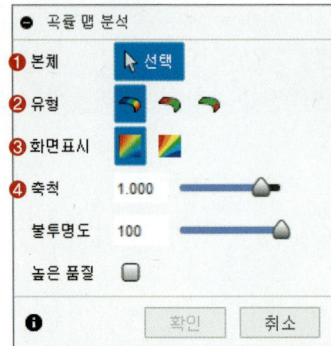

❶ 본체(Body) : 분석할 형상을 선택한다.

❷ 유형(Type) : 해석 계산 방법을 설정한다. 가우스(Gaussian)는 면의 U방향 V방향에 대한 가우스곡률을 표시한다. 주 최소값(Principal Minimum)은 지정한 곡률의 최소 값을 기준으로 높으면 적색 낮으면 녹색으로 표시한다. 주 최대값(Principal Maximum)은 지정한 곡률의 최대값보다 높으면 녹색 낮으면 적색으로 표시한다.

❸ 화면 표시(Display) : 부드럽게(Smooth)는 그라데이션 표시, Band는 띠 형태로 해석결과를 표시한다.

❹ 축척(Scale) : 그라데이션 축척을 조정한다.

기능 익히기 ▶ 곡률 맵 분석하기

01 [파일(File)]-[열기...(Open)]-[내 컴퓨터에서 열기...(Open from my computer...)]를 클릭하여 아래 예제 파일을 연다.

- 예제 파일 : PART3₩4장₩Curvature Map Analysis.f3d

02 [검사(INSPECT)]-[곡률 맵 분석(Curvature Map Analysis)]을 클릭하고 형상을 선택한다. 축척(Scale)을 0.3정도로 줄여보고 화면 표시(Display)도 부드럽게(Smooth)에서 밴드(Band)로 설정해 결과를 확인한다.

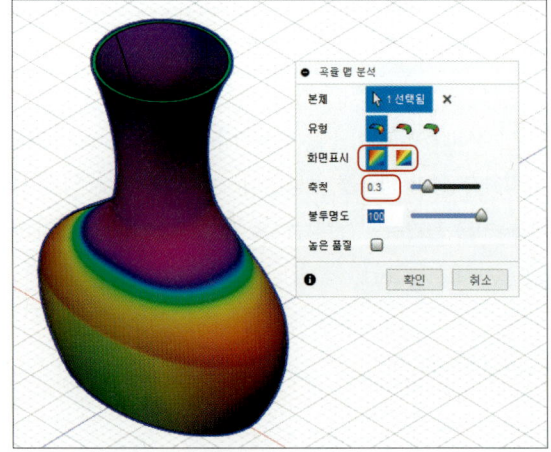

4-7 ISO 곡선 분석(Isocurve Analysis)

면의 곡률을 곡선으로 표시한다.

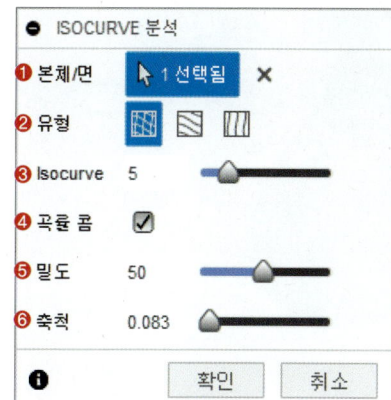

❶ 본체/면(Bodies/Faces) : 분석할 본체 또는 곡면을 선택한다.

❷ 유형(Type) : 곡률 곡선의 표시 유형을 선택한다. U 및 V(U and V)는 U,V 방향의 곡률 곡선을 모두 표시한다. U는 U방향의 곡률 곡선만 V는 V방향의 곡률 곡선만을 표시한다.

❸ ISO 곡선(Isocurve) : 표시할 곡률곡선의 개수를 지정한다.

❹ 곡률 콤(Curvature Combs) : 곡률 곡선의 곡률 변화 정도를 표시하여 준다.

❺ 밀도(Density) : 곡률 표시선의 표현 개수를 조정 한다.

❻ 축척(Scale) : 곡률표시선의 크기를 조정한다.

> **주의** 인쇄 직전 업데이트로 [Isocurve 분석(Isocurve Analysis)] 명령의 번역이 [ISO 곡선 분석(Isocurve Analysis)]으로 변경 되어 이미지는 수정하지 못하였습니다. 이후 나오는 이미지의 [Isocurve 분석(Isocurve Analysis)] 옵션은 [ISO 곡선 분석(Isocurve Analysis)]으로 보시면 됩니다.

기능 익히기 ▶ 곡률 곡선 분석하기

01 [파일(File)]-[열기...(Open)]-[내 컴퓨터에서 열기...(Open from my computer...)]를 클릭하여 아래 예제 파일을 연다.

- 예제 파일 : PART3₩4장₩Curvature Map Analysis.f3d

02 [검사(INSPECT)]-[ISO 곡선 분석(Isocurve Analysis)]을 클릭하고 외부 형상을 선택한다. 유형(Type)을 변경해 보며 표현되는 곡률 곡선의 형태를 확인한다.

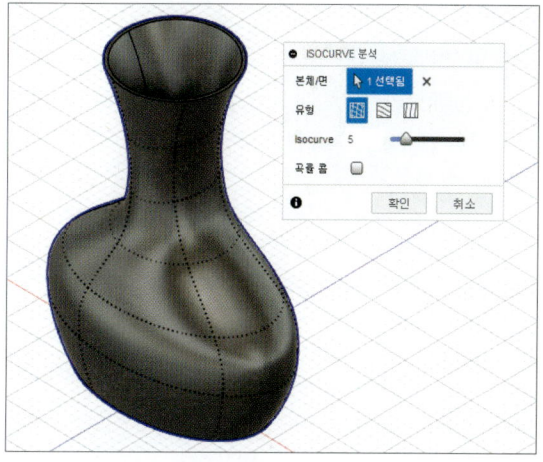

03 ISO 곡선을 10으로 변경하고 곡률 콤(Curvature Combs)을 체크 후 밀도(Density)와 축척(Scale)을 변경해 가며 표현되는 곡률표시선의 변화를 확인한다.

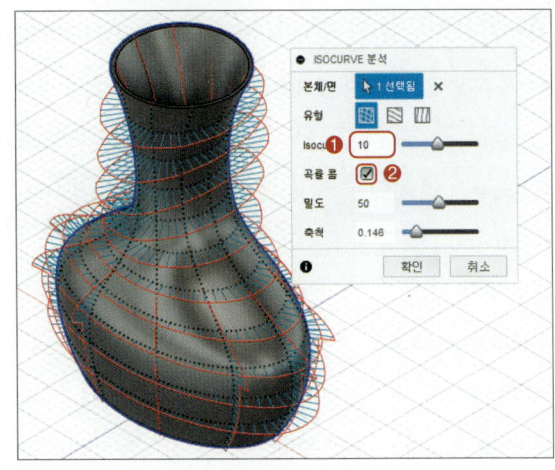

4-8 접근성 분석(Accessibility Analysis)

가공 툴의 진입 방향을 기준으로 가공 가능 부위와 불가능 부위를 표시해 준다. 가공 가능 부위는 녹색 불가능 부위는 적색으로 표시한다.

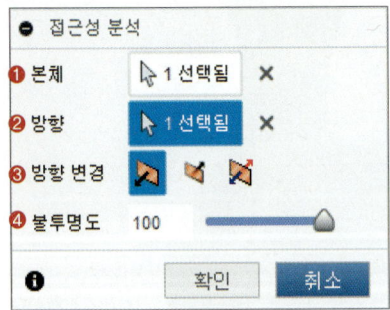

❶ 본체(Body) : 접근성 분석할 객체를 선택한다.
❷ 방향(Direction) : 가공툴의 진입 방향 기준면을 선택한다. 가공 진입방향은 선택면과 수직이 되는 방향에서 들어온다.
❸ 방향 변경(Change Direction) : 가공툴의 진입 방향이 기준면을 기준으로 어느 쪽인지 선택한다. 방향 1(Direction 1)은 선택면 법선의 반대 방향, 방향 2(Direction 2)는 법선 방향, 양방향(Both Directions)은 양쪽에서 들어온다.
❹ 불투명도(Opacity) : 표현 색상의 투명도를 조정한다.

기능 익히기 ▶ 가공성 검사하기

01 도구막대(Toolbar)의 스케치작성(Create Sketch)을 클릭하고 작업평면으로 YZ평면을 선택한다.

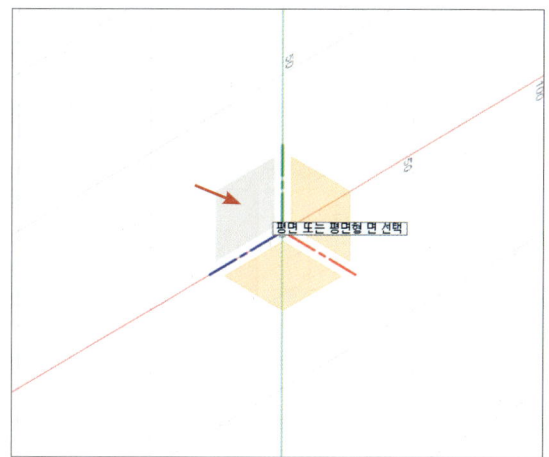

02 다음 그림과 같이 스케치 하고 스케치 마무리(FINISH SKETCH)를 클릭하여 스케치를 마친다.

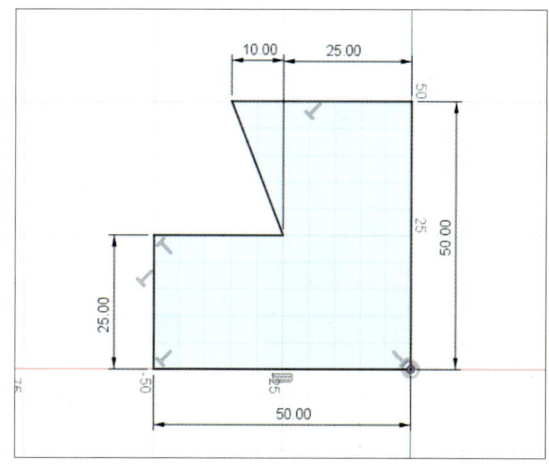

03 [작성(CREATE)]-[돌출(Extrude)]을 클릭하고 거리(Distance)에 50mm를 입력히고 [확인(OK)] 버튼을 클릭한다.

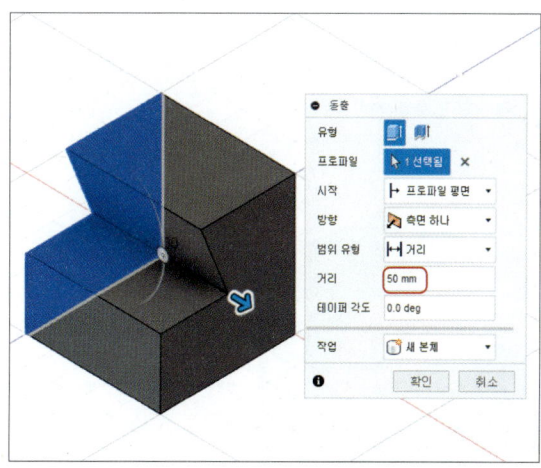

04 [검사(INSPECT)]-[접근성 분석(Accessibility Analysis)]을 클릭하고 본체(Body)로 형상을, 방향(Direction)의 선택(Select)을 클릭하고 제일 위에 면을 선택한다.

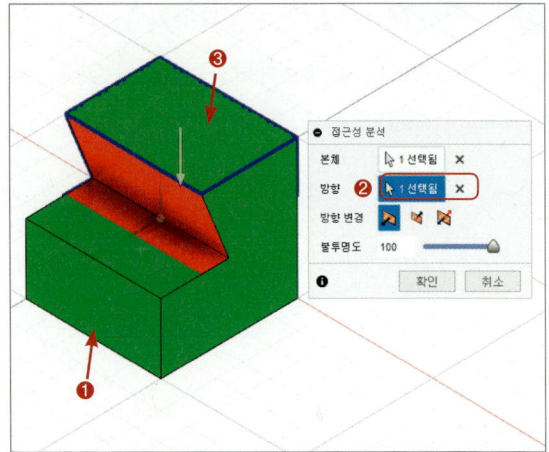

05 방향 변경(Change Direction)이 방향 1(Direction 1)일때 가공툴이 상부에서 진입하므로 화면을 돌려보면 바닥면도 가공 불가능 지역으로 분류된다. 방향 2(Direction 2)일때는 가공툴이 하부에서 진입하므로 최상면이 가공 불가능 지역이 되고 양방향(Both Directions)일때는 가공툴이 상하면 모두에서 진입하므로 사이의 가려진 부분만 가공 불가능 영역이 된다.

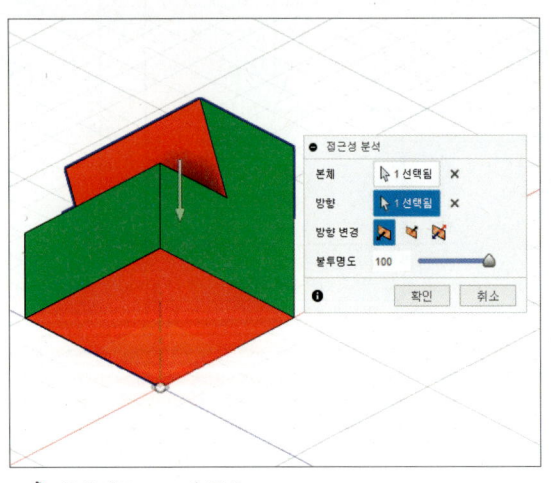

▲ 방향 1(Direction 1) 하면

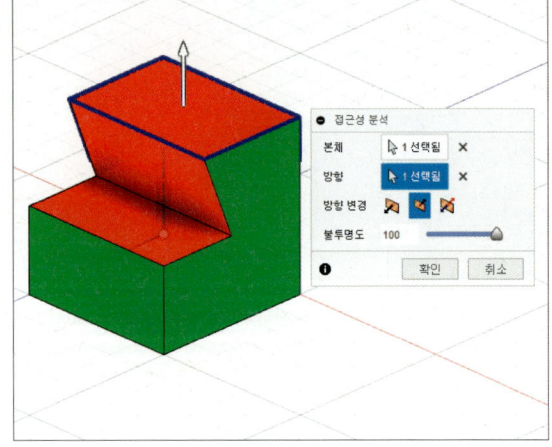

▲ 방향 2(Direction 2) 상면

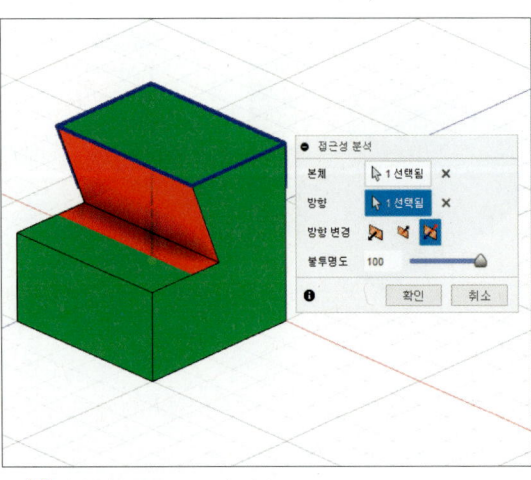

▲ 양방향(Both Directions) 상면

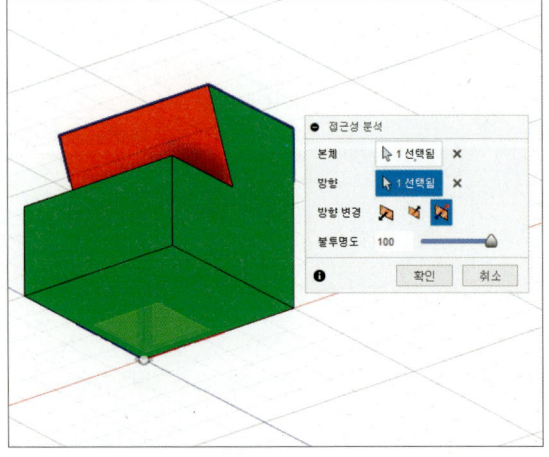

▲ 양방향(Both Directions) 하면

4-9 최소 반지름 분석(Minimum Radius Analysis)

가공 형상에 장비에 적용되는 가공툴의 최소 반지름을 기준으로 가공 가능 여부를 검사한다. 가공 가능 부위는 녹색 불가능 부위는 적색으로 표시한다.

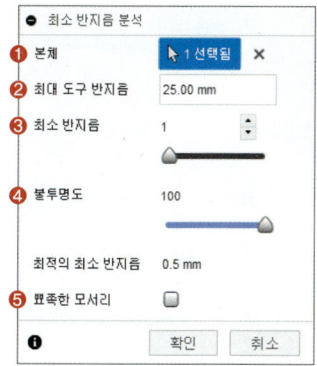

❶ 본체(Body) : 최소 반지름 분석을 할 객체를 선택한다.
❷ 최대 도구 반지름(Maximum Tool Radius) : 가공 장비에서 사용하는 가공툴 중 최대 반지름을 입력한다. 여기서는 최소 반지름(Minimum Radius)의 입력 가능 최대값을 제한하는데 사용된다.
❸ 최소 반지름(Minimum Radius) : 가공 장비에서 사용하는 가공툴 중 최소 반지름을 입력한다.
❹ 불투명도(Opacity) : 표현 색상의 투명도를 조정한다.
❺ 뾰족한 모서리(Sharp Edges) : 둥글기 없이 날카롭게 가공되는 모서리를 표시 한다.

기능 익히기 ▶ 최소 반지름 분석하기

01 [파일(File)]-[열기...(Open)]-[내 컴퓨터에서 열기...(Open from my computer...)]를 클릭하여 아래 예제 파일을 연다.

- 예제 파일 : PART3₩4장₩Minimum Radius Analysis.f3d

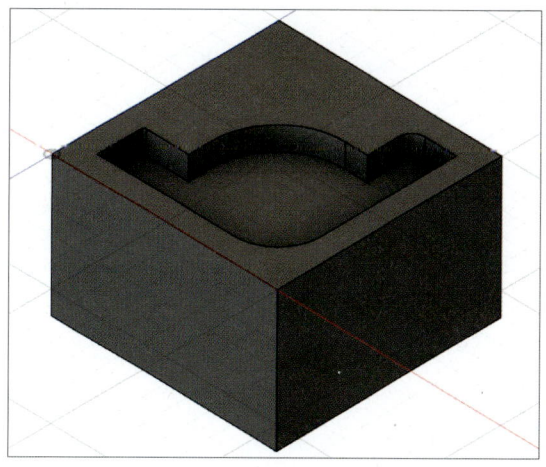

02 [검사(INSPECT)]-[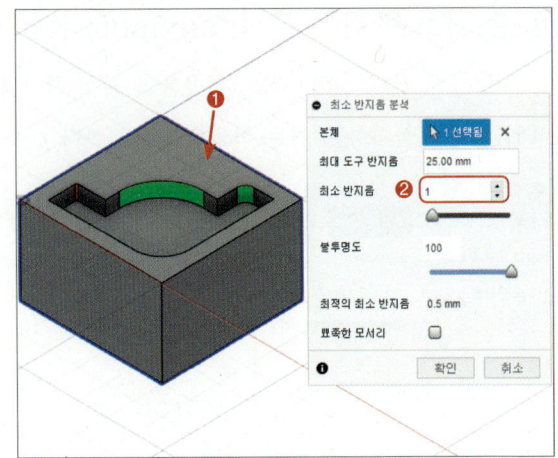 최소 반지름 분석(Minimum Radius Analysis)]을 클릭하고 본체(Body)를 선택하고 최소 반지름(Minimum Radius)을 1mm로 설정한다. 빨갛게 표시된 모서리의 둥글기는 반지름이 0.5라 최소툴의 반지름이 0.5mm 이하여야만 가공이 가능하다. 최소 반지름(Minimum Radius)의 값을 바꿔 가며 가공 불가능 영역의 변화를 확인한다.

03 뾰족한 모서리(Sharp Edges)를 체크하면 둥글기 없이 날카롭게 가공되는 모서리가 붉은 선으로 표시된다.

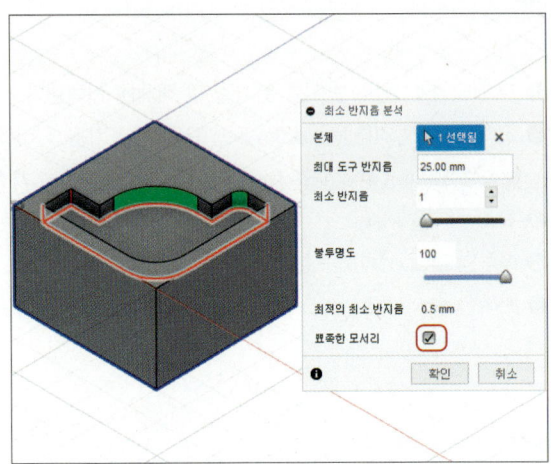

4-10 단면 분석(Section Analysis)

형상의 단면을 표시한다.

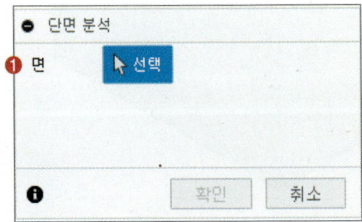

❶ 면(Faces) : 단면으로 분석할 평면을 선택한다.

| 기능 익히기 | ▶ 단면 분석하기

01 [파일(File)]-[열기...(Open)]-[내 컴퓨터에서 열기...(Open from my computer...)]를 클릭하여 아래 예제 파일을 연다.

- 예제 파일 : PART3₩4장₩Section Analysis.f3d

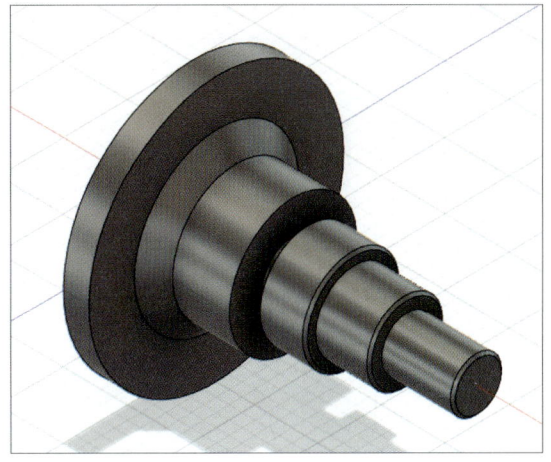

02 [검사(INSPECT)]-[단면 분석(Section Analysis)]을 클릭하고 검색기(Browser)의 원점(Origin)을 확장해 XY평면을 선택한다.

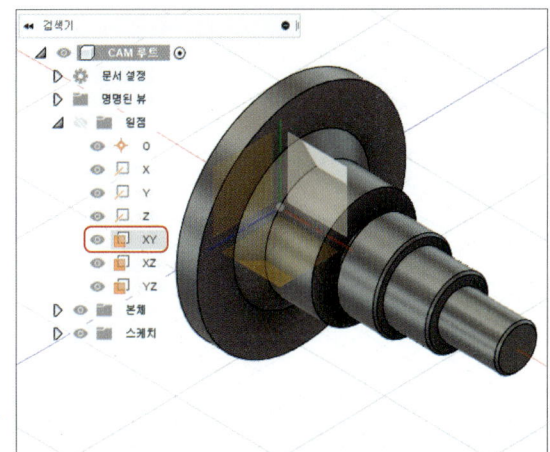

03 화살표를 드래그하면 단면의 변화를 볼 수 있다. 거리(Distance)값이 다시 0인 상태에서 [확인(OK)] 버튼을 누른다.

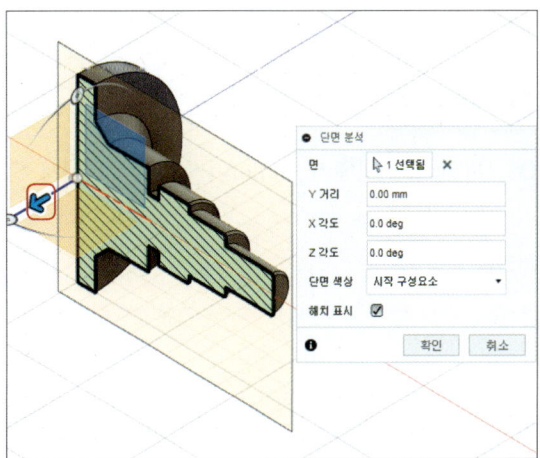

04 검색기(Browser)를 보면 원점(Origin)아래 [분석]-[단면1]이 만들어진다. 분석을 끝냈다면 단면1(Section1)의 가시성(Visibility)을 꺼서 다시 전체 모델로 돌아간다.

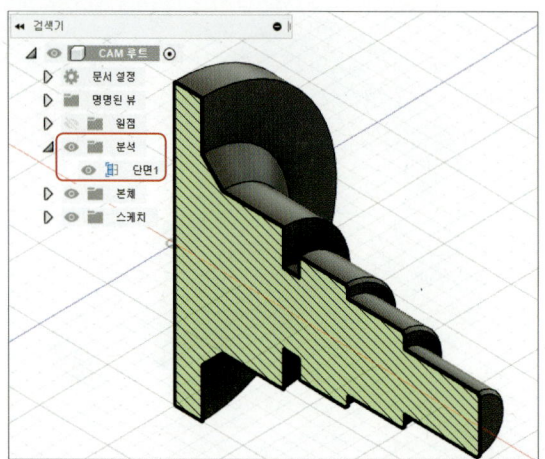
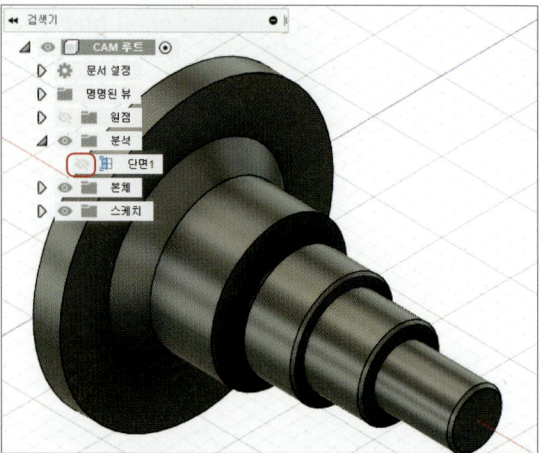

4-11 무게 중심(Center of Mass)

구성요소(Component), 본체(Body)를 선택하면 전체 형상의 중심을 보여준다.

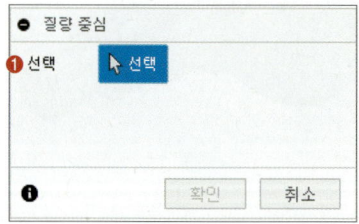

❶ 선택(Selection) : 형상을 선택한다.

기능 익히기 ▶ 모델 중심 표시하기

01 [파일(File)]-[열기...(Open)]-[내 컴퓨터에서 열기...(Open from my computer...)]를 클릭하여 아래 예제 파일을 연다.

■ 예제 파일 : PART3₩4장₩Center of Mass.f3d

02 [검사(INSPECT)]-[🌑 무게 중심(Center of Mass)]을 클릭하고 형상을 선택한 후 [확인(OK)] 버튼을 누른다. 형상의 중심에 중심점이 표시된다.

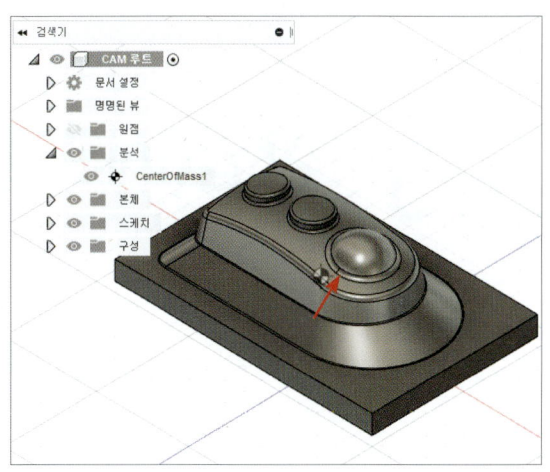

4-12 구성요소 색 순환 전환(Component Color Cycling Toggle)

구성요소(Componrnt)별로 다른 색상을 표시하여 판별하기가 쉽고 타임라인에서 피쳐가 어떤 구성요소(Componrnt)에 속하는지 쉽게 구분지을 수 있다. 구성요소(Componrnt) 색상은 렌더링에서 사용한 색상과는 다르며 원래 색상으로 복원하려면 한번 더 클릭하면 된다. 구성 요소(Componrnt)는 조립을 할 때 사용하며 본체(Body)에서 구성요소(Componrnt)로 전환해야 한다.

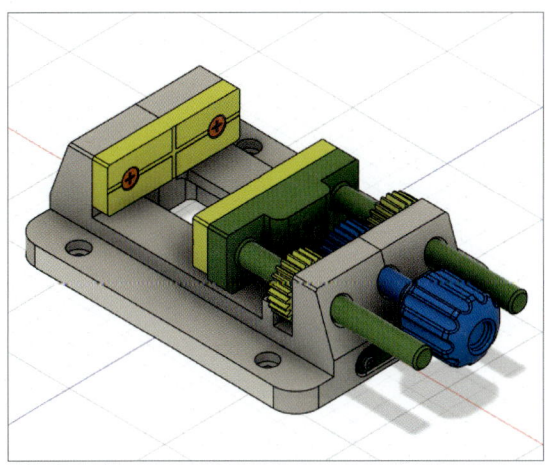

Section 05 삽입(INSERT)

형상에 붙여넣기할 이미지를 삽입하거나 메쉬(Mesh) 파일, SVG 파일, DXF 파일, 제조사의 부품을 삽입하여 사용할 수 있다.

5-1 삽입 파생(Insert Derive)

현재 작업 중인 설계(Design)에 이미 저장된 다른 파일의 요소를 추출하여 삽입한다. 명령 실행시 반드시 현재 작업 중인 설계(Design)는 저장된 상태여야 한다.

5-2 전사(Decal)

이미지를 면에 붙여넣기를 한다.

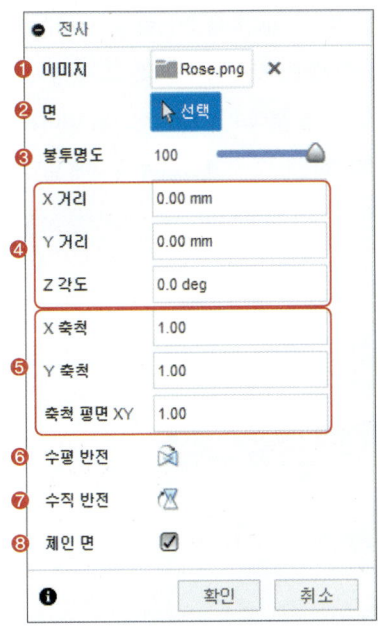

❶ 이미지(Image) : 이미지를 선택한다. .png, .jpg, .jpeg, .tif형식을 선택할 수 있다. 명령 실행시 이 항목을 누르지 않아도 자동으로 탐색기가 실행되어 이미지를 선택 할 것을 요구한다. 이 버튼은 이미지 변경시 사용한다.

❷ 면(Face) : 이미지를 붙여넣기할 면을 선택한다.

❸ 불투명도(Opacity) : 이미지의 투명도를 설정한다. 0에 가까울수록 투명하게 된다.

❹ 이미지 위치 변경 도구 : 면의 입혀진 이미지의 위치나 각도를 변경한다.

❺ 이미지 사이징 도구 : 면에 입혀진 이미지의 크기나 비율을 조정한다.

❻ 수평 반전(Horizontal Flip) : 이미지의 좌우를 반전한다.

❼ 수직 반전(Vertical Flip) : 이미지의 위아래를 반전한다.

❽ 체인 면(Chain Faces) : 체크하면 선택된 면과 접하는 면이 한번에 선택된다.

기능 익히기 ▶ 데칼(이미지 붙여넣기)

01 [파일(File)]-[열기...(Open)]-[내 컴퓨터에서 열기...(Open from my computer...)]를 클릭하여 아래 예제 파일을 연다.

- 예제 파일 : PART3₩5장₩Decal.f3d

02 [삽입(Insert)]-[전사(Decal)]을 클릭하면 데칼로 선택할 이미지를 고르기 위해 검색기가 실행된다. [내 컴퓨터에서 삽입...(Insert from my cpmputer...)]을 클릭, 해바라기.png 파일을 선택하고 열기를 누른다.

03 컵의 원통면을 면(Face)으로로 지정하면 컵의 측면에 이미지가 생기고 가운데 부분에 이미지를 편집할 도구들이 보인다. 화살표는 위아래와 좌우로 이동, 가운데 네모부분을 드래그하면 상하좌우 상관없이 자유롭게 이동, 수평 반전(Horizontal Flip)은 좌우방향 반전, 수직 반전(Vertical Flip)은 상하방향 반전, 를 클릭하면 XY방향으로 이미지 확대와 축소, 는 위방향으로 확대와 축소, 는 좌우방향으로 확대와 축소이다. 회전바도 드래그하여 위치에 알맞게 회전도 가능하다.

5-3 캔버스(Canvas)

평면에 이미지를 배치한다.

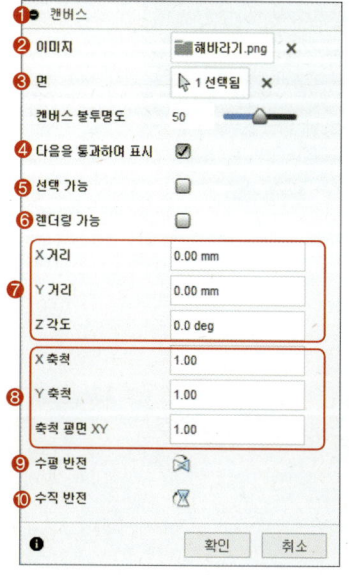

❶ 이미지(Image) : 이미지를 선택한다. .png, .jpg, .jpeg, .tif형식을 선택할 수 있다. 명령 실행시 이 항목을 누르지 않아도 자동으로 탐색기가 실행되어 이미지를 선택 할 것을 요구한다. 이 버튼은 이미지 변경시 사용한다.

❷ 면(Face) : 이미지를 붙일 평면이나 형상의 면을 선택한다.

❸ 캔버스 불투명도(Canvas Opacity) : 이미지의 투명도를 설정한다. 0에 가까울수록 투명하게 된다.

❹ 다음을 통과하여 표시(Display Through) : 체크하면 투명도가 더해 이미지를 투과해서 볼 수 있다.

❺ 선택 가능(Selectable) : 체크하면 작업시 이미지를 선택 할 수 있다.

❻ 렌더링 가능(Renderable) : 체크하면 렌더링시 이미지도 렌더링 된다.

❼ 이미지 위치 변경 도구 : 면의 입혀진 이미지의 위치나 각도를 변경한다.

❽ 이미지 사이징 도구 : 면에 입혀진 이미지의 크기나 비율을 조정한다.

❾ 수평 반전(Horizontal Flip) : 이미지의 좌우를 반전한다.

❿ 수직 반전(Vertical Flip) : 이미지의 위아래를 반전한다

기능 익히기 ▶ 캔버스에 이미지 부착 시키기

01 [삽입(Insert)]-[캔버스(Canvas)]를 클릭하면 이미지를 고르기 위해 검색기가 실행된다. [내 컴퓨터에서 삽입...(Insert from my cpmputer...)]을 클릭, 해바라기.png 파일을 선택하고 열기를 누른다.

02 이미지를 삽입할 평면으로 XZ평면을 선택한다. 캔버스 불투명도(Canvas Opacity)는 68, 다음을 통과하여 표시(Display Through)에 체크, Z 각도(Z Angle)를 90, 축척 평면 XY(Scale Plane XY) 값을 10으로 입력하여 10배 크게 확대한 후 [확인(OK)] 버튼을 누른다.

03 화면을 평면도(TOP)로 전환하고 브라우저의 캔버스(Canvases)를 확장하여 해바라기에 마우스 우클릭 퀵메뉴에서 [교정(Calibrate)]을 선택한다.

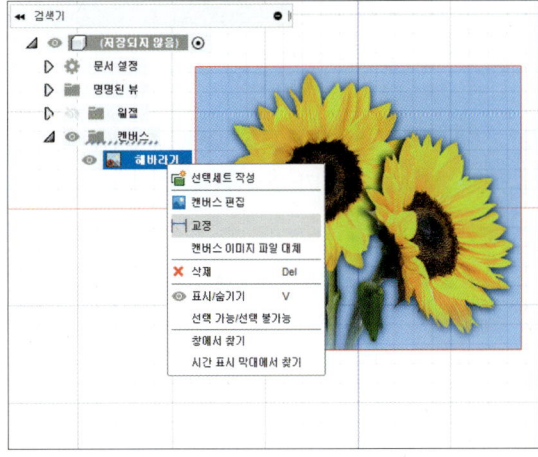

04 해바라기의 수평 거리를 일정하게 하기 위해 가장 왼쪽 점과 수평방향의 오른쪽 점을 클릭하여 거리값을 180으로 입력하고 Enter 를 누른다. 입력한 값에 맞춰 이미지가 확대된다.

5-4 SVG 삽입(Insert SVG)

SVG 형식의 파일을 가져와 스케치로 변환한다. SVG 파일은 Illustrator에서 작성 가능한 벡터데이터이다.

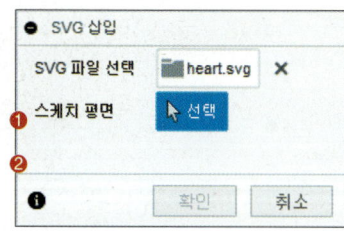

❶ SVG 파일 선택(Select SVG File) : SVG파일을 선택한다. 명령 실행시 이 항목을 누르지 않아도 자동으로 탐색기가 실행되어 이미지를 선택할 것을 요구한다. 이 버튼은 이미지 변경시 사용한다.

❷ 스케치 평면(Sketch plane) : SVG 파일로 스케치를 작성 할 평면을 선택한다.

기능 익히기 ▶ SVG 파일 가져오기

01 [삽입(INSERT)]–[SVG 삽입(Insert SVG)]을 클릭하면 이지지를 고르기 위해 검색기가 실행된다. [내 컴퓨터에서 삽입...(Insert from my computer...)]를 PART3₩5장₩heart.svg 파일을 선택하고 열기를 누른다.

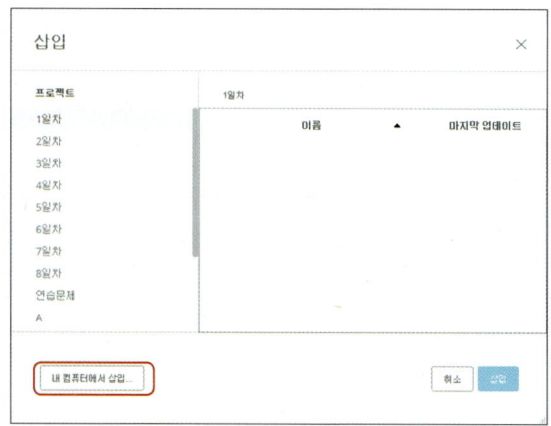

02 스케치를 작성할 평면으로 XY평면을 선택한다. 축척 평면 XY(Scale Plane XY)를 10으로 입력하고 [확인(OK)] 버튼을 누른다.

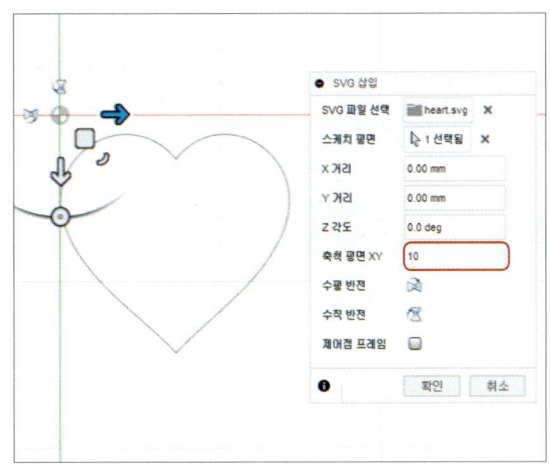

> **여기서 잠깐**
>
> Illustrator의 단위 설정이 픽셀인 경우, 1픽셀=265/1000mm로 Fusion 360에 삽입된다. Illustrator의 단위 설정이 mm인 경우, 1mm=0.75mm로 Fusion 360에 삽입된다. 따라서, SVG 데이터를 삽입할 때는 축척 평면 XY(Scale Plane XY)값을 확대하거나 축소를 해야 한다.

5-5 DXF 삽입(Insert DXF))

DXF 형식의 파일을 가져오기한다.

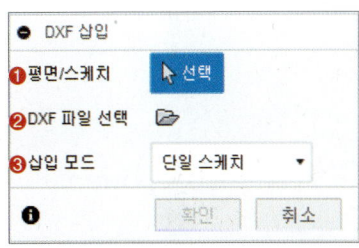

❶ 평면/스케치(Plane/Sketch) : 가져오기할 평면을 선택한다.
❷ DXF 파일 선택(Select DXF file) : DXF 파일을 선택한다.
❸ 삽입 모드(Insert mode) : 단일 스케치(Single Sketch)는 여러 도면층에 있는 객체를 하나로, 도면층당 스케치 하나(One Sketch per Layer)는 도면층별로 구분되어 스케치가 작성된다.

기능 익히기 ▶ DXF 파일 가져오기

01 [삽입(Insert)]-[DXF 삽입(Insert DXF)]을 선택하고 삽입할 곳을 TOP(XZ평면)을 선택한다.

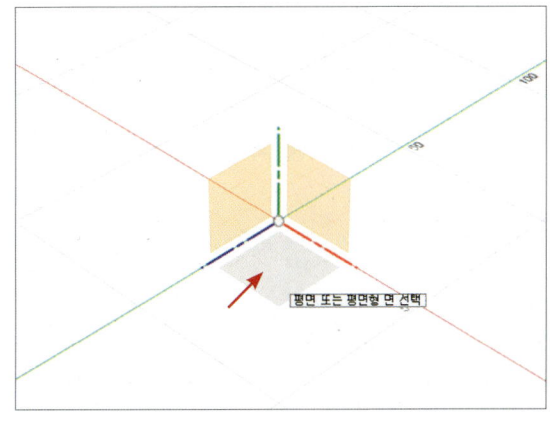

02 PART3₩5장₩Drawing.dxf 파일을 선택하고 누른다. DXF 도면층(DXF Layer) 2개가 보이고 기본 설정 그대로 [확인(OK)] 버튼을 누른다.

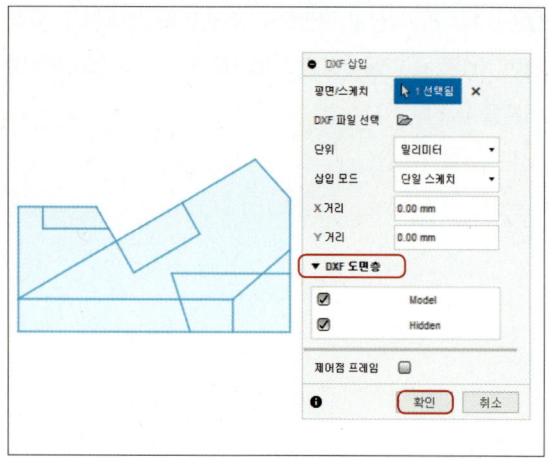

03 검색기(Browser)의 스케치(Sketches)를 확장하면 Drawing으로 스케치가 생긴 것을 볼 수 있다.

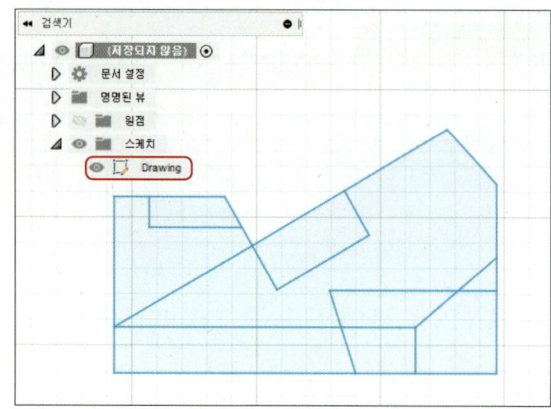

5-6 McMaster-Carr 구성요소 삽입(Insert McMaster-Carr Component)

McMaster-Carr 회사의 부품을 배치할 수 있다.

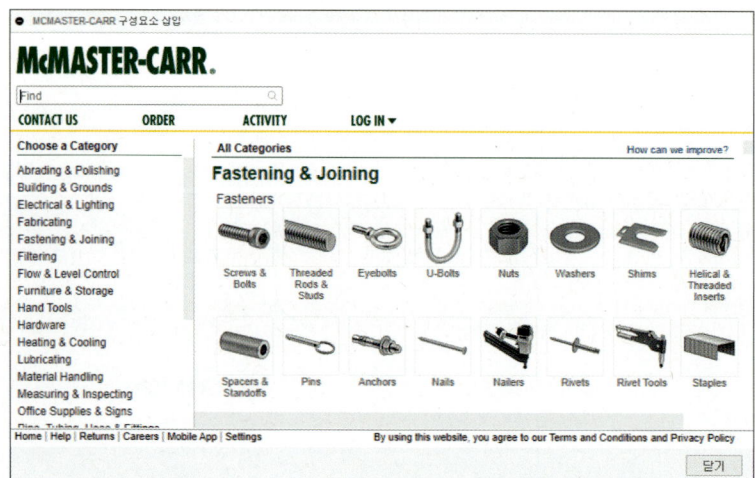

기능 익히기 ▶ McMaster-Carr사 부품 가져오기

01 [삽입(Insert)]-[McMaster-Carr 구성요소 삽입 (Insert McMaster-Carr Component)]을 클릭한다. 처음에 빈 여백으로 화면이 보이면 Close로 닫은 후 다시 클릭하면 McMaster-Carr 웹사이트가 보인다. 볼트 제품을 삽입하기 위해 Screws&Bolts를 선택한다.

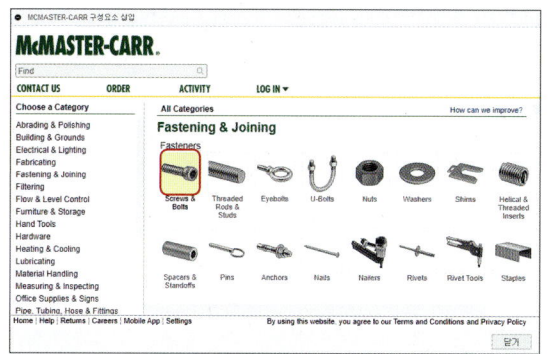

02 [Rounded Head Screws]-[Phillips Rounded Head Screws]를 선택한다.

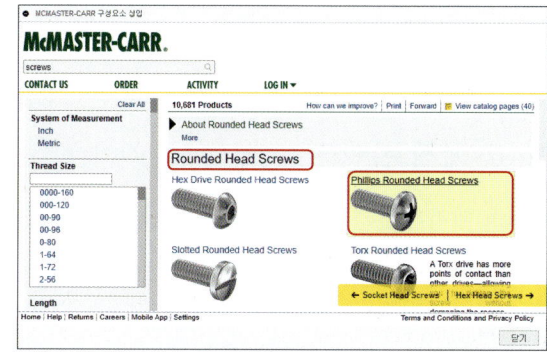

03 더 빠르게 찾기 위해 왼쪽 메뉴에서 Metric, M8, 60mm, Stainless Steel, 18-8 Stainless Steel을 선택해 필터링을 한 후 오른쪽의 Product Detail을 클릭한다.

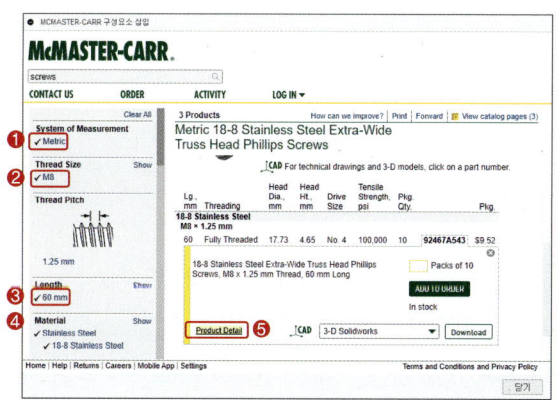

04 아래로 드래그하면 볼트의 상세 도면 확인이 가능하다. Fusion 360에 삽입하기 위해 드롭다운 리스트에서 3-D STEP으로 선택한 후 Download를 클릭한다.

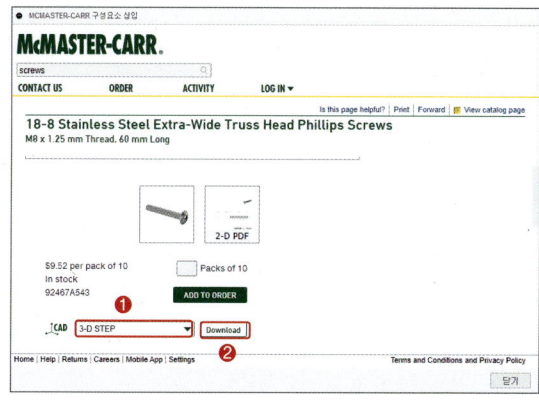

Section 05_삽입(INSERT) ■ 305

05 부품 위치를 이동한 후 [확인(OK)] 버튼을 누르면 가져오기가 끝난다.

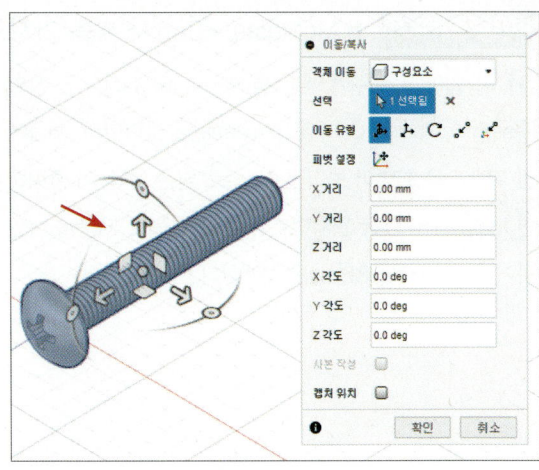

5-7 메쉬 삽입(Insert Mesh)

Mesh 데이터를 가져올 수 있다. .obj, .stl 파일 형식을 선택할 수 있다.

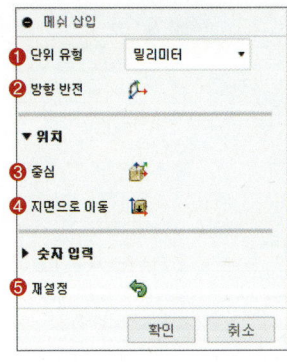

❶ 단위 유형(Unit Type) : 센티미터, 밀리미터, 미터, 인치, 피트 단위 중에서 지정할 수 있다.

❷ 방향 반전(Flip Up Direction) : 불러온 데이터의 방향을 반전시킨다.

❸ 중심(Center) : 데이터를 중심으로 이동한다.

❹ 지면으로 이동(Move to Ground) : 데이터를 0,0,0 원점으로 이동한다.

❺ 재설정(Reset Transformation) : 변환한 내용을 무시하고 원래 상태로 초기화한다.

기능 익히기 ▶ Mesh 파일 가져오기

01 [삽입(Insert)]-[메쉬 삽입(Insert Mesh)]을 선택하고 아래 예제 파일을 선택하고 열기를 누른다. 단위 유형(Unit Type)은 밀리미터(Milimeter), 방향 반전(Flip Up Direction) 을 클릭하여 수직방향으로 반전한다.

- 예제 파일 : PART3₩5장₩King.stl

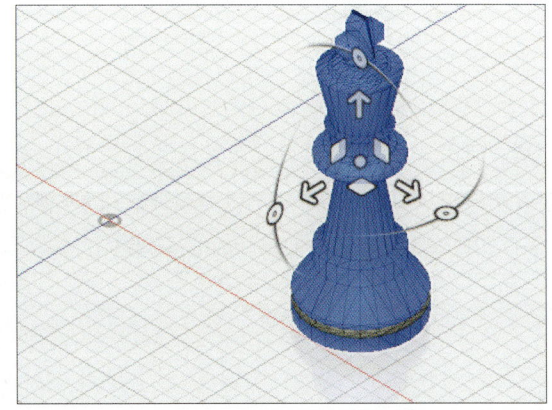

02 중심(Center)과 지면으로 이동(Move to Ground)을 차례대로 클릭하여 중심으로 맞추고 지면에 안착시킨 후 [확인(OK)] 버튼을 누른다.

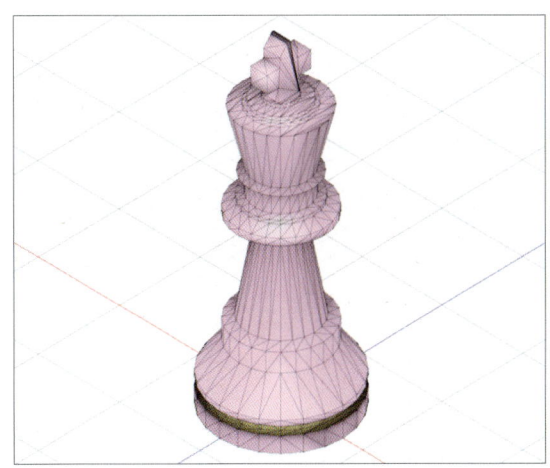

5-8 제조사 부품 가져오기(Insert a manufacturer part)

제조사 부품을 가져오기한다.

여러 해당 제조사의 부품을 선택하여 이메일 주소를 입력하고 To Autodesk Fusion 360을 클릭한다. 사용하려면 먼저 정보입력이 필요하다.

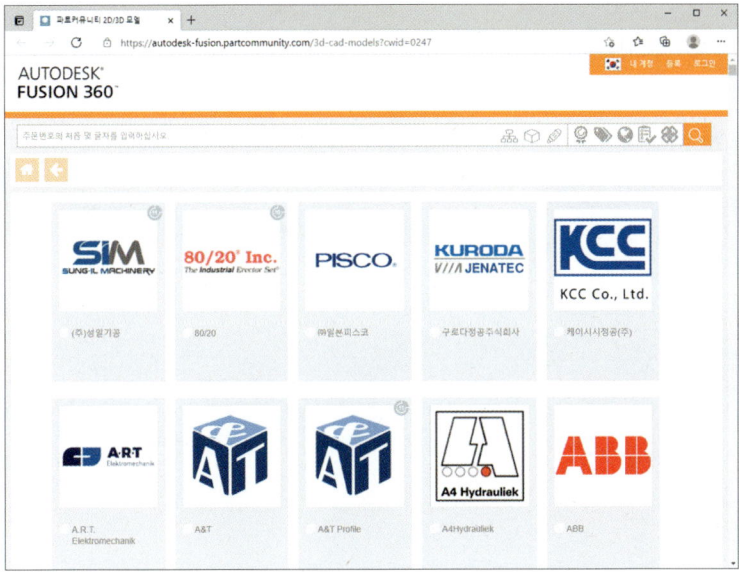

5-9 TraceParts 공급 구성요소 가져오기(Insert TraceParts Supplier Components)

공급업체 부품 도면 파일 공급 전문 사이트인 TraceParts 사이트에서 제공하는 공급업체 부품을 구성 요소로 삽입한다. 파일을 다운로드 받기 위해서는 사이트에 회원 가입이 되어 있어야 하며 로그인된 상태여야 한다. 파일의 형식은 Fusion 360을 선택하면 된다.

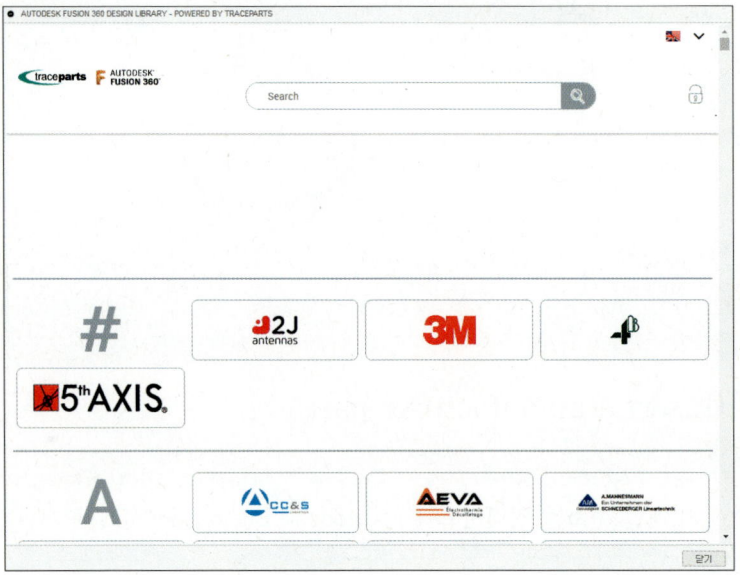

Section 06 | 3D 인쇄(3D PRINT)

3차원으로 만든 형상을 STL 파일로 내보내는 과정과 직접 출력은 어떻게 하는지 등 3D 프린트로 출력하기 위한 순서들을 살펴본다.

6-1 3D Print 준비하기

3D 인쇄를 하기 위해선 먼저 STL 파일로 변환해야 한다. 도구(TOOLS)의 [만들기(MAKE)]-[3D 인쇄 (3D Print)]를 실행하면 STL 파일로 내보내기 하거나 설치된 슬라이싱 프로그램을 실행해 바로 출력을 할 수 있게 한다.

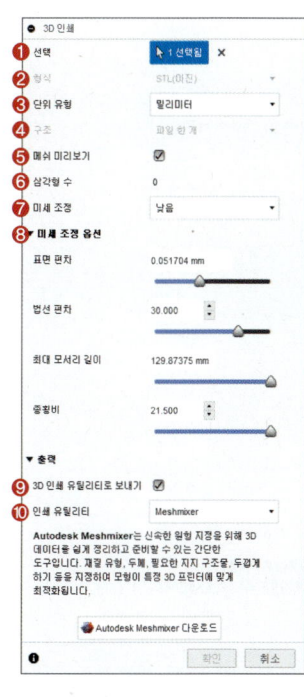

❶ 선택(Selection) : 3D 인쇄 할 데이터를 선택한다.

❷ 형식(Format) : 3D 프린터용 파일 형식을 선택한다. 단 3D 인쇄 유틸리티로 보내기의 체크가 꺼졌을 때만 변경이 가능하다.

❸ 단위 유형(Unit Type) : 인쇄 할 형상의 단위를 지정한다.

❹ 구조(Structure) : 복수의 본체 선택 시 하나의 파일로 내보낼지 본체 하나당 한파일씩 내보낼지 선택한다. 파일 한 개(Onc File)은 모든 바디를 하나의 파일로 본체당 파일 한 개(One File Per Body)는 선택된 본체 수 만큼의 파일이 생성된다. 단 복수 바디의 선택은 3D 인쇄 명령 실행은 불가능하며 검색기에 Main 부품을 마우스 우클릭으로 클릭하여 메쉬로 저장을 선택하여야 한다.

❺ 메쉬 미리보기(Preview Mesh) : 작성될 STL데이터 메쉬 표시/비표시를 선택한다.

❻ 삼각형 수(Number of Triangles) : 메쉬 미리보기를 체크하고 3D 인쇄 유틸리티로 보내기의 체크를 꺼야 보인다. STL데 이터의 삼각 메쉬수를 표시한다.

❼ 미세 조정(Refinement) : 낮음(Low)은 저품질, 중간(Medium)은 보통, 높음(High)은 고품질, Custom은 Refinement Options에서 STL데이터의 정밀도를 조정한다.

❽ 미세 조정 옵션(Refinement Options) : 표면 편차(Surface Deviation)는 메쉬로 만들 때 허용오차 설정, 법선 편차(Normal Deviation)는 법선 방향에 대한 허용오차 설정, 최대 모서리 길이(Maximum Edge Length)는 최대 모서리 길이 설정, 종횡비(Aspect Ratio)는 가로 세로 비율 설정이다.

❾ 3D 인쇄 유틸리티로 보내기(Send to 3D Print Utility) : 체크하면 3D Print관련 소프트웨어로 STL을 내보내기한다.

❿ 인쇄 유틸리티(Print Utility) : 3D Print관련 소프트웨어를 선택한다. 설치된 소프트웨어에 따라 드롭다운 리스트가 변한다.

> 기능 익히기 ▶ 3D PRINT 파일 만들기

01 [파일(File)]-[열기...(Open)]-[내 컴퓨터에서 열기...(Open from my computer...)]를 클릭하여 아래 예제 파일을 연다.

- 예제 파일 : PART3₩6장₩3D Print.f3d

02 [만들기(MAKE)]-[🖼 3D 인쇄(3D Print)]를 클릭하고 형상을 선택한다. 메쉬 미리보기(Preview Mesh)에 체크하고 미세 조정(Refinement)은 낮음(Low), 3D 인쇄 유틸리티로 보내기(Send to 3D Print Utility)에 체크 해제하고 [확인(OK)] 버튼을 누른다. STL파일 저장할 폴더와 파일 이름(3D Printing.stl)을 지정하고 [저장] 버튼을 누른다.

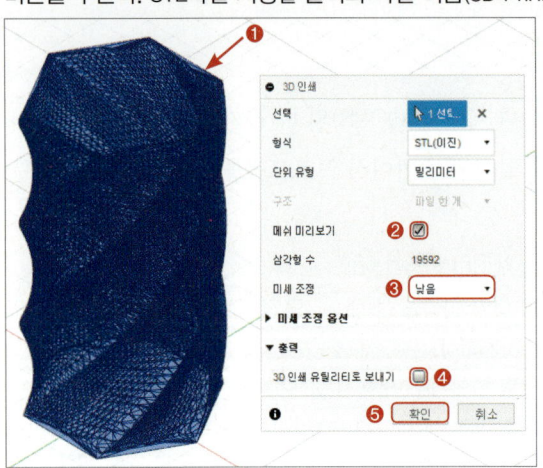 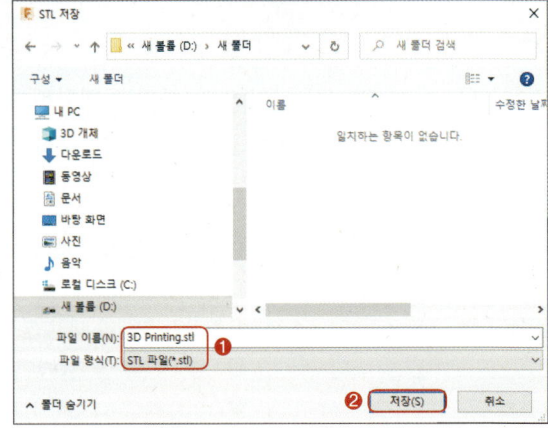

6-2 3D Printer 출력하기

출력을 하기 위해 필요한 슬라이싱 프로그램은 프린터 회사마다 별도로 존재한다. 예를 들어, 메이커봇 경우는 메이커봇 프린트 다운로드 페이지(https://www.makerbot.com/download-print)에서 프로그램을 다운로드 받아 설치한다.

기능 익히기 ▶ 3D Printer 출력하기

01 MakerBot Print 프로그램을 실행하고 내보내기 했던 3D Printing.stl 파일을 불러온다.

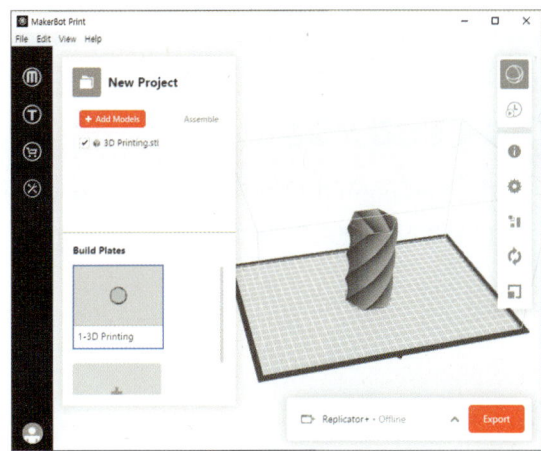

02 서포트(지지대)가 필요한 모델인 경우는 Print Settings에서 Support 설정을 하고 Print Preview를 체크하여 미리보기로 인쇄를 확인한다. Export를 클릭하면 온라인 상태면 바로 출력, 오프라인 상태면 출력 파일이 생성된다.

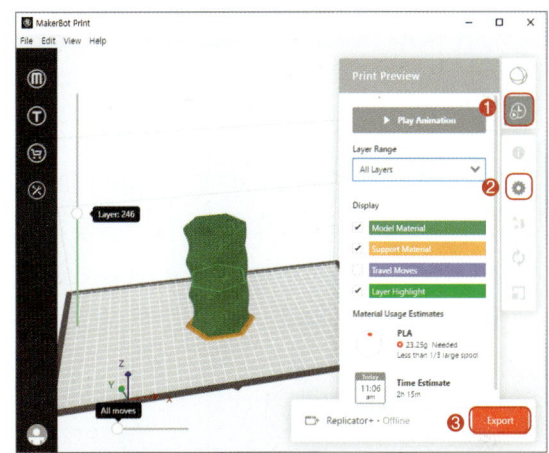

03 실제 프린터 기종에 저장한 USB를 삽입해서 출력하고자 하는 파일을 선택하여 출력한다.

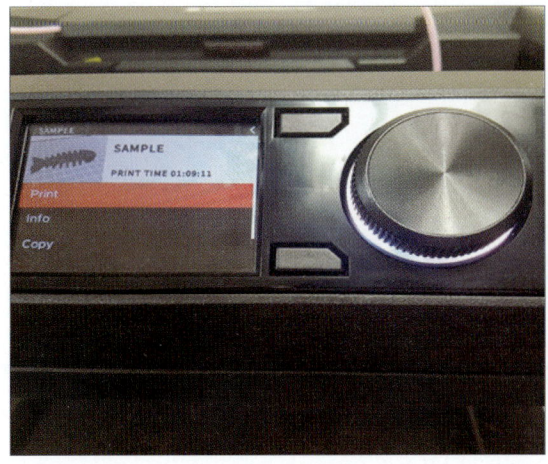

실전예제 04

실전 예제 04 동영상 강좌

블록 장난감 모델링

01 [작성(CREATE)]-[스케치 작성(Create Sketch)]을 클릭하고 작업평면으로 TOP(XZ평면)을 선택한다.

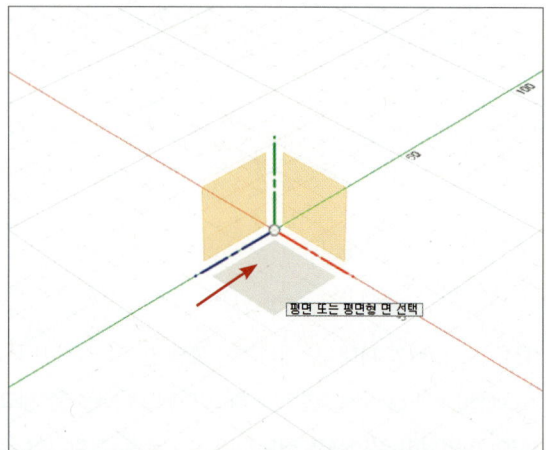

02 [작성(CREATE)]-[직사각형(Rectangle)]-[2점 직사각형(2-Point Rectangle)]을 선택하고 원점을 기준으로 사각형을 그리고 [CREATE]-[Sketch Dimension]을 클릭하여 치수를 기입한다.

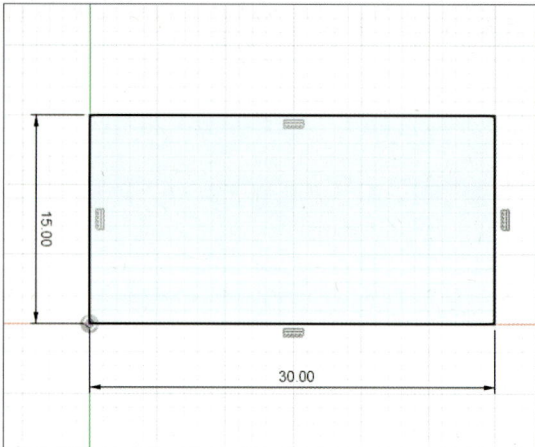

03 [작성(CREATE)]-[원(Circle)]-[중심 지름 원(Center Diameter Circle)]을 선택하고 왼쪽 아래에 Ø6mm 원을 작성한다.

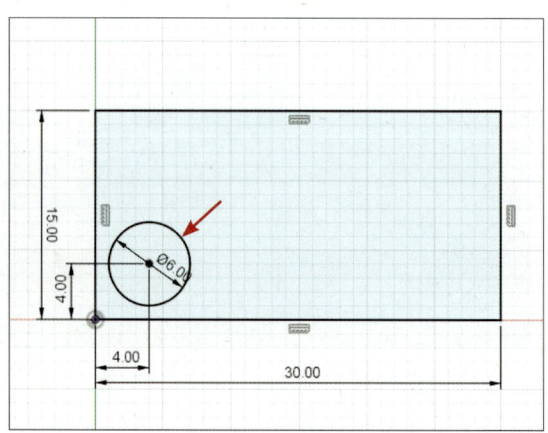

312 ■ Part 3_설계(Design)

04 [작성(CREATE)]-[직사각형 패턴(Rectangular Pattern)]을 선택하고 원을 선택한 후 거리 유형(Distance Type)은 간격(Spacing), 수평방향은 11mm간격으로 3개, 수직방향은 7mm간격으로 2개 작성한다.

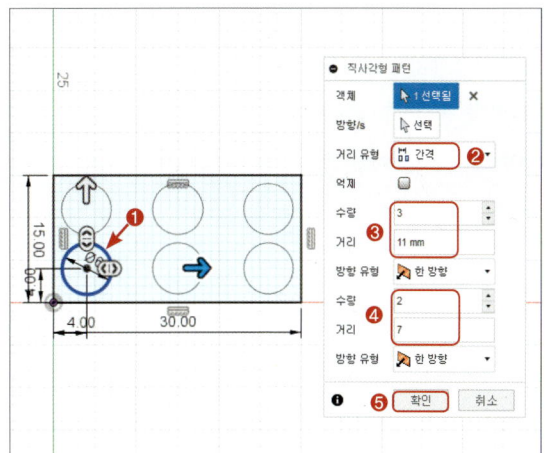

05 스케치 마무리(FINISH SKETCH)(✓)를 눌러 스케치 명령을 종료한다. [작성(CREATE)]-[돌출(Extrude)]을 클릭하고 원을 포함하여 사각면 모두를 선택한 후 -9mm 돌출한다.

06 검색기(Browser)의 스케치(Sketches)를 확장하여 스케치1의 가시성(Visibility)을 켜서 스케치가 보이게 한다. 마우스 우클릭 퀵메뉴에서 [반복 돌출(Repeat Extrude)]을 클릭하고 원을 1.5mm, 생성(Operation)은 접합(Join)으로 돌출한다.

실전 예제 ■ 313

07 검색기(Browser)에서 스케치1의 가시성(Visibility)을 꺼서 스케치가 보이지 않게 한다. [수정(MODIFY)]-[쉘(Shell)]을 선택하고 궤도로 뷰를 바꾼 후 바닥면을 클릭하여 내부 두께(Inside Thickness)를 1mm로 안쪽에 두께를 준다.

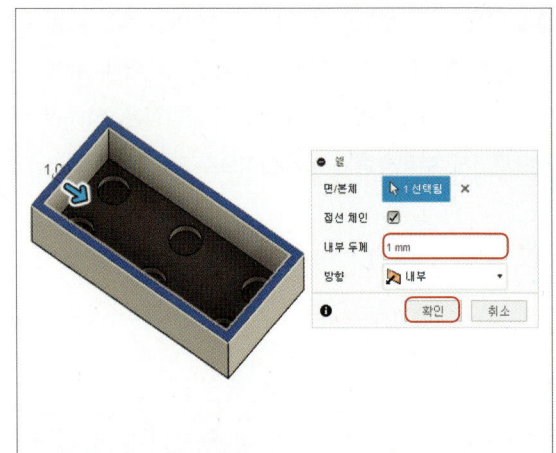

08 바닥 두께 부분을 선택한 후 마우스 우클릭 퀵메뉴에서 [스케치 작성(Create Sketch)]을 클릭한다.

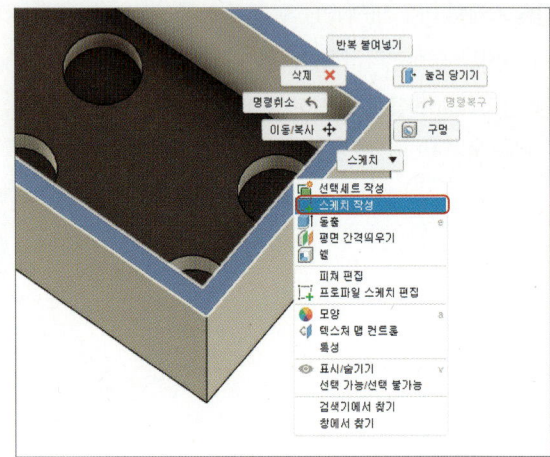

09 [작성(CREATE)]-[선(Line)]을 선택하고 중간점을 시작으로 수평선, 수직선을 그린다. 작성한 선들을 선택해 스케치 팔레트(SKETCH PALETTE)의 구성(Construction)을 클릭하여 참조선으로 만든다.

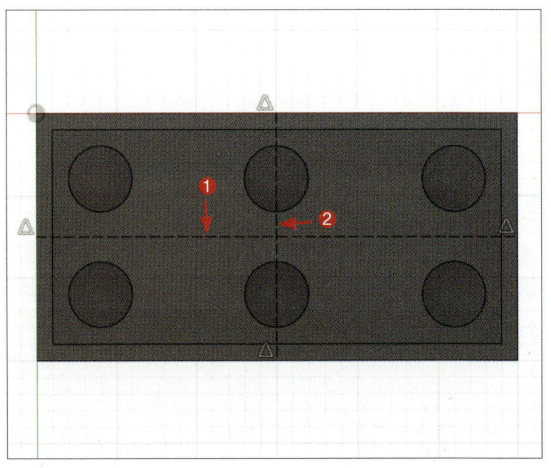

10 왼쪽 부분에 [작성(CREATE)]-[2점 직사각형(2-Point Rectangle)]을 클릭하여 직사각형 2개를 작성한다. 이때 같음(Equal) 구속조건을 사용해 한쪽의 직사각형에는 치수 기입을 생략하도록 해본다.

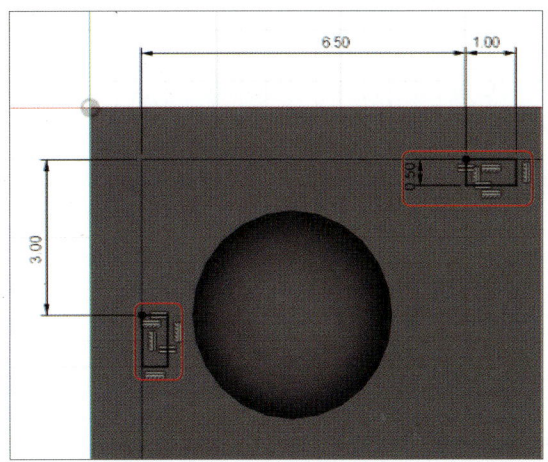

10 가운데 부분에는 [작성(CREATE)]-[원(Circle)]-[중심 지름 원(Center Diameter Circle)]을 선택하고 Ø6mm, Ø7mm 원을 작성한다.

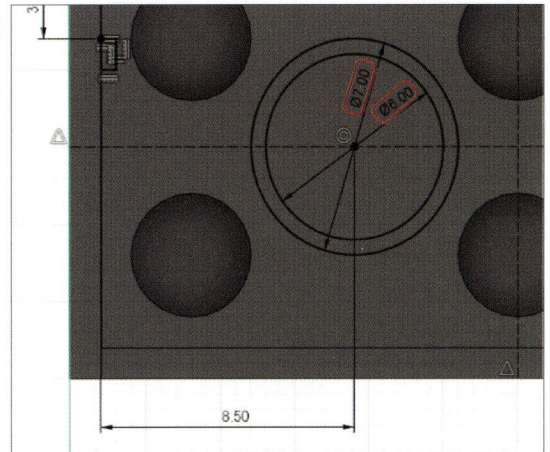

12 [작성(CREATE)]-[직사각형 패턴(Rectangular Pattern)]을 선택하고 위에 있는 직사각형을 선택하여 수평방향으로 7mm 간격으로 배열한다.

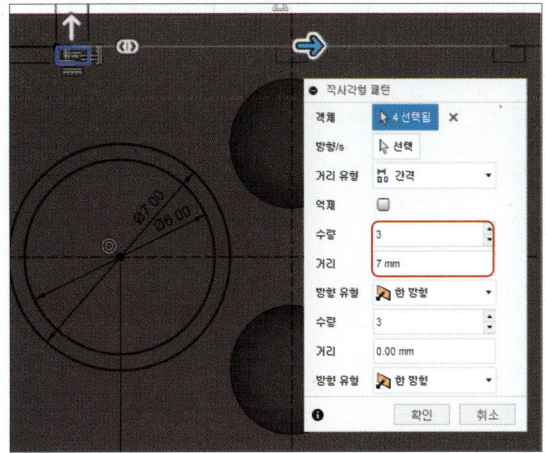

13 [작성(CREATE)]-[미러(Mirror)]를 클릭하고 4개 직사각형을 수평 참조선을 미러 선(Mirror Line)으로 대칭한다.

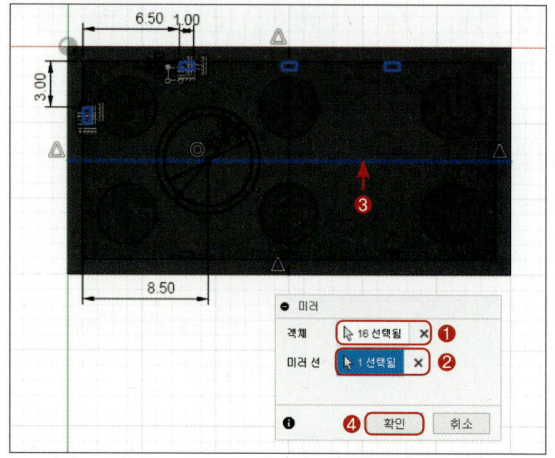

14 [작성(CREATE)]-[미러(Mirror)]를 반복실행하고 왼쪽의 직사각형 2개와 원 2개를 수직 참조선을 미러 선(Mirror Line)으로 대칭한다.

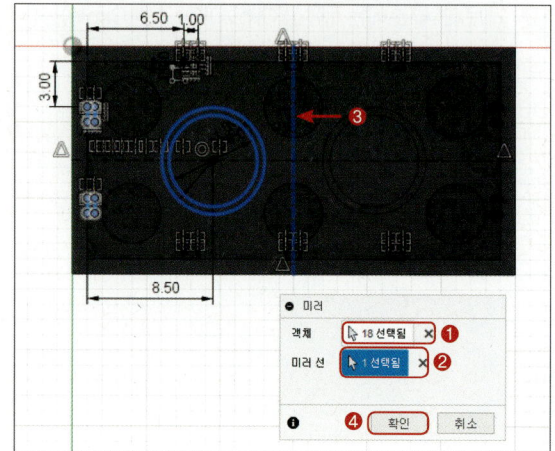

15 [작성(CREATE)]-[돌출(Extrude)]을 클릭하고 두 원 사이와 바깥사각형들을 선택한 후 거리(Distance)를 -8mm, 생성(Operation)은 접합(Join)으로 돌출한다.

16 안쪽 면을 선택한 후 마우스 우클릭 퀵메뉴에서 [스케치 작성(Create Sketch)]을 클릭한다.

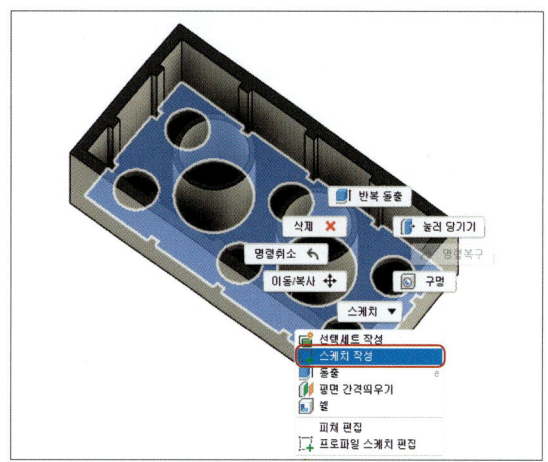

17 [작성(CREATE)]-[직사각형(Rectangle)]-[중심 직사각형(Center Rectangle)]을 선택하고 원의 중심을 중심점으로 가로 길이가 0.5mm인 직사각형을 작성한다.

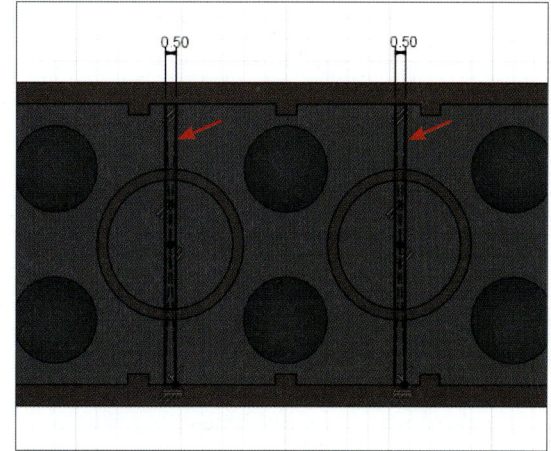

18 [작성(CREATE)]-[돌출(Extrude)]을 클릭한다. 4개 면을 선택하고 거리(Distance)를 6mm, 생성(Operation)은 접합(Join)으로 돌출한다.

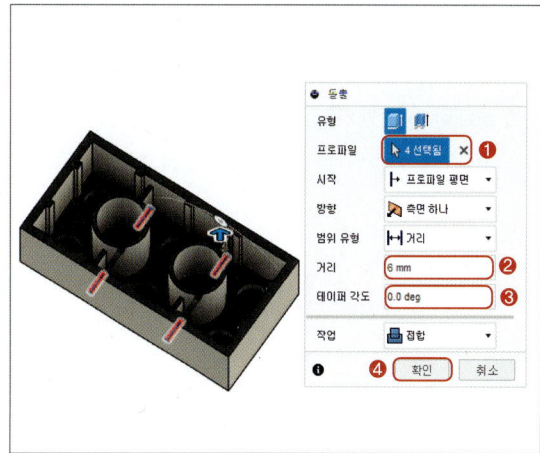

19 뷰큐브의 홈 아이콘(⌂)을 클릭하여 뷰를 전환하고 가장 왼쪽의 윗면을 선택한 후 마우스 우클릭 퀵메뉴에서 [스케치 작성(Create Sketch)]을 클릭한다.

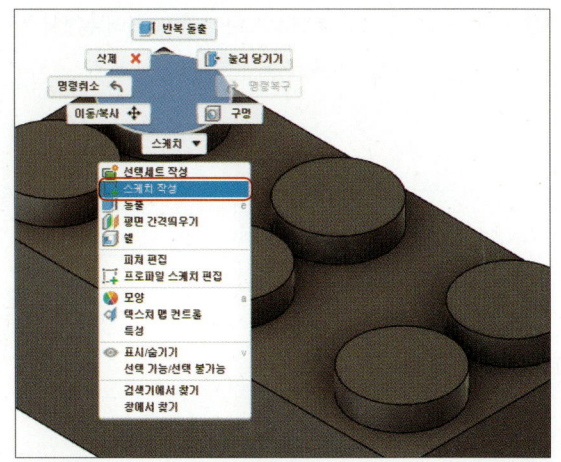

20 [작성(CREATE)]-[문자(Text)]]를 클릭하고 글씨가 새겨질 공간을 사각형으로 지정하고 문자(Text)에 "TOY"라고 입력한다. 문자가 거꾸로 보인 경우는 반전(Flip)의 수평(Horizontal)과 수직(Vertical)을 클릭해 바로 잡는다. 문자 크기는 1.7mm, 진하기와 이탤릭을 선택하고 정렬(Alignment)을 중심에 정렬(Align Center), 중간 정렬(Align Middle)로 하여 작성된 문자가 영역의 가운데 오게 작성한다.

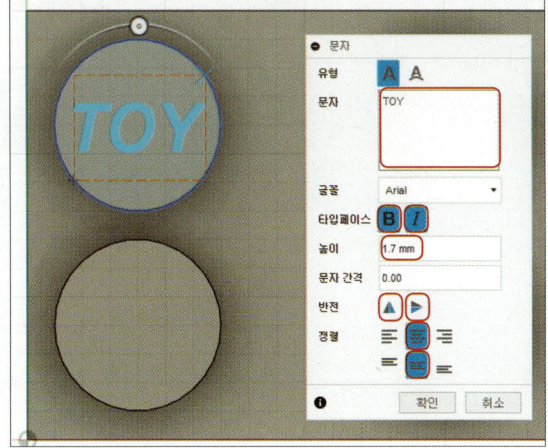

21 작성한 문자를 선택하고 마우스 우클릭 퀵메뉴에서 [문자 분해(Explode Text)]를 선택하여 테두리만 남도록 분해한 후 스케치를 종료한다.

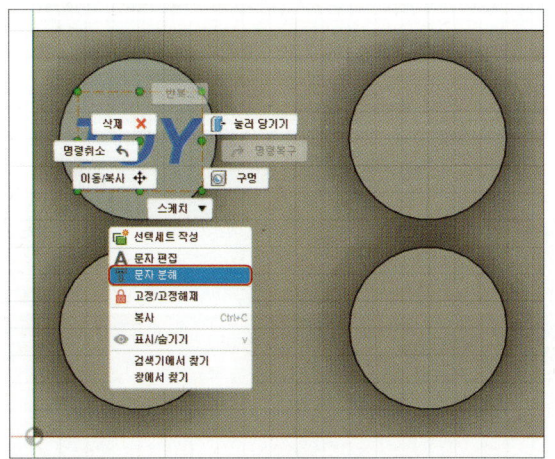

22 [작성(CREATE)]-[돌출(Extrude)]을 클릭하여 문자 3개를 선택하고 거리(Distance)를 0.1mm로 입력, 접합 (Join)으로 돌출한다.

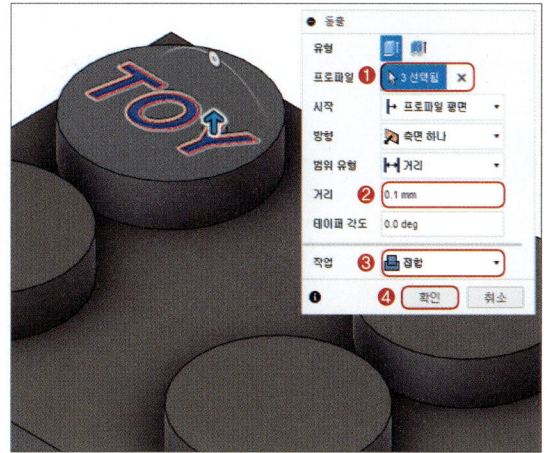

23 [작성(CREATE)]-[패턴(Pattern)]-[직사각형 패턴 (Rectangular Pattern)]을 선택하고 유형(Type)은 피쳐 (Features)로 하여 타임라인에서 마지막에 있는 돌출 아이콘( )을 선택한다. 방향(Directions)로 Z축을 선택하고 거리 유형(Distance Type)은 간격(Spacing)으로 숫자와 간격(2,7과 3,-11)을 입력한다.

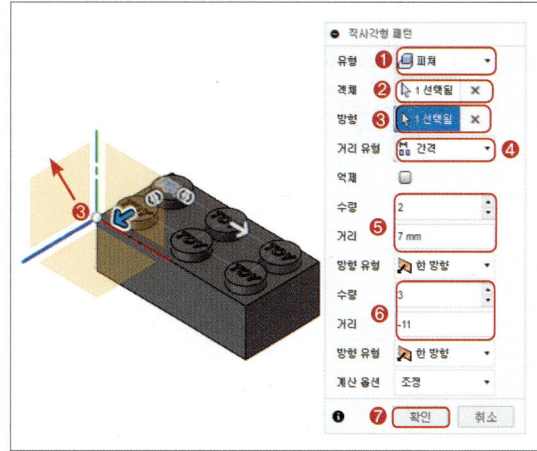

24 [수정(MODIFY)]-[이동/복사(Move/Copy)]를 클릭하고 본체1 객체를 선택한다. 피벗 설정(Set Pivot) 을 클릭하고 기준점으로 오른쪽 위 꼭짓점을 선택한 후 종료(Done) 을 클릭한다.

25 사본 작성(Create Copy)에 체크하고 오른쪽으로 25mm, Y 각도를 70도만큼 회전복사한다.

26 [수정(MODIFY)]-[모양(Appearance)]을 클릭하고 [플라스틱(Plasyic)]-[불투명(Opaque)]-[플라스틱-광택(녹색)(Plastic-Glossy(Green))], [플라스틱-광택(노란색)(Plastic-Glossy(Yellow)]을 드래그&드롭으로 적용한다.

27 저장(Save)을 클릭하여 모델링을 블록 장난감으로 저장한다. 프로젝트, 폴더를 새로 만든다면 저장 영역을 확장해 아래 New Project New Folder 버튼을 클릭하여 저장 장소를 지정한 후 저장한다.

실전예제 05

실전 예제 05 동영상 강좌

농구공 모델링

01 [작성(CREATE)]-[구(Sphere)]를 클릭하고 XY평면을 선택하고 원점을 중심으로 Ø190mm 구를 작성한다.

02 [작성(CREATE)]-[스케치 작성(Create Sketch)]을 클릭하고 작업평면으로 FRONT(XY평면)을 선택한다.

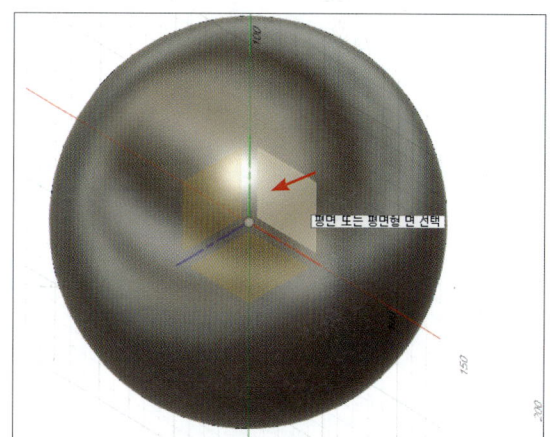

03 [작성(CREATE)]-[투영/포함(Project/Include)]-[프로젝트(Project)]를 클릭하고 선택 필터(Selection Filter)는 본체(Bodies)로 선택한 후 구를 클릭하여 외형선을 투영한다.

04 스케치 팔레트(SKETCH PALLETTE)에서 슬라이스(Slice)에 체크 후 [작성(CREATE)]-[원(Circle)]-[중심 지름 원(Center Diameter Circle)]을 선택하고 Ø144mm 원을 작성한다.

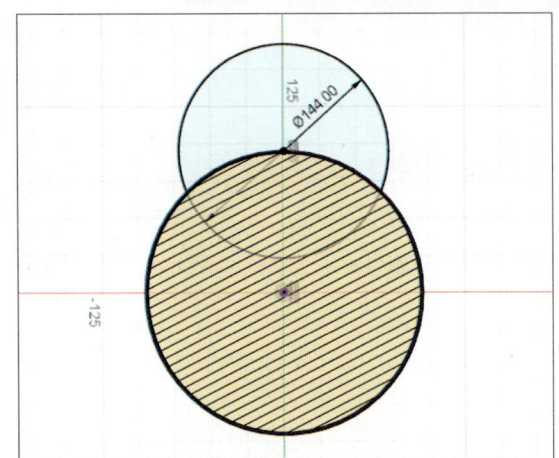

05 [수정(MODIFY)]-[간격띄우기(Offset)]를 선택하고 -5mm 떨어진 원을 작성한다.

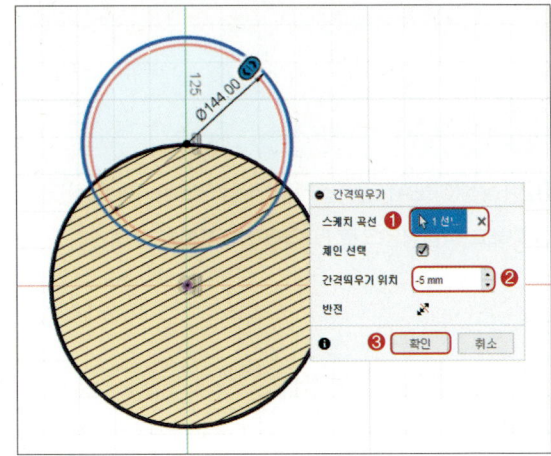

06 [수정(MODIFY)]-[자르기(Trim)]를 선택하고 위쪽 원을 삭제 후 가운데 수평 참조선을 작성한다.

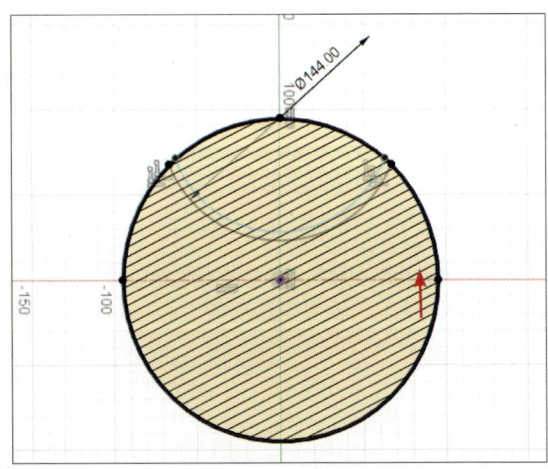

07 [작성(CREATE)]-[미러(Mirror)]를 클릭한다. 2개 호를 선택하고 수평 참조선을 미러 선(Mirror Line)으로 대칭한다.

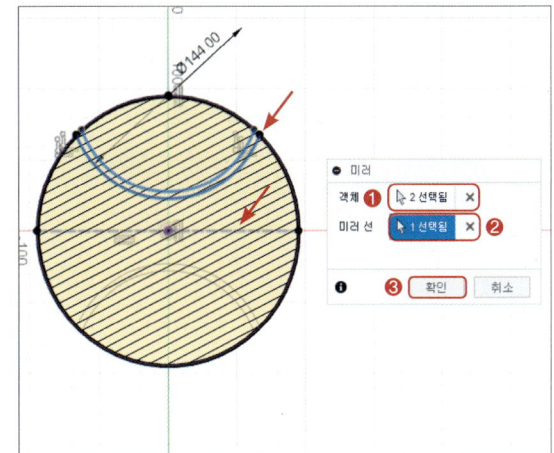

08 [작성(CREATE)]-[직사각형(Rectangle)]-[중심 직사각형(Center Rectangle)]을 선택하고 원의 중심을 중심점으로 가로 길이가 5mm, 세로 길이가 200mm인 직사각형을 작성한다. 스케치 팔레트에서 Slice를 체크 해제하고 스케치를 종료한다.

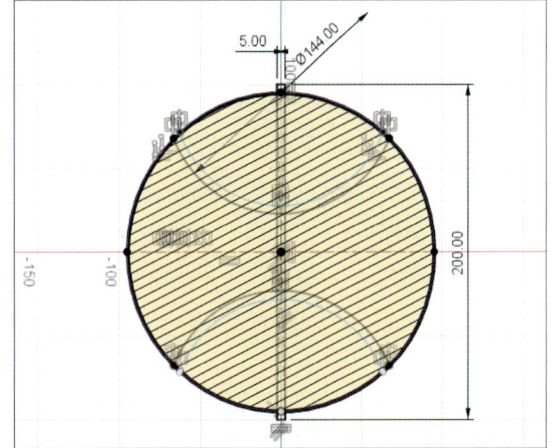

09 [작성(CREATE)]-[돌출(Extrude)]을 클릭한다. 5mm 부분을 선택하고 방향(Direction)은 대칭(Symmetric), 150mm정도 생성(Operation)은 잘라내기(Cut)로 돌출한다.

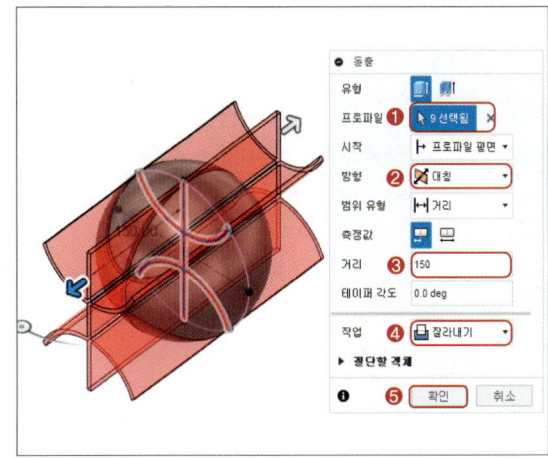

10 [작성(CREATE)]-[구(Sphere)]를 클릭한다. XY 평면을 선택하고 원점을 중심으로 Ø186mm, 생성 (Operation)은 새 본체(New Body)로 구를 작성한다.

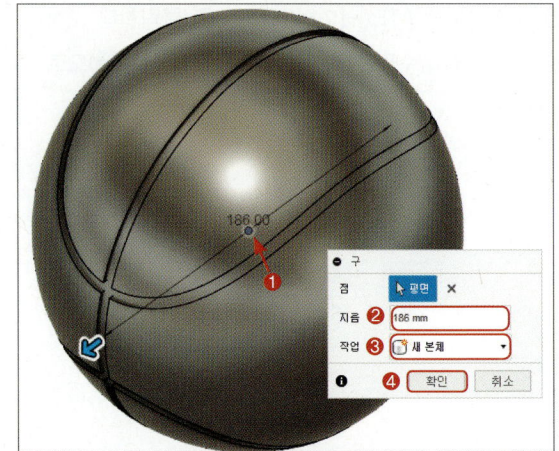

11 [수정(MODIFY)]-[모양(Appearance)]을 클릭한다. [페인트(Paint)]-[광택(Glossy)]-[페인트-애나멜 광택(빨간색)(Paint-Enamel Glossy(Red)]은 6개의 본체에 [페인트-애나멜 광택(검은색)(Paint-Enamel Glossy(Brack)]은 10번에서 만든 Ø186mm 구에 드래그&드롭으로 적용한다.

12 렌더의 자세한 내용은 PART5에서 다루지만 간략히 수정을 해본다. 농구공의 색상을 바꾸기 위해 이 설계(In This Design)의 [페인트-애나멜 광택(빨간색)(Paint-Enamel Glossy(Red)]에 마우스 우클릭 퀵메뉴에서 [편집(Edit)]을 선택한다.

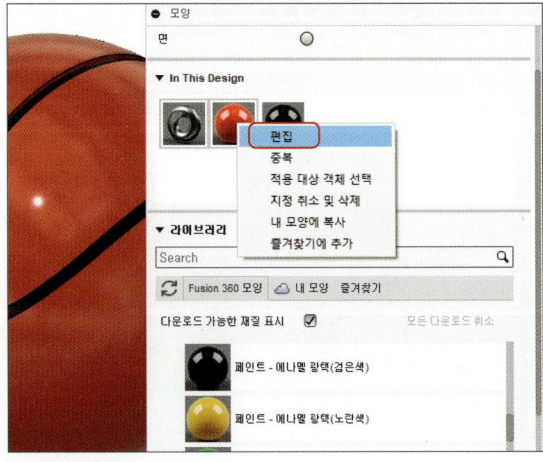

13 색상바를 드래그하여 주황색계열로 맞추고 [고급(Advanced)]을 클릭한다.

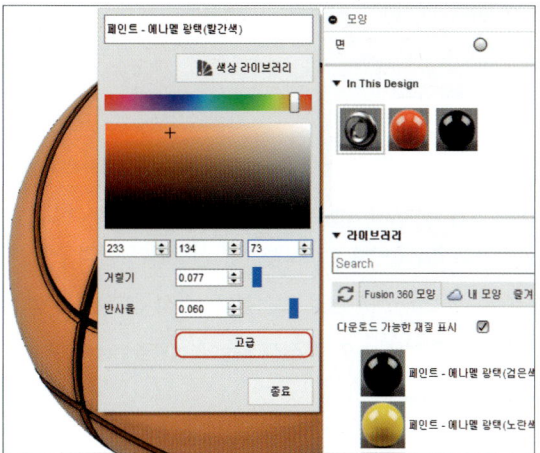

14 릴리프 패턴(범프)[Relief Pattern(Bump)]에 체크하고 [예제 샘플₩PART3₩7장]에 있는 Basketball.png 파일을 선택하고 열기 후 [확인(OK)] 버튼을 누른다. 농구공의 울퉁불퉁한 이미지가 부여된다.

실전예제 06

실전 예제 06 동영상 강좌

골프공 모델링

01 [작성(CREATE)]-[스케치 작성(Create Sketch)]을 클릭하고 작업평면으로 XY평면을 선택하여 원점을 중심으로 Ø42mm 1/4원을 작성한다. 수직 참조선, 수평 참조선을 작성해 호의 꼭짓점에는 접선(Tangent) 구속조건을 부여한다.

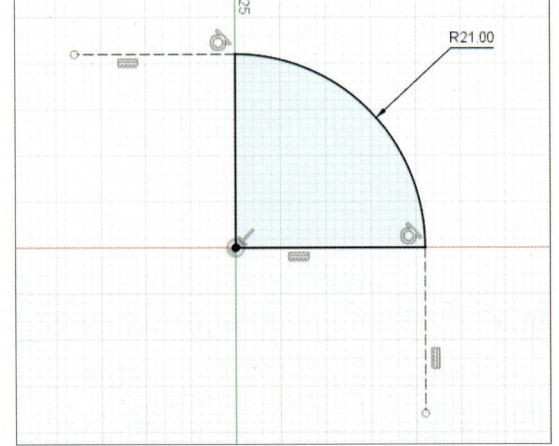

02 [작성(CREATE)]-[회전(Revolve)]을 클릭하고 수직선을 축으로 360도 회전한다.

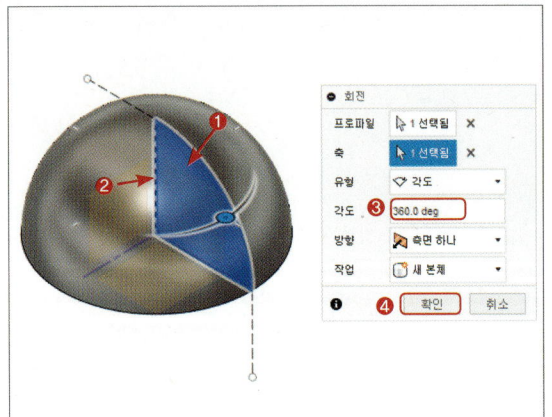

03 [수정(MODIFY)]-[물리적 재질(Physical Material)]을 선택하고 [플라스틱(Plastic)]-[ABS 플라스틱(ABS Plastic)]을 드래그&드롭으로 적용한다.

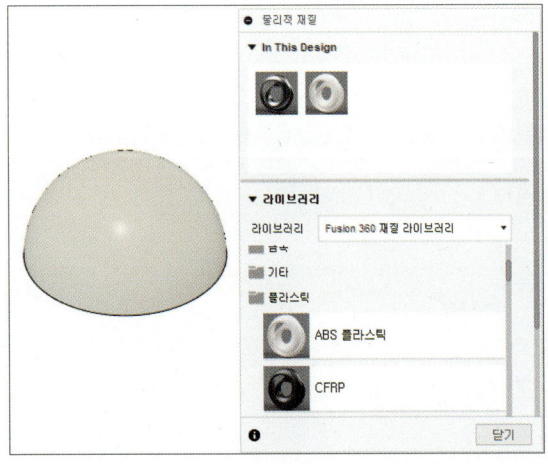

04 [작성(CREATE)]-[스케치 작성(Create Sketch)]을 클릭하고 작업평면으로 FRONT(XY평면)을 선택한다. [작성(CREATE)]-[투영/포함(Project/Include)]-[프로젝트(Project)]를 클릭하고 선택 필터(Selection Filter)는 본체(Bodies)로 선택한 후 구를 클릭하여 외형선을 투영한다.

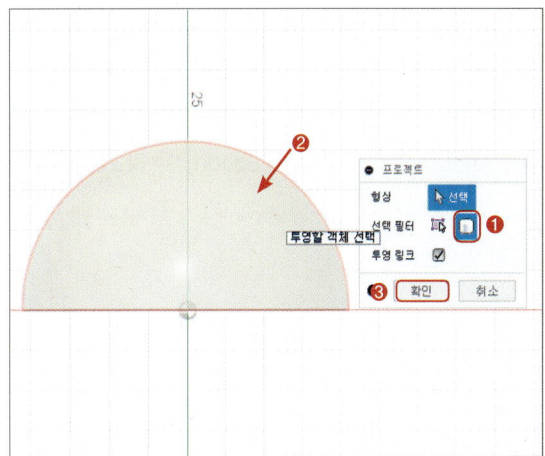

05 [작성(CREATE)]-[선(Line)]으로 가운데 중간 수직선을 그리고, 수직선상에 [작성(CREATE)]-[원(Circle)]-[중심 지름 원(Center Diameter Circle)]을 선택하고 Ø8mm 원을 작성한다.

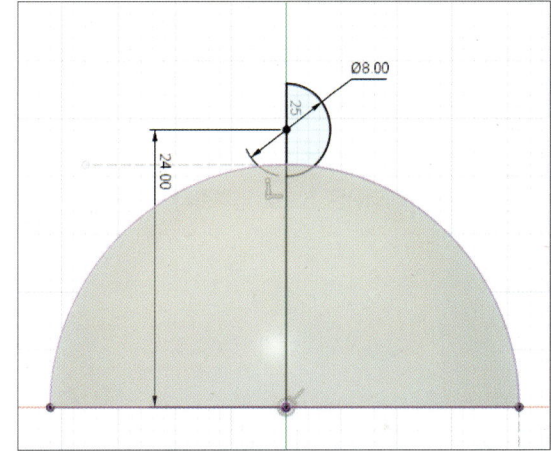

06 [작성(CREATE)]-[회전(Revolve)]을 클릭하고 수직선을 축으로, 생성(Operation)은 새 본체(New Body)로 360도 회전한다.

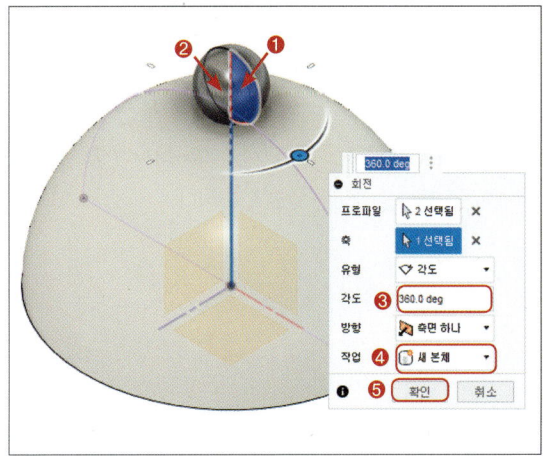

07 [작성(CREATE)]-[패턴(Pattern)]-[원형 패턴(Circular Pattern)]을 선택한다. 유형(Type)은 본체(Bodies)로 작은 구를 선택하고 축(Axis)은 빨간색 X축을 선택한다. 각도 간격(Angle Spacing)은 각도(Angle)로 하고 전체 각도(Total Angle)를 90, 수량(Quantity)은 6으로 입력한다.

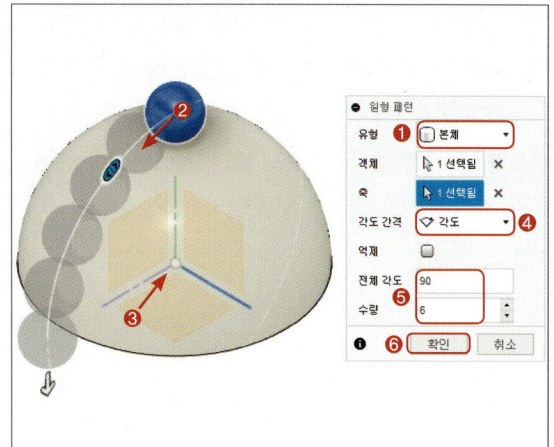

08 [작성(CREATE)]-[패턴(Pattern)]-[원형 패턴(Circular Pattern)]을 선택한다. 유형(Type)은 본체(Bodies)로 두 번째 작은 구를 선택하고 축(Axis)은 초록색 Y축을 선택한다. 각도 간격(Angle Spacing)은 전체(Full) 수량(Quantity)은, 6으로 입력한다.

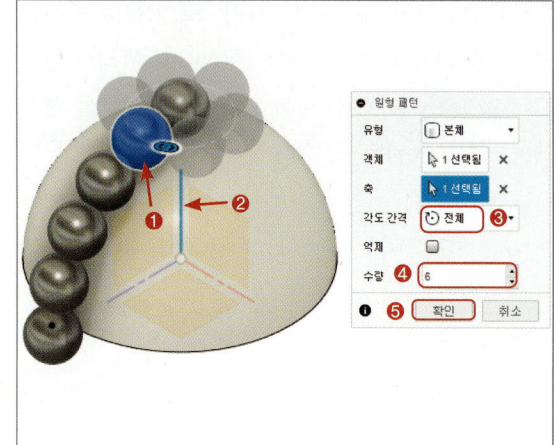

09 마우스 우클릭 퀵메뉴에서 반복 원형 패턴(Repeat Circular Pattern)]을 선택한다. 유형(Type)은 본체(Bodies)로 세 번째 작은 구를 선택하고 축(Axis)은 초록색 Y축을 선택한다. 각도 간격(Angle Spacing)은 전체(Full), 수량(Quantity)은 12로 입력한다.

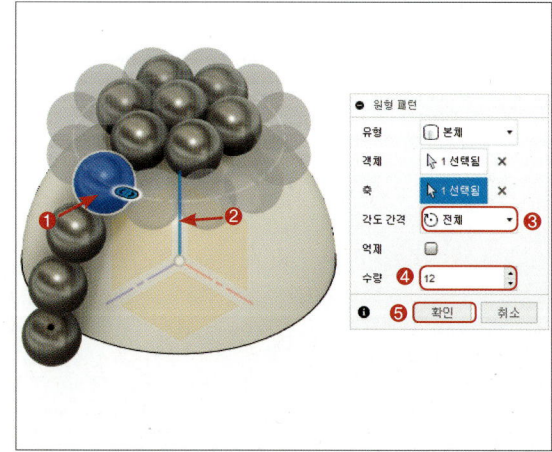

10 마우스 우클릭 퀵메뉴에서 반복 원형 패턴(Repeat Circular Pattern)]을 선택한다. 유형(Type)은 본체(Bodies)로 네 번째 작은 구를 선택하고 축(Axis)은 초록색 Y축을 선택한다. 각도 간격(Angle Spacing)은 전체(Full), 수량(Quantity)은 18로 입력한다.

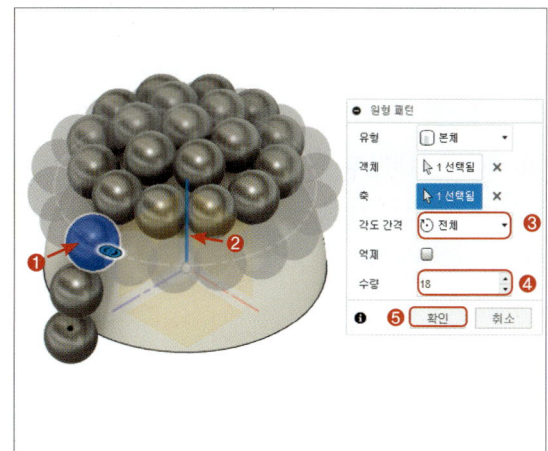

11 마우스 우클릭 퀵메뉴에서 반복 원형 패턴(Repeat Circular Pattern)]을 선택한다. 유형(Type)은 본체(Bodies)로 다섯 번째 작은 구를 선택하고 축(Axis)은 초록색 Y축을 선택한다. 각도 간격(Angle Spacing)은 전체(Full), 수량(Quantity)은 22로 입력한다.

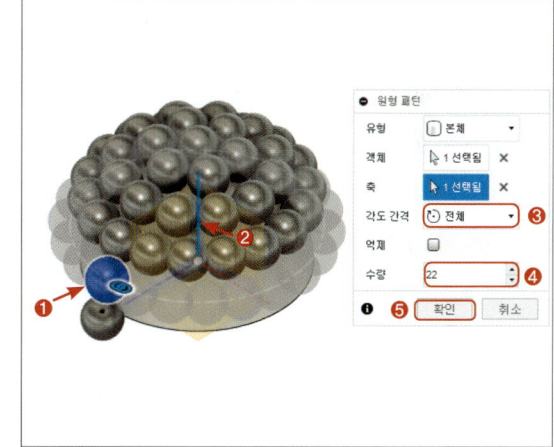

12 마우스 우클릭 퀵메뉴에서 반복 원형 패턴(Repeat Circular Pattern)]을 선택한다. 유형(Type)은 본체(Bodies)로 여섯 번째 작은 구를 선택하고 유형(Type)은 본체(Bodies) 초록색 Y축을 선택한다. 각도 간격(Angle Spacing)은 전체(Full), 수량(Quantity)은 25로 입력한다.

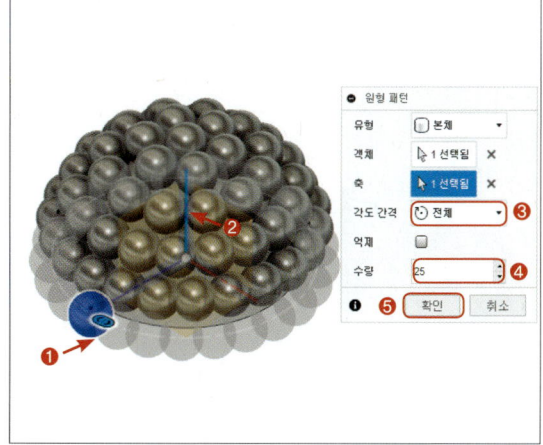

13 [수정(MODIFY)]–[결합(Combine)]을 선택한다. 대상 본체(Target Body)는 본체1을 선택하고 생성(Operation)은 잘라내기(Cut)로 설정 후 도구 본체(Tool Bodies)는 창 선택으로 작은 구들을 모두 선택한다. 차집합이 한 번에 안 된 경우는 다시 실행하여 나머지 객체들을 Combine한다.

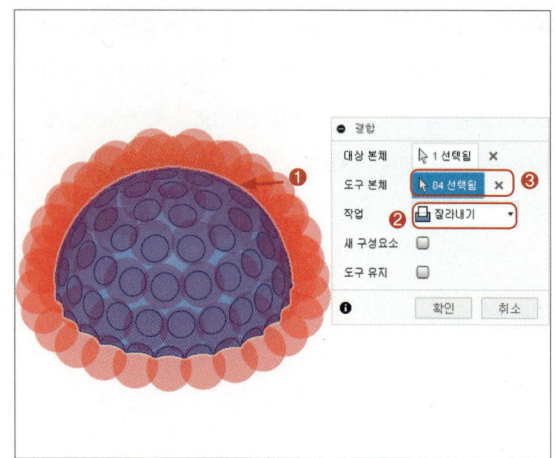

14 반대편도 만들기 위해서 [작성(CREATE)]–[미러(Mirror)]를 클릭하고 유형(Type)은 본체(Bodies)를 선택, 본체1을 선택한 후 미러 평면(Mirror Plane)으로 XZ평면을 선택한다. 생성(Operation)은 접합(Join)으로 하고 [확인(OK)] 버튼을 누르면 원본과 만들어진 반대편이 하나로 합쳐진다.

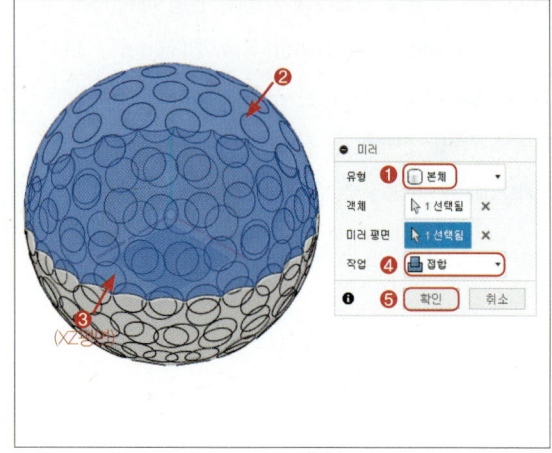

15 [수정(MODIFY)]–[모깎기(Fillet)]를 선택, [유형(Type)]–[규칙 모깎기(Rule Fillet)]으로 변경하고 앞면을 선택한 후 반지름(Radius)을 0.15로 입력하여 모깎기를 한다.

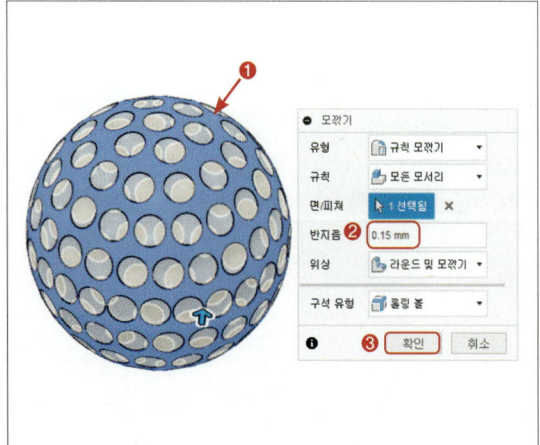

> **여기서 잠깐**
>
> 로프트(Loft)명령에서 형상에 가려져 프로파일 (Profile) 선택이 어려울 때는 마우스 왼쪽 버튼을 눌러 객체 리스트에서 프로파일(Profile)을 찾아 선택하면 된다.

13 컵 내부에 있는 형상을 클릭하고 마우스 우클릭 퀵 메뉴에서 삭제(Delete)를 선택해 삭제한다.

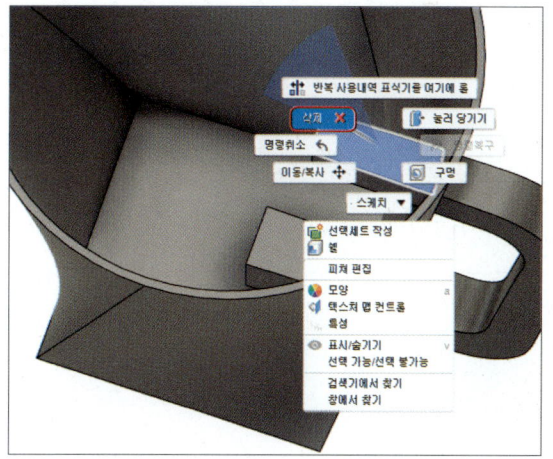

14 [수정(MODIFY)]-[모깎기(Fillet)]를 선택, [유형 (Type)]-[규칙 모깎기(Rule Fillet)]으로 변경하고 클릭한다. 손잡이의 4개 면을 선택하고 반지름(Radius)은 2로 모깎기한다.

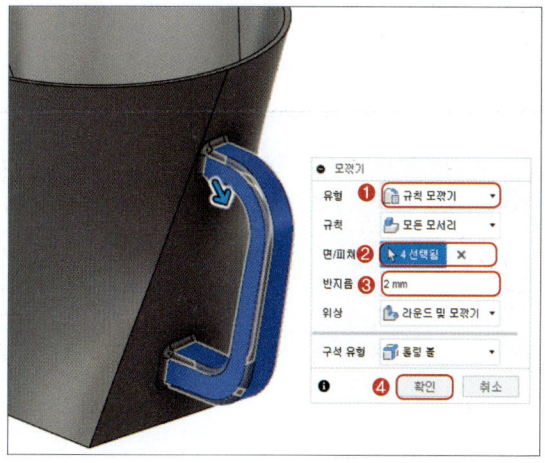

15 [작성(CREATE)]-[원통(Cylinder)]을 클릭한다. 안쪽 면을 선택한 후 중앙 지점을 원통의 중심점으로 하여 지름(Diameter) 130mm, 높이(Height) 80mm, 생성(Operation)은 새 본체(New Body)로 작성한다.

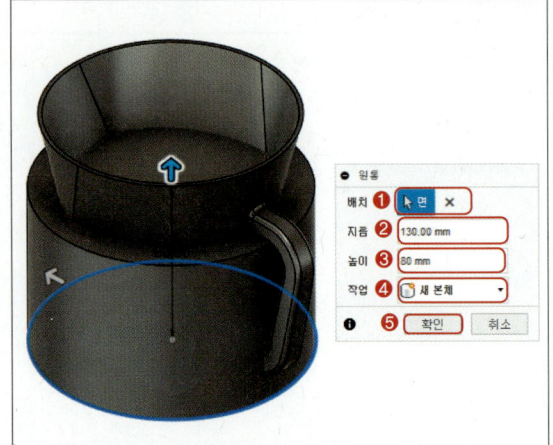

16 [작성(CREATE)]-[경계 채우기(Boundary Fill)]를 선택하고 도구 선택(Select Tools)은 원통과 컵형상을. 셀 선택(Select Cells)은 두 번째에 체크한다. 검색기(Browser)를 확장하여 본체2를 선택한 후 마우스 우클릭 퀵메뉴에서 제거(Remove)를 선택해 제거한다.

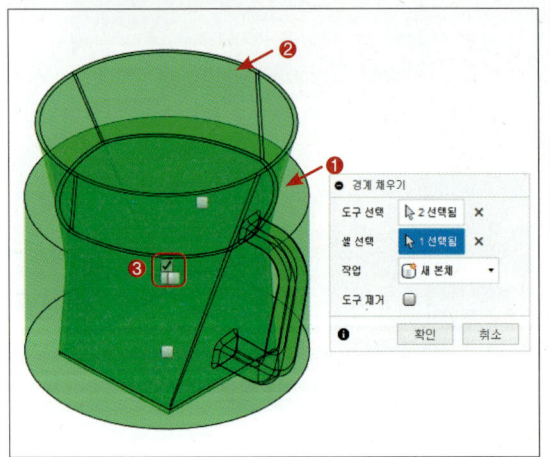

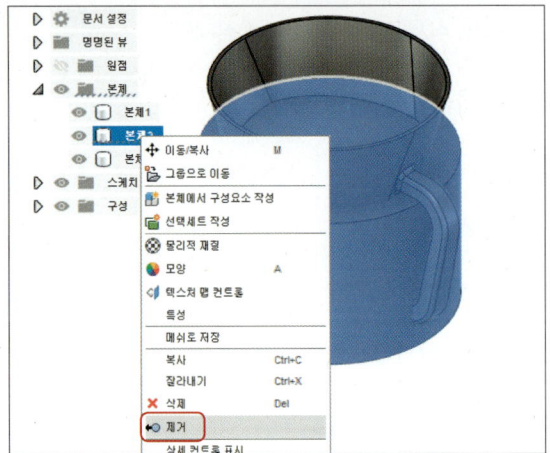

17 [수정(MODIFY)]-[모양(Appearance)]을 클릭하고 [페인트(Paint)]-[광택(Glossy)]-[페인트-에나멜 광택(흰색)(Paint-Enamel Glossy(White))]을 드래그&드래그&드롭으로 컵형상에 적용한다.

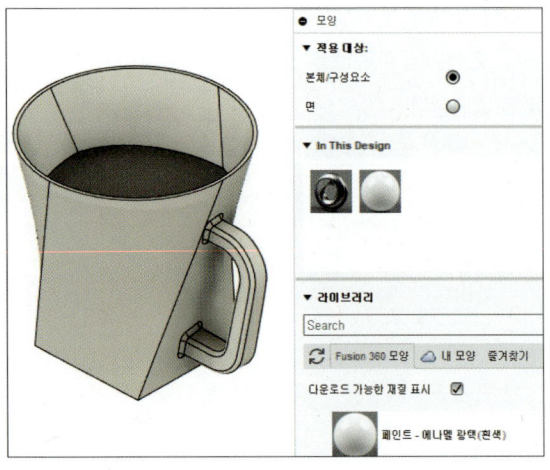

18 [페인트(Paint)]-[광택(Glossy)]-[페인트-애나멜 광택(빨간색)(Paint-Enamel Glossy(Red)]을 이 설계(In This Design)로 드래그&드롭 후 선택한다. 마우스 우클릭 퀵메뉴에서 편집(Edit)을를 선택하여 Pink로 이름을 수정하고 색상도 변경한 후 종료(Done)를 클릭한다.

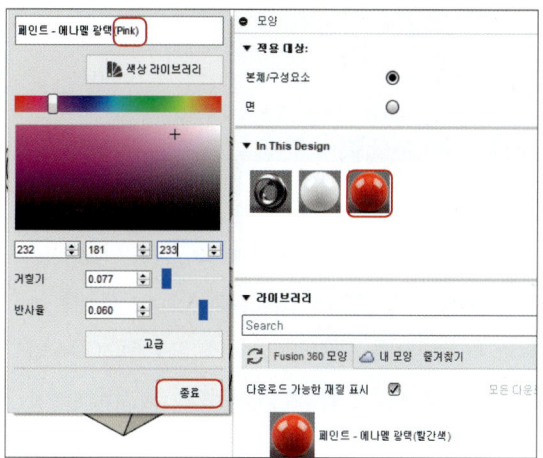

19 적용대상(Apply To)옵션을 면(Faces)으로로 선택한 후 안쪽, 바깥쪽 각각 2개 면에 핑크계열 색상을 적용하고 본체3에는 [플라스틱(Plasyic)]-[투명(Transparent)]-[폴리카보네이트(청동색)(Polycarbonate(Bronze))]를 드래그&드롭으로 적용대상(Apply To)를 본체/구성 요소(Bodies/Components)로 적용한다.

20 [삽입(Insert)]-[전사(Decal)]를 선택하고 내 컴퓨터에서 삽입...(Insert from my computer...)을 클릭하여 [예제샘플 ₩PART3₩7장]에 있는 Rose.png파일을 선택 한 후 머그컵의 앞면을 선택한다. 회전 및 확대, 이동을 클릭하여 알맞게 배치한다.

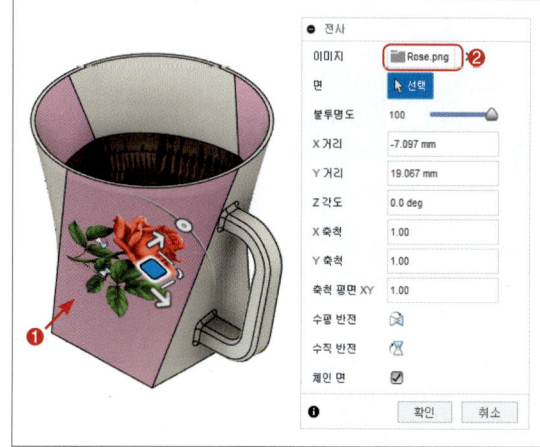

실전 예제 ■ 337

실전예제 08

실전 예제 08 동영상 강좌

샴페인 잔 모델링

01 [삽입(Insert)]-[캔버스(Canvas)]를 클릭하고 내 컴퓨터에서 삽입...(Insert from my computer...)을 클릭하여 [예제 샘플₩PART3₩7장]에 있는 샴페인잔.png 파일을 선택한 후 XY평면을 선택한다. 캔버스 불투명도(Canvas opacity)는 50, 다음을 통과하여 표시(Display Through)에 체크, 축척 평면 XY(Scale Plane XY) 값을 5로 입력한다.

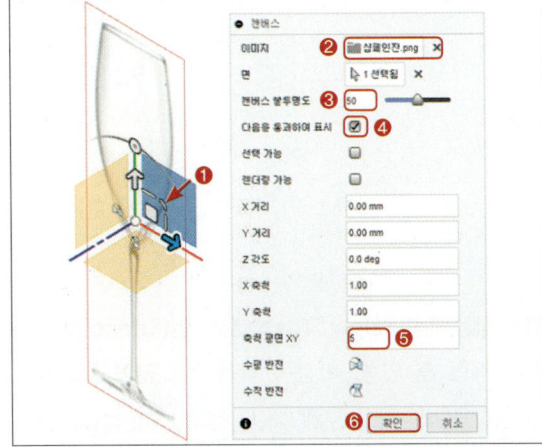

02 정면도(FRONT) 뷰로 바꾼 후, 검색기(Browser)의 캔버스(Canvases)를 확장하여 샴페인 잔을 선택한 후 마우스 우클릭 퀵메뉴에서 교정(Calibrate)을 선택한다.

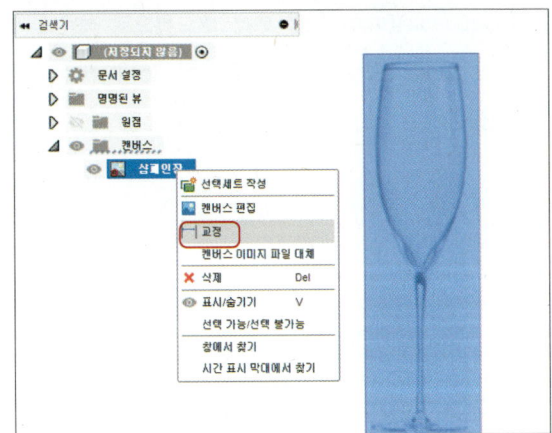

03 샴페인 이미지의 수직 위아래 점을 찍어 거리값으로 150을 입력하고 Enter 를 눌러 이미지를 확대한다.

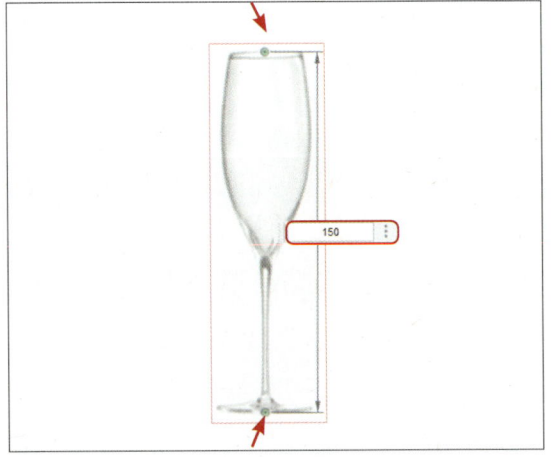

04 타임라인의 이미지를 선택하고 마우스 우클릭 퀵메뉴에서 피쳐 편집(Edit Feature)을 선택한다. 이미지 편집 상태로 되돌린 후 자유롭게 이동하기 위해서 증분 이동(Incremental Move)을 체크 해제하여 아래 부분을 원점에 맞도록 위로 이동한다.

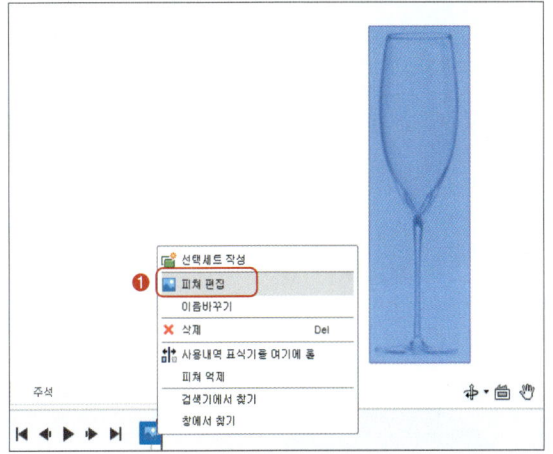 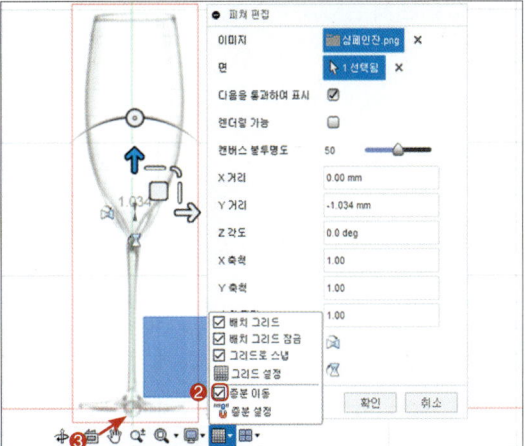

05 [작성(CREATE)]-[스케치 작성(Create Sketch)]을 클릭하고 작업평면으로 FRONT(XY평면)을 선택한다. [작성(CREATE)]-[선(Line)], [3점 호(3-Point Arc)], [스케치 치수(Sketch Dimension)], 수평/수직(Horizontal/Vertical) 구속조건을 사용하여 잔 형태를 작성한다.

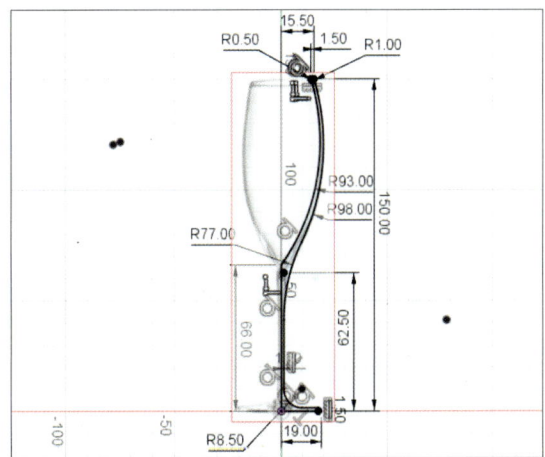

06 검색기(Browser)에서 캔버스(Canvases)의 샴페인 잔 가시성(Visibility)을 꺼서 이미지가 안보이게 한 후 [작성(CREATE)]-[회전(Revolve)]을 클릭하여 가운데 축을 기준으로 360도 회전한다.

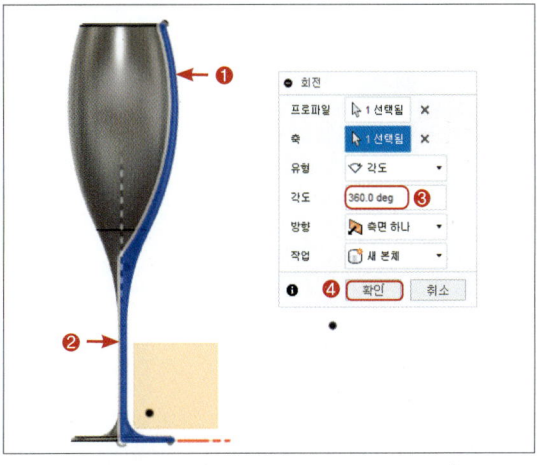

07 [작성(CREATE)]-[원통(Cylinder)]을 클릭하고 XZ평면을 선택한 후 원점을 원통의 중심점으로 하여 지름(Diameter) 90mm, 높이(Height) 120mm, 생성(Operation)은 새 본체(New Body)로 작성한다.

08 [수정(MODIFY)]-[결합(Combine)]을 선택하고 대상 본체(Target Body)는 원통, 도구 본체(Tool Bodies)는 샴페인 잔, 생성(Operation)은 잘라내기(Cut), 도구 유지(Keep Tools)에 체크하여 결합한다.

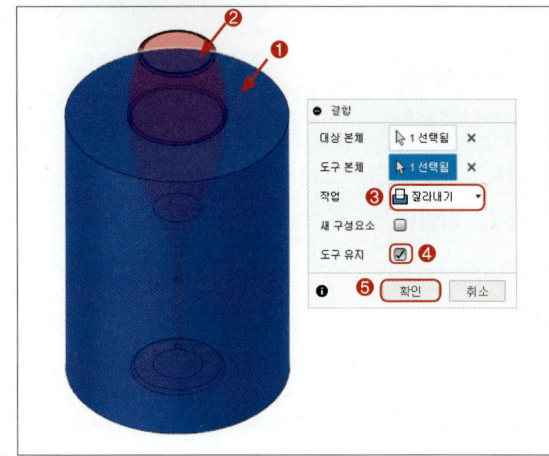

09 불필요한 원통(본체2)은 제거(Remove)로 제거한다.

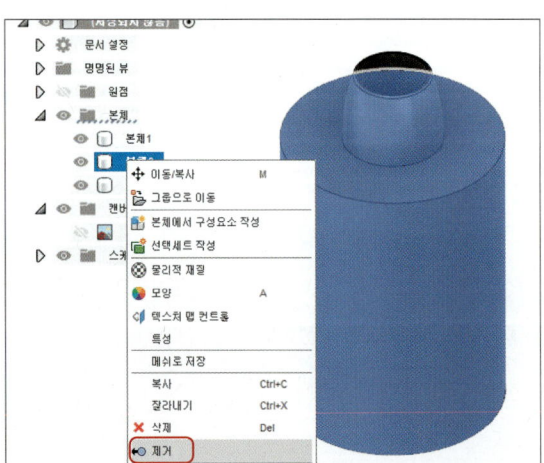

10 검색기(Browser)에서 본체1을 클릭하고 마우스 우클릭 퀵메뉴에서 불투명도 제어(Opacity Control)를 50%로 설정하여 조금 투명하게 보이게 한다.

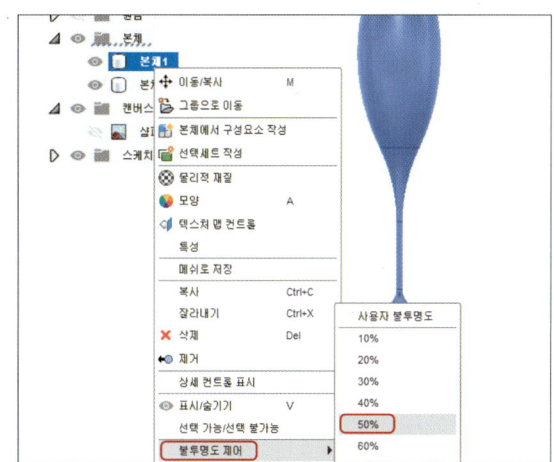

11 [작성(CREATE)]-[스케치 작성(Create Sketch)]을 클릭하고 작업평면으로 FRONT(XY평면)을 선택한다. [작성(CREATE)]-[맞춤점 스플라인(Fit Point Spline)]을 클릭하여 부드러운 곡선을 작성한다.

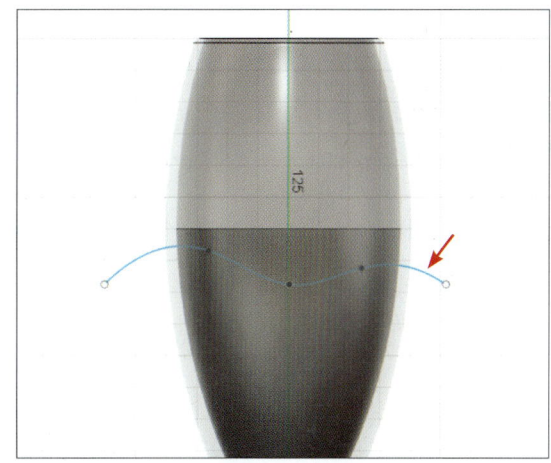

12 [수정(MODIFY)]-[본체 분할(Split Body)]을 클릭하고 분할할 본체(Body to Split)는 본체3, 분할 도구(Spliting Tool)는 스플라인을 선택하여 분할한다.

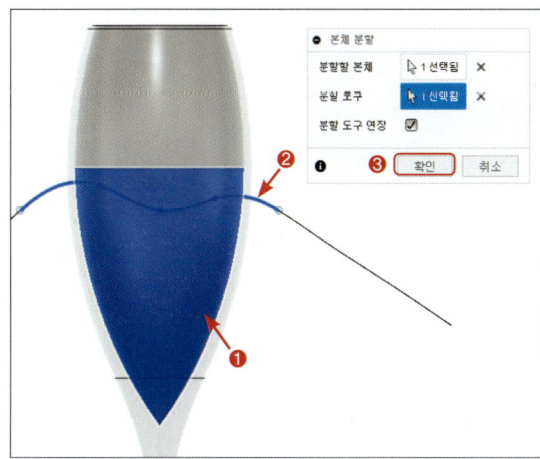

13 불필요한 본체3은 제거(Remove)로 제거한다.

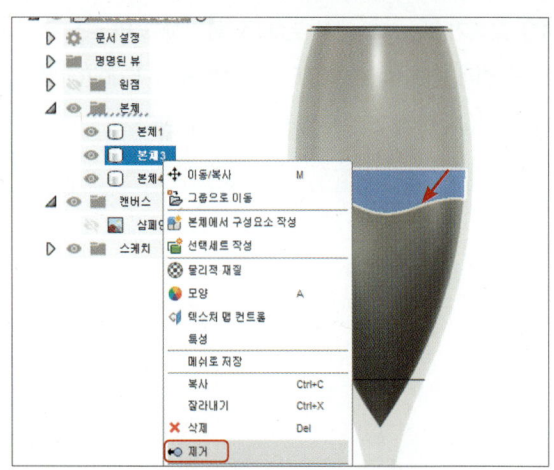

14 [작성(CREATE)]-[스케치 작성(Create Sketch)]을 클릭하고 작업평면으로 TOP(XZ평면)을 선택한다. [작성(CREATE)]-[원(Circle)]-[중심 지름 원(Center Diameter Circle)]을 선택하고 Ø200mm 원을 작성한다.

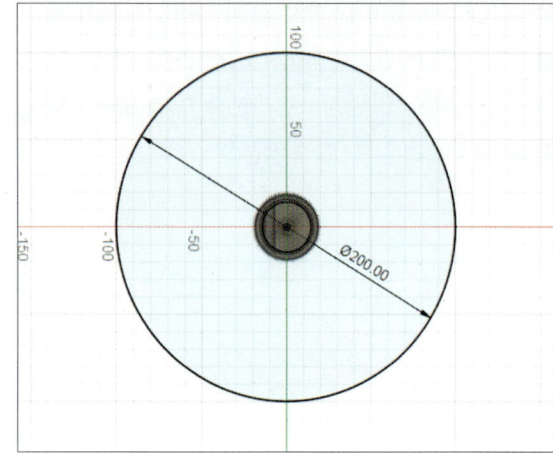

15 [구성(CONSTRUCT)]-[평면 간격띄우기(Offset Plane)]를 선택하고 원 스케치면 15mm 떨어진 평면을 만든다.

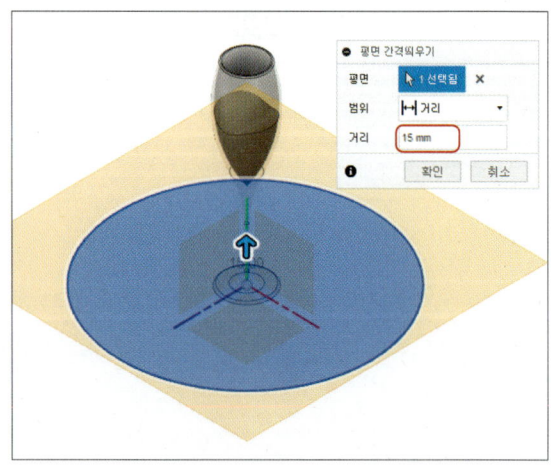

16 새로 생긴 평면 위에 마우스를 대고 우클릭 퀵메뉴에서 스케치 작성(Create Sketch)을 선택한다. [작성(CREATE)]-[원(Circle)]-[중심 지름 원(Center Diameter Circle)]을 선택하고 Ø230mm 원을 작성한다.

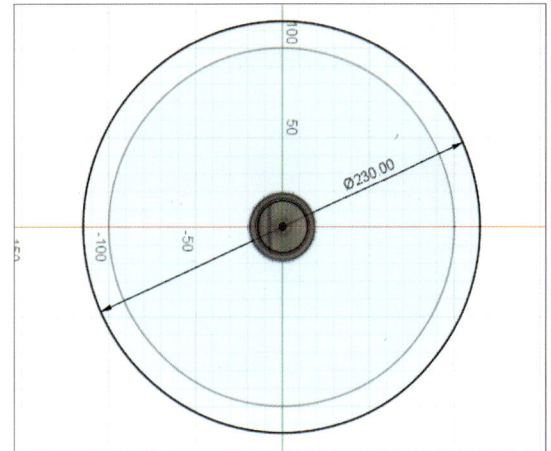

17 [작성(CREATE)]-[로프트(Loft)]를 클릭하고 프로파일(Profiles)은 2개 원을 선택하고 생성(Operation)은 새 본체(New Body)로 로프트한다.

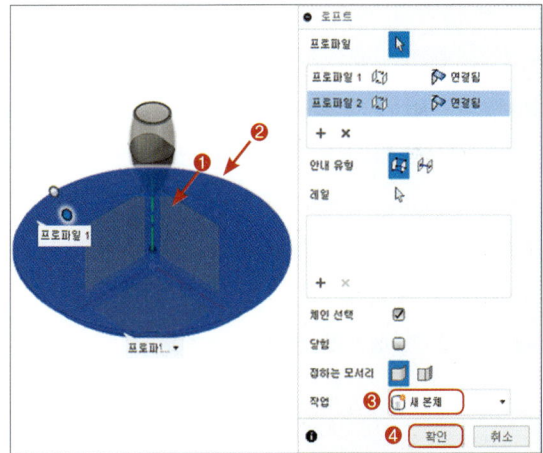

18 [수정(MODIFY)]-[쉘(Shell)]을 선택하고 윗면을 선택한 후 외부(Outside) 방향으로 1mm 두께를 준다.

19 [검사(INSPECT)]–[단면 분석(Section Analysis)]을 선택하고 브라우저에서 XY평면을 선택하여 단면을 확인한다.

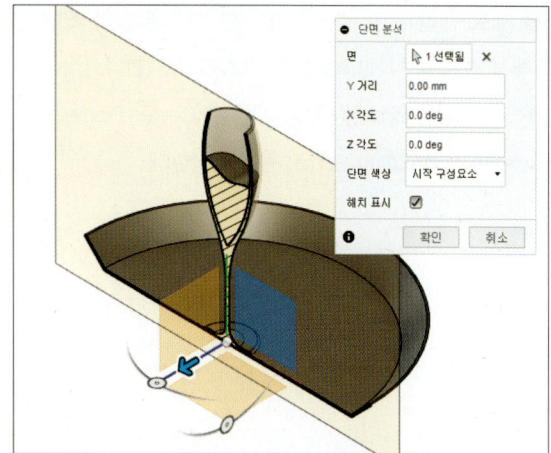

20 브라우저의 Analysis를 확장하여 Section1의 가시성(Visibility)을 꺼서 전체 형상이 보이게 한다. [수정(MODIFY)]–[모양(Appearance)]을 클릭하고 [유리(Glass)]–[색상 밀도(Color Density)]–[유리-연한 색상(Glass-Light Color)], [플라스틱(Plastic)]–[투명(Transparent)]–[페놀(호박색)(Phenolic(Amber))]을 잔과 샴페인에, [금속(Metal)]–[은(Silver)]–[은-연마(Silver-Polished)]를 쟁반에 드래그&드롭으로 적용한다.

실전예제 09

실전 예제 09 동영상 강좌

거울 모델링

01 [작성(CREATE)]-[스케치 작성(Create Sketch)]을 클릭하고 작업평면으로 TOP(XZ평면)을 선택한다. [작성(CREATE)]-[원(Circle)]-[중심 지름 원(Center Diameter Circle)]을 선택하고 Ø130mm 원을 작성한다.

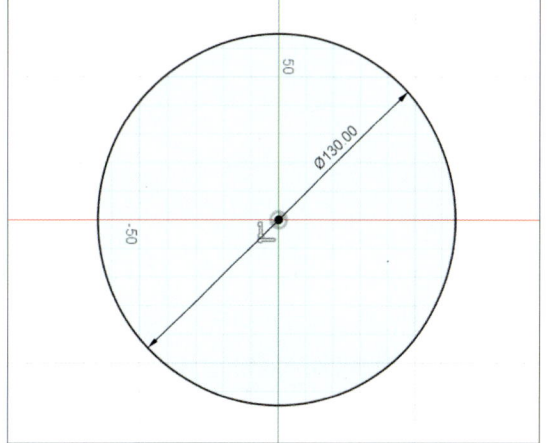

02 [작성(CREATE)]-[돌출(Extrude)]을 클릭하고 원을 10mm 돌출한다.

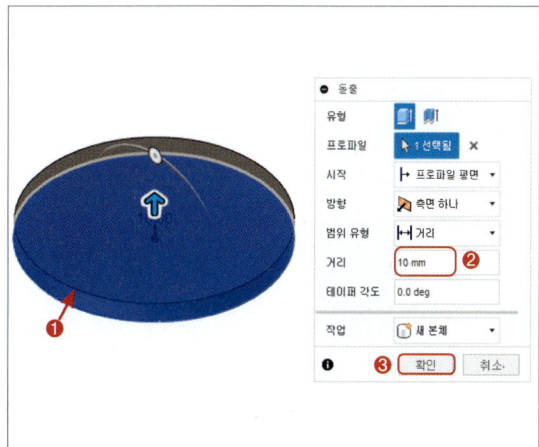

03 돌출한 윗면을 선택하고 마우스 우클릭 퀵메뉴에서 스케치 작성(Create Sketch)을 클릭한다. [작성(CREATE)]-[원(Circle)]-[중심 지름 원(Center Diameter Circle)]을 선택하고 Ø40mm 원을 작성한다.

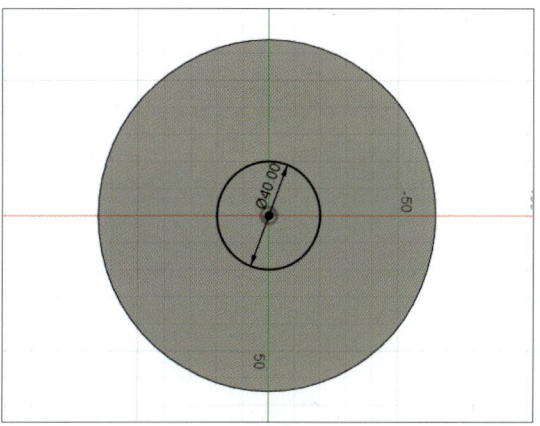

04 [작성(CREATE)]-[돌출(Extrude)]을 클릭하고 Ø40mm 원을 25mm, 생성(Operation)은 접합(Join)으로 돌출한다.

05 돌출한 윗면을 선택하고 마우스 우클릭 퀵메뉴에서 스케치 작성(Create Sketch)을 클릭한다. [작성(CREATE)]-[원(Circle)]-[중심 지름 원(Center Diameter Circle)]을 선택하고 Ø15mm 원을 작성한다.

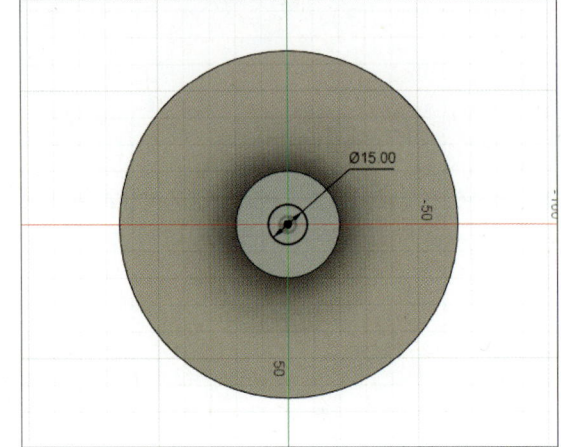

06 [작성(CREATE)]-[돌출(Extrude)]을 클릭하고 Ø15mm 원을 120mm, 생성(Operation)은 접합(Join)으로 돌출한다.

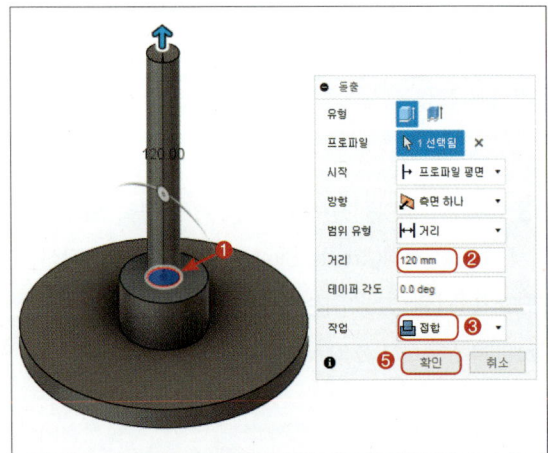

07 돌출한 윗면을 선택하고 마우스 우클릭 퀵메뉴에서 스케치 작성(Create Sketch)을 클릭한다. [작성(CREATE)]-[원(Circle)]-[중심 지름 원(Center Diameter Circle)]을 선택하고 Ø20mm 원을 작성한다.

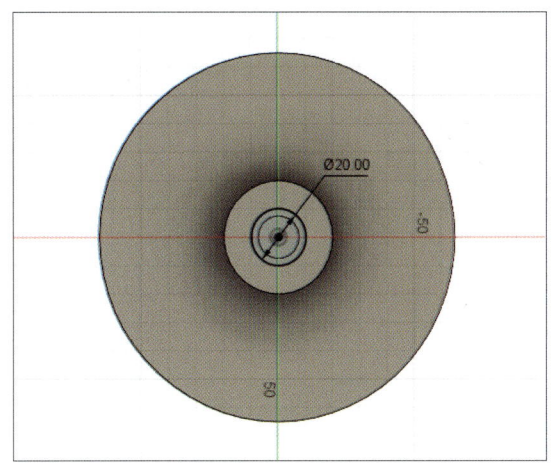

08 [작성(CREATE)]-[돌출(Extrude)]을 클릭하고 Ø20mm 원을 20mm, 생성(Operation)은 접합(Join)으로 돌출한다.

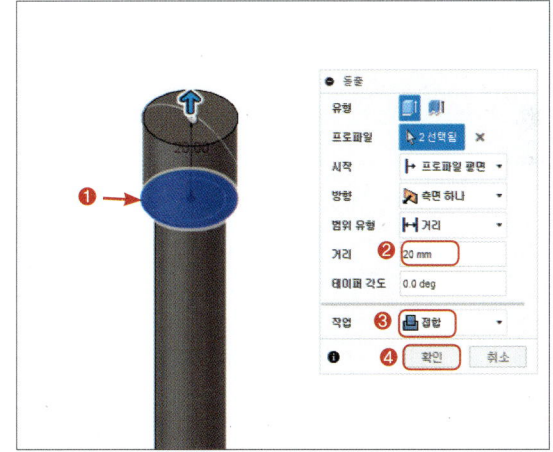

09 [작성(CREATE)]-[스케치 작성(Create Sketch)]을 클릭하고 작업평면으로 XY평면을 선택한다. 수직 참조선을 먼저 그린 후 [작성(CREATE)]-[호(Arc)]-[3점 호(3-Point Arc)]를 클릭하여 R109mm 반원을, [작성(CREATE)]-[원(Circle)]-[중심 지름 원(Center Diameter Circle)]을 클릭하여 Ø190mm 원을 작성한다. 수평/수직(Horizontal/Vertical), 중간점(Midpoint) 구속조건도 사용해본다.

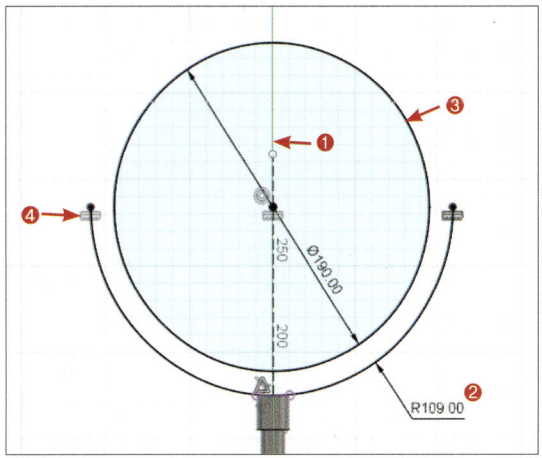

10 [구성(CONSTRUCT)]-[경로를 따라 평면(Plane Along Path)]을 클릭하고 호 스케치를 선택한다. 거리(Distance)를 1로 입력하여 평면을 만든다.

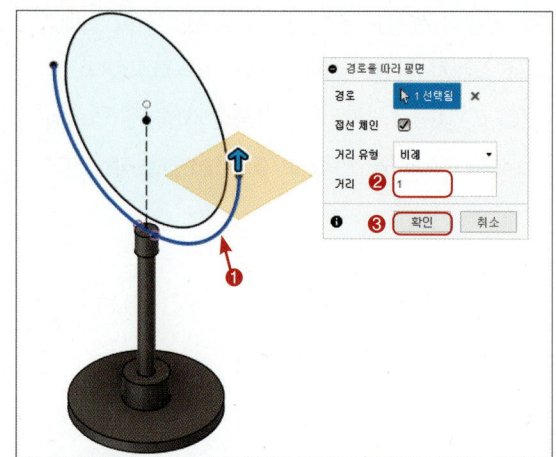

11 새로 만든 평면1 위에 [작성(CREATE)]-[원(Circle)]-[중심 지름 원(Center Diameter Circle)]을 선택하고 원점을 시작으로 왼쪽방향으로 Ø5mm 원을 그린다.

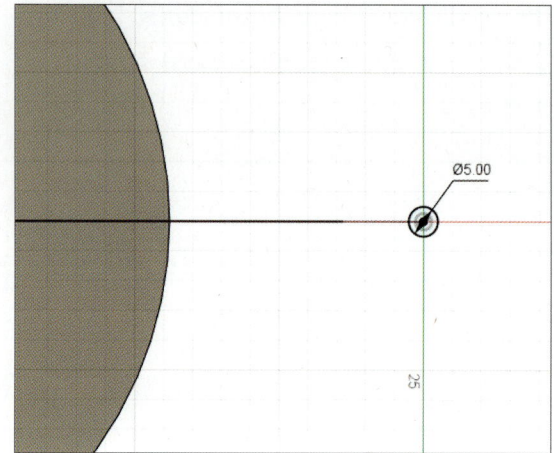

12 [작성(CREATE)]-[스윕(Sweep)]을 선택하고 Ø5mm 원을 프로파일(Profile)로 선택하고 경로(Path)로 호를 선택한다. 생성(Operation)은 접합(Join)으로 스윕한다.

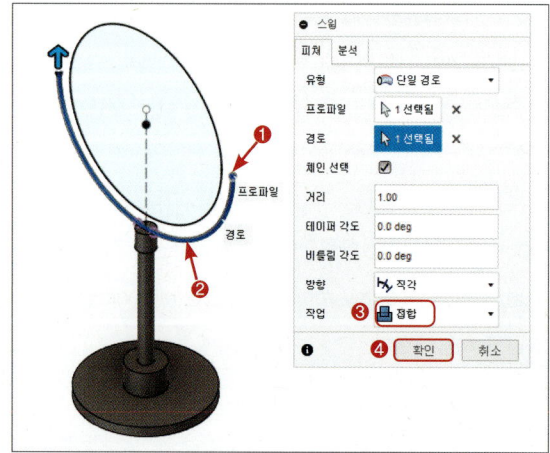

13 검색기(Browser)에서 스케치5 가시성(Visibility)을 켜서 다시 보이게 하고 [작성(CREATE)]-[돌출(Extrude)]을 클릭하고 Ø190mm 원을 대칭(Symmetric)으로 2mm, 생성(Operation)은 새 본체(New Body)로 돌출한다.

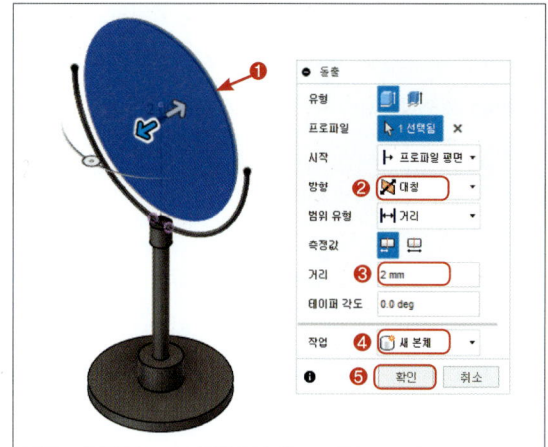

14 검색기(Browser)에서 스케치5 가시성(Visibility)을 꺼서 감춘 후 [작성(CREATE)]-[파이프(Pipe)]를 클릭하고 앞쪽의 원테두리를 선택한다. 단면 크기(Section Size)는 6, 생성(Operation)은 새 본체(New Body)로 작성한다.

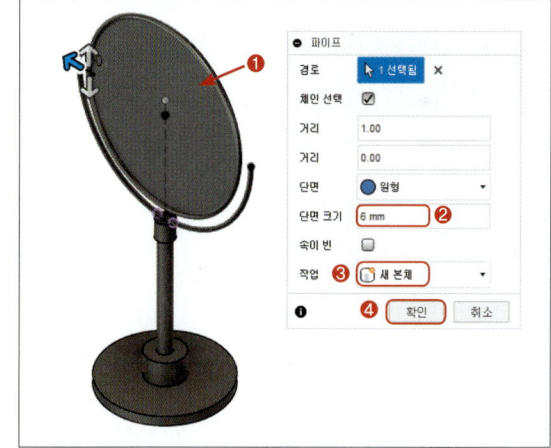

15 [작성(CREATE)]-[스케치 작성(Create Sketch)]을 클릭하고 작업평면으로 XY평면을 선택한다. [작성(CREATE)]-[선(Line)], [스케치 치수(Sketch Dimension)]로으로 선 스케치를 작성한다.

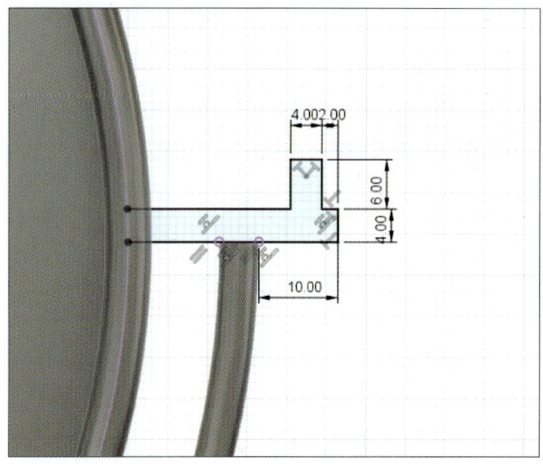

16 [작성(CREATE)]-[회전(Revolve)]을 클릭하고 수평선을 축으로 360도, 생성(Operation)은 새 본체(New Body)로 회전한다.

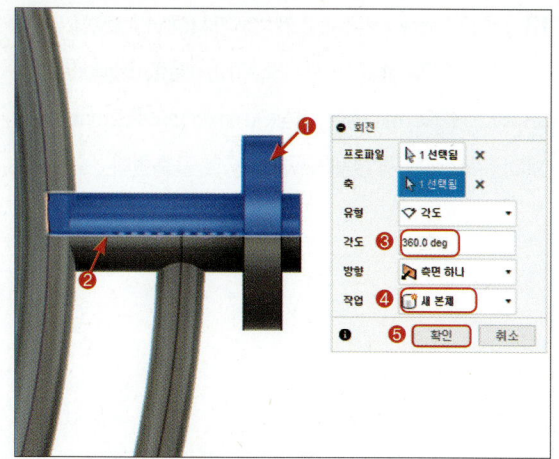

17 [작성(CREATE)]-[미러(Mirror)]를 클릭하고 유형(Type)은 피쳐(Feature), 객체(Objects)는 타임라인에서 마지막에 있는 회전(Revolve) 아이콘을 선택, 미러 평면(Mirror Plane)으로 YZ평면을 선택하고 대칭 복사한다.

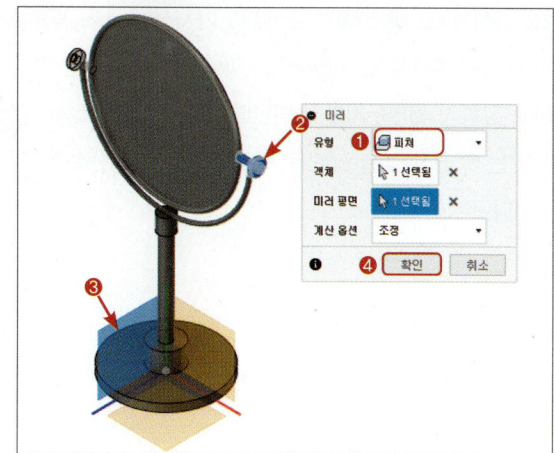

18 [수정(MODIFY)]-[이동/복사(Move/Copy)]를 클릭하고 본체2, 본체3(거울유리 부분)를 선택하고 피벗 설정(Set Pivot)으로 원의 중심점을 선택한 후 종료(Done)를 눌러 기준점을 확정한다. 회전바를 이용해 -15도정도 회전한다.

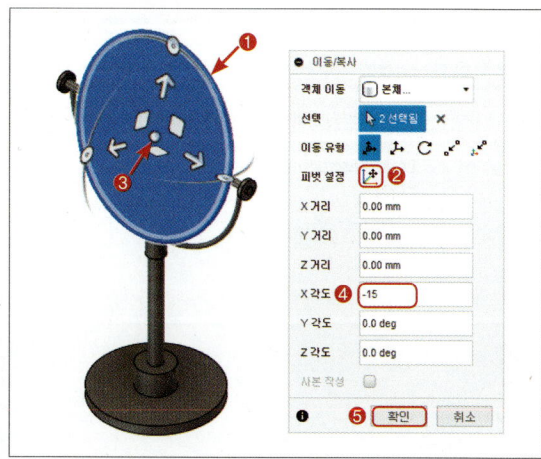

19 [수정(MODIFY)]-[결합(Combine)]을 선택하고 대상 본체(Target Body)는 본체1, 도구 본체(Tool Bodies)는 본체3~5까지 선택, 생성(Operation)은 접합(Join)으로 결합한다.

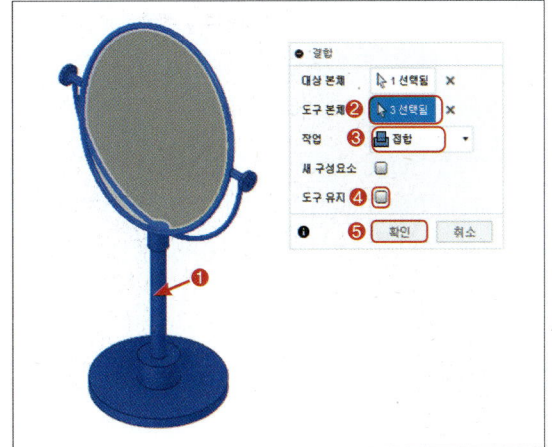

20 [수정(MODIFY)]-[모깎기(Fillet)]를 클릭하여 지지대 부분에 반지름(Radius) 1mm로 모깎기한다.

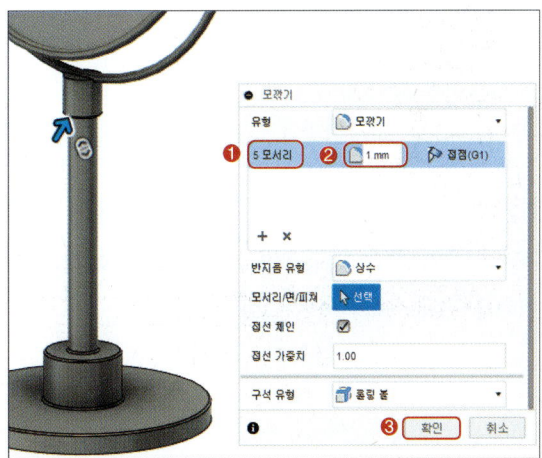

21 [수정(MODIFY)]-[모양(Appearance)]을 클릭하고 [금속(Metal)]-[스테인레스(Stainless)]-[스테인레스 스틸-연마(Stainless Steel-Polished)]를 드래그&드롭으로 거울 전체에, 적용 대상(Apply To)옵션을 면(Faces)으로 설정해 거울 앞면에는 [거울(Mirror)]-[거울(Mirror)]을 드래그&드롭으로 적용한다.

실전예제 10

실전 예제 10 동영상 강좌

의자 모델링

01 [구성(CONSTRUCT)]-[평면 간격띄우기(Offset Plane)]를 선택하고 브라우저에서 TOP(XZ평면)을 선택하여 600mm 떨어진 평면을 만든다.

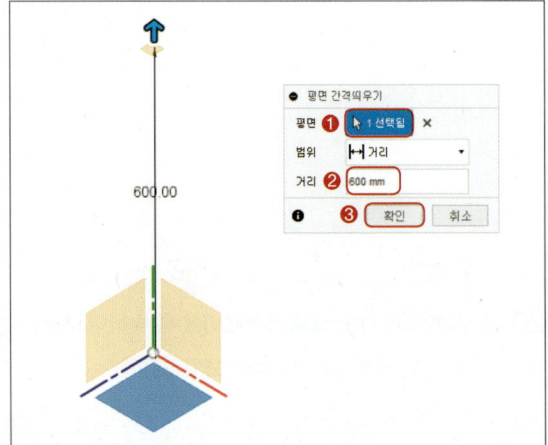

02 새로 만든 평면에 [작성(CREATE)]-[직사각형(Rectangle)]-[중심 직사각형(Center Rectangle)]을 선택하고 원점을 기준으로 사각형을 그린다.

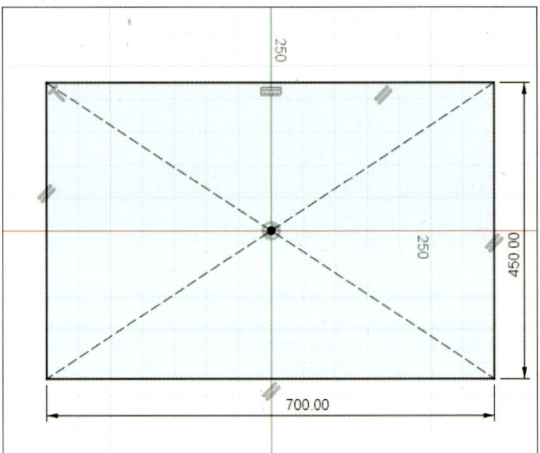

03 [작성(CREATE)]-[돌출(Extrude)]을 클릭하고 사각형을 15mm로 돌출한다.

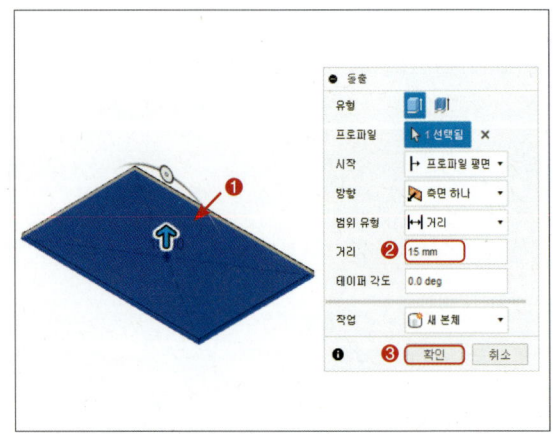

04 [수정(MODIFY)]-[모깎기(Fillet)]를 선택하고 4개 모퉁이를 반지름(Radius) 60mm로 모깎기한다.

05 돌출 형상의 아랫면에 [작성(CREATE)]-[직사각형(Rectangle)]-[2점 직사각형(2-Point Rectangle)], [스케치 치수(Sketch Dimension)], [미러(Mirror)]로 스케치를 작성한다.

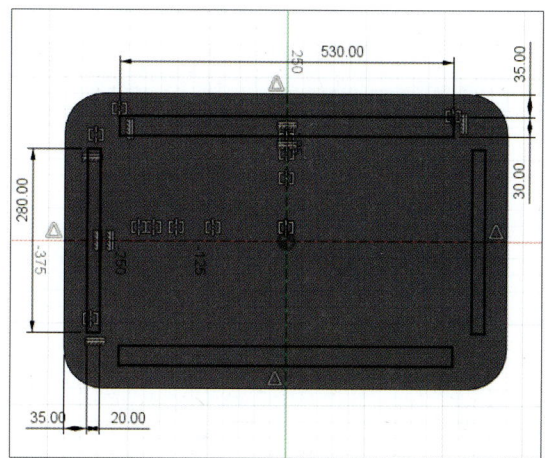

06 [작성(CREATE)]-[돌출(Extrude)]을 클릭하고 4개 사각형을 50mm, 생성(Operation)은 접합(Join)으로 돌출한다.

07 돌출 형상의 아랫면에 [작성(CREATE)]-[직사각형(Rectangle)]-[2점 직사각형(2-Point Rectangle)]을 클릭하여 한쪽에 사각형 스케치를 작성한다.

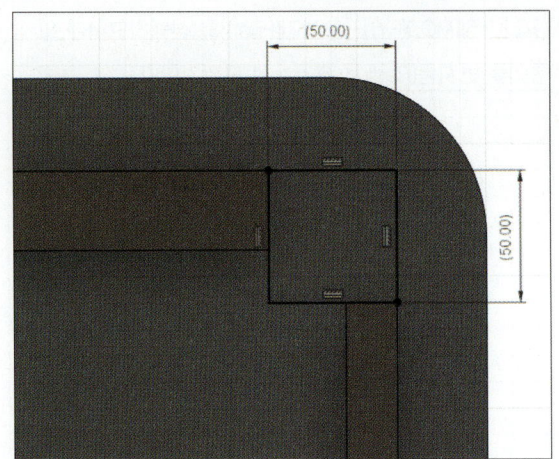

08 [작성(CREATE)]-[돌출(Extrude)]을 클릭하고 50mm×50mm 사각형을 65mm, 생성(Operation)은 새 본체(New Body)로 돌출한다.

09 [작성(CREATE)]-[스케치 작성(Create Sketch)]을 클릭하고 작업평면으로 TOP(XZ평면)을 선택한다. [작성(CREATE)]-[직사각형(Rectangle)]-[2점 직사각형(2-Point Rectangle)]을 클릭하여 한쪽에 사각형 스케치를 작성한다.

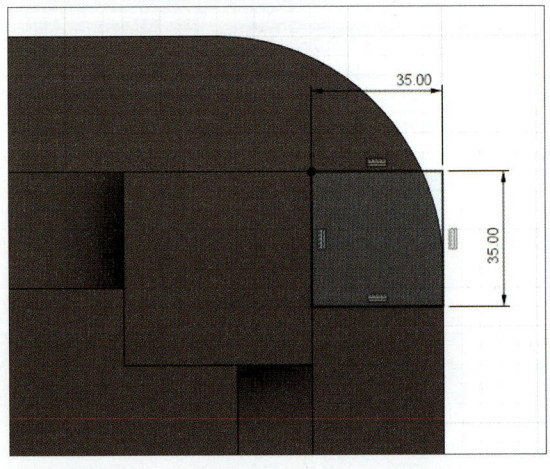

10 [작성(CREATE)]-[로프트(Loft)]를 클릭하고 프로파일(Profile)은 2개 사각형을 선택하고 생성(Operation)은 접합(Join)으로 로프트한다.

11 [작성(CREATE)]-[미러(Mirror)]를 클릭하고 유형(Type)은 피쳐(Feature), 객체(Objects)는 타임라인에서 돌출과 로프트 아이콘을 선택, 미러 평면(Mirror Plane)은 XY평면을 선택하여 대칭 복사한다.

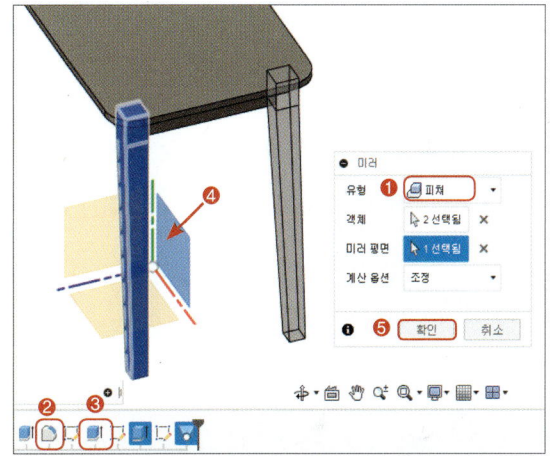

12 [작성(CREATE)]-[스케치 작성(Create Sketch)]을 클릭하고 작업평면으로 FRONT(XY평면)을 선택한다. [작성(CREATE)]-[직사각형(Rectangle)]-[2점 직사각형(2-Point Rectangle)]을 클릭하여 스케치를 작성한다.

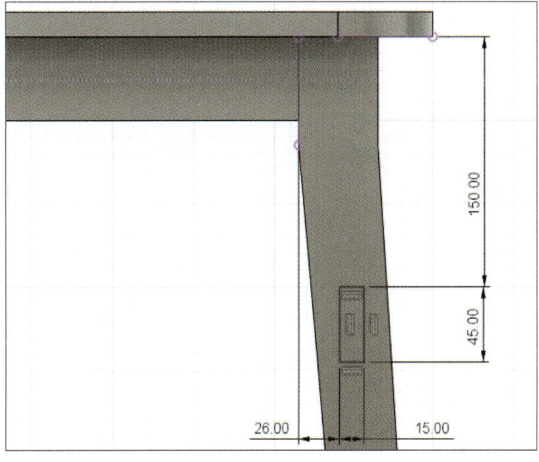

13 [작성(CREATE)]-[돌출(Extrude)]을 클릭하고 사각형을 대칭(Symmetric)으로 150mm, 생성(Operation)은 접합(Join)으로 돌출한다.

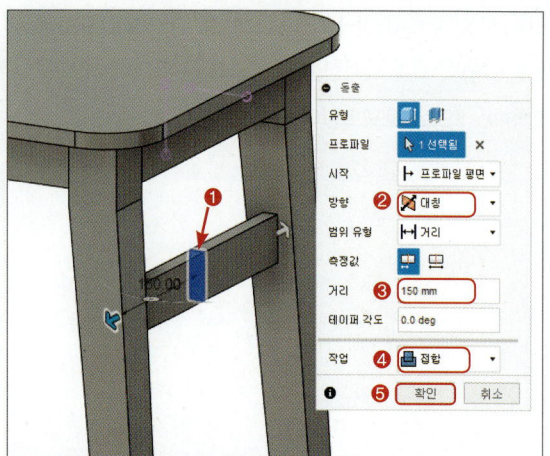

14 [작성(CREATE)]-[패턴(Pattern)]-[직사각형 패턴(Rectangular Pattern)]을 선택하고 유형(Type)은 피쳐(Features), 객체(Objects)는 타임라인에서 돌출 아이콘을 선택, 방향(Directions)은 Y축을 클릭, 수량(Quantity)은 2, 거리(Distance)는 -120으로 배열 복사한다.

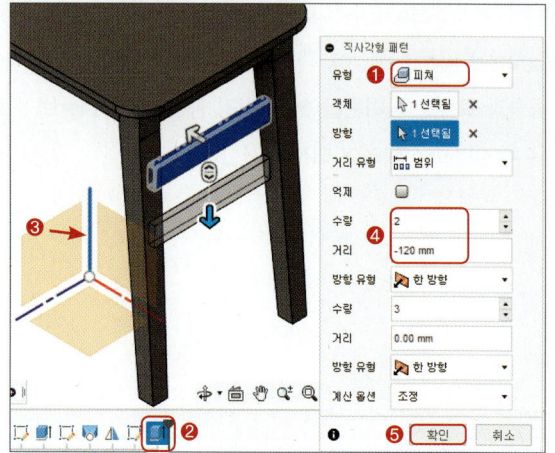

15 [작성(CREATE)]-[스케치 작성(Create Sketch)]을 클릭하고 작업평면으로 FRONT(XY평면)을 선택한다. [작성(CREATE)]-[직사각형(Rectangle)]-[2점 직사각형(2-Point Rectangle)]을 클릭하여 스케치를 작성한다.

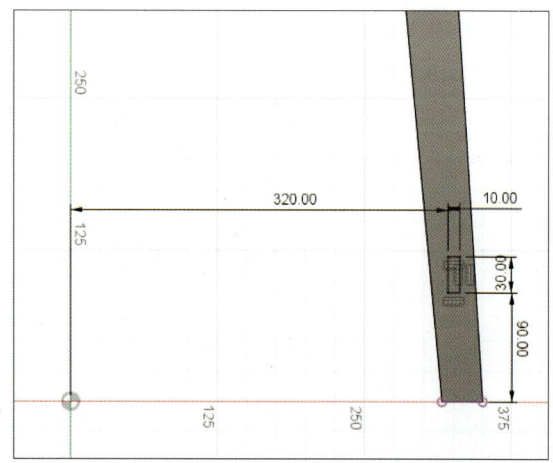

16 [작성(CREATE)]-[돌출(Extrude)]을 클릭하고 사각형을 대칭(Symmetric)으로 170mm, 생성(Operation)은 접합(Join)으로 돌출한 후 [작성(CREATE)]-[미러(Mirror)]를 클릭하고 유형(Type)은 Bodies, 본체(Bodies), 객체(Objects)는 본체2를 선택, 미러 평면(Mirror Plane)은 YZ평면을 선택하여 대칭 복사한다.

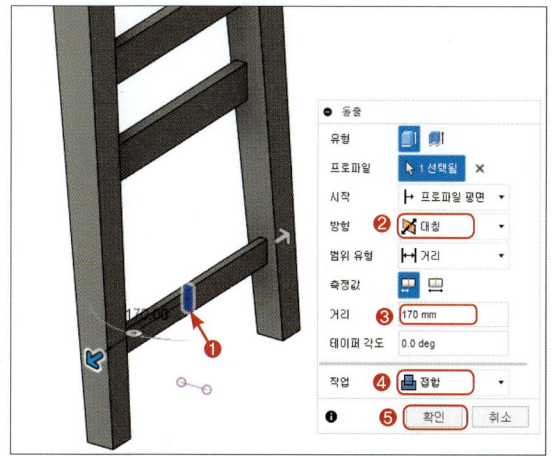
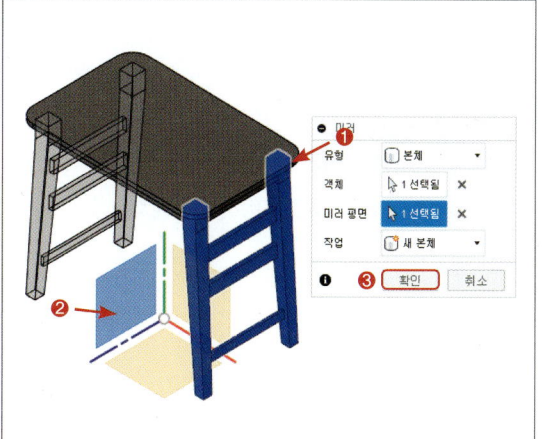

17 [수정(MODIFY)]-[결합(Combine)]을 선택하고 대상 본체(Target Body)는 본체1, 도구 본체(Tool Bodies)는 나머지 본체(Body)를 모두 선택, 생성(Operation)은 접합(Join)으로 결합한다.

18 [수정(MODIFY)]-[모양(Appearance)]을 클릭하고 [Wood]-[Finished]-[호두나무-광택(Walnut-Glossy)]을 다운로드 받아 드래그&드롭으로 적용한다.

실전예제 11

실전 예제 11 동영상 강좌

눈사람 모델링

01 [작성(CREATE)]-[스케치 작성(Create Sketch)]을 클릭한 후 작업평면으로 FRONT(XY평면)을 선택하고 [선(Line)], [호(Arc)]-[3점 호(3-Point Arc)], [스케치 치수(Sketch Dimension)]를 사용하여 스케치를 작성한다.

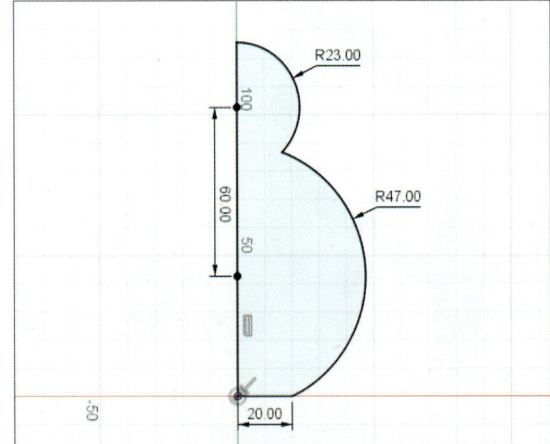

02 [작성(CREATE)]-[회전(Revolve)]을 클릭하여 가운데 축을 기준으로 360도 회전한다.

03 [작성(CREATE)]-[스케치 작성(Create Sketch)]을 클릭하고 작업평면으로 FRONT(XY평면)을 선택한다. 스케치 팔레트(SKETCH PALETTE)에서 Slice에 체크 후 [작성(CREATE)]-[원(Circle)]-[중심 지름 원(Center Diameter Circle)], [스케치 치수(Sketch Dimension)], 수평/수직(Horizontal/Vertical) 구속조건을 사용하여 아래 원통 부분에 스케치를 작성한다.

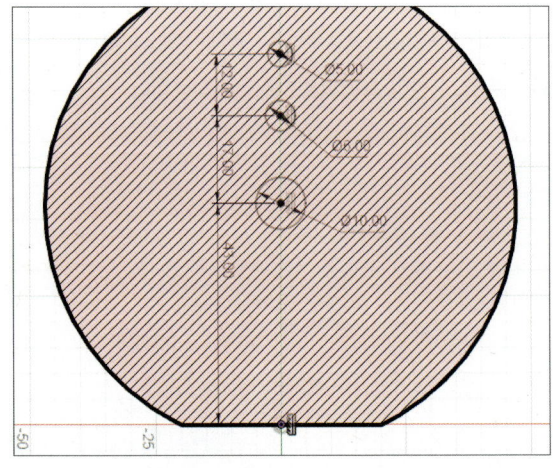

04 위 원통 부분에도 [작성(CREATE)]–[원(Circle)]–[중심 지름 원(Center Diameter Circle)], [점(Point)], [스케치 치수(Sketch Dimension)], [원형 패턴(Circular Pattern)], 수평/수직(Horizontal/Vertical) 구속조건을 사용하여 스케치를 작성한다.

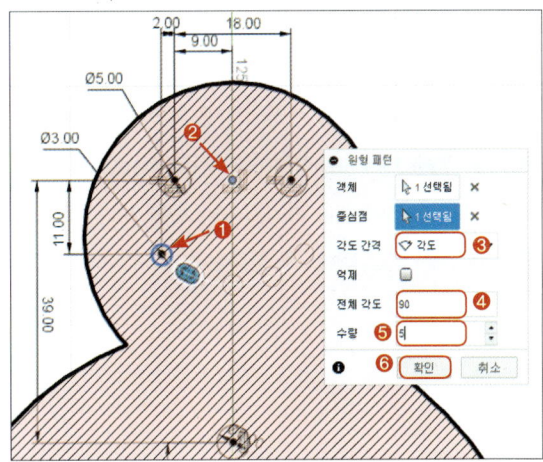

05 [작성(CREATE)]–[맞춤점 스플라인(Fit Point Spline)]을 클릭하여 양쪽 팔에 해당하는 골격을 대략적으로 그려준다.

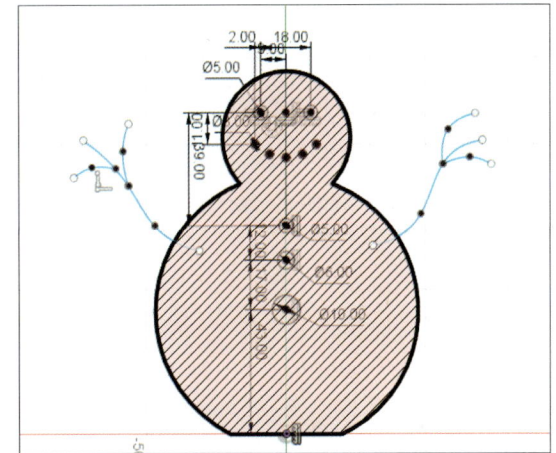

06 [작성(CREATE)]–[돌출(Extrude)]을 클릭하고 위에 있는 원 7개를 선택한다. 시작(Start)을 객체(Object)로 선택하고 Object로 위에 있는 구를 선택한다. 거리(Distance)를 1mm, 생성(Operation)은 접합(Join)으로 돌출한다.

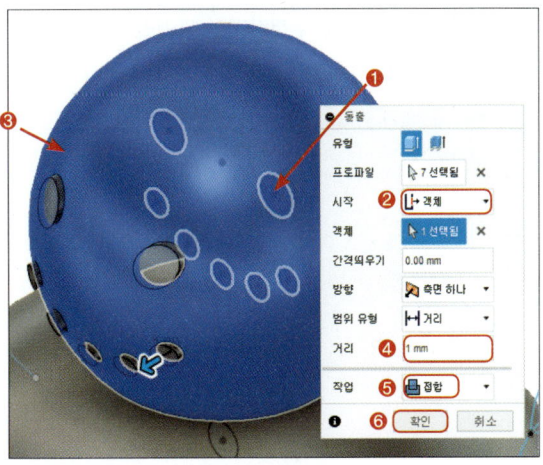

실전 예제 ■ 359

07 검색기(Browser)에서 스케치2의 가시성(Visibility)을 켜서 보이게 한 후 [작성(CREATE)]-[돌출(Extrude)]을 클릭하고 아래에 있는 원 3개를 선택한다. 시작(Start)을 객체(Object)로 선택하고 객체(Object)로 아래에 있는 구를 선택한다. 거리(Distance)를 1mm, 생성(Operation)은 접합(Join)으로 돌출한다.

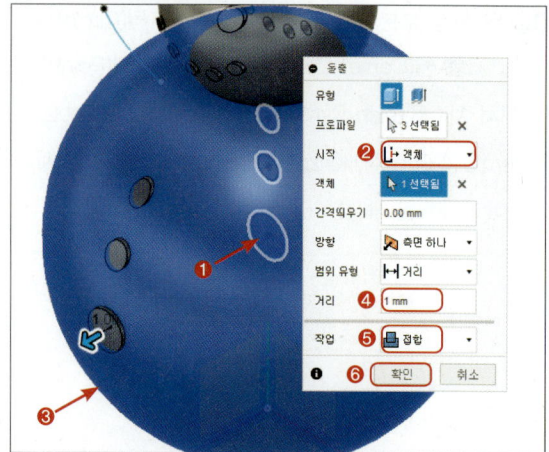

08 [작성(CREATE)]-[파이프(Pipe)]를 클릭하고 가운데 스플라인을 선택하여 단면 크기(Section Size) 3mm, 새 본체(New Body)로 생성한다. 옆가지들은 [작성(CREATE)]-[파이프(Pipe)]를 클릭하여 단면 크기(Section Size) 2mm, 생성(Operation)은 접합(Join)으로 생성한다.

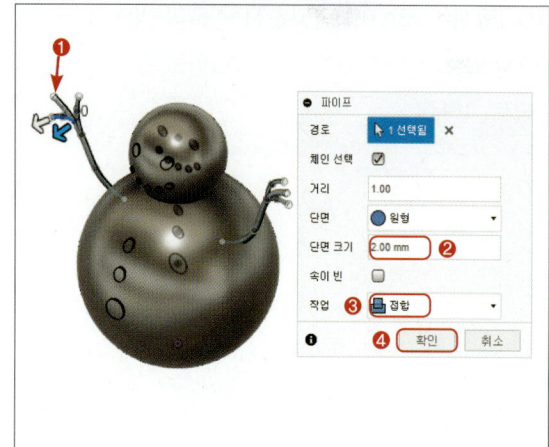

09 나뭇가지 디자인을 수정하려면 타임라인의 두 번째 스케치를 선택하고 마우스 우클릭 퀵메뉴에서 스케치 편집(Edit Sketch)을 선택하여 수정하면 된다.

10 [수정(MODIFY)]-[모깎기(Fillet)]를 클릭하여 나뭇가지 부분과 원형으로 돌출한 부분에 반지름(Radius) 0.5mm로 모깎기한다.

11 [구성(CONSTRUCT)]-[평면 간격띄우기(Offset Plane)]를 선택하고 XY평면에서 30mm 떨어진 평면을 만든다.

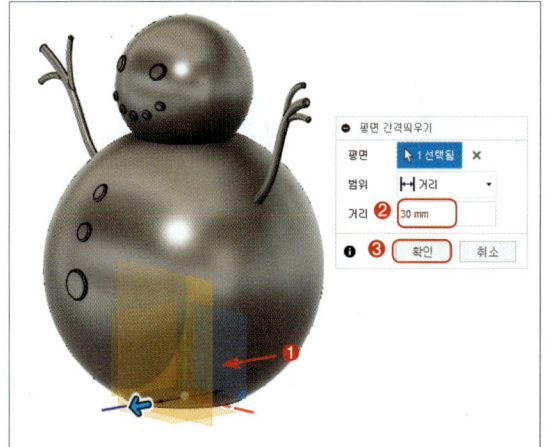

12 새로 생긴 평면에 [작성(CREATE)]-[원(Circle)]-[중심 지름 원(Center Diameter Circle)]을 클릭하여 Ø2mm 원을 작성한다.

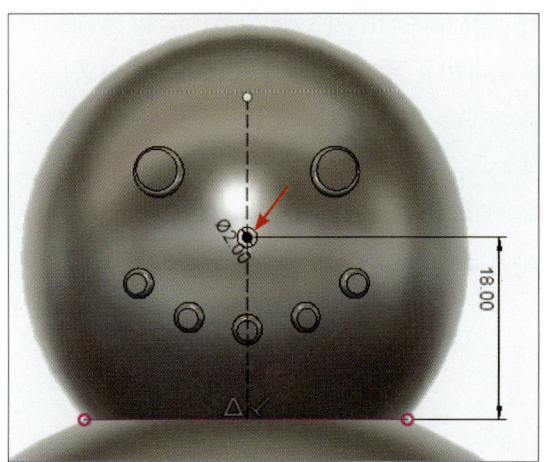

13 [작성(CREATE)]-[돌출(Extrude)]을 클릭하고 Ø2mm 원을 선택한다. 범위 유형(Extent Type)을 객체로(To Object)로 설정하여 구의 앞면을 선택한다. 테이퍼 각도(Taper Angle)를 10도, 생성(Operation)은 접합(Join)으로 돌출한다.

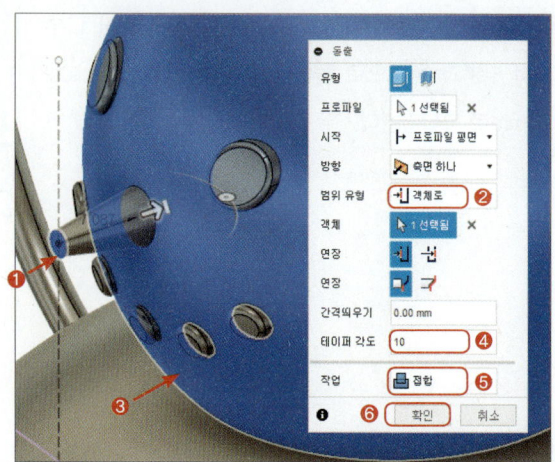

14 [수정(MODIFY)]-[모깎기(Fillet)]를 클릭하여 방금 돌출한 부분에 Radius 0.5mm로 모깎기한다.

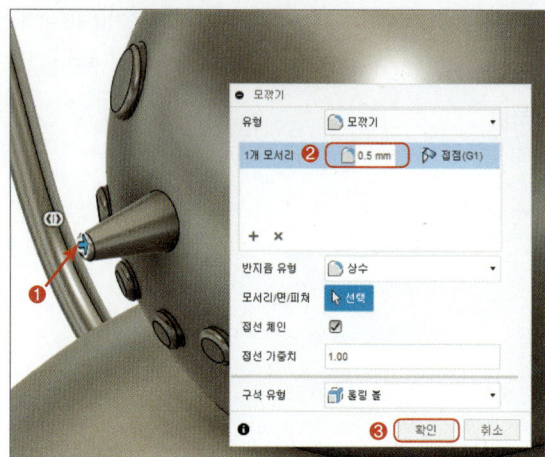

15 [작성(CREATE)]-[스케치 작성(Create Sketch)]을 클릭한다. 작업평면으로 XY평면을 선택하고 [호(Arc)]-[3점 호(3-Point Arc)], [선(Line)], [스케치 치수(Sketch Dimension)]를 사용하여 스케치를 작성한다. 이때 호의 중심점은 길이가 35인 수직선과 일치되도록 일치(Coincident) 구속조건을 적용한다.

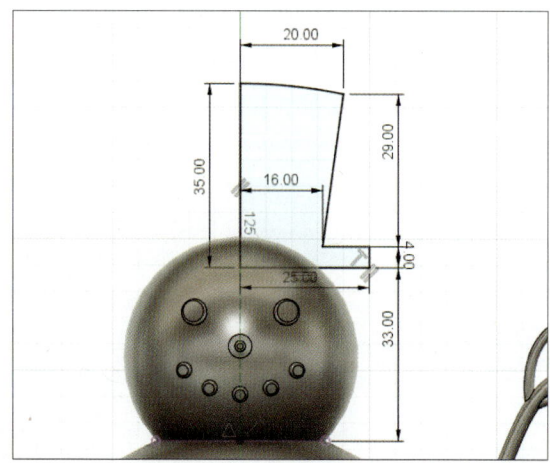

16 [작성(CREATE)]-[회전(Revolve)]을 클릭하고 위 스케치면을 프로파일(Profile)로 가운데 축을 중심으로 360도, 생성(Operation)은 새 본체(New Body)로 회전한다.

17 [수정(MODIFY)]-[모깎기(Fillet)]를 클릭하여 모자 테두리 부분에 반지름(Radius) 0.5mm로 모깎기한다.

18 [수정(MODIFY)]-[이동/복사(Move/Copy)]를 클릭한다. 객체 이동(Move Object)은 본체(Bodies), 모자를 선택하고 피벗 설정(Set Pivot)을 클릭하여 가운데 중심 원점을 선택한 후 종료(Done)를 클릭하여 확정한다. 15도정도 회전 후 화살표를 드래그하여 알맞은 위치로 모자를 이동한다. 우측면도(RIGHT) 뷰로 전환하여 이동 및 회전방향을 보면서 수정한다.

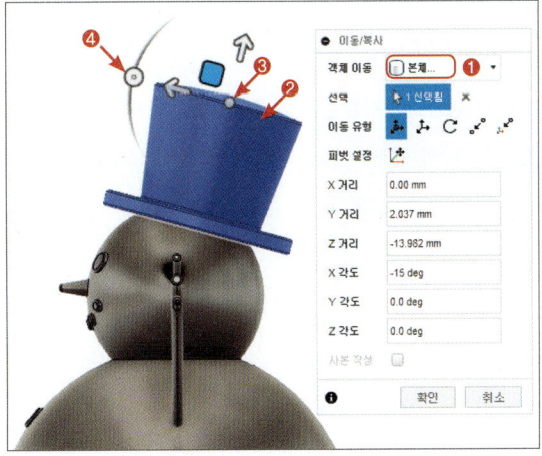

19 [작성(CREATE)]-[스케치 작성(Create Sketch)]을 클릭한다. 작업평면으로 XY평면을 선택하고 [맞춤점 스플라인(Fit Point Spline)], [선(Line)]을 사용하여 목도리 스케치를 대략적으로 작성한다.

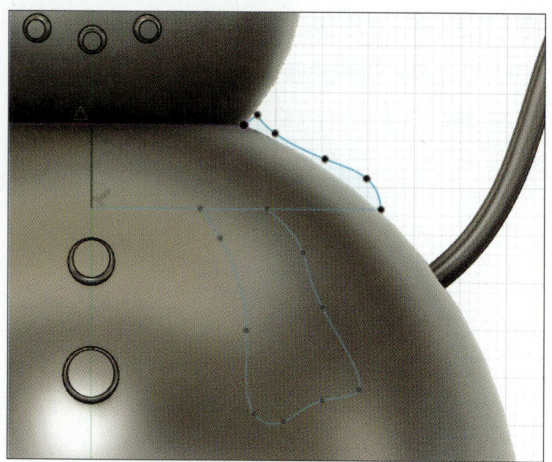

20 [작성(CREATE)]-[회전(Revolve)]을 클릭하고 위 스케치면을 프로파일(Profile)로 가운데 축을 중심으로 360도, 생성(Operation)은 새 본체(New Body)로 회전한다.

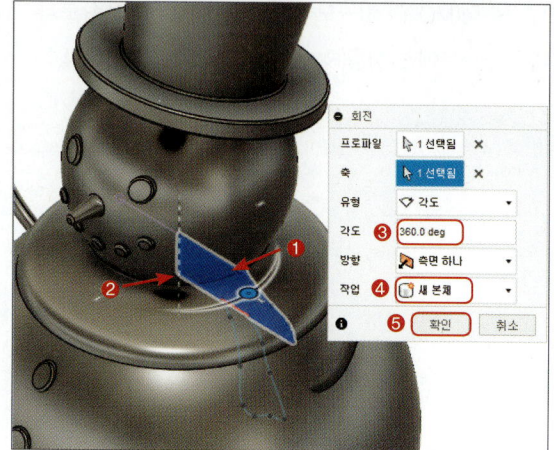

21 검색기(Browser)에서 스케치5의 가시성(Visibility)을 켜고 [작성(CREATE)]-[돌출(Extrude)]을 클릭한다. 프로파일로 스케치를 선택한 후 시작을 객체(Object)로 선택하고 객체(Object)를 아래 구의 앞면으로 선택한다. 거리(Distance)를 1mm, 생성(Operation)은 새 본체(New Body)로 돌출한다.

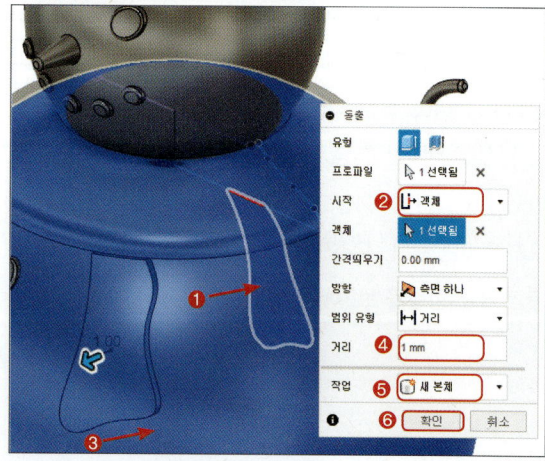

22 검색기(Browser)에서 스케치5의 가시성(Visibility)을 끄고 [수정(MODIFY)]-[모양(Appearance)]을 클릭하고 [페인트(Paint)]-[광택(Glossy)]-[페인트-애나멜 광택(검은색)(Paint-Enamel Glossy(Brack))]을 드래그&드롭으로 눈사람 형상과 모자에 적용한다. 나뭇가지에는 [목재]-[떡갈나무-반광택]을, 목도리 부분에는 [Leather and Cloth]-[Cloth]-[직물(빨간색)(Fabric(Red))]을 다운로드 받아 드래그&드롭으로 적용한다. 목도리의 니트 질감이 너무 커서 수정이 필요하므로 마우스 우클릭 퀵메뉴에서 편집(Edit)을를 선택한다.

23 축척(Scale)을 20정도로 줄인다.

24 적용 대상(Apply To)옵션을 면(Faces)으로 설정하여 [페인트(Paint)]-[광택(Glossy)]-[페인트-애나멜 광택(흰색)(Paint-Enamel Glossy(White))]을 흰색 눈부분에, [페인트(Paint)]-[광택(Glossy)]-[페인트-애나멜 광택(빨간색)(Paint-Enamel Glossy(Red))]을 편집하여 주황색 계열로 코 부분에 드래그&드롭으로 적용한다.

PART 04

Fusion 360

T-SPLINE

기본 도형과 Profile(프로파일)을 이용해 객체를 생성하는 기능으로 구성되어 있으며, 생성된 객체는 기본적으로 객체 내부에서 당기는 힘(Tension)이 적용하고 있어 전체적으로 부드럽게 표현된다.

Section 01 작성(CREATE)
Section 02 양식 편집(Edit Form)

Section 01 작성(CREATE)

다양한 형태의 객체와 면을 생성하는 명령과 스케치 프로파일을 이용하여 다양한 객체를 작성하는 명령들을 차례대로 알아본다.

❶ 상자(Box) : 상자 형태의 객체를 생성한다.
❷ 평면(Plane) : 평면을 생성한다.
❸ 원통(Cylinder) : 원통 형태의 객체를 생성한다.
❹ 구(Sphere) : 구 형태의 객체를 생성한다.
❺ 원환(Torus) : 도넛 형태의 객체를 생성한다.
❻ 쿼드볼(Quadball) : 면의 생성방향이 격자형태인 구를 생성한다.
❼ 파이프(Pipe) : 파이프 형태의 객체를 생성한다.
❽ 면(Face) : 다양한 형태의 면을 생성한다.
❾ 돌출(Extrude) : 스케치 프로파일을 돌출하여 객체를 생성한다.
❿ 회전(Revolve) : 스케치 프로파일을 축을 기준으로 회전시켜 객체를 생성한다.
⓫ 스윕(Sweep) : 스케치 프로파일이 경로선을 따라가며 객체를 생성한다.
⓬ 로프트(Loft) : 두 개 이상의 스케치 프로파일을 연결하며 객체를 생성한다.

1-1 상자(Box)

T-Spline 상자를 생성하는 기능으로 작성할 작업평면을 선택하고 직사각형을 그린 후 설정 창 혹은 조작자를 이용해 가로와 세로, 높이를 입력하고 면의 수를 입력한다.

❶ 직사각형 유형(Rectangle Type) : 작업평면에서 사각형을 생성할 유형을 선택한다.
- 중심(Center) : 중심점을 기준으로 생성한다.
- 2점(2-Point) : 모서리를 기준으로 생성한다.

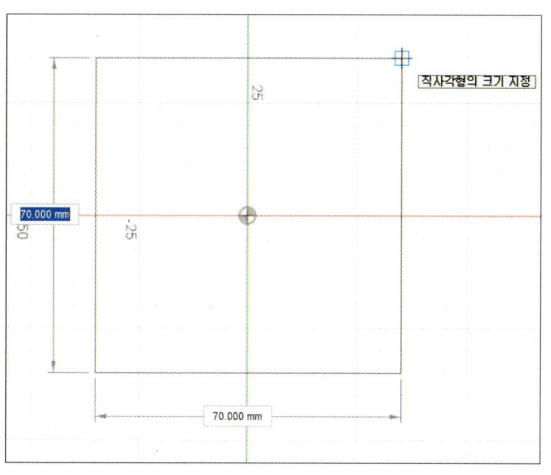
▲ 중심(Center)

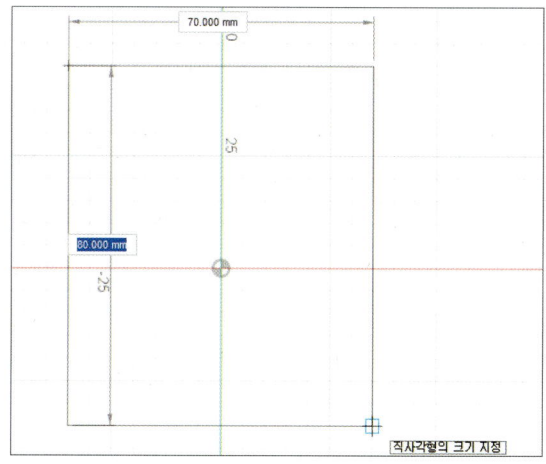
▲ 2점(2-Point)

❷ 방향(Direction) : 생성 방향을 지정한다.

❸ 생성(Operation) : 본체의 생성 유형을 지정한다.

❶ 길이(Length) : 길이를 입력한다.

❷ 길이 면(Length Faces) : 길이방향 면의 수를 입력한다.

❸ 폭(Width) : 폭을 입력한다.

❹ 폭 면(Width Faces) : 폭 방향 면의 수를 입력한다.

❺ 높이(Height) : 높이를 입력한다.

❻ 높이 면(Height Faces) : 높이 방향의 면의 수를 입력한다.

❼ 방향(Direction) : 생성 방향을 지정한다.

- 측면 하나(One Side) : 한쪽 방향으로 돌출하며 Box를 생성한다.
- 대칭(Symmetric) : Box의 중심점을 기준으로 대칭 방향으로 돌출한다.

❽ 대칭(Symmetry) : 대칭축을 지정하며 편집에도 함께 적용된다.

- 없음(None) : 대칭축을 설정하지 않는다.

Section 01_작성(CREATE) ■ 369

- 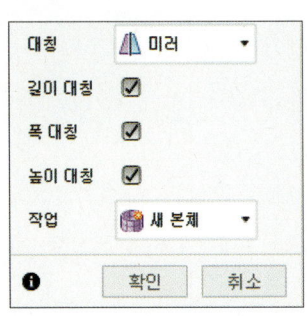 미러(Mirror) : 대칭축을 설정한다.

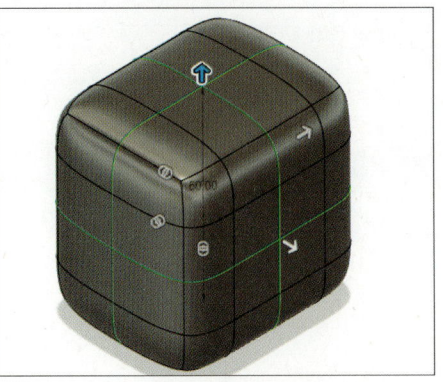

- 길이 대칭(Length Symmetric) : 길이 방향으로 대칭축을 설정한다.
- 폭 대칭(Width Symmetric) : 폭 방향으로 대칭축을 설정한다.
- 높이 대칭(Height Symmetric) : 높이 방향으로 대칭축을 설정한다.
❾ 생성(Operation) : 생성 유형을 지정한다.

기능 익히기 ▶ 박스 만들기

01 [작성(CREATE)]-[양식 작성(Create form)]을 클릭하여 양식(FORM) 모드로 들어간 후 [작성(CREATE)]-[상자(Box)]를 클릭하고 배치할 평면으로 XZ평면을 선택한다.

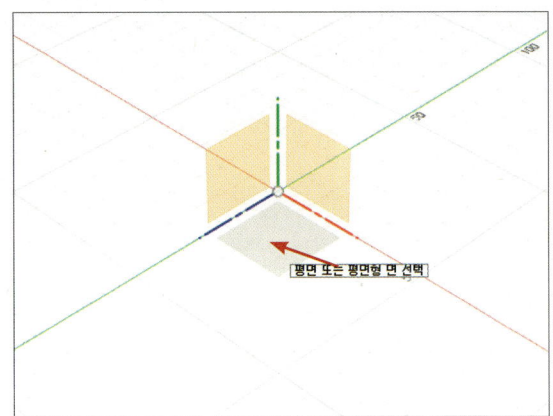

02 첫 번째 점(중심점)은 원점을, 다음 지점으로 임의 점을 클릭한다.

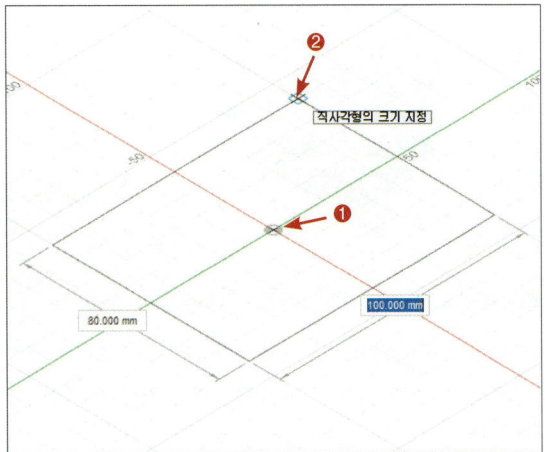

03 설정 창에서 길이(Length), 폭(Width), 높이(Height)의 값을 각각 50, 60, 70만큼 입력하고 길이 면(Length Faces), 폭 면(Width Faces), 높이 면(Height Faces)을 각각 2, 3, 4를 입력한 후 [확인(OK)] 버튼을 누른다.

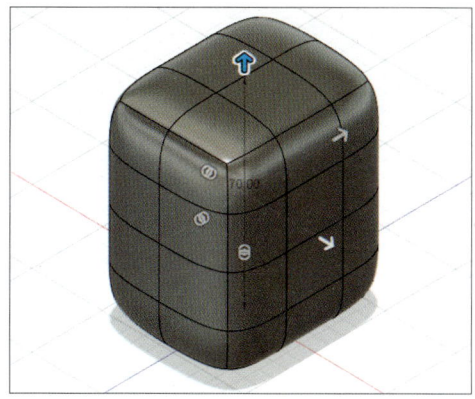

1-2 평면(Plane)

T-Spline 평면을 생성하는 기능으로 작성할 작업평면을 선택하고 직사각형을 그린 후 설정 창 혹은 조작자를 이용해 가로, 세로의 크기 및 구성 면의 수를 입력한다.

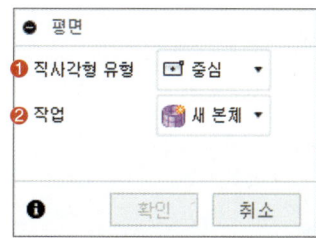

❶ 직사각형 유형(Rectangle Type) : 작업평면에서 사각형을 생성할 유형을 선택한다.
- 중심(Center) : 중심점을 기준으로 생성한다.
- 2점(2-Point) : 모서리를 기준으로 생성한다.

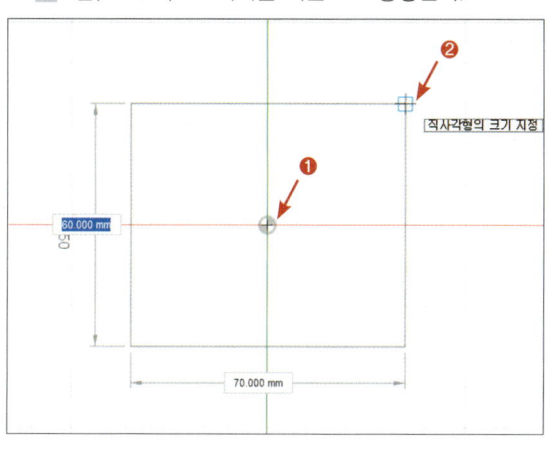
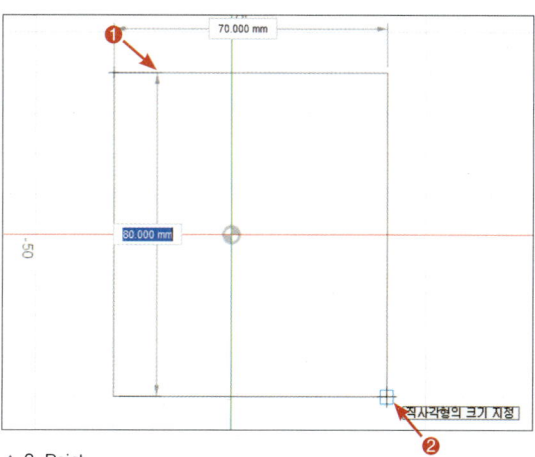

▲ Center　　　　　　　　　　　　　▲ 2-Point

❷ 생성(Operation) : 본체 : Body의 생성 유형을 지정한다.

❶ 길이(Length) : 길이를 입력한다.
❷ 길이 면(Length Faces) : 길이방향 면의 수를 입력한다.
❸ 폭(Width) : 폭을 입력한다.
❹ 폭 면(Width Faces) : 폭 방향 면의 수를 입력한다.
❺ 대칭(Symmetry) : 대칭축을 지정하며 편집에도 함께 적용된다.
- 없음(None) : 대칭축을 설정하지 않는다.
- 미러(Mirror) : 대칭축을 설정한다.

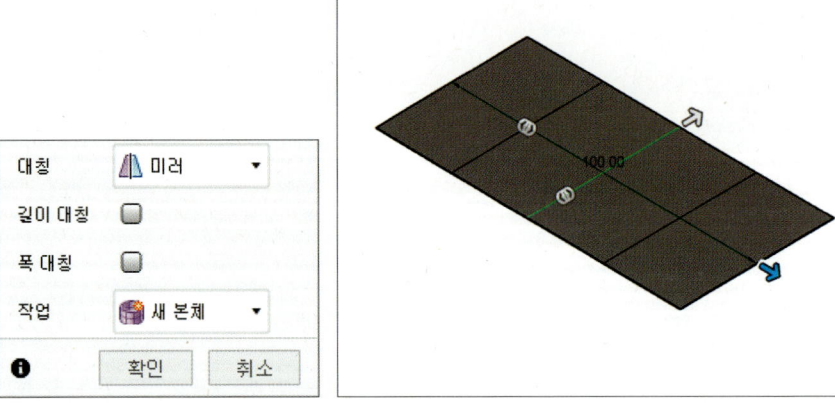

- 길이 대칭(Length Symmetric) : 길이방향으로 대칭축을 설정한다.
- 폭 대칭(Width Symmetric) : 폭 방향으로 대칭축을 설정한다.

기능 익히기 ▶ 평면 만들기

01 [작성(CREATE)]-[양식 작성(Create form)]을 클릭하여 양식(FORM) 모드로 들어간 후 [작성(CREATE)]-[◆ 평면(Plane)]을 클릭하고 배치할 평면으로 XZ평면을 선택한다.

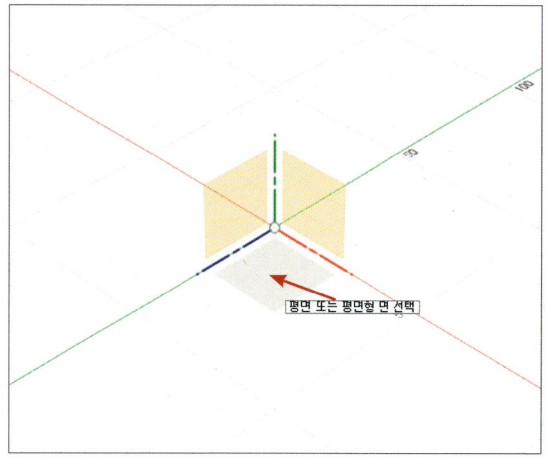

02 첫 번째 점(중심점)은 원점을, 다음 지점으로 임의 점을 클릭한다.

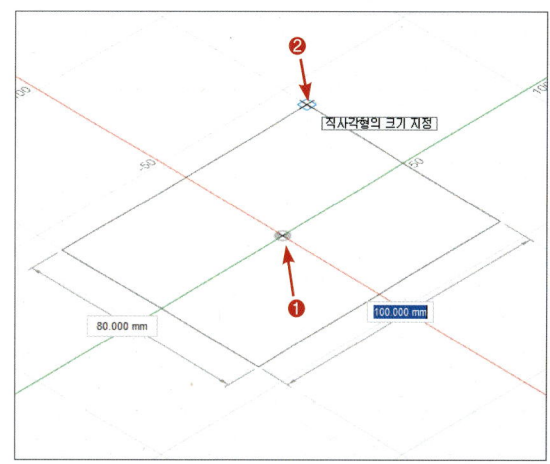

03 설정 창에서 길이(Length), 폭(Width)의 길이값을 80으로 입력한 후 길이 면(Length Faces), 폭 면(Width Faces)의 수는 4를 입력하고 [확인(OK)] 버튼을 눌러준다.

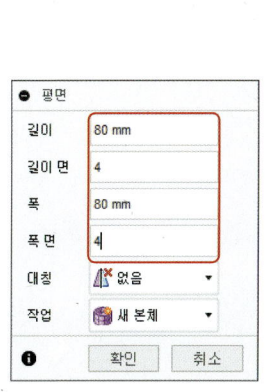
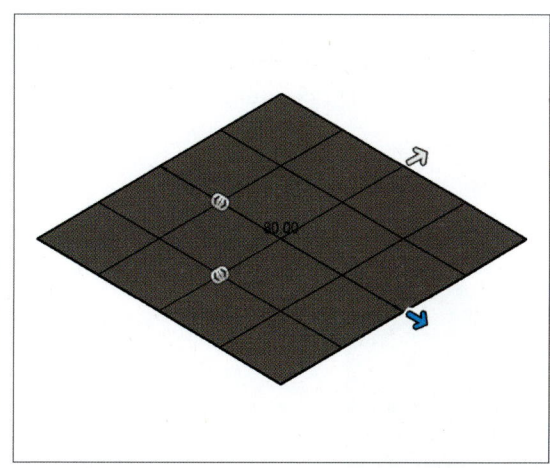

1-3 원통(Cylinder)

T-Spline 원통을 생성하는 기능으로 작성할 작업평면을 선택하고 원을 그린 후 설정 창 혹은 조작자를 이용해 원의 크기와 높이, 구성 면의 수를 입력한다.

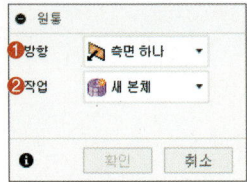

❶ 방향(Direction) : 생성 방향을 지정한다.
- 측면 하나(One Side) : 한쪽 방향으로 돌출하며 Cylinder를 생성한다.
- 대칭(Symmetric) : 원통의 중심점을 기준으로 대칭 방향으로 돌출한다.

❷ Operation(생성 유형) : Body의 생성 유형을 지정한다.

❶ 지름(Diameter) : 원의 지름을 입력한다.
❷ 지름 면(Diameter Faces) : 원 방향의 면의 수를 입력한다.
❸ 높이(Height) : 높이를 입력한다.
❹ 높이 면(Height Faces) : 높이 방향의 면의 수를 입력한다.
❺ 방향(Direction) : 생성 방향을 지정한다.
- 측면 하나(One Side) : 한쪽 방향으로 돌출하며 Box를 생성한다.
- 대칭(Symmetric) : 원통 Box의 중심점을 기준으로 대칭 방향으로 돌출한다.

❻ 대칭(Symmetry) : 대칭축을 지정하며 편집에도 함께 적용된다.
- 없음(None) : 대칭축을 설정하지 않는다.
- 미러(Mirror) : 원의 길이, 폭, 높이 방향의 대칭축을 설정한다.

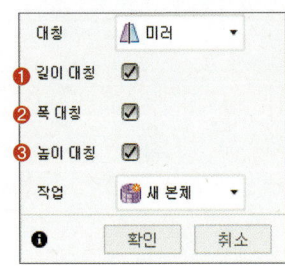 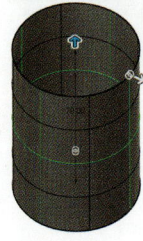

❶ 길이 대칭(Length Symmetric) : 길이방향으로 대칭축을 설정한다.
❷ 폭 대칭(Width Symmetric) : 폭 방향으로 대칭축을 설정한다.
❸ 높이 대칭(Height Symmetric) : 높이 방향으로 대칭축을 설정한다.
- 원형(Circular) : 원의 중심을 기준으로 방사형의 대칭축을 설정한다. 지름 면(Diameter Faces)으로 분할된 원의 경계선 모두가 대칭축으로 지정된다.

❶ 대칭 면(Symmetric Face) : 대칭축 사이의 면의 수를 지정한다.

기능 익히기 ▶ 원통 만들기

01 [작성(CREATE)]-[양식 작성(Create form)]을 클릭하여 양식(FORM) 모드로 들어간 후 [작성(CREATE)]-[원통(Cylinder)]을 클릭하고 배치할 평면으로 XZ평면을 선택한다.

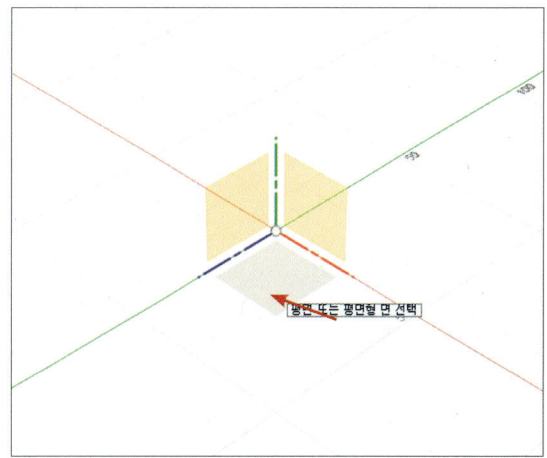

02 첫 번째 점(원의 중심)은 원점을, 다음 지점으로 임의 점을 클릭한다.

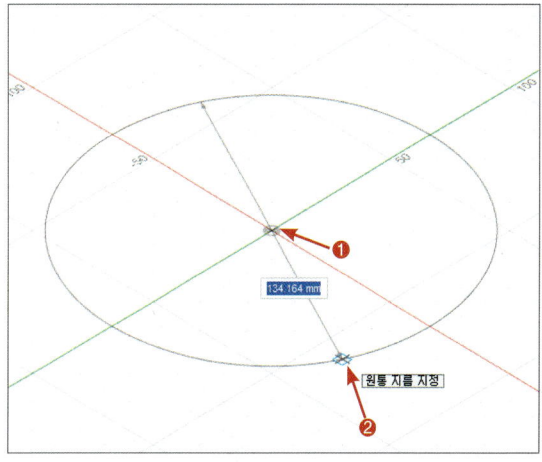

03 설정 창에서 지름(Diameter)은 50, 지름 면(Diameter Faces)은 8, 높이(Height)는 70, 높이 면(Height Faces)은 4를 입력하고 [확인(OK)] 버튼을 누른다.

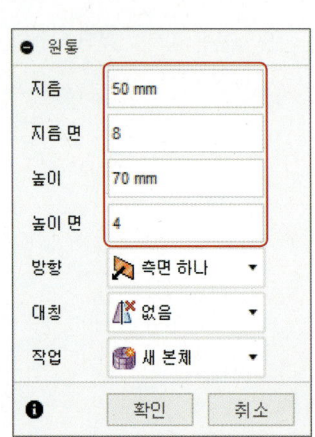 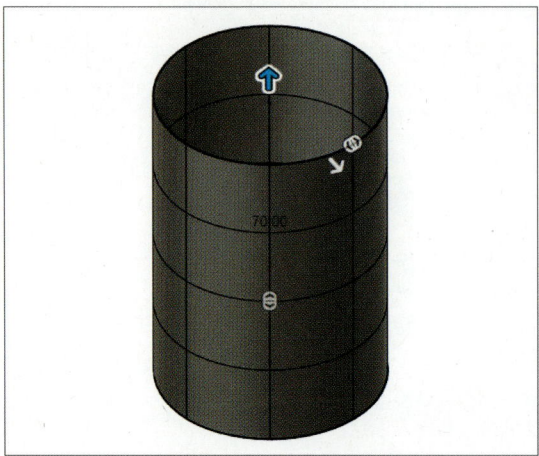

1-4 구(Sphere)

T-Spline 구를 생성하는 기능으로 작성할 작업평면을 선택하고 구의 중심점을 지정한 후 설정 창 혹은 조작자를 이용해 구의 지름과 구성 면의 수를 입력한다.

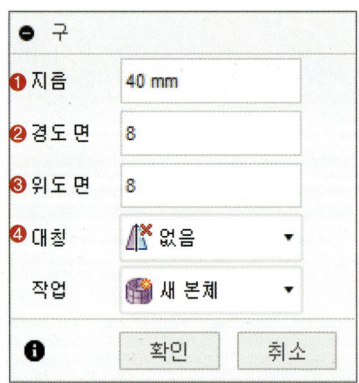

❶ 지름(Diameter) : 구의 지름을 입력한다.
❷ 경도 면(Longitude Fases) : 경도 방향의 면의 수를 입력한다
❸ 위도 면(Latitude Faces) : 위도 방향의 면의 수를 입력한다.
❹ 대칭(Symmetry) : 대칭축을 지정하며 편집에도 함께 적용된다.
 • 없음(None) : 대칭축을 설정하지 않는다.
 • 미러(Mirror) : 대칭축을 설정한다.

-  원형(Circular) : 경도방향의 대칭축을 설정한다.

- 대칭 면(Symmetric Face) : 경도 방향의 회전축 사이의 면(Faces)의 수를 입력한다.

▲ Symmetry Faces = 1   ▲ Symmetry Faces = 3

| 기능 익히기 | ▶ 구 만들기 |

01 [작성(CREATE)]-[양식 작성(Create form)]을 클릭하여 양식(FORM) 모드로 들어간 후 [작성(CREATE)]-[구(Sphere)]를 클릭하고 배치할 평면으로 XZ평면을 선택한다.

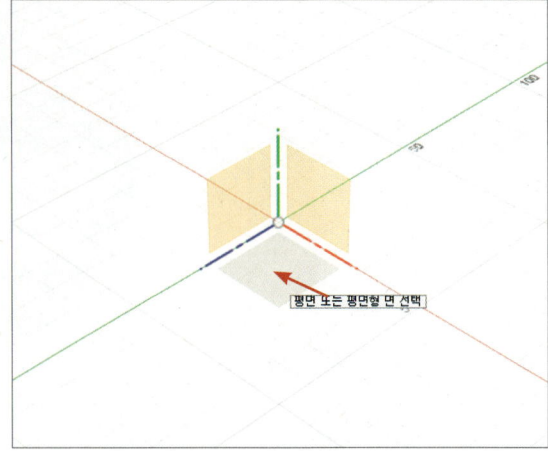

02 구의 중심점으로 원점을 클릭한다.

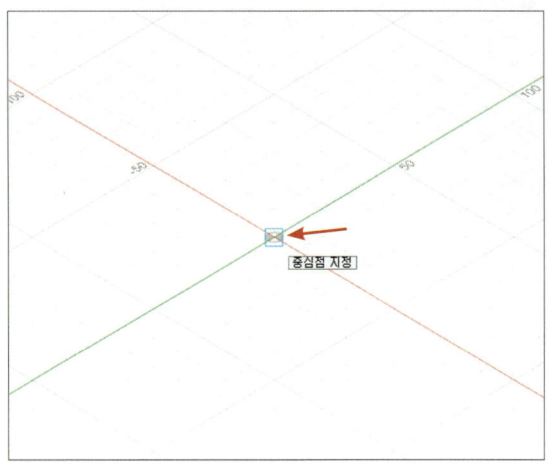

03 설정 창에서 지름(Diameter) 80, 경도 면(Longitude Fases) 8, 위도 면(Latitude Faces) 8을 입력하고 [확인(OK)] 버튼을 누른다.

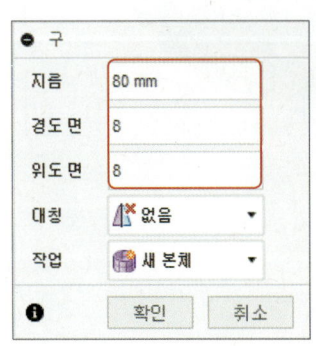

1-5 원환(Torus)

T-Spline 원환을 생성하는 기능으로 작성할 작업평면을 선택하고 원을 그린 후 설정 창 혹은 조작자를 이용해 원의 크기와 내경의 크기, 구성 면의 수를 입력한다.

❶ 지름 1(Diameter 1) : 토러스의 지름을 입력한다.
❷ 지름 1 면(Diameter 1 Faces) : 지름에 해당하는 면의 수를 입력한다.
❸ 지름 2(Diameter 2) : 토러스 단면의 지름을 입력한다.
❹ 지름 2 면(Diameter 2 Faces) : 단면에 해당하는 면의 수를 입력한다.
❺ 대칭(Symmetry) : 대칭축을 지정하며 편집에도 함께 적용된다.
- 없음(None) : 대칭축을 설정하지 않는다.
- 미러(Mirror) : 대칭축을 설정한다.

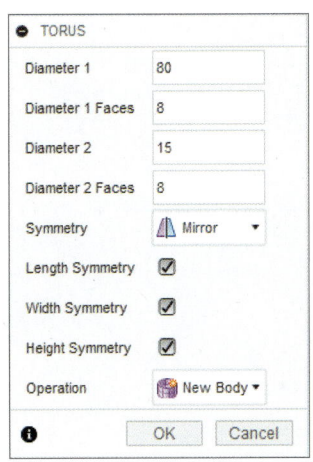 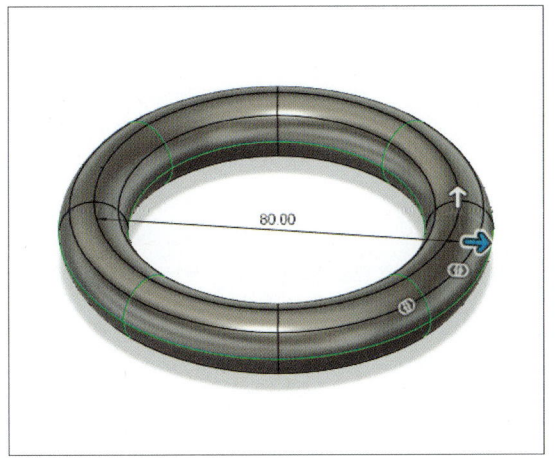

- 길이 대칭(Length Symmetric) : 길이방향으로 대칭축을 설정한다.
- 폭 대칭(Width Symmetric) : 폭 방향으로 대칭축을 설정한다.
- 높이 대칭(Height Symmetric) : 높이 방향으로 대칭축을 설정한다.
- 원형(Circular) : 단면의 회전 방향으로 대칭축을 설정한다.

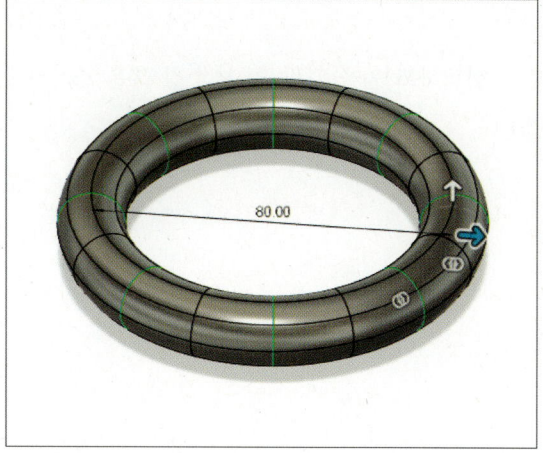
▲ Symmetry Faces = 2

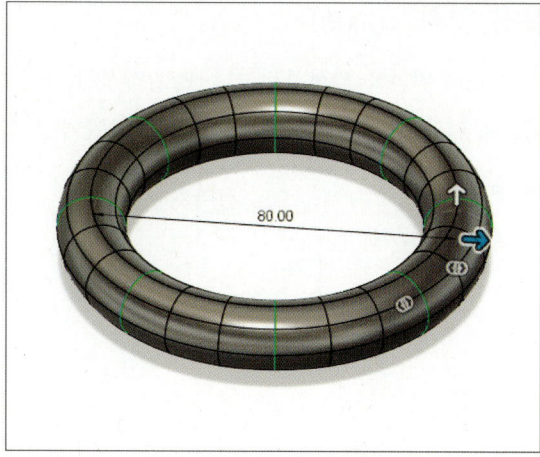
▲ Symmetry Faces = 3

❻ 생성(Operation) : 생성 유형을 지정한다.

기능 익히기 ▶ 토러스 만들기

01 [작성(CREATE)]-[양식 작성(Create form)]을 클릭하여 양식(FORM) 모드로 들어간 후 [작성(CREATE)]-[◉ 원환(Torus)]을 클릭하고 배치할 평면으로 XZ평면을 선택한다.

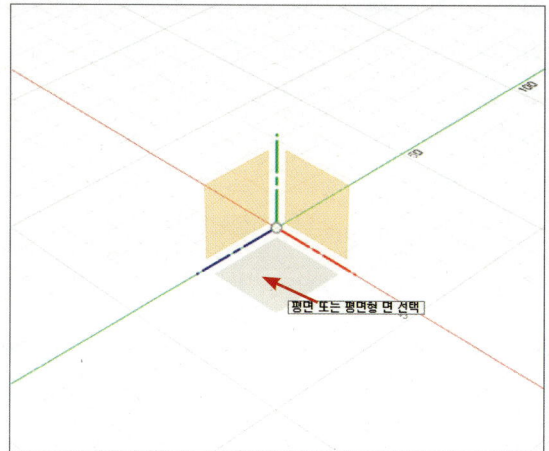

02 첫 번째 점(중심점)은 원점을, 다음 지점으로 임의 점을 클릭한다.

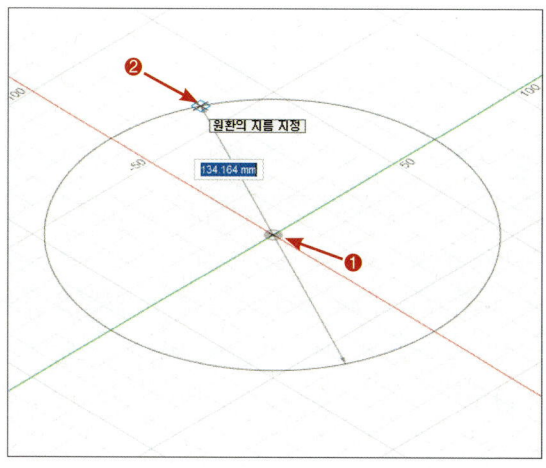

03 설정 창에서 지름 1(Diameter 1) 80, 지름 1 면(Diameter 1 Faces) 8, 지름 2(Diameter 2) 15, 지름 2 면(Diameter 2 Faces) 를 입력하고 [확인(OK)] 버튼을 누른다.

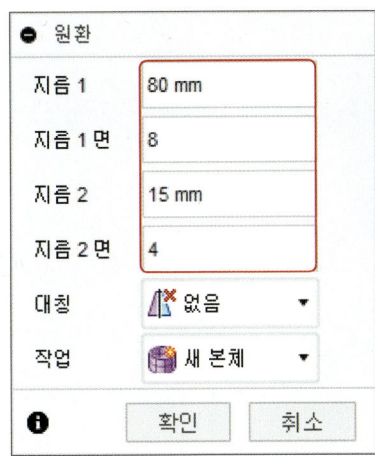 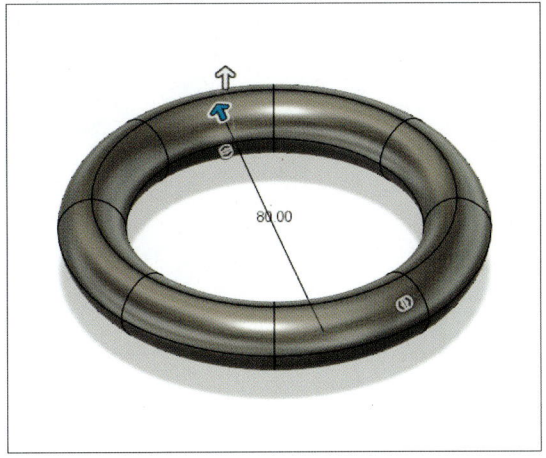

1-6 쿼드볼(Quadball)

T-Spline 쿼드볼을 생성하는 기능이다. 작성할 작업평면을 선택하고 쿼드볼의 중심점을 클릭한 후 설정 창 혹은 조작자를 이용해 쿼드볼의 지름과 구성 면의 수를 입력한다.

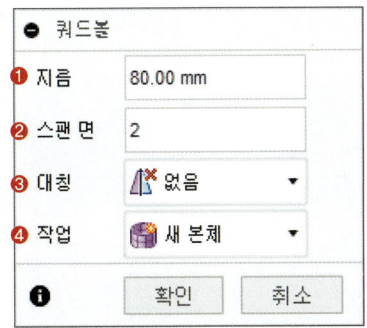

❶ 지름(Diameter) : 쿼드볼의 지름을 입력한다.
❷ 스팬 면(Span Faces) : 조각면의 수를 입력한다.
❸ 대칭(Symmetry) : 대칭축을 지정하며 편집에도 함께 적용된다.
- 없음(None) : 대칭축을 설정하지 않는다.
- 미러(Mirror) : 대칭축을 설정한다.

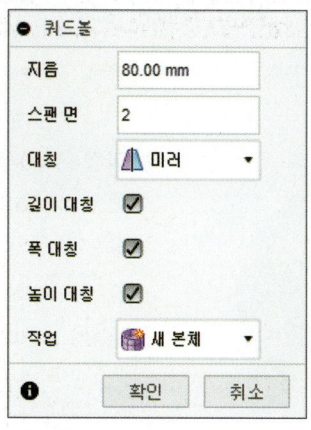 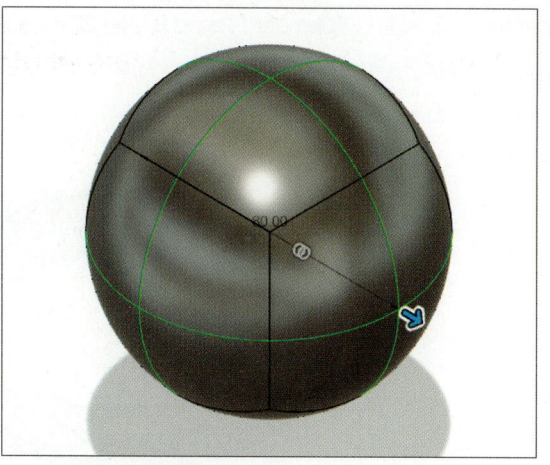

- 길이 대칭(Length Symmetric) : 길이방향으로 대칭축을 설정한다.
- 폭 대칭(Width Symmetric) : 폭 방향으로 대칭축을 설정한다.
- 높이 대칭(Height Symmetric) : 높이 방향으로 대칭축을 설정한다.

❹ 생성(Operation) : 본체 생성 시 생성 유형을 지정한다.

| 기능 익히기 | ▶ 쿼드볼 만들기 |

01 [작성(CREATE)]-[양식 작성(Create form)]을 클릭하여 FORM 모드로 들어간 후 [작성(CREATE)]-[쿼드볼(Quadball)]을 클릭하고 배치할 평면으로 XZ평면을 선택한다.

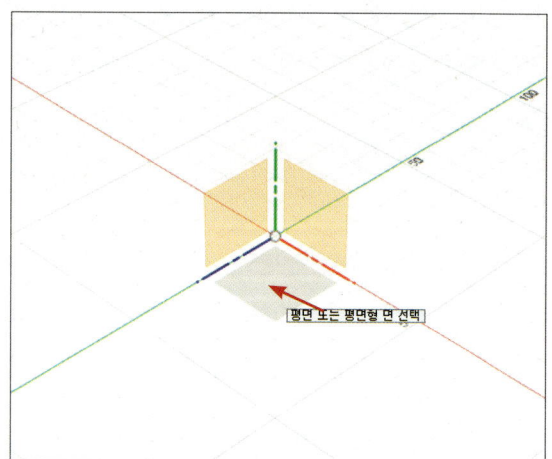

02 Quadball(쿼드볼)의 중심점으로 원점을 클릭한다.

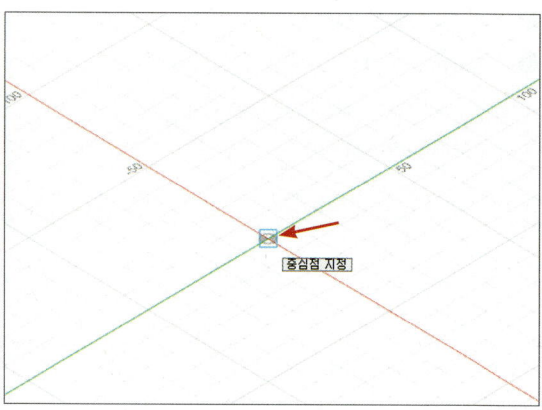

03 설정 창에서 지름(Diameter) 80, 스팬 면(Span Faces) 2를 입력하고 [확인(OK)] 버튼을 누른다.

1-7 파이프(Pipe)

경로선을 기반으로 직경과 단면 형태, 경로 및 면의 수를 이용해 파이프를 생성한다.

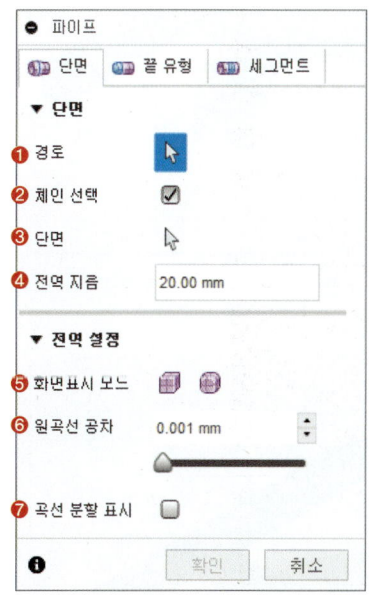

1) 단면(Section) 탭

경로선의 지정 및 파이프의 단면 크기와 형태, 환경설정 등을 제어한다.

❶ 경로(Path) : 모델의 모서리 선 혹은 스케치 선을 선택한다.

❷ 체인 선택(Chain Selection) : 접점으로 연결되어 있는 스케치 선을 함께 선택해 준다.

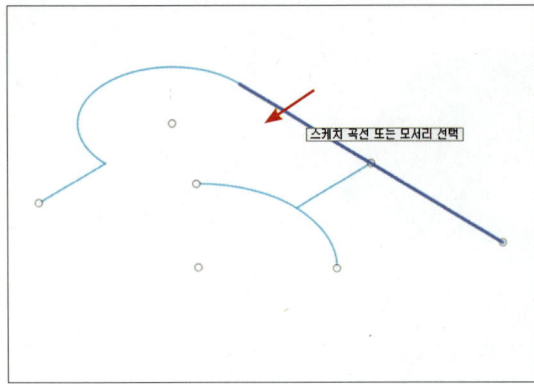
▲ 체인 선택(Chain Selection) 비활성화

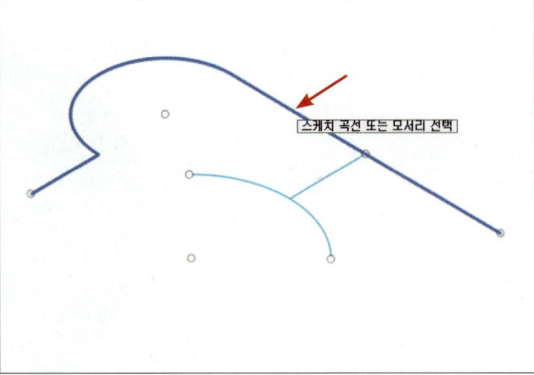
▲ 체인 선택(Chain Selection) 활성화

❸ 단면(Section) : 생성된 파이프의 단면 및 위치를 부분적으로 조정한다.

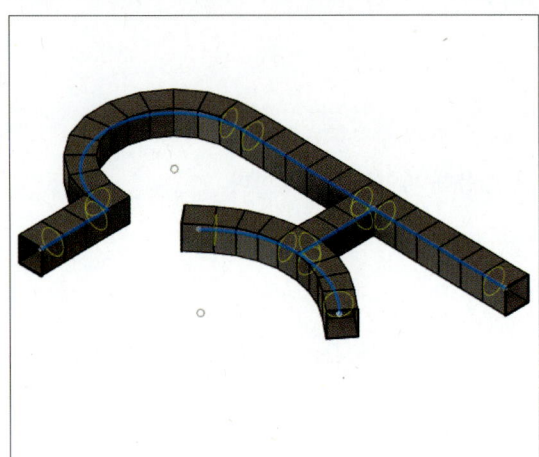

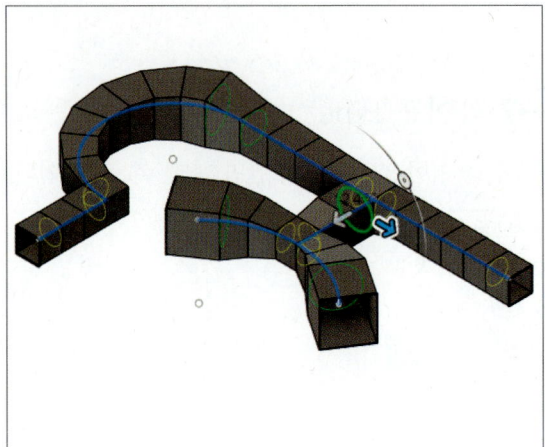

❹ 전역 지름(Global Diameter) : 파이프의 단면 크기를 제어한다.

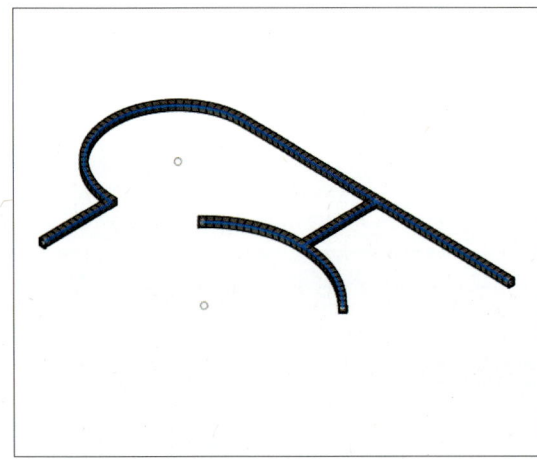
▲ 전역 지름(Global Diameter) = 2

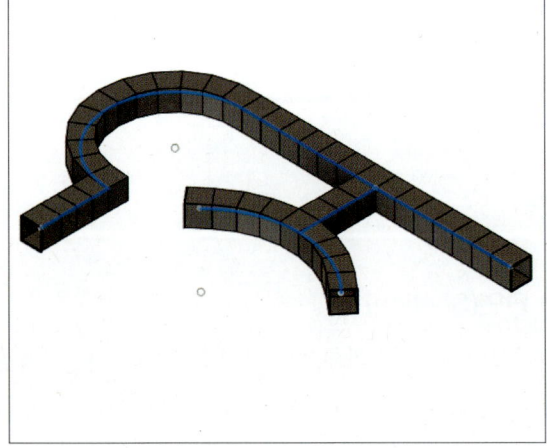
▲ 전역 지름(Global Diameter) = 7

❺ 화면표시 모드(Display Mode) : 단면의 유형을 변경한다.

▲ 상자 화면표시(Box Display) Alt+1

▲ 부드럽게 화면표시(Smooth Display) Alt+3

❻ 원곡선 공차(Curve Tolerance) : 스케치선에 적용하는 파이프의 허용 공차를 설정한다.
❼ 곡선 분할 표시(Display Curve Splits) : 생성된 파이프의 끝점을 기준으로 연결점의 위치를 순서대로 표시한다.

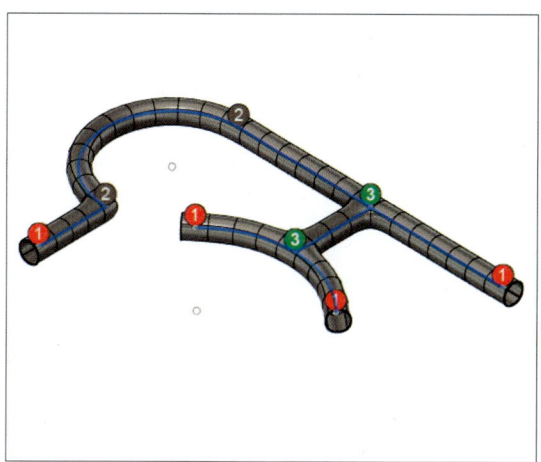

2) 끝 유형(End Type) 탭

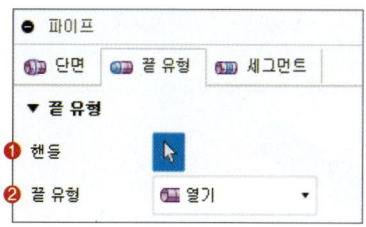

❶ 핸들(Handle) : 파이프의 끝 부분을 개별적으로 선택하고, 형태를 변경한다.

❷ 끝 유형(End Type) : 파이프의 끝 부분 형태를 일괄적으로 변경한다.

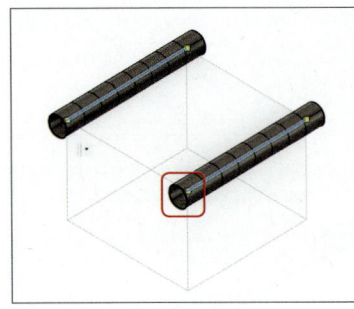
▲ 열기(Open)

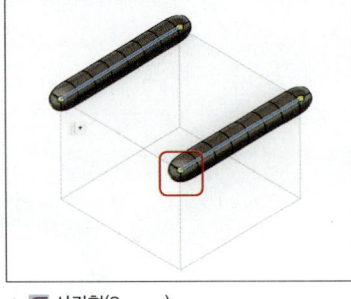
▲ 사각형(Square)

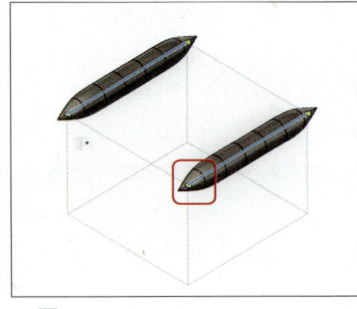
▲ 스파이크(Spike)

3) 세그먼트(Segments) 탭

파이프를 구성하는 면의 수를 변경한다.

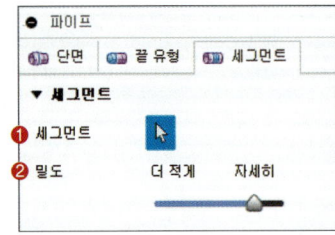

❶ 세그먼트(Segment) : 선택한 경로선에 대한 파이프의 면의 수를 제어한다.

❷ 밀도(Density) : 전체 파이프의 면의 수를 제어한다.

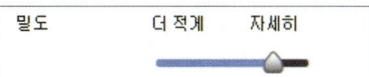

1-8 면(Face)

독립적인 T-Spline 면을 생성한다. 작성할 작업평면을 선택하고 점을 지정하거나, T-Spline Body를 구성하고 있는 점/선을 기반으로 생성할 수 있다.

❶ 모드(Mode)

면의 생성 유형을 지정하며, 점을 기반으로 하는 방법과 선을 기반으로 하는 방법이 있다.

- 단순(Simple) : 점을 기반으로 시작하며 4개의 모서리 점을 지정하여 하나의 면을 생성한다.

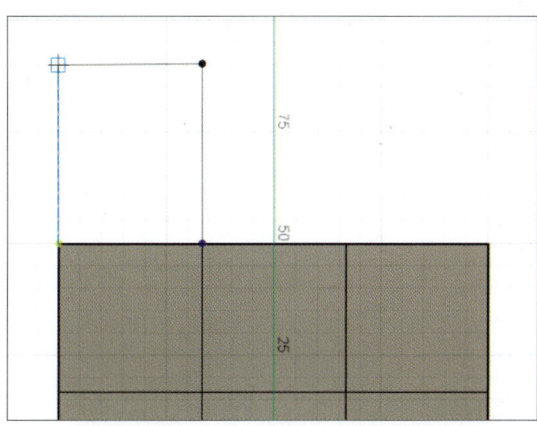

- 🔲 모서리(Edge) : 선을 기반으로 시작하며 두 개의 모서리 점을 지정하여 하나의 면을 생성한다.

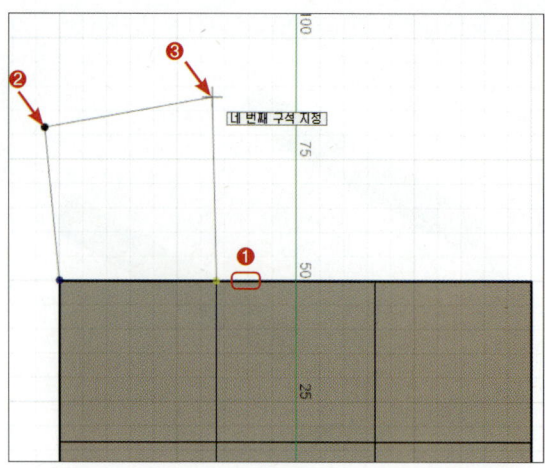

- 🔲 체인(Chain) : 선을 기반으로 시작하며 연속적으로 생성한다.

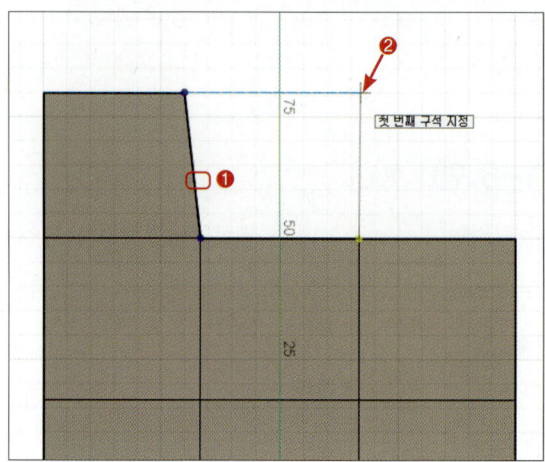

❷ 측면의 수(Number of Side)

단순(Simple) 모드에만 적용이 되며, 생성하는 면의 수에 따라 유형을 변경할 수 있도록 한다.

- 🔲 4개의 측면(Four Sides) : 4개의 모서리점을 지정하여 하나의 면을 생성한다.
- 🔲 여러 측면(Multiple Sides) : 4개의 모서리를 제외한(삼각형 포함) 나머지 면을 생성하며, 첫 번째 지정한 점과 마지막으로 지정한 점의 위치가 같아야 한다.

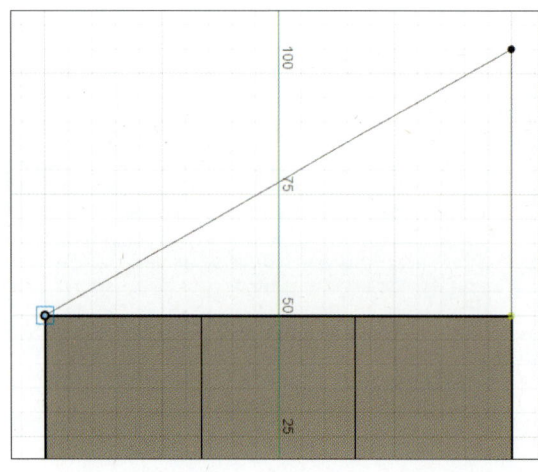
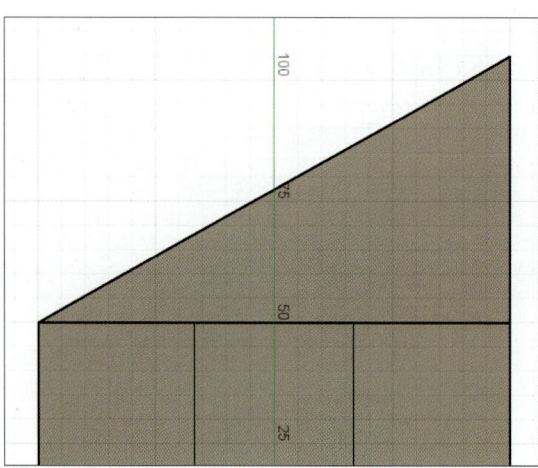

1-9 돌출(Extrude)

스케치 곡선, 닫힌 프로파일 혹은 면을 기반으로 돌출하며, 설정 창 혹은 조작자를 이용해 돌출 거리값 및 구성 면의 수를 입력한다.

❶ 프로파일(Profile) : 스케치 곡선, 닫힌 프로파일 또는 형상이 가진 면 등을 선택한다.
❷ 프로파일 체인 선택(Profile Chain Selection) : 접점으로 연결된 스케치 Curves를 함께 선택한다.
❸ 간격(Spacing) : 면의 생성 위치를 조정한다.
- 균일(Uniform) : 면의)의 간격을 균등하게 배치한다.
- 곡률(Curvature) : 곡선 구간을 우선적으로 면을 배치한다.

❹ 면(Faces) : 면의 수를 입력한다.
❺ 거리(Distance) : 돌출 거리값을 입력한다.
❻ 각도(Angle) : 돌출 각도를 입력한다.

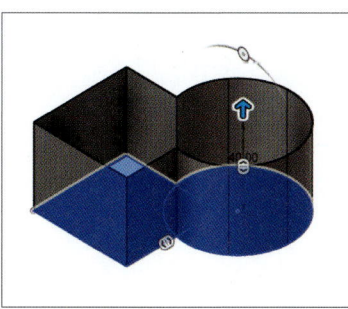
▲ Angle = 0도

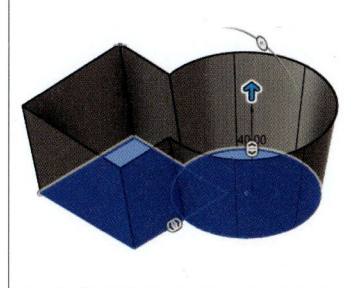
▲ Angle = 10도

▲ Angle = -20도

❼ 방향(Direction) : 돌출 방향을 지정한다.
- 측면 하나(One Side : 한쪽 방향으로 돌출한다.
- 두 측면(Two Side) : 양쪽 방향으로 거리값을 다르게 돌출한다.
- 대칭(Symmetric) : 대칭 방향으로 돌출한다.

❽ 앞면(Front Faces) : 돌출 방향으로 면의 수를 입력한다.

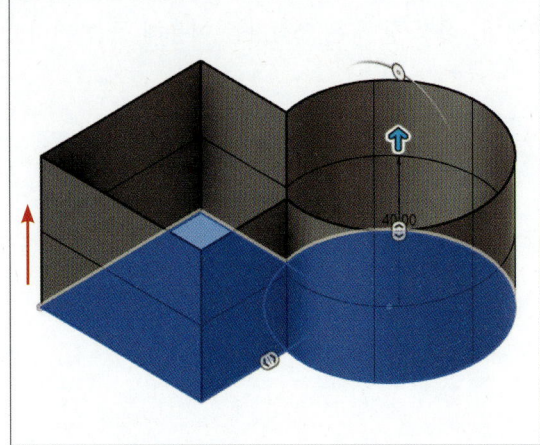

▲ 앞면(Front Faces) = 2   ▲ 앞면(Front Faces) = 5

❾ 모서리 각진 부분 유지(Maintain Crease Edges) : 돌출 시 모서리에 Crease(모서리) 효과 적용 여부를 제어한다.
❿ 생성(Operation) : 본체의 생성 유형을 지정한다.

기능 익히기 ▶ 객체 돌출시키기

01 [작성(CREATE)]-[양식 작성(Create form)]을 클릭하여 양식(FORM) 모드로 들어간 후 [작성(CREATE)]-[스케치 작성(Create Sketch)]을 클릭하고 스케치를 작성할 평면으로 XZ평면을 선택한다.

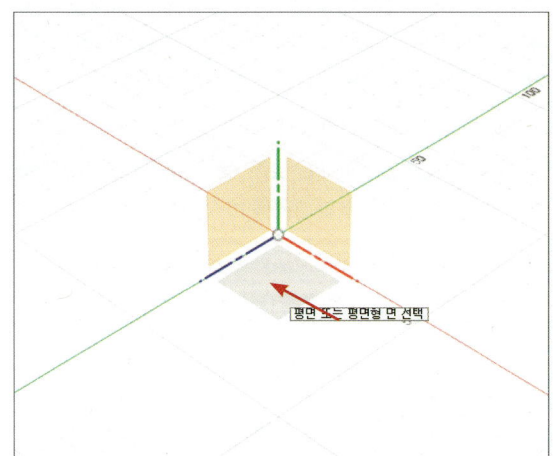

02 다음과 같이 프로파일을 작성한 후 [✓스케치 마무리(FINISH SKETCH)]를 클릭한다.

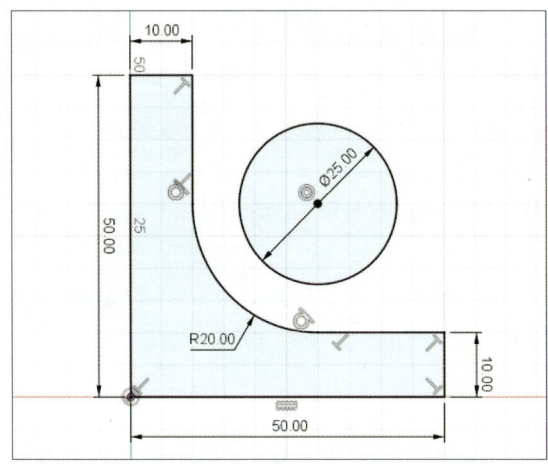

03 [작성(CREATE)]-[돌출(Extrude)]을 클릭하고 작성한 스케치를 프로파일로 선택한다.

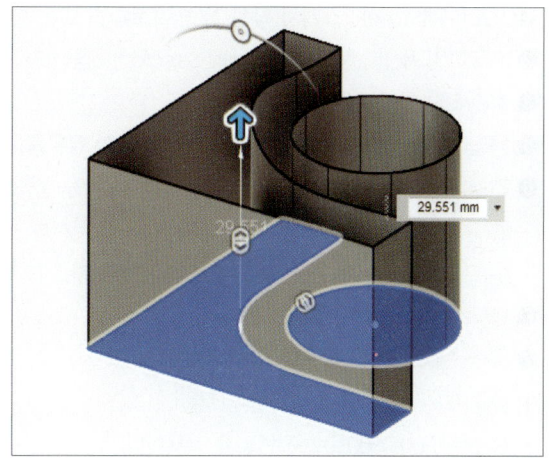

04 간격(Spacing)은 곡률(Curvature), 거리(Distance)는 30, 각도(Angle)는 -10도, 앞면(Front Faces) 수는 5를 입력하고 [확인(OK)] 버튼을 눌러준다.

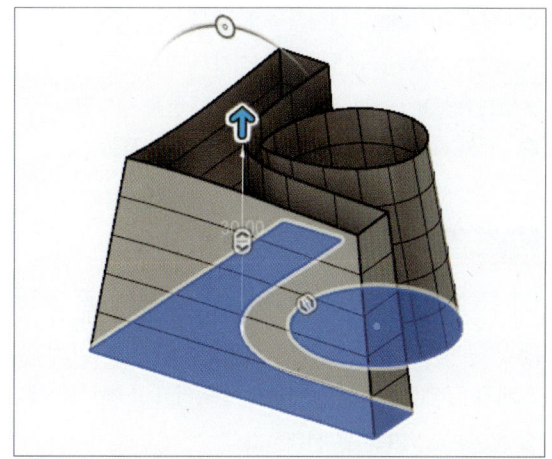

1-10 회전(Revolve)

스케치곡선, 닫힌 프로파일 혹은 면을 기반으로 축을 중심으로 회전시켜 회전체를 생성하며, 설정 창 혹은 조작자를 이용해 회전방향 및 회전각도, 구성 면의 수를 입력한다.

❶ 프로파일(Profile) : 스케치 곡선, 닫힌 프로파일 또는 형상이 가진 면 등을 선택한다.
❷ 프로파일 체인 선택(Profile Chain Selection) : 접점으로 연결된 스케치 Curves를 함께 선택한다.
❸ 축(Axis) : 회전 축을 지정한다.
❹ 용접(Weld) : 한 점에서 모이는 Vertex의 결합 유무를 제어한다.
❺ 간격(Spacing) : 프로파일 구성 면의 생성 유형을 설정한다.
- 균일(Uniform) : 면의의 간격을 균등하게 배치한다.
- 곡률(Curvature) : 곡선 구간을 우선적으로 면을 배치한다.
❻ 면(Faces) : 면의 수를 입력한다.
❼ 유형(Type) : 회전 범위를 설정한다.
- 각도(Angle) : 범위 각도를 입력한다.
- 전체(Full) : 360도 회전범위를 적용한다.
❽ 면(Faces) : 면의 수를 입력한다.
❾ 대칭(Symmetry) : 대칭축을 설정한다.
- 없음(None) : 대칭축을 설정하지 않는다.
- 원형(Circular) : 경도방향의 대칭 축을 설정한다.
❿ 생성(Operation) : 본체의 생성 유형을 지정한다.

기능 익히기 ▶ 회전체 만들기

01 [작성(CREATE)]-[양식 작성(Create form)]을 클릭하여 양식(FORM) 모드로 들어간 후 [작성(CREATE)]-[스케치 작성(Create Sketch)]을 클릭하고 스케치를 작성할 평면으로 YZ평면을 선택한다.

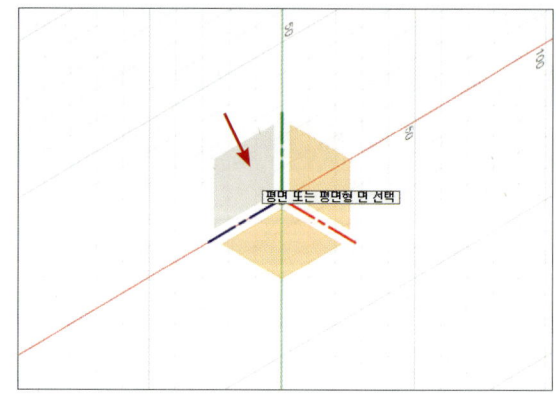

02 프로파일과 회전축을 작성한 후 [✓ 스케치 마무리(FINISH SKETCH)]를 클릭한다.

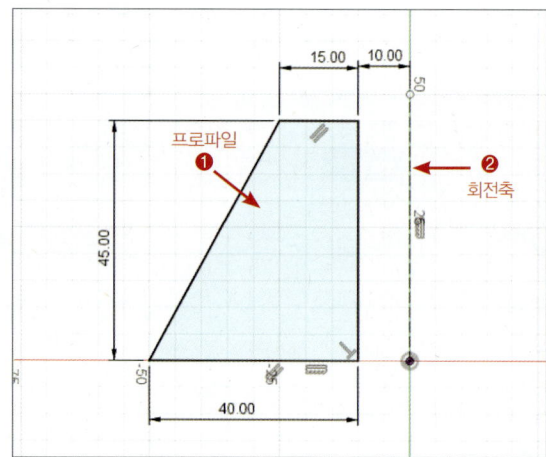

03 [작성(CREATE)]-[회전(Revolve)]을 클릭하고 프로파일과 회전축을 지정한다.

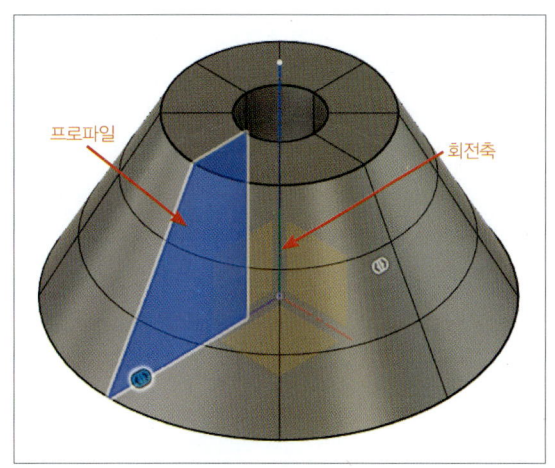

04 유형(Type)은 각도(Angle)로 변경하고 회전범위로 −270도를 입력한 후 [확인(OK)] 버튼을 누른다.

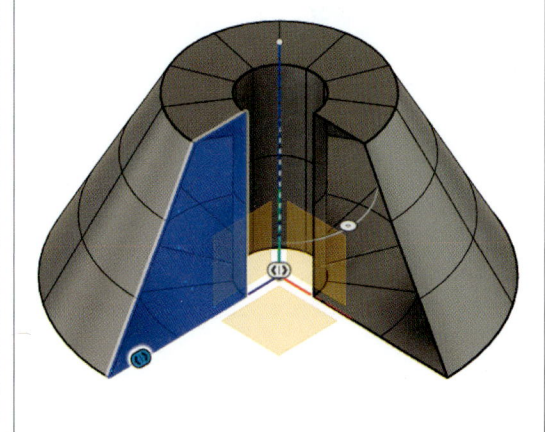

1-11 스윕(Sweep)

스케치 곡선을 경로선으로 하고, 프로파일을 단면으로 하는 T-Spline Body를 생성한다. 설정 창 혹은 조작자를 이용해 스윕의 범위와 단면의 방향, 구성 면의 수를 입력한다.

❶ 프로파일(Profile) : 스케치 곡선, 닫힌 프로파일 등을 선택한다.
❷ 간격(Spacing) : 프로파일 구성 면의 생성 유형을 설정한다.
- 균일(Uniform) : 면의 간격을 균등하게 배치한다.
- 곡률(Curvature) : 곡선 구간을 우선적으로 면을 배치한다.
❸ 면(Faces) : 경로선 방향의 면의 수를 입력한다.
❹ 경로(Path) : 프로파일이 지나가는 경로선을 선택한다
❺ 간격(Spacing) : 경로선 방향의 면의 생성 유형을 설정한다.
- 균일(Uniform) : 면의 간격을 균등하게 배치한다.
- 곡률(Curvature) : 곡선 구간을 우선적으로 면을 배치한다.

▲ 면(Faces)=15, 균일(Uniform)　　　　▲ 면(Faces)=15, 곡률(Curvature)

❻ 체인 선택(Chain Selection) : 접점으로 연결된 스케치 Curves를 함께 선택한다.
❼ 방향(Orientation) : 경로선에 대한 프로파일의 정렬 방식을 설정한다.
- 직각(Perpendicular) : 프로파일이 경로선의 직각 방향으로 정렬되면 T-Spline Body를 생성한다.
- 평행(Parallel) : 프로파일의 방향이 유지된 채 T-Spline Body를 생성한다.

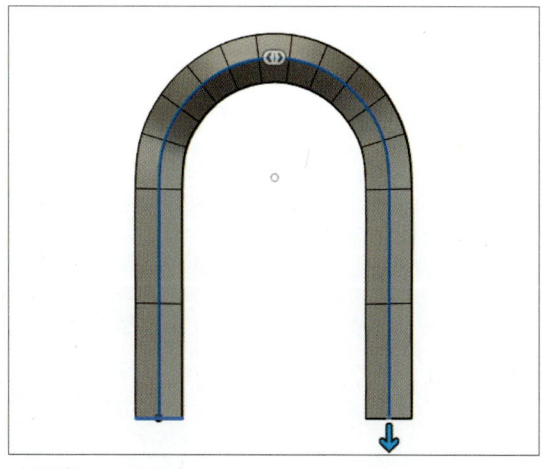 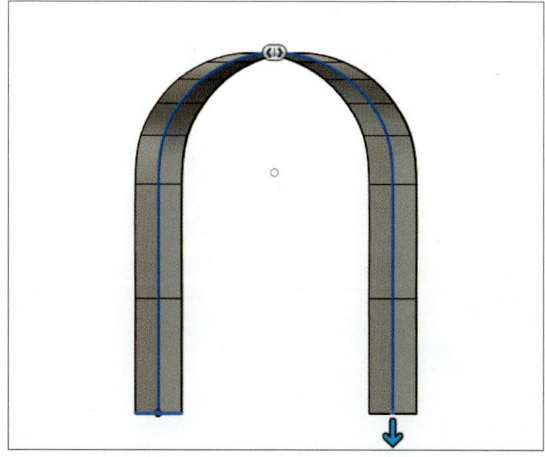

▲ 직각(Perpendicular)　　　　▲ 평행(Parallel)

❽ 거리(Distance) : 경로선에 대한 프로파일의 적용 범위(0~1)를 입력한다.

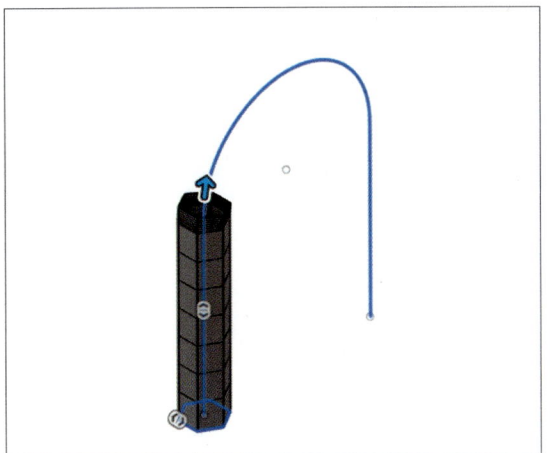

▲ 거리(Distance)

▲ 거리(Distance)=0.7

❾ 생성(Operation) : 본체의 생성 유형을 지정한다.

기능 익히기 ▶ 스윕 만들기

01 [작성(CREATE)]-[양식 작성(Create form)]을 클릭하여 양식(FORM) 모드로 들어간 후 [작성(CREATE)]-[스케치 작성(Create Sketch)]을 클릭하고 스케치를 작성할 평면으로 YZ평면을 선택한다.

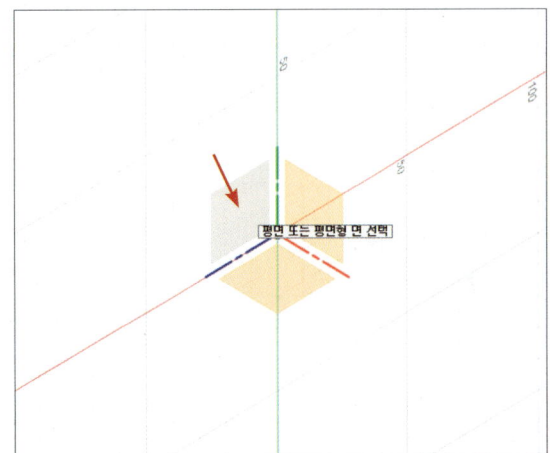

02 다음과 같이 경로에 해당하는 스케치선을 작성한다.

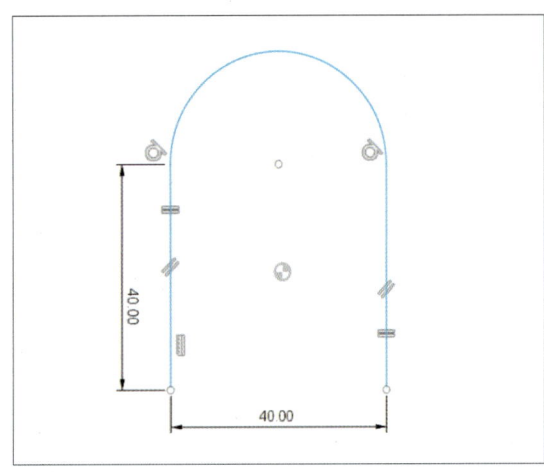

03 [구성(CONSTRUCT)]-[경로를 따라 평면(Plane Along Path)]을 클릭한 후 작성한 스케치를 클릭한다.

04 거리(Distance)는 0 또는 1을 입력하고 [확인(OK)] 버튼을 눌러 작업평면을 생성한다.

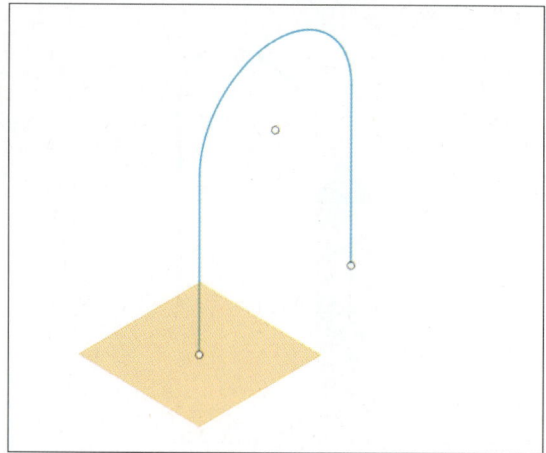

05 [작성(CREATE)]-[스케치 작성(Create Sketch)]을 클릭하고 생성된 작업평면에 다음과 같이 Profile(프로파일)을 작성한다.

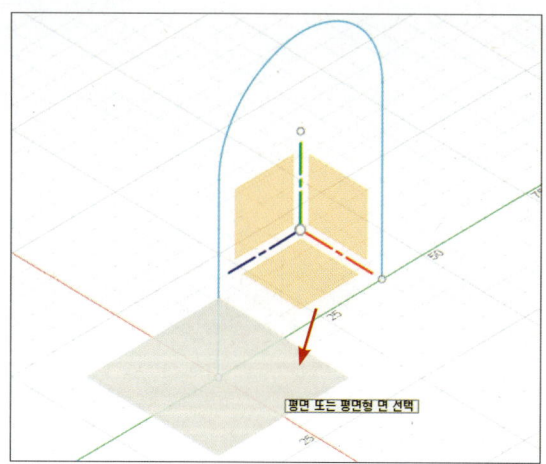
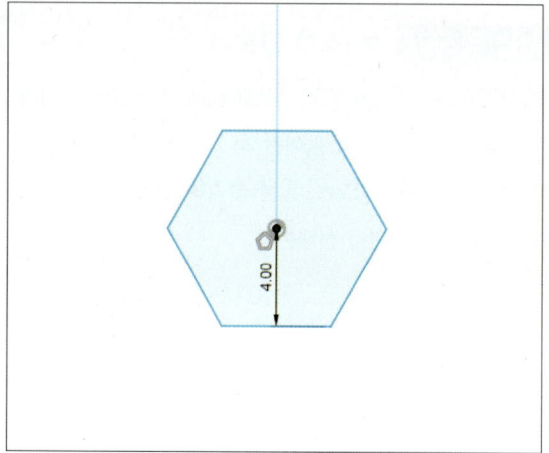

▲ 외접 폴리곤(Circumscribed Polygon) 6각형, 반지름 4

06 [작성(CREATE)]-[스윕(Sweep)]을 선택하고 위에서 작성한 경로(Path)와 프로파일(Profile)을 지정한다.

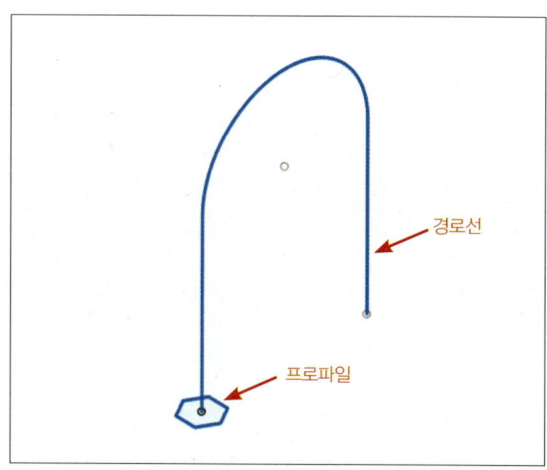

07 설정 창에서 면(Faces)은 15, 방향(Orientation)은 직각(Perpendicular), 거리(Distance)는 1을 입력한 후 [확인(OK)] 버튼을 누른다.

 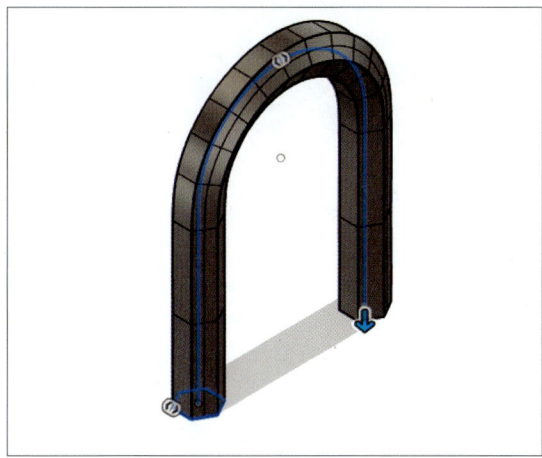

1-12 로프트(Loft)

두 개 이상의 프로파일(Profiles) 사이를 면으로 연결하여 T-Spline Body를 생성하며, 입력필드 혹은 조작자를 이용해 로프트(Loft) 연결 유형과 구성 면의 수, 경로선 등을 지정할 수 있다.

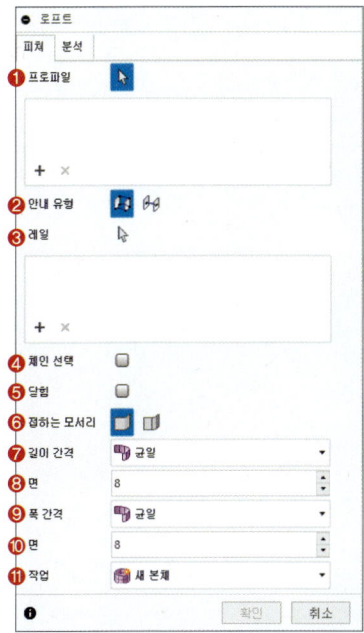

❶ 프로파일(Profile) : 두개 이상의 스케치 곡선, 닫힌 프로파일 또는 점을 선택한다.
- 연결됨(Connected) : 프로파일을 최단 경로로 연결한다.
- 방향(Direction) : 선택한 프로파일의 원형을 가늠자를 이용해 적용 범위를 설정한다.

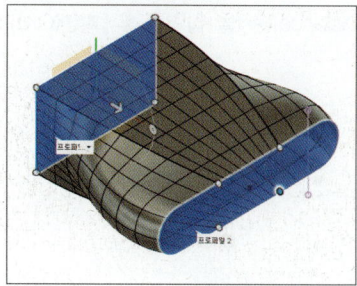
▲ 프로파일(Profile) 1=방향(Direction)

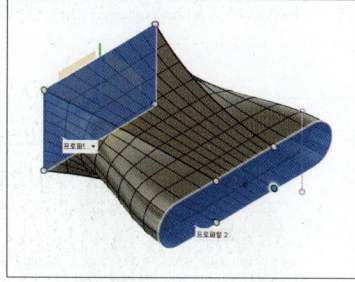
▲ 프로파일(Profile) 2=방향(Direction)

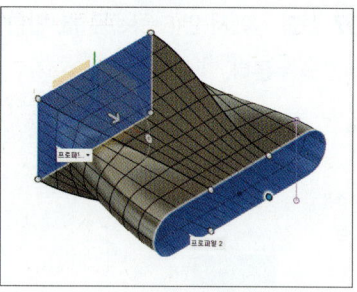
▲ 프로파일(Profile) 1,2=방향(Direction)

❷ 안내 유형(Guide Type) : 가이드 유형을 설정한다.
- 레일(Rails) : 해당 프로파일의 구간별 가이드 선을 설정한다.(복수 선택 가능)
- 중심선(Centerline) : 중심선을 설정한다. 중심선을 따라 로프트가 된다.(단일 선택)

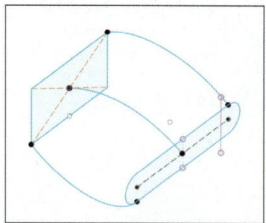
▲ 스케치 프로파일(Sketch Profile)

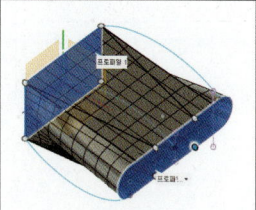
▲ 로프트(Loft)

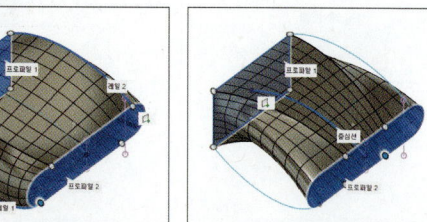
▲ 로프트(Loft)-레일(Rails)   ▲ 로프트(Loft)-중심선(Centerline)

❸ 레일(Rails) : 가이드를 선택한다.
❹ 체인 선택(Chain Select) : 체크하면 연결된 모든 선이 선택되고 체크해제하면 클릭한 선만 선택된다.
❺ 닫힘(Closed) : 체크를 하면 처음과 마지막 프로파일을 연결해 닫는다.
❻ 접히는 모서리(Tangent Edges) : 프로파일 상에 접점을 기준으로 면을 분할한다. 병합(Merge)은 프로파일 접점을 무시하고 면을 분할한다. 유지(Keep)는 프로파일 접점을 포함하여 면을 분할한다.

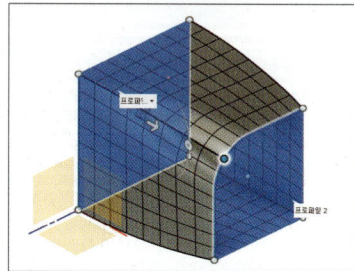
▲ 병합(Merge)을 선택한 경우

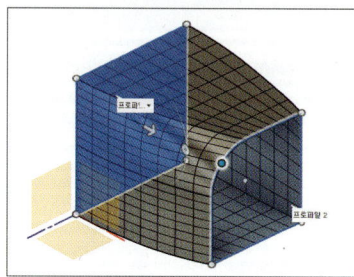
▲ 유지(Keep)를 선택한 경우

❼ 길이 간격(Length Spacing) : 길이 방향으로의 면의 생성 위치를 조정한다
- 균일(Uniform) : 면의 간격을 균등하게 배치한다.
- 곡률(Curvature) : 곡선 구간을 우선적으로 면을 배치한다.
❽ 면(Faces) : 길이방향 면의 수를 입력한다.
❾ 폭 간격(Width Spacing) : 너비 방향으로의 면의 생성 위치를 조정한다.
- 균일(Uniform) : 면의 간격을 균등하게 배치한다.
- 곡률(Curvature) : 곡선 구간을 우선적으로 면을 배치한다.
❿ 면(Faces) : 폭방향 면의 수를 입력한다.
⓫ 생성(Operation) : 본체(Body)의 생성 유형을 지정한다.

Section 02 양식 편집(Edit Form)

양식(Form) 모드에서 형상을 수정하는 핵심 명령인 [양식 편집(Edit Form)]에 대해 알아본다. (그외 다른 수정 명령들의 일부는 실습예제에서 부분적으로 다루며 세부적인 명령은 중급 교재에서 다룬다.)

형상을 구성하고 있는 면, 모서리, 정점을 기즈모(Gizmo)를 이용해 위치나 회전, 크기를 조정해 형상을 재구성 한다.

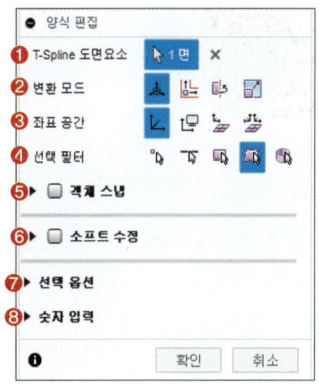

❶ T-Spline 도면요소(T-Spline Entity) : 형상을 편집할 대상(점, 모서리, 면)을 선택한다.
❷ 변환 모드(Transform Mode) : 형상을 편집할 유형을 선택한다.

-  다중(Multi) : 이동, 회전, 축척을 조정할 수 있다

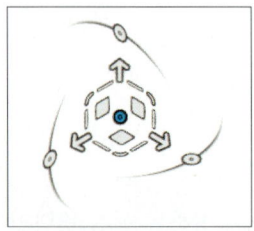
▲ 이동, 회전, 축척 Gizmo

-  변환(Translation) : 선택한 구성 요소를 축방향, 혹은 면 방향으로 이동할 수 있다.

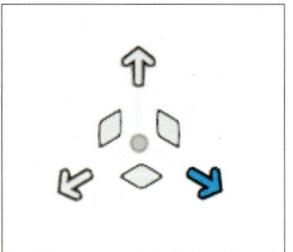
▲ 이동 Gizmo

-  회전(Rotation) : 선택한 구성 요소를 회전할 수 있다.

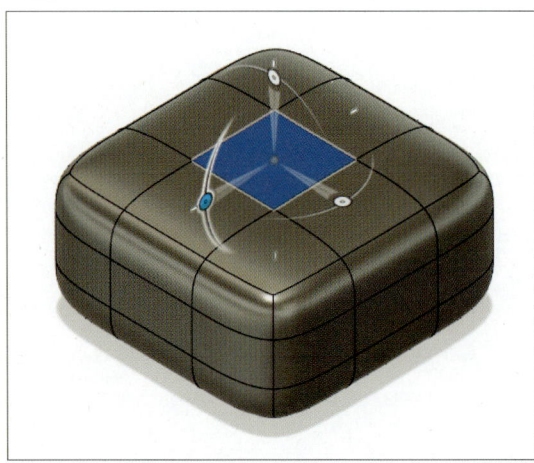

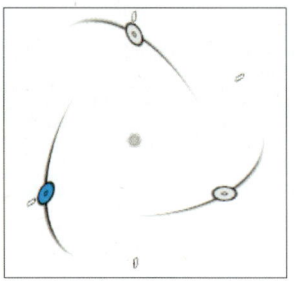
▲ 회전 Gizmo

- 🔲 축척(Scale) : 선택한 구성요소의 크기를 조정할 수 있다.

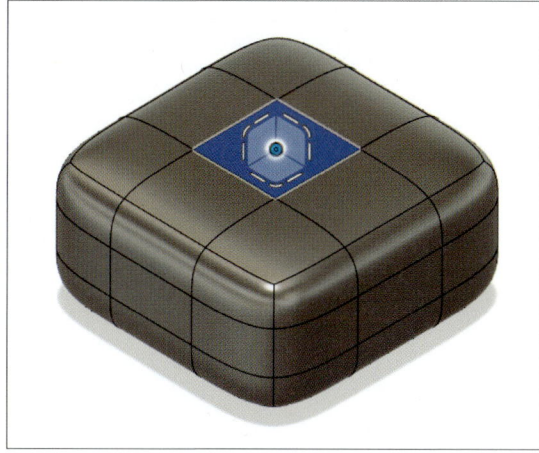

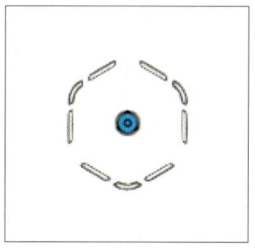

▲ 축척 Gizmo

❸ 좌표 공간(Coordinate Space) : 좌표계의 유형을 선택한다.
- 🔲 공간(World Space) : 기준 좌표계이다.
- 🔲 뷰 공간(View Space) : 현재 모니터의 뷰를 기준 평면으로 하는 좌표계이다.

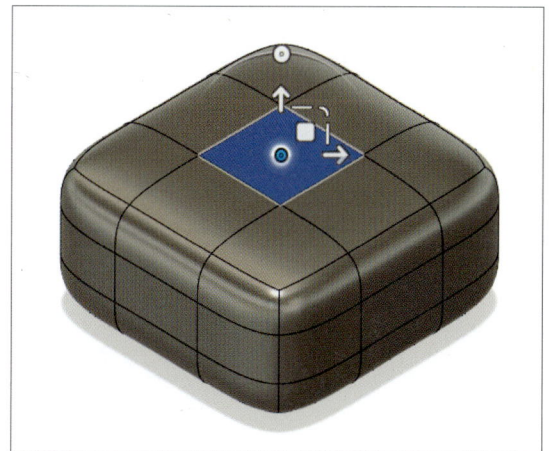

- 🔲 선택 공간(Local) : 선택한 면을 기준 평면으로 하는 좌표계이다.

- 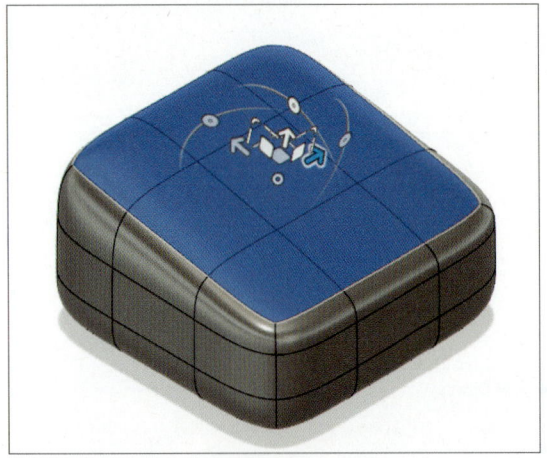 도면요소당 로컬(Local Per Entity) : 선택된 요소가 가진 기준 좌표계이다. 요소를 선택해 보면 선택 공간(Local) 과 같아 보이는데 미세하게 위치가 다르며 복수 요소의 선택시 선택 공간(Local)은 전체 요소에 중앙을 기준으로 하는데 도면요소당 로컬(Local Per Entity)은 처음 선택된 요소의 기준 좌표를 사용한다.

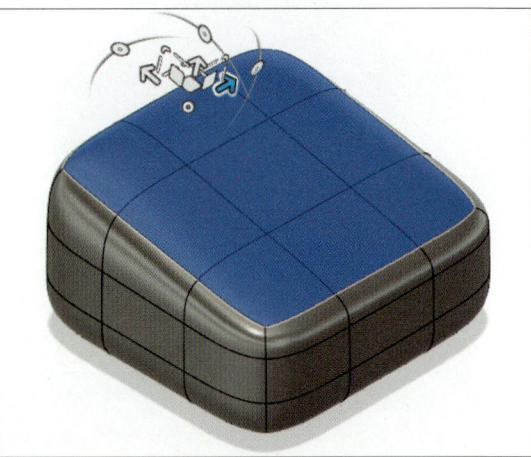

▲ 선택 공간(Local)　　　　　　　　　　　　　　▲ 도면요소당 로컬(Local Per Entity)

❹ 선택 필터(Selection Filter) : 형상을 구성하는 요소별로 선택할 수 있다.

- 꼭지점(Vertex) : 객체를 구성하는 요소 중 점을 선택할 수 있다.

- 모서리(Edge) : 객체를 구성하는 요소 중 선을 선택할 수 있다.

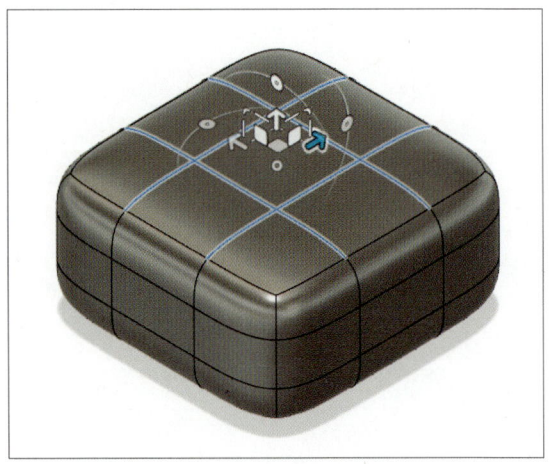

-  면(Face) : 객체를 구성하는 요소 중 면을 선택할 수 있다.

- 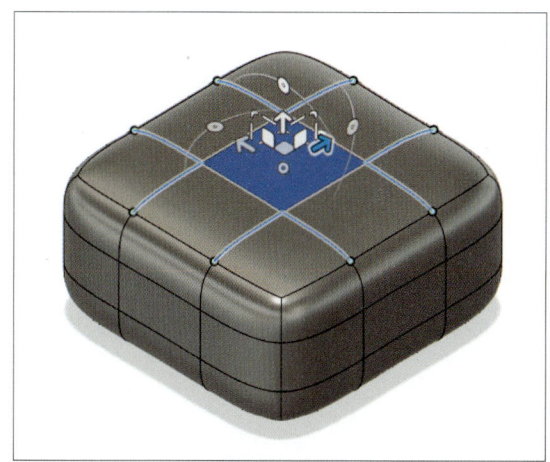 모두(All) : 사용자가 클릭하는 요소(점, 선, 면)를 선택할 수 있다.

-  본체(Body) : 전체 형상을 선택한다.

❺ 객체 스냅(Object Snap) : 정점 편집 시 스케치 선으로 자동 정렬한다.

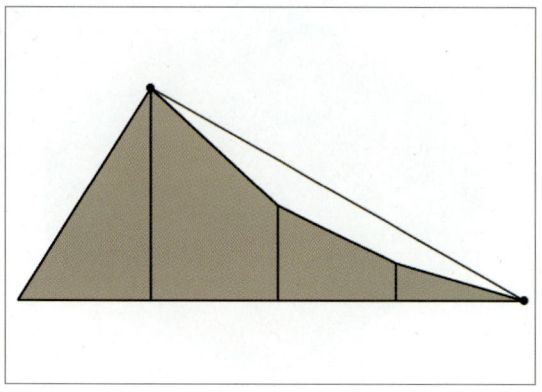 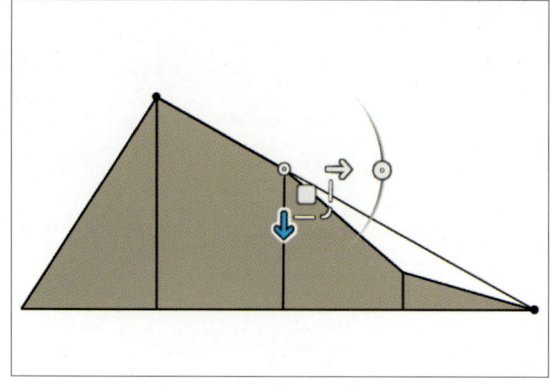

❻ 소프트 수정(Soft Modification) : 선택한 지점을 기준으로 설정한 범위까지 힘이 분산하여 적용되는 효과를 적용하며, 붉은색에 가까울수록 적용되는 힘이 커진다.

■ 범위(Extent) : 힘의 분산범위 형태를 설정한다.

- 거리(Distance) : 선택된 요소를 중심으로 원형으로 지정된 거리에 힘이 분산 적용된다.

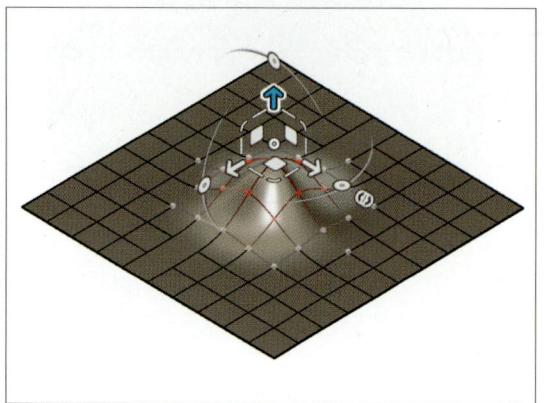

▲ 거리(Distance) = 30   ▲ 거리(Distance) = 60

- 직사각형 면 개수(Rectangular Face Count) : 선택된 요소를 중심으로 지정한 면에 갯수 만큼 힘이 분산 적용된다. 폭과 길이의 면의 개수를 다르게 적용 가능하다.

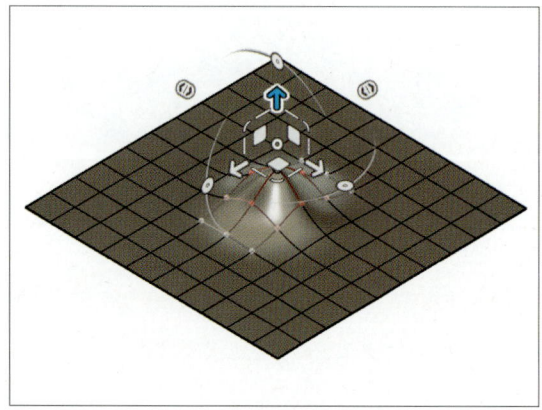 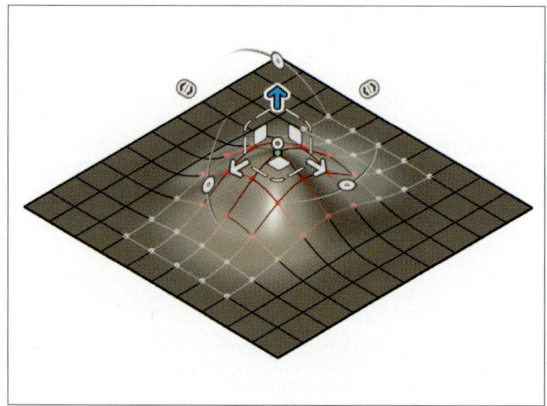

▲ 길이 면 개수(Length Face Count) = 1, 폭 면 개수(Width Face Count) = 2   ▲ 길이 면 개수(Length Face Count) = 2, 폭 면 개수(Width Face Count) = 4

- ▣ 면 개수(Face Count) : 선택된 요소를 중심으로 지정한 면에 갯수 만큼 힘이 분산 적용 된다. 폭과 길이의 면의 개수를 동일하게 적용한다.

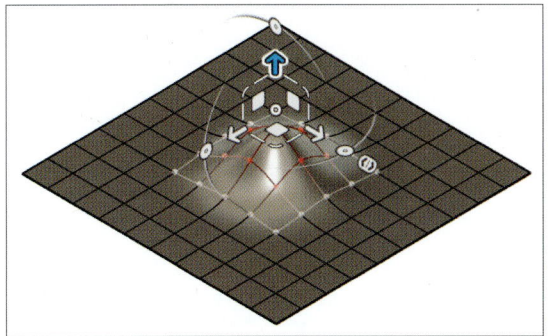
▲ 면 개수(Face Count) = 2

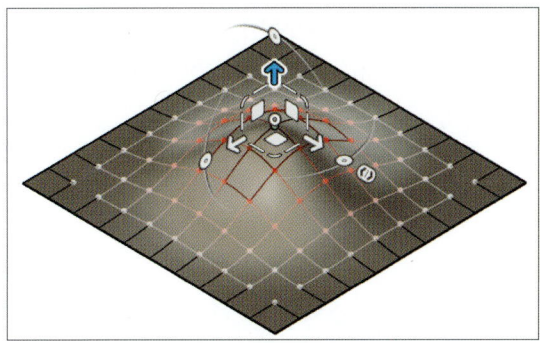
▲ 면 개수(Face Count) = 4

■ 전환(Transition) : 힘의 흐름에 대한 유형을 설정한다.

- 부드럽게(Smooth) : 선택한 지점에 가까울수록 변형이 커진다.

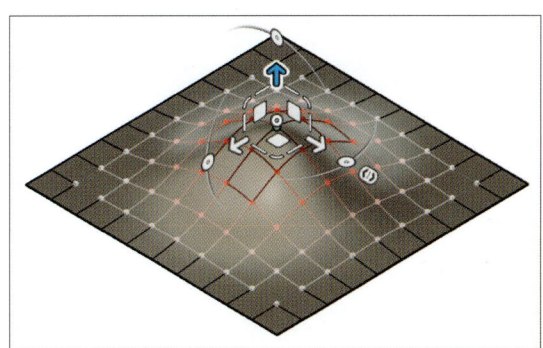

- 선형(Linear) : 변형이 일정하게 적용된다.

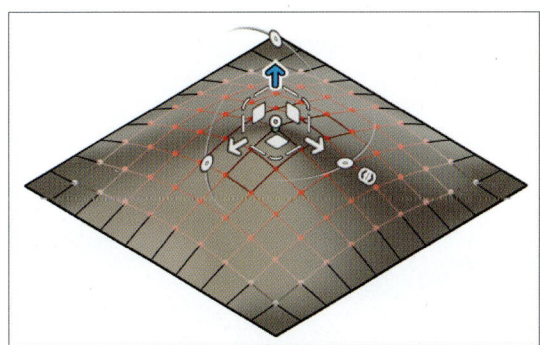

- 벌지(Bulge) : 사각 구 형태로 변형이 이뤄진다.

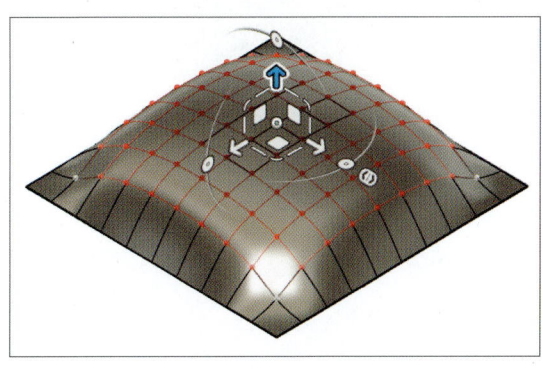

❼ 선택 옵션(Selection Options) : 선택한 객체에 대하여 선택 범위를 확장하거나 축소한다.

■ 늘이기/축소(Glow/Shrink) : 객체선택 범위를 확장 및 축소한다.
- 선택 늘이기(Glow Selection) : 클릭할 때마다 선택 범위를 넓혀간다.
- 선택 축소(Shrink Selection) : 클릭할 때마다 선택 범위를 좁혀간다.

■ 루프 늘이기/축소(Loop Glow/Shrink) : 선택한 모서리에 대해 Loop의 범위를 확장 및 축소한다.
- 루프 선택(Loop Selection) : 선택한 선의 진행방향에 있는 모든 선을 선택해 준다.

 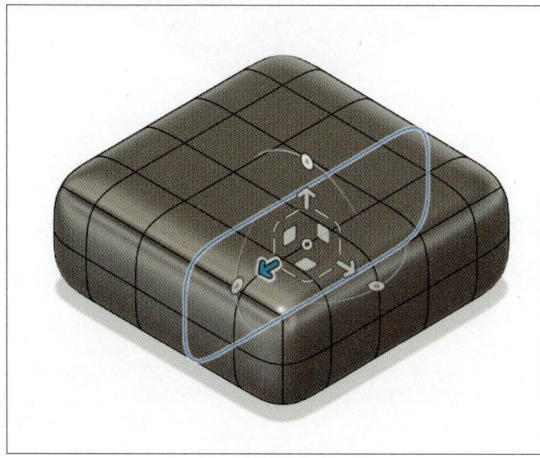

※ 선을 선택할 때 더블클릭을 하면 자동으로 Loop가 적용된다.

- 루프 늘이기 선택(Loop Glow Selection) : 선택한 선을 기준으로 단계적으로 Loop의 범위를 확장한다.
- 루프 축소 선택(Loop Shrink Selection) : 단계적으로 Loop의 범위를 축소한다.

■ 링 늘이기/축소(Ring Glow/Shrink) : 선택한 모서리에 대해 링(Ring)의 범위를 확장 및 축소한다.
- 링 선택(Ring Selection) : 선택한 선의 마주보고 있는 모든 선을 선택해 준다.

- 링 늘이기 선택(Ring Glow Selection) : 선택한 선을 기준으로 단계적으로 링(Ring)의 범위를 확장한다.
- 링 축소 선택(Ring Shrink Selection) : 단계적으로 링(Ring)의 범위를 축소한다.

- ■ 다음 선택(Select next) : 객체선택 범위를 이동한다.
  - 🔲 이전 U 선택(Prev U Selection) : 선택한 선을 +U 방향으로 이동한다.
  - 🔲 다음 U 선택(Next U Selection) : 선택한 선을 –U 방향으로 이동한다.
  - 🔲 이전 V 선택(Prev V Selection) : 선택한 선, 면을 +V 방향으로 이동한다.
  - 🔲 다음 V 선택(Next V Selection) : 선택한 선, 면을 –V 방향으로 이동한다.
  - 🔲 피쳐 선택(Feature Selection) : 선택된 요소를 기준으로 받침대 또는 구멍의 모든 면을 선택한다.
  - 🔲 선택 반전(Invert Selection) : 선택 범위를 반전시킨다.

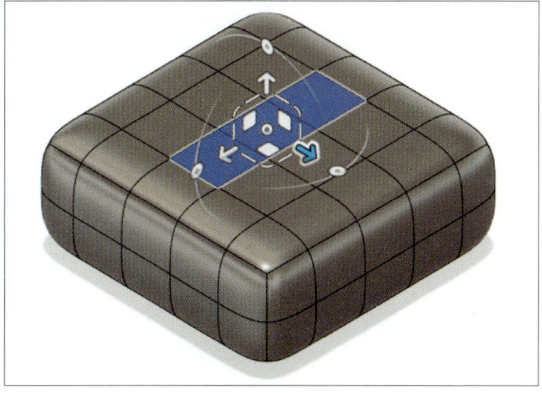 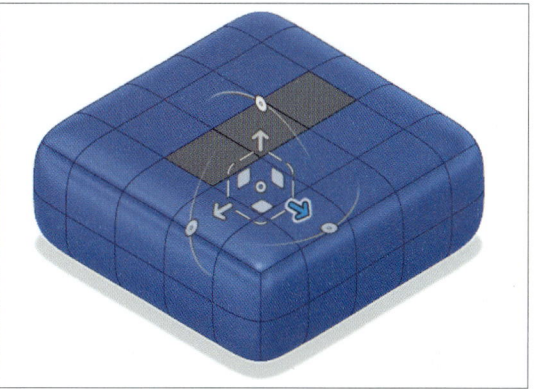

▲ 면 선택 반전[Invert Selection] 적용 전   ▲ 면 선택 반전[Invert Selection] 적용 후

- 🔲 범위 선택(Range Selection) : 지정한 구 요소(점, 선, 면) 사이를 선택해 준다

 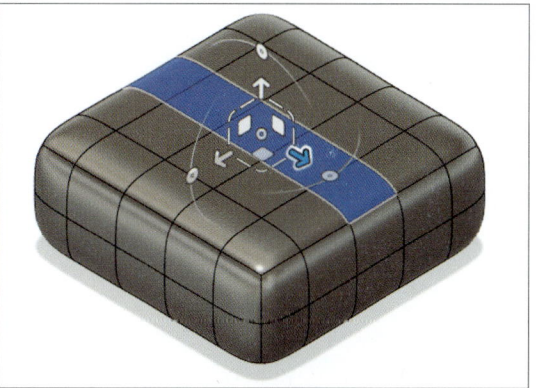

- ■ 화면표시 모드(Display Mode) : T-Spline 객체의 뷰 유형을 조정한다.
  - 🔲 상자 화면표시(Box Display) : T-Spline 객체에 적용하고 있는 장력을 없애고 객체를 원본 형태로 표현한다.

- 형상 공차 화면표시(Control Frame Display) : T-Spline 객체에 적용되고 있는 장력에 따른 형태 변화와 이를 편집할 수 있는 Control Frame을 함께 표현한다.

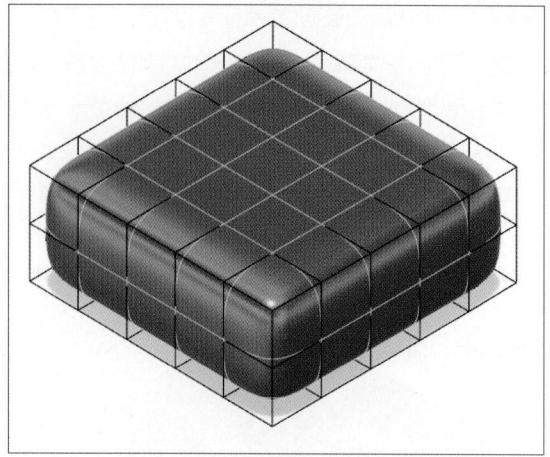

- 부드럽게 화면표시(Smooth Display) : T-Spline 객체에 장력을 적용하고 있는 기본뷰이다.

❽ 숫자 입력(Numerical Inputs) : 설정 창을 통해 이동, 축척, 회전값을 적용한다.

실전예제 12

실전 예제 12 동영상 강좌

봅슬레이 모델링

01 [삽입(Insert)]-[캔버스(Canvas)]를 클릭하고 나오는 창에서 [내 컴퓨터에서 삽입...(Insert from my computer...)]을 클릭한 후 제공된 참조이미지 측면도.png 파일을 열기한다.

02 면(Face)은 YZ평면을 선택한다.

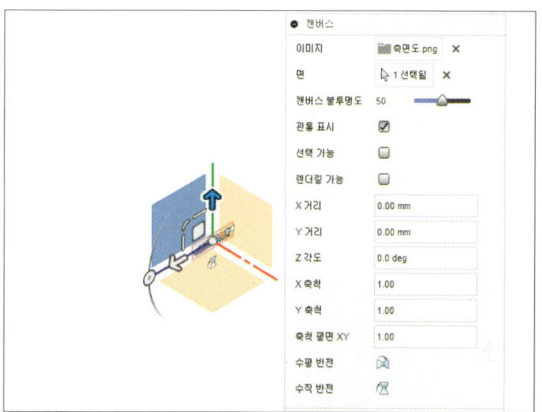

03 캔버스 불투명도(Canvas Opacity)는 80으로 변경하고 축척 평면 XY(Scale Plane XY)값은 15를 입력하고 [확인(OK)]버튼을 누른다.

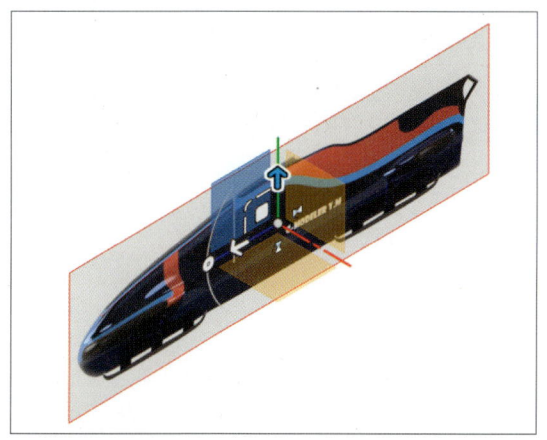
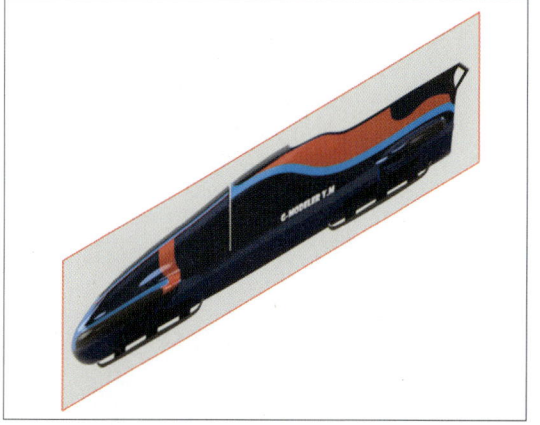

실전예제 ■ 409

04 같은 방법으로 제공되는 참조 이미지인 평면도.png 파일을 XZ 평면에 배치한다.

> **여기서 잠깐**
>
> 그림 이미지의 방향을 반전시킬때는 수평 반전(Horizontal Flip), 수직 반전(Vertical Flip) 아이콘을 눌러준다.

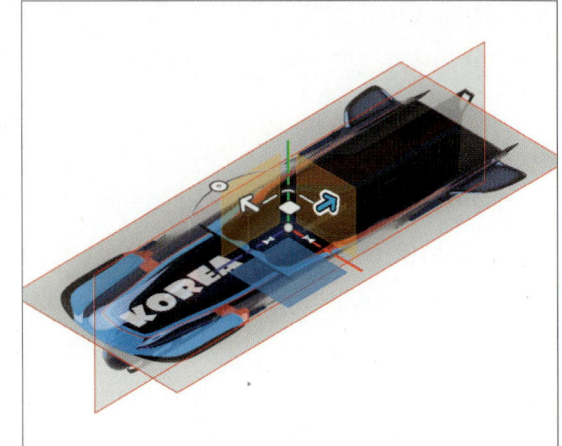

05 [작성(CREATE)]-[양식 작성(Create form)]을 클릭하여 FORM 모드로 들어간 후 [작성(CREATE)]-[상자(Box)]를 클릭하고 XZ평면을 기준으로 다음과 같이 생성한다.

06 뷰큐브를 이용해 평면도(TOP)뷰로 이동한다.

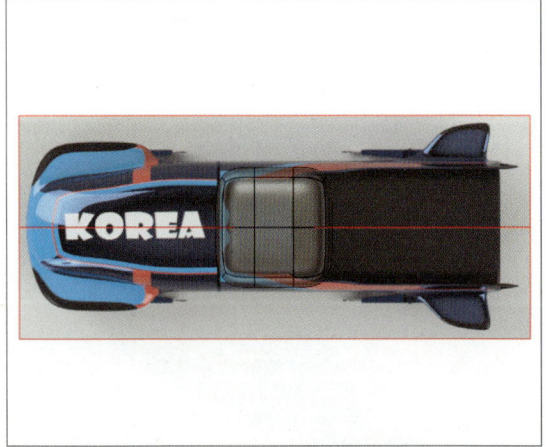

07 [대칭(SYMMETRY)]-[미러-내부(Mirror-Internal)]를 선택하고 대칭면의 기준을 클릭한다.

> **여기서 잠깐**
> 선택한 두 면의 경계를 기준으로 대칭축이 설정된다.

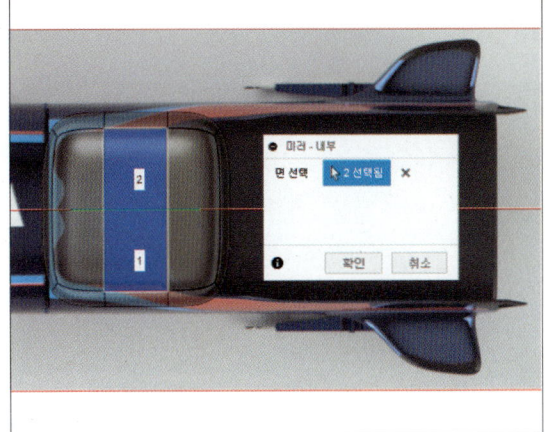

08 뷰큐브를 이용해 우측면도(RIGHT)뷰로 이동한다.

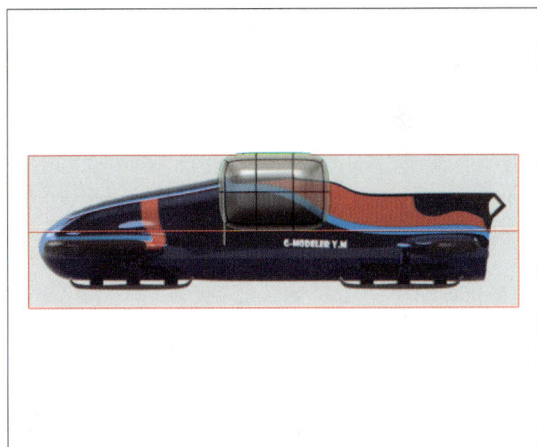

09 [수정(MODIFY)]-[이동/복사(Move/Copy)]를 클릭하고 작성된 상자 왼쪽 수직선을 기준으로 우측면도 이미지에 맞게 이동한다.

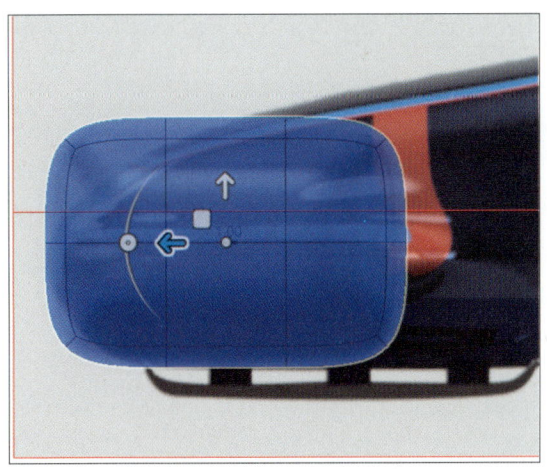

10 걸침선택(Crossing)을 이용해 상자의 오른쪽 면을 선택한 후 Delete 를 눌러 그림과 같이 삭제한다.

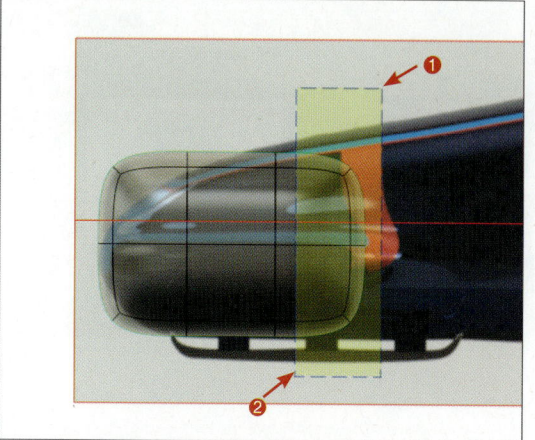 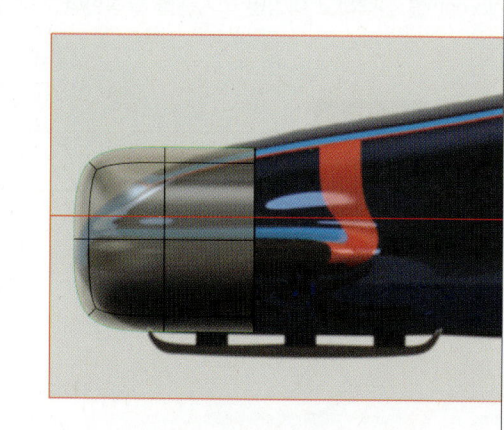

여기서 잠깐

걸침선택이란, 화면에 임의의 한 점을 지정한 후 왼쪽 방향으로 이동했을 때 생성되는 사각형이며, 사각형의 경계에 일부라도 걸침이 되면 객체를 선택해 준다. 반대 방향은 창 선택(Window)으로 사각형 범위안에 모두 포함된 객체만 선택해 준다.

11 [수정(MODIFY)]-[양식 편집(Edit Form)]을 클릭한 후 선택 필터(Selection Filter) 유형을 모서리(Edge)로 변경한다.

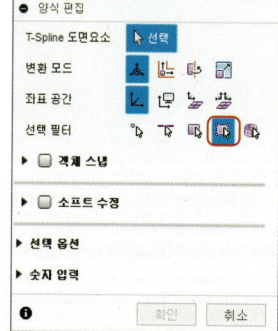

12 캔버스 이미지를 참조하여 모서리의 위치를 이동한다.

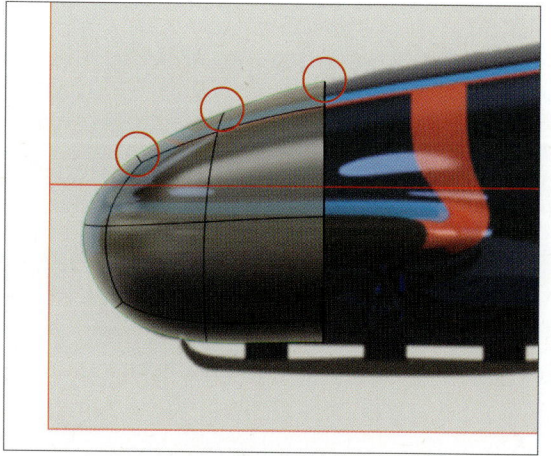

20 캔버스 이미지를 참조하여 점(Vertex)의 위치를 조정한다.

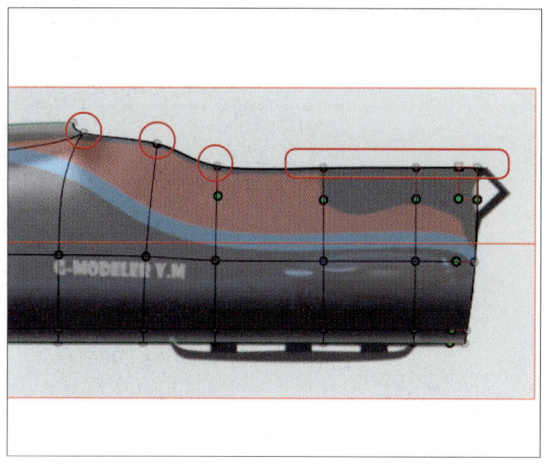

21 [수정(MODIFY)]-[모서리 삽입(Insert Edge)]을 클릭하고 범퍼를 만들기 위한 기준선을 선택한 후 모서리를 추가한다.

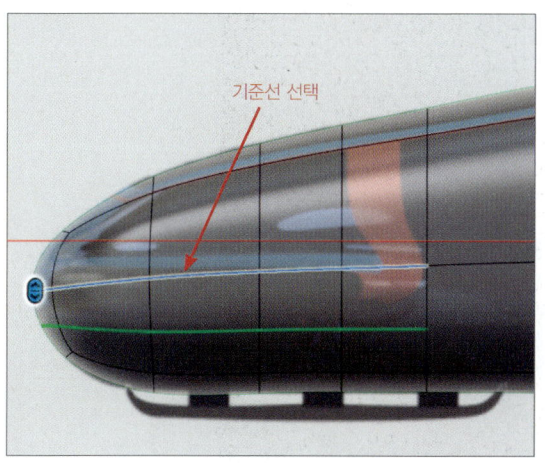
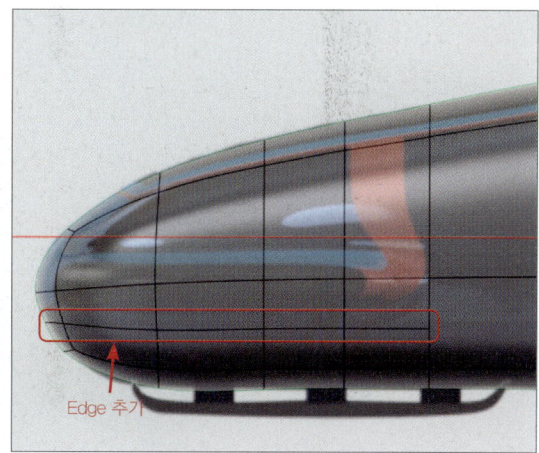

22 같은 방법으로 뒤쪽 범퍼를 만들기 위해 모서리를 추가한다.

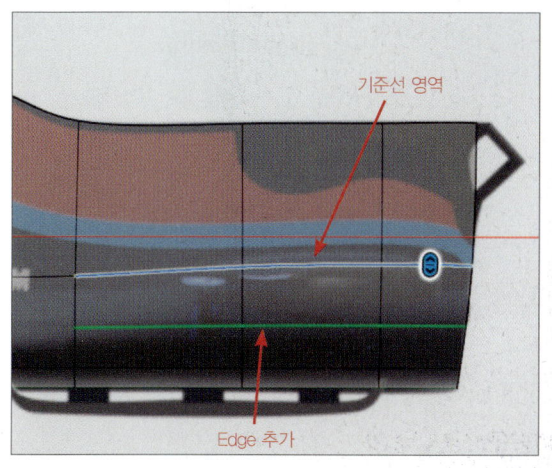
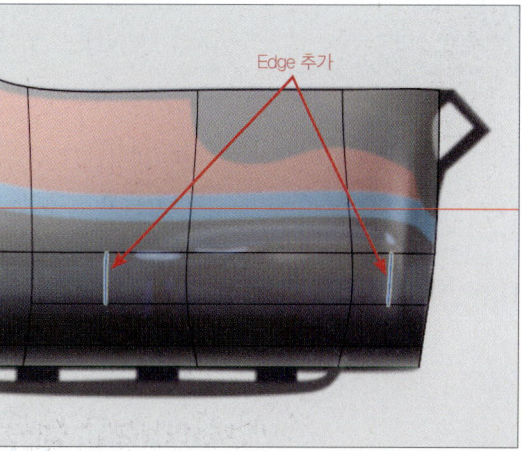

23 뷰큐브를 이용해 평면도(TOP)뷰로 이동한 후 [수정(MODIFY)]-[양식 편집(Edit Form)]을 이용해 전체적인 형상을 세부적으로 조정한다.

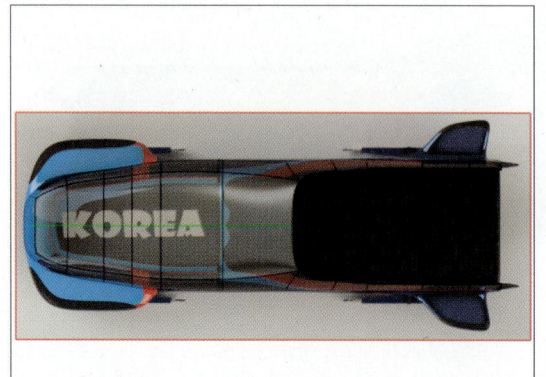 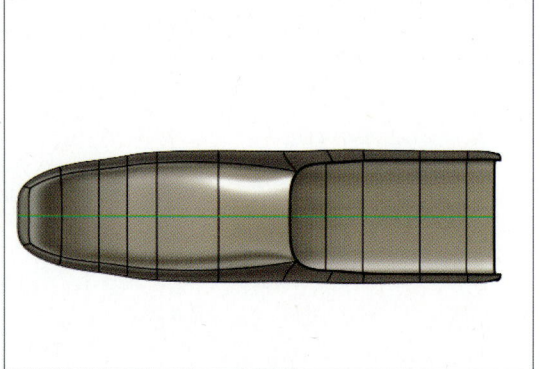

24 [수정(MODIFY)]-[두껍게 하기(Thicken)]를 클릭하고 [-3mm] 두께를 적용한다. 이때, 두껍게 하기 유형(Thicken Type)은 소프트(Soft)로 한다.

 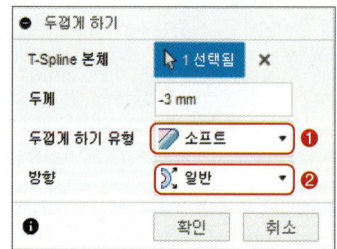

25 [수정(MODIFY)]-[양식 편집(Edit Form)]을 클릭하고 선택 필터(Selection Filter)는 모두(All)를 선택한다.

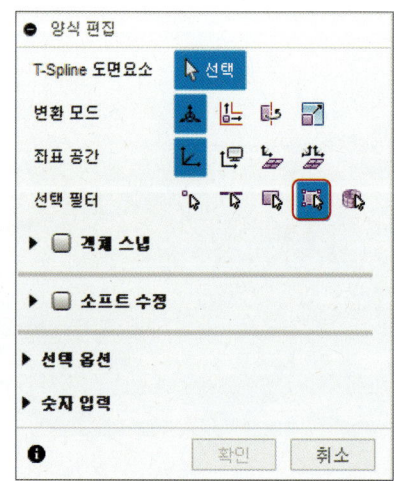

26 앞 범퍼에 해당하는 면을 선택하고 이미지를 참조하여 형상을 돌출한다. 이때 Alt 를 눌러 면을 추가하면서 돌출한다.

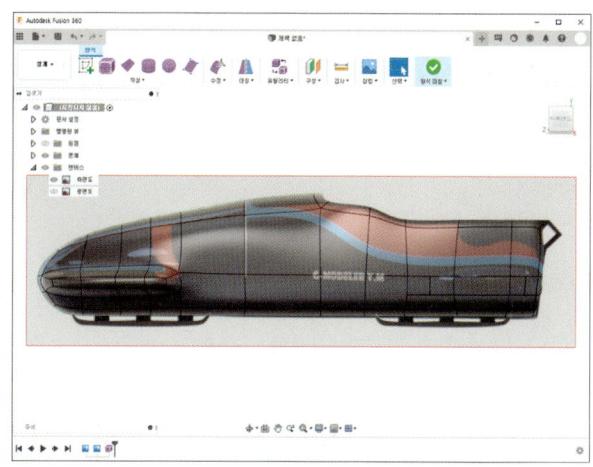

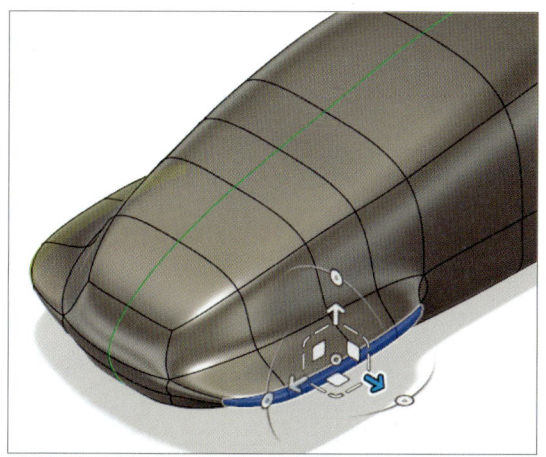

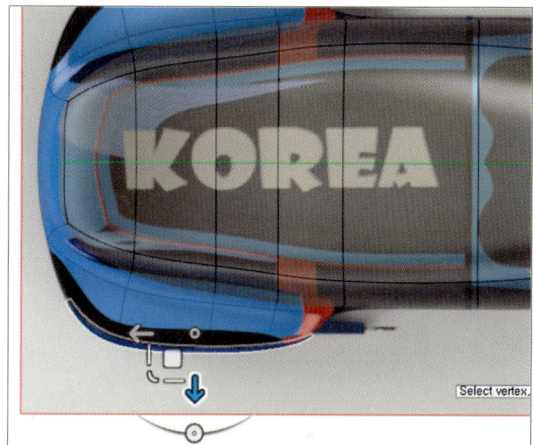

27 같은 방법으로 뒷범퍼의 형상을 만들어 준다.

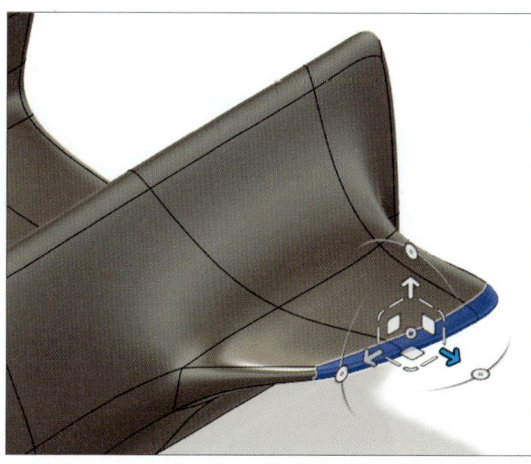

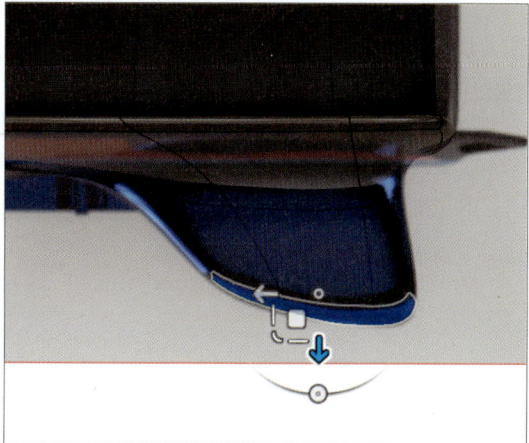

28 검색기(BROWSER)에서 캔버스(Canvases) 항목의 가시성(Visibility)을 꺼야한다.

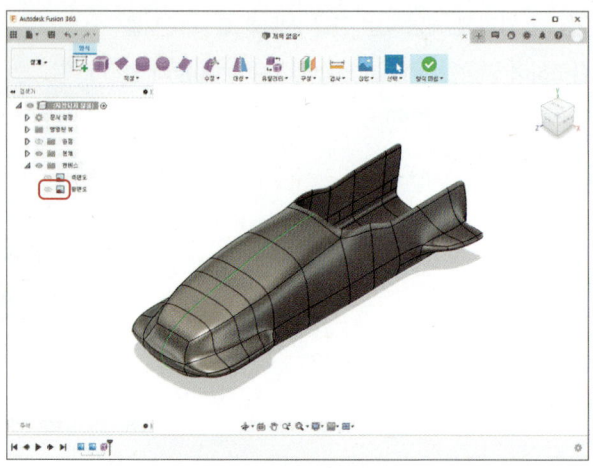

29 [수정(MODIFY)]-[양식 편집(Edit Form)]을 클릭하고 썰매 내부의 바닥면을 선택하고 위로 8mm정도 올려준다.

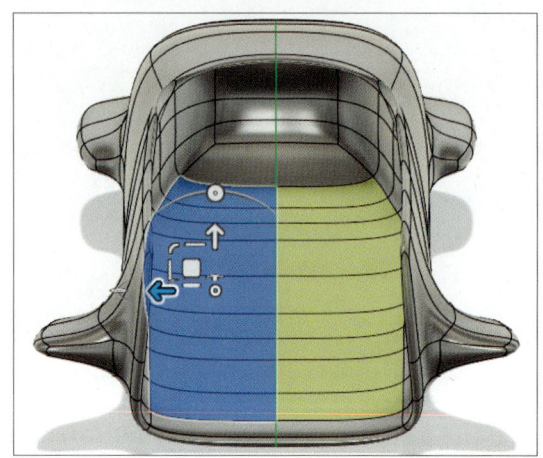
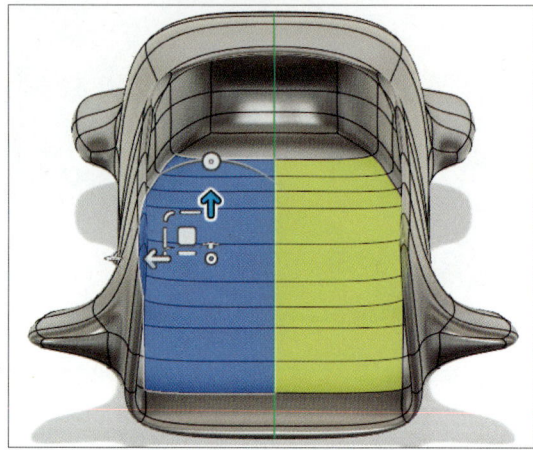

30 검색기(BROWSER)에서 캔버스(Canvases) 항목의 가시성(Visibility)을 켜주고 뷰큐브를 이용해 우측면도(RIGHT)뷰로 이동한다.

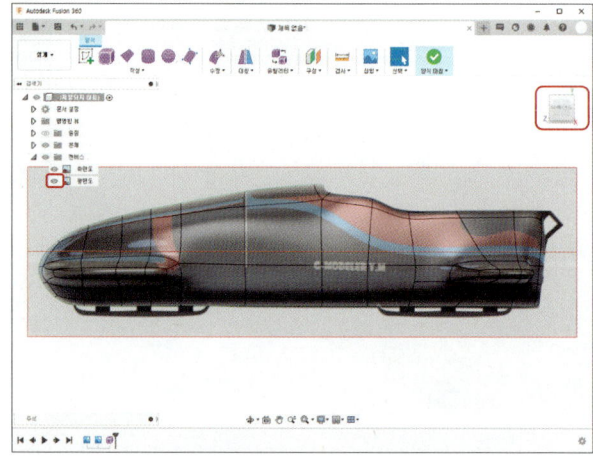

31 [수정(MODIFY)]-[양식 편집(Edit Form)]을 클릭하고 오른쪽 상단의 면(Face)를 선택한 후 Alt 를 이용해 면을 추가하며 손잡이 형상을 만들어 준다.

> **여기서 잠깐**
>
> 필요에 따라 [수정(MODIFY)]-[모서리 삽입(Insert Edge)]을 이용해 모서리를 추가한다.

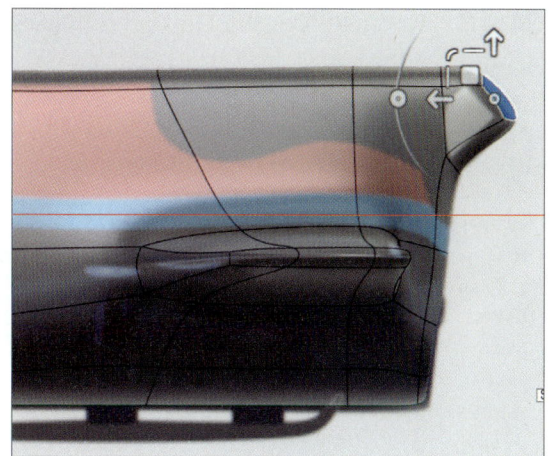

32 [양식 마침(FINISH FORM)]을 클릭하여 작업 환경을 설계(DESIGN)로 변경한다.

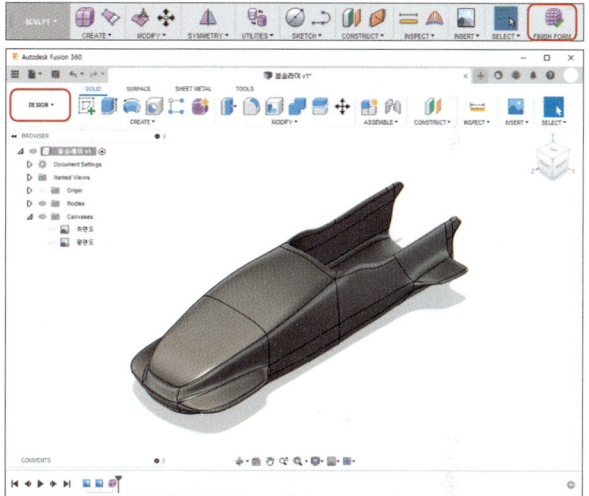

33 [작성(CREATE)]-[스케치 작성(Create Sketch)]을 클릭하고 YZ면을 선택한 후 [작성(CREATE)]-[원(Circle)]-[중심 지름 원(Center Diameter Circle)]을 클릭한다.

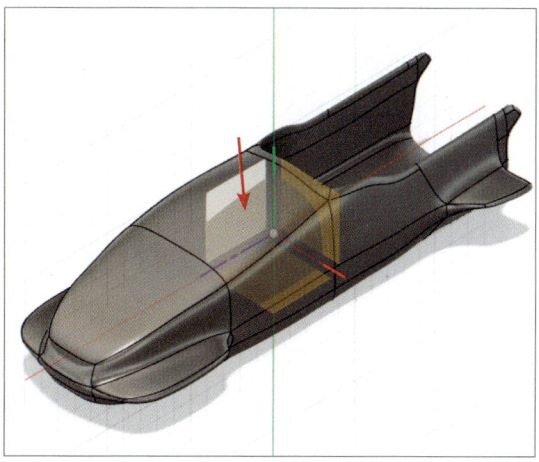

34 [스케치 팔레트(SKETCH PALETTE)]에서 슬라이스(Slice) 항목을 체크하여 작업평면을 단면으로 확인한다.

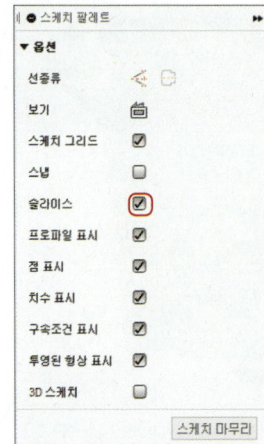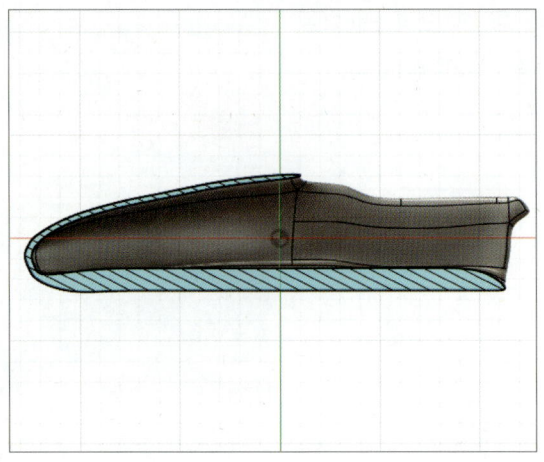

35 원점을 기준으로 [70mm], [20mm] 지점을 중심으로 하고 지름이 [7mm]인 원을 작성한 후 [✓ 스케치 마무리(FINISH SKETCH)]를 클릭한다.

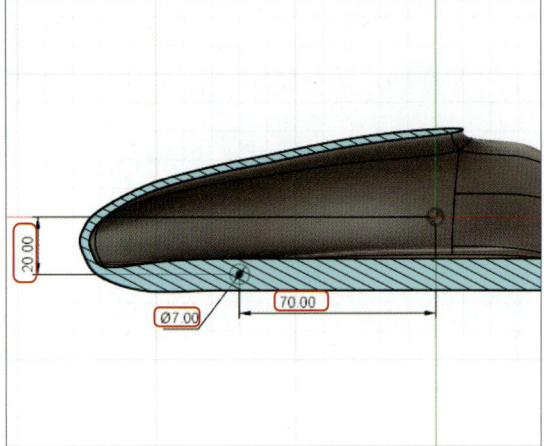

36 [작성(CREATE)]-[돌출(Extrude)]을 이용해 [45mm] 돌출하며 방향(Direction)은 [대칭(Symmetric)], 생성(Operation)은 [새 본체(New Body)]로 한다.

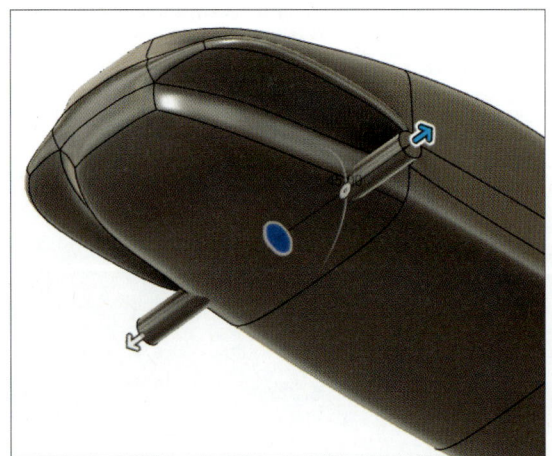

37 [구성(CONSTRUCT)]–[원통/원추/원환을 통과하는 축(Axis Through Cylinder/Cone/Torus)]을 선택하고 위에서 작성한 원통을 클릭, 중심선을 생성한다.

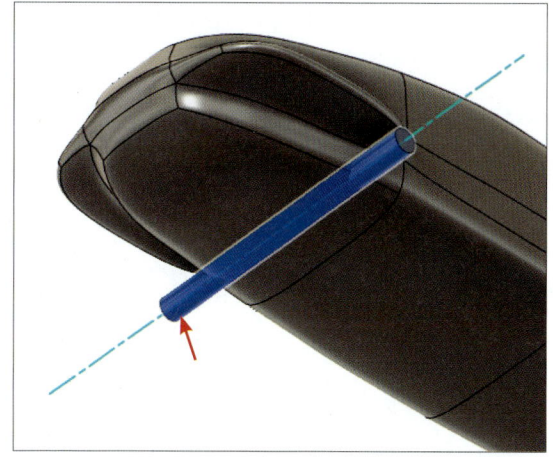

38 [구성(CONSTRUCT)]–[기울어진 평면(Plane at Angle)] 선택하고 중심선을 클릭, 90도 회전한다.

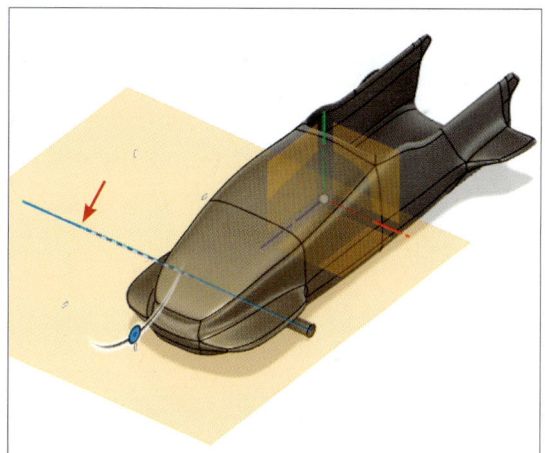

39 [구성(CONSTRUCT)]–[면 간격띄우기(Offset Plane)]를 선택하고, 위에서 작성한 작업평면을 기준으로 [3.5mm] 떨어진 평면을 생성한다.

40 [작성(CREATE)]-[스케치 작성(Create Sketch)]을 클릭하고 위에서 작성한 작업평면을 선택한 후 [작성(CREATE)]-[선(Line)]을 클릭한다.

41 이미지의 치수를 참조하여 Sketch를 작성한다

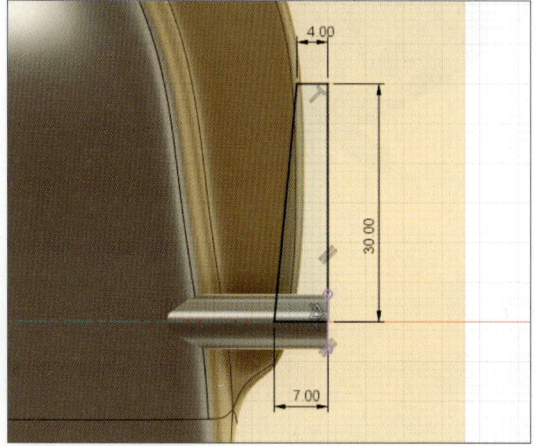 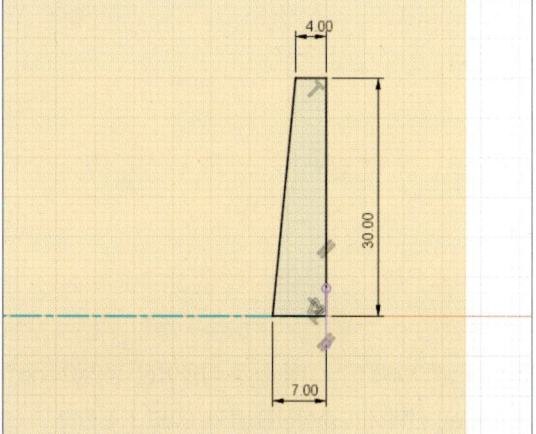

42 [작성(CREATE)]- 돌출(Extrude)]을 이용해 3mm 돌출하며 생성(Operation)은 새 본체(New Body)로 한다.

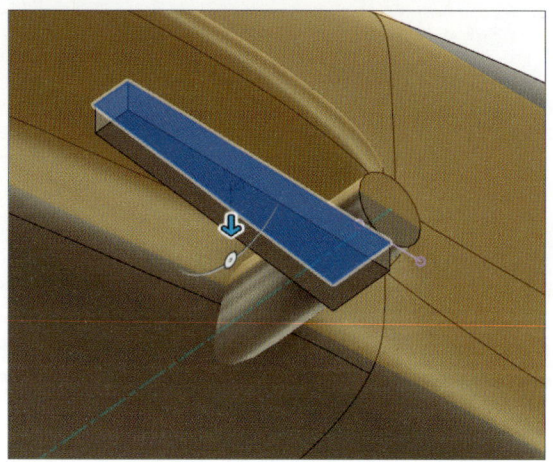

43 [작성(CREATE)]- 미러(Mirror)]를 이용해 대칭복사한다. 이때 유형(Type)은 본체(Bodies), 객체(Objects)는 위에서 돌출한 객체를, 미러 평면(Mirror Plane)은 가운데 수직면을 선택한다.

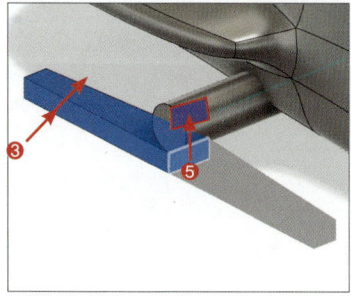  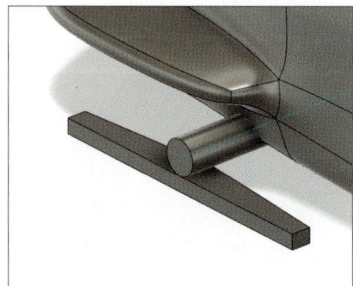

44 [구성(CONSTRUCT)]-[중간평면(Midplane)]을 선택하고 양쪽 끝 두 면을 선택하여 두 면의 중심에 작업평면을 생성한다.

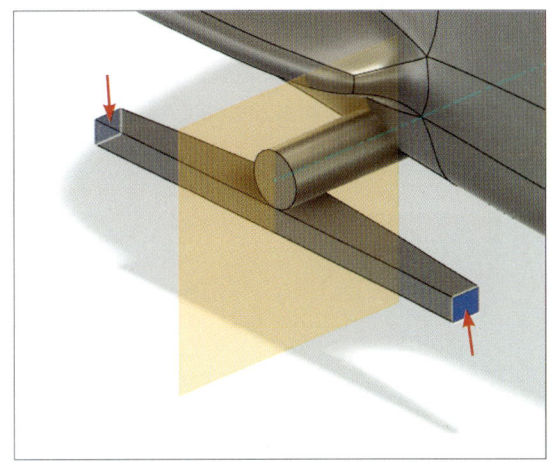

45 [작성(CREATE)]-[스케치 작성(Create Sketch)]을 클릭하고 위에서 작성한 작업평면을 선택한 후 [작성(CREATE)]-[선(Line)]을 클릭하고 다음과 같이 스케치를 작성한다.

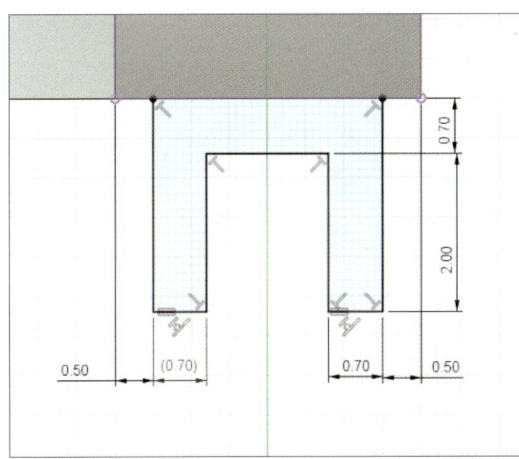
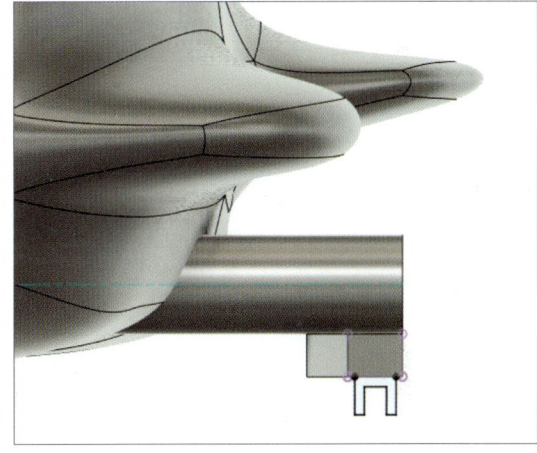

46 [작성(CREATE)]-[돌출(Extrude)]을 이용해 [3mm] 돌출한다. 이때 방향(Direction)은 [대칭(Symmetric)], 생성(Operation)은 [새 본체(New Body)]로 한다.

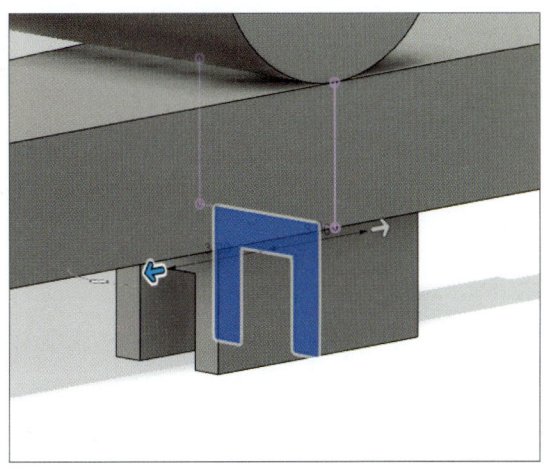

47 위에서 작성한 본체5를 검색기(BROWSER)에서 선택한 후 Ctrl + C (Copy), Ctrl + V (Paste)를 눌러 복사한 후 [24mm] 만큼 이동한다.

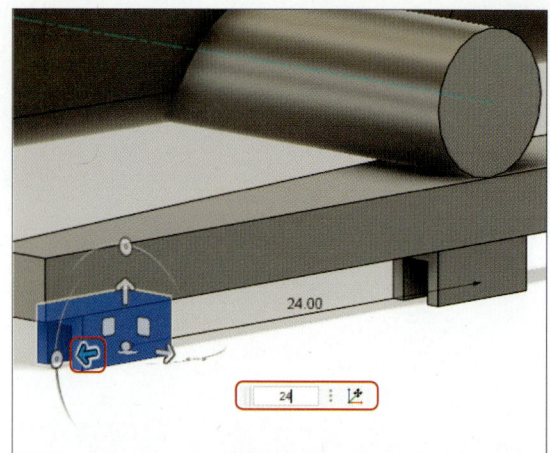

48 같은 방법으로 본체5를 검색기(BROWSER)에서 선택한 후 Ctrl + C (Copy), Ctrl + V (Paste)를 눌러 복사한 후 [-24mm] 만큼 이동한다.

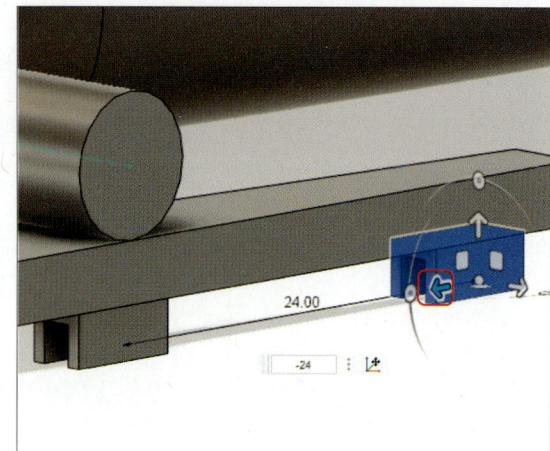

49 [수정(MODIFY)]-[결합(Combine)]을 클릭하고 위에서 작성한 객체들을 접합(Join)으로 결합한다.

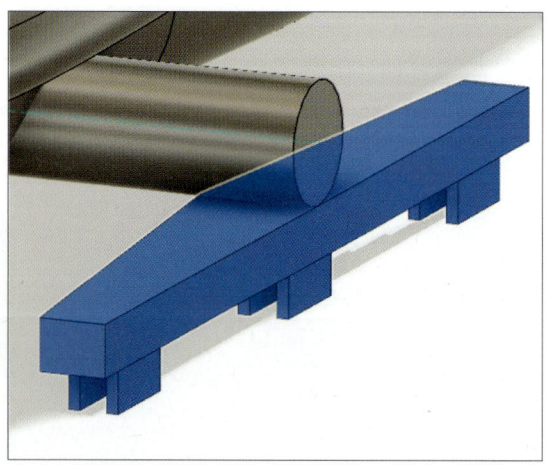

50 [작성(CREATE)]-[스케치 작성(Create Sketch)]을 클릭하고 객체의 안쪽면을 선택 후 [작성(CREATE)]-[직사각형(Rectangle)]-[▢ 2점 직사각형(2-Point Rectangle)]을 클릭한다.

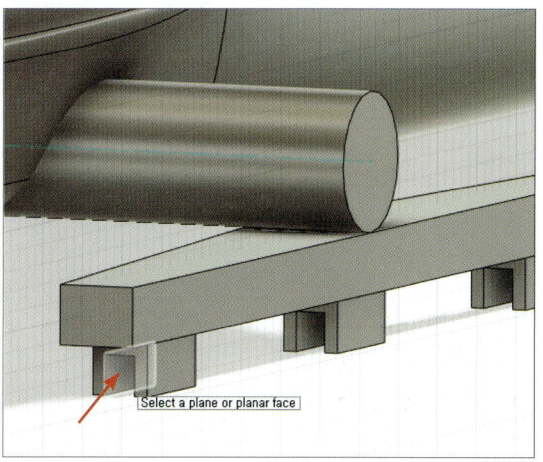

51 스케치 팔레트(SKETCH PALETTE)]에서 슬라이스(Slice) 항목을 체크하여 작업평면을 단면으로 확인한다.

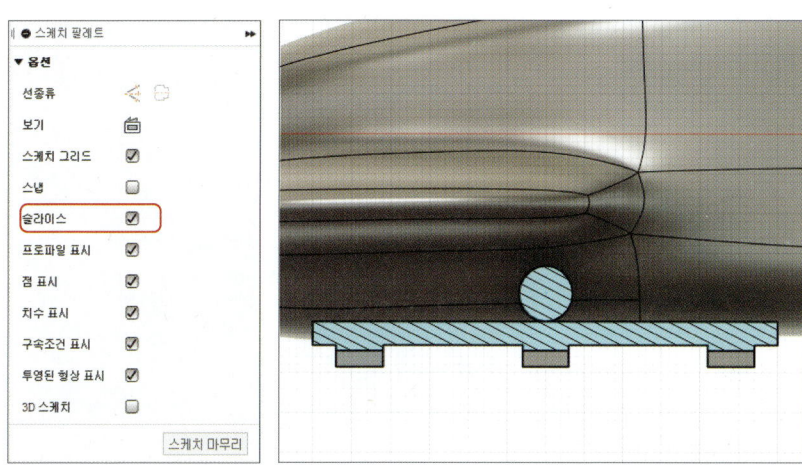

52 다음 이미지와 같이 스케치를 작성한다.

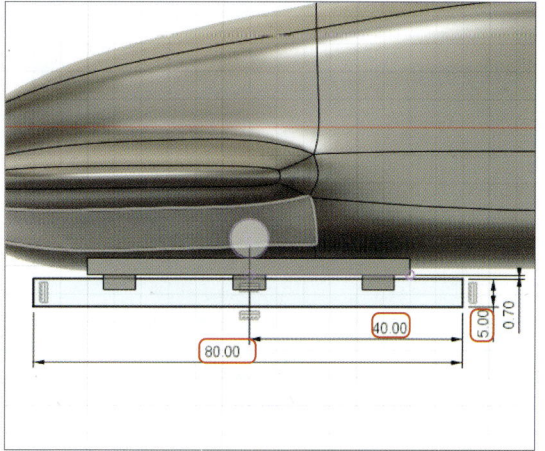

53 [작성(CREATE)]-[돌출(Extrude)]을 이용해 [1.6mm] 돌출한다. 이때 방향(Direction)은 [측면 하나 (One Side)], 생성(Operation)은 [새 본체(New Body)] 로 한다.

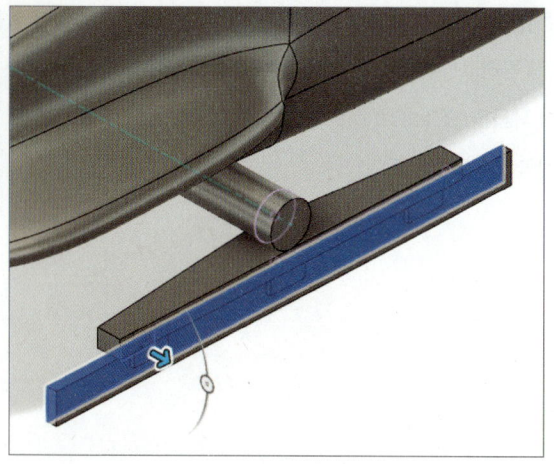

54 [수정(MODIFY)]-[모깎기(Fillet)를 클릭하고 하단 두 모서리를 선택한다. 이때 모깎기 반지름은 [10mm]로 한다.

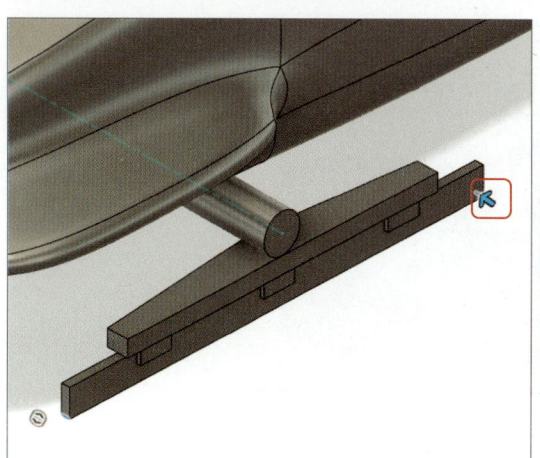
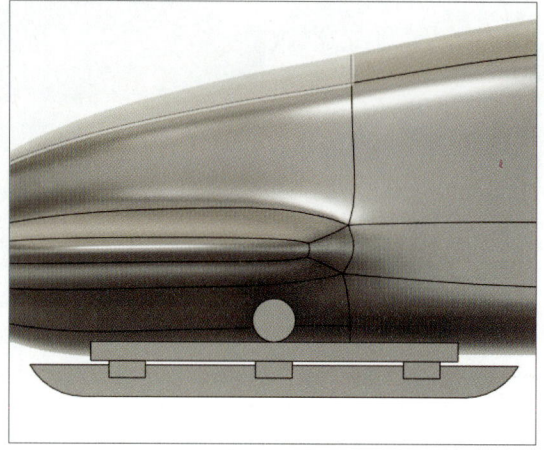

55 [작성(CREATE)]-[미러(Mirror)]를 이용해 썰매의 러너와 Blade를 YZ평면을 기준으로 대칭 복사한다.

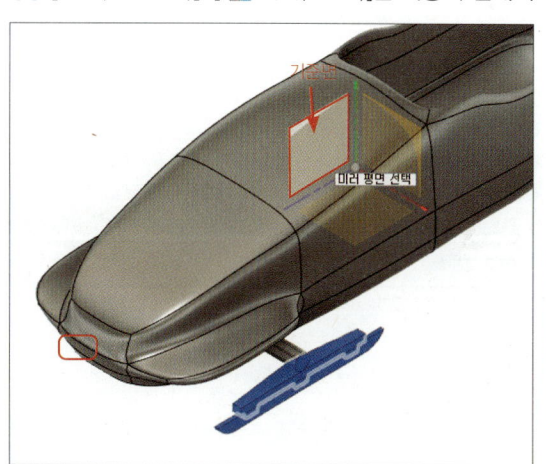
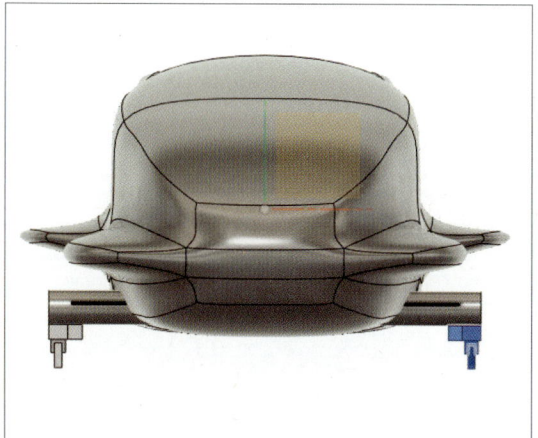

56 [수정(MODIFY)]-[🔗 결합(Combine)]을 클릭하고 러너에 해당하는 객체들을 접합(Join)으로 결합한다. 결합한 러너와 Blade를 검색기(BROWSER)에서 선택한 후 Ctrl + C (Copy), Ctrl + V (Paste)를 눌러 복사한 후 [-130mm] 만큼 이동한다.

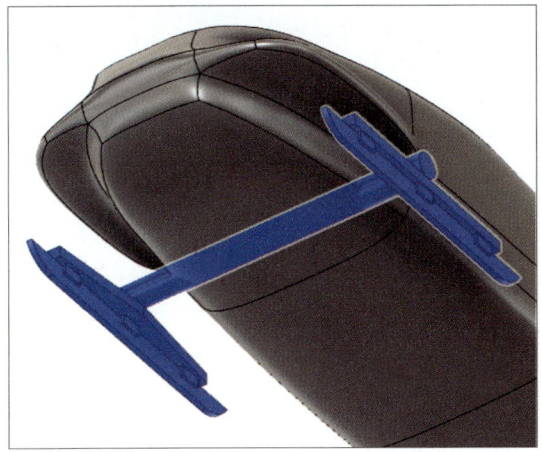
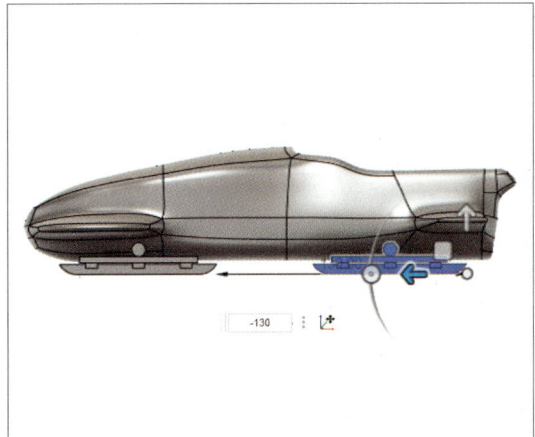

57 [구성(CONSTRUCT)]-[평면 간격띄우기(Offset Plane)]를 선택하고, XZ평면을 기준으로 [50mm] 떨어진 XZ평면을 생성한다.

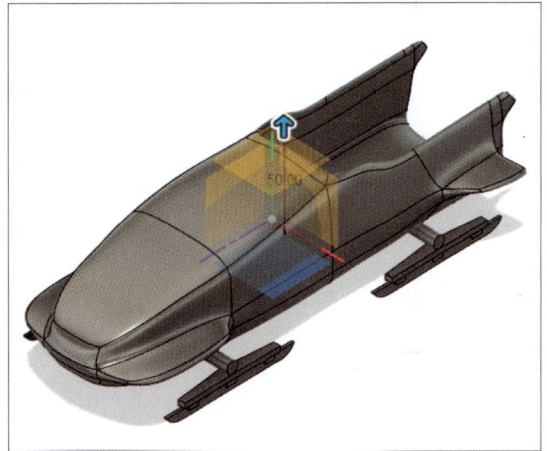

58 [작성(CREATE)]-[스케치 작성(Create Sketch)]을 클릭하고 작성한 작업평면을 선택 후 [작성(CREATE)]-[스플라인(Spline)]-[맞춤점 스플라인(Fit Point Spline)]을 클릭한다.

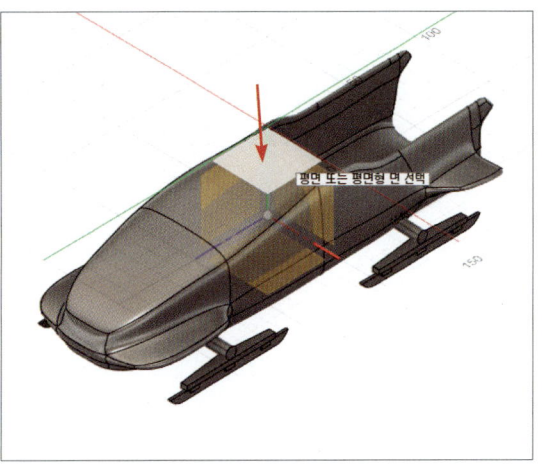

59 범퍼의 일부를 분리하기 위한 곡선을 생성한 후 [수정(MODIFY)]-[본체 분할(Split Body)]을 선택한 후 작성한 곡선을 기준으로 본체 Body를 분리한다.

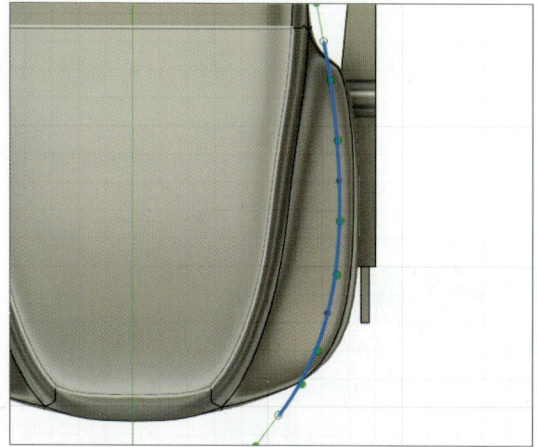
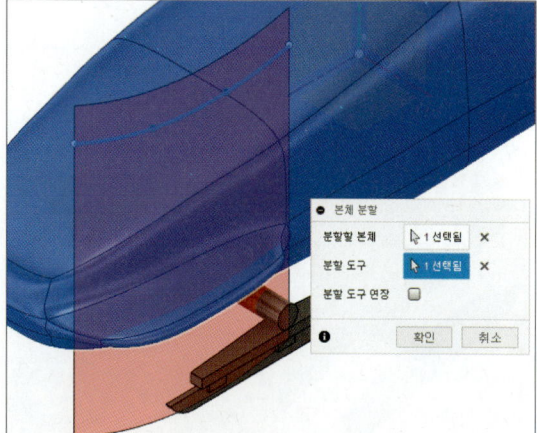

60 [작성(CREATE)]-[미러(Mirror)]를 클릭하고 YZ평면을 기준으로 분리한 범퍼를 대칭 복사한다. 이때 유형(Type)은 피쳐(Feature)로 하고 객체(Objects)는 타임라인에서 본체 분할(Split Body) 아이콘([ ])을 선택한다.

61 위와 같은 방법으로 뒷범퍼도 본체를 분할한다.

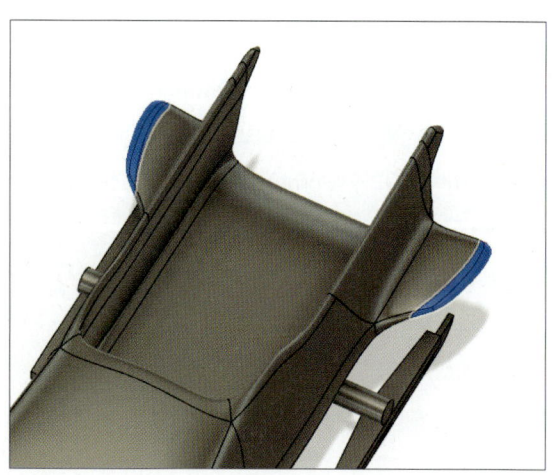

62 참조 이미지를 [삽입(INSERT)]-[전사(Decal)]를 이용해 이미지를 부착한다.

- 참조 이미지 파일 : PART4\참조이미지\Korea.png, 평창올림픽 심볼.png, Fusion_360_logo.png

63 PART5 렌더링(RENDER) 과정을 통해 다양한 재질과 배경, 환경요소 등을 이용해 다음과 같은 이미지를 생성할 수 있도록 한다.

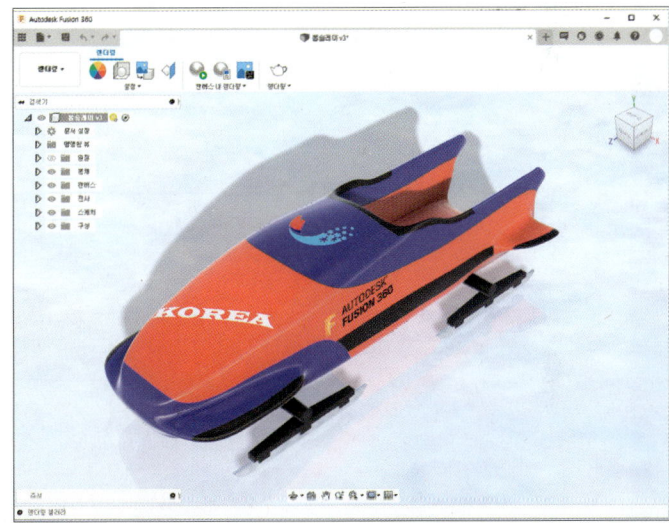

PART 05

Fusion360

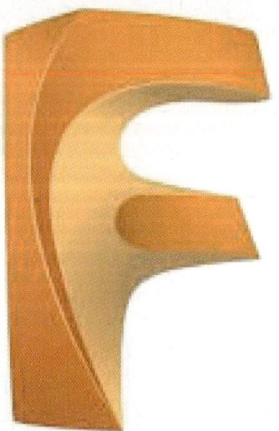

RENDER 시작하기

렌더링이란 3D 모델 형상에 재질, 배경, 조명, 카메라 등의 설정을 통해 모델에 사실감을 불어넣고, 이를 토대로 이미지를 추출하는 일련의 과정을 말한다.
Fusion 360은 환경적인 요소(배경, 지면, 카메라 등)의 편집을 간단히 수행할 수 있으며, 텍스처(Texture) 적용에 있어서도 유리, 페인트, 플라스틱, 나무 등 다양한 소스를 제공하고 있어 Mapping 작업을 손쉽게, 그리고 사실적으로 적용할 수 있다. 또한, 클라우드 렌더(Cloud Render)를 통해 하드웨어의 시스템 사양과 무관하게 양질의 이미지를 추출하고 공유할 수 있다.

Section 01   렌더링(RENDER) Interface
Section 02   설정(SETUP)
Section 03   전개도 설정(Scene Settings)
Section 04   텍스처 맵 컨트롤(Texture Map Controls)
Section 05   캔버스 내 렌더링(In-Canvas Render)
Section 06   렌디(Render)
Appendix   재질(Material) 목록

Section 01 렌더링(RENDER) Interface

3D모델 형상을 토대로 사실감 있는 이미지를 생성하기 위해 고려해야할 사항으로는 크게 텍스처(Texture), 환경(Environment), 연출(조명 및 카메라 효과)로 분류할 수 있으며, 이를 효과적으로 적용하는 것이 중요하다. 이러한 요소들은 툴바 메뉴의 설정(SETUP)에서 제어할 수 있으며, 카메라의 구도는 검색기(BROWSER)의 명명된 뷰(Named View)에서, 그리고 조명에 대한 특수효과는 렌더링 갤러리(RENDER GALLERY)에서 사후 처리(Post-processing))을 통해 적용할 수 있다.

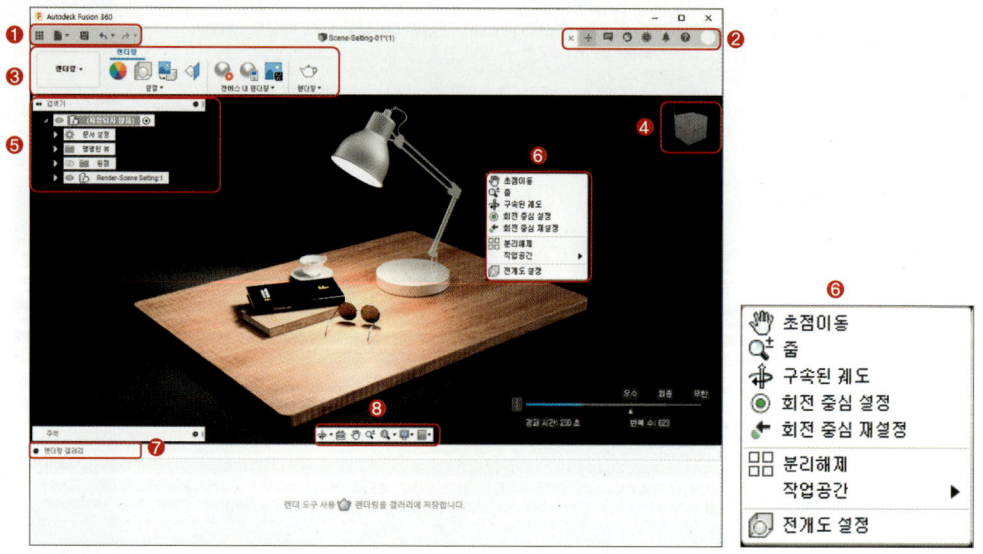

❶ 응용프로그램 막대(Application bar) : 데이터 패널 표시, 파일 관련 메뉴를 나타내는 막대이다.
❷ 계정 및 도움말(Profile and help) : 계정 설정을 변경하거나 도움말에서 Fusion360의 튜토리얼을 볼 수 있다.
❸ 도구막대(Toolbar) : 작업공간(Workspace) 전환과 모델링을 위한 명령 아이콘들의 집합이다.
❹ ViewCube(뷰큐브) : 정육면체의 면, 모서리, 점을 클릭해 화면 방향을 전환한다.
❺ 검색기(BROWSER) : 작업창에 작성된 스케치, 본체 및 원점 항목들을 표시한다.
❻ 퀵 메뉴(Marking menu) : 캔버스(작업 창)에서 왼쪽 클릭은 객체 선택, 오른쪽 클릭은 퀵 메뉴로 접근이다.
❼ 렌더링 갤러리(RENDER GALLERY) : 이미지의 Rendering 진행과정 및 완료 이미지를 나열해 준다.
❽ 탐색 막대(Navigation Bar): 화면표시 설정(Display Settings), 줌(Zoom), 초점 이동(Pan), 회전(Orbit) 명령과 인터페이스의 화면 제어, 그리드, 뷰포트를 제어한다.

Section 02 설정(SETUP)

렌더링(RENDER) 작업공간에서 가장 중요한 기능들로 구성되어 있다. 텍스처(Texture)의 적용 및 편집기능과 환경(Environment)을 설정하는 등 Rendering을 진행함에 있어 우선적으로 고려해야 할 사항들을 설정한다.

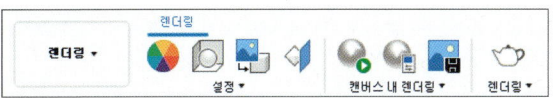

2-1 모양(Appearance) 설정

구성 요소의 본체(Body) 및 면(Face)에 텍스처(Texture)를 적용하거나 편집을 통해 사실감 있는 이미지효과를 줄 수 있다. Fusion 360에서는 다양한 재질(Material)을 제공하고 있으며, 필요에 따라 추가로 다운로드 할 수 있다.

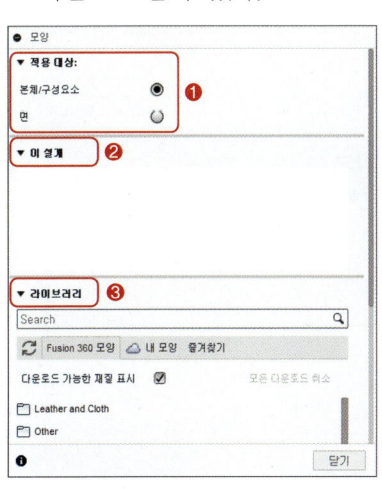

❶ 적용 대상(Apply to) : 텍스처(Texture)를 적용할 범위를 설정한다.
  - 본체/구성요소(Bodies/Components) : 본체에 적용한다.
  - 면(Faces) : 면에 적용한다.
❷ 이 설계(In This Design) : 현재 캔버스(Canvas)에서 사용 중인 재질(Material)의 List를 보여준다.
❸ 라이브러리(Library) : Fusion 360에서 제공하는 Material의 목록을 관리한다.

> **여기서 잠깐**
>
> 모델에 텍스처(Texture)를 입히는 과정을 Mapping(매핑)이라고 하며, 매핑을 할 때에는 본체(Body)객체를 우선적으로 작업한 다음, 면(Face)을 작업한다. 본체(Body)도 객체의 크기가 큰 순서대로 진행했을 때 작업하기가 용이하다.

| 기능 익히기 | ▶ 텍스처(Texture) 적용하기 – Mapping(매핑) |

01 [파일(File)]–[열기(Open)]–[내 컴퓨터에서 열기(Open from my computer...)]로 아래 예제 파일을 연다.

- 예제 파일 : PART5₩Appearance-01.f3d

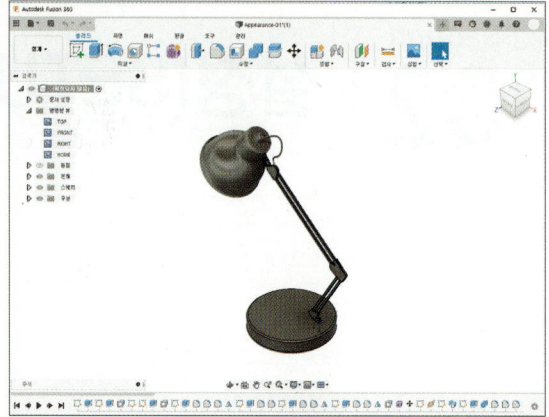

02 작업공간(Workspace)을 [렌더링(RENDER)]으로 변경한 후 도구 막대에서 [모양(Appearance)] 아이콘을 클릭한다.

03 적용 대상(Apply to) 항목에서 재질을 적용할 범위를 본체/구성요소(Bodies/Components)로 선택한다.

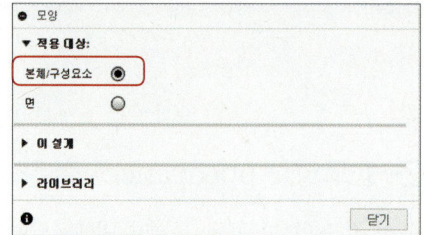

04 라이브러리(Library) 항목에서 [금속(Metal)]–[알루미늄(Aluminum)] 폴더를 확장한다.

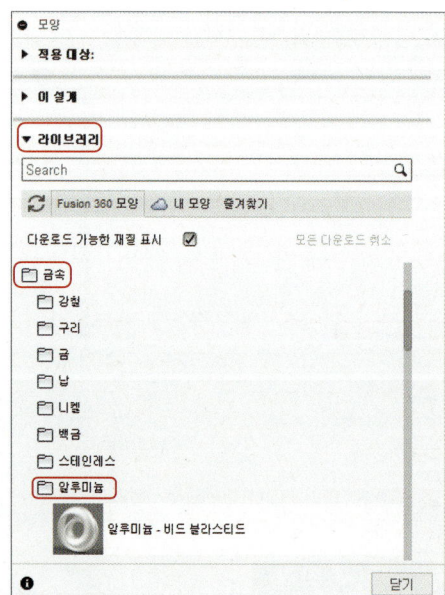

05 [금속(Metal)]-[알루미늄(Aluminum)]에서 마우스 왼쪽버튼을 누른 채 스탠드 등의 갓 부분 위로 드래그&드롭하여 매핑한다.

- 알루미늄-피막 처리 광택(파란색)

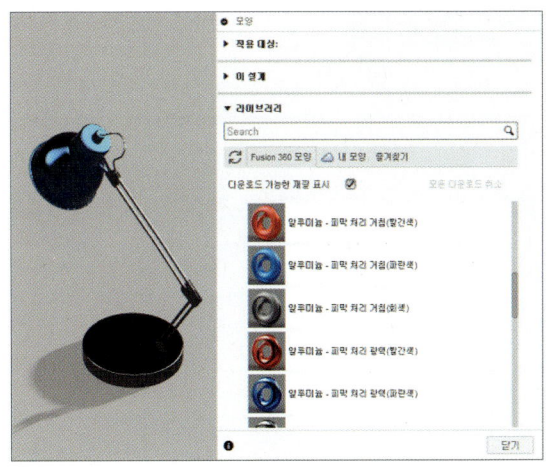

2-2 재질(Material) 다운로드 및 편집하기

Fusion 360 에서는 프로그램을 설치할 때 기본적인 재질(Material)을 제공하고 있으나, 일부 항목에 대해서는 추가로 다운로드를 해야 사용할 수 있다. 그러한 재질(Material)은 색상과 다운로드 마크를 통해 확인할 수 있으며, 프로그램 업데이트 후 온라인 상태에서 다운로드 아이콘(⬇)을 클릭하면 사용할 수 있다.

기능 익히기 ▶ 재질(Material) 다운로드 및 편집하기

01 라이브러리(Library) 항목에서 다운로드 가능한 재질 표시(Show downloadable materials) 항목을 체크한다.

> **여기서 잠깐**
> 다운로드 가능한 재질 표시(Show downloadable materials) 항목을 체크 해제하면 현재 사용 가능한 재질만을 표시하며, 만약 다운로드 중인 재질(Material)이 있다면 취소가 된다.

02 라이브러리(Library) 항목에서 [Wood(Solid)]-[Finished] 폴더를 확장한 후 3D Cherry-Figured-Glossy 재질의 다운로드 아이콘(⬇)을 클릭한다.

> **여기서 잠깐**
>
> 다운로드 아이콘(⬇)이 없다면 해당 재질(Material)은 이미 다운로드가 완료된 상태이다.

03 3D Cherry-Figured-Glossy 재질이 다운로드 완료된 후 스탠드의 하부 모델에 드래그&드롭하여 매핑한다.

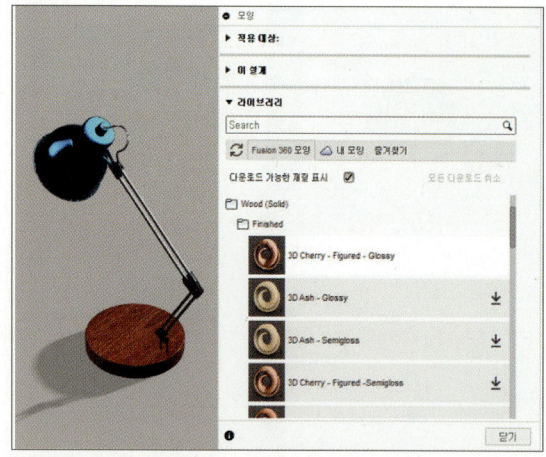 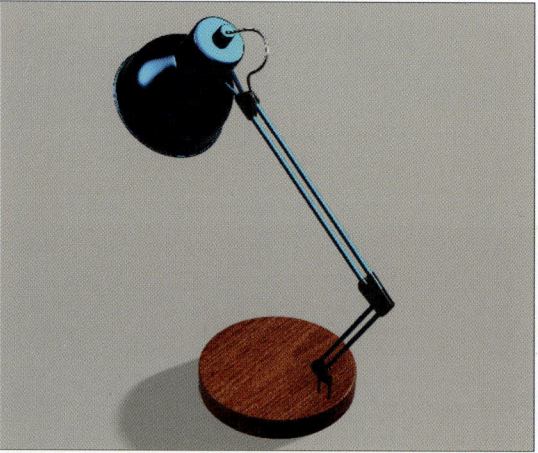

> **여기서 잠깐**
>
> 매핑한 재질(Material)은 이 설계(In This Design) 항목에 자동으로 등록된다.

2-3 색상 편집하기

Fusion 360에서 제공하는 재질(Material)의 특성을 유지한 상태에서 색상에 대한 정보만 변경하여 디자인의 목적에 맞게 편집할 수 있다.

기능 익히기 ▶ 색상 편집하기

01 [파일(File)]-[열기(Open)]-[내 컴퓨터에서 열기(Open from my computer...)]로 아래 예제 파일을 연다.

- 예제 파일 : PART5₩Appearance-fin.f3d

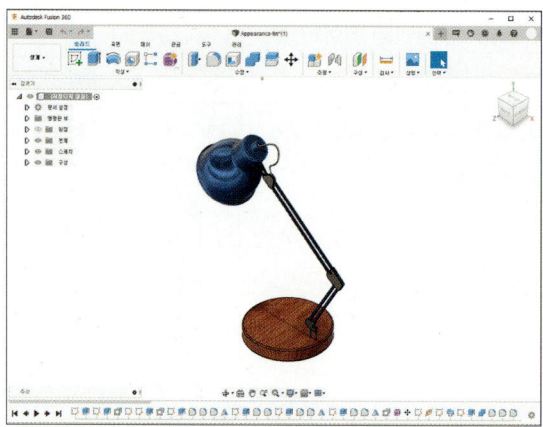

02 작업공간(Workspace)을 [렌더링(RENDER)]으로 변경한 후 도구막대에서 [모양(Appearance)] 아이콘을 클릭한다.

03 [이 설계(In This Design) 항목에서 알루미늄-피막 처리 광택(블루)/(Aluminum-Anodized Glossy(Blue))를 재질(Material)을 마우스 우클릭, [편집(Edit)]을 클릭한다.

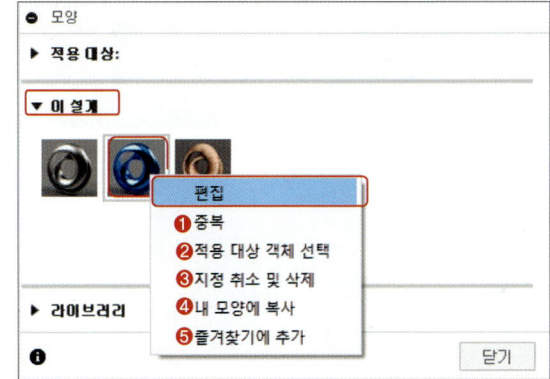

> **여기서 잠깐**
>
> 마우스 우클릭 메뉴에서는 다음과 같은 기능들을 추가로 사용할 수 있다.
> ❶ 중복(Duplicate) : 해당 재질(Material)을 복제한다.
> ❷ 적용 대상 객체 선택(Select Objects Applied To) : 재질(Material)이 적용된 본체(Body) 또는 면(Face)을 선택한다.
> ❸ 지정 취소 및 삭제(Unassign and Delete) : 이 설계(In This Design) 항목에서 해당 재질과 적용된 매핑을 제거한다.
> ❹ 내 모양에 복사(Copy to My Appearance) : 사용자가 편집한 재질(Material)을 사본으로 저장한다.
> ❺ 즐겨찾기에 추가(Add to Favorites) : 자주 사용하는 재질(Material)을 저장한다.

04 설정 창에서 색상 라이브러리(Color Libraries) 및 색상 코드를 입력해 색상을 변경한다.

❶ 색상 라이브러리(Color Libraries) 리스트에서 색상을 지정한다.
❷ RGB 팔레트에서 색상을 클릭한다.
❸ RGB 색상코드를 입력한다.
❹ 고급(Advanced)버튼을 눌러 설정한다.

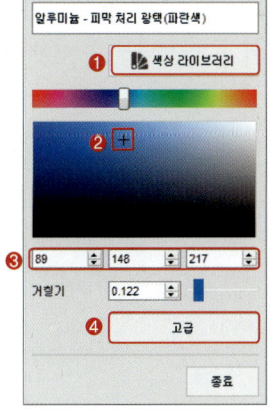

2-4 고급(Advanced) 설정 및 편집하기

Fusion 360에서 제공하고 있는 재질(Material)에 대한 세부 특성을 Sample Slot을 이용해 확인할 수 있다. 또한 다양한 효과와 이미지 파일(Image File)을 참조해 디자인함으로써 이를 통해 재질(Material)의 운용 폭을 넓힐 수 있다. [고급(Advanced)]-[재질 편집기(Material Editor)])는 아래와 같이 구성되어 있다.

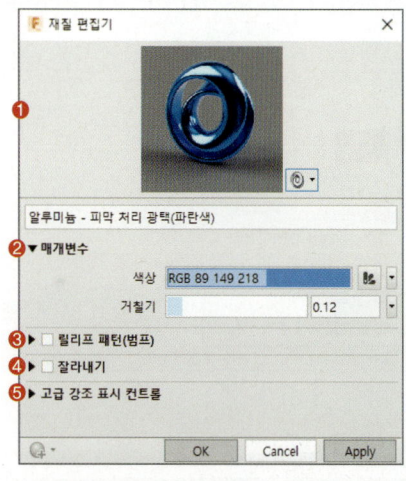

❶ Sample Slot : 해당 재질에 대한 색상 및 효과 등을 미리보기 한다.
❷ 매개변수(Parameters) : 재질에 대한 색상 및 이미지와 반사효과, 표면 거칠기 등을 설정한다.
❸ 릴리프 패턴(범프)(Relief Pattern(Bump)) : 가죽 질감과 같이 요철 효과를 설정한다.
❹ 잘라내기(Cutout) : 알파 이미지를 이용해 투명화 효과를 설정한다.
❺ 고급 강조 표시 컨트롤(Advanced Highlight Controls) : 재질에 코팅(박막) 효과를 설정한다.

2-4-1. Sample Slot

Autodesk에서 제공하는 재질(Material)의 적용 효과를 미리 확인할 수 있는 Sample Slot에 대해 Scene(장면)과 Environment(환경), Render Settings(렌더링 품질)등을 설정한다.

❶ Scene

Sample Slot은 13가지 유형을 지원하고 있으며, 재질(Material)의 거칠기, 반사율, 반투명 등 특성을 가장 잘 표현하는 모양으로 설정하는 것이 좋다.

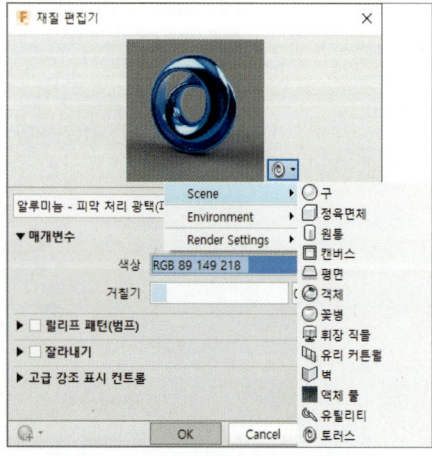

- 구(Sphere) : 구 형태에 적용된 효과로 넓은 곡면의 효과를 확인하기 좋다.
- 정육면체(Cube) : 정육면체 형태에 적용된 효과로 평면이 많은 형상의 효과를 확인하기 좋다.

- 원통(Cylinder) : 원기둥 형태에 적용된 효과로 곡면과 평면의 효과를 동시에 확인하기에 좋다.
- 캔버스(Canvas) : 재질(Material)에 대한 일체의 효과(음영, 반사, 하이라이트 등)를 배제한 채 색상만으로 표현하며, 참조 이미지를 적용했을 때 효과적이다.
- 평면(Plane) : 반사 같은 효과 없이 빛의 밝기에 따른 색상의 표현을 확인하기 좋다.
- 객체(Object) : 색상의 Tone(톤) 과 투영되는 반사 이미지, 조명 효과 등을 확인하기에 좋다.
- 꽃병(Vase) : 구 형태의 항아리에 적용된 효과로 형상 자체에 뚫린 구멍등 어두워지는 부분에 대한 효과를 확인하기 좋다.
- 휘장 직물(Draped Fabric) : 천에 적용된 효과로 옷등의 주름이 잘 지는 형상에 대한 효과를 확인하기 좋다.
- 유리 커튼월(Glass Curtain Wall)l : 프레임에 끼워 넣은 판의 형태에 적용된 효과로 넓은 평면에 적용된 효과를 확인하기 좋다.
- 벽(Walls) : 건물 벽에 적용된 효과로 건축물 모델링에 적용되는 효과를 확인하기 좋다.
- 액체 풀(Pool of Liquid) : 물과 같은 유체에 적용된 효과를 확인하기 좋다.
- 유틸리티(Utility) : 복잡한 구조물에 적용된 효과로 복잡한 형상에서 발생하는 모든 효과들을 한꺼번에 확인하기 좋다.
- 토러스(Tours) : 기본 설정으로 되어 있으며, 빛의 굴절 및 하이라이트와 음영 변화를 확인하기에 좋다.

▲ 구(Sphere)  ▲ 정육면체(Cube)  ▲ 원통(Cylinder)  ▲ 캔버스(Canvas)

▲ 평면(Plane)  ▲ 객체(Object)  ▲ 꽃병(Vase)  ▲ 휘장 직물(Draped Fabric)

▲ 유리 커튼월(Glass Curtain Wall)  ▲ 벽(Walls) ▲ 액체 풀(Pool of Liquid)  ▲ 유틸리티(Utility)

▲ 토러스(Tours)

❷ Environment(환경)

Sample Slot에 투영되는 배경 이미지를 설정하며, 실제 전개도 설정(Scene Setting)과는 관련이 없다.

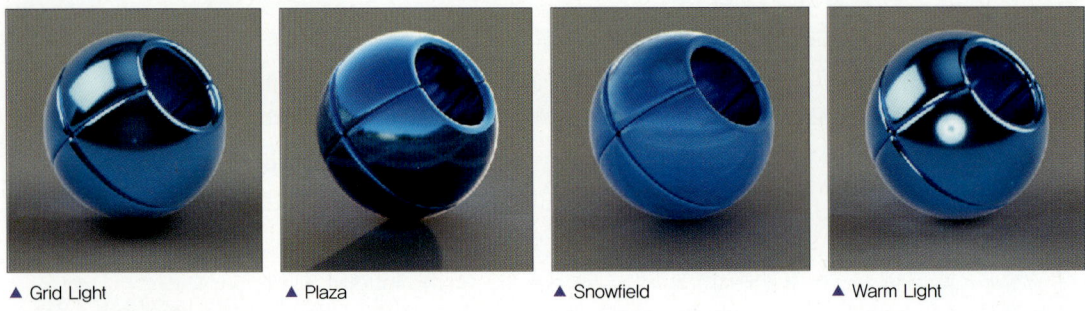

▲ Grid Light   ▲ Plaza   ▲ Snowfield   ▲ Warm Light

> 🔍 여기서 잠깐
>
> 실제 모델에 적용되는 조명 및 환경은 [전개도 설정(Scene Settings)]-[환경 라이브러리(Environment Library)] 탭에서 설정해야 한다.[전개도 설정(Scene Settings) 참고]

❸ Render Settings (렌더링 품질)

Sample Slot에 적용되는 렌더링 품질을 설정하며, 실제 렌더링 품질과는 관련이 없다.

▲ Quick   ▲ Draft   ▲ Production

2-4-2. 매개변수(Parameters)

재질(Material)에 색상 및 이미지를 적용하거나 편집하며, 표면에 대한 거칠기의 강도를 조정할 수 있다.

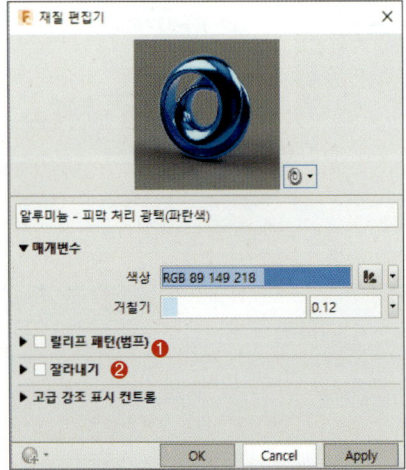

❶ 재질의 색상을 변경( ) 하거나, Image로 대체할 수 있다.
❷ 재질의 표면에 대한 거칠기를 적용하며, 거칠기(Roughness) 값이 커질수록 표면이 거칠어진다.

▲ 거칠기(Roughness) = 0

▲ 거칠기(Roughness) = 1.0

기능 익히기 ▶ 매개변수(Parameters) 조정하기

01 [파일(File)]-[열기(Open)]-[내 컴퓨터에서 열기(Open from my computer...)]로 예제 파일을 연다.

- 예제 파일 : PART5₩Appearance-fin.f3d

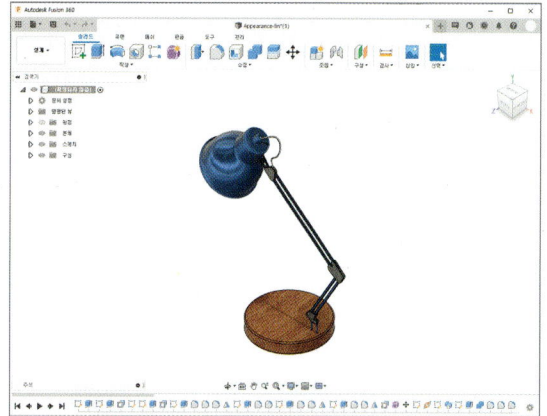

02 작업공간(Workspace)을 [렌더링(RENDER)]으로 변경한 후 도구막대에서 [모양(Appearance)] 아이콘을 클릭한다.

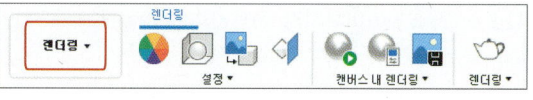

03 이 설계(In This Design) 항목에서 알루미늄-피막 처리 광택(파란색)을 마우스 우클릭, [편집(Edit)]을 클릭한 후 [고급(Advanced)]을 클릭한다.

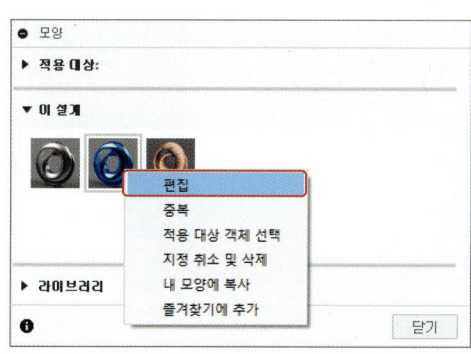
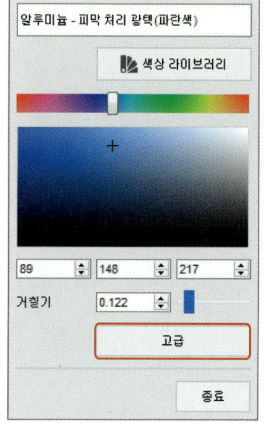

04 매개변수(Parameters)항목의 색상(Color)에서 우측 확장 버튼을 누르고 [Image]를 클릭한다.

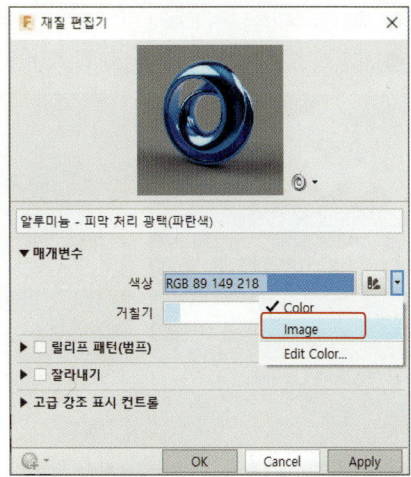

05 저장된 Material Image 폴더에서 Brushal.jpg 파일을 [열기] 한다.

- 참조 이미지 파일 : PART5₩Material Image₩Brushal.jpg

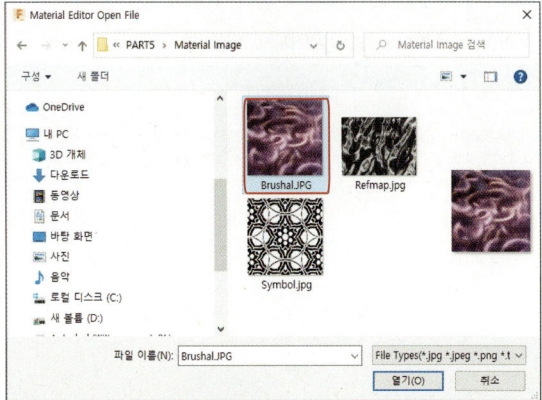

06 Brushal.jpg 이미지가 적용된 Mapping 결과를 확인한다.

07 이 설계(In This Design) 항목에서 변경된 재질(Material)을 위에서 마우스 우클릭, [편집(Edit)]-[고급(Advanced)]을 클릭한다.

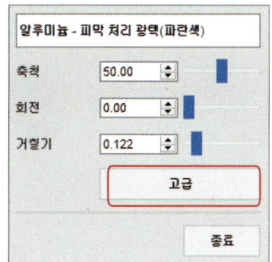
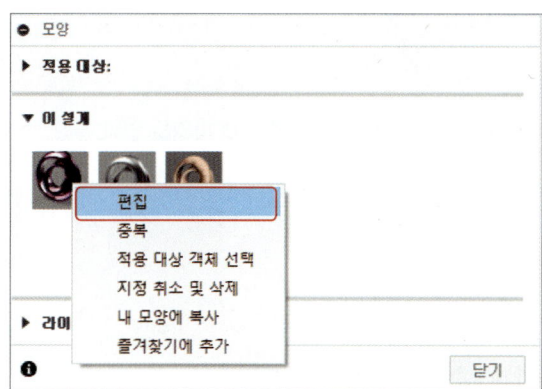

08 매개변수(Parameters)항목의 Image에서 우측 항목의 확장 버튼을 누르고 [Edit Image]를 클릭한 후 아래의 기능들을 이용해 사용자의 의도에 맞게 이미지를 디자인한다.

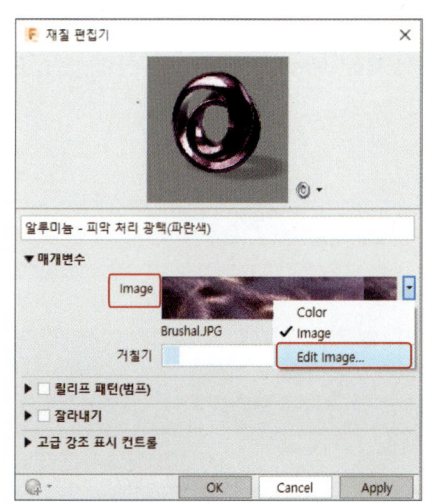
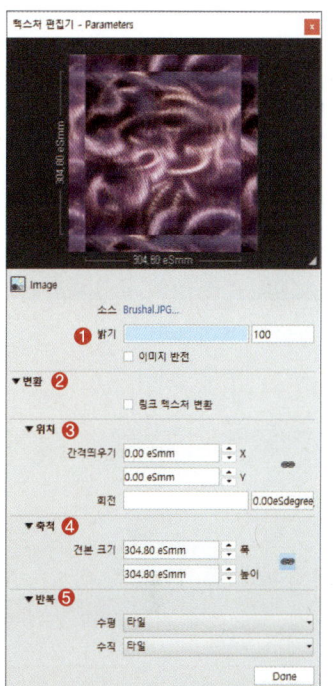

❶ 밝기(Brightness) : 재질의 전체적인 밝기를 조정한다.
❷ 변환(Transforms) : 이미지 특성의 변경사항을 사용중인 모든 Texture(재질)와 공유하며, 일괄 적용한다.
❸ 위치(Position) : 이미지의 위치를 조정한다.
❹ 축척(Scale) : 이미지의 크기를 조정한다.
❺ 반복(Repeat) : 이미지의 배치 형식을 조정한다.

2-4-3. 릴리프 패턴(범프)(Relief Pattern(Bump))

재질의 표면에 거칠기나 요철, 가죽질감 등 2D 이미지를 통해 3차원적인 효과를 적용할 수 있다. 이때 소스로 사용되는 이미지는 흑백의 경계가 선명한 알파이미지에 가까울수록 높은 효과를 기대할 수 있다.

| 기능 익히기 | ▶ 릴리프 패턴(범프)(Relief Pattern(Bump))으로 재질의 표면에 3차원적인 효과 만들기 |

01 [파일(File)]-[열기(Open)]-[내 컴퓨터에서 열기(Open from my computer...)]로 아래 예제 파일을 연다.

- 예제 파일 : PART5₩Appearance-01.f3d

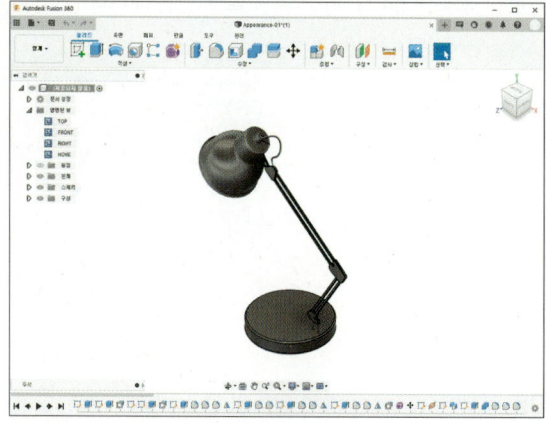

02 작업공간(Workspace)을 [렌더링(RENDER)]으로 변경한 후 툴바 메뉴에서 [모양(Appearance) ◉] 아이콘을 클릭한다.

03 [이 설계(In This Design) 항목에서 재질(Material)을 마우스 우클릭, [편집(Edit)]-[고급(Advanced)]을 클릭한다.

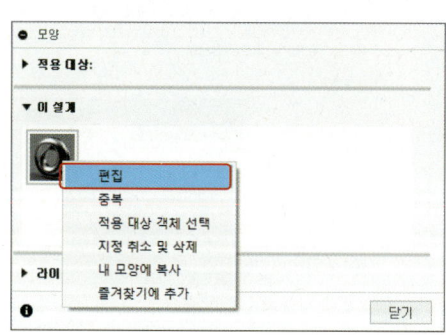
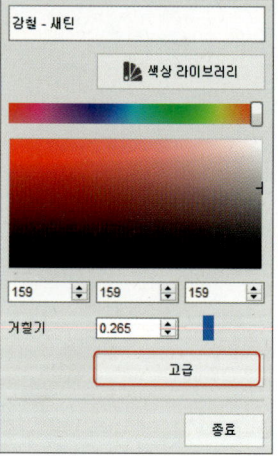

04 릴리프 패턴(범프)(Relief Pattern(Bump)) 항목에 체크한 후 저장된 Material Image 폴더에서 Symbol.jpg 파일을 [열기]한다.

- 참조 이미지 파일 : PART5₩Material Image₩Symbol.jpg

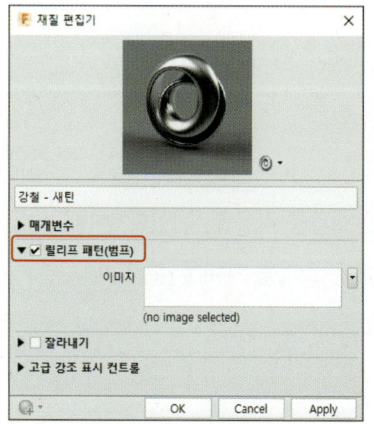
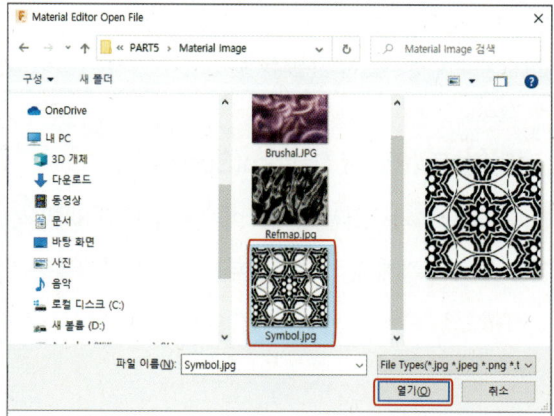

05 재질(Material)에 Symbol.jpg 이미지가 매핑된 것을 확인한 후 [Apply] 버튼을 클릭한다.

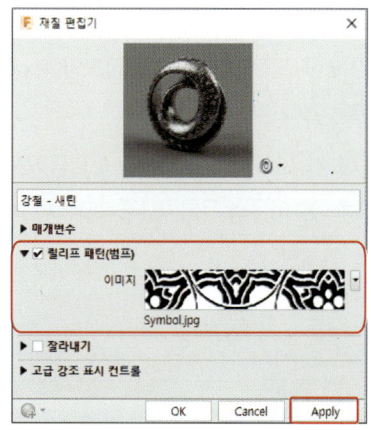

06 도구막대에서 메뉴에서 캔버스 내 렌더링(In-Canvas Render) 🔘]을 실행한 후범프(Bump) 효과를 확인한다.

▲ Bump 적용 전

▲ Bump 적용 후

2-4-4. 잘라내기(Cutout)

알파이미지를 이용해 재질(Material)이 적용된 본체(Body) 또는 면(Face)의 일부를 소거(투명화)하는 효과를 적용하는 기능으로 이미지에 따라 다양한 형상을 연출할 수 있다.

기능 익히기 ▶ Cutout으로 이미지에 다양한 형상 연출하기

01 [파일(File)]-[열기(Open)]-[내 컴퓨터에서 열기(Open from my computer...)]로 아래 예제 파일을 연다.

- 예제 파일 : PART5\Appearance-01.f3d

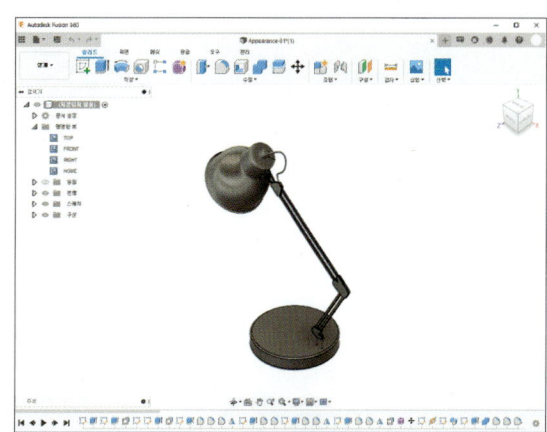

02 작업공간(Workspace)을 [렌더링(RENDER)]으로 변경한 후 도구막대 메뉴에서 [모양(Appearance)] 아이콘을 클릭한다.

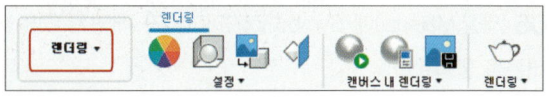

03 이 설계(In This Design) 항목에서 강철-새틴(Steel-Satin)을 마우스 우클릭, [중복(Duplicate)]를 사용하여 재질을 복제한다.

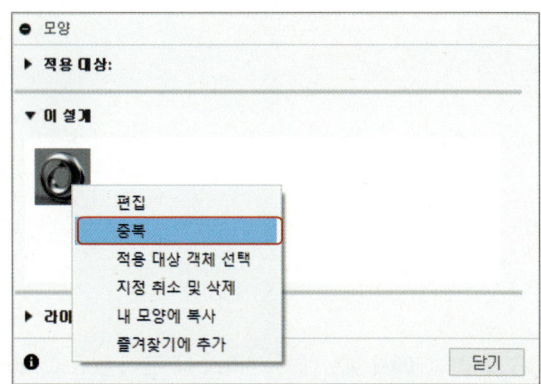

04 복제된 재질 위에서 마우스 우클릭, [편집(Edit)]-[고급(Advanced)]을 클릭한다.

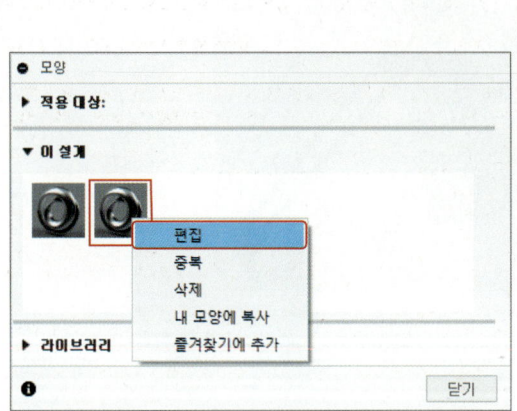
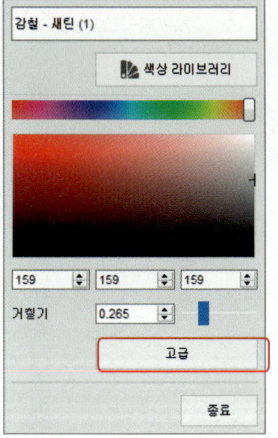

> **여기서 잠깐**
> 원본 강철-새틴(Steel-Satin) 재질을 [편집(Edit)]할 경우 다른 재질을 적용하지 않은 모든 본체(Body) 또는 면(Face)에 적용된다.

05 잘라내기(Cutout) 항목에 체크한 후 저장된 Material Image 폴더에서 Symbol.jpg 파일을 선택한 후 [열기] 버튼을 클릭한다.

■ 참조 이미지 파일 : PART5\Material Image\Symbol.jpg

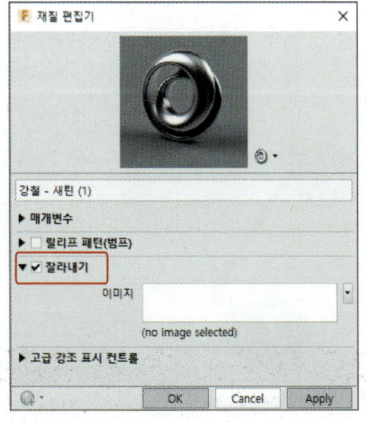
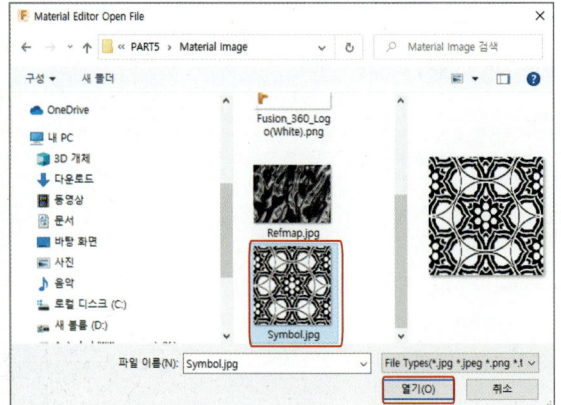

06 재질(Material)에 Symbol.jpg 이미지가 매핑된 것을 확인한 후 [Apply] 버튼을 클릭한다.

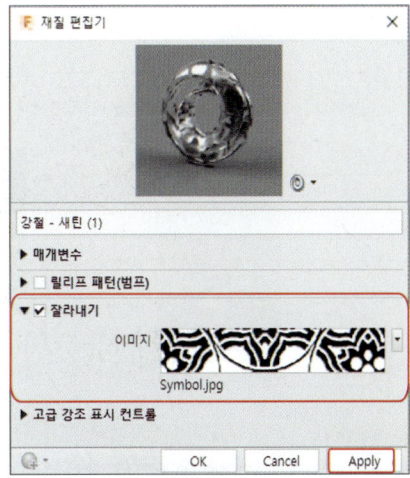

07 이 설계(In This Design) 항목에서 복제한 강철-새틴(Steel-Satin)(1) 재질(Material)을 드래그&드롭하여 전등갓 부분에 적용한다.

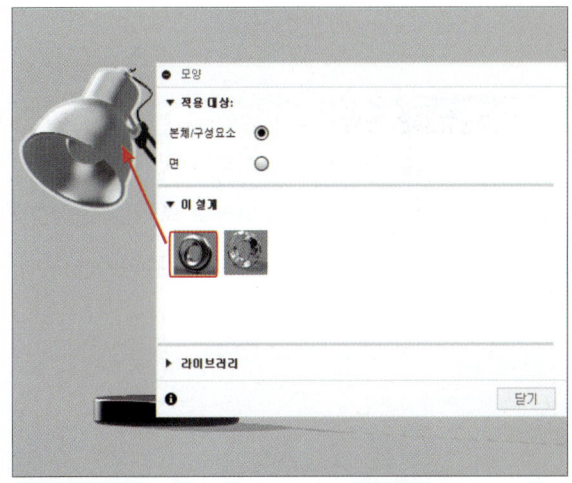

08 도구막대 메뉴에서 캔버스 내 렌더링(In-Canvas Render)]을 실행한 후 잘라내기(Curout) 효과를 확인한다.

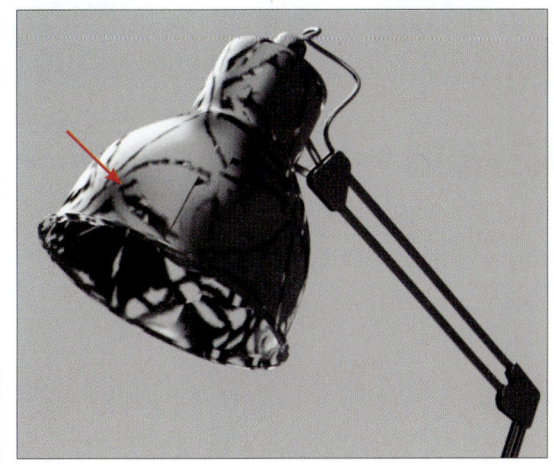

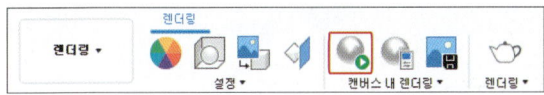

여기서 잠깐

적용된 이미지를 반전시킬 경우 잘라내기(Curout)항목의 이미지(image)에서 우측 확장 버튼( )을 클릭,[Edit Image]를 클릭한 후 [이미지 반전(Invert Image)] 항목에 항목을 체크한다.

2-4-5. 고급 강조 표시 컨트롤(Advanced Highlight Controls)

텍스처(Texture)의 표면에 투영되는 조명(혹은 빛)에 의해 발생되는 하이라이트 부분을 제어하며, 설정에 따라 재질의 표면을 코팅한 듯한 효과를 적용할 수 있다. 쉐이프(Shape) 유형과 색상, Image를 이용해 다양한 렌더링 결과를 연출할 수 있다.

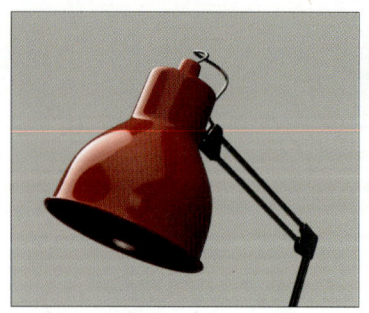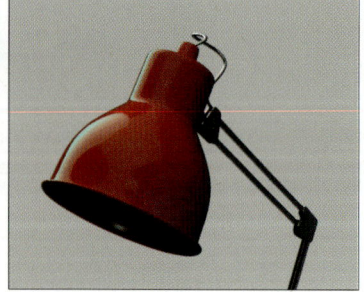

기능 익히기 ▶ 고급 강조 표시 컨트롤(Advanced Highlight Controls) 효과주기

01 [파일(File)]-[열기(Open)]-[내 컴퓨터에서 열기(Open from my computer...)]로 아래 예제 파일을 연다.

- 예제 파일 : PART5₩Appearance-01.f3d

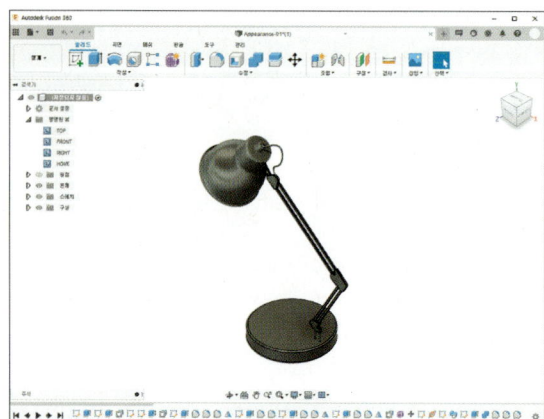

02 작업공간(Workspace)을 [렌더링(RENDER)]으로 변경한 후 도구막대 메뉴에서 [모양(Appearance)] 아이콘을 클릭한다.

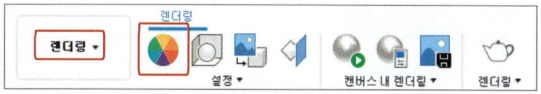

03 아래의 Material을 전등 갓 부분에 [페인트(Paint)]-[광택(Glossy)]-[페인트-애나멜 광택(빨간색)]을 드래그&드롭하여 매핑한다.

Paint-Enamel Glossy(Red)

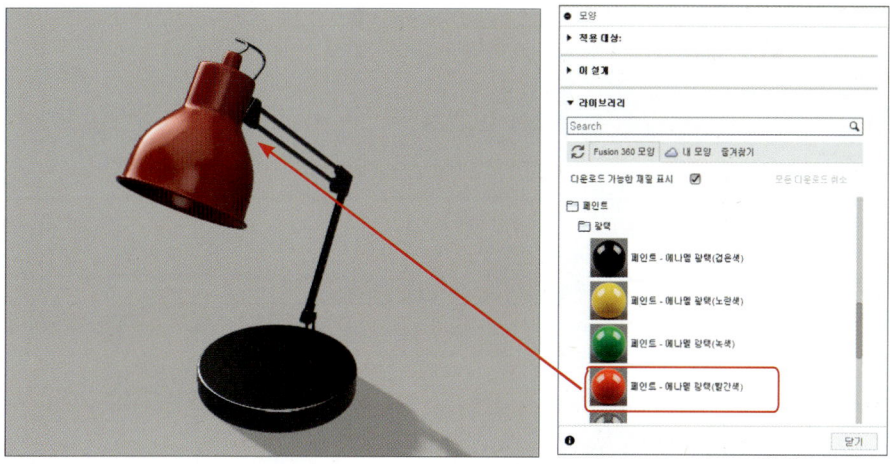

04 적용한 재질 위에서 마우스 우클릭, [편집(Edit)]-[고급(Advanced)]을 클릭한다.

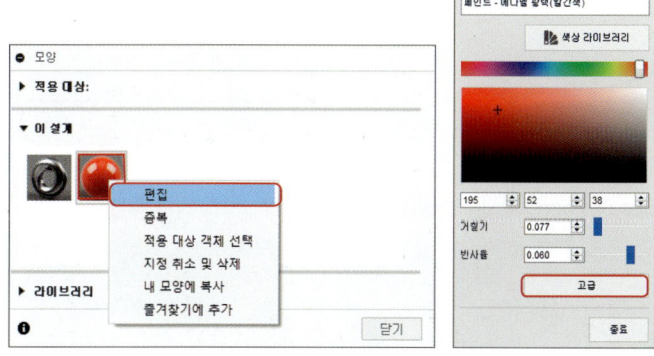

05 고급 강조 표시 컨트롤(Advanced Highlight Controls) 항목의 색상(Color)에서 Pantone Color Libraries 아이콘( )을 클릭한 후 다음과 같이 색상을 선택한다.

[PANTONE 14-5420 TPG Cockatoo]

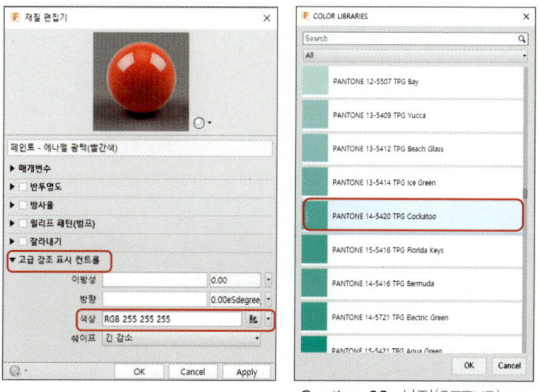

Section 02_설정(SETUP) ■ 449

> **여기서 잠깐**
>
> **색상적용의 다른 예**
>
> 고급 강조 표시 컨트롤(Advanced Highlight Controls) 항목의 색상(Color)에서 우측 확장 버튼(▼)을 클릭, [Edit Color]를 클릭한다.
>
> ❶ 화면 색상 선택 : 화면상의 컬러를 클릭해 색상을 복제한다.
> ❷ 사용자 정의 색상에 추가(A) : 컬러를 저장한다.
> ❸ RGB 컬러코드를 입력한다.
> ❹ HTML 컬러코드를 입력한다.

06 빛에 의한 강조(Highlight) 부분에 색상(Color)이 적용된 것을 확인한 후 [Apply] 버튼을 클릭한다.

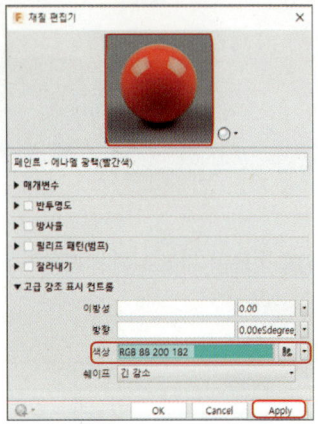

07 도구막대 메뉴에서 캔버스 내 렌더링(In-Canvas Render)]을 실행한 후 강조(Highlight) 효과를 확인한다.

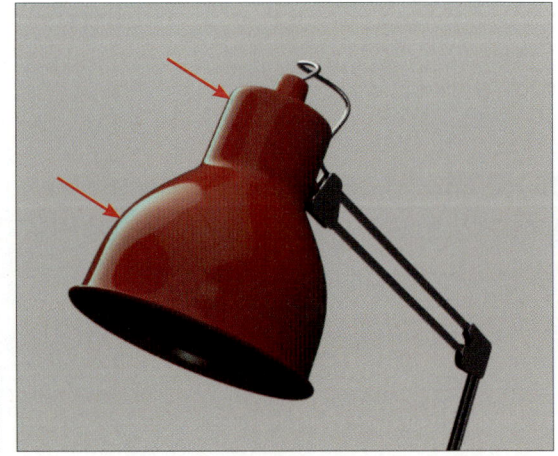

여기서 잠깐

이미지를 이용한 강조효과 주기

고급 강조 표시 컨트롤(Advanced Highlight Controls) 항목의 색상(Color)에서 우측 확장 버튼(▼)을 클릭, [Image]를 클릭한 후 코팅하고자 하는 이미지를 선택한다.

 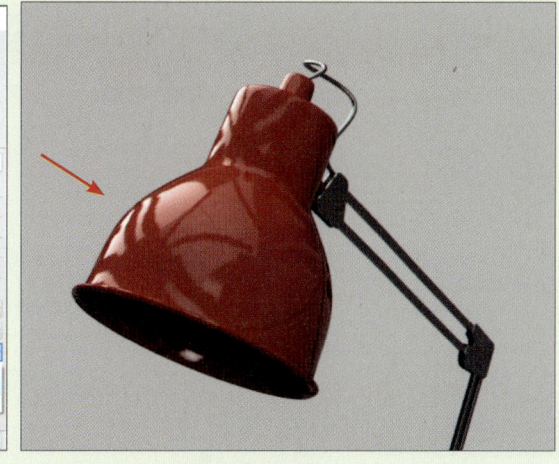

2-5 내 모양(My Appearance) 복사하기

Fusion 360에서는 설정 및 수정을 통해 Customizing한 재질(Material)을 반복적으로 사용할 수 있도록 별도로 등록하고 관리할 수 있다.

원본 재질(Material)의 경로까지 포함하여 Cloud에 등록, 관리하며 [모양(Appearance)]-[라이브러리(Library)]-[내 모양(My Appearances)] 탭에서 확인할 수 있다.

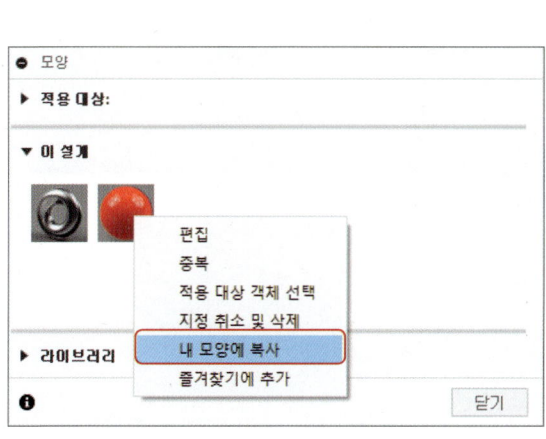 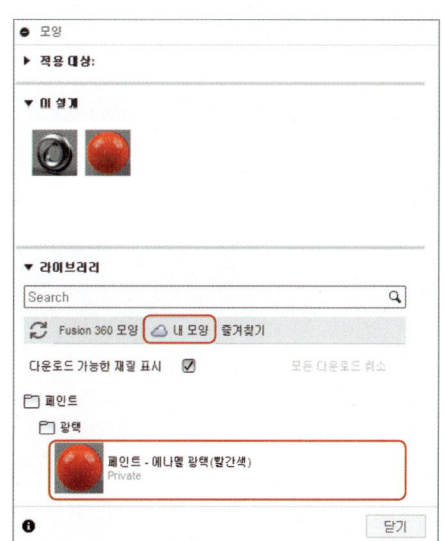

즐겨찾기(Favorites)는 사용자 컴퓨터에 Favorites.adsklib 파일로 저장하고 관리하며, [모양(Appearance)]-[라이브러리(Library)]-[즐겨찾기(Favortes)] 탭에서 확인할 수 있다.

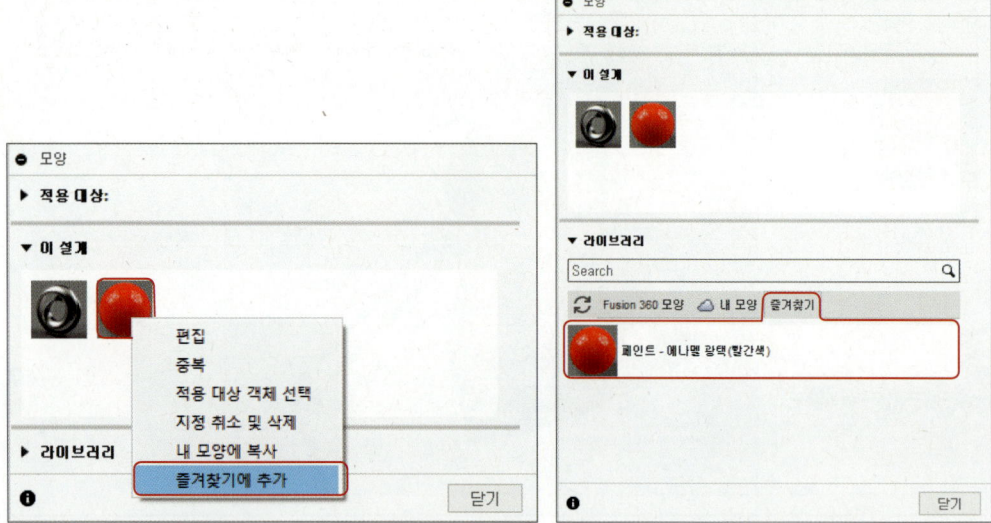

Section 03 전개도 설정(Scene Settings)

최상의 렌더링 이미지를 추출하기 위해 전체적인 밝기와 지면(Ground), 카메라(Camera), 환경(Environment)등을 설정한다. 이 설정은 렌더링(RENDER) 작업 공간에만 영향을 준다.

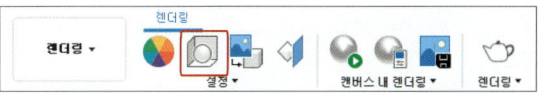

3-1 설정(Settings)

이미지에 적용되는 항목 중 지면(Ground), 카메라(Camera)를 설정한다.

❶ 환경(Environment) : 전체적인 밝기(휘도)와 배경 이미지, 광원의 위치를 조정한다.

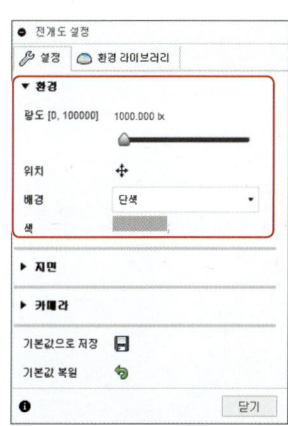

- 밝기(Brightness)에 대한 전체적인 밝기(휘도)를 제어한다.

▲ 밝기(Brightness) = 500lx

▲ 밝기(Brightness) = 3000lx

- 위치(Position)–렌더링 이미지의 배경(HDRI)을 이동 및 회전하여 그림자의 깊이와 방향을 제어한다.

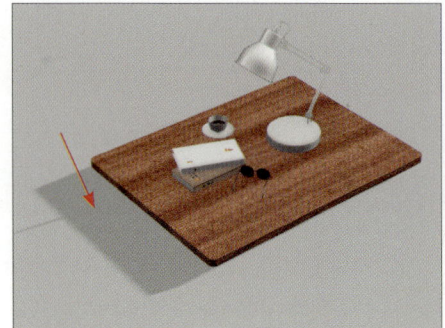
▲ 위치(Position) 이동 = -30 Rotation(회전) = -20도

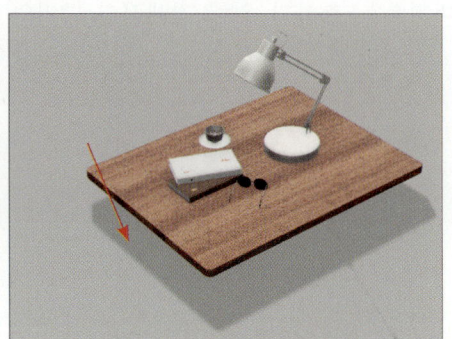
▲ 위치(Position) 이동 = -30 Rotation(회전) = -90도

- 배경(Background)–렌더링 이미지의 배경 유형(Type)을 설정한다.

▲ 이미지 적용 – Plaza

- 단색(Color)–단색(Color)의 색상을 설정한다.

▲ 색상 적용 – RGB:146,245,204

기능 익히기 ▶ 환경(Environment) 설정하기

01 [파일(File)]-[열기(Open)]-[내 컴퓨터에서 열기(Open from my computer...)]로 클릭하여 아래 예제 파일을 연다.
- 예제 파일 : PART5₩Scene Setting-01.f3d

02 렌더링(RENDER) 작업공간으로 전환하고 [검색기(BROWSER)]-[명명된 뷰(Named Views)]폴더를 확장한 후 Iso-01뷰를 클릭한다.

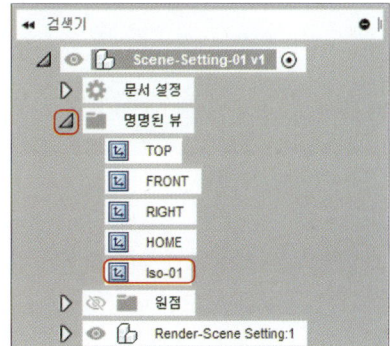

03 툴바 메뉴에서 [전개도 설정(Scene Settings)] 아이콘을 클릭한다.

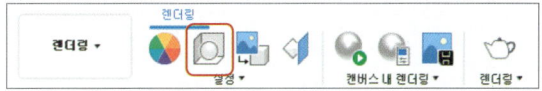

04 [설정(Settings)] 탭에서 환경(Environment) 항목의 밝기(Brightness)를 700lx로 변경한다.

05 색(Color) 항목의 색상 박스를 클릭한 후 RGB 컬러를 다음과 같이 변경한다.

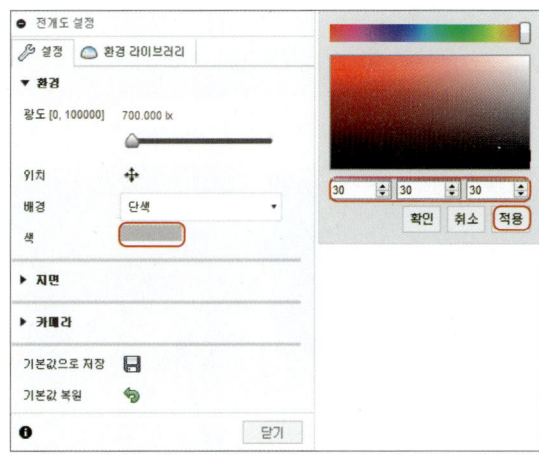

▲ RGB컬러 : 30, 30, 30

06 도구막대 메뉴에서 [캔버스 내 렌더링(In-Canvas Render)r 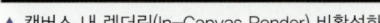]을 실행한 후 이미지를 확인한다.

▲ 캔버스 내 렌더링(In-Canvas Render) 비활성화　　　▲ 캔버스 내 렌더링(In-Canvas Render) 활성화

❷ 지면(Ground) : 바닥면의 생성유무 및 반사효과 등에 대해 설정한다.

- 고정 평면(Ground Plane) : 바닥면의 생성 유무를 설정한다.

▲ 고정 평면(Ground Plane) 비활성화　　　▲ 고정 평면(Ground Plane) 활성화

- 지면 평면화(Ground Plane) : 배경(Background)의 환경(Environment) 항목 일 때 사용되며, 배경 이미지의 크기 및 위치, 회전 등을 설정한다.

▲ 지면 평면화(Ground Plane) 비활성화

▲ 지면 평면화(Ground Plane) 활성화

- 반사(Reflections) : Ground Plane이 생성되었을 때 반사 효과를 제어한다.

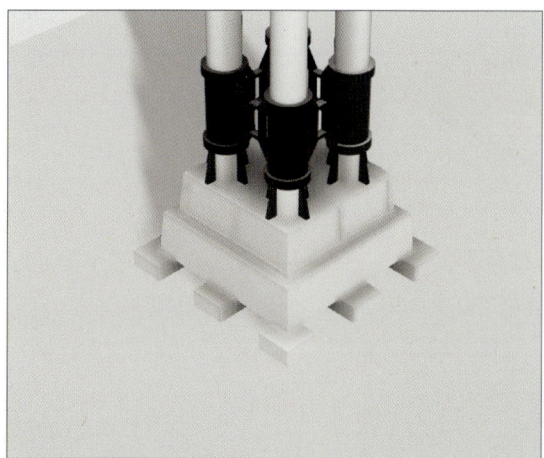
▲ 반사(Reflections) 적용 전

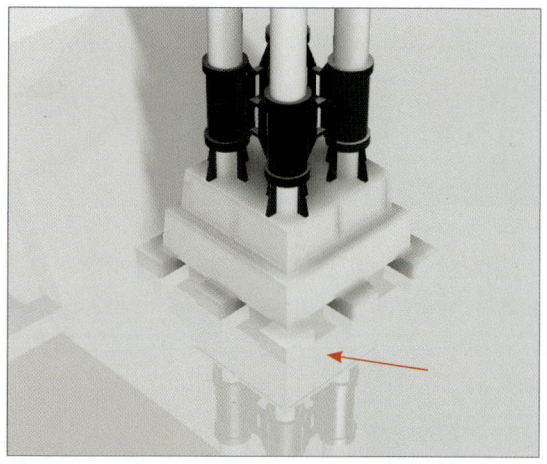
▲ 반사(Reflections) 적용 후

❸ 카메라(Camera)

- 카메라(Camera)-카메라의 뷰 방식을 설정한다.

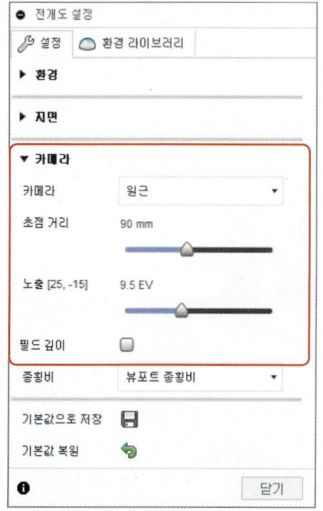

직교(Orthographic)–3D모델을 구성하고 있는 수평, 수직선 등의 요소들을 왜곡 없이 표현한다.
원근(Perspective)–3D모델을 원근법을 적용하기 때문에 가까운 사물은 크게, 멀리 떨어질수록 작게 표현된다.

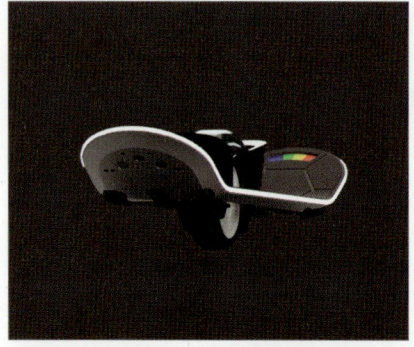 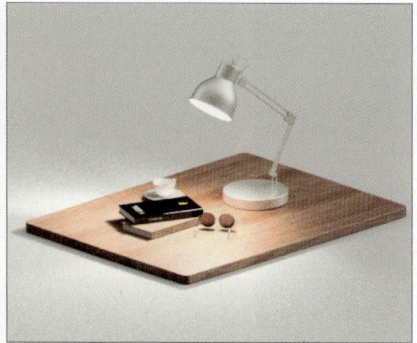

▲ 직교(Orthographic)

▲ 원근(Perspective)

- 초점 거리(Focal Length) : Lens의 초점 거리를 설정하며, 초점 거리가 멀어질수록 왜곡현상이 없어진다.

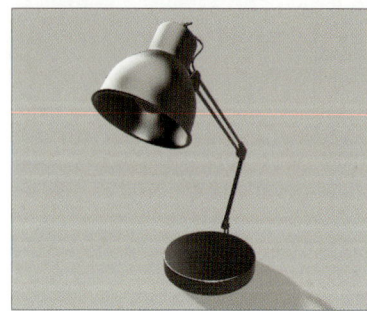 

▲ 초점 거리(Focal Length)　　　　▲ 초점 거리(Focal Length)

- 노출(Exposure)–카메라의 노출값을 설정한다.

▲ 노출(Exposure) 8.5EV　　▲ 노출(Exposure) 9.5EV　　▲ 노출(Exposure) 10.5EV

여기서 잠깐

초점 깊이(Depth of Field)에 의한 블러(Blur) 효과는 렌더(Render) 혹은 캔버스 내 렌더링(In-Canvas Render)이 활성화 되었을 때만 확인할 수 있다. 초점 깊이(Depth of Field) 항목을 체크한 후 포커스의 위치를 지정한다.

❹ 종횡비(Aspect Ratio)-렌더링 이미지로 추출할 화면의 비율을 조정한다.

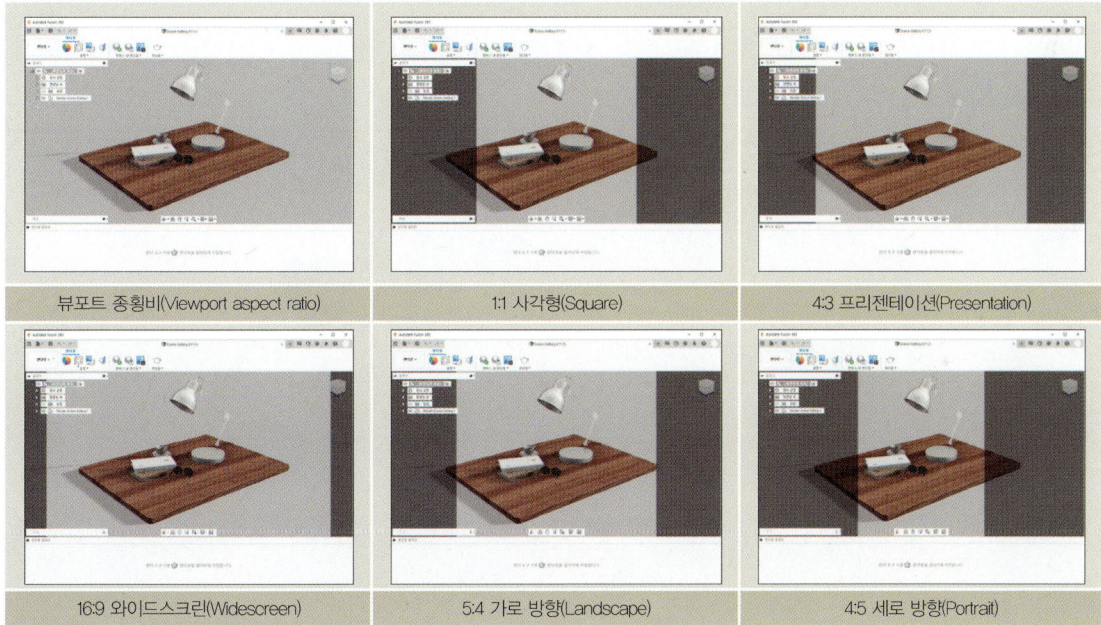

❺ 설정(Settings) 데이터 관리

배경에서부터 카메라까지 설정한 데이터를 관리하는 기능으로, 테스트를 거쳐 효과적인 설정값을 입력했다면, 이를 저장하거나 새로운 설정을 위해 초기화 할 수 있다.

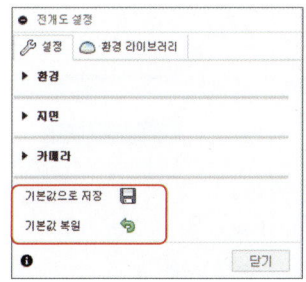

- 기본값으로 저장(Save as Defaults) 현재 설정값을 Defaults로 저장한다.
- 기본값 복원(Save as Defaults) 설정값을 복원하며, 기본값으로 저장(Save as Defaults)을 하지 않았을 경우 초기화 한다.

3-2 환경 라이브러리(Environment Library)

렌더링 이미지의 객체나 배경에 투영하는 이미지(HDRI) 파일을 관리한다.
Fusion 360에서는 조명(광원)이 설치된 HDRI 파일과 조명과 배경이미지까지 포함한 HDRI 파일을 제공하고 있으며, 일부 파일에 대해서는 다운로드를 받은 후 사용할 수 있다.

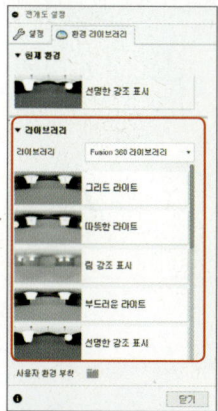

기능 익히기 ▶ 환경(Environment)

01 [파일(File)]-[열기(Open)]-[내 컴퓨터에서 열기(Open from my computer...)]로 아래 예제 파일을 연다.

- 예제 파일 : PART5₩Appearance-01.f3d

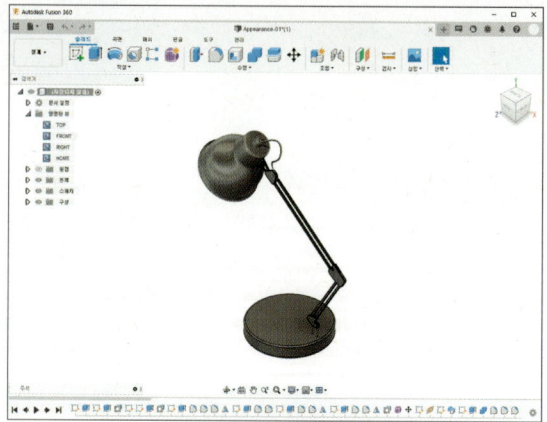

02 렌더링(RENDER) 작업공간으로 전환 후 툴바 도구막대에서 [전개도 설정(Scene Settings)] 아이콘을 클릭한다.

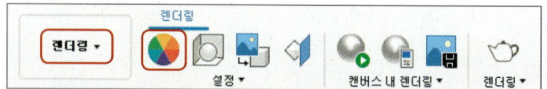

03 환경(Environment) 항목의 배경(Background)를 확장한 후 환경(Environment)으로 변경한다.

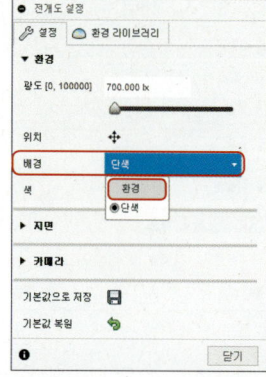

04 라이브러리(Labrary) 목록에서 [Plaza]를 다운로드 후 작업공간으로 드래그&드롭 한다.

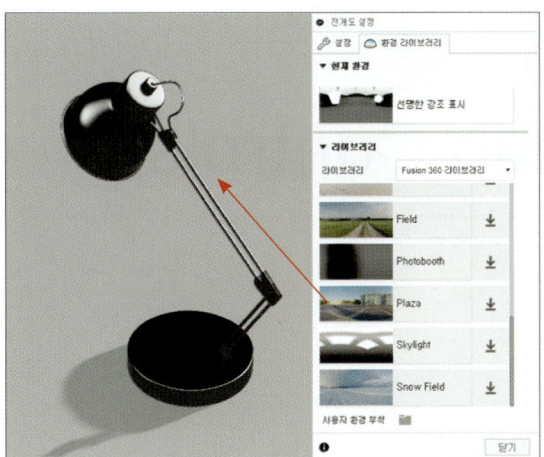 

05 [설정(Settings)] 탭에서 지면(Ground) 항목 지면(Ground)항목의 지면 평면화(Ground Plane)에 체크한 후 환경(Environment) 항목의 위치(Position) 아이콘(✥)을 클릭, 배경 이미지의 위치를 조정한다.

 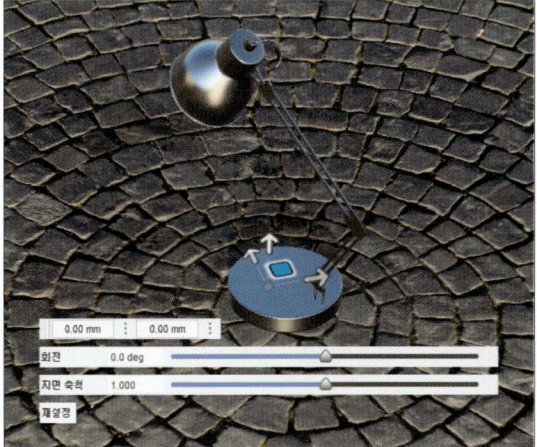

여기서 잠깐

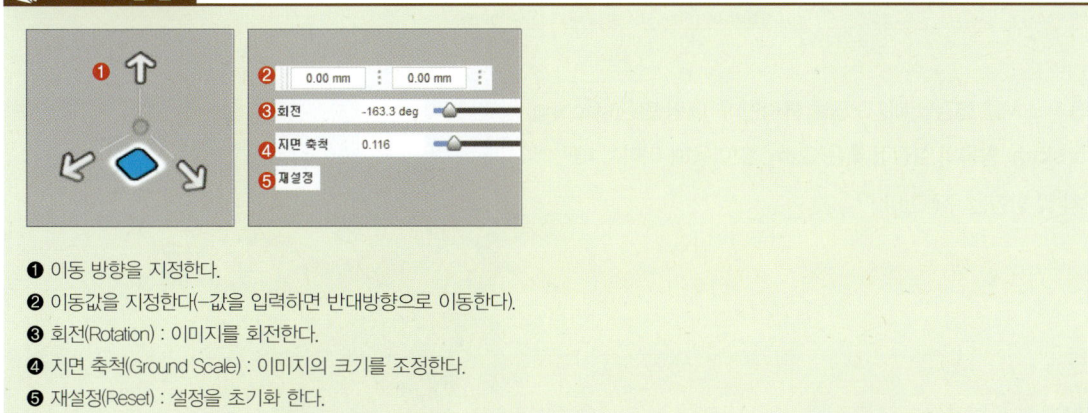

❶ 이동 방향을 지정한다.
❷ 이동값을 지정한다(–값을 입력하면 반대방향으로 이동한다).
❸ 회전(Rotation) : 이미지를 회전한다.
❹ 지면 축척(Ground Scale) : 이미지의 크기를 조정한다.
❺ 재설정(Reset) : 설정을 초기화 한다.

Section 04 : 텍스처 맵 컨트롤 (Texture Map Controls)

모델에 적용한 텍스처(Texture)를 편집하는 기능으로 Gizmo를 이용해 패턴의 형태와 축 방향 등을 디자이너의 의도에 맞게 재설정 할 수 있다.

기능 익히기 ▶ 텍스처 맵 컨트롤-3D 텍스처(Texture Map Controls-3D Texture)

01 [파일(File)]-[열기(Open)]-[내 컴퓨터에서 열기(Open from my computer...)]로 클릭하여 아래 예제 파일을 연다.
- 예제 파일 : PART5₩Texture Map Controls-01.f3d

02 작업공간(Workspace)을 [렌더링(RENDER)]으로 변경한 후 도구막대 메뉴에서 [텍스처 맵 컨트롤(Texture Map Controls)] 아이콘을 클릭한다.

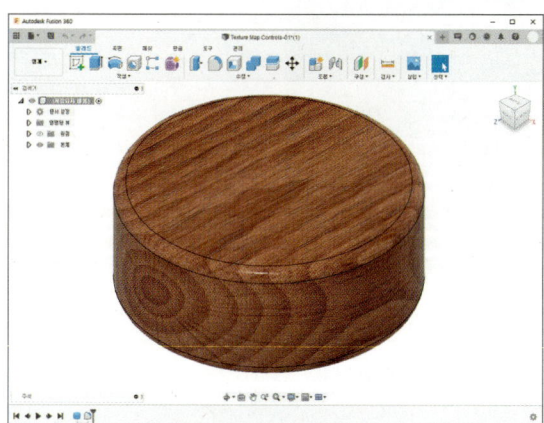

03 텍스처를 변경할 매핑모델을 클릭한 후 매핑 변환(Mapping Transform) 항목의 설정값 혹은 Gizmo를 이용해 이미지 패턴의 위치 및 방향을 수정한다.

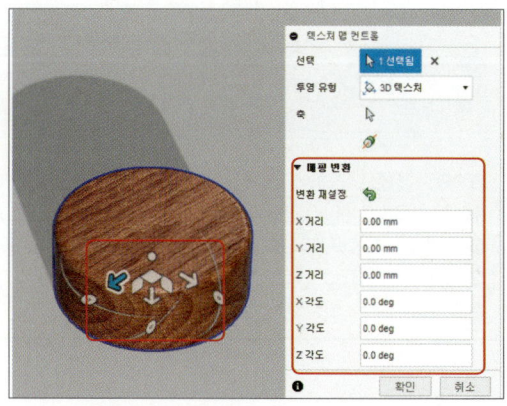

04 축(Axis) 아이콘( )을 클릭한 후 이미지 패턴의 축을 재지정 할 수 있다.

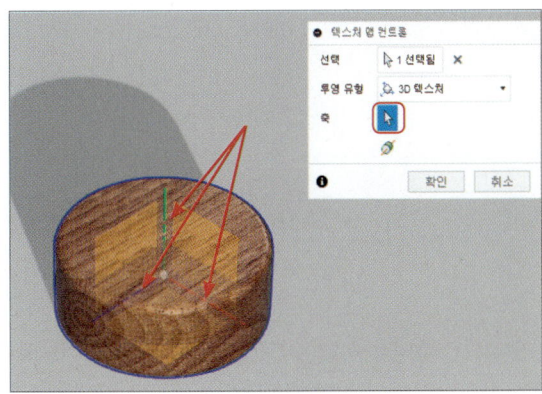

> 기능 익히기 ▶ 텍스처 맵 컨트롤-2D 텍스처(Texture Map Controls-2D Texture)

01 [파일(File)]-[열기(Open)]-[내 컴퓨터에서 열기(Open from my computer...)]로 아래 예제 파일을 연다.
■ 예제 파일 : PART5₩Texture Map Controls-02.f3d

02 렌더링(RENDER) 작업공간으로 전환한 후 도구막대 메뉴에서 텍스처 맵 컨트롤(Texture Map Controls)] 아이콘을 클릭한다.

03 텍스처를 변경할 매핑모델을 클릭한다.

Section 04_텍스처 맵 컨트롤(Texture Map Controls) ■ 463

04 투영 유형(Projection Type)을 원통형(Cylindrical) 타입으로 변경한다.

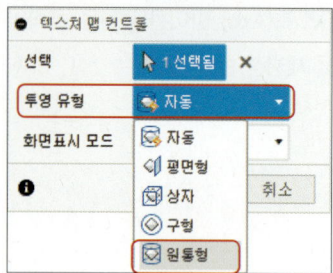

05 이미지 패턴의 축 방향을 지정한 후 Gizmo를 이용해 추가적으로 이동 및 회전하여 패턴을 수정한다.

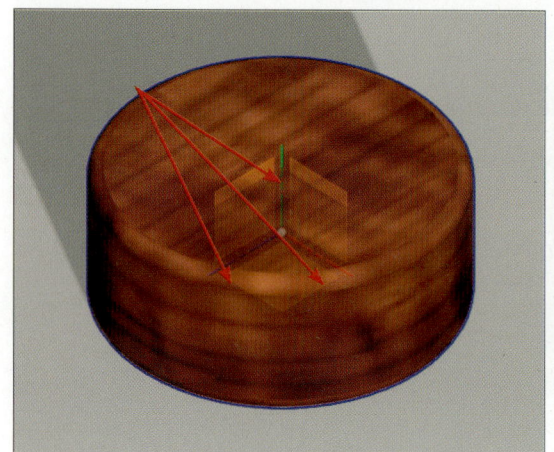 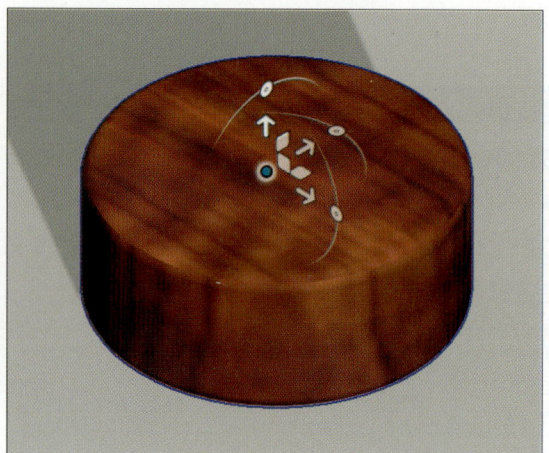

Section 05 : 캔버스 내 렌더링 (In-Canvas Render)

최종 Rendering을 하기에 앞서 텍스처(Texture)에 적용되는 굴절, 반사, 조명(혹은 빛) 등의 효과를 실시간으로 재현한다. 단, 광선을 추적하는 도중 뷰의 구도를 변경하거나 텍스처(Texture)를 수정하는 등 변화가 생길 경우 프로세스가 처음부터 다시 진행된다.

5-1 캔버스 내 렌더링 설정(In-Canvas Render Setting)

광선 추적의 목표치를 설정하며, 퀄리티가 높을수록 더 많은 시간이 소요된다. 설정한 목표치는 캔버스 내 렌더링(In-Canvas Render)에서만 적용되며, Rendering 결과와는 무관하다.

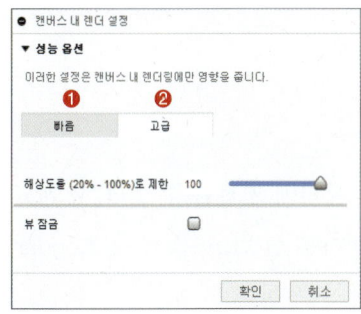

❶ 빠름(Fast)

Rendering을 심플하게 적용하며, 빠른 시간 안에 목표치에 도달할 수 있지만 이미지의 퀄리티가 낮다는 단점이 있다.

❷ 고급(Advanced)

Rendering을 사실감 있게 적용해 높은 퀄리티로 연출할 수 있지만 목표치에 도달하는 시간이 빠름(Fast)에 비해 상대적으로 오래 걸린다.

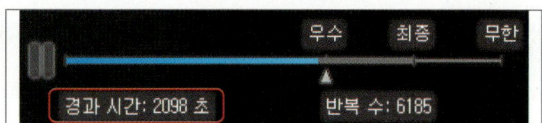

5-2 이미지 캡처(Capture Image)

현재 캔버스(Canvas)의 상태를 이미지의 형태로 Cloud 및 사용자의 컴퓨터에 저장할 수 있다. 전개도 설정(Scene Settings)을 통해 이미지의 크기를 설정하고, 캔버스 내 렌더링 설정(In-Canvas Render Setting)을 통해 해상도를 설정한다. 파일은 *.png, *.jpg, *.tiff 형식을 지원한다.

이미지 옵션(Image Option)은 다음과 같이 구성되어 있다.

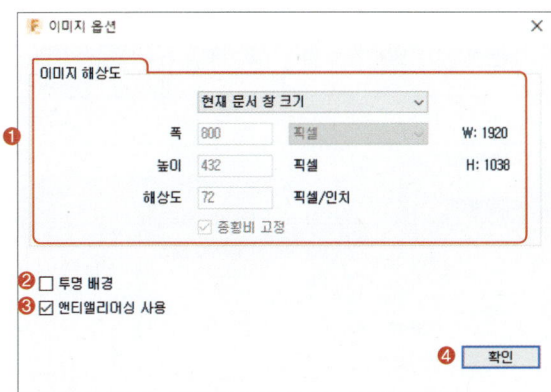

❶ 이미지 해상도(Image Resolution) : 이미지의 저장 사이즈를 조정한다.

❷ 투명 배경(Transparent Background) : 이미지를 저장할 때 배경을 투명화한다.

❸ 앤티앨리어싱(Enable Anti-Aliasing)(이미지의 계단현상) 방지효과를 활성화한다.

※ 계단현상이란 이미지의 경계선이 계단의 단면처럼 거칠게 표현되는 것을 말한다.

❹ 이미지를 저장(Save as)한다.

여기서 잠깐

캔버스 내 렌더링(In-Canvas Render)이 활성화 되어있는 경우에는 투명 배경(Transparent Background)과 앤티앨리어싱(Enable Anti-Aliasing) 항목을 편집할 수 없다.

다름 이름으로 저장(Save As)는 다음과 같이 구성되어 있다.

❶ 이름(Name) : 이미지의 이름을 설정한다.

❷ 유형(Type) : 이미지의 저장 포맷을 설정하며, *.png, *.jpg, *.tif 형식을 지원한다.

❸ 클라우드의 프로젝트에 저장(Save to a project in the cloud) : 이미지의 저장 프로젝트를 설정한다.

❹ 내 컴퓨터에 저장(Save to my computer) : 이미지를 사용자의 컴퓨터에 저장하며, 그 경로를 설정한다.

여기서 잠깐

PNG와 TIFF 포맷은 이미지를 압축하지 않는 파일 방식이다.

기능 익히기 ▶ 이미지 캡처(Capture Image)

01 [파일(File)]-[열기(Open)]-[내 컴퓨터에서 열기(Open from my computer...)]로 아래 예제 파일을 연다.

■ 예제 파일 : PART5₩Capture Image-01.f3d

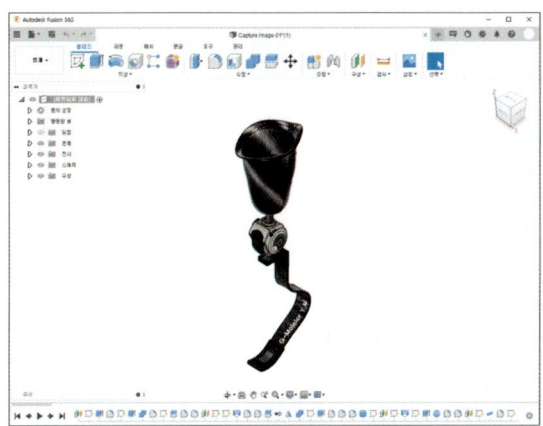

02 렌더링(RENDER) 작업공간으로 전환한 후 도구막대에서 [이미지 캡처(Capture Image)] 아이콘을 클릭한다.

03 이미지의 사이즈 및 비율을 지정하고 [확인(OK)] 버튼을 누른다.

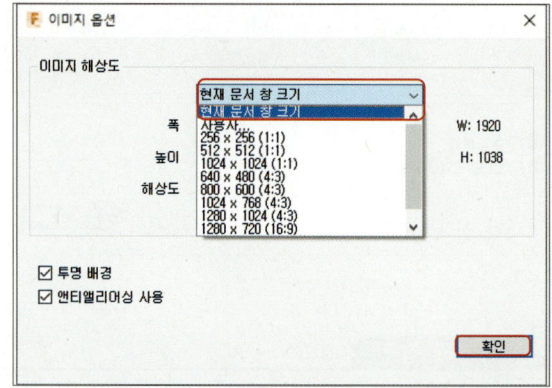

04 이미지의 이름(Capture Image-01)과 유형(Type)을 지정한 후 내 컴퓨터에 저장(Save to my computer) 항목을 체크하고 아이콘( )을 눌러 저장 경로를 지정해 준다.

05 사용자의 컴퓨터에서 저장 경로를 찾아 이미지를 확인한다.

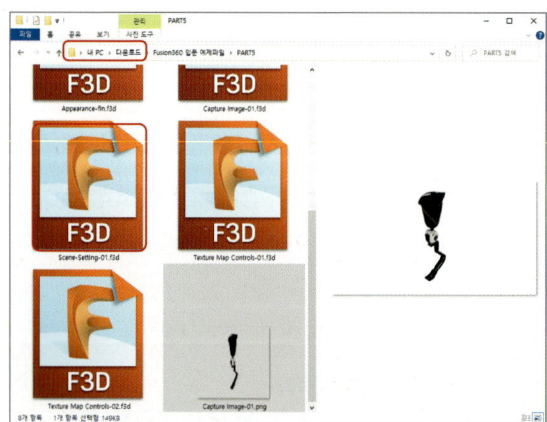

Section 06 : 렌더(Render)

클라우드(Cloud) 또는 로컬 렌더러(Local Renderer)를 이용해 캔버스(Canvas)를 고품질의 이미지로 추출한다. 렌더 설정(Rendering Settings)에는 이미지의 크기와 비율, 파일 형식(File Format)과 렌더링 방식 및 품질 등을 설정할 수 있으며, 진행 및 완료된 이미지는 렌더링 갤러리(RENDERING GALLERY)에서 확인할 수 있다.

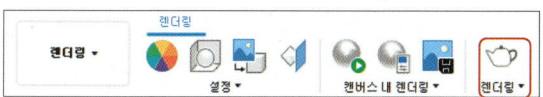

렌더 설정(RENDERING SETTINGS)은 다음과 같이 구성되어 있다.

❶ 이미지 크기(Image Size) : 이미지의 용도와 화면출력 디바이스에 맞춰 크기 및 비율, 픽셀 등을 선택하거나, 사용자가 이미지의 크기를 설정할 수 있다.

❷ 종횡비(Aspect Ratio) : 이미지의 비율을 조정할 수 있으며, 선택한 비율에 따라 Height(세로)의 px(픽셀)값이 변경된다.

❸ 노출(Exposure) : 노출 적용 방식을 선택한다.

❹ 사용할 렌더러(RENDER WITH) : 렌더링 이미지를 추출하는 렌더러(Rendeder)를 선택하며, 클라우드 렌더링(Cloud Renderer)를 선택할 경우 전문적인 하드웨어(그래픽카드 등)가 없어도 사실적이고 높은 품질의 이미지를 비교적 빠르게 생성할 수 있다.

❺ 렌더 품질(RENDER QUALITY) : Render 이미지의 품질을 설정할 수 있으며, 최종(Final)의 경우 더욱 많은 작업 시간을 필요로 한다.
❻ 렌더 대기열 시간(RENDER QUEUE TIME) : Rendering 작업시간을 표시한다.
❼ 렌더(Render) : 설정값을 토대로 렌더링를 시작하며, 작업창 하단에 있는 렌더링 갤러리(RENDERING GALLERY)에서 작업 진행을 확인할 수 있다.

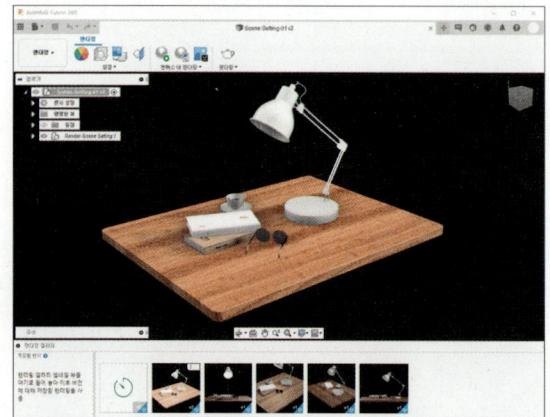

6-1 렌더링 갤러리(RENDERING GALLERY)

Rendering 이미지에 대해 다시 렌더링 하거나 편집, 다운로드를 할 수 있다. 그리고 렌더링 갤러리(RENDERING GALLERY)에서 이미지를 삭제하거나 Fusion 360 GALLERY와 A360 에서 해당 이미지를 손쉽게 공유할 수 있도록 지원하고 있다.

렌더링 갤러리(RENDERING GALLERY)는 다음과 같이 구성되어 있다.

❶ 다시 렌더링(Rerender) : 렌더 설정(Rendering Settings)을 변경 및 수정하고 Rendering한다.
❷ 턴테이블(Turntable) : 대상 Model을 회전하며 Rendering한다. 프레임(Frame)과 이미지의 크기, 비율, 품질 등을 제어할 수 있다.

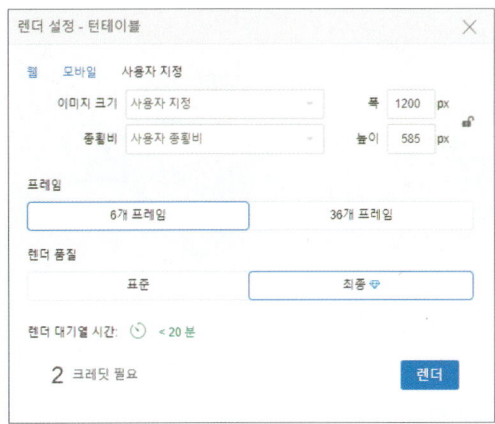

❸ 사후 처리(Post processing) : Rendering 이미지를 후보정 한다. 이때 노출, 그림자, 이미지 톤 등을 설정할 수 있으며, 블룸 양(Bloom Amount), 블룸 폭 승수(Bloom Width Multiplier)를 이용해 광원의 빛을 확산하는 효과를 연출할 수 있다.

• 노출 값(Exposure Value) : 노출값을 조정한다.

▲ 노출 값(Exposure Value) = 8.0

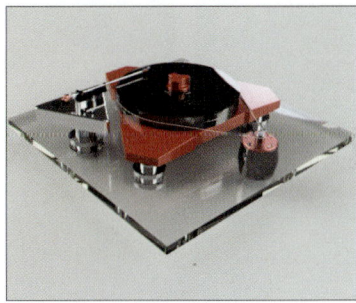
▲ 노출 값(Exposure Value) = 9.5

▲ 노출 값(Exposure Value) = 10.0

• 사전 설정(Preset) : 지정된 값에 따라 이미지를 보정하며, 사용자 지정(Custom)을 이용해 하이라이트, 중간톤, 그림자 등을 수동으로 조정할 수 있다.

- 채도(Saturation) : 색의 3요소의 하나로 선명한 정도를 조정한다.

▲ 채도(Saturation) = 1.5　　　▲ 채도(Saturation) = 3.0　　　▲ 채도(Saturation) = 5.0

- 색상 유지(Color Preserving) : 색상을 보존한다.
- 색상 보정(Color Correction) : 흰색 점(White Point)를 이용해 색상을 보정한다.

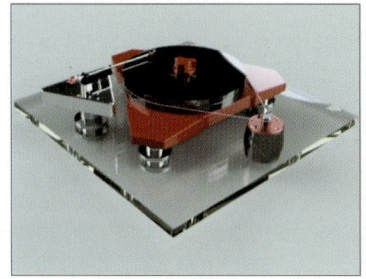  

▲ 흰색 점(White Point) = 5500　　　▲ 흰색 점(White Point) = 6500(기본)　　　▲ 흰색 점(White Point) = 8500

- 블룸 양(Bloom Amount) : 광원의 주위로 블룸(Bloom) 효과를 적용한다.
- 블룸 폭 승수(Bloom Width Multiplier) : 블룸(Bloom) 효과의 범위를 조정한다.

▲ 블룸 양(Bloom Amount) : 0.1, 블룸 폭 승수(Bloom Width Multiplier) : 3.0　　　▲ 블룸 양(Bloom Amount) : 0, 블룸 폭 승수(Bloom Width Multiplier) : 1.0

❹ 다운로드(Download) : Rendering 이미지의 저장 포맷을 설정한 후 사용자의 컴퓨터에 다운로드 한다.

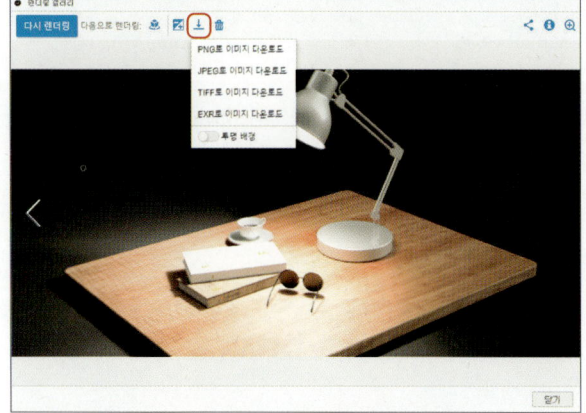

❺ 삭제(Delete) : 렌더링 갤러리(RENDERING GALLERY)에서 해당 이미지를 삭제한다.

❻ 이미지 공유(Share Image) : Fusion 360 Gallery에서 해당 이미지를 공유한다.

❼ 정보(Information) : Rendering 이미지의 정보를 확인할 수 있다.

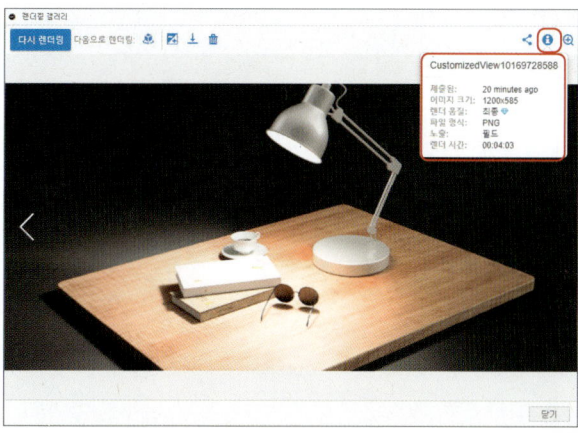

❽ 줌(Zoom) : 이미지를 확대하거나 축소한다.

Appendix | 재질(Material) 목록

재질 매핑을 효과적으로 적용하기 위해서는 각 카테고리의 대표적인 재질 특성을 확인하고 요구하는 연출 효과를 얻기 위하여 편집 기능을 활용할 수 있어야 한다. 따라서 Fusion 360에서 제공하고 있는 재질을 파악하는 것이 가장 우선되며, 사용하는 언어에 따라 카테고리 분류에 약간의 차이가 있다는 점과 재질에 따라 설정 항목이 다르다는 점을 알아두자.

1. Leather and Cloth

옷감에 사용되는 섬유나 가죽 느낌을 매핑한다. 구조의 특성상 표면의 질감을 표현하기 위하여 울퉁불퉁하게 표현 되도록 범프(Bump) 효과가 들어가 있다.

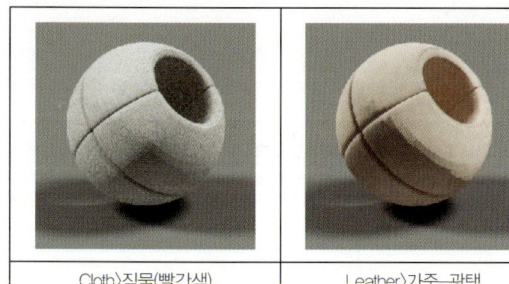

Cloth〉직물(빨간색) Leather〉가죽_광택

2. Other : 기본 재료나 액체, 보석, 조명 등 효과를 매핑한다.

Base Materials〉Base Material-Layered Carbon Fiber〉탄소 섬유-트윌 Emissive〉표시-7개 세그먼트-LED Environment〉아스팔트

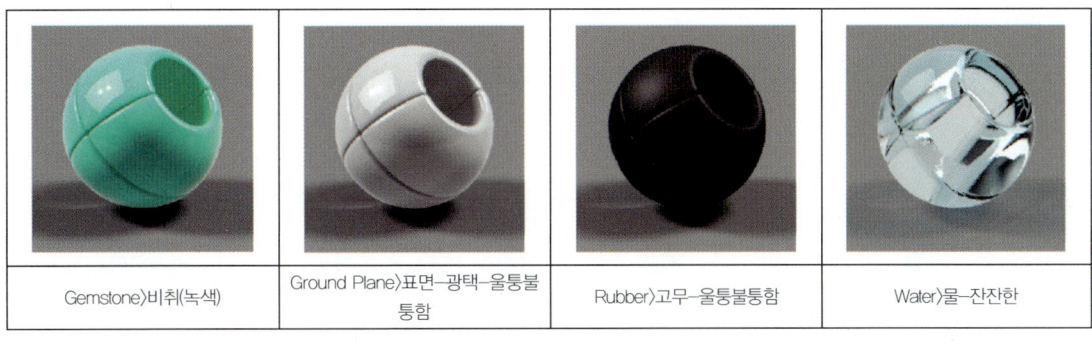

3. Wood&목재 : 나무 무늬를 매핑한다.

4. Wood(Solid) : 객체의 표면이 아닌 재질 자체를 매핑하며, 나이테 무늬를 자연스럽게 적용해 원목 나무 효과를 극대화 할 수 있다.

5. 거울(Mirror) : 거울과 같은 반사 효과를 매핑한다.

6. 금속(Metal)

가장 많은 종류의 재질을 제공하고 있으며, 금속의 특성에 따라 광택, 거친 표면, 와이어 효과 등을 매핑한다.

7. 기타(Miscellaneous)

공기, 전구, 실리콘 등 특수한 재질 효과들을 매핑한다.

 고무(Rubber)-경질	공기	 기본 재료(Base Materials)-글레이징	방사(Emissive)>A형 전구-젖빛-1500lm
 보석(Gemstone)-크리스탈	 왁스(Wax) (내츄럴)	 종이(Paper) (흰색)	 지반 평면(Ground Plane)>표면-광택
 탄소 섬유(Carbon Fiber)-일반	 폼(Foam)>폴리스티렌		

8. 석재(Stone)

돌과 같은 암석 효과를 매핑한다.

화강암(Granite)-검은색 및 흰색

9. 액체(Liquid)

물과 같은 액체의 효과를 매핑한다. 액체의 성질에 따라 투명도와 반사등의 효과가 들어가 있다.

물-잔잔한 바다

10. 유리(Glass)

유리는 특성에 따라 투명하거나 반투명, 내부가 비치지 않는 등 다양한 재질이 있기 때문에 용도에 맞게 매핑할 수 있도록 한다.

| 매끄러움(Smooth)>유리-창 | 색상 밀도(Color Density)>유리-진한 색상 | 텍스처(Textured)>유리-젖빛 |

11. 직물(Fabric)&천

매직물은 침구 커텐 등 천 또는 소파 등에 사용되는 가죽 느낌을 매핑한다. 구조의 특성상 표면이 울퉁불퉁하게 표현 되도록 범프(Bump) 효과가 들어가 있다.

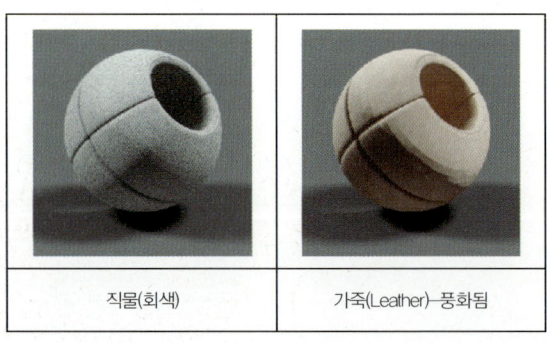

| 직물(회색) | 가죽(Leather)-풍화됨 |

12. 페인트(Paint)

형상의 겉면에 페인트를 칠한 것 같은 효과를 주며, 특성에 따라 알갱이가 섞여 있거나 광택 효과를 연출할 수 있다.

광택(Glossy)〉페인트-애나멜 광택(검은색)

금속(Metallic)〉페인트-금속(검은색)

금속 박편(Metal Flake)〉페인트-금속 박편(검은색)

분말 코팅 거침(Powder Coat Rough)〉분말 코팅-거침(흰색)

분말 코팅 매끄러움(Powder Coat Smooth)〉분말 코팅(검은색)

13. 플라스틱(Plastic)

매끄러운 형태에 안정적인 광택을 적용하며 무광, 투명 효과도 매핑할 수 있다.

ABS(흰색)

반투명(Translucent)〉플라스틱-반투명 광택(파란색)

불투명(Opaque)〉FR4

텍스처(Textured)〉플라스틱-텍스처-임의

투명(Transparent)〉아크릴(선명)

PART 06

F u s i o n 3 6 0

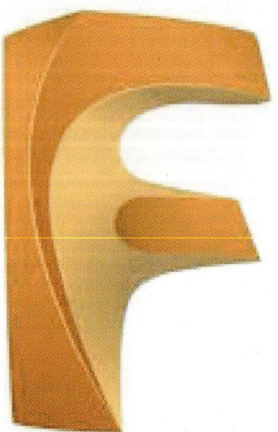

실전 3D 모델링 프로젝트

스케치 작성부터 솔리드 모델링, 자유 양식(Free Form) 모델링, 렌더링까지 기본 기능을 익혔다면 이제는 주변에서 볼 수 있는 모델을 찾아 스스로 모델링을 해본다면 훨씬 더 실력향상에 도움이 될 것이다.

실전 프로젝트 01　전구 & 전등 모델링
실전 프로젝트 02　음식 로봇 모델링

실전프로젝트 01

실전 프로젝트 01
동영상 강좌

전구&전등 모델링

01 [작성(CREATE)]-[스케치 작성(Create Sketch)]을 실행하여 XZ평면을 지정한다. [작성(CREATE)]-[원(Circle)]-[중심지름 원(Center Diameter Circle)]을 실행하여 Ø10mm 원을 작성한다.

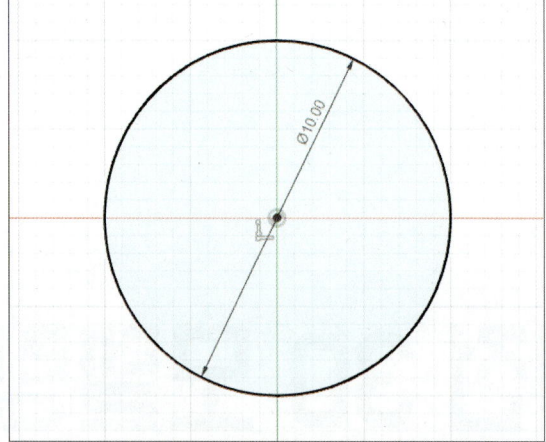

02 [구성(CONSTRUCT)]-[평면 간격띄우기(Offset Plane)]를 실행하여 XZ평면에서 5mm 떨어진 평면을 만든다.

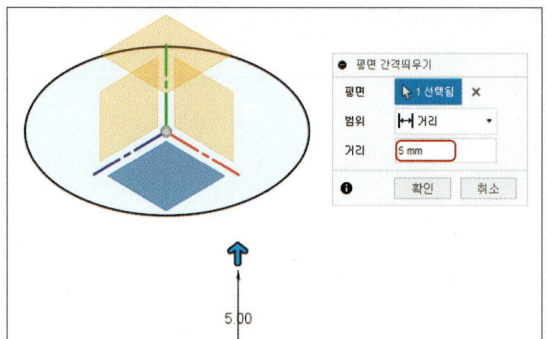

03 [작성(CREATE)]-[스케치 작성(Create Sketch)]을 실행하여 5mm 떨어진 평면을 지정한다. 01과 동일한 방법으로 Ø15mm 원을 작성한다.

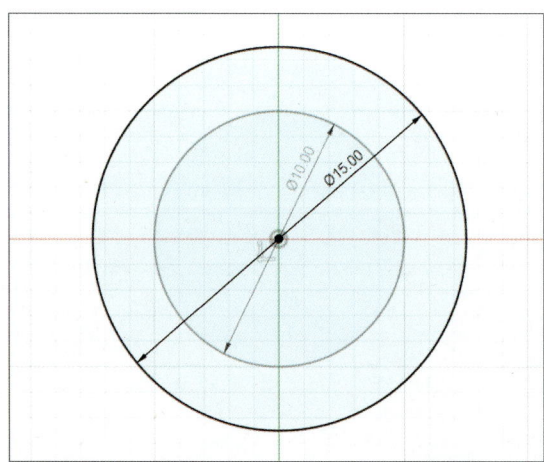

04 [작성(CREATE)]-[로프트(Loft)]를 실행하여 두 원을 프로파일(Profile)로 선택한다. 생성(Operation)은 새 본체(New Body)로 로프트한다.

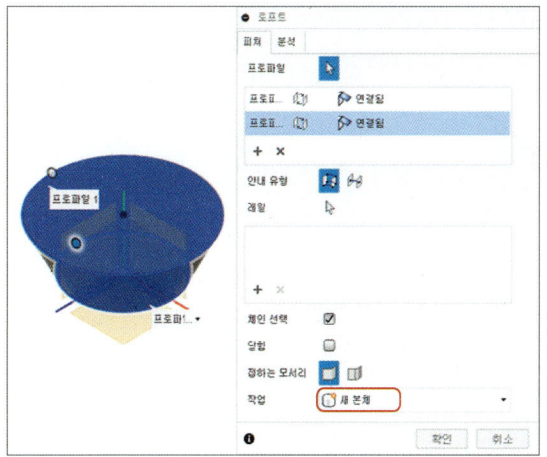

05 [스케치 작성(Create Sketch)]을 실행하여 로프트 형상의 가장 윗면을 지정한다. 01과 동일한 방법으로 Ø26mm 원을 작성한다.

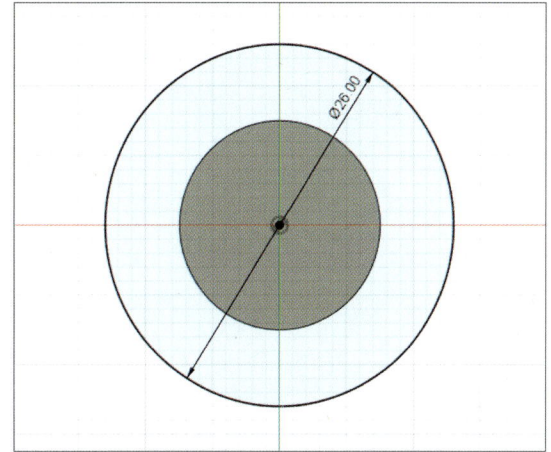

06 [작성(CREATE)]-[돌출(Extrude)]을 실행하여 Ø26mm 원이 모두 선택되도록 프로파일(Profile) 2개를 선택한다. 거리(Distance)를 20mm, 생성(Operation)은 접합(Join)으로 돌출한다.

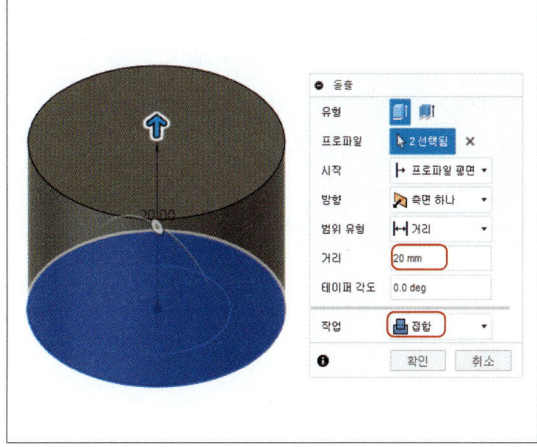

07 [수정(MODIFY)]-[모깎기(Fillet)]를 실행하여 아래 원기둥 부분에 반지름(Radius) 5mm로 모깎기한다.

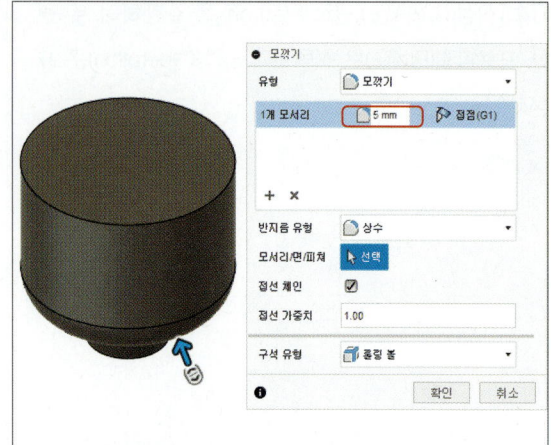

08 [스케치 작성(Create Sketch)]을 실행하여 돌출 형상의 가장 윗면을 지정한다. 01과 동일한 방법으로 Ø30mm 원을 작성한다.

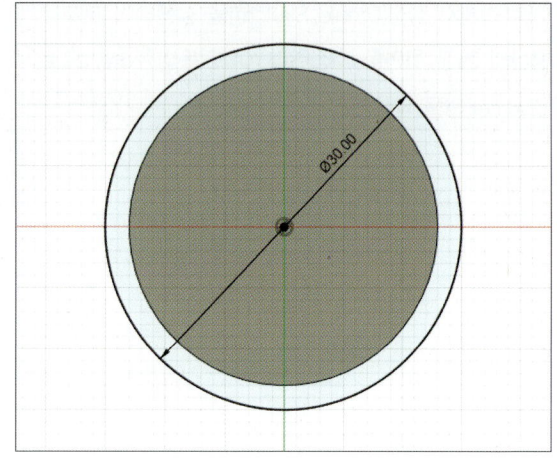

09 [작성(CREATE)]-[돌출(Extrude)]을 실행하여 06과 동일한 방법으로 프로파일(Profile) 2개를 선택한다. 거리(Distance)를 4mm, 생성(Operation)은 새 본체(New Body)로 돌출한다.

10 [수정(MODIFY)]-[모깎기(Fillet)]를 실행하여 새로 돌출한 형상의 아랫부분에 반지름(Radius) 1mm로 모깎기한다.

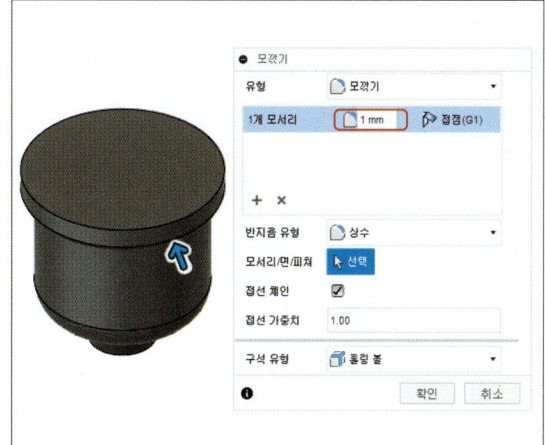

11 [구성(CONSTRUCT)]-[평면 간격띄우기(Offset Plane)]를 실행하여 돌출 형상의 윗면에서 10mm 떨어진 평면을 만든다.

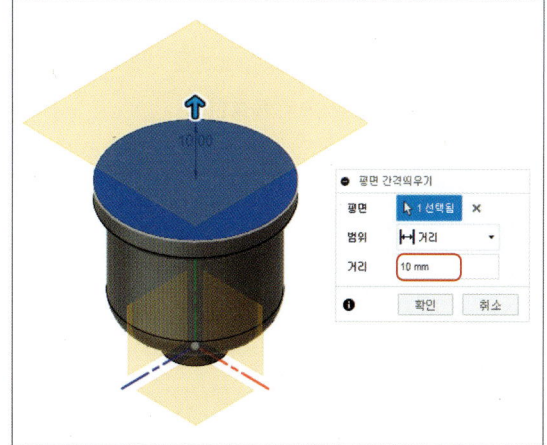

12 [작성(CREATE)]-[스케치 작성(Create Sketch)]을 실행하여 10mm 떨어진 평면을 지정한다. 01과 동일한 방법으로 Ø55mm 원을 작성한다.

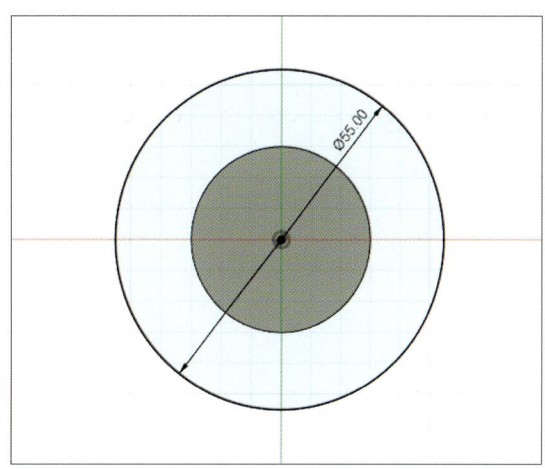

13 [작성(CREATE)]-[로프트(Loft)]를 실행한다. 두 원을 프로파일(Profile)로 선택하여 생성(Operation)은 접합(Join)으로 로프트한다.

14 [작성(CREATE)]-[돌출(Extrude)]을 실행하여 가장 윗면을 선택하고 거리(Distance)를 35mm, 생성(Operation)은 접합(Join)으로 돌출한다.

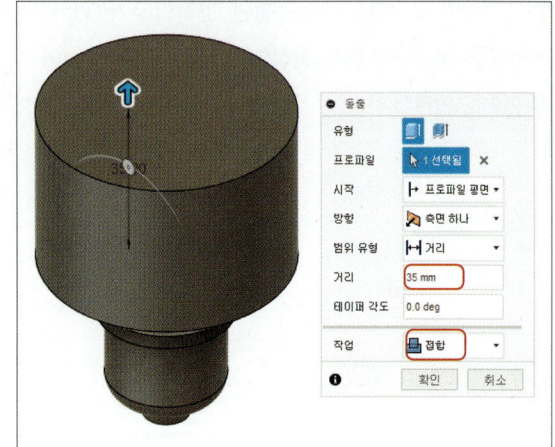

15 [구성(CONSTRUCT)]-[평면 간격띄우기(Offset Plane)]를 실행하여 돌출 형상의 윗면에서 -10mm 떨어진 평면을 만든다.

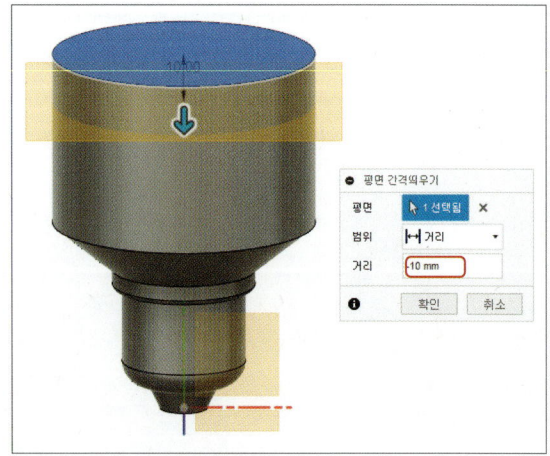

16 [작성(CREATE)]-[스케치 작성(Create Sketch)]을 실행하여 -10mm 떨어진 평면을 지정한다. [작성(CREATE)]-[투영/포함(Project/Include)]-[프로젝트(Project)]를 실행하여 원을 투영한다.

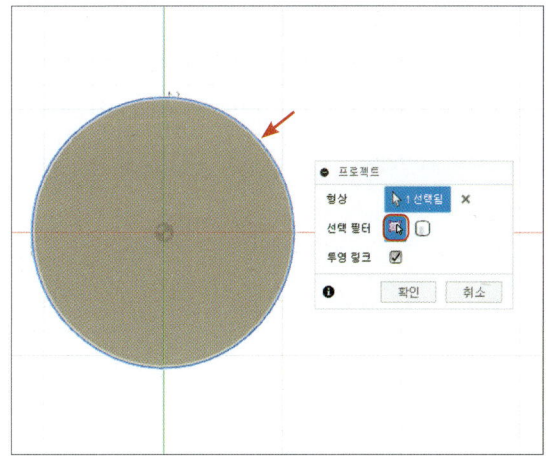

17 [작성(CREATE)]-[파이프(Pipe)]를 실행하여 투영한 원을 선택하고 단면 크기(Section Size) 1.5mm, 작업(Operation)은 잘라내기(Cut)t로 생성한다.

18 [작성(CREATE)]-[스케치 작성(Create Sketch)]을 실행하여 XY평면을 지정한다. [호(Arc)]-[3점 호(3-Point Arc)], [선(Line)], [스케치 치수(Sketch Dimension)]를 사용하여 스케치를 작성한다.

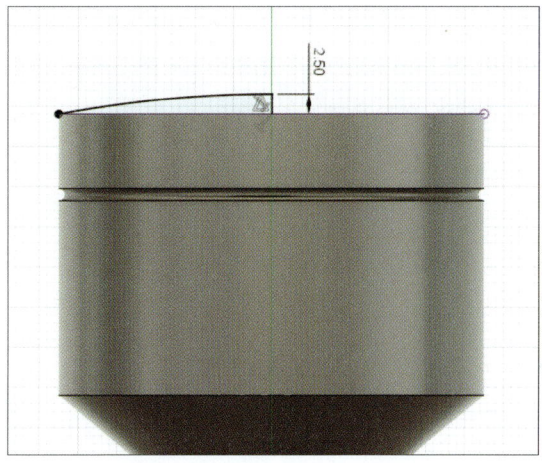

19 [작성(CREATE)]-[회전(Revolve)]를 실행하여 위에서 작성한 스케치를 프로파일(Profile)로 지정한다. 가운데 축을 중심으로 360도, 생성(Operation)은 접합(Join)으로 회전한다.

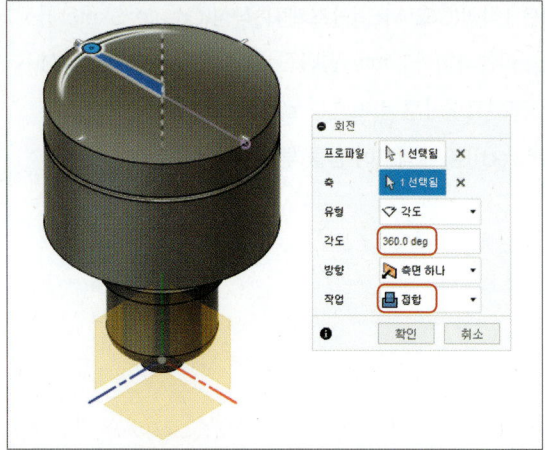

20 [작성(CREATE)]-[스레드(Thread)]를 실행하여 20mm 돌출형상의 옆면을 선택한다. 모델링됨(Modeled)에 체크, 전체 길이(Full Length)에 체크, 크기(Size) 30mm, 지정(Designation) M30x3.5로 스레드를 작성한다.

21 검색기(BROWSER)에서 구성(Construction)을 확장해 평면3(Plane3)을 마우스 우클릭하여 퀵메뉴에서 스케치 작성(Create Sketch)을 실행한다.

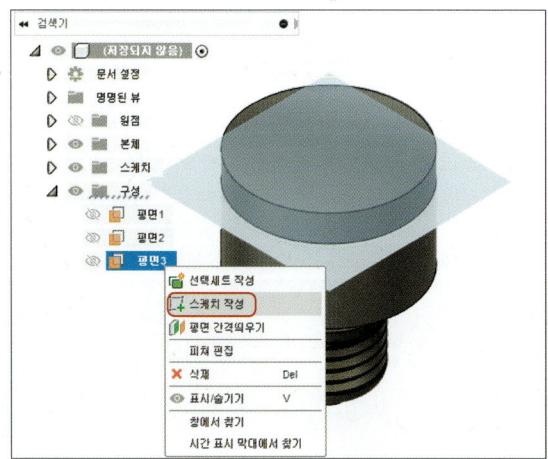

22 [작성(CREATE)]-[폴리곤(Polygon)]-[외접 폴리곤(Circumscribed Polygon)]을 실행하고 원점을 중심으로 6각형을 작성한다.

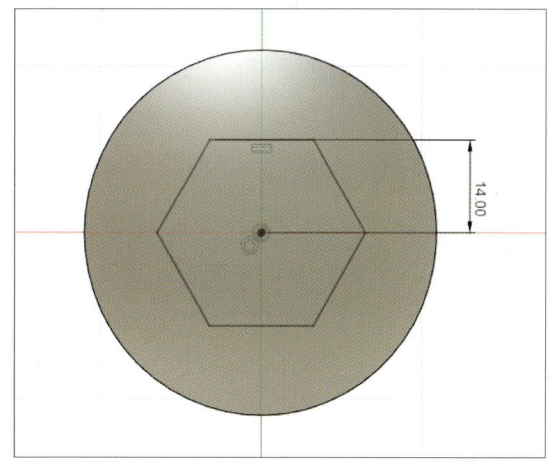

23 [구성(CONSTRUCT)]-[기울어진 평면(Plane at Angle)]을 실행하여 육각형의 하나의 모서리를 선택, 각도(Angle)는 0으로 새로운 평면을 작성한다.

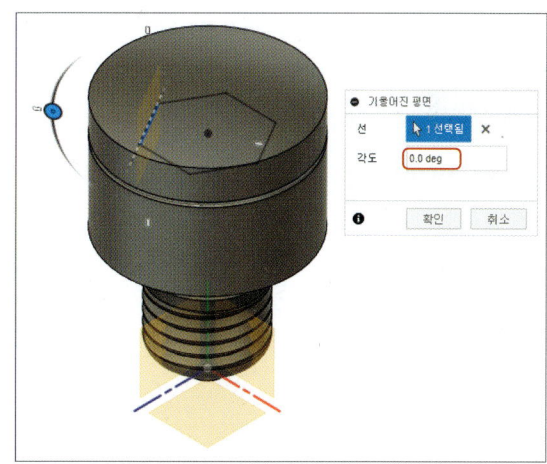

24 [작성(CREATE)]-[스케치 작성(Create Sketch)]을 실행하여 23에서 작성한 평면을 지정한다. [작성(CREATE)]-[투영/포함(Project/Include)]-[프로젝트(Project)]를 실행하여 육각형 모서리를 투영한 후에 [선(Line)], [모깎기(Fillet)], [스케치 치수(Sketch Dimension)]를 사용하여 스케치를 작성한다.

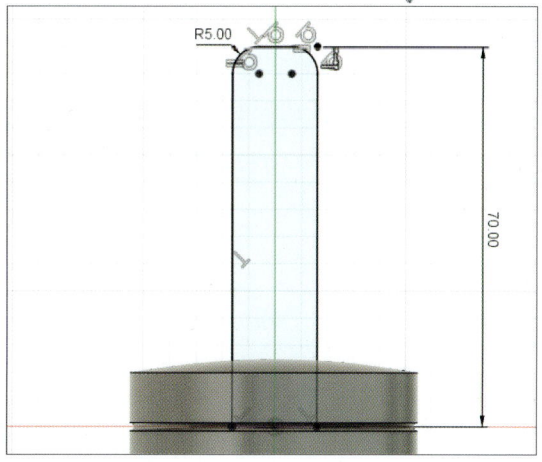

25 [작성(CREATE)]-[스케치 작성(Create Sketch)]을 실행하여 평면3(Plane3)을 지정한다. [작성(CREATE)]-[원(Circle)]-[중심 지름 원(Center Diameter Circle)]을 실행하여 24에서 작성한 스케치 끝점을 중심으로 Ø10mm 원을 작성한다.

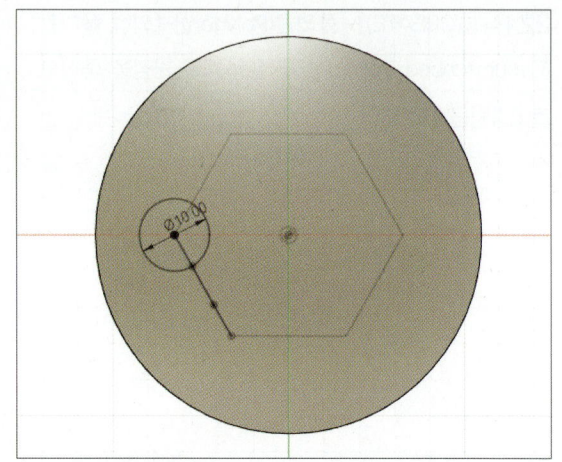

26 [작성(CREATE)]-[스윕(Sweep)]을 실행한다. 프로파일(Profile)은 Ø10mm 원을, Path는 24에서 작성한 스케치선을 선택하여 생성(Operation)은 새 본체(New Body)로 스윕한다.

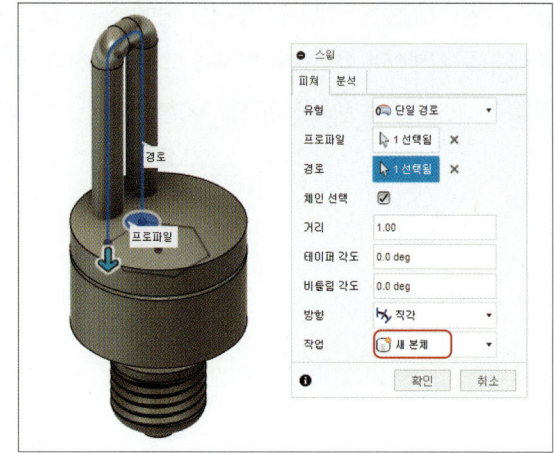

27 [작성(CREATE)]-[패턴(Pattern)]-[원형 패턴(Circular Pattern)]을 실행한다. 유형(Pattern Type)은 본체(Bodies), 객체(Objects)는 스윕형상, 축(Axis)은 원통옆면을 선택, 각도 간격(Type)은 전체(Full)로 3개 배열 복사한다.

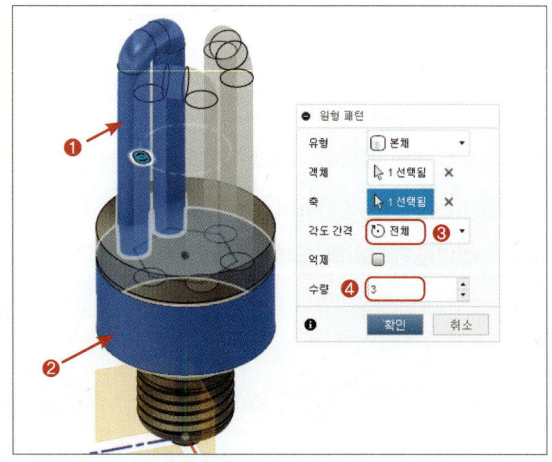

28 [수정(MODIFY)]–[결합(Combine)]을 실행하여 대상 본체(Target Body)는 본체2(Body2), 도구 본체(Tool Bodies)는 본체3~5(Body3~5), 생성(Operation)은 잘라내기(Cut), 간섭이 되는 부분만 차집합이 되도록 도구 유지(Keep Tools)에 체크하여 결합한다.

29 [수정(MODIFY)]–[모깎기(Fillet)]를 실행하여 돌출 형상의 위아래 부분에 반지름(Radius) 2mm로 모깎기 한다.

30 [수정(MODIFY)]–[모양(Appearance)]를 실행한다. [기타(Other)]–[방사(Emissive)]–[LED-SMD 5050-20lm(흰색)]을 램프 부분에, [플라스틱(Plastic)]–[불투명(Translucent)]–[플라스틱-무광(흰색)(Plastic-Translucent Matte(White))]을 본체2(Body2)에, [금속(Metal)]–[구리(Copper)]–[구리-녹청(Copper-Patina)]을 본체1(Body1)에 드래그&드롭으로 적용한다.

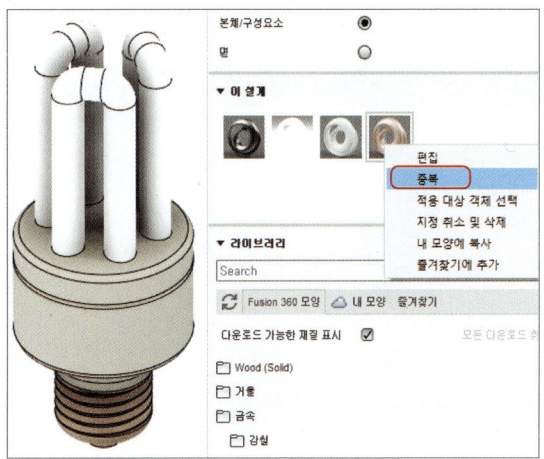

31 접지 부분의 색을 달리하기 위해 [구리-녹청(Copper-Patina)]을 중복(Duplicate)으로 복제한 재질에 마우스 우클릭 메뉴에서 편집(Edit)으로 검은 계열로 색상을 바꾼 후 면(Faces)을 선택해 아래 부분만 달리 재질을 적용한다.

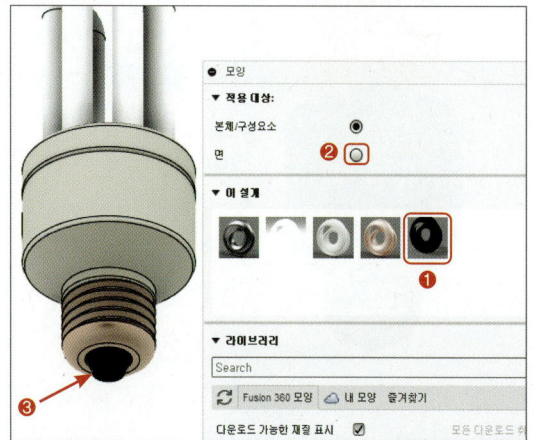

32 [수정(MODIFY)]-[이동/복사(Move/Copy)]를 실행한다. 객체 이동(Move Object)은 본체(Bodies), 선택(Seclection)은 검색기(BROWSER)의 본체(Bodies)를 확장하여 Shift 를 누른 채로 본체1(Body1)부터 본체5(Body5)까지 모두 선택하고 피벗 설정(Set Pivot)을 가장 아래 원테두리를 선택한 후 종료(Done)를 눌러 기준점을 고정한다.

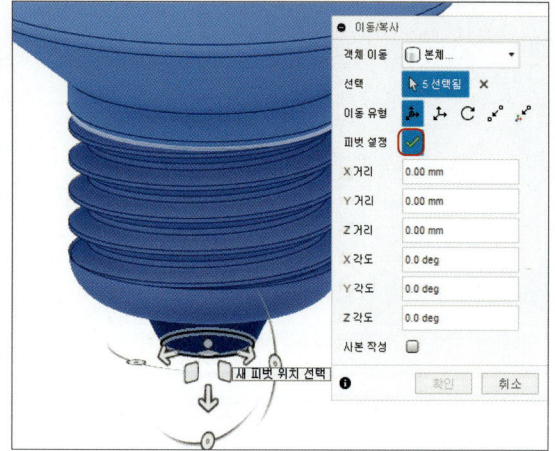

33 위 방향으로 200mm 이동하고 다시 X각도를 180도로 회전한다.

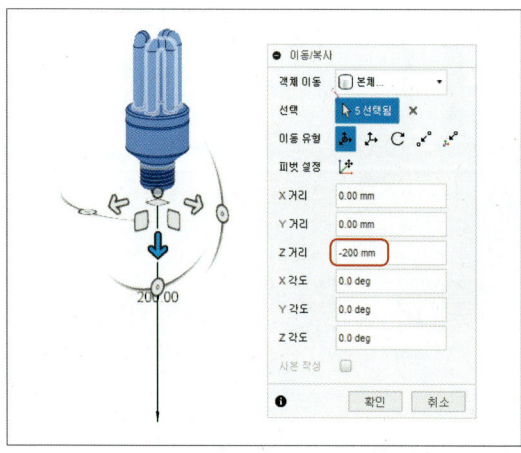

34 [구성(CONSTRUCT)]-[평면 간격띄우기(Offset Plane)]를 실행하여 돌출 형상의 윗면에서 -30mm 떨어진 평면을 만든다.

35 [작성(CREATE)]-[원통(Cylinder)]을 실행하여 34에서 작성한 평면을 지정한다. 원점을 중심으로 지름(Diameter) 40mm, 높이(Height) 35mm, 작업(Operation)은 새 본체(New Body)로 원통을 만든다.

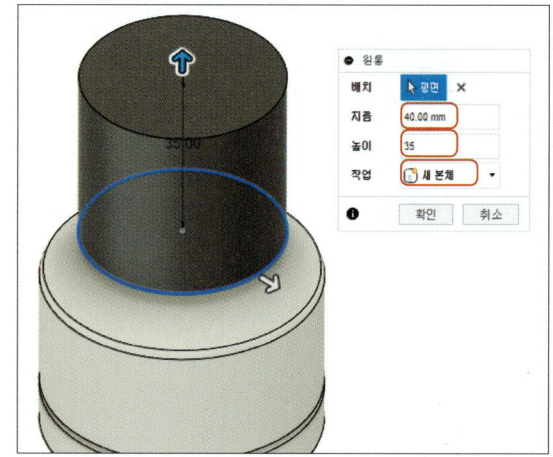

36 [수정(MODIFY)]-[결합(Combine]을 실행하여 대상 본체(Target Body)는 원통 본체6(Body6)을, 도구 본체(Tool Bodies)는 본체1~2(Body1~2), 작업(Operation)은 잘라내기(Cut), 도구 유지(Keep Tools)에 체크 후 결합한다.

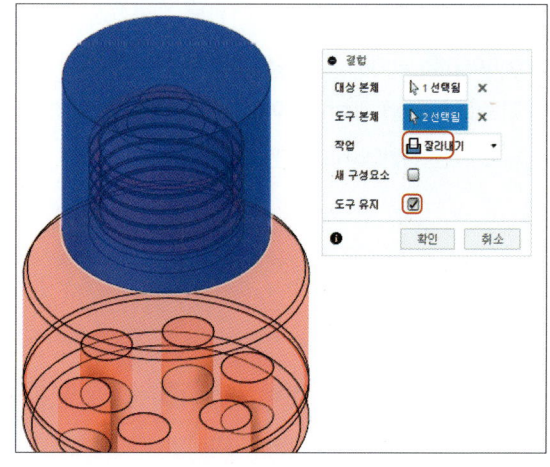

37 [수정(MODIFY)]-[모깎기(Fillet)]를 실행하여 원통의 윗부분에 반지름(Radius) 12mm로 모깎기한다.

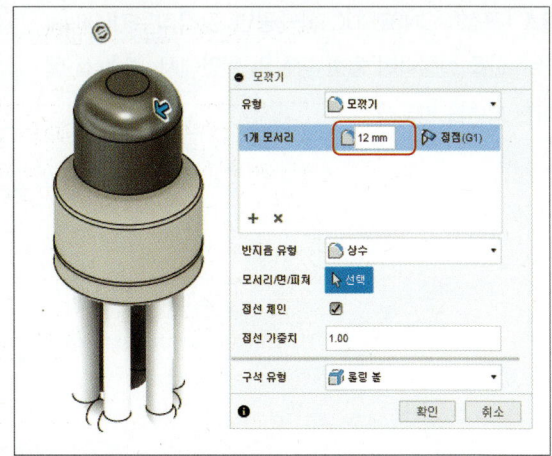

38 [작성(CREATE)]-[원통(Cylinder)]을 실행하여 가장 윗면을 지정한다. 중심점을 기준으로 지름(Diameter) 10mm, 높이(Height) 10mm, 작업(Operation)은 접합(Join)으로 원통을 만든다.

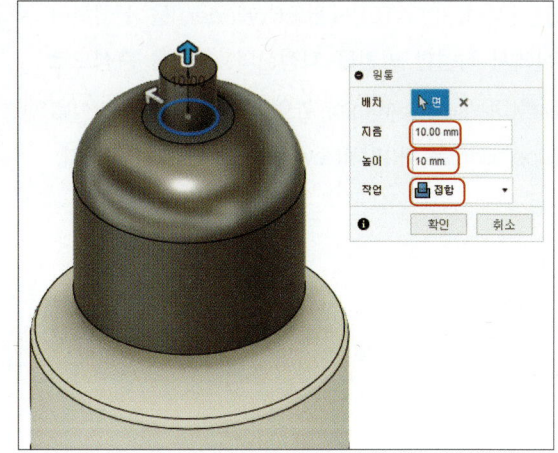

39 마우스 우클릭 퀵메뉴에서 [반복 원통(Repeat Cylinder)]를 클릭하고 가장 윗면의 중심을 클릭해 지름(Diameter) 3mm, 높이(Height) 140mm, 작업(Operation)은 접합(Join)으로 원통을 만든다.

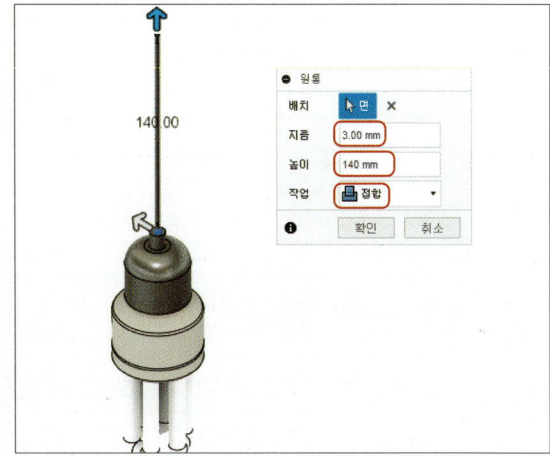

40 [작성(CREATE)]-[스케치 작성(Create Sketch)]을 실행하여 XY평면을 지정한다. [선(Line)], [스케치 치수(Sketch Dimension)]를 사용하여 스케치를 작성한다.

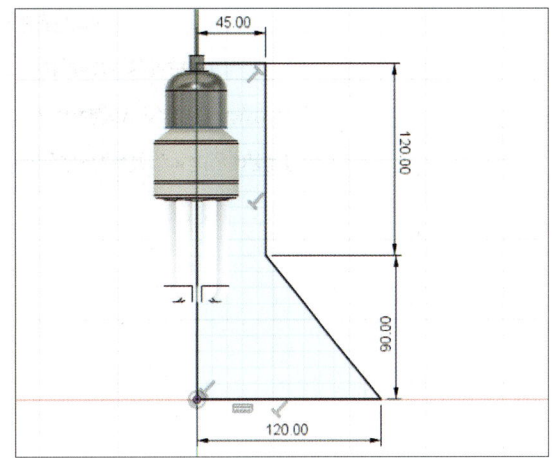

41 [작성(CREATE)]-[회전(Revolve)]를 실행하여 40에서 작성한 스케치를 가운데 축을 중심으로 360도, 작업(Operation)은 새 본체(New Body)로 회전한다.

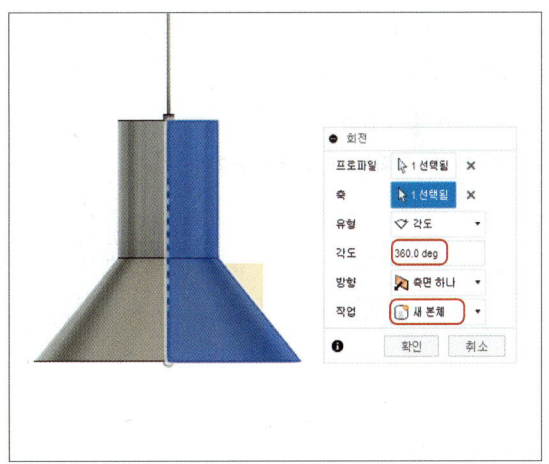

42 [수정(MODIFY)]-[모깎기(Fillet)]를 실행하여 윗부분에 반지름(Radius) 5mm로 모깎기한다.

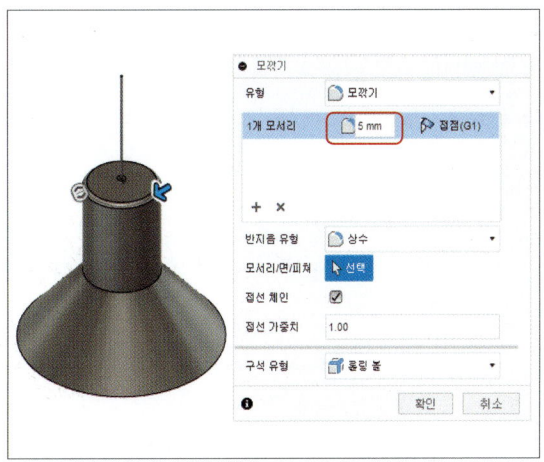

43 [수정(MODIFY)]–[쉘(Shell)]을 실행하여 바닥면을 선택해 내부 두께를 1.5mm로 만든다.

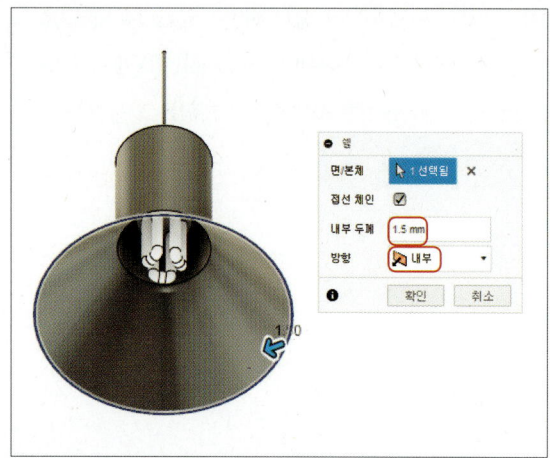

44 [수정(MODIFY)]–[모양(Appearance)]를 실행한다. [플라스틱(Plastic)]–[불투명(Translucent)]–[플라스틱-무광(흰색) (Plastic-Translucent Matte(White))]을 본체6~7(Body6~7)에 드래그&드롭으로 적용하고 새로운 색상을 만들기 위해 이 설계(In This Design)의 [플라스틱-무광(흰색)]위에서 마우스 우클릭 메뉴에서 중복(Duplicate)와 편집(Edit)로 파란색 계열의 재질을 만든다.

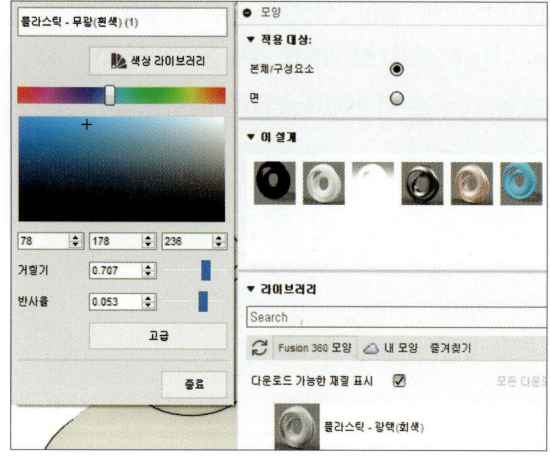

45 적용 대상(Apply to)을 면(Faces)으로 변경하여 아래 갓 부분에 새로 만든 파란색 계열의 재질을 적용한다. 완성한 모델링을 'Lamp'로 [저장(Save)]한다.

46 데이터 패널에서 PART3에서 작성한 의자 모델링을 선택하여 마우스 우클릭 메뉴에서 [현재 설계에 삽입(Insert into Current Design)]을 클릭한다.

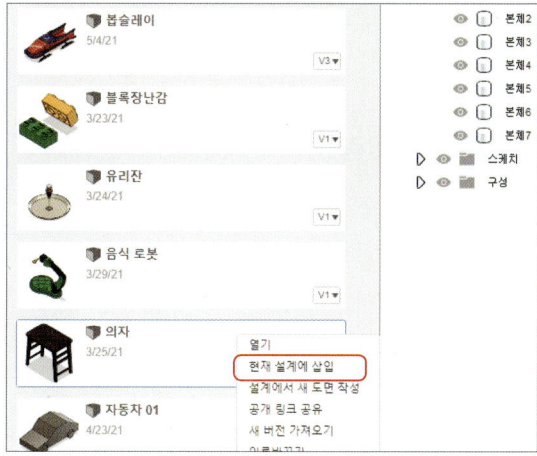

47 아래 방향으로 −1000mm 이동하여 의자 모델링을 현재 디자인으로 삽입한다.

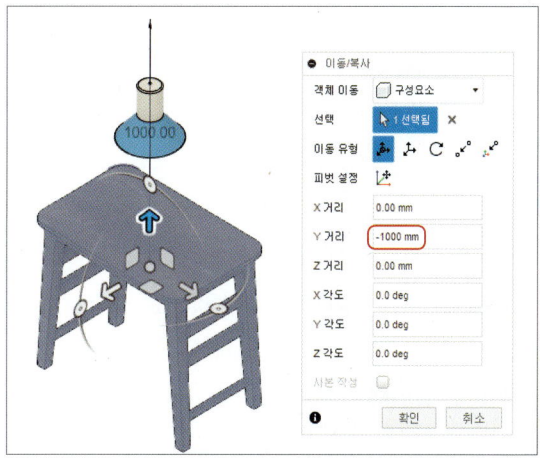

48 의자가 삽입된 모델링은 '전등세트'로 [다른 이름으로 저장(Save as)]한다. 작업공간을 렌더링(RENDER)으로 전환하여 기본 설정 상태에서 렌더(Render)를 클릭하여 렌더링 결과를 본다.

실전 프로젝트 01_전구 & 전등 모델링 ■ 497

실전 프로젝트 02

실전 프로젝트 02
동영상 강좌

음식 로봇 모델링

01 치수에서 정수만 보이게 하기 위해 [기본 설정 (Preferences)]를 실행한다. [단위 및 값 표시(Unit and Value Display)]에서 일반 정밀도(General Precision)와 각도 정밀도(Angular Precision)를 0으로 설정한다.

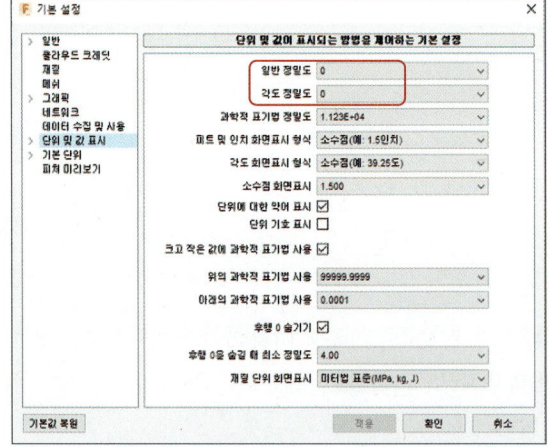

02 [작성(CREATE)]–[스케치 작성(Create Sketch)]을 실행하여 XZ평면을 지정한다. 작성(CREATE)에서 [중심 지름 원(Center Diameter Circle)], [3점 호(3-Point Arc)], [스케치 치수(Sketch Dimension)], 구속조건(CONSTRAINTS)에서 [수평/수직(Horizontal/Vertical)], [접선(Tangent)]을 사용하여 스케치를 작성한다.

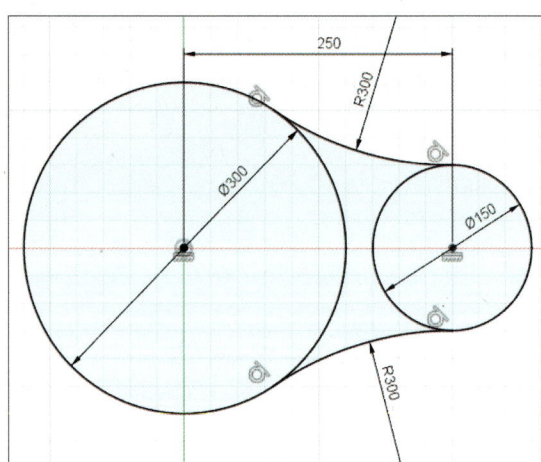

03 [작성(CREATE)]–[돌출(Extrude)]을 실행하여 02에서 작성한 스케치를 프로파일(Profile)로 지정한 거리(Distance)를 70mm, 생성(Operation)은 새 본체(New Body)로 돌출한다.

04 [수정(MODIFY)]-[모깎기(Fillet)]를 실행하여 모서리를 반지름(Radius) 10mm로 모깎기한다.

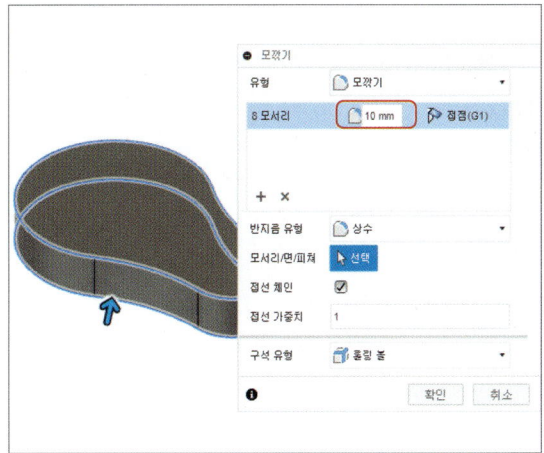

05 [구성(CONSTRUCT)]-[평면 간격띄우기(Offset Plane)]를 실행하여 돌출 형상의 윗면에서 -35mm 떨어진 평면을 만든다.

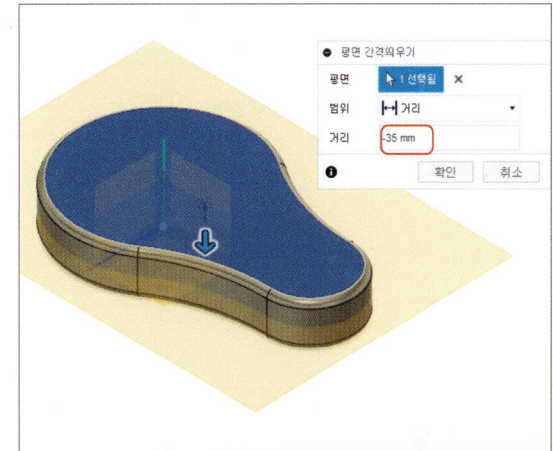

06 [작성(CREATE)]-[스케치 작성(Create Sketch)]을 실행하여 05에서 작성한 평면을 지정한다. [작성(CREATE)]-[투영/포함(Project/Include)]-[프로젝트(Project)]를 실행하여 선택 필터(Selection Fillter)를 본체(Bodies)로 설정하여 외형선을 투영한다.

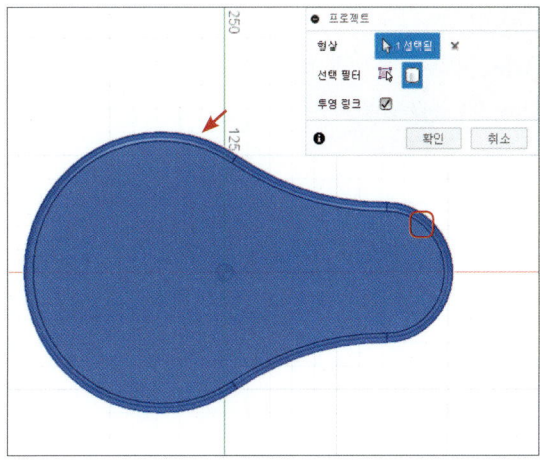

07 [작성(CREATE)]-[파이프(Pipe)]를 실행하여 투영한 선을 선택하여 단면 크기(Section Size) 1.5mm, 생성(Operation)은 잘라내기(Cut)로 생성한다.

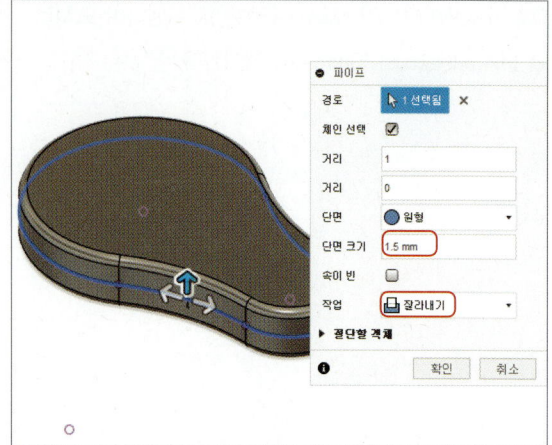

08 [스케치 작성(Create Sketch)]을 실행하여 돌출 형상 윗면을 지정한다. [중심 지름 원(Center Diameter Circle)]을 실행하여 Ø260mm, Ø110mm 원을 작성한다.

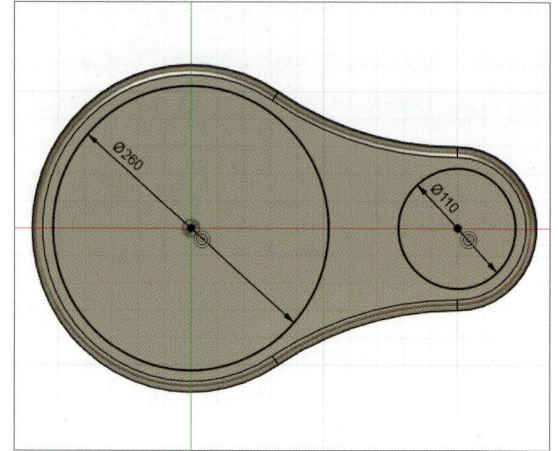

09 [작성(CREATE)]-[돌출(Extrude)]을 실행하여 두 원을 거리(Distance)를 -1.5mm, 생성(Operation)은 잘라내기(Cut)로 돌출한다.

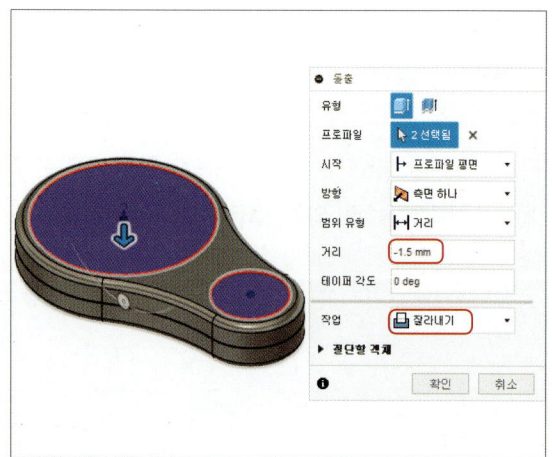

10 [스케치 작성(Create Sketch)]을 실행하여 왼쪽 돌출 형상 윗면을 지정한다. 작성(CREATE)에서 [선(Line)], [중심 지름 원(Center Diameter Circle)], [스케치 치수(Sketch Dimension)], 수정(MODIFY)에서 [자르기(Trim)]를 사용하여 반지름(Radius) 45mm 반원을 작성한다.

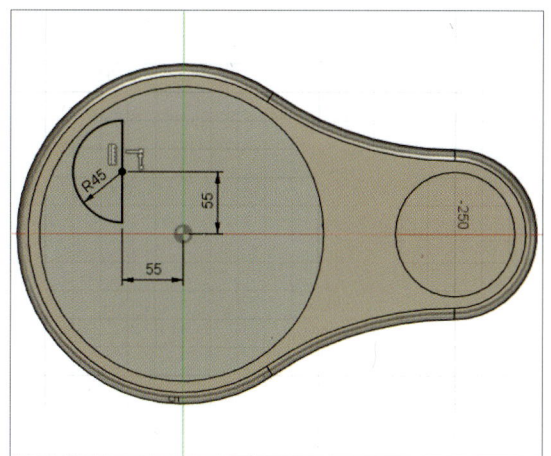

11 [작성(CREATE)]-[회전(Revolve)]를 실행하여 10에서 작성한 스케치를 프로파일(Profile)로 지정한다. 가운데 선(Line)을 축(Axis)으로 각도(Angle) 360도, 작업(Operation)은 잘라내기(Cut)로 회전한다.

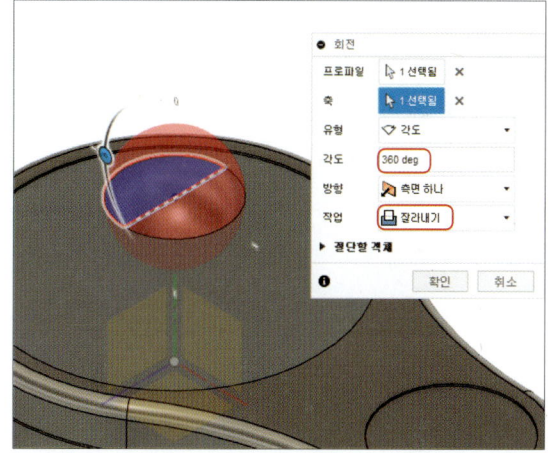

12 [작성(CREATE)]-[패턴(Pattern)]-[원형 패턴(Circular Pattern)]을 실행한다. 유형(Pattern Type)은 피쳐(Feature), 객체(Objects)는 타임라인(Timeline)에서 작성한 회전 피쳐를 선택한다. 축(Axis)은 Y축, 각도 간격(Type)은 전체(Full), 수량(Quantity)은 4를 입력하여 배열 복사한다.

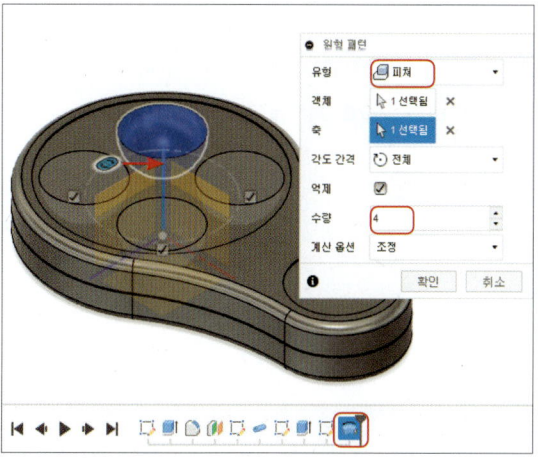

13 [작성(CREATE)]-[파이프(Pipe)]를 실행하여 Ø260mm 상단 모서리를 경로로 단면 크기(Section Size) 5mm, 생성(Operation)은 접합(Join)으로 생성한다.

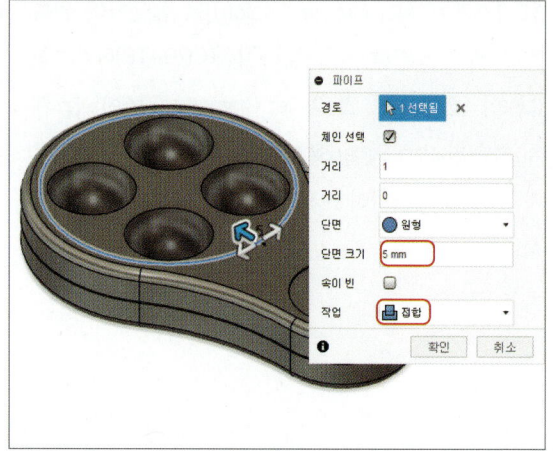

14 [작성(CREATE)]-[돌출(Extrude)]을 실행하여 Ø110mm 원 돌출면을 선택하고 거리(Distance)를 100mm, 생성(Operation)은 새 본체(New Body)로 돌출한다.

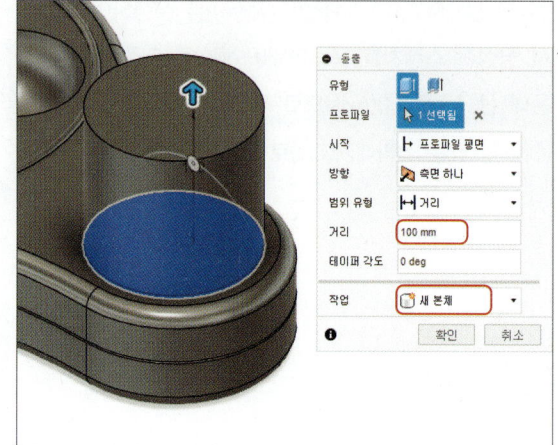

15 [수정(MODIFY)]-[눌러 당기기(Press Pull)]를 실행하여 돌출형상의 옆면을 선택한 후 거리(Distance)를 -1mm로 하여 원통의 지름을 줄여준다.

16 [스케치 작성(Create Sketch)]을 실행하여 15에서 작성한 돌출 형상 윗면을 지정한다. [중심 직사각형(Center Rectangle)], [스케치 치수(Sketch Dimension)]를 사용하여 스케치를 작성한다.

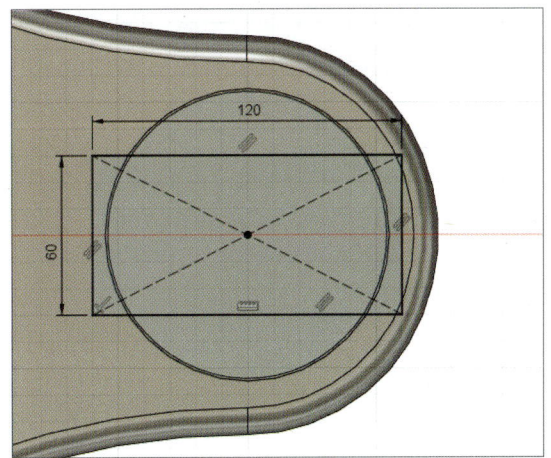

17 [작성(CREATE)]-[돌출(Extrude)]을 실행하여 안쪽 프로파일(Profile)을 선택한다. 거리(Distance)를 -80mm, 생성(Operation)은 잘라내기(Cut)로 돌출한다.

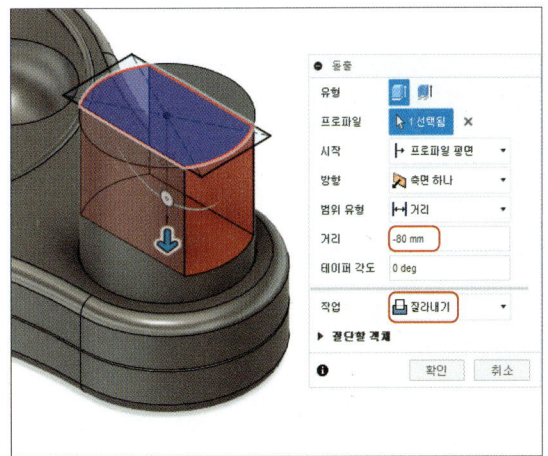

18 [수정(MODIFY)]-[모깎기(Fillet)]를 실행하여 상단 바깥쪽 모서리를 선택하여 반지름(Radius) 20mm로 모깎기한다.

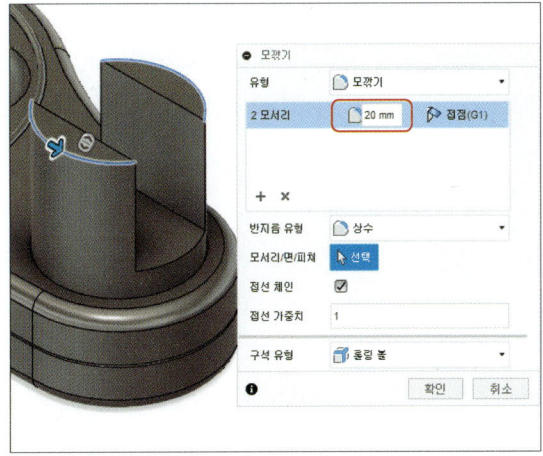

19 [수정(MODIFY)]-[모깎기(Fillet)]를 실행하여 3개 면을 선택하여 반지름(Radius) 2mm로 모깎기한다.

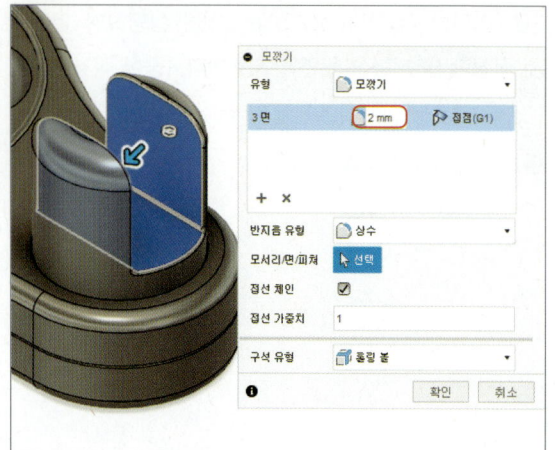

20 [스케치 작성(Create Sketch)]을 실행하여 내부 오른쪽 옆면을 지정한다. 작성(CREATE)에서 [선(Line)], [중심 지름 원(Center Diameter Circle)], [스케치 치수(Sketch Dimension)], 스케치 팔레트(SKETCH PALETTE)의 [선종류(Linetype)]-[구성(Contruction)] 사용하여 Ø10mm 원을 작성한다. 스케치 팔레트(SKETCH PALETTE)의 [슬라이스(Slice)]에 체크하면 쉽게 스케치를 작성할 수 있다.

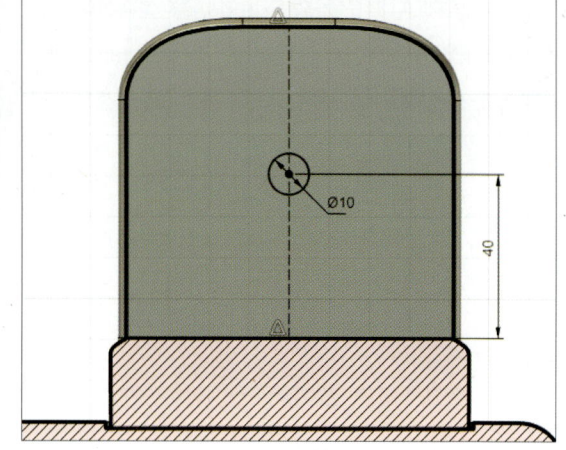

21 [작성(CREATE)]-[돌출(Extrude)]을 실행하여 20에서 작성한 원을 프로파일(Profile)로 선택한다. 거리(Distance)를 5mm, 생성(Operation)은 접합(Join)으로 돌출한다.

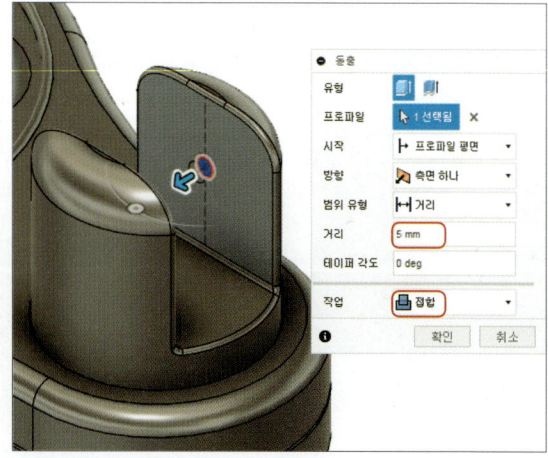

22 [수정(MODIFY)]-[모깎기(Fillet)]를 실행하여 돌출 모서리를 선택하여 반지름(Radius) 1mm로 모깎기한다.

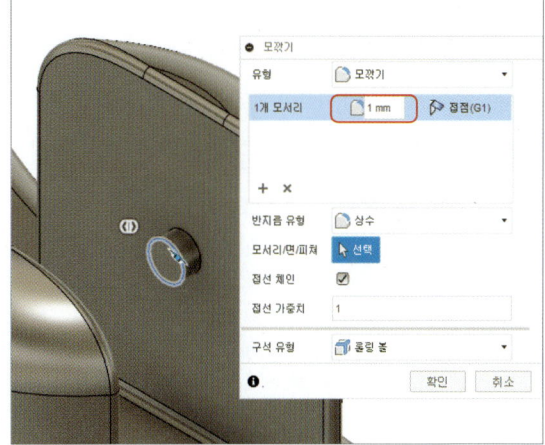

23 [구성(CONSTRUCT)]-[중간평면(Midplane)]을 실행하여 양면을 선택하여 중간 평면을 만든다.

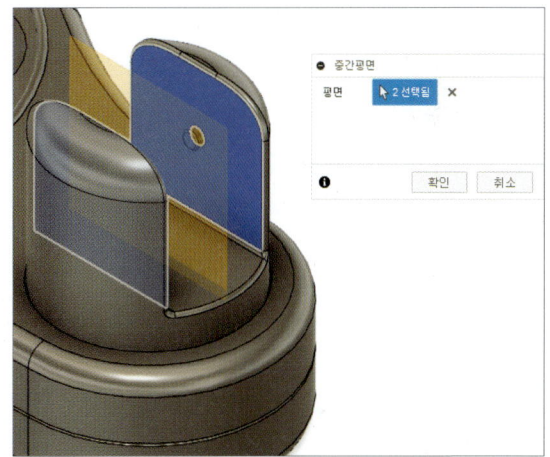

24 [작성(CREATE)]-[미러(Mirror)]를 실행한다. 유형(Type)은 피쳐(Feature), 객체(Objects)는 타임라인(Timeline)에서 작성한 돌출, 모깎기 피쳐를 선택한다. 선택, 미러 평면(Mirror Plane)은 23에서 작성한 중간 평면을 선택한다.

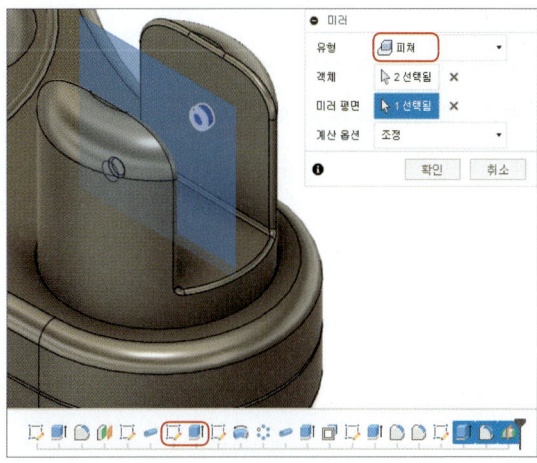

25 [스케치 작성(Create Sketch)]을 실행하여 23에서 작성한 중간 평면을 지정한다. [작성(CREATE)]-[투영/포함(Project/Include)]-[프로젝트(Project)]를 실행하여 돌출형상의 옆면 또는 모서리를 투영한다.

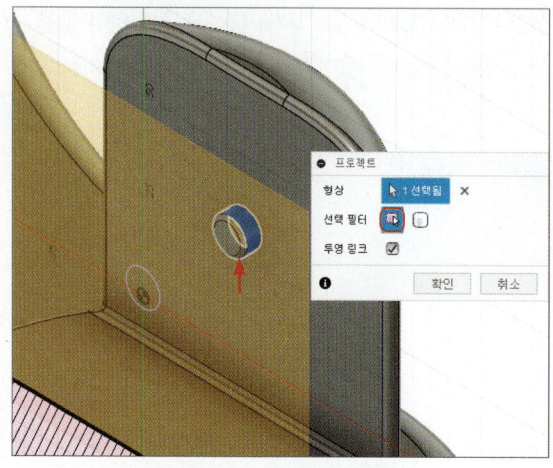

> **여기서 잠깐**
>
> [스케치 팔레트(SKETCH PALETTE)]-[슬라이스(Slice)]에 체크하면 현재 작업 평면에 대한 절단면을 확인할 수 있다. 모델링 방법에 따라서는 스케치 작성, 객체 선택 등 가시성이 더욱 명확해지므로 사용자가 선택하여 사용한다.

26 [스케치 팔레트(SKETCH PALETTE)]-[보기(Look at]을 클릭하여 화면 조정한 후 [중심 지름 원(Center Diameter Circle)]을 실행하여 투영 원의 중심점을 기준으로 Ø100mm 원을 작성한다.

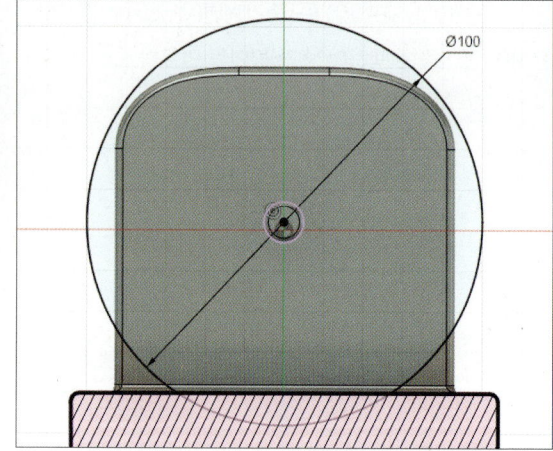

27 [작성(CREATE)에서 [중심 지름 원(Center Diameter Circle)], [3점 호(3-Point Arc)], [스케치 치수(Sketch Dimension)], 구속조건(CONSTRAINTS)에서 [접선(Tangent)] 사용하여 스케치를 추가작성한다.

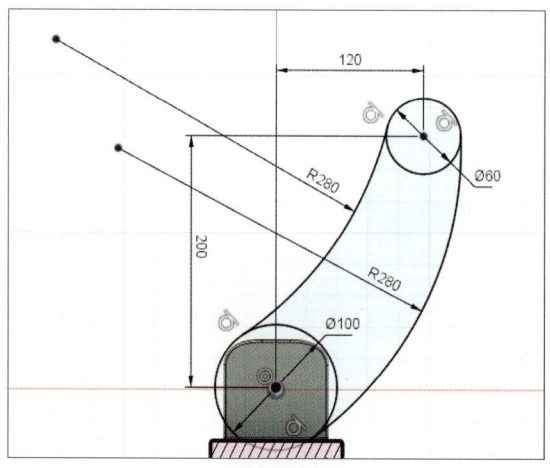

28 [작성(CREATE)]-[돌출(Extrude)]을 실행하여 26~7에서 작성한 스케치를 프로파일(Profile)로 지정한다. 방향(Direction)은 대칭(Symmetric)) 거리(Distance)는를 28mm, 생성(Operation)은 새 본체(New Body)로 돌출한다.

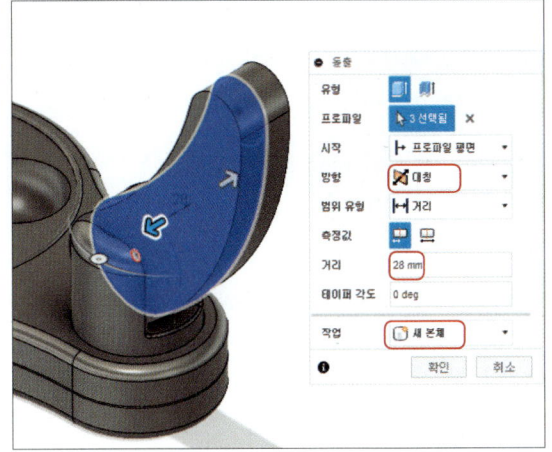

29 [수정(MODIFY)]-[모깎기(Fillet)]를 실행한다. 양쪽 면을 선택하여 반지름(Radius) 2mm로 모깎기한다.

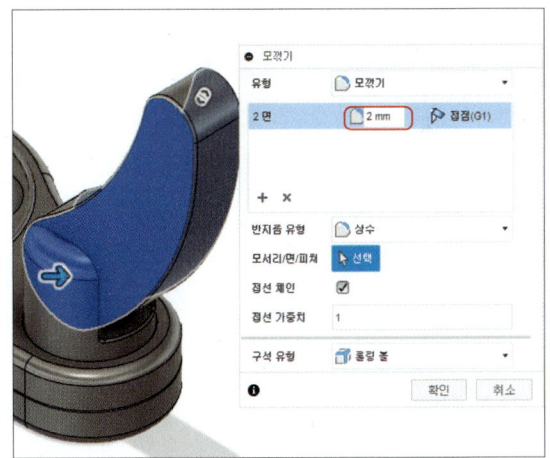

30 [수정(MODIFY)]-[결합(Combine)]을 실행한다. 대상 본체(Target Body)는 본체2(Body2), 도구 본체(Tool Bodies)는 본체3(Body3), 생성(Operation)은 잘라내기(Cut), 간섭이 되는 부분만 잘라내기 되도록 도구 유지(Keep Tools)에 체크하여 결합한다.

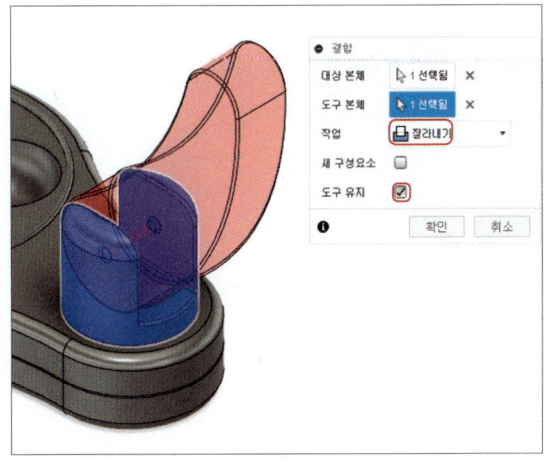

31 [스케치 작성(Create Sketch)]을 실행하여 검색기(BROWSER)에서 구성(Construction)을 확장해 평면 2(Plane2)를 지정한다. 작성(CREATE)에서 [중심 지름 원(Center Diameter Circle)], 구속조건(CONSTRAINTS)에서 동심(Concentric)을 사용하여 Ø140mm 원을 작성한다. 또한 [작성(CREATE)]-[투영/포함(Project/Include)]-[프로젝트(Project)]를 실행하여 돌출형상의 본체(Bodies)를 투영한다.

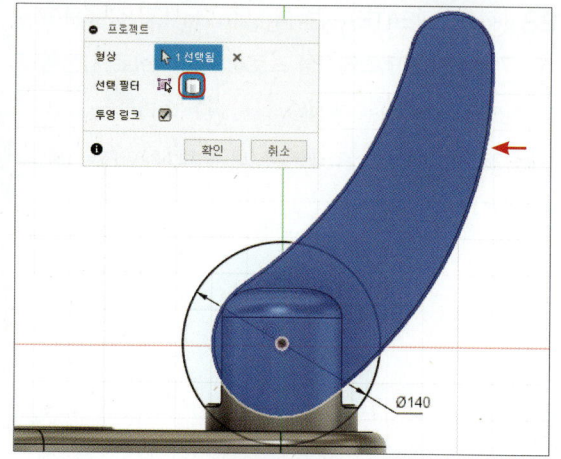

32 [작성(CREATE)]-[돌출(Extrude)]을 실행하여 31에서 작성한 프로파일(Profile)을 1개 선택한다. 방향(Direction)은 대칭(Symmetric), 거리(Distance)는를 15mm, 생성(Operation)은 잘라내기(Cut)로 돌출한다.

33 [수정(MODIFY)]-[모깎기(Fillet)]를 실행한다. 2개 면을 선택하여 반지름(Radius) 2mm로 모깎기한다.

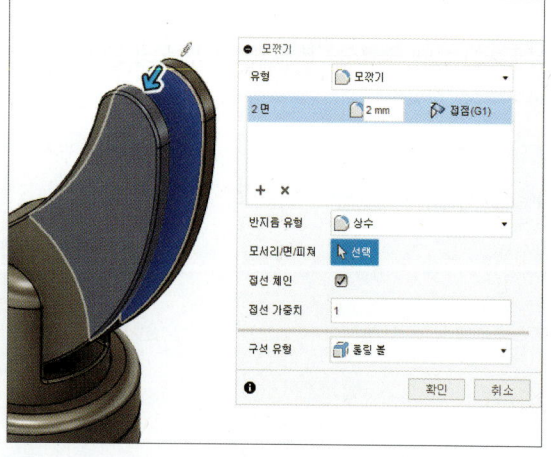

34 [스케치 작성(Create Sketch)]을 실행하여 안쪽 우측면을 지정한다. 작성(CREATE)에서 [중심 지름 원(Center Diameter Circle)], 구속조건(CONSTRAINTS)에서 동심(Concentric)을 사용하여 Ø10mm 원을 작성한다.

35 [작성(CREATE)]-[돌출(Extrude)]을 실행하여 34에서 작성한 원을 프로파일(Profile)로 지정한다. 거리(Distance)는 5mm, 생성(Operation)은 접합(Join)으로 돌출한다. [수정(MODIFY)]-[모깎기(Fillet)]를 실행하여 돌출 모서리를 선택하여 반지름(Radius) 1mm로 모깎기한다.

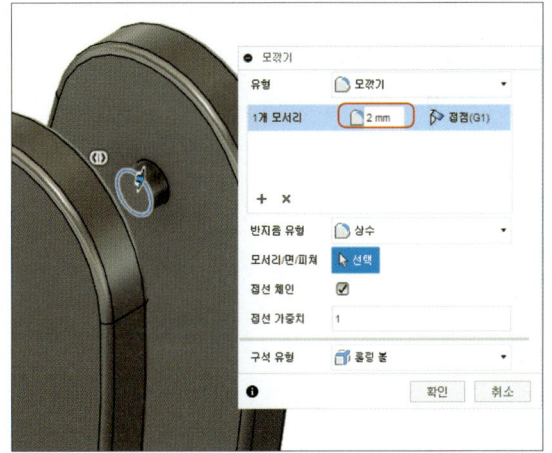

36 [구성(CONSTRUCT)]-[중간평면(Midplane)]을 실행하여 양면을 선택하여 중간 평면을 만든다.

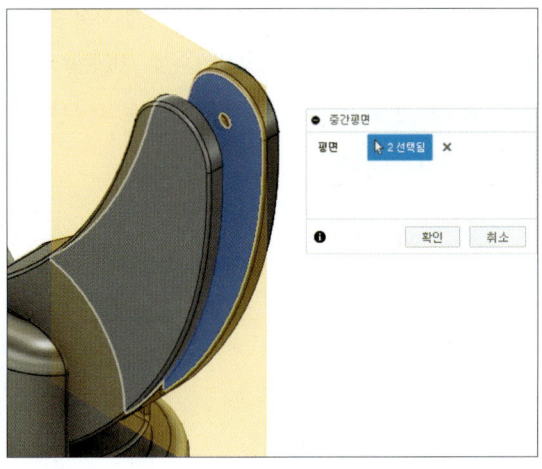

37 [작성(CREATE)]-[미러(Mirror)]를 실행한다. 유형(Type)은 피쳐(Feature), 객체(Objects)는 타임라인(Timeline)에서 작성한 돌출, 모깎기 피쳐를 선택한다. 미러 평면(Mirror Plane)은 36에서 작성한 중간 평면을 선택한다.

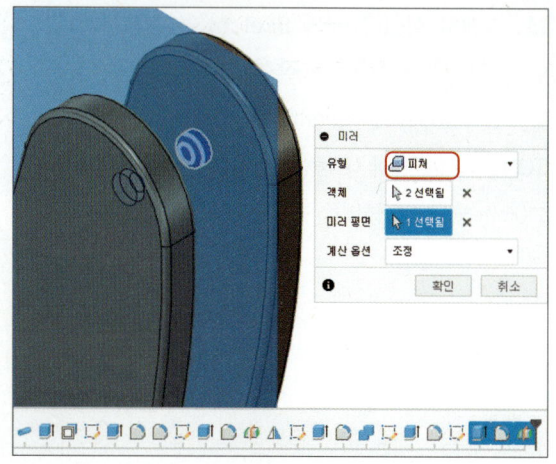

38 [스케치 작성(Create Sketch)]을 실행하여 36에서 작성한 중간 평면을 지정한다. 25와 동일한 방법으로 [프로젝트(Project)]를 실행하여 돌출형상의 옆면 또는 모서리를 투영 후 27과 동일한 방법으로 스케치를 작성한다.

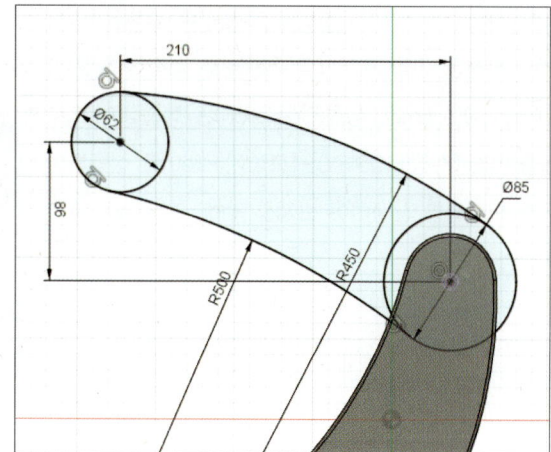

39 [작성(CREATE)]-[돌출(Extrude)]을 실행하여 38에서 작성한 스케치를 프로파일(Profile)로 지정한다., 거리(Distance)는를 14mm, 생성(Operation)은 새 본체(New Body)로 돌출한다.

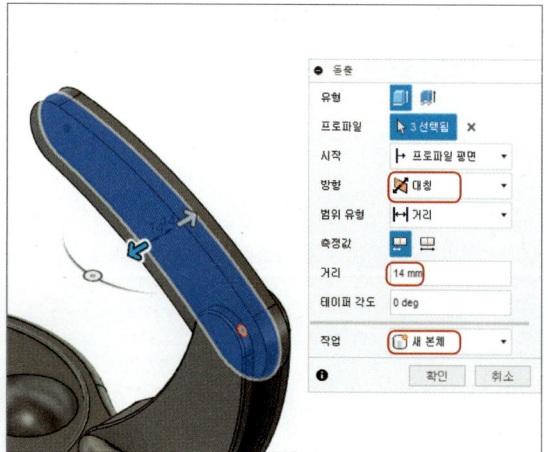

40 [수정(MODIFY)]-[모깎기(Fillet)]를 실행한다. 2개 면을 선택하여 반지름(Radius) 2mm로 모깎기한다.

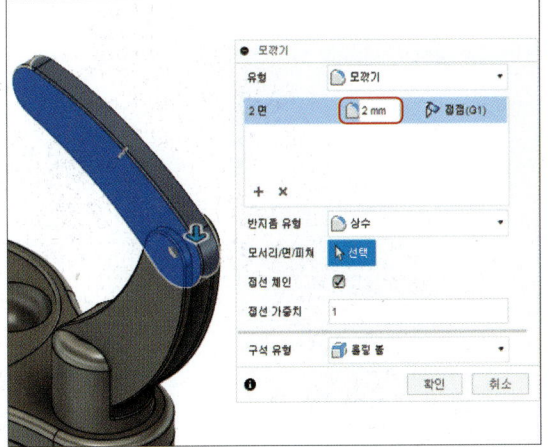

41 [수정(MODIFY)]-[결합(Combine)]을 실행한다. 대상 본체(Target Body)는 본체3(Body3), 도구 본체(Tool Bodies)는 본체4(Body4), 생성(Operation)은 잘라내기(Cut), 간섭이 되는 부분만 잘라내기 되도록 도구 유지(Keep Tools)에 체크하여 결합한다.

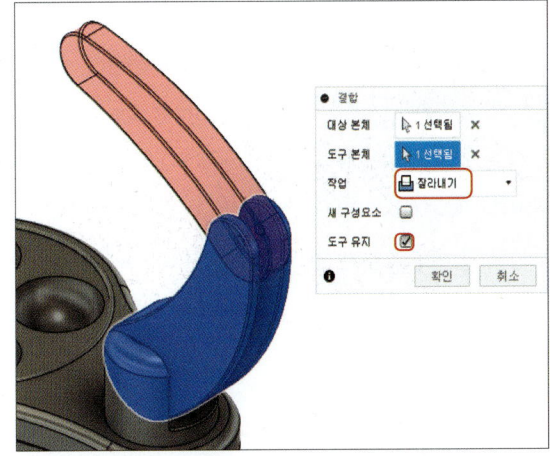

42 [스케치 작성(Create Sketch)]을 실행하여 본체4(Body4)의 정면을 지정한다. 34와 동일한 방법으로 Ø10mm 원을 작성한다. [작성(CREATE)]-[돌출(Extrude)]을 실행하여 원을 프로파일(Profile)로 선택한다. 범위 유형(Extent Type)은 모두(All), 생성(Operation)은 잘라내기(Cut)로 돌출한다.

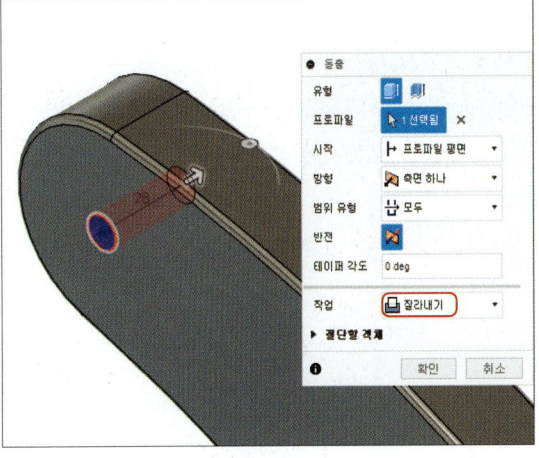

43 [수정(MODIFY)]-[모따기(Chamfer)]를 실행하여 Ø10mm 앞뒤 모서리를 거리(Distance)는 1mm로 모따기한다.

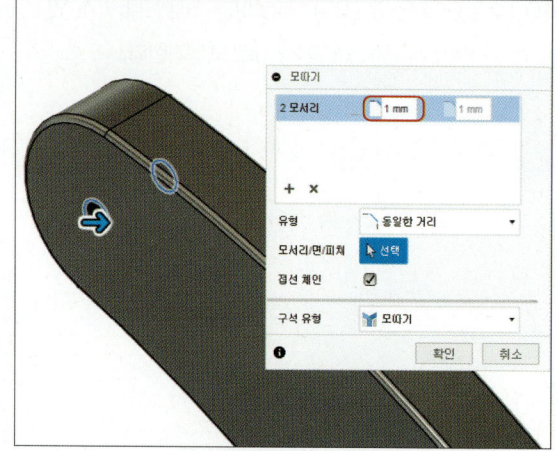

44 [스케치 작성(Create Sketch)]을 실행하여 31과 동일한 방법으로 평면3(Plane3)을 지정한다. 작성(CREATE)에서 [중심 지름 원(Center Diameter Circle)], [선(Line)], [스케치 치수(Sketch Dimension)], 구속조건(CONSTRAINTS)에서 동심(Concentric), 접선(Tangent), 같음(Equal) 사용하여 스케치를 작성한다.

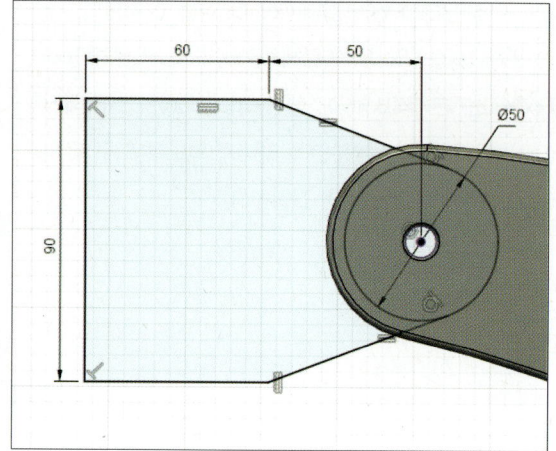

45 [작성(CREATE)]-[돌출(Extrude)]을 실행하여 44에서 작성한 스케치를 프로파일(Profile)로 지정한다. 방향(Direction)은 대칭(Symmetric), 거리(Distance)는 40mm, 생성(Operation)은 새 본체(New Body)로 돌출한다.

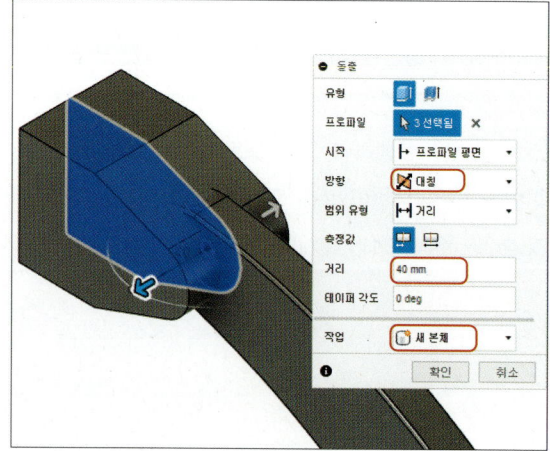

46 [수정(MODIFY)]–[결합(Combine)]을 실행한다. 대상 본체(Target Body)는 본체5(Body5), 도구 본체(Tool Bodies)는 본체4(Body4), 생성(Operation)은 잘라내기(Cut), 간섭이 되는 부분만 잘라내기 되도록 도구 유지(Keep Tools)에 체크하여 결합한다.

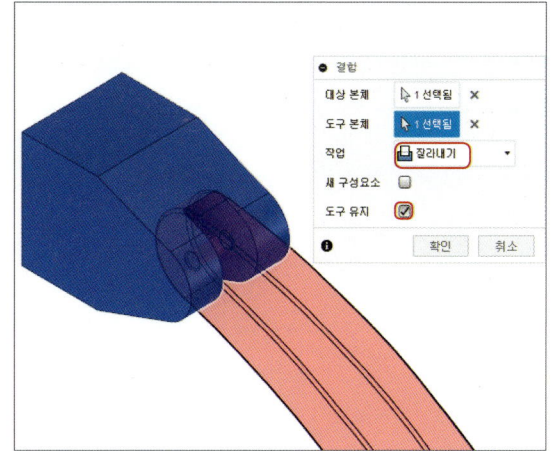

47 검색기(BROWSER)에서 본체(Bodies)를 확장해 본체4(Body4)를 숨기기 한다. [수정(MODIFY)]–[눌러 당기기(Press Pull)]를 실행하여 커브면을 선택한 후 거리(Distance)를 −20mm로 면을 간격띄우기한 후 다시 본체4(Body4)를 표시한다.

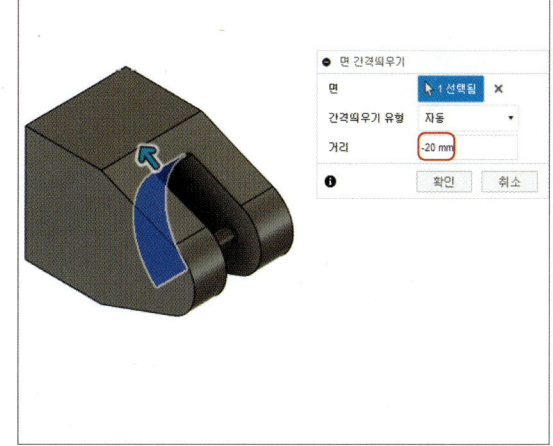

48 [수정(MODIFY)]–[기울기(Draft)]를 실행한다. 인장 방향(Pull Direction)은 좌측면(❶) 면(Faces)은 정면(❷)을 선택하여 −3도로 면을 기울인다.

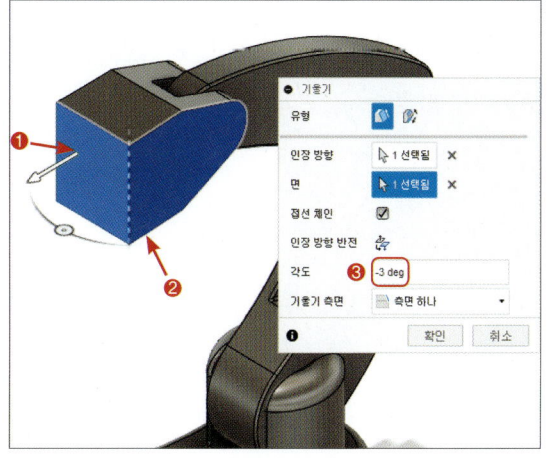

49 마우스 우클릭 퀵메뉴에서 [반복 기울기(Repeat Draft)]를 실행하여 반대편도 똑같은 각도로 면을 기울인다.

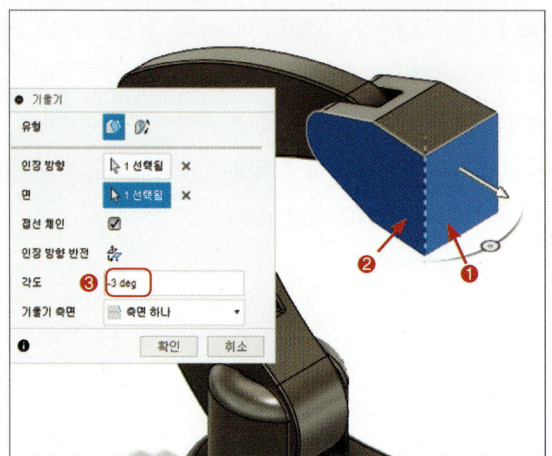

50 [수정(MODIFY)]-[모깎기(Fillet)]를 실행하여 수직 모서리를 선택하여 반지름(Radius) 30mm로 모깎기한다.

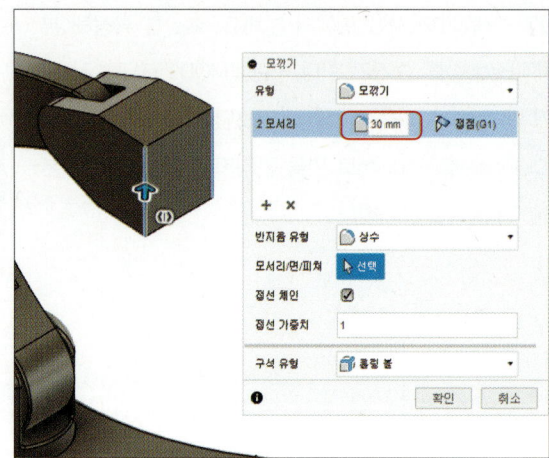

51 마우스 우클릭 퀵메뉴에서 [반복 모깎기(Repeat Fillet)]를 실행하여 다른 모서리에는 반지름(Radius) 2mm로 모깎기한다.

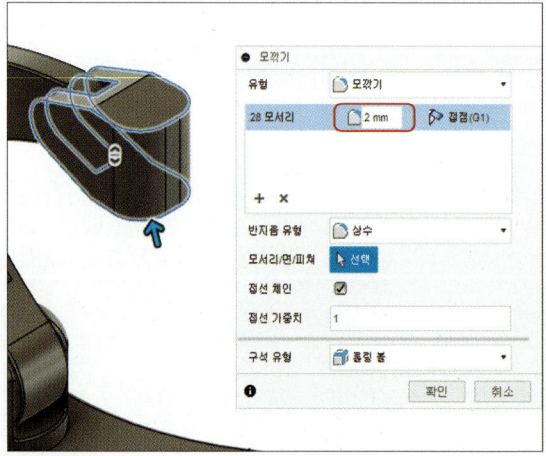

52 [스케치 작성(Create Sketch)]을 실행하여 본체 5(Body5)의 평면을 지정한다. 작성(CREATE)에서 [중심 지름 원(Center Diameter Circle)], [선(Line)], 구속조건(CONSTRAINTS)에서 접선(Tangent), 중간점(Midpoint)을 사용하여 스케치를 작성한다.

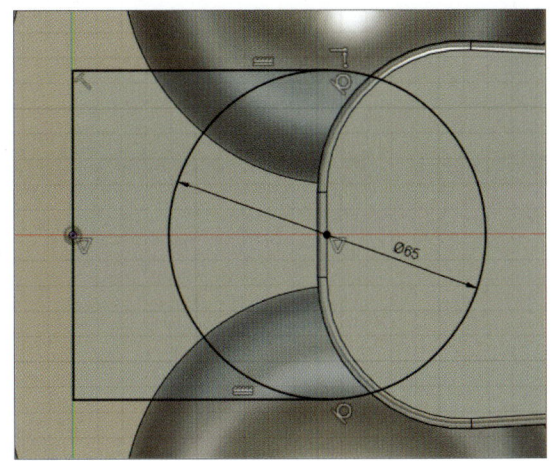

53 [작성(CREATE)]-[돌출(Extrude)]을 실행하여 52에서 작성한 스케치를 프로파일(Profile)로 지정한다. 방향(Direction)은 두 측면(Two Sides), 거리(Distance)는 측면1(Side1) 10mm, 측면2(Side2) 70mm, 생성(Operation)은 새 본체(New Body)로 돌출한다.

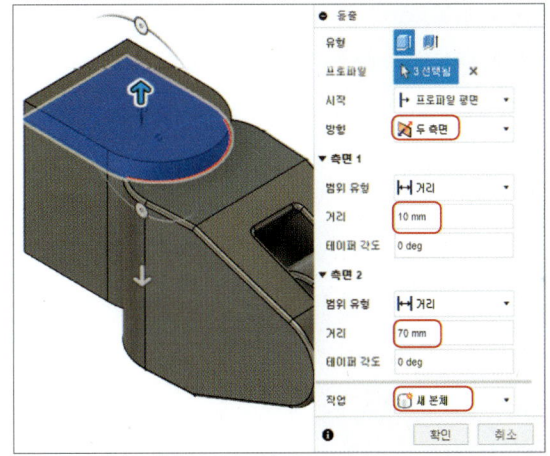

54 [수정(MODIFY)]-[결합(Combine)]을 실행한다. 대상 본체(Target Body)는 본체6(Body6), 도구 본체(Tool Bodies)는 본체5(Body5), 생성(Operation)은 잘라내기(Cut), 간섭이 되는 부분만 잘라내기 되도록 도구 유지(Keep Tools)에 체크하여 결합한다.

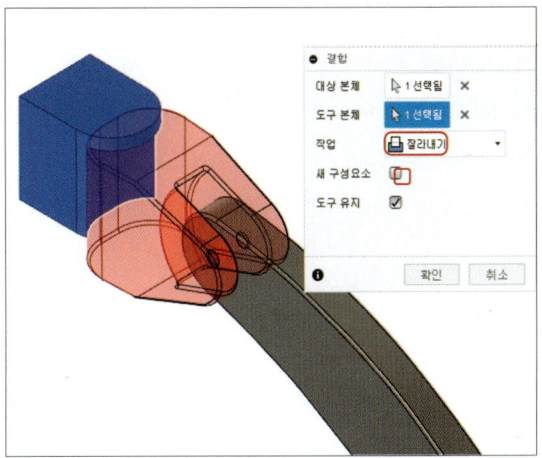

55 검색기(BROWSER)에서 본체(Bodies)를 확장해 본체5(Body5)를 숨기기 한다. [수정(MODIFY)]-[눌러 당기기(Press Pull)]를 실행하여 커브면을 선택한 후 거리(Distance)는를 -10mm로 면을 간격띄우기한다.

56 본체6(Body6) 밑면을 마우스 우클릭 퀵메뉴에서 [스케치 작성(Create Sketch)]을 실행한다.

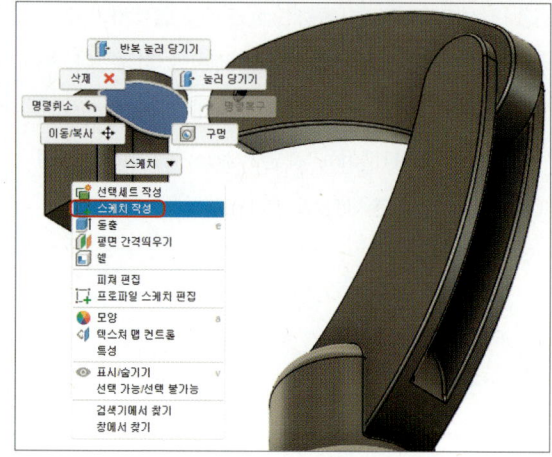

57 스케치 팔레트(SKETCH PALETTE)의 [슬라이스(Slice)]를 체크하고 작성(CREATE)에서 [중심 지름 원(Center Diameter Circle)], [스케치 치수(Sketch Dimension)], 구속조건(CONSTRAINTS)에서 [수평/수직(Horizontal/Vertical)]을 사용하여 Ø10mm 원을 작성한다.

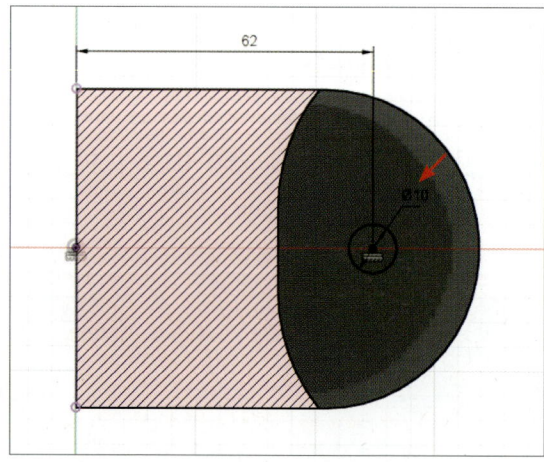

58 [작성(CREATE)]-[돌출(Extrude)]을 실행하여 57에서 작성한 원을 프로파일(Profile)로 지정한다. 거리(Distance)는 5mm, 생성(Operation)은 접합(Join)으로 돌출 후 [수정(MODIFY)]-[모깎기(Fillet)]를 실행하여 모서리에 반지름(Radius) 1mm로 모깎기한다.

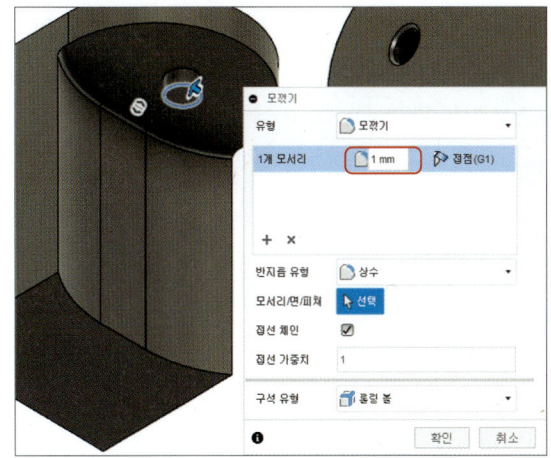

59 검색기(BROWSER)에서 다시 본체5(Body5)를 표시한다. [수정(MODIFY)]-[결합(Combine)]을 실행한다. 대상 본체(Target Body)는 본체5(Body5), 도구 본체(Tool Bodies)는 본체6(Body6), 생성(Operation)은 잘라내기(Cut),, 간섭이 되는 부분만 잘라내기 되도록 도구 유지(Keep Tools)에 체크하여 결합한다.

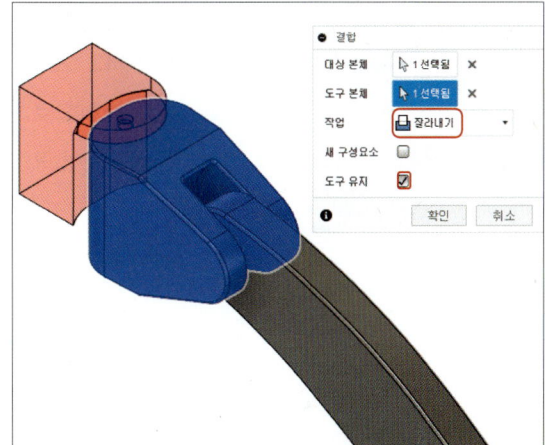

60 [수정(MODIFY)]-[모깎기(Fillet)]를 실행하여 모서리에 반지름(Radius) 2mm로 모깎기한다.

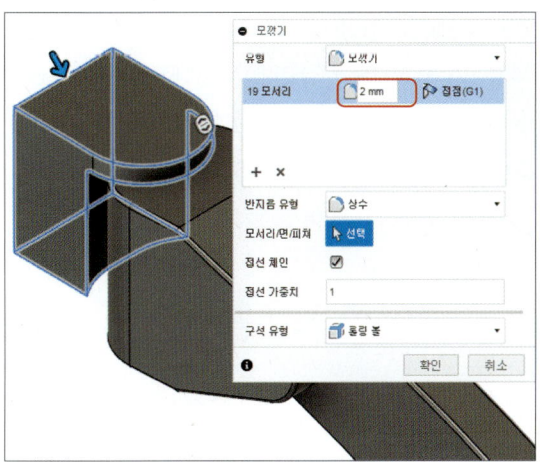

61 [스케치 작성(Create Sketch)]을 실행하여 본체 6(Body6)의 좌측면을 지정한다. 작성(CREATE)에서 [중심 지름 원(Center Diameter Circle)], [스케치 치수(Sketch Dimension)], 구속조건(CONSTRAINTS)에서 [수평/수직(Horizontal/Vertical)]을 사용하여 Ø40mm 원을 작성한다.

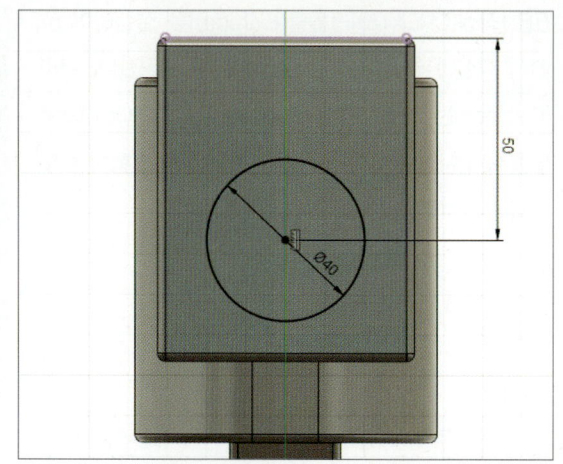

62 [작성(CREATE)]-[돌출(Extrude)]을 실행하여 61에서 작성한 원을 프로파일(Profile)로 지정한다. 거리(Distance)는 20mm, 생성(Operation)은 접합(Join)으로 돌출 후 [수정(MODIFY)]-[모깎기(Fillet)]를 실행하여 모서리에 반지름(Radius) 2mm로 모깎기한다.

63 [작성(CREATE)]-[스케치 작성(Create Sketch)]을 실행하여 XY평면을 지정한다. 작성(CREATE)에서 [중심 직사각형(Center Rectangle)], [스케치 치수(Sketch Dimension)], 구속조건(CONSTRAINTS)에서 [일치(Coincident)]를 사용하여 스케치를 작성한다.

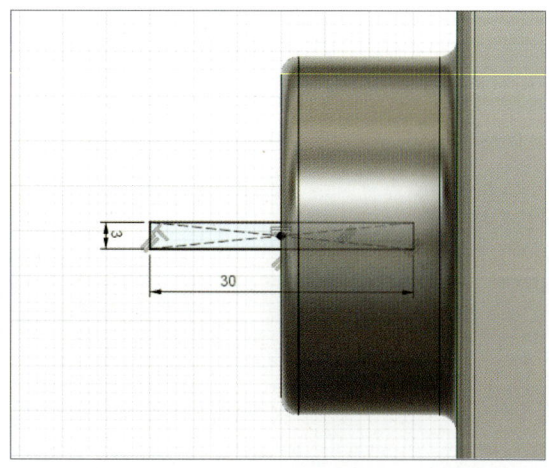

64 [작성(CREATE)]-[돌출(Extrude)]을 실행하여 63에서 작성한 직사각형을 프로파일(Profile)로 지정한다. 방향(Direction)은 대칭(Symmetric), 범위 유형(Extent Type)은 모두(All), 생성(Operation)은 잘라내기(Cut)로 돌출한다.

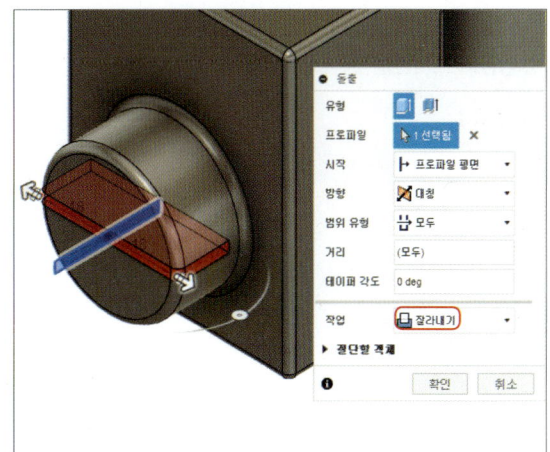

65 [작성(CREATE)]-[양식 작성(Create Form)]을 실행한다. [작성(CREATE)]-[쿼드볼(Quadball)]을 실행하여 XY평면 임의의 위치에 지름(Diameter) 50mm, 스팬 면(Span Faces)은 2로 쿼드볼을 작성한다.

66 [선택(SELECT)]-[선택 필터(Select Filters)]-[통과하여 선택(Select Through)]에 체크한 후 정면을 기준으로 창 선택(Window Selection)으로 윗부분을 선택한 후 Delete 를 눌러 삭제한다.

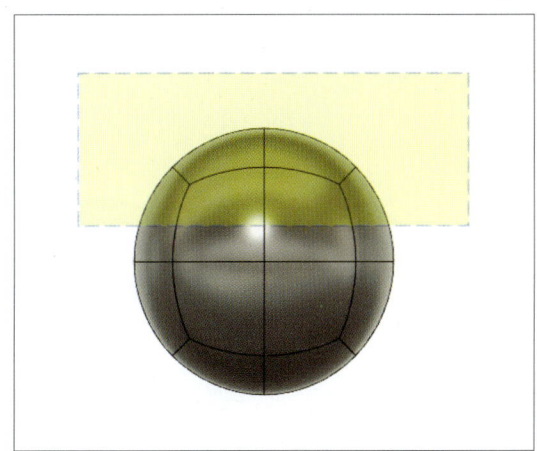
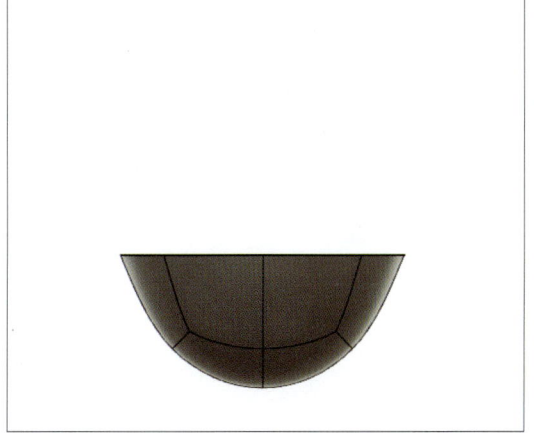

67 [대칭(SIMMETRY)]-[미러 내부(Mirror-Internal)]을 실행한다. 2개면을 선택하여 대칭이 되게 한다.

68 [수정(MODIFY)]-[양식 편집(Edit Form)]을 실행한다. 손잡이에 해당하는 모서리를 Ctrl 을 눌러 2개 선택하고 Alt 를 누른 채 드래그하여 길이를 늘린다. (35mm씩 5회정도)

 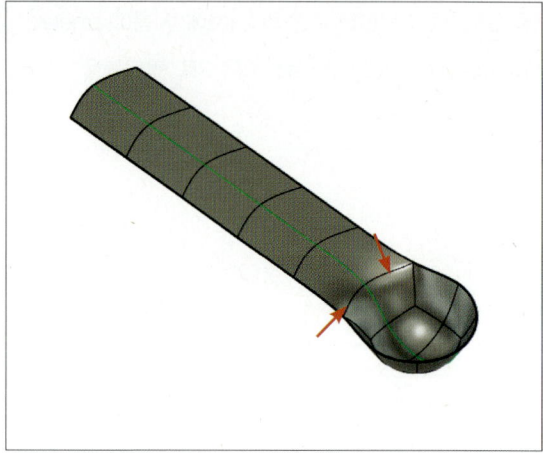

69 [양식 편집(Edit Form)]이 계속 실행된 상태에서 손잡이 모서리 4개를 선택하여 대략 -15mm만큼 조절한다. 계속해서 [수정(MODIFY)]-[각진 부분 제거(Uncrease)]로 손잡이 정점을 선택하여 부드럽게 만든다.

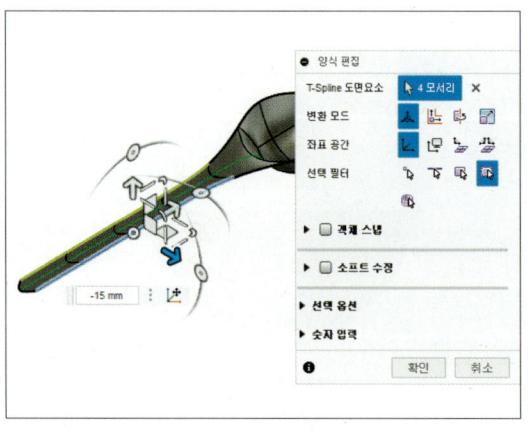 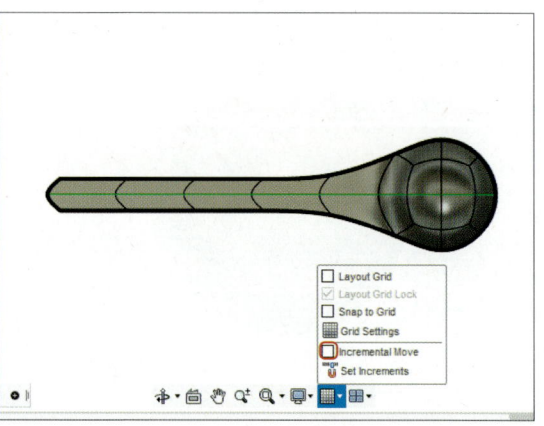

70 [수정(MODIFY)]-[두껍게 하기(Thicken)]을 실행한다. 두께(Thickeness)는 2mm, 두껍게 하기 유형(Thicken Type)은 소프트(Soft)로 설정하여 두께를 준다. 우측 상단 [양식 마침(FINISH FORM)]을 클릭한다.

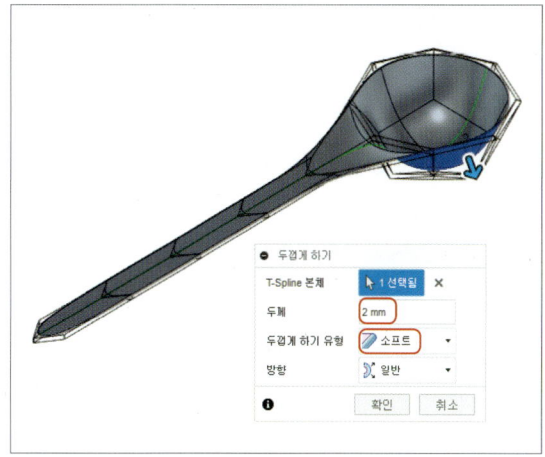

71 [수정(MODIFY)]-[이동/복사(Move/Copy)]를 실행한다. 객체 이동(Move Object)는 본체(Bodies) 상태에서 스푼을 고정대로 이동한다. 스푼에 기준점을 잡고 뷰를 여러 각도에서 체크하면서 이동한다.

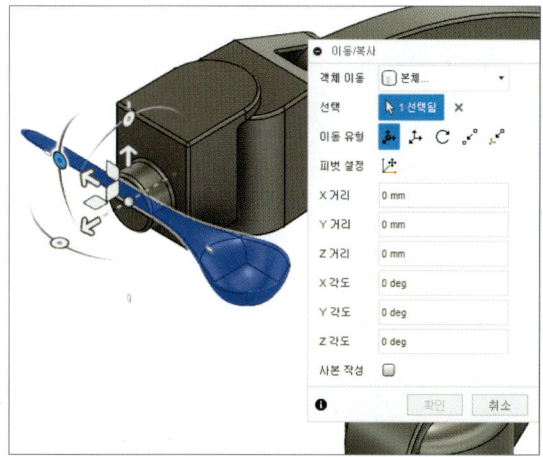

72 전원 버튼을 만들기 위해[스케치 작성(Create Sketch)]을 실행하여 본체1(Body1)의 평면을 지정한다. [중심 지름 원(Center Diameter Circle)]을 사용하여 임의의 위치에 Ø20mm 원을 작성하고 [수정(MODIFY)]-[눌러 당기기(Press Pull)]를 실행하여 거리(Distance)는 -2mm Cut로 돌출한다.

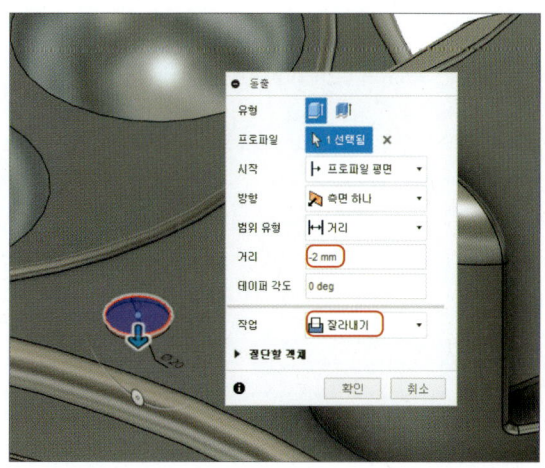

73 [작성(CREATE)]-[스케치 작성(Create Sketch)]을 실행하여 72에서 작성한 돌출 평면을 지정한다. 작성(CREATE)에서 [중심 지름 원(Center Diameter Circle)], [2점 직사각형(2-Point Rectangle)], [스케치 치수(Sketch Dimension)], 구속조건(CONSTRAINTS)에서 [중간점(Midpoint)]을 사용하여 스케치를 작성한다.

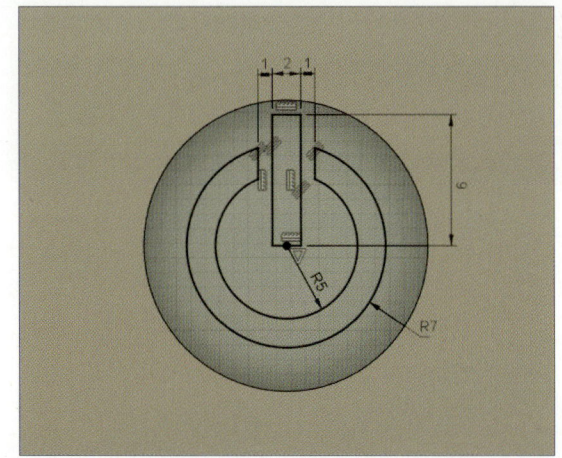

74 [작성(CREATE)]-[돌출(Extrude)]을 실행하여 73에서 작성한 스케치를 프로파일(Profile)로 지정한다. 거리(Distance)는 1mm로 돌출 후 [수정(MODIFY)]-[모깎기(Fillet)]를 실행하여 2개의 윗면을 선택하고 반지름(Radius) 1mm로 모깎기한다.

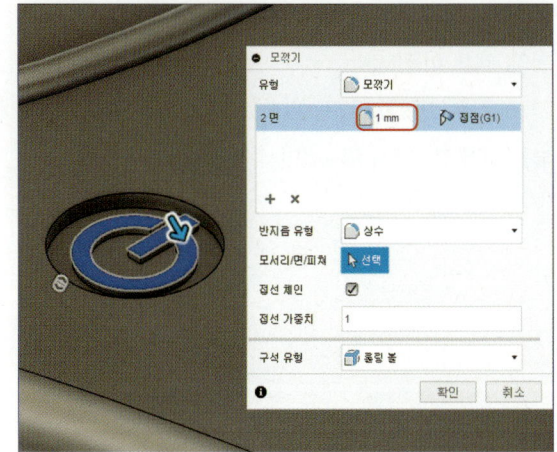

75 [수정(MODIFY)]-[모깎기(Fillet)]를 실행한다. 반구의 모서리 4개를 선택하여 반지름(Radius) 1mm로 모깎기한다.

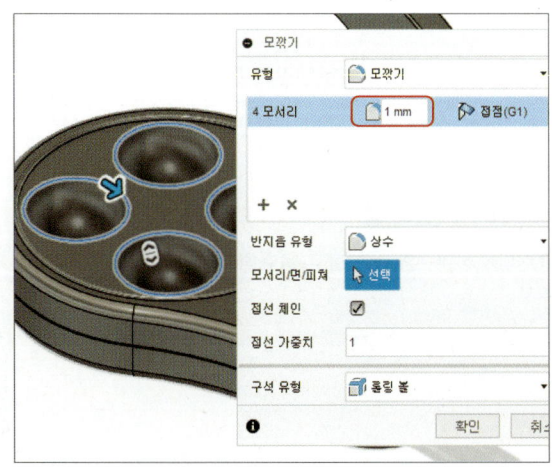

76 [수정(MODIFY)]-[모양(Appearance)]를 실행한다. 각 본체(Body)에 원하는 재질을 드래그&드롭하여 적용 또는 재질을 편집하여 완성한다.

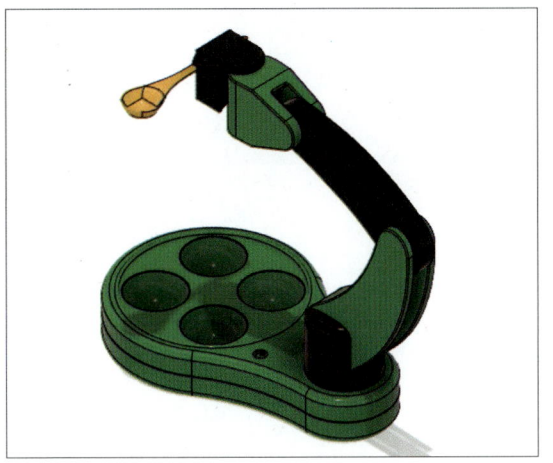

추천 도서

따라하며 배우는!
퓨전 Fusion 360 중급
3D 모델링 실전 활용서

김주화, 윤영철 공저 | 26,000원

동영상으로 함께 배우는
AutoCAD 오토캐드 2021
AutoCAD를 내 것으로 만드는 6단계 실무형 입문서

김보영, 김혜숙 공저 | 26,500원

합격률을 높이기 위해 한국ATC센터가 직접 만든
한국생산성본부 CAD실무능력평가 1급/2급 공식 인증 교재!

따라하면 합격이다!
CAT 1급
CAD실무능력평가

김보영 저 | 24,000원

따라하면 합격이다!
CAT 2급
CAD실무능력평가

김주화 저 | 24,000원